유종원집(柳宗元集) 2

The Complete Works of Liu Zong Yuan

지은이 유종원(柳宗元, 773~819)은 당송팔대가(唐宋八大家)의 한사람으로 중국의 대표적인 문인이다. 자는 자후(子厚)이며 유하동(柳河東) 또는 유유주(柳柳州)라고도 부른다. 21세에 진사과에 급제한 후에 정치 혁신을 꾀하는 집단에 참여하였다가 몰락하여 10년 동안 벽지인 영주(永州)에서 지내며 창작에 몰두하여 많은 작품을 남겼다. 후에 남방인 유주(柳州)에서 4년 동안 자사를 지내다가 47세의 나이로 임지에서 세상을 떠났다. 한유(韓愈)와 더불어 당대의 고문운동을 선도하며 문체 개혁에 나서 산문의 새로운 경지를 개척하였다. 특히 우언문(寓言文)과 산수유기(山水遊記)에 뛰어났으며, 의론문과 전기문도 뛰어나다. 시가에서도 성당한 성과를 거두었다. 하늘과 인간의 영역을 나누어 왕권의 절대성에 반대하는 등 매우 진보적이었으며 유교와 불교의 통합을 주장하기도 하였다. 사회주의 이념 아래에서 뛰어난 유물론자로 대단히 높이 평가를 받기도 하였다.

옮긴이 오수형(吳洙亨)은 서울대 중문과를 졸업하고 대만대학 중문연구소에서 문학석사, 서울대에서 문학박사 학위를 취득하였다. 현재 서울대 인문대학 중문과 교수로 재직 중이며, 한양대 중문과 교수를 역임했다. 대만 성치대학의 객좌교수로 강의하고, 중국 사회과학원 문학연구소에서 연구하였으며, 초대 한국중국산문학회장을 지냈다. 주로 중국 고전산문과 관련된 분야를 연구하며 강의한다. 『당송팔대가의 산문세계』, 『중국우언문학사』, 『욱리자』, 『유종원시선』 등의 책과 「유종원산문연구」, 「명대의 우언문학」, 「당대의 산문미학」 등의 논문이 있다.

옮긴이 이석형(李奭炯)은 서울대 중문과를 졸업하고 동대학원에서 석사와 박사학위를 취득하였다. 인제대학교 중문과에서 조교수를 역임하고 현재 중앙대 중어학과 교수로 재직하면서 중국문학사, 당시, 송사, 중국역대산문 등을 강의하고 있으며, 대만대학 및 복단대학에서 방문학인으로 연구한 바 있다. 주로 사학(詞學) 중심의 시가 방면에 연구를 집중하여, 저서로 『청말사학이론연구』, 공동 역서로 『두보초기시역해』, 『두보지덕연간시역해』, 『두보위관시기시역해』, 『두보진주동곡시기시역해』, 『두보성도시기시 역해』, 논문으로 「백우재사화연구」, 「주이준사론연구」, 「운간사파사학 연구」 등이 있다.

옮긴이 홍승직(洪承直)은 고려대 중문과를 졸업하고 동대학원에서 석사와 박사학위를 취득하였다. 현재 순천향대학교 중문과 교수로 재직하며 공자아카데미원장을 맡고 있다. 중국 섬서사범대학에서 방문학자로 연구한 바 있다. 주로 중국고전산문 분야를 연구 강의하며 중국 고전의 번역에 힘쓰고 있다. 『이탁오평전』, 『분서』, 『아버지 노릇』 등의 책과 「유종원산문의 문체별 연구」, 「풍자개의 산문세계」, 「사부에 나타난 유종원의 우환의식」 등의 논문이 있다.

유종원집(柳宗元集) 2

1판 1쇄 인쇄 2009년 7월 25일
1판 1쇄 발행 2009년 7월 31일

지은이 / 유종원
옮긴이 / 오수형 · 이석형 · 홍승직
펴낸이 / 박성모
펴낸곳 / 소명출판
등록 / 제13-522호
주소 / 137-878 서울시 서초구 서초동 1621-18 (란빌딩 1층)
대표전화 / (02) 585-7840
팩시밀리 / (02) 585-7848
somyong@korea.com / www.somyong.co.kr

값 30,000원

ISBN 978-89-5626-407-3 93820
ISBN 978-89-5626-405-9 (전4권)

유종원집 2

柳宗元集 二

유종원 지음
오수형 · 이석형 · 홍승직 옮김

소명출판

◆ **일러두기**

1. 저본은 1979년 중국 중화서국(中華書局)에서 출판한 『유종원집』으로 이 책은 이미 매우 충실하게 교감이 가해졌다. 판본이나 교감에 관련된 사항은 말미에 부록된 「교점후기」에 상세한 설명이 있다. 작품의 진위 문제에 대하여는 해당 작품 주석의 언급 외에 부록의 「변위잡록(辨僞雜錄)」에 자료가 정리되어 있다.
2. 저본에 실린 원저자 유종원의 작품을 모두 우리말로 옮겼으며, 주석은 각주의 방식을 취하여 번역문에 달았다. 매 작품의 편명 끝에 단 주석은 해당 작품의 해제에 속한다. 원문은 번역문 뒤에 실었다.
3. 유종원의 작품이 아닌 「전언(前言)」과 말미의 부록에 실린 각종 자료들은 원문 없이 번역문만 실었다. 다만 유종원의 본집 속의 개별 작품에 부록된 타인의 작품은 번역문과 원문을 모두 실었다.
4. 작품의 편명 표기는 독음(한자 : 우리말 풀이)의 방식을 취하였다. 예를 들면, 봉건론(封建論 : 봉건제에 대해 논함)과 같다.
5. 번역문에서의 한자는 독음이 같으면 ( ) 안에 넣고 뜻만 같으면 [ ] 안에 넣었다. 인용문의 경우는 " "와 ' '를 사용하고, 서명에는 『 』, 편명에는 「 」을 사용했다.
6. 한문 원문 중에 현재 통용되지 않는 이체자가 쓰인 경우는 조판의 편의상 지금 통용되는 글자로 바꾼 것도 있다. 원문의 문장부호는 가로쓰기에 맞춰 인용부호를 " "와 ' '로 바꾸었다.
7. 색인은 부록을 포함한 전체의 글 가운데 번역을 가한 글의 원래 한자 편명을 한글 독음 순서에 따라 배열하였다.

역자 서문

중국의 문장가를 이야기할 때면 먼저 당송팔대가(唐宋八大家)가 언급된다. 그리고 그들 중에서도 이 책의 저자인 유종원(柳宗元)을 비롯하여 한유(韓愈), 구양수(歐陽修), 소식(蘇軾)이 '한유구소(韓柳歐蘇)'로 불리며 우선시된다. 이들이 당송 시기에 문단을 선도하며 뛰어난 문장을 창작함으로써 중국 역사상 가장 찬란한 고문의 꽃을 피워내며 중국산문사에 환한 빛을 발하였기 때문이다.

유종원(773~819)은 당(唐)만이 아니라 중국 역사상 대단히 걸출한 문장가이며 사상가이고 정치가였다. 문장가로서의 그는 과거의 각종 문학형식을 잘 계승하여 다양한 문체에 고루 깊은 조예를 갖추어 높은 성과를 거두었다. 특히 시가에도 능하여 시와 문 모두에서 크게 성과를 거둔 대표적인 문인이기도 하다. 흔히 한유와 더불어 새로운 문체 개혁을 이끈 당대의 고문운동가로서 인식되지만, 그의 전집을 보면 새로운 문체로서의 고문 창작에만 주력한 것이 아니라, 다양한 옛 문학 전통의 계승과 보존에도 많은 노력을 기울여 크게 성공하였음을 알 수 있다. 사상가로서는 합리적이고 과학적인 사고의 소유자로서 각종 사상을 폭넓게 수용하였으며, 대단히 앞선 민주사상의 소유자였다. 이른바 '신중국' 성립 후에는 역사상 대표적인 유물론자로서 절대적인 위상을 지니기도 했다. 정치가로서는 진보적인 입장에서 개혁의 전열에 섰다가 실패한 불운의 주인공이었다. 그러나 그 정치적 불운은 그의 사상과 문학의 깊이를 더하여 불후의 업적을 남기게 한 원동력이 되었다고도 할 수 있으니, 다른 시각에서 보면 진정한 불운도 아니다. 일찍이 동시대 인물인 한유 역시 그렇게 평한 바 있다.

발전은 옛것을 계승하고 새로운 것을 더함으로써 이루어진다. 즉 발전은 옛것에 대한 깊은 이해와 더불어 새로운 시각과 발상을 통한 창신에서 비롯된다. 당송시기의 고문운동이라는 새로운 문체 개혁의 요체가 바로 거기에 있으며, 유종원 문학 작품의 의미도 거기에 있다. 본 역서의 주된 목적도 바로 그와 궤를 같이하니, 유종원의 문학세계에 대한 전면적이고 새로운 이해를 바탕으로 하여 또 다른 새로운 것을 찾아내고 만들어내는 일에 작으나마 도움을 제공하려는 것이다.

대학의 중문과 과목 중에 산문은 오래전부터 있어왔다. 그러나 그것은 대부분의 경우에 주로 언어를 익히듯 독해에 치중되어 진행될 뿐, 정체성을 지닌 독립된 장르로서 여겨지지 않은 것이 사실이다. 산문을 전공으로 표방하는 연구자가 나오기 시작한 것도 그리 오랜 일이 아니다. 그런 상황에서 산문의 연구와 교육은 답보상태를 면하기 어렵다. 특히 부족한 점은 산문 원전에 대한 국내에서 출판된 기초 자료의 미비이다. 국내에서 출판된 중국 고전산문 서적으로는 몇 종 안 되는 산문 선집이 전부인데, 그나마도 거의 모두가 같은 작품을 수록한 것들이어서 실제로 쉽게 접할 수 있는 자료는 지극히 제한적이다. 시대별이나 작가별 또는 작품의 종류별로 다룬 작품집도 여전히 찾아보기 어려운 형편이다. 몇몇 시인의 문집을 제외하면, 집부(集部)에 속하는 전집의 완역은 지극히 드문 상황에서 당송팔대가의 문집의 경우도 예외가 아니다. 그런 가운데 2003년 학술진흥재단의 명저 번역 지원으로 유종원에 크게 관심을 가졌던 역자들이 처음으로 당송팔대가의 한 사람의 문집을 완역하게 되었다. 2006년 상반기에 역주가 완료되었으나 여기저기 미비한 점을 보완하고 또 편집하는 과정에서 시간이 적지 않게 지나 이제야 책으로 내게 되었다.

본 역서가 저본으로 삼은 중국 중화서국의 『유종원집』은 주석이나 교감이 이미 상당히 완비되었다. 또 말미의 부록은 판본의 문제나 작품의 진위 문제 등에 대하여 풍부한 자료를 직접 제공하고 있다. 이들은 원전에 관련된 많은 번거로운 문제의 해결에 큰 도움이 된다. 그밖에 서두의 「전언」은 문화대혁명이 끝난 지 얼마 지나지 않아 쓴 것으로, 비록 사회주의 이념의 색채를 벗어나지 못한 한계를 지니고 있으나 여전히 유종원의 작품세계를 비교적 잘 조망하고 있다.

이 책은 세 사람이 번역을 분담하였다. 오수형은 전언, 1·3~4·14~21·26~29·40~41권을, 이석형은 22~25·37~39·42~45권을, 홍승직은 2·5~13·30~36권, 외집 및 보유를 각기 책임지고 역주하였다. 역자의 역량 부족과 더불어 또 공역에서 기인하는 많은 미비점이 존재하리라는 것을 안다. 그러나 중국에도 아직 백화로 된 이렇다 할 전집 역주본이 없는 데다, 유종원에 대한 당대 최고의 학자 장사교(章士釗)조차 원전의 난해함을 지적한 부분이 적지 않다. 그런 점들을 변명이자 위안으로 삼아 감히 책으로 내놓는다. 그로써 유종원 문학에 대한 연구와 교육에 두루 활용되기를 바라며 또한 향후에 더 많은 고전 문집의 번역 출판을 재촉하고자한다.

끝으로 편집에 있어 쉽지 않은 점이 많은 이 책을 정성들여 편집 출판해준 소명출판 여러분에게 깊이 감사의 마음을 전한다. 내용상의 오류와 불비함에 대해서는 제현의 아낌없는 가르침을 청하며, 이 책이 유종원의 문학세계 나아가 중국 산문의 다각적인 연구를 위한 기초 자료로서 미약하나마 의미있는 역할을 할 수 있기를 기대한다.

2009년 2월

역자 씀

제17권 전(傳)

제18권 소(騷)

제19권 조찬잠계(弔贊箴戒)

제20권 명잡제(銘雜題)

제21권 제서(題序)

제22권 서(序)

제23권 서(序)

제24권 서(序)

제25권 서(序)

제26권 기(記)

제27권 기(記)

제28권 기(記)

柳宗元集 전체 차례

柳宗元集 3

柳宗元集 4

제14권 대(對)

설어자대지백(設漁者對智伯: 어부를 통해 지백에게 답함)[1]

지백이 범(范)씨와 중항(中行)씨를 멸한 후에 야심이 더욱 커져 한(韓)과 위(魏)를 연합하여 조(趙)를 포위하고 진양(晉陽)에 수공(水攻)을 펼쳤다. 지백, 즉 지요(智瑤)는 배를 타고 조에 가 이리저리 물길을 살피며 서둘러 점령하고자 힘썼다.

---

1) 본편은 어부의 입을 빌어 춘추 말기 진(晉)의 세력가인 지백(智伯)의 그칠 줄 모르는 탐심을 풍자한 글이다. 혹자는 당시의 번진을 풍자한 것으로 본다. 영주시기의 작품으로 여겨진다. 지백은 지양자(智襄子)이며 이름은 요(瑤)이다. 사경(四卿) 중의 하나로, 한(韓)·위(魏)·조(趙)의 군사로 진의 범씨와 중항씨를 멸하고 세력을 확대하였다. 그 후에 세력을 부리며 오만하게 굴고 대신을 모욕하는가하면 남을 압박하였다. 조에게 땅을 요구하였다가 거절당하자 한·위와 연합하여 조의 진양을 수공하였으나 조양자가 한과 위를 설득하여 지백을 공격하도록 하였으며 지백은 전사하였다.

여러 어부 가운데 어떤 한 사람이 앉아서 고기를 낚고 있었고, 지백은 그것을 괴이하게 여겨 물었다. "그대는 얼마간이나 고기를 잡았는가?" 어부가 대답했다. "처음에는 황하에서 잡다가 오늘날에는 바다에서 잡습니다. 그런데 지금 주군께서 큰 물길을 내셨기에 그래서 이리 왔습니다." 다시 물었다. "잘 잡히는가?" 대답했다. "저는 어려서부터 고기 잡기를 좋아하였습니다. 처음에 황하에서 잡을 때에는 모래무지 · 연어 · 두렁허리 · 메기를 잡았는데, 이놈들은 스스로 먹이를 찾지 못하고 제 미끼를 좋아하였기에 하루에도 수백 마리를 잡았습니다. 저는 부족하다고 생각해서 그곳을 떠나 용문(龍門) 아래로 가 다랑어를 기다렸습니다. 다랑어가 올 때는 방어와 잉어 수만 마리를 이끄는데, 이놈이 침을 흘리고 거품을 내품어 뒤따르는 놈들이 먹을거리를 얻습니다. 그러나 배가 고프면 거꾸로 뒤따르는 놈들을 삼켜버립니다. 그리고는 더욱 힘을 써서 상류로 거슬러 올라가 이룡(螭龍)이 되고자합니다. 그러다가 큰 바위를 만나면 어지러이 물결을 날리다가는 등지느러미가 꺾이고 양 옆의 지느러미도 다쳐, 뒤집히고 고꾸라져 물길 따라 흘러내려 맥도 없고 정신도 없이 암초와 물가를 맴돌면서 벗어나지 못합니다. 전에 그 뒤를 따르던 고기 중의 큰 놈은 요행이 그 다랑어를 쪼며 저 역시 맨손으로 잡을 수가 있었습니다. 그러나 여전히 부족하다고 생각했습니다. 제가 듣기로 임공자(任公子)라는 옛날 어부는 더욱 큰 것을 잡았다고 합니다.[2] 그래서 저는 그곳을 떠나 바닷가로 가 북으로 갈석산(碣石山)까지 떠다니며 큰 고래를 찾았습니다.[3] 그런데 제가 도구를 채 쓰기도 전에 큰 고래가 상어떼를 몰아 살찐 고기를 발해 해안으로 쫓아왔습니다. 그리고는 큰 바다를 진동시키고 큰 섬을 뒤흔들며 한 입에 배만큼 큰 놈 수십 마리를 삼켰습니

2) 임공자(任公子)는 『장자』 「외물」에 보이는 인물이다. 임공자는 큰 낚시 바늘에 오십 마리의 소를 미끼로 하여 회계산(會稽山)에 앉아 동해에 낚싯대를 드리워 엄청난 크기의 고기를 잡았으며, 말려서 수많은 사람의 배를 불렸다.

3) 갈석산은 하북성 창려(昌黎)현 북방의 산이다.

다. 그러나 힘은 남고 욕심은 버리지 못하더니 북쪽 갈석산에 다가와 말라버렸습니다. 전에 이놈의 먹이가 되었던 놈들이 반대로 이놈을 먹고, 저도 역시 맨손으로 이놈을 잡았습니다. 그래도 여전히 부족하다고 여겼습니다. 제가 듣기로 옛날의 태공(太公)이라는 어부는 더욱 큰 것을 잡았으니 낚싯대를 드리워 문왕(文王)을 낚았다고 합니다.[4] 그래서 저는 예전 곳을 떠나 이곳으로 왔습니다."

지백이 말했다. "지금 그대가 나를 만난 것은 어떤가?" 어부가 답했다. "앞에서 제가 이미 그 일단을 말씀드렸습니다. 처음에 진(晉)의 세력가로 난(欒)씨·기(祁)씨·극(郤)씨·양설(羊舌)씨 등 십여 집안이나 있었으나 자신들을 보존하지 못했습니다. 진에서 이익만을 탐내고 그에 따른 재난을 보지 않았기 때문이니, 주군과 다섯 귀족가문이 그들을 갈라 차지하셨습니다.[5] 그들은 모래무지·연어·두렁허리·메기와 다를 바가 없습니다. 그들의 뇌와 뼈가 주군의 옛 솥 안에서 썩어 흐르니, 이는 경계할 점이었습니다. 그런데도 여전히 깨닫지 못했습니다. 그런데 더 큰 경우가 있습니다. 범씨와 중항씨는 남의 농토를 탐내고 남의 세력을 침범하여 제후가 되기만을 바라며 그에 따른 재난은 보지 못했기에, 주군과 세 귀족이 다시 나누어 차지하였습니다.[6] 그 비늘을 벗겨 살을 가늘게 썰고 장을 도려내고서 머리를 잘라 버렸습니다. 그 알과 새끼들도 모두가 접시에 담겼습니다. 이는 다랑어의 경우와 다를 바가 없습니다. 경계할 점이었습니다. 그런데도 여전히 깨닫지 못했습니다. 또 더 큰 경우도 있습니다. 범씨·중항씨를 삼켜 더욱 살찌우고도 부족하다고 여기며, 세력이 커질수록 더욱 만족하지 못하여 한(韓)·위(魏)를 상어 삼아 몰고 다니며 조(趙)의 살찐 고기를 쫓으면서 그에 따른 재난은 보지 못합니다. 살찐 것을 탐내

4) 태공은 여상(呂尙)으로 태공망(太公望)을 가리킨다. 일찍이 위수(渭水)가에서 고기를 낚다가 사냥하던 주 문왕을 만났고, 문왕은 그와의 이야기에 크게 기뻐하여 스승으로 모셨다.

5) 다섯 귀족, 즉 오경(五卿)은 범(范)·중항(中行)·한(韓)·위(魏)·조(趙)를 가리킨다.

6) 세 귀족, 즉 삼경(三卿)은 한(韓)·위(魏)·조(趙)를 가리킨다.

는 형세가 조에서 그치지는 않을 것이니, 제가 보기에 한·위는 장차 자신들에게 해가 미칠 것을 겁내어 주군이 진양에서 곤경을 당할 것을 바랄 것입니다. 그들이 눈을 굴리며 겁내고 있는데도 주군께선 여전히 오만하게 그들 모두가 그릇 위에 놓였다고 여겨 한창 입맛을 다시고 계십니다. 또 저는 두려운 바가 있습니다. 지금 보과(輔果)는 지(智)씨의 종족에서 벗어나 같이 화를 당하지 않으려하고,[7] 단규(段規)는 깊이 원망하며 모반을 꾀합니다.[8] 그런데도 주군께서 깨닫지 못하시니, 큰 고래의 경우가 되어 머리는 한단(邯鄲)에서 잘리고, 지느러미는 안읍(安邑)에서 꺾이며, 가슴은 상당(上黨)에서 갈리고, 꼬리는 중산(中山) 밖에서 잘리며, 내장은 대륙(大陸)에 흩려지며, 살코기와 포가 되어서는 세 집안 자손들의 배에 채워질까 두렵습니다.[9] 이것이 제가 두려워하는 바입니다. 그렇지 않다면 주군의 용맹과 역량의 강대함을 문왕인들 지녔겠습니까?"

지백은 불쾌해 하였으나 끝내 깨닫지 못하였다. 이에 한·위는 조와 연합하여 지씨를 멸망시키고 그 땅을 셋으로 나누었다.

智氏旣滅范、中行、志益大, 合韓、魏圍趙, 水晋陽. 智伯瑤乘舟以臨趙, 且又往來觀水之所自, 務速取焉.

羣漁者有一人坐漁, 智伯怪之, 問焉. 曰:"若漁幾何?" 曰:"臣始漁於河中, 今漁於海. 今主大茲水, 臣是以來." 曰:"若之漁何如?" 曰:"臣幼而好漁. 始臣之漁於河, 有魦、鱮、鱣、鰋者, 不能自食, 以好臣之餌, 日收者百焉. 臣以爲小, 去而之龍門之下, 伺大鮪焉. 夫鮪之來也, 從魴、鯉數萬, 垂涎流沫, 後者得食焉. 然其饑也, 亦返呑其後. 愈肆其力, 逆流而

---

7) 보과(輔果)는 본디 지(智)씨였으나 요(瑤)를 후계자로 삼는 것에 반대하여 따로 성을 달리하여 보씨가 되었다.

8) 단규(段規)는 한강자(韓康子)의 재상으로 지양자(智襄子)에게 모욕을 당했다. 후에 진양의 전쟁 때 지백을 군중에서 살해하였다.

9) 한단은 조의 도성, 안읍은 진의 땅, 상당은 조의 땅, 중산은 조에 합병된 곳이다. 대륙은 조의 변방에 있는 못 이름이다.

上, 慕爲螭龍. 及夫抵大石, 亂飛濤, 折鰭禿翼, 顚倒頓踣, 順流而下, 宛委冐憒, 環坻漵而不能出. 鸐之從魚之大者, 幸而啄食之, 臣亦徒手得焉. 猶以爲小. 聞古之漁有任公子者, 其得益大. 於是去而之海上, 北浮於碣石, 求大鯨焉. 臣之具未及施, 見大鯨驅羣鮫, 逐肥魚於渤澥之尾, 震動大海, 簸掉巨島, 一啜而食若舟者數十, 勇而未已, 貪而不能止, 北蹙於碣石, 槁焉. 鸐之以爲食者, 反相與食之, 臣亦徒手得焉. 猶以爲小. 聞古之漁有太公者, 其得益大, 釣而得文王. 於是舍而來."

智伯曰 : "今若遇我也如何?" 漁者曰 : "鸐者臣已言其端矣. 始晋之侈家, 若欒氏、祁氏、郤氏、羊舌氏以十數, 不能自保, 以貪晋國之利而不見其害, 主之家與五卿, 嘗裂而食之矣, 是無異魦、鰂、鱣、鰋也. 腦流骨腐於主之故鼎, 可以懲矣, 然而猶不肯悟. 又有大者焉, 若范氏、中行氏, 貪人之土田, 侵人之勢力, 慕爲諸侯而不見其害. 主與三卿又裂而食之矣, 脫其鱗, 鱠其肉, 刳其腸, 斷其首而棄之, 鯤鮞遺胤, 莫不備俎豆, 是無異夫大鮪也. 可以懲矣, 然而猶不肯寤. 又有大者焉, 呑范、中行以益其肥, 猶以爲不足, 力愈大而求夫愈無饜, 驅韓、魏以爲羣鮫, 以逐趙之肥魚, 而不見其害. 貪肥之勢, 將不止於趙, 臣見韓、魏懼其將及也, 亦幸主之蹙於晋陽. 其目動矣, 而主乃慠然, 以爲咸在機俎之上, 方磨其舌. 抑臣有恐焉, 今輔果舍族而退, 不肯同禍, 段規深怨而造謀, 主之不寤, 臣恐主爲大鯨, 首解於邯鄲, 鬐摧於安邑, 胸披於上黨, 尾斷於中山之外, 而腸流於大陸, 爲鱻薨, 以充三家子孫之腹. 臣所以大懼. 不然主之勇力强大, 於文王何有?"

智伯不悅, 然終以不寤. 於是韓、魏與趙合滅智氏, 其地三分.

우계대(愚溪對 : 우계에 대한 대화)[10]

나 유자(柳子)가 우계(愚溪)라는 이름을 붙이고 그곳에 거처한 지 닷새가 되던 날에, 계곡의 신이 밤중에 꿈에 나타나 말했다. "그대는 왜 나를 모욕하며, 어찌하여 나를 어리석다고 하는가? 실제로 그렇다면 그 이름을 따르겠지만, 정말 지금 내가 그렇다는 것인가? 내가 알기로, 민(閩)지방에 있는 어떤 강은 독기 있는 안개가 끼어 그에 중독되면 열이 나며 구토하고 설사한다. 또 암초와 급류로 배들이 서로 부딪혀 부서진다. 고기 중에 어떤 놈은 톱날 같은 이와 칼날 같은 꼬리에 동물의 발굽을 지녀 사람을 잡아먹는데, 반드시 잘라 던져놓고 머리를 들어 받아 씹어 먹는다. 그래서 악계(惡溪)라는 이름이 붙었다.[11] 서해에 있는 강은 이리저리 흩어지고 힘이 없어 풀잎조차 그 위에 뜨지 못하니, 풀잎을 던져 넣으면 오그라져 가라앉아 바닥에 닿고 만다. 그래서 약수(弱水)라는 이름이 붙었다.[12] 진(秦)지방의 강은 진흙으로 뒤범벅되고 돌까지도 석여있는데, 가까이에서 보면 마치 벽을 바라보는듯하여 깊은지 얕은지 또 안전한지의 여부조차 불분명하다. 그러다가 맑은 위수(渭水)와 만나 그 혼탁함을 더욱 두드러지게 드러낸다. 그래서 탁경(濁涇)이라는 이름이 붙었다. 옹(雍)지방 서쪽의 강은 후미지고 험하며 칠흑같이 검으며 어디에서 시작되는지 모른다. 그래서 흑수(黑水)라는 이름이 붙었다. 무릇 악(惡)과 약(弱)

10) 본편은 자신의 어리석음에 대해 변론하며 분함을 표현한 글이다. 어리석다는 '우(愚)'자를 붙여 명명한 계곡의 신을 꿈속에 출현시켜 그와 문답하는 형식을 취하였다. 영주에서 쓴 것으로 제24권의 「우계시서(愚溪詩序)」와 같은 시기의 글이다. 우계는 원래 염계(冉溪) 또는 염계(染溪)로 불리던 곳으로, 작자가 사들여 즐겨 거처하며 작품의 대상으로 삼은 계곡이다. 영주성 서쪽에 있었다.

11) 악계(惡溪)는 절강성 여수(麗水)현에 있으며, 당 선종 때에 호계(好溪)로 개명되었다.

12) 서해(西海)는 고대 전설 중의 강 이름이다. 『십주기(十洲記)』에 따르면, "봉린주(鳳麟洲)는 서해 중앙에 있으며 사방 천 오백 리이다. 사면이 약수(弱水)로 둘러싸여 있는데 깃털도 뜨지 않아 건너갈 수 없다"고 하였다.

은 여섯 가지 극단에 속하며,[13] 탁(濁)과 흑(黑)은 천한 이름이라고 하였다. 저들이 그런 이름을 얻고도 사양하지 않고 만대에 걸쳐 그대로 바꾸지 못하는 것은 그 실질이 그렇기 때문이다. 지금 나는 매우 맑고 아름다워 그대도 좋아하며, 또 농지를 관개하는 공과 배를 띄우는 힘도 있으며, 아침저녁으로 건너다니게 한다. 그대가 선택하여 거처하면서도 실질에 맞지 않는 이름을 붙여 우(愚)라고 하였다. 끝내 덕은 살펴보지 않고 멋대로 무고하니, 설마 끝까지 이름을 바꿀 수 없다는 것인가?"

유자가 답했다. "그대는 진정 실질이 그렇지는 않습니다. 그러나 어리석은 제가 유독 그대를 좋아하니, 어찌 그 이름을 피하실 수 있단 말입니까! 또 그대는 탐천(貪泉)의 경우를 보지 못하셨습니까? 그 물을 마시고 남쪽으로 가던 사람이 교지(交趾)지방의 눈이 부시게 많은 보화를 보고 두 손을 써 좌우로 움켜쥐어 품으려고 하였다는데, 그렇다고 그것이 탐천의 실질입니까? 지나가고서 탐을 낸 것만으로도 그런 이름을 붙였는데, 지금 그대는 유독 어리석은[愚] 사람을 불러들여 거처하여 오래도록 머물러 떠나지 않게 하였으니, 그 이름을 바꾸려 해도 그럴 수 없습니다. 영명하신 임금이 계실 때는 지혜로운 자는 등용되고 어리석은 자는 숨습니다. 등용된 자는 가까이에 있는 것이 마땅하고 숨는 자는 멀리 있는 것이 마땅합니다. 지금 그대가 있는 곳은 도성에서 삼천여 리나 떨어져 궁벽하고 후미진 곳으로, 그대는 짙은 안개와 짝하고 땅강아지와 벌들과 함께 삽니다. 오직 죄를 지어 욕되게 배척당하고, 어리석고 고루하여 쫓겨나 숨어사는 자만이 날마다 늘 그대에게 놀러오고 문을 나서서 그대를 지켜주고 있습니다. 그대는 지혜롭다는[智] 이름을 얻고 싶으십니까? 그렇다면 왜 오늘날 총명하고 엄정하여 천자의 중요한 관리가 되어 천하를 주재하는 이를 불러들여 그대 곁을 지나게 하지 않고, 오직 저만이 홀로 그대 곁에 거처하게 하십니까? 그대는 저들을 불러들이지 못하는 데다 또 저에게 잡히셨

13) 『상서』 「홍범」에 여섯 가지 극단인 '육극(六極)'이 보인다.

으니 그런 점이 그대의 실질입니다. 그대를 어리석다고 하는 것이 마땅한데도 무고한다고 하십니다. 설마 더 하실 말씀이 있으십니까?"

우계의 신이 말했다. "그건 그렇다. 감히 묻건대, 너의 어리석음이 어떠하여 나에게까지 영향을 미친다는 말인가?" 유자가 답했다. "제 어리석음[愚]에 대한 이야기를 들으시렵니까? 비록 그대가 가시는 끝까지 가도 제 말은 다 끝나지 않고, 그대의 물을 말리고서도 제 붓은 더 적셔야 합니다. 우선 간단히 말씀드리지요. 저는 멍청하여 아무것도 몰랐습니다. 얼음 얼고 눈 날릴 때 남들은 털옷을 입어도 저는 홑옷을 입었습니다. 찌는 여름날 녹아내리는 때에 남들은 바람 쐬러 가도 저는 불을 쬐었습니다. 저는 제멋대로 내달리며 태항산(太行山)이 사통팔달의 대로와 다름을 몰라 수레를 망쳤습니다. 저는 멋대로 놀러다니며 여량(呂梁)이 잔잔한 물길과 다름을 몰라 배를 침몰시켰습니다.[14] 발로는 함정을 밟고 머리로는 목석(木石)을 들이받으며, 가시밭에서 날뛰고 독사와 도마뱀 사이에 엎어져서도 무서운 줄을 몰랐습니다. 무엇을 얻고 무엇을 잃으랴, 등용되어도 만족하지 않고 쫓겨나서도 위축되지 않았으며, 무심하고 어리석어 끝내 스스로를 통제하지 못하였습니다. 이상이 그 대략입니다. 이런 어리석음으로 그대를 모욕한다면 되겠습니까?"

이에 우계의 신은 깊이 생각하더니 탄식하였다. "아아! 충분하다. 나에게 영향을 미칠 만하다." 그리고는 고개 숙여 부끄러워하고 고개 들어 탄식하더니, 눈물을 줄줄 흘리며 손을 들어 이별을 고하였다. 한쪽은 어두운 세계에 있고 한쪽은 밝은 세계에 있으니 깨어나서 그가 간 곳을 알 수 없었다. 그리하여 그 대화를 글로 쓴다.

柳子名愚溪而居. 五日, 溪之神夜見夢曰:"子何辱予, 使予爲愚耶? 有其實者, 名固從之, 今予固若是耶? 予聞閩有水, 生毒霧厲氣, 中之者, 溫

14) 여량(呂梁)은 자라나 거북이도 헤엄치기 어렵다는 험한 물길. 강소성 서주(徐州)시 동남에 있다.

屯嘔泄; 藏石走瀨, 連艫糜解; 有魚焉, 鋸齒鋒尾而獸蹄, 是食人, 必斷而躍之, 乃仰噬焉. 故其名曰惡溪. 西海有水, 散渙而無力, 不能負芥, 投之則委靡墊沒, 及底而後止, 故其名曰弱水. 秦有水, 掎汩泥淖, 撓混沙礫, 視之分寸, 眙若睨壁, 淺深險易, 昧昧不覿, 乃合淸渭, 以自彰穢跡, 故其名曰濁涇. 雍之西有水, 幽險若漆, 不知其所出, 故名曰黑水. 夫惡弱, 六極也; 濁黑, 賤名也. 彼得之而不辭, 窮萬世而不變者, 有其實也. 今予甚淸與美, 爲子所喜, 而又功可以及圃畦, 力可以載方舟, 朝夕者濟焉. 子幸擇而居予, 而辱以無實之名以爲愚, 卒不見德而肆其誣, 豈終不可革耶?"

柳子對曰: "汝誠無其實, 然以吾之愚而獨好汝, 汝惡得避是名耶! 且汝不見貪泉乎? 有飮而南者, 見交趾寶貨之多, 光溢於目, 思以兩手左右攫而懷之, 豈泉之實耶? 過而往貪焉猶以爲名, 今汝獨招愚者居焉, 久留而不去, 雖欲革其名不可得矣. 夫明王之時, 智者用, 愚者伏. 用者宜邇, 伏者宜遠. 今汝之託也, 遠王都三千餘里, 側僻迴隱, 蒸鬱之與曹, 螺蚌之與居, 唯觸罪擯辱愚陋黜伏者, 日侵侵以游汝, 闖闖以守汝. 汝欲爲智乎? 胡不呼今之聰明皎厲握天子有司之柄以生育天下者, 使一經於汝, 而唯我獨處? 汝旣不能得彼而見獲於我, 是則汝之實也. 當汝爲愚而猶以爲誣, 寧有說耶?"

曰: "是則然矣. 敢問子之愚何如而可以及我?" 柳子曰: "汝欲窮我之愚說耶? 雖極汝之所往, 不足以申吾喙; 涸汝之所流, 不足以濡吾翰. 姑示子其略: 吾茫洋乎無知, 氷雪之交, 衆裘我絺; 溽暑之鑠, 衆從之風, 而我從之火. 吾盪而趨, 不知太行之異乎九衢, 以敗吾車; 吾放而遊, 不知呂梁之異乎安流, 以沒吾舟. 吾足蹈坎井, 頭抵木石, 衝冒榛棘, 僵仆虺蜴, 而不知怵惕. 何喪何得, 進不爲盈, 退不爲抑, 荒涼昏默, 卒不自克. 此其大凡者也. 願以是汙汝可乎?"

於是溪神深思而歎曰: "嘻! 有餘矣, 是及我也." 因俯而羞, 仰而吁, 涕泣交流, 擧手而辭. 一晦一明, 覺而莫知所之. 遂書其對.

대하자(對賀者 : 축하하는 자에게 답함)[15)]

나 유자(柳子)가 죄를 지어 영주로 쫓겨나 있을 때, 경성에서 온 이가 나를 만나보고서 말했다. "제가 듣기로 그대가 어떤 사건에 연루되어 쫓겨나셨다고 하기에 마침 위로의 말씀을 드리려고 했습니다. 그런데 제가 지금 뵙기에는 시원스러우시니, 이렇게 통달하셨다면 드릴 위로의 말씀이 없고 반대로 축하를 드려야겠습니다." 유자가 대답했다. "그대가 실로 모습으로 그렇게 보신다면 그렇습니다. 그렇지만 어찌 그렇기만 하고 생각이 없겠습니까? 단지 근심스런 모습으론 도에 도움이 안 되어 그럴 뿐입니다. 제 죄가 크나 마침 주상께서 관대하시어 천하를 화합시키시므로 제가 이곳에 올 수 있었습니다. 제가 쫓겨난 것은 다행입니다. 그런데도 근심스러운 모습을 한다면 어떻겠습니까? 천자의 상서랑(尙書郞)이 되어 정책은 올리지 못하고, 당파를 지었다는 죄목으로 죄인의 모욕을 당하고 끔찍한 벌을 기다리니, 사람이라면 어찌 두려워 땀을 흘리며 자책하지 않을 수가 있겠습니까! 일찍이 조용히 생각하며 홀로 따져보니, 위로는 조정에 나아갈 수 없고 아래로는 제사를 드리고 선영에 가까이 가지 못하고 단지 구차하게 생명을 부지하여 집안이 끊이지 않기만을 바랍니다. 그런 까닭에 멋대로 마음 쓰고 몸을 한가로이 굴리며, 높은 곳에 올라 멀리 바라보듯 멍하니 지내고 바다에 배를 띄워 나가서도 갈 곳이 없는 것처럼 아무 생각이 없이 지냅니다. 그래서 모습이 그렇습니다. 그대가 실로 제 모습이 시원스럽다고 축하하신다면 누가 받아들이겠습니까? 웃음 속에 담긴 노기는 흘길 때의 그것보다 심하며, 길게 부르는 노래 속의 슬픔은 통곡할 때의 그것보다 큽니다. 어찌 제 시원스러운 모습이 특별히 심한 근심의 표현이 아니라고 아십니까? 그만두십시오."

---

15) 본편은 작자의 모습이 시원스럽다며 축하하는 손님에게 내심의 큰 근심을 토로하는 글이다. 영주에서의 글이다.

柳子以罪貶永州, 有自京師來者, 旣見, 曰: "余聞子坐事斥逐, 余適將唁子. 今余視子之貌浩浩然也, 能是達矣, 余無以唁矣, 敢更以爲賀." 柳子曰: "子誠以貌乎則可也, 然吾豈若是而無志者耶? 姑以戚戚爲無益乎道, 故若是而已耳. 吾之罪大, 會主上方以寬理人, 用和天下, 故吾得在此. 凡吾之貶斥幸矣, 而又戚戚焉何哉? 夫爲天子尙書郎, 謀畫無所陳, 而羣比以爲名, 蒙耻遇僇, 以待不測之誅. 苟人爾, 有不汗栗危厲偲偲然者哉! 吾嘗靜處以思, 獨行以求, 自以上不得自列於聖朝, 下無以奉宗祀, 近丘墓, 徒欲苟生幸存, 庶幾嗣續之不廢. 是以儻蕩其心, 倡佯其形, 茫乎若升高以望, 潰乎若乘海而無所往, 故其容貌如是. 子誠以浩浩而賀我, 其孰承之乎? 嘻笑之怒, 甚乎裂眥, 長歌之哀, 過乎慟哭. 庸詎知吾之浩浩非戚戚之尤者乎? 子休矣."

두겸대(杜兼對: 두겸에 대해 답함)[16]

혹자가 말했다. "조정에서는 공명하게 훌륭한 이를 등용하고 못난이를 쫓아냄에 타당하지 않은 적이 없었습니다. 그런데 의아한 바가 있어 그대에게 말씀을 듣고자 하니 설명해 주십시오." 내가 대답했다. "무슨 말씀이오?" 그가 말했다. "두겸(杜兼)이 호주(濠州)자사로 있을 때에 병란 중에 무죄한 선비 두 사람을 죽였습니다. 재물을 쌓아 욕심을 채웠으니 요당(堯唐)시대의 도올(檮杌)·도철(饕餮)과 다를 바가 없다고 생각합니다.[17]

16) 본편은 두겸이라는 인물이 흉포하고 욕심 많지만 그래도 아부하는 분위기를 없앤 점은 큰 장점이라며 긍정하는 글이다. 남의 허물을 밀고하는 것에 대한 증오의 정서가 드러나는 글이다. 두겸은 호주자사로 있을 때에, 자신과 의견을 달리한 위상(韋賞)과 육초(陸楚)의 두 대표적인 선비를 적과 내통하고 군영을 선동했다는 죄명으로 밀주(密奏)하고, 판정관을 맞이하는 역에서 두 사람을 불러내어 곤장을 쳐 죽였다.

그런데도 끝내 조정에 들어가 낭중(郎中)이 되고 급사중(給事中)이 되었으며, 지방으로 나와서는 상주(商州)자사를 거쳐 하남윤(河南尹)을 지내다가 죽었습니다. 두겸에게 무슨 취할 바가 있다고 그렇게 행운이 따랐습니까?" 나는 대답했다. "그대의 말처럼, 두겸의 죄는 비록 눈으로 보지는 못했지만 익히 들었습니다. 오래 전에 쫓아내 등용하지 말았어야합니다. 그러나 저는 그에게서 한 가지 취할 점을 발견했습니다. 제가 듣기로, 두겸이 호주자사로 있을 때 노(盧)아무개라는 종리(鍾離)의 현령이 재상의 친척으로 있었습니다. 그는 아첨을 잘하여, 날마다 동료의 허물을 적어 두겸에게 전하며, 또 '이런 잘못 저런 잘못, 저에게만은 없습니다'라고 말했습니다. 동료들은 겁을 내며 상관이 노하여 자신을 쫓아내기만을 기다렸습니다. 그 현령은 날마다 득의만만하여, '자사께서 나를 승진시킬 것이다'라고 하였습니다. 두겸이 그것을 알고 크게 노하여 그 현령을 처벌하고 그의 동료들이 모두 스스로 노력하여 훌륭해지도록 하였습니다. 그리고는 현령을 물리치고 끝내 만나주지 않았습니다. 사람들은 이로써 구차하지 않게 죄를 면하였고 아첨하는 분위기는 많이 사라졌습니다. 조정에서 두겸을 등용하여 안에서는 급사중을 맡기고 밖으로는 하남윤까지 맡겼습니다. 아마도 두겸에게 그런 장점이 있음을 알아서가 아니겠습니까? 실로 그렇다면 공명한 처사가 아니겠습니까?" 혹자가 말했다. "두겸은 흉포하고 교활한 사람입니다. 멋대로 살인하여 자기 욕심을 채웠으니, 그 잘못이 분명하다는 것은 천하의 아이들도……."[18)]

或問曰 : "朝廷以公且明, 進善退不肖, 未嘗不當. 然吾有一疑焉, 願有聞於子, 以釋予也." "何哉?" 曰 : "杜兼爲濠州, 幸兵之亂, 殺無罪士二人,

---

17) 도올(檮杌)은 요당시대 전욱씨(顓頊氏)의 못난 아들을, 도철(饕餮)은 진운씨(縉雲氏)의 못난 아들을 가리킨다. 도올(檮杌)은 고집스럽고 흉포하기 짝이 없음을, 도철(饕餮)은 재화와 음식을 탐함을 의미한다.

18) 전하지 않는 부분이 있어 문장이 완전치 않다.

蓄貨足慾, 吾以爲唐檮杌、饕餮者亡以異. 然而卒入爲郎中、給事中, 出由商至河南尹, 乃死. 夫何取於兼者若是幸也?" 曰 : "若子之言, 兼之罪, 吾雖不覩乎目, 然聞之熟, 宜廢而不用久矣. 然而吾有一取焉. 吾聞兼在濠州, 有鍾離令盧某者, 宰相戚也, 而讒且諛, 日狀其僚之過愆以致於兼, 且曰 : '是過是愆, 我獨無有' 其僚因惴恐, 以俟謫怒於上, 令日施施自負, 曰 : '州君將我除也.' 兼得之, 乃大怒, 罰令, 使僚也咸得自達以進乎善, 因擯令終不得面焉. 人由是不苟免, 而讒諛之道大息. 朝廷進兼, 於內則給事中, 於外則至河南尹, 蓋知兼有是善也歟? 誠然, 不爲公且明耶?" 或者曰 : "兼, 凶狡人也. 恣殺以充己, 其爲過章章者, 凡天下兒童 ……."

천대(天對 : 하늘의 대답)[19)]

물음 : 먼 옛날 태초의 일을 누가 전하는가? 하늘과 땅이 모습을 갖추지 않았는데 무엇으로 고찰하겠는가? 밤과 낮이 나뉘지 않았는데 누가 잘 알겠는가? 원기만이 가득하여 허상뿐인데 누가 분별

19) 본편은 굴원의 「천문(天問)」에 대해 같은 형식으로 하늘의 입장에서 일일이 대답한 121개의 대답이다. 먼저 「천문」에서의 굴원의 하늘에 대한 질문을 제시하고 「천대」로 하늘의 입장에서 굴원에게 답하였다. 「천문」은 천문 지리와 역사 전설, 그리고 태초로부터 당시까지의 여러 사항에 대해 제기한 백칠십여 개의 질문인데 유종원은 121개로 나누어 답하였다. 때로는 굴원의 의견에 동의하고 때로는 반론하며 또 때로는 보완하여 설명하였다. 「천문」은 초사 중에 가장 난해한 작품으로, 해석에 많은 의견 차이가 존재한다. 따라서 그에 답한 유종원의 「천대」도 매우 난해할 뿐만 아니라, 그가 해석하는 「천문」의 내용이 지금의 통설에 따른 풀이와 같지 않은 경우도 있다. 반대로 유종원의 「천대」는 「천문」의 해석에 주요 참고자료가 될 수도 있으나, 사계의 대가인 장사교조차도 난해하여 풀이되지 않는 부분이 많다고 하였으며, 아직까지 원서 외의 주해도 출현하지 않고 있다. 본고는 「천문」의 해석이 여러 가지로 나뉘는 경우에 유종원의 「천대」의 대답을 우선 고려했다. 한편 유종원의 이 글은 당대의 「이소(離騷)」로 불리기도 하는데, 그의 합리적 사고와 박식함의 징표가 되기도 한다.

하여 알겠는가? 밝았다가는 또 어두워지는데 그것은 무엇이 그리하는 것인가?

대답 : 태초의 일은 아득하기만 하니 거짓말쟁이가 전한다. 거대한 영기(靈氣)가 뒤엉켜 있었으니 어찌 무어라 말하겠는가! 어둠과 밝음이 교대로 바뀌며 진을 치고 혼돈의 상태에서 만물을 만들어 감에 있어 오직 원기만이 존재하니, 어찌 그렇게 만드는 그 무엇이 있겠는가!

물음 : 음양의 결합과 상호작용에서 무엇이 근원이고 무엇이 화육된 것인가?[20]

대답 : 결합이란 상호작용으로서 원기 하나에 의해 통제된다. 더운 기운과 차가운 기운을 불어내어 교차시킴으로써 만물을 생성한다.

물음 : 둥근 하늘은 아홉 겹인데 누가 경영하고 계획하는 것인가?

대답 : 하늘은 그 무엇이 경영하는 것이 아니며, 양기가 겹쳐 아홉 겹이 된 것이다. 바퀴처럼 돌아가는 혼돈상태이므로 둥글다고 말한다.

물음 : 이 하늘은 어찌도 그리 대단한가, 그런데 그 누가 처음으로 만들었는가?

대답 : 양의 기운이 응결하여 현묘하게 운영되니 아무런 공력도 없고 작위도 없다.

물음 : 회전의 중심축은 어디에 묶여있으며, 하늘의 끝은 어디에 달려 있는가?[21]

대답 : 하늘이 어찌 어디에 묶여 제 자리를 가지겠는가! 끝이 없으며 한없이 넓다. 형체를 부여하려한들 무엇이 감히 그리 크겠는가!

물음 : 여덟 기둥은 어디를 받치고 있는가?[22] 동남쪽은 왜 기울어져있

20) 원문의 '三'은 '참(參)'의 의미로 풀이하는 것이 통설이다. 왕일(王逸)은 天地人의 셋으로 풀이하였으나 채택하지 않는다.

21) 회전의 중심축[斡維]은 북두성의 자루가 되는 세 별과 뒷면의 세 별을 가리킨다고도 한다. 주자는 하늘의 끝[天極]을 남극과 북극으로 풀이했다.

22) 여덟 기둥[八柱]은 전설 속에 하늘을 받치고 있다는 여덟 개의 산을 가리킨다.

는가?[23]

대답 : 하늘은 끝없이 넓고 큰데 무슨 기둥과 처마가 있겠는가! 크고 또 분산된 것이라 받칠 수가 없는데, 어찌 여덟 기둥에 의지하겠는가!

물음 : 아홉 하늘의 경계는 어디에 있으며 어디에서 연결되어 있는가?[24]

대답 : 하늘은 푸르지도 누렇지도 않으며 붉지도 검지도 않고, 가운데도 없고 가장자리도 없는데 어떻게 기준을 잡아 나누겠는가!

물음 : 하늘은 모퉁이가 많은데 누가 그 수를 아는가?

대답 : 교묘한 속임수와 거짓말로 어두운 하늘과 밝은 하늘을 구별한다. 모퉁이가 없으니 어찌 그 수의 문제로 멍청해지겠는가!

물음 : 하늘과 땅은 어디에서 만나며, 열두 가지 해[年]는 어떻게 나뉘는가?

대답 : 대나무와 갈대줄기를 베어 이리저리 교차시켜 점쳐 해[日]가 뜨고 지는 길을 탐구하여 제 나름으로 열두 가지 해[年]로 나누었다. 내가 그리한 것이 아니니 어찌 그대에게 알려주겠는가!

물음 : 해와 달은 어디에 속하는가? 뭇 별들은 어떻게 배치되어 있는가?

대답 : 밝은 해와 달이 있는 곳은 태허(太虛) 그곳이다. 바둑알처럼 퍼져 빛나는 수많은 별들도 모두가 그곳에 있다.

물음 : 태양은 탕곡(湯谷)에서 나와 몽사(蒙汜)로 들어가 머무는 것인가?[25]

대답 : 바퀴살통이 남쪽으로 구를 때 그 축은 북쪽에 고정된다. 무슨 뜨고 짐이 있는가? 오직 그대가 위치한 방향에 따른 차이이다. 단순히 왕복하여 운행하는데 무슨 탕곡과 몽사가 있겠는가?

물음 : 밝아져서 어두워지기까지 행로가 얼마나 되는가?

---

23) 동남쪽의 지세가 낮음을 가리킨다.

24) 아홉 하늘[九天]은 동방의 호천(皞天), 동남방의 양천(陽天), 남방의 적천(赤天), 서남방의 주천(朱天), 서방의 성천(成天), 서북방의 유천(幽天), 북방의 현천(玄天), 동북방의 변천(變天), 중앙의 균천(鈞天)을 가리킨다.

25) 태양은 동쪽 탕곡(湯谷)에서 나와 저녁에 몽사(蒙汜)로 들어간다고 한다.

대답 : 해가 비치면 밝고 안 비치면 어둡다. 그 요원함은 거리단위로 계산할 수 없다.

물음 : 밤의 빛인 '달'은 무슨 덕이 있어 죽었다가 다시 살아나는가?

대답 : 밝은 태양빛은 짝할 것이 없어서 그에 가까이 있을 때는 어두워졌다가 멀어지면 환해지니, 달에게 무슨 죽고 삶이 있겠는가!

물음 : 무슨 이로움이 있다고 달은 배 안에 토끼를 기르는가?

대답 : 달빛에는 결함이 많아 토끼 모습으로 보이는 것이니, 실제의 형체가 아니면서 신기하게 그렇게 보이는 것이다.

물음 : 여기(女岐)는 남편도 없는데 어떻게 아홉 자식을 두었는가?[26)]

대답 : 강건한 양기와 성대한 음기가 오르내리며 마찰하는 중에 영험한 여기가 자식을 가졌으니 어찌 남편이 필요했겠는가!

물음 : 역귀(疫鬼)인 백강(伯强)은 어디에 있고 화기(和氣)는 어디에 있는가?[27)]

대답 : 괴이함과 음산함이 퍼지면 백강이 나타나고, 조화롭고 순조로우면 화기가 출현한다. 수시로 이르렀다가 사라지니 무슨 고정된 곳이 있겠는가![28)]

물음 : 무엇이 닫히면 어둡고 무엇이 열리면 환한가?

대답 : 밝음은 그 무엇이 열려서가 아니고 어두움도 그 무엇이 닫혀서가 아니다.

물음 : 동방의 각수(角宿)가 밝기 전에 태양은 어디에 숨어있는가?[29)]

대답 : 무슨 문의 밝고 어두움이 있겠는가? 궤도에 대한 오해 때문이다. 창룡(蒼龍)을 그 거처로 여기고 각수(角宿)와 항수(亢宿)에 그 문이

---

26) 여기(女岐)는 남편 없이 아홉 자식을 두었다는 전설 속의 신녀(神女)이다.

27) 백강(伯强)은 역귀(疫鬼)를 가리킨다.

28) 음양의 조화 여부에 따름을 의미한다.

29) 각수(角宿)는 두 개의 별로 이루어진 별자리로, 그 사이에 천문(天門)이 있으며 새벽에 동쪽에 나타난다고 한다. 여기에서는 동방을 의미한다. 원문의 요령(曜靈)은 태양을 가리킨다.

있다고 여겨서이다.[30)]

물음 : 홍수를 다스리는 일을 맡을 수 없었는데도 사람들은 왜 곤(鯀)을 천거하였는가?[31)] 사람들이 무엇을 걱정하느냐고 하였는데도, 왜 요임금은 그를 먼저 시험해봄으로써 일을 시키려하지 않았는가?

대답 : 곤(鯀)은 남과의 사이가 시끄러웠으며, 성인과 가까운 사이였지만 품행이 못됐었다. 대중들은 잘 모르고 그 못난 사람을 천거한 것이다. 후에 대중들이 탓하는 바람에 요임금이 못마땅하면서도 시험해본 것이다.

물음 : 솔개와 거북이가 물어뜯어 끌고 다녔는데 곤은 어찌하여 그렇게 당한 것인가?[32)] 대중의 뜻에 순응하여 성공하려 하였는데 요임금이 왜 벌을 내렸는가? 오래도록 우산(羽山)에 가두어 두었는데 왜 여러 해가 지나도록 사면하지 않았는가?

대답 : 식양(息壤) 땅을 훔쳐 홍수를 막아 요임금의 노여움을 샀기 때문이다.[33)] 그리하여 벌을 주고 우산(羽山)에 가두어 두었다. 그러나 그의 아들 우(禹)를 등용하여 수리사업을 완성하여 땅을 안정시켰다. 어찌 그 아버지를 내던져 솔개와 거북이 주둥이에 맡겼겠는가?

물음 : 우(禹)는 곤(鯀)의 배에서 나왔는데 어떻게 그렇게 다르게 변한 것인가? 예전의 사업을 이어받아 마침내 돌아가신 아버지의 일을 성공시켰다. 어찌하여 처음의 사업을 계승하였는데 그 방법은 달랐는가?

---

30) 창룡(蒼龍)은 이십팔 수(宿) 중의 동방 7수로 각(角)·항(亢)·저(氐)·방(房)·심(心)·미(尾)·기(箕)의 총칭이다.

31) 우임금의 아버지 곤(鯀)을 두고 하는 말이다. '곤(鯀)'은 '곤(鮌)'으로도 쓴다.

32) 일설에 의하면, 치귀(鴟龜)라는 새 머리에 거북이 꼬리를 한 전설 속의 동물이 곤이 치수할 때 돌을 끌어 흔적을 남겼고 곤은 그를 따라 제방을 쌓았다고 한다. 그리고 원문의 '청(聽)'은 '성(聖)'의 의미로 풀이한다. 즉 "치귀가 돌을 물어 끌어당겨 도왔다는데 곤에게 무슨 덕이 있어서인가?"로 풀이할 수 있다. 그러나 뒤에 보이는 유종원의 대답을 고려하여, "(곤이 공을 이루지 못해 우산에 버려졌을 때) 솔개와 거북이가 물어뜯으며 끌었는데, 왜 곤은 그렇게 당하였는가?"로 풀이한다.

33) 식양(息壤)은 무엇이든 잘 자라고 황폐해지지 않는다는 전설 속의 땅이다.

대답 : 기질이 못됐으면 해를 당함이 당연하나 뒤를 이은 자식은 성인다울 수 있다. 진흙탕 속에서 연꽃이 피어나듯, 원래 그들을 같이 놓고 비교할 수는 없다. 손에 못이 박히고 다리를 절며 난간에 의지하고 길가에서 고생하여, 13년이 되어서야 아버지의 잘못을 덮었다. 마땅히 천하의 법제를 정하고 제왕이 사용하는 옥기를 받았어야한다. 어리석음에서 화가 발생하고 덕에서 총명함이 생긴다. 우는 성씨만을 이은 것이다. 어찌 그 방법마저 본받았겠는가!

물음 : 홍수는 더없이 바닥이 깊었는데 어떻게 메운 것인가?

대답 : 홍수의 바닥을 파내고 막힌 언덕을 깎아낸 것이다. 깊은 못을 어떻게 메워 땅을 고르게 했겠는가!

물음 : 땅을 아홉 주(州)로 나누었는데 어떻게 나눈 것인가?

대답 : 백성들의 상황에 따라 아홉 주로 나누었으니, 각 지방의 생산력을 구분하여 상 · 중 · 하로 나누었다.

물음 : 응룡(應龍)은 어떻게 땅을 그어낸 것인가?[34] 강물은 어디를 경과하여 바다로 갔는가?

대답 : 성인이 무엇이 부족하여 용의 지혜를 사용했겠는가? 삽으로 부지런히 힘썼는데, 용이 꼬리로 그었다고 속인다!

물음 : 곤(鯀)이 행한 일은 무엇인가? 우(禹)가 이룬 것은 무엇인가? 강회(康回)는 왜 노했으며, 땅은 어떤 이유로 동남쪽으로 기울었는가?[35]

대답 : 둥근 하늘은 광대한 땅을 덮고 있으며 받침대는 없다. 동남쪽 땅이 그런 것은 서북쪽 땅이 그렇지 않은 경우와 마찬가지이다. 저 강회(康回)라는 자가 어떻게 그럴 힘이 있겠는가? 어느 누가 그런 말로 그대를 놀라게 하고 하늘을 욕보이는가?

---

34) 응룡(應龍)은 날개가 달린 용으로, 우가 치수할 때 꼬리로 땅을 그어 물길을 만들었다고 한다.

35) 강회(康回)는 공공(共工)의 이름이다. 그가 전욱(顓頊)과 천자의 자리를 다투다가 실패하자 화가 나 부주산(不周山)을 들이받아 하늘을 받치던 기둥이 부러져 땅이 동남방으로 기울어졌다고 한다.

물음 : 아홉 주는 어떻게 분산되어 배치된 것인가? 강과 골짜기는 어떻게 파인 것인가?

대답 : 아홉 주의 분산과 배치는 지형에 따랐으며 우가 친히 다닌 후에 정해졌다. 급한 물길과 고요한 골짜기는 그 지세에 높낮이가 있어서이다.

물음 : 동쪽으로 흘러가도 바다가 넘치지 않는데, 누가 그 까닭을 아는가?

대답 : 동쪽으로 흘러 귀허(歸墟)에 이르렀다가는 다시 서쪽으로 돌아가 채운다. 땅의 틈과 흙의 사이로, 탁한 물은 탁한 채로 맑은 물은 맑은 채로 움직인다. 부풀어 오른 검고 단단한 땅이 마르고 성기면 그 마른 곳에 스며들어 올라간다.[36] 그리하여 채워져 넘치면 다시 새어 동쪽으로 흐른다. 그 움직임이 유유하니 어찌 넘침이 있겠는가!

물음 : 동서와 남북 중에 어느 쪽이 긴가?

대답 : 동서와 남북은 그 끝이 없다. 끊임없이 이어진 것을 어떻게 그 길이를 재겠는가!

물음 : 남북의 길이가 길다고 하는데 그 차이는 얼마나 되는가?

대답 : 아득하고 일정하지 않은데 무엇이 길고 무엇이 짧겠는가!

물음 : 곤륜산(崑崙山)의 현포(縣圃)는 어디에 있는가?[37]

대답 : 하늘 높은 곳, 곤륜산에 현포가 있다. 흩어진 머리에 호랑이 이빨을 지닌 이가 그곳에 거처한다.[38]

물음 : 층성(增城)은 아홉 겹이라는데 그 높이는 얼마인가?[39]

---

36) 원문의 '분로(墳壚)'는 지하의 부풀어 오른 검은색의 단단한 흙이다.

37) 곤륜산(崑崙山)은 서북 지방의 산으로 원기가 발생하는 곳이라고 전한다. 현포(縣圃)는 하늘에 닿지도 않고 땅에 닿지도 않은 곳으로 하늘과 통하는 곳이라고 한다. 곤륜산 정상을 가리킨다.

38) 서왕모(西王母)를 가리킨다.

39) 층성(增城)은 곤륜산의 세 단계 가운데 최상층으로 신이 거처하는 곳이라고 전한다. '增'은 '層'으로도 쓰며 독음은 '층'이다.

대답 : 층성의 높이는 일만 삼천 리이다.

물음 : 사방의 문으로 누가 드나드는가?

대답 : 시원함과 따뜻함과 더위와 추위가 계절에 따라 교대로 나온다. 계절이 크게 바뀌는 까닭에 사람들이 문을 생각해낸 것이다.

물음 : 서북의 문이 열리면 어떤 기운이 소통되는가?

대답 : 서북의 문이 열려 소통되는 것은 원기이다.

물음 : 햇빛이 미치지 않는 곳은 어디인가? 촉룡(燭龍)은 어떻게 빛을 비추는가?[40)]

대답 : 긴 용이 입으로 불을 뿜으며 북으로 머리를 향하면, 겹겹이 그늘져 한없이 어둡던 곳이 밝게 변한다.

물음 : 희화(羲和)가 (태양을) 떠올리기 전에 약목(若木)의 꽃이 빛을 비추는가?[41)]

대답 : 약목의 꽃은 희화에 의존하여 빛을 비춘다.

물음 : 어느 곳의 겨울이 따뜻하고 어느 곳의 여름이 추운가?

대답 : 광산(狂山)은 꽁꽁 얼어붙어 하지에도 얼음이 얼고, 염주(炎洲)라는 곳에서는 추위의 신도 힘을 쓰지 못한다.

물음 : 어디에 바위 숲이 있는가? 어떤 동물이 말을 할 줄 아는가?

대답 : 바위가 어찌 숲을 이루지 못하겠는가? 서쪽 끝을 가보아라. 동물도 중얼대고 사람의 이름까지 안다.

물음 : 곰을 업고 장난치는 규룡(虯龍)이 어디에 있는가?

대답 : 어떤 규룡은 꿈틀꿈틀 뿔도 비늘도 없는데, 검은 곰과 장난침으로써 함께 신령스러워진다.

물음 : 웅훼(雄虺)라는 독사는 머리가 아홉 개인가? 숙(儵)과 홀(忽)은 어디에 있는가?[42)]

40) 촉룡(燭龍)은 하늘의 서북방 해가 미치지 못하는 곳을 밝힌다는 전설 속의 동물이다.

41) 희화(羲和)는 태양신의 마부, 약목(若木)은 곤륜산 서쪽에 있는 신령스런 나무로 붉은 빛으로 대지를 비춘다고 한다.

대답 : 남방에 괴이한 독사가 있는데 여러 개의 머리를 가지고 문다. 숙과 홀은 남해와 북해에 거처하며 그곳을 주재한다.

물음 : 어느 곳의 사람이 죽지 않으며, 장인(長人)은 어디를 지키는가?[43)]

대답 : 원구(員丘)라는 나라의 사람들이 오래 살며, 봉산(封山)과 우산(嵎山)을 지키는 장인의 몸은 가로가 구 리(里)나 된다.

물음 : 가지가 아홉 갈래인 부평초는 존재하는가? 모시[枲]의 꽃은 어디에 있는가?

대답 : 가지가 아홉 갈래라는 부평초는 거짓말이다. 부산(浮山)에 무엇이 나는가? 붉은 꽃의 모시가 난다.

물음 : 어떤 뱀은 코끼리를 삼킨다는데, 그 크기는 얼마나 되는가?

대답 : 파사(巴蛇)라는 놈이 코끼리를 삼키니 그 크기를 알 수 있다. 삼 년이 지나 그 뼈를 배출하니 그 길이는 이미 이름났다.

물음 : 흑수(黑水) · 현지(玄趾) · 삼위(三危)는 어디에 있는가?[44)]

대답 : 흑수는 멀리 흘러 불강산(不姜山)에서 끝난다. 현지는 북방에 있고 삼위는 남방에 있다.

물음 : 해가 가고가도 죽지 않으면 수명은 언제 다하는가?

대답 : 신선이란 모를 존재이니 장수한다 하여도 어찌 부러워하겠는가! 수명은 다 달라 각기 다함이 있다. 어찌하여 어지러이 과장하며 죽지 않는다고 하는가!

물음 : 능어(鯪魚)는 어디에 사는가? 기퇴(鬿堆)는 어디에 사는가?[45)]

---

42) 숙(儵)과 홀(忽)은 남방과 북방의 신인(神人)이다. 왕일(王逸)은 번개라고 하였으나 유종원은 받아들이지 않는 것으로 보인다.

43) 장인(長人)은 우임금이 제후들을 만날 때 늦게 도착한 탓에 봉산(封山)과 우산(嵎山)을 지키게 되었다고 전한다.

44) 흑수(黑水)는 서북방의 곤륜산에서 발원하며 그곳의 마름을 먹으면 장수한다는 전설상의 강이다. 또 그곳을 건너면 발이 검게 물든다고 한다. 여기서의 현지(玄趾)는 산의 이름이다. 삼위(三危) 역시 전설상의 산으로 그곳의 이슬을 먹으면 장수한다고 한다.

45) 능어(鯪魚)는 사람의 얼굴을 하고 손과 발이 달린 전설 속의 물고기이다. 기퇴(鬿堆)는 기작(鬿雀)이라고도 하며 닭의 모습을 하고 흰 머리에 쥐의 발과 호랑이의 발톱을 가지

대답 : 능어는 사람의 모습을 하고 열고야산(列姑射山) 가까운 바다에 산다. 기작(鬿雀)은 북호산(北號山)에 살며 사람만을 잡아먹는다.

물음 : 예(羿)는 어떻게 태양을 쏘아 맞추었는가? 어떻게 그 안의 까마귀를 죽여 그 날개깃을 흩뜨린 것인가?[46]

대답 : 무슨 태양이 열 개나 있어 만물을 태우겠는가! 그랬다면 예는 당연히 그 몸이 벌건 탄이 되었을 것이니 어찌 팔을 굽혀 활을 쏘았겠는가! 천리나 되는 큰 늪지에서 뭇 새들이 흩어진다.

물음 : 우임금은 힘써 치수하면서 아래 사방으로 내려와 살폈다. 어찌하여 도산(嵞山)의 여인을 취하여 뽕나무 밭에서 통혼하였는가?[47] 그 여인을 애련히 여겨 결혼하여 후손을 이었다. 어찌하여 서로 바라는 바가 다른데도 남녀 간의 쾌락을 탐하였는가?[48]

대답 : 우임금은 후사를 염려하여 도산의 여인과 서둘러 결합한 것이다. 정강이 털이 살갗에서 빠져나가도록 치수에 힘을 쓰며 세 차례나 집 앞을 지나면서도 돌아보지 않았고, 아들의 응애응애 우는 소리도 모른척하였다. 그러니 어찌 쾌락을 꾀하였겠는가! 끝내 들을 말리어 백성들이 편안히 살게 만들었다.

물음 : 계(啓)가 익(益)을 대신하여 임금이 되었고 익은 돌연히 재난을 당했다.[49] (왜인가?)

대답 : 계가 선을 행할 수 있어 사(姒)의 성(姓)이 하(夏)를 세우게 되었

고 사람을 잡아먹는 전설 속의 새이다.

46) 태양이 열 개인지라 초목이 말라 죽자 요임금이 예(羿)에게 활을 쏘게 하여 그 중 아홉 개를 맞춰 떨어뜨렸다고 한다. 까마귀는 태양 속에 산다는 삼족오(三足烏)를 가리키며, 태양을 의미한다.

47) 도산(嵞山)은 옛 나라의 이름이다. 원문의 태상(台桑)은 지명이라는 설도 있으나, 통설에 따르면 뽕나무밭으로 남녀가 몰래 야합하는 곳을 가리킨다.

48) 원문의 '조포(鼂飽)'는 아침나절의 배부름으로 '朝飽'와 통하며 남녀의 화합을 의미한다.

49) 계(啓)는 우임금의 아들이고 익(益)은 우임금의 신하이다. 우임금은 익에게 선양하였으나 익은 계를 피해 기산(箕山)으로 갔다. 백성들도 모두 익을 떠나 계에게 갔으므로 익은 임금이 되지 못하였다.

다. 하느님에게 익을 임금으로 천거했으나 하느님이 허락하지 않으셨다. 익은 다시 보통 백성이 되었는데, 그것이 어찌 근심거리이고 재난인가!

물음 : 어찌하여 계가 환난을 당하였고 구금에서 탈출하게 되었는가?[50) 왜 모두가 화살과 살통을 내놓았으며 계는 해를 입지 않았는가?

대답 : 계가 부지런히 덕정을 펼쳐 백성들이 먹고 살아갔다. 호(扈)씨가 정의를 적대시하였기에 하느님이 계에게 권력을 주어 흉악한 이를 격파하게 하였다. 성인을 그 누가 해치겠는가?

물음 : 어찌하여 익은 교체되었고 우의 후손은 번성하였는가?

대답 : 익은 백성의 어려움을 극복하여 모두가 먹고 살게 하였다. 그러나 오직 우임금만이 땅을 나누어주고 수많은 농작물을 일구게 하였다. 또 백성들이 홍수에서 벗어나 굳은 땅을 밟으며 편안히 거처하고 음식을 즐기도록 하였다. 성인다움을 잃지 않았으니 언제 어디선들 칭송하지 않겠는가!

물음 : 계는 상(商)의 음을 늘어놓아 구변(九辯)과 구가(九歌)를 만들었다.[51) (그런가?)

대답 : 계는 음조에 능통하여 천지의 이치에 맞추어 연주하였다. 같은 내용으로 분별하여 정리하였는데, 하느님이 계의 빈(嬪)과 바꾸어주었다.[52)

물음 : 어찌하여 그 부지런한 아들이 어머니의 몸을 가르고 나옴으로써 어머니가 몸이 나뉘어 땅에 흩어져 죽게 하였는가?[53)

---

50) 호씨(扈氏)는 계에게 반기를 들었다가 정벌되었다.

51) 원문의 '극(棘)'은 '급히'의 의미로, '빈(賓)'은 '알현하다'의 의미로, '상(商)'은 '제(帝)'의 오류로 보기도 한다. 다만 유종원의 대답을 고려하여 왕일의 주를 따라 '극빈(棘賓)'을 '진열하다'의 의미로 풀이하며 '상(商)'을 음조의 하나로 풀이한다.

52) 구변과 구가는 악곡의 이름으로 계가 만들었다고도 하고, 하늘에서 훔쳐왔다고도 하며, 세 아내를 하느님에게 바치고 얻어왔다고도 한다.

53) 우(禹)는 어머니의 등을 가르고 출생하였으며 그로써 어머니의 몸은 분산되었다고 한다. 혹은 우 임금의 아내인 도산씨가 계를 잉태하고 숭산(嵩山) 아래에서 바위가 되

대답 : 우의 어머니가 성인을 출산하는데 어찌 몸이 갈렸겠는가! 그것은 헛된 엉터리 말로서 총명한 이는 상대하지 않는다.

물음 : 하느님이 이예(夷羿)를 보내어 하(夏)나라 백성의 우환을 없앴다.[54] (그런가?)

대답 : 이예 자신이 황음무도하여 하후상(夏后相)을 베고 그 자리를 대신하였다. 누가 그런 잘못을 저지르고서 하느님이 보냈다고 하는가!

물음 : 예는 어떻게 하백(河伯)을 쏘았으며 낙빈(雒嬪)을 아내로 삼았는가?[55]

대답 : 하백이 그 비늘을 하얗게 떨쳐대며 반짝이는 눈에 화살을 맞았다. 하느님께 상소했으나 거짓이라 여겨져 자리를 잃고 모욕을 당했다. 낙빈 같은 미인이 어찌 교활한 예의 아내가 되었겠는가!

물음 : 예는 자개 박은 활을 가지고 날랜 활솜씨로 큰 돼지를 쏘았다. 살찐 고기를 제물로 바쳤는데 어찌하여 하느님은 마음에 기꺼워하지 않았는가?

대답 : 교만한 자가 즐겨 살생하고 돼지를 삶아 배를 불렸다. 향기로운 기름으로 하느님께 아첨하면서 도덕을 거스르며 멋대로 힘을 썼다. 어찌 기름진 고기로 입맛을 맞춤으로써 분에 넘치는 복을 누리겠는가!

물음 : 한착(寒浞)이 순호(純狐)를 차지하여 그를 꼬드겨 공모하였다.[56]

어 막 낳으려고 하는데 우가 따라와 아들을 내놓으라고 소리치자 바위가 깨어지며 익이 태어났다고 한다. 이 설에 따르면 태어난 이는 우가 아니고 우의 아들 계가 된다. 유종원의 대답을 고려하여 앞의 설을 따른다.

54) 이예는 제후로서 하후상(夏后相)을 시해하고 스스로 천자가 되었다.

55) 하백(河伯)의 황하의 신이고, 낙빈(雒嬪)은 낙수의 신으로 복비(宓妃)를 가리킨다. 하백이 흰 용으로 변해 물가에서 노니는데 예가 보고 왼쪽 눈을 쏘아 맞추었다. 하백이 하느님께 상소하자 하느님은 "깊은 곳을 신령스럽게 지키도록 하였으니 그랬다면 예가 어찌 쏘아 맞출 수가 있었겠는가? 지금 짐승으로 변해 화살을 맞도록 한 것이 마땅하다"라고 하였다고 전한다. 낙빈은 원래 하백의 아내였는데 예가 차지했다.

56) 한착(寒浞)은 예의 재상이며, 순호(純狐)는 예의 아내였다.

예는 가죽을 뚫는 활 솜씨를 가졌는데 어떻게 그 아랫사람과 결탁하여 그를 죽였는가?[57]

대답 : 한착이 아첨의 말로 아내를 구슬려 모략을 꾸미니 예가 끝내 살해되었다. 들에 나가 사냥하며 국사를 방치하여 간사한 자가 틈을 타게 만들었다. 모든 이가 원수로 여기는데도 단지 몸에 지닌 활에만 의존하였다!

물음 : 험하고 궁벽한 서쪽으로 곤(鯀)이 쫓겨날 때, 바위산을 어떻게 넘은 것인가?[58] 죽어서 누런 곰이 되었으니 무사(巫師)인들 어찌 그를 살리겠는가?

대답 : 곤(鯀)은 우산(羽山)의 바위에서 죽어 누런 곰으로 변하여 못으로 들어갔다.

물음 : (우임금은 치수를 마치고) 온 땅에 검은 기장을 파종하여 부들과 콩밭을 농지로 삼아 경작하였다. (그런가?)

대답 : 그대는 마땅히 언덕과 냇가에 조생종과 만생종의 농작물을 심어야한다. 왕골과 창포를 심고 부추와 무를 심어야한다. 대규모의 정비를 도모하면 백성들이 다같이 즐거워할 것이다.

물음 : 무엇 때문에 곤(鯀)을 남들과 같이 쫓아내었으며, 곤(鯀)의 잘못이 그렇게 컸는가?[59]

대답 : 요임금이 (우의) 아비를 혹독하게 처벌하여 그 아들이 자극 받아 공을 세웠고, 또 제사를 성대히 받들어 후세에 본받게 하였다.

물음 : 구름에 둘러싸인 흰 무지개가 왜 (최문자의) 사당을 덮었는가? (왕자교는) 왜 양약(良藥)을 얻고서도 잘 보존하지 못했는가?[60]

---

57) 예는 일곱 겹의 가죽을 뚫는 활솜씨를 지녔다고 한다.

58) 요임금이 곤(鯀)을 우산(羽山)으로 방축하였다.

59) 곤(鯀)과 같이 쫓겨난 이로 공공(工共)과 환두(驩兜)와 삼묘(三苗)가 있었다.

60) 전설은 대략 다음과 같다. 최문자(崔文子)가 왕자교(王子僑)에게서 신선술을 배웠는데, 왕자교가 구름에 둘러싸인 흰 무지개로 변하여 최문자에게 불사약을 주었다. 그러나 최문자는 놀라 창으로 무지개를 찔렀고 왕자교와 약이 떨어졌다. 최문자는 왕자교의

하늘의 법칙은 거역할 수 없으니 양기(陽氣)를 잃으면 죽는다. 큰 새는 왜 울고 최문자는 어떻게 그 몸을 잃게 하였는가?

대답 : 왕자교(王子僑)는 괴이하고 놀라웠으니 무지개의 몸에 구름 같은 의상을 입었다. 최문자(崔文子)가 그의 의상을 빼앗고 창을 휘둘렀는데도 그는 여전히 양약에 눈이 어두웠다. 끝내 큰 새로 변하여 울고 날아가며 광주리를 팽개쳤다. 흐릿하고 막연하여 아무도 알 수 없는 것은 그의 몸의 존재 여부이다.

물음 : 평예(蓱翳)는 소리쳐 비를 내리는데, 어떻게 비를 부르는가?[61)]

대답 : 깊은 곳의 양기가 잠복하여 뜨거워지면 음기가 증발하여 비가 온다. 평예는 그런 조건에 따라 비를 일으키니 그가 외치는 그 곳에 비가 온다.

물음 : 옆구리가 붙은 몸의 신령스런 사슴은 어떻게 그런 형체를 받았는가?[62)]

대답 : 기운이 괴이하고 신령스러워 그런 기이한 몸을 지녔다. 옆구리에 발들과 머리들이 붙었는데 하느님의 옆에 거주한다.

물음 : 오(鼇)라는 큰 바다거북이가 산을 지고 사지를 휘젓는데 어떻게 산이 안정되는가?[63)]

대답 : 신령이 사는 언덕은 흔들어도 안전하며 큰 거북이가 머리에 이고 있어도 고요하고 평온하다.

물음 : 배의 역할을 버리고 육지에서 다닌다면 어떻게 산을 옮기겠는가?

대답 : 배의 역할을 버리고 육지에서 다닌다면 아마도 하늘이 벌할 것

시체를 광주리로 덮었는데 잠시 후에 큰 새로 변하여 울었다. 최문자가 광주리를 열어 보자 그 새는 날아가 버렸다.

61) 평예(蓱翳)는 비를 부리는 신화 속의 존재이다.

62) 몸 하나에 다리가 여덟이고 머리가 둘인 신령스런 사슴이 있다고 한다. 혹은 바람의 신 비렴(飛廉)은 새와 사슴의 합체인 형태를 하였다고 한다.

63) 오(鼇)라는 큰 바다거북이가 봉래산(蓬萊山)을 머리에 이고서 바다에서 사지를 휘젓는다고 전한다.

이다. 용백(龍伯)나라의 거인이 그 거북이를 잡아다가 귀갑을 태우자 하느님이 그 땅과 거인을 축소시켰다.[64]

물음 : 요(澆)는 형수의 집에 가 무엇을 요구했는가?[65] 어찌하여 소강(少康)은 개를 풀어 사냥하다가 그의 머리를 베었는가?

대답 : 요(澆)는 형수를 사모하고 또 힘이 세었는데, 형수와 더불어 사슴처럼 음란한 행위를 하였다. 소강은 사냥의 기회에 그를 죽이고 하나라 왕조를 회복하였다.

물음 : 여기(女岐)는 옷을 지어주며 요(澆)와 같은 집에 머물렀다.[66] 어찌하여 착오로 자신도 목이 잘려 재앙을 당했는가?

대답 : 옷을 지어주고 같은 집에 살았으니 두 사람 모두 목이 베이는 것이 당연하다.

물음 : 탕(湯)왕은 군중을 귀순시키려 할 때 어떤 방법으로 그들을 후대하였는가?

대답 : 탕왕은 계(癸)의 군중을 귀순시키기 위해 그들을 굽어 어루만졌다.[67] 갈국(葛國)에 먼저 덕을 베푼 다음에 배은망덕한 갈백(葛伯)을 정벌하였다.[68]

물음 : 배를 뒤집듯이 짐심(斟尋)을 멸하였는데 어떻게 그리한 것인가?[69]

대답 : 소강(少康)이 하(夏)왕조를 회복하니 짐심(斟尋)이 어찌 보전되겠는가? 배를 뒤집듯이 하였다는 것은 쉬웠음을 의미하는데 어쩌

---

64) 용백(龍伯)은 거인국으로 여기에서는 그곳의 거인을 가리킨다. 그들이 큰 바다거북을 낚아다가 귀갑을 태우자 하느님이 노하여 그 나라와 거인의 크기를 축소시켰다고 전한다.

65) 요(澆)는 하나라 한착(寒浞)의 아들로 힘이 세고 흉포한 인물로 오(奡)라고도 한다. 하상(夏相)을 죽였다가 후에 그의 아들 소강(少康)에게 살해되었다. 형수는 과부였다.

66) 여기(女岐)는 요(澆)의 형수로 요의 옷을 꿰매주며 같이 거처하며 음행을 저질렀다. 밤에 소강이 습격하여 그녀를 요로 착각하여 목을 베었다.

67) 계(癸)는 걸(桀)을 가리킨다.

68) 탕왕이 걸(桀)을 정벌할 때 갈(葛)나라로부터 시작하였는데, 먼저 은혜를 베풀고 나서 그래도 그 나라 갈백이 따르지 않자 정벌하였다. 원문의 '구향(仇餉)'은 '음식물을 준 이를 원수처럼 대하다'의 의미이다.

69) 짐심(斟尋)은 나라 이름으로 소강(少康)에게 멸망당했다.

면 그보다도 더 쉬웠을 것이다.

물음 : 걸(桀)이 몽산(蒙山)을 정벌하여 무엇을 얻었는가?[70] 말희(妺嬉)는 무슨 잘못이 있었으며 탕왕은 왜 그녀를 멀리 내쫓았는가?[71]

대답 : 걸은 여색을 좋아하여 군대를 일으켜 몽말(蒙妺)을 얻었는데, 그들은 황음에 빠져 즐겼기에 탕왕의 정벌을 초래했다.[72]

물음 : 순(舜)은 근심스럽게 혼자 집안에 있었는데, 어찌하여 그 아버지는 그가 독신이 되게 하였는가? 요(堯)임금은 순의 아버지 요(姚)씨에게 알리지 않고 어떻게 두 딸을 순에게 주었는가?[73]

대답 : 순의 아버지 고수(瞽叟)는 순을 원수처럼 대해 배우자 없이 독신으로 지내게 하였다. 요임금이 딸들을 그에게 시집보내 후사를 잇게 하였다. 공경스럽고 화목하게 규수(嬀水)의 어귀에서 살았다.[74]

물음 : 그 싹이 보이는 초기에 누가 그 결과를 알 수 있는가? 십 층의 황대(璜臺)를 쌓을 때에 누가 먼 후일을 알 수 있는가?[75]

대답 : 주(紂)가 황대(璜臺)를 쌓을 때에 기자(箕子)가 결과를 예측할 수 있었다.

물음 : 복희씨(伏羲氏)가 제위(帝位)에 올랐는데 무엇을 근거로 그를 높인 것인가?[76]

대답 : 복희씨(伏羲氏)는 덕행으로 제위에 올랐으니 백성들이 최고통치

---

70) 몽산(蒙山)은 민산(岷山)으로 나라이름이다. 폭군이자 하의 마지막 왕인 걸은 몽산을 정벌하고 완(琬)과 염(琰)의 두 미인을 얻었다. 그리고는 원래의 부인 말희(妺嬉)를 낙수(洛水)의 강가에 버렸다. 이에 말희는 탕의 신하 이윤(伊尹)과 모의하여 하를 멸망시켰다.

71) 탕왕은 말희와 걸을 같이 먼 남소(南巢)로 방축하였다.

72) 몽말(蒙妺)은 말희를 가리킨다.

73) 요(姚)는 성으로, 순의 아버지를 가리킨다.

74) 규(嬀)는 산서성에서 발원하여 황하로 흘러드는 강이다. 순의 후손의 성인 동시에 순을 가리키기도 한다.

75) 주(紂)가 상아로 젓가락을 만들 때, 기자(箕子)는 주가 점점 더 사치할 것을 알고 탄식했다.

76) 팔괘(八卦)를 만들었다는 전설 속의 임금인 복희씨(伏羲氏)를 가리킨다는 설과 여와(女媧)를 가리킨다는 설이 있다. 원서의 주에는 복희씨로 보았다.

자로 섬겼다.

물음 : 여와(女媧)의 몸은 누가 설계하여 만든 것인가?[77]

대답 : 여와는 사람의 머리에 뱀의 몸체를 지녔다고 하는데 점을 쳐서 유사하게 상상해낸 것이다. 어떻게 하루에 칠십 번을 변화하겠는가? 화공(畵工)이 그림으로 속인 것이다!

물음 : 순임금은 아우에게 순종하였는데 끝내 아우가 해치려고 하였다. 어째서 아우 상(象)이 그렇게 개와도 같은 짓을 하였는데도 해를 당하지 않았는가?

대답 : 순의 아우는 형을 원수처럼 여기어 대하며 물에 빠뜨리고 불에 태우려고 하였다. 그러나 본디 너그럽고 성인다운 이가 어찌 해를 입겠는가! 덕이 있는 이에게는 개처럼 으르렁거렸어도 끝내 물지는 못했다. 형으로서 한결같이 사랑하여 비(鼻) 지방을 봉지로 주어 부유하게 해주었다.

물음 : 오(吳)나라의 경우, 고공단보(古公亶父)에 이르러 그 아들들이 그곳 남방에서 머물게 되었다.[78] 오나라가 두 남자를 얻으리라고 누가 예측했겠는가?

대답 : 아아, 태백(太伯)은 어질어 아우에게 양보하고 남방으로 피했다. 중옹(仲雍)도 그와 의기가 같아, 결국 오나라에게 득을 주었다.

물음 : 이윤이 고니국을 옥장식의 그릇에 담아 바치니 탕왕이 받았다.[79] 어찌하여 하나라의 왕업을 계승하고도 걸(桀)은 끝내 멸망했는가?

---

77) 여와(女媧)는 전설 속의 임금으로 사람의 머리에 뱀의 몸을 지녔으며 하루에 칠십 차례나 변한다고 한다.

78) 주나라의 터전을 닦은 고공단보의 장남과 차남인 태백(太伯)과 중옹(仲雍)은 셋째인 계력(季歷)에게 왕위를 양보하고 남방으로 피하였으며 그곳 오나라에서 왕이 되었다. 계력 즉 왕계(王季)는 주나라 문왕(文王)의 아버지이다. 원문의 '남악(南嶽)'은 형산(衡山)을 가리키는데 여기서는 남방을 의미한다.

79) 이윤(伊尹)은 좋은 음식을 탕왕에게 바쳐 재상이 되었으며, 탕왕을 도와 걸을 멸망시키고 상(商)을 건국했다. 이 부분은 우 또는 걸이 하느님에게 제물을 바친 것으로 보는 설이 우세하다. 그러나 유종원의 대답에 이윤을 의미하는 부분이 출현하므로 이를 근거로 이윤이 탕왕에게 음식물을 바친 것으로 보아 풀이한다.

대답: 공상(空桑)지방에서 태어난 이윤이 은(殷)나라의 건국을 도울 수 있은 것은 좋은 장식의 그릇의 음식으로 아첨하여 중용되었기 때문이라고 한다.[80] 그러나 오직 맹자만은 말을 분별할 줄 알아 그 말에 동의하지 않았다. 인자함으로써 어리석고 위태로움을 바꾼 것이지, 어찌 손재주와 계략에 의존했겠는가? 모두가 숲으로 모이고 못으로 숨는 이치와도 같아서, 포악한 왕은 그 때문에 멸망한다.[81)]

물음: 탕왕이 민간을 살피다가 아래에서 이윤을 만났다.[82] 어떻게 걸을 조(條)지방에서 쫓아내어 벌주었으며 또 왜 백성들이 복종하며 크게 즐거워하였는가?

대답: 아래 민간을 살피다가 이윤을 만났으니, 이윤이 아니고서 누가 그 일을 담당할 수 있었겠는가! 걸을 조(條)지방에서 정벌하여 소(巢)지방으로 방축하자 백성들은 혹이 제거되고 살갗이 나은 것처럼 여겼으니, 어찌 노래하지 않겠는가!

물음: 간적(簡狄)이 누대에서 제곡(帝嚳)을 모실 때 제곡은 무엇을 빌었는가?[83] 제비가 준 것으로 여인이 어떻게 임신하였는가?

대답: 제곡과 간적이 매(禖)에게 빌어 설(契)이 잉태되었다.[84] 어디에 새의 알을 먹고 임신하는 일이 있을까마는, 그런데도 괴이한 일이라며 대단하게 여긴다.

물음: 해(該)는 계(季)의 덕을 계승하여 그 아버지처럼 선량하였다.[85] (그런가?)

---

80) 공상(空桑)은 이윤의 출생지로 하남성 진류(陳留)현 부근이다.

81) 이윤이 음식물을 바쳐 재상이 되었다는 것을 부정하며, 오직 어진 정치로 걸을 멸망시킬 수 있었다는 것을 지적하는 내용이다.

82) 원문의 지(摯)는 이윤의 이름이다.

83) 간적(簡狄)은 융(娀)의 미녀인 제곡(帝嚳)의 아내로, 제비가 떨어뜨린 알을 먹고 설(契)을 낳았다고 한다. 이 부분은 "높은 누각에 사는 간적에게 어떻게 구혼하였는가?"로 풀이하기도 한다.

84) 매(禖)는 천자의 아들을 낳게 하는 신, 또는 그에게 바치는 제사이다.

85) 해(該)는 설(契)의 6세손 왕해(王亥)이고, 계(季)는 명(冥)으로 왕해의 아버지이다.

대답 : 해(該)는 그 덕이 조상을 이었으며 서방에서 욕수(蓐收)가 되었다.[86] 호랑이 발톱을 하고 손에는 창을 쥐고서 형벌을 담당하여 간악한 자를 처벌했다.

물음 : 소강(少康)은 왜 끝내 유호(有扈)국에 숨어 가축의 일을 담당하였는가?[87]

대답 : 굳건하고 신중히 가축의 일을 관장하여 요(澆)의 유호(有扈)국을 무너뜨렸던 것이다.

물음 : 간우(干羽)의 춤을 추었는데 어떻게 백성들을 복속시켰는가?[88]

대답 : 계단에서 간우의 춤을 추어 즐겁게 하자 유묘씨(有苗氏)가 태도를 바꾸어 귀순하였다. 죽이겠다고 핍박하지 않았으니 그가 어찌 반항하겠는가!

물음 : 신후(辛后)는 건장하고 피부가 고왔는데 어떻게 그리 살쪘는가?[89]

대답 : 신후(辛后)는 어리석고 광기가 있었으니 걱정할 줄 몰라 살찐 것이다. 방탕하고 몸을 쓰지 않고 놀려서 살에 기름이 쌓인 것이다. 보화를 버리지 못하고 몸에 두른 채로 불에 타고 깃대에 머리가 꽂힌 것이다.[90]

물음 : 유호(有扈)란 목동 꼬마가 어떻게 제후가 되는 행운을 만났는가? 침상에서 살해되었는데 그 운명은 어디에서 비롯되었는가?

대답 : 유호가 목동에서 제후가 된 것은 그 힘 덕분이었다. 그러나 백성들의 원망을 받았기에 계(啓)에게 침상에서 목이 베인 것이다.

물음 : 항(恒)은 계(季)의 덕목을 지켜나갔는데 어떻게 큰 소를 잡았는

86) 욕수(蓐收)는 하늘에서 형벌을 맡은 신이다. 서방의 신이기도 하며, 가을의 신이기도 하다.

87) 소강(少康)은 아버지 하후상(夏后相)을 죽인 요(澆)의 유호(有扈)국에서 가축 관리의 일을 담당하다가 끝내 요를 죽이고 하(夏) 왕조를 부흥시켰다.

88) 순(舜)에 관한 일이다.

89) 주(紂)에 관한 일이다.

90) 신후(辛后)는 주(紂)를 가리킨다.

가?[91] 왜 그는 벼슬을 구하러 가서 돌아오지 못했는가?[92]

대답 : 은무(殷武)는 조상의 덕목을 뒤따라 밟아나가 큰 소를 잡았다! 다만 어리석은 백성을 속이어 길조의 소라고 과장했다. 그러나 끝내는 잡은 것을 나누어 주어 민심을 얻었다.

물음 : 해보(解父)가 어리석은 짓을 하였기에 한 부인이 편치 못하였다. 해보(解父)는 어찌하여 올빼미가 모여 있는 가시밭에서 아이 업은 부인을 농락하였는가?[93]

대답 : 해보(解父)가 부인에게 음욕을 표했다가 야단을 맞고 얼굴이 붉어졌다. 그녀의 마음속 덕성은 보지 않고 단지 색정의 눈으로만 보았던 것이다.

물음 : 어리석은 동생이 아버지와 공모하여 형을 해치려 했다. 어찌하여 이리저리 속임수를 쓰는 자의 자손이 오래도록 흥성했는가?[94]

대답 : 상(象)은 형을 공경하지 않고 불을 놓기도 하고 우물을 메워 해치려하였다. 그러나 성인인 순은 화내지 않아 그 후손들도 대대

---

91) 사냥 중에 길조의 큰 소를 잡은 것을 가리킨다.

92) 왕국유(王國維)의 고증에 따르면, 항(恒)은 계(季)의 아들이고 해(亥)의 아우이다. 그러나 유종원은 왕일의 잘못된 주를 따라 항(恒)을 '항상'의 뜻으로 풀이하고 '계(季)'를 '말(末)'의 뜻으로 보아 설(契)를 가리키는 것으로 풀이하여 답하였다. 즉 본 구절을 탕왕의 일로 풀이하여 그에 답하였다. 다음 구절도 항이 벼슬을 추구하여 되돌리지 않은 이유를 묻는 것이나, 유종원은 왕일의 주를 따라 탕왕이 오고가며 사냥하여 얻은 것을 백성들에게 두루 분배한 것으로 풀이한 것으로 보인다. 다만 유종원은 부서설(符瑞說)에 대해 비판하고 있다.

93) 왕일은 해거보(解居父)의 일로 풀이했다. 해거보는 오나라에 초빙되는 길에 진(陳)의 묘지 부근에서 아이 업은 한 부인을 보고 욕정을 드러냈다. 그 부인은 묘지 옆이 가시밭이라 사람은 없지만 올빼미가 보고 있다며 그에게 야단쳤다. 이 부분은 상갑미(上甲微)가 전인의 길을 따랐으므로 유역(有易)지방 사람들이 편안하지 못했다는 의미로 풀이하기도 한다. 다음 구절에 대하여도, 상갑미가 만년에 음란하여 그 동생이 본받아 형수를 탐내 형을 죽이고서 자기의 아들을 후계자로 세운 일을 가리키는 것으로 풀이하기도 한다.

94) 순(舜)의 동생 상(象)은 아버지와 공모하여 순을 해치려하였다. 순에게 창고를 고치게 하고 밑에서 불을 놓고, 우물을 정돈하게 하고는 입구를 막았다. 그러나 끝내 순은 해를 당하지 않았다. 후에 순은 상에게 유비(有鼻)지방을 봉지로 주었다.

로 흥성하였다.

물음 : 탕왕이 동방을 순시하는 중에 유신(有莘)국에 이르렀다. 어떻게 소신(小臣)을 달라고 하였다가 또 훌륭한 아내도 얻었는가?[95]

대답 : 유신국의 아름다운 여인을 탕왕은 순시 중에 얻었다. 그녀는 안으로는 화목하게 하고 밖으로는 덕정을 보필했다. 이윤(伊尹)을 알게 된 것은 아내 덕이 아니다. 이윤처럼 지혜로운 신하를 어떻게 알아보지 못하겠는가!

물음 : 물가의 나무에서 그 아이가 태어났다.[96] 어찌하여 그를 미워하여 유신씨는 딸에 딸려 함께 보냈는가?

대답 : 어찌하여 어머니가 나무로 변했다는 말로 성인을 욕되게 하는가! 시끄러운 주둥이가 못돼먹어 거짓말로 왜곡하는 것이다. 온 마을이 수몰되었다면 그 누가 어머니의 꿈 이야기를 전하겠는가![97]

물음 : 탕이 중천(重泉)에서 탈출하였는데 무슨 잘못이 있었던 것인가? 민심에 견디지 못해 임금을 정벌했는데 누가 그리 부추긴 것인가?

대답 : 탕은 행동이 걸과 같지 않아 중천(重泉)에 갇혔다. 학정에 반대하고 새 법을 만든 것이 덕이 있는 그가 벌을 받은 이유이다. 노한 민중의 뜻에 따라 정권을 빼앗았으니, 이는 계(癸) 스스로 적이 되길 초래한 것이다.[98]

물음 : 제후들과 회합하여 서로 맹세를 다툴 때, 어떻게 자기가 정한

---

95) 신하는 이윤(伊尹)을 가리킨다. 탕왕이 유신국에 재능이 뛰어났다는 이윤을 요구했으나 그곳 군주가 주지 않았다. 이에 탕왕은 그 딸을 아내로 맞이하겠다고 했으며, 기뻐한 군주에게서 그녀에게 딸린 수행원으로 이윤까지 얻었다고 전한다. 『여씨춘추』에 그 기록이 보인다.

96) 이윤은 공상(空桑)에서 태어났다고 한다. 공상은 그 어머니가 임신한 후에 익사하여 변한 나무로, 그 옆에서 이윤을 얻었다고 한다. 혹은 공상을 지명으로 보기도 한다.

97) 이윤의 어머니가 임신한 후에 꿈속에서 홍수의 예언을 받아 그곳을 떠났는데, 돌아보니 과연 온 마을이 수몰되었으며 그녀도 익사하였다. 그러나 다시 속이 빈 뽕나무인 공상(空桑)으로 변했다고 전한다.

98) 계(癸)는 걸(桀)의 이름이다.

날짜대로 이행하였는가? 솔개가 떼를 지어 나는 듯 용감한 군사들은 누가 모은 것인가?[99)]

대답 : 교력(膠鬲)의 처형이 닥쳤으므로 빗속을 행진하여 날짜를 맞추었다. 물동이를 이고 가 불을 끄는 것과 같았고 인의를 내세웠기에 모두가 따랐다. 솔개 같은 군사들이 모두가 같은 마음이었기에 모을 수 있었다.

물음 : 주(紂)의 몸을 찌를 때, 숙부 단(旦)이 찬동하지 않았다.[100)] 어찌하여 친히 발(發)을 조종하였으면서도 주(周)의 운명이 시작되는 때에 탄식하였는가?[101)]

대답 : 황월(黃鉞)로 주(紂)의 목을 베는 일을 단(旦)이 어찌 좋아했겠는가! 백성들에게 복을 주었으니 탄식하면서도 찬양한 것이다.

물음 : 은(殷) 왕조에게 천하를 주었을 때 그 왕위(王位)를 어떻게 사용하였는가? 흥했다가 망한 것은 무슨 죄 때문인가?

대답 : 왕위는 백성을 감싸는 자리이니 어진이만이 차지할 수 있다. 주(紂)는 황음무도하고 해를 가했으므로 사람들이 죽여 무너뜨렸다.

물음 : (여러 군대가) 다투어 무기를 사용하였는데 어떻게 조직 관리하였는가? 나란히 몰려가 측면을 공격하였는데 어떻게 통솔하였는가?

대답 : 모두가 주(紂)를 죽이려고 앞 다투어 나아가 무기를 휘둘렀다. 측면에서 북을 쳐 방어선을 무너뜨리고 떠들썩하게 춤추듯 적을 물리쳤다.

물음 : 소후(昭后)가 성대한 규모로 출유(出遊)하여 남방에 도달했다.[102)] 무엇을 탐내서인가? 흰 꿩을 받기 위해서였는가?[103)]

---

99) 무왕(武王)이 주(紂)를 정벌할 때의 일을 가리킨다.
100) 단(丹)은 주공(周公)의 이름으로 무왕의 숙부이다.
101) 발(發)은 무왕의 이름이다.
102) 소후(昭后)는 주(周) 소왕(昭王)이다.
103) 소왕 말년에 초나라 사람이 흰 꿩을 바치겠다고 속여 소왕이 믿고 출유하였다는 기록이 있다.

대답: 한수(漢水)가에서는 소왕을 우롱하였고 형(荊)지방에서는 그를 죽이려 했다. 월상씨(越裳氏)의 예물을 받으려 했지만, 그 누가 기꺼이 흰 꿩을 바치려 했겠는가!

물음: 주(周) 목왕(穆王)은 말을 잘 몰았는데 어찌하여 천하를 주유하였는가? 천하를 두루 다니며 무엇을 구하려 하였는가?

대답: 목왕은 기초(祈招)의 권고를 알아듣지 못하고 미친 듯 돌아다녔다. 온 천하에 수레를 몰고 괴이한 것이라면 모두 구하려 하였다. 어찌하여 준마를 달려 요지(瑤池)에서 술을 마시고 서왕모(西王母)와 함께 노래했다고 속이는가?[104)]

물음: 요사스런 부부가 끌고 다니며 저자에서 소리쳐 판 것은 무엇인가?[105)] 주 유왕(幽王)은 누구에게 주살되었으며 포사(褒姒)는 어떻게 얻었는가?[106)]

대답: 못난 놈들이 이러니저러니 뽕나무 활에 대해 떠든다. 유왕이 화를 당한 것은 난잡하고 교만하며 포국(褒國)을 멸하겠다고 협박해서이다. 음탕하고 살인을 즐겨, 간언하는 이는 죽이고 비방하

---

104) 주목왕은 여덟 마리 팔준마가 끄는 수레를 타고 천하를 돌아다녔으며, 곤륜산에서 황제(黃帝)의 궁을 구경하고, 서왕모에게 초대되어 요지(瑤池)에서 술을 마시고서 화창(和唱)하였다고 전한다.

105) 주 선왕 때 한 쌍의 부부가 뽕나무 활과 왕골로 짠 화살통을 팔러 다녔다. 당시에 뽕나무 화살과 왕골 화살통이 주나라를 멸망시킬 것이라는 동요가 유행했다. 주 선왕은 그들을 잡아 죽이려고 하였고, 그들은 도망치던 중에 길에 버려진 어린 여자아이 즉 후일의 포사(褒姒)를 주워 길렀다.

106) 포사(褒姒)는 주(周)의 마지막 왕인 유왕(幽王)의 왕후로, 유왕을 황음에 빠뜨려 정사를 방치하게 하여 멸망하게 하였다. 포사와 관련하여 『국어』에 대략 다음과 같은 기록이 전한다. 하나라 말년에 한 쌍의 신룡(神龍)이 궁전에 와서 교미하였는데 자신들이 포국(褒國)의 예전 왕과 왕후라고 하였다. 당시의 왕이 제사를 바치자 그들은 사라지며 거품을 남겼다. 그 거품은 상자에 넣어 보관되어 전해지다가 주 유왕의 조부인 여왕(厲王) 때에 열렸으며 거품이 흘러 검은 자라로 변했다. 궁중의 어린 궁녀가 그 자라를 건드린 후에 커서 선왕 때에 아비 없이 여자아이를 낳았다. 아이는 아비 없는 아이라고 버려졌으며 마침 도망치던 장사꾼 부부에게 발견되어 포씨 집에서 길러졌다. 후일 유왕 때에 그 포씨가 죄를 지어 포사를 바치고 풀려났다. 유왕은 포사에 빠져 정사를 방치하여 쳐들어 온 견융(犬戎)에 의해 여산(驪山) 아래에서 피살되었다.

는 이는 도륙하였다. 어찌 용의 거품이 흉조이며, 또 자라를 탓하겠는가!

물음 : 천명(天命)은 변화하고 무상하니 누구를 돕고 누구를 벌하는가?

대답 : 하늘이란 아득하고 지각이 없으며 사람이란 아주 작고 하늘과는 무관하다. 어떻게 양자의 도리를 합치시켜 저 하늘이 잘못이라고 힐난하겠는가!

물음 : 왜 제(齊) 환공(桓公)은 아홉 차례나 제후들을 규합하였으나 끝내는 피살되었는가?

대답 : 환공은 위대하다고 큰소리치며 신하 임용에 오만하였다. 현신을 만나 아홉 차례나 제후를 규합하였으나, 후에 못된 간신을 만나 파멸되었다.

물음 : 저 주왕(紂王)을 누가 어지러이 미혹시켰는가? 어찌하여 보필하는 말을 미워하고 참언을 따랐는가?

대답 : 주왕은 누가 미혹시킨 것이 아니고 생각이 근본 문제였다. 바른 길을 거스르고 거꾸로 보아, 충신을 죽이고 간신을 등용했다.

물음 : 비간(比干)은 어떻게 왕의 뜻을 거역했기에 죽고 뇌개(雷開)는 어떻게 순종했기에 상을 받았는가?[107)]

대답 : 비간은 주왕과 뜻이 달라 죽음을 불렀고, 뇌개는 주왕의 뜻을 이루어주어 제후가 되었다.

물음 : 성인은 하나같이 미덕을 지녔는데 어째서 그 결과는 다른가?[108)] 매백(梅伯)은 몸이 소금에 절여지고 기자(箕子)는 미친 척했다.[109)]

---

107) 비간(比干)은 주왕의 숙부로 충언을 하였다가 가슴이 갈려 죽었다. 뇌개(雷開)는 주왕에게 아첨한 간신이다.

108) 왕일은 원문의 성인을 문왕으로 보았다. 그에 따르면 "성인의 한결같은 미덕은 어떻기에 끝내 다른 지방을 복속시켰는가?"로 풀이할 수 있다. 유종원도 문왕을 내세워 대답하는 것으로 보아 그 풀이를 따른 듯하다. 그러나 여전히 앞뒤의 연결이 부자연스럽다.

109) 매백(梅伯)은 주왕의 신하로 간언했다가 죽었다. 기자(箕子)는 주왕의 숙부로 화를 피해 미친 척하였다.

대답 : 문왕(文王)은 그 덕이 멀리 퍼졌기에 예(芮)지방 사람도 모두 순응하였다. 매백이 소금에 절여지고 기자가 천시되었으므로 충신이 모두 사라지고 악행이 심해졌다.

물음 : 직(稷)은 원자(元子)였는데 제곡(帝嚳)이 어찌하여 그를 미워했는가? 얼음 위에 버렸는데 왜 새가 따뜻하게 보호했는가?[110)]

대답 : 기(棄)가 신통스럽고 뛰어났는데 미워했다는 것이 어찌 분명한 사실이겠는가![111)] 얼음을 날개로 덮어 데웠다는데 어떻게 그리하여 키웠겠는가!

물음 : 직(稷)은 어찌하여 활을 당겨 화살을 날리며 뛰어난 능력으로 통솔하였는가? 하느님을 놀라게 하였는데도 어찌하여 흥성하였는가?[112)]

대답 : 직(稷)은 총명하고 지혜로워 통솔하는 것이 마땅하였다. 주왕(紂王)은 흉포하여 화를 초래했고, 무왕(武王)은 직(稷)을 받들어 계승했다.

물음 : 백창(伯昌)이 은나라가 쇠했을 때 나서서 권력을 장악하고 제후의 수령이 되었다.[113)] 어떻게 기사(岐社)를 없애고 천명을 받아 은나라를 차지하였는가?[114)]

대답 : 백창은 서부지방을 장악하고 장강(長江)과 한수(漢水) 유역을 교화하였다. 기사(岐社) 대신 태사(太社)를 세운 것은 천명이 무왕(武王)에게 넘어갔음을 가리킨다.[115)]

---

110) 제곡(帝嚳)의 아내인 강원(姜嫄)은 거인의 발자국을 따라갔다가 돌아와 직(稷)을 낳았다. 제곡은 불길하게 여겨 아이를 얼음 위에 버렸는데 큰 새가 날개로 덮어 보호했다고 한다. 왕일은 원문의 '제(帝)'를 '천제(天帝)'로, '독(篤)'을 '후(厚)'로 풀이했다. 그러나 '제(帝)'는 '제곡(帝嚳)'으로 보고, '독(篤)'은 '독(毒)'과 통하는 것으로 보는 것이 일반적이다.

111) 기(棄)는 직의 이름이다.

112) 『시경』에 후직이 태어날 때 '하늘이 조용하지 않았다[上帝不寧]'고 하였다.

113) 백창(伯昌)은 주 문왕을 가리킨다. 성은 희(姬)이고 이름은 창(昌)으로, 은 말년에 옹주백(雍州伯)에 봉해졌는데 옹주가 서쪽에 있었으므로 서백창이라고도 부른다.

114) 기(岐)는 섬서성 기산현 동북에 위치하며 주가 은을 멸하기 이전의 근거지이다. 사(社)는 토지신 또는 그에게 제사지내는 장소로 수도에 두며 정권을 상징한다.

115) 태사(太社)는 천자가 토지신에게 제사지내는 곳이다.

물음 : 재화를 가지고 기(岐)로 옮길 때 어떻게 백성들이 그를 따르도록 할 수 있었는가?[116)]

대답 : 백성들이 보따리를 싸들고 양(梁)지방을 넘은 것은 인(仁)을 우러러 따른 것으로 개미들이 냄새를 따르는 것과 같다.

물음 : 은나라에는 왕을 홀리는 여인이 있었으니 간언할 길이 어디에 있었겠는가?[117)]

대답 : 달기(妲己)가 음탕한 은나라 주왕을 멸망시켰고, 고통 받던 백성들은 서둘러 떠나갔던 것이다.

물음 : 주왕(紂王) 수(受)가 매백(梅伯)을 죽여 국을 끓여 제후들에게 마시게 하자 백창(伯昌)이 하늘에 그 일을 고하였다.[118)] 어찌하여 수(受)는 스스로 천벌을 받고 은나라의 국운을 회복할 수 없었던가?

대답 : 매백(梅伯)의 살로 국을 끓여 나누어주었으니 어찌 하늘에 고하지 않겠는가! 누구라도 주왕과 같이 악으로 가득한 자는 그 몸이 베어지고 그 나라가 멸망한다![119)]

물음 : 여망(呂望)이 저자에 있을 때 백창(伯昌)이 어떻게 그의 재능을 알아보았는가?[120)] 칼을 두드리고 목소리를 높일 때 문왕은 왜 기뻐했는가?

대답 : 여망은 백정이나 어부로 숨어 지냈지만 안으로 덕이 쌓였고 밖으로도 나타났다.[121)] 문왕은 그 마음을 보았고 그 뛰어남을 분

---

116) 고공단보(古公亶父) 즉 태왕(太王)이 기지방으로 근거지를 옮길 때의 일을 가리킨다.

117) 달기(妲己)가 주왕(紂王)을 홀려 정사를 그르치게 한 일을 가리킨다.

118) 주왕의 자가 수덕(受德)으로 수(受)는 주왕을 가리킨다. 주왕의 신하인 매백(梅伯)이 간언하자 주왕은 그를 죽여 국을 끓여 제후들에게 마시게 했다.

119) 원문의 '계(癸)'는 교감기에서 주왕(紂王)을 가리키는 '수(受)'의 오류라는 설을 제시했다. 본고는 문장의 전후를 미루어 걸(桀)을 가리키는 '계(癸)'로 보지 않고, 교감기에 제시된 하작(何焯)의 설을 따라, 주(紂)를 가리키는 '수(受)'로 보아 풀이한다.

120) 원문의 '사망(師望)'은 여망(呂望)으로 백창 즉 문왕의 태사(太師)가 된 강태공이다. 여망이 고깃간에서 장사를 할 때 문왕이 찾아가 묻자 "하급 백정[屠]은 소를 도살하고[屠] 상급 백정은 나라를 잡는다[屠]"고 하였고 문왕이 그를 수레에 태워 함께 돌아왔다.

121) 원문의 '아(牙)'는 여망이다.

명히 보았다. 칼을 휘둘러 나라를 잡았는데[屠] 마치 대퇴골(大腿骨)을 손질하듯 상(商)나라를 멸하였다.

물음 : 무왕은 은의 주왕을 죽였는데 무슨 원한이 있어서였는가?[122] 문왕의 위패를 싣고 전투하였는데 왜 그리 급하였던가?

대답 : 무왕이 주왕을 죽인 것이 어찌 제멋대로 한 것이겠는가? 고통 받고 시달리는 백성을 구하기 위해서였다. 아버지 문왕의 밤나무 위패 앞에서 (떨며) 아들로서의 경건한 자세로 정벌하였던 것이다.

물음 : 태자 신생(申生)이 목매 죽은 것은 왜인가? 그의 억울함이 천지를 흔들만한 것이었다지만 여희(驪姬)가 그 누구인들 두려워했겠는가?[123]

대답 : 태자 신생은 모함을 받고도 변론하지 못한 채로 부모에게 공손함을 표하려고 목을 매달았다. 지렁이나 요충같이 모함하고 해친다한들 천지를 바꿀 수 있겠는가!

물음 : 하늘이 명령을 내려줄 때 (왕은) 무엇을 경계해야 하는가? 천하를 다스리란 천명을 받았는데 왜 또 다른 왕조가 대신하게 되는 것인가?

대답 : 하늘이 명을 내릴 때 오직 덕이 있는 이만이 그것을 받는다. (그 후손이) 게을러 (국정을) 방기하면, 하늘이 다시 (명을 내려) 백성을 살펴준다.

물음 : 처음에 탕왕은 지(摯)를 보통 신하로 삼았다가 후에 자신을 보좌하는 대신으로 삼았다.[124] 어찌하여 끝내 탕왕의 재상이 되어 종묘에 모셔져 자손의 제사를 받게 되었는가?

대답 : 탕왕과 지의 결합이 오랫동안 제사를 받게 하였다. 처음에는 지

---

122) 무왕의 이름이 발(發)이다.

123) 이 구절에 대해서는 주왕의 사망에 관한 내용으로 풀이하기도 한다. 본고는 유종원의 대답을 고려하여 구설에 따라 신생(申生)이 계모인 여희(驪姬)의 모함을 받고 자결한 일에 관한 문답으로 풀이한다.

124) 지(摯)는 이윤(伊尹)의 이름이다.

의 능력을 모르다가 후에 알게 되어 큰 공적을 이룰 수 있었다.

물음 : 공적이 뛰어난 합려(闔廬)는 수몽(壽夢)의 손자로서, 어릴 때에 떠돌이 도망자의 신세였다.[125] 어떻게 장년이 되어 무용을 발휘하여 위엄을 떨칠 수 있었는가?

대답 : 광(光)은 할아버지 수몽의 뒤를 이어야했으므로 떠돌이 망명생활을 분하게 생각하면서 분발하였다.[126] 방황하던 중에도 반전을 꾀하여 용기를 더하고 덕에 매진하였던 것이다.

물음 : 팽갱(彭鏗)은 꿩을 요리하였는데 요임금이 왜 그것을 즐기셨는가?[127] 팽갱은 받은 수명이 몹시 길었는데도 어찌하여 슬퍼했는가?[128]

대답 : 팽갱은 꿩의 국을 끓여 요임금에게 바쳤다는데, 성인이 어찌 맛을 탐냈겠는가! 스스로가 오래 산 것이지 어찌 무엇을 먹어 오래 산 것이겠는가!

물음 : 중원 땅의 양두사(兩頭蛇)가 목초(牧草)를 다투었는데 군왕이 왜 화를 냈는가?[129] 벌과 개미는 하찮은 생물인데 어찌 그리 힘이 센가?[130]

---

125) 합려(闔廬)는 오나라 왕 수몽(壽夢)의 왕위를 이은 제번(諸樊)의 장남이었다. 아버지 사후에 숙부들이 왕위를 차례로 이었으므로 망명생활을 하였다. 후에 전제(專諸)를 시켜 숙부의 뒤를 이어 오나라 왕이 된 왕료(王僚)를 죽이고 왕이 되었다.

126) 광(光)은 합려를 가리킨다.

127) 팽갱(彭鏗)은 팽조(彭祖)로 팔백 년을 살았다고 전한다. 왕일의 주에 따르면, 팽조가 꿩의 국을 끓여 요임금에게 주어 요임금이 장수하였으며, 팽조는 팔백 년을 살고도 오래 살지 못했음을 슬퍼했다고 한다.

128) 원문의 '구(久)'는 연문(衍文)으로 보며, '장(長)'은 '창(悵)'으로 풀이한다. 혹자는 "어떻게 그리 오래 살았는가"로 풀이하기도 한다.

129) 본고는 유종원의 대답을 고려하여 왕일의 주를 따라 풀이했다. 왕일은 중주(中州)에 머리가 나뉜 뱀이 있어 목초의 열매를 다투며 서로 물어뜯는다면서 이를 이적(夷狄) 간의 상호 분쟁을 의미하는 것으로 풀이하였다. 일반적으로는 '공목(共牧)'을 서주시대 여왕(厲王)과 선왕(宣王)의 공화집정 혹은 제후들의 공동 통치로 풀이한다. 즉 '중국을 공동으로 통치했다면 전쟁이 없었을 터이니 누가 화를 내고 정벌하였겠는가?'의 의미가 된다.

130) 벌과 개미를 반기를 드는 백성들을 의미하는 것으로 보기도 한다.

대답 : 양두사는 서로 물어뜯고 밖으로는 해를 끼치지 않는다. 가는 허리의 벌은 떼를 지어 쏜다지만 어찌 걱정거리가 될 만하겠는가!

물음 : 고비 뜯던 여인이 놀라 도망쳤는데 사슴이 왜 그녀를 도와주었는가? 북으로 회수(回水)에 이르러 멈추었는데 왜 그녀는 기뻐했는가?[131)]

대답 : 회수가에 멈추어 우연히 집안이 흥성한 것이지 어찌 사슴이 그녀를 도운 것이겠는가!

물음 : 형인 진(秦) 경공(景公)이 가진 맹견을 아우 침(鍼)이 왜 욕심냈는가? 백 대의 수레로 바꾸려하다가 끝내는 봉록도 잃었다.[132)]

대답 : 아우 침(鍼)이 형의 애완물을 욕심낸 것은 사치심을 채우기 위해서였다. 갈수록 많은 수레를 제시했다가 끝내는 방축되어 나그네 신세가 된 것이다.

물음 : 초저녁 천둥 번개 칠 때 돌아가면서 어찌하여 근심하는가? 초나라의 위엄을 보존하지 못하였으니 하늘에 무엇을 기구하겠는가? 암혈에 숨어 거처하면서 무슨 말을 하겠는가? 초나라가 무공을 좋아하여 군대를 일으켰으니 어찌 오래 가겠는가? 잘못을 깨달아 고친다면 내가 또 무슨 말을 하겠는가?

대답 : 들판에서 탄식의 노래를 읊조리며 그대는 왜 원망하는가! 위엄이 추락하고 도의가 사라진 때에 직책을 맡았으니, 뜻에 합치되면 시행하고 위배되면 숨는 것이 그대에게 마땅한 바이다. 중얼중얼

---

131) 왕일의 주에 따르면, 고비를 따던 여인이 무엇엔가 놀라 도망치다가 사슴을 잡았는데 그 후에 집안이 흥성하였다고 한다. 본고는 유종원의 대답을 고려하여 왕일의 주를 따라 풀이했다. 다만 통설에 따르면, "(백이와 숙제가) 고비를 따다가 여인에게 비판받았는데 어찌하여 사슴이 도왔겠는가"로 풀이된다. 백이와 숙제가 고비를 따는데 한 여인이 고비도 역시 주나라의 초목이라고 하자 절식하였다. 『열사전(列士傳)』에 따르면, 그들이 여인의 비난을 받고 절식하여 이레가 지나자 하늘이 흰 사슴을 보내어 젖을 먹였으나 결국 그들은 수양산에서 굶어 죽었다고 한다.

132) 진(秦) 경공(景公)이 맹견을 가지고 있었는데 아우인 침(鍼)이 욕심내어 백 대의 수레와 바꾸고자 하였다. 경공은 청을 들어주지 않고 그를 쫓아내고 봉록을 빼앗았다.

성난 독설을 누구에게 하려는 것인가? 초나라 회왕(懷王)은 제(齊)나라를 미워하고 진(秦)나라에 붙더니 그 속임수에 걸렸으며, 아첨하며 교활한 자를 등용하여 정도에 역행하는 정치를 시행하였다. 기꺼이 화를 맞이하며 서둘러 현인을 제거했다. 남의 말을 듣지 않아 변화시킬 수 없다면 단지 그대만 피로할 따름이다.[133)]

물음 : 오광(吳光) 합려(闔廬)는 땅을 다투는 싸움에서 왜 우리 초나라에 늘 승리하였는가?[134)]

대답 : 합려는 무력을 확충하여 사치스럽고 쇠퇴한 초를 상대했기 때문이다.

물음 : 자문(子文)의 어머니는 어찌하여 마을과 묘지들을 돌아다니며 음행을 저지르고도 자문(子文)을 낳았는가?[135)]

대답 : 오도(於菟) 자문은 (다시) 출현할 수 없으니, 태만한 이에게 어찌 현인이 찾아오겠는가![136)]

물음 : 나는 (회왕에게) 도오(堵敖)처럼 오래가지 않으리라고 말했다.[137)]

대답 : 나를 탄식시키는 것은 회왕이 도오처럼 단명하여 객사한 일이다.

물음 : 나는 어찌하여 임금을 시험하여 자신의 충성스런 명성이 멀리

---

133) 초와 제가 친교를 맺고 있던 초 회왕(懷王) 때에, 진이 제를 정벌하려고 초에 장의(張儀)를 사신으로 보내 땅 육백 리를 주겠다며 제와의 단교를 사주하였다. 회왕은 땅에 욕심을 내 제와의 친교를 끊었으나, 장의는 육 리의 땅을 약속했었다며 속임수를 썼다. 이에 노한 회왕은 진을 공격했다가 단양(丹陽)에서 대패했다. 다음 해에 진은 한중(漢中) 땅을 떼어주며 초와 화친하였다. 당시에 진의 소왕(昭王)이 초의 회왕과 만나고자 하였으며 회왕이 만나러 가려하였다. 이때 굴원이 "진은 호랑이나 늑대와 같은 믿을 수 없는 나라이니, 가지 않는 것이 좋습니다"라고 간언하였다. 그러나 회왕은 굴원의 간언을 듣지 않고 진에 갔다가 그곳에서 죽었다.

134) 오의 합려(闔廬)는 초와 싸워 수도 영(郢)을 함락시켰으며 초 소왕(昭王)은 도망쳤다.

135) 자문(子文)은 초의 현명했던 영윤(令尹)으로 음탕했던 어머니에게서 출생하였다. 음행의 결과로 낳은 아이였으므로 버려졌으나 범의 젖을 먹고 자랐다.

136) 오도(於菟)는 투누오도(鬭穀於菟), 즉 영윤자문(令尹子文)의 별명이다. 누(穀)는 유(乳)의 의미이다. 오도(於菟)는 범의 별칭이며, 또 자문이 버려져 범의 젖을 먹고 자란 곳의 지명이기도하다.

137) 도오(堵敖)는 초 문왕(文王)의 아들로 5년 동안 재위했다. 후에 성왕(成王)이 되는 아우 웅운(熊惲)에게 살해되었다.

퍼지도록 하는 것인가?[138]

대답 : 실로 그대가 충직이란 이름을 숭상하지 않는다면 어찌하여 그에 관한 일을 한껏 말하겠는가!

問曰 : 邃古之初, 誰傳道之? 上下未形, 何由考之? 冥昭瞢闇, 誰能極之? 馮翼惟像, 何以識之? 明明闇闇, 惟時何爲?

對曰 : 本始之茫, 誕者傳焉. 鴻靈幽紛, 曷可言焉! 曶黑晰眇, 往來屯屯, 厖昧革化, 惟元氣存, 而何爲焉!

問 : 陰陽三合, 何本何化?

對 : 合焉者三, 一以統同. 吁炎吹冷, 交錯而功.

問 : 圜則九重, 孰營度之?

對 : 無營以成, 沓陽而九. 轉輠渾淪, 蒙以圜號.

問 : 惟茲何功, 孰初作之?

對 : 冥凝玄釐, 無功無作.

問 : 斡維焉繫? 天極焉加?

對 : 烏傒繫維, 乃麋身位! 無極之極, 漭瀰非垠. 或形之加, 孰敢大焉!

問 : 八柱何當? 東南何虧?

對 : 皇熙亹亹, 胡棟胡宇! 宏離不屬, 焉恃夫八柱!

問 : 九天之際, 安放安屬?

對 : 無青無黃, 無赤無黑, 無中無旁, 烏際乎天則!

問 : 隅隈多有, 誰知其數?

對 : 巧欺淫誑, 幽陽以別. 無隈無隅, 曷懵厥列!

問 : 天何所沓? 十二焉分?

對 : 折篿剡筳, 午施旁豎, 鞠明究曛, 自取十二. 非余之爲, 焉以告汝!

---

138) 형인 도오(堵敖)를 살해한 웅운(熊惲) 즉 성왕이 충직하다는 명성이 빛나는 까닭을 물은 것으로 풀이하기도 한다. 본고에서는 왕일의 설에 근거한 유종원의 대답을 고려하여, 굴원이 자신의 행위를 두고 한 말로 풀이한다.

問 : 日月安屬, 列星安陳?

對 : 規燬魄淵, 太虛是屬. 棋施萬熒, 咸是焉託.

問 : 出自湯谷, 次于蒙汜.

對 : 輻旋南晝, 軸奠于北. 孰彼有出次, 惟汝方之側! 平施旁運, 惡有谷、汜!

問 : 自明及晦, 所行幾里?

對 : 當焉爲明, 不逮爲晦. 度引久窮, 不可以里.

問 : 夜光何德, 死則又育?

對 : 燬炎莫儷, 淵迫而魄, 遐違乃專, 何以死育!

問 : 厥利維何, 而顧菟在腹?

對 : 玄陰多缺, 爰感厥兎, 不形之形, 惟神是類.

問 : 女岐無合, 夫焉取九子?

對 : 陽健陰淫, 降施蒸摩, 歧靈而子, 焉以夫爲!

問 : 伯强何處, 惠氣安在?

對 : 怪瀰冥更, 伯强乃陽, 順和調度, 惠氣出行, 時屆時縮, 何有處鄕!

問 : 何闔而晦, 何開而明?

對 : 明焉非闢, 晦焉非藏.

問 : 角宿未旦, 曜靈安藏?

對 : 孰旦孰幽, 繆躔于經. 蒼龍之寓, 而廷彼角亢.

問 : 不任汨鴻, 師何以尙之? 僉答何憂, 何不課而行之?

對 : 惟鮌譊譊, 隣聖而孽. 恒師尨蒙, 乃尙其圯. 后惟師之難, 矎頞使試.

問 : 鴟龜曳銜, 鮌何聽焉? 順欲成功, 帝何刑焉? 永遏在羽山, 夫何三年不施?

對 : 盜堙息壤, 招帝震怒. 賦刑在下, 而投棄于羽. 方陟元子, 以胤功定地. 胡離厥考, 而鴟肆喙!

問 : 伯禹腹鮌, 夫何以變化? 纂就前緖, 遂成考功. 何續初繼業, 而厥謀不同?

對 : 氣孽宜害, 而嗣續得聖, 汙塗而蕖, 夫固不可以類. 胝躬躄步, 橋楯勩路. 厥十有三載, 乃蓋考醜. 宜儀刑九疇, 受是玄寶. 昏成厥孽, 昭生於德, 惟氏之繼, 夫孰謀之式!

問 : 洪泉極深, 何以窴之?

對 : 行鴻下隤, 厥丘乃降. 焉塡絶淵, 然後夷于土!

問 : 地方九州, 何以墳之?

對 : 從民之宜, 乃九於野, 墳厥貢藝, 而有上中下.

問 : 應龍何畫, 河海何歷?

對 : 胡聖爲不足, 反謀龍智? 畚鍤究勤, 而欺畫厥尾!

問 : 鮌何所營, 禹何所成? 康回馮怒, 地何故以東南傾?

對 : 圜燾廓大, 厥立不植. 地之東南, 亦已西北. 彼回小子, 胡顚隕爾力! 夫誰駭汝爲此, 而以慁天極?

問 : 九州何錯? 川谷何洿?

對 : 州錯富媼, 爰定于趾. 躁川靜谷, 形有高庳.

問 : 東流不溢, 孰知其故?

對 : 東窮歸墟, 又環西盈. 脈穴土區, 而濁濁淸淸. 墳壚燥疏, 滲渴而升. 充融有餘, 泄漏復行. 器運浟浟, 又何溢爲!

問 : 東西南北, 其修孰多?

對 : 東西南北, 其極無方. 夫何鴻洞, 而課校脩長!

問 : 南北順橢, 其衍幾何?

對 : 茫忽不準, 孰衍孰窮!

問 : 崑崙縣圃, 其尻安在?

對 : 積高于乾, 崑崙攸居. 蓬首虎齒, 爰穴爰都.

問 : 增城九重, 其高幾里?

對 : 增城之里, 萬有三千.

問 : 四方之門, 其誰從焉?

對 : 淸溫燠寒迭出于時. 時之丕革, 由是而門.

問 : 西北辟啓, 何氣通焉?

對 : 辟啓以通, 茲氣之元.

問 : 日安不到, 燭龍何照?

對 : 修龍口燎, 爰北其首, 九陰極冥, 厥朔以炳.

問 : 羲和之未揚, 若華何光?

對 : 惟若之華, 禀羲以耀.

問 : 何所冬暖? 何所夏寒?

對 : 狂山凝凝, 氷于北至. 爰有炎洲, 司寒不得試.

問 : 焉有石林? 何獸能言?

對 : 石胡不林? 往視西極! 獸言嘐嘐, 人名是達.

問 : 焉有虬龍, 負熊以遊?

對 : 有虬螓蛇, 不角不鱗, 嬉夫玄熊, 相待以神.

問 : 雄虺九首, 儵忽焉在?

對 : 南有怪虺, 羅首以噬. 儵、忽之居, 帝南、北海.

問 : 何所不死? 長人何守?

對 : 員丘之國, 身民後死. 封、嵎之守, 其橫九里.

問 : 靡萍九衢, 枲華安居?

對 : 有萍九岐, 厥圖以詭. 浮山孰產? 赤華伊枲.

問 : 一蛇呑象, 厥大何如?

對 : 巴蛇腹象, 足覿厥大. 三歲遺骨, 其修已號.

問 : 黑水、玄趾, 三危安在?

對 : 黑水淫滛, 窮于不姜. 玄趾則北, 三危則南.

問 : 延年不死, 壽何所止?

對 : 僊者幽幽, 壽焉孰慕? 短長不齊, 咸各有止. 胡紛華漫汗, 而潛謂不死!

問 : 鯪魚何所? 鬿堆焉處?

對 : 鯪魚人貌, 邇列姑射. 鬿雀峙北號, 惟人是食.

問 : 羿焉彃日? 烏焉解羽?

對 : 焉有十日, 其火百物! 羿宜炭赫厥體, 胡庸以枝屈! 大澤千里, 羣鳥是鮮.

問 : 禹之力獻功, 降省下土四方. 焉得彼嵞山女, 而通之于台桑? 閔妃配合, 厥身是繼. 胡爲嗜慾不同味, 而快鼂飽?

對 : 禹懲于續, 嵞婦亟合. 胑離厥膚, 三門以不眡. 呱呱之不盡, 而孰圖味! 卒燥于野, 民攸宇攸曁.

問 : 啓代益作后, 卒然離蠥.

對 : 彼呱克臧, 俾姒作夏. 獻后益于帝, 諄諄以不命. 復爲叟耆, 曷戚曷孽!

問 : 何啓惟憂, 而能拘是達? 皆歸射鞠, 而無害厥躬.

對 : 呱勤于德, 民以乳活. 扈仇厥正, 帝授柄以撻兇窮. 聖庸夫孰克害!

問 : 何后益作革, 而禹播降?

對 : 益革民艱, 咸粲厥粒. 惟禹授以土, 爰稼萬億. 違溺踐垍, 休居以康倉. 枯不失聖, 天胡往不道!

問 : 啓棘賓商, 九辯、九歌.

對 : 啓達厥聲, 堪輿以呻. 辯同容之序, 帝以貿嬪.

問 : 何勤子屠母, 而死分竟地?

對 : 禹母產聖, 何副厥旅! 彼淫言亂噣, 聰眡以不處.

問 : 帝降夷羿, 革孽夏民.

對 : 夷羿滔荒, 割更夏相. 夫孰作厥孽, 而誣帝以降!

問 : 胡羿射夫河伯, 而妻彼雒嬪?

對 : 震鰝厥鱗, 集矢于皖. 肆叫帝不諶, 失位滋嫚. 有洛之嫮, 焉娶于狡!

問 : 馮珧利決, 封狶是射. 何獻蒸肉之膏, 而后帝不若?

對 : 夸夫快殺, 鼎狶以慮飽. 馨膏腴帝, 叛德姿力. 胡肥台舌喉, 而濫厥福!

問 : 浞娶純狐, 眩妻爰謀. 何羿之射革, 而交吞揆之?

對 : 寒讒婦謀, 后夷卒戕. 荒棄于野, 俾奸民是臧. 擧土作仇, 徒怙身弧!

問 : 阻窮西征, 巖何越焉? 化而爲黃熊, 巫何活焉?

對 : 鮌殛羽巖, 化黃而淵.

問 : 咸播秬黍, 莆雚是營.

對 : 子宜播植稺, 于丘于川. 維莞維蒲, 維菰維蘆, 丕徹以圖, 民以讙以都.

問 : 何由幷投, 而鮌疾修盈?

對 : 堯酷厥父, 厥子激以功, 克碩厥祀, 後世是郊.

問 : 白蜺嬰茀, 胡爲此堂? 安得夫良藥, 不能固臧? 天式縱橫, 陽離爰死. 大鳥何鳴, 夫焉喪厥體?

對 : 王子怪駭, 蜺形茀裳. 文褫操戈, 猶懵夫藥良. 終鳥號以游, 奮厥篚筐. 習漠莫謀, 形胡在胡亡.

問 : 萍號起雨, 何以興之?

對 : 幽陽潛爨, 陰蒸而雨, 萍馮以興, 厥號爰所.

問 : 撰體協脅, 鹿何膺之?

對 : 氣怪以神, 爰有奇軀. 脅屬支偶, 尸帝之隅.

問 : 鼇戴山抃, 何以安之?

對 : 宅靈之丘, 掉焉不危, 鼇厥首而恒以恬夷?

問 : 釋舟陵行, 何以遷之?

對 : 要釋而陵, 殆或謫之, 龍伯負骨, 帝尙窄之!

問 : 維澆在戶, 何求于嫂? 何少康逐犬, 而顚隕厥首?

對 : 澆嫪以力, 兄廛聚之. 康假于田, 肆克宇之.

問 : 女岐縫裳, 而舘同爰止. 何顚易厥首, 而親以逢殆?

對 : 旣裳旣舍, 宜咸墜厥首.

問 : 湯謀易旅, 何以厚之?

對 : 湯奮癸旅, 爰以偃拊. 載厥德于葛, 以詰仇餉.

問 : 覆舟斟尋, 何道取之?

對 : 康復舊物, 尋焉保之? 覆舟喻易, 尙或艱之!

問 : 桀伐蒙山, 何所得焉? 妺嬉何肆, 湯何殛焉?

對 : 惟桀嗜色, 戎得蒙妺, 滛處暴娛, 以大啓厥伐.

問 : 舜閔在家, 父何以鰥? 堯不姚告, 二女何親?

對 : 瞽父仇舜, 鰥以不儷. 堯專以女, 玆俾胤厥世. 惟烝烝翼翼, 于嬀之汭.

問 : 厥萌在初, 何所意焉? 璜臺十成, 誰所極焉?

對 : 紂崇于璜, 箕克兆之.

問 : 登立爲帝, 孰道尙之?

對 : 惟德登帝, 師以首之.

問 : 女媧有體, 孰制匠之?

對 : 媧軀虺號, 占以類之. 胡日化七十, 工獲詭之!

問 : 舜服厥弟, 終然爲害. 何肆犬體, 而厥身不危敗?

對 : 舜帝眡厥仇, 畢屠水火. 夫固優游以聖, 而孰殆厥禍! 犬齗于德, 終不克以噬. 昆庸致愛, 邑鼻以賦富.

問 : 吳獲迄古, 南嶽是止. 孰期去斯, 得兩男子?

對 : 嗟伯之仁, 遜弟旅嶽. 雍同度厥義, 以嘉吳國.

問 : 緣鵠飾玉, 后帝是饗. 何承謀夏, 桀終以滅喪?

對 : 空桑鼎殷, 謟羹厥鵠. 惟軻知言, 瞯焉以爲不. 仁易愚危, 夫曷揆曷謀. 咸逃叢淵, 虐后以劉.

問 : 帝乃降觀, 下逢伊摯. 何條放致罰, 而黎服大說?

對 : 降厥觀于下, 匪摯孰承! 條伐巢放, 民用潰厥疣, 以夷于膚, 夫曷不謠!

問 : 簡狄在臺, 嚳何宜? 玄鳥致貽, 女何嘉?

對 : 嚳、狄禱禖, 契形于胞. 胡乙鷇之食, 而怪焉以嘉!

問 : 該秉季德, 厥父是臧.

對 : 該德胤孝, 蓐收于西. 爪虎手鉞, 尸刑以司慝.

問 : 胡終弊于有扈, 牧夫牛羊?

對 : 收正矜矜, 澆扈爰踣.

問 : 干協時舞, 何以懷之?

對 : 階干以娛, 苗革而格. 不迫以死, 夫胡狃厥賊!

問 : 平脅曼膚, 何以肥之?

對 : 辛后騃狂, 無憂以肥. 肆蕩弛厥體, 而充膏于肌. 嗇寶被躬, 焚以旗之.

問 : 有扈牧豎, 云何而逢? 擊牀先出, 其命何從?

對 : 扈釋于牧, 力使后之. 民仇焉寓, 啓牀以斮.

問 : 恒秉季德, 焉得夫朴牛? 何往營班祿, 不但還來.

對 : 殷武踵德, 爰獲牛之朴! 夫惟陋民是冒, 而丕號以瑞. 卒營而班, 民心是市.

問 : 昏微循迹, 有狄不寧. 何繁鳥萃棘, 負子肆情?

對 : 解父狄淫, 遭愨以椒. 彼中之不目, 而徒以色視.

問 : 眩弟並淫, 危害厥兄. 何變化以作詐, 後嗣而逢長?

對 : 象不兄龔, 而肆以謀蓋. 聖孰凶怒, 嗣用紹厥愛.

問 : 成湯東巡, 有莘爰極. 何乞彼小臣, 而吉妃是得?

對 : 莘有玉女, 湯巡爰獲. 旣內克厥合, 而外弼于德. 伊知非妃, 伊之知臣, 曷以不識!

問 : 水濱之木, 得彼小子. 夫何惡之, 媵有莘之婦?

對 : 胡木化于母, 以蝎厥聖! 喙鳴不良, 讒以詭正. 盡邑以墊, 孰譯彼夢!

問 : 湯出重泉, 夫何罪尤? 不勝心伐帝, 夫誰使挑之?

對 : 湯行不類, 重泉是囚. 違虐立辟, 實罪德之由. 師憑怒割, 癸挑而讎.

問 : 會黽爭盟, 何踐吾期? 蒼鳥羣飛, 孰使萃之?

對 : 膠鬲比釁, 雨行踐期. 捧盎救灼, 仁興以畢隨. 鷹之咸同, 得使萃之.

問 : 到擊紂躬, 叔旦不嘉. 何親揆發, 足周之命以咨嗟?

對 : 頸紂黃鉞, 旦孰喜之! 民父有釐, 嗟以美之.

問 : 授殷天下, 其位安施? 反成乃亡, 其罪伊何?

對 : 位庸庇民, 仁克蒞之. 紂淫以害, 師殛圮之.

問 : 爭遣伐器, 何以行之? 並驅擊翼, 何以將之?

對 : 咸逭厥死, 爭徂器之. 翼鼓顚禦, 讙舞靡之.

問 : 昭后成遊, 南土爰底. 厥利維何, 而逢彼白雉?

對 : 水濱翫昭, 荊陷弒之. 繆迓越裳, 疇肯雉之!

問 : 穆王巧梅, 夫何爲周流? 環理天下, 夫何索求?

對 : 穆懵祈招, 猖洋以游. 輪行九野, 惟怪之謀. 胡紿娛載勝之獸, 觴瑤池以迭謠!

問 : 妖夫曳衒, 何號於市? 周幽誰誅? 焉得夫褒姒?

對 : 儒賊厥詵, 爰檿其弧. 幽禍挈以夸, 憚褒以漁. 淫嗜蔑殺, 諫尸謗屠. 孰鱗漦以徵, 而化黿是辜!

問 : 天命反側, 何罰何祐?

對 : 天邈以蒙, 人么以離. 胡克合厥道, 而詰彼尤違.

問 : 齊桓九會, 卒然見殺?

對 : 桓號其大, 任屬以傲. 幸良以九合, 逮孽而壞.

問 : 彼王紂之躬, 孰使亂惑? 何惡輔弼, 讒諂是服?

對 : 紂無誰使惑, 惟志爲首. 逆圖倒視, 輔讒以寵.

問 : 比干何逆, 而抑沈之? 雷開阿順, 而賜封之?

對 : 干異召死, 雷濟克后.

問 : 何聖人之一德, 卒其異方? 梅伯受醢, 箕子佯狂.

對 : 文德邁以被, 芮鞫順道. 醢梅奴箕, 忠咸喪以醜厚.

問 : 稷維元子, 帝何篤之? 投之於氷上, 鳥何燠之?

對 : 棄靈而功, 篤胡爽焉! 翼氷以炎, 盍崇長焉!

問 : 何馮弓挾矢, 殊能將之? 旣驚帝切激, 何逢長之?

對 : 旣岐旣嶷, 宜庸將焉. 紂凶以啓, 武紹尙焉.

問 : 伯昌號衰, 秉鞭作牧. 何令徹彼岐社, 命有殷之國?

對 : 伯鞭于西, 化江、漢滸. 易岐社以太, 國之命以祚武.

問 : 遷藏就岐, 何能依?

對 : 踰粱橐囊, 羶仁蟻萃.

問 : 殷有惑婦, 何所譏?

對 : 妲滅淫商, 痡民以亟去.

問 : 受賜茲醢, 西伯上告. 何親就上帝罰, 殷之命以不救?

對 : 肉梅以頒, 烏不台訴! 孰盈癸惡, 兵躬殄祀!

問 : 師望在肆, 昌何志? 鼓刀揚聲, 后何喜?

對 : 牙伏牛漁, 積內以外萌. 岐目厥心, 瞭眡顯光. 奮刀屠國, 以髀髖厥商.

問 : 武發殺殷, 何所悒? 載尸集戰, 何所急?

對 : 發殺曷逞, 寒民于烹. 惟栗厥文考, 而虔子以徂征.

問 : 伯林雉經, 維其何故? 何感天抑地, 夫誰畏懼?

對 : 中譖不列, 恭君以雉. 胡螾訟蟯賊, 而以變天地!

問 : 皇天集命, 惟何戒之? 受禮天下, 又使至代之?

對 : 天集厥命, 惟德受之. 胤怠以棄, 天又祐之.

問 : 初湯臣摯, 後茲承輔. 何卒官湯, 尊食宗緒?

對 : 湯摯之合, 祚以久食. 昧始以昭末, 克庸成績.

問 : 勳闔夢生, 少離散亡. 何壯武厲, 能流厥嚴?

對 : 光徵夢祖, 憾離以厲. 彷徨激覆, 而勇益德邁.

問 : 彭鏗斟雉, 帝何饗? 受壽永多, 夫何久長?

對 : 鏗羹于帝, 聖孰嗜味! 夫死自暮, 而誰饗以俾壽!

問 : 中央共牧, 后何怒? 蠭蛾微命, 力何固?

對 : 螝蠚已毒, 不以外肆. 細腰羣螸, 夫何足病!

問 : 驚女采薇, 鹿何祐? 北至回水, 萃何喜?

對 : 萃回偶昌, 鹿曷祐以女!

問 : 兄有噬犬, 弟何欲? 易之以百兩, 卒無祿.

對 : 鹹欲兄愛, 以快侈富. 愈多厥車, 卒逐以旅.

問 : 薄暮雷電, 歸何憂? 厥嚴不奉, 帝何求? 伏匿穴處, 爰何云? 荊勳作師, 夫何長? 悟過改更, 我又何言?

對 : 咨吟于野, 胡若之很! 嚴墜誼殄丁厥任, 合行違匿固若所. 咿嚘忿毒意誰與? 醜齊徂秦啗厥詐, 讒登狡庸咈以施. 甘恬禍凶亟鋤夷, 愎不可化徒若罷.

問 : 吳光爭國, 久余是勝?

對 : 闔綽厥武, 滋以侈頹.

問 : 何環穿自閭社丘陵, 爰出子文?

對 : 於菟不可以作, 怠焉庸歸?

問 : 吾告堵敖以不長.

對 : 欸吾敖之閼以旅尸.

問 : 何試上自予, 忠名彌彰?

對 : 誠若名不尙, 曷極而辭?

제15권 문답(問答)

진문(晋問: 진에 대한 물음)[1]

오자(吳子)가 유(柳)선생에게 물었다.[2] "선생께선 진(晋) 지방 출신이시니 그곳의 옛 상황을 아시겠지요?"[3] 유선생은 "그렇습니다" 하고 답했

1) 본편은 정치적 이상을 토로한 보기 드문 장편의 부(賦)이다. 작자와 오무릉(吳武陵)의 대화 형식을 취하였으며, 이른바 자연적 · 물질적 조건보다 도덕적 기풍에 의존한 백성 스스로 이로움을 획득하는 이른바 '민리(民利)'를 강조하였다. 진(晋) 즉 지금의 산서성의 지세 · 광물 · 명마 · 목재 · 어류 · 소금 등의 풍요로움을 상세히 서술한 연후에, 그보다도 훌륭한 유풍(遺風)이 더욱 중요하다고 역설하였다. 장사교(章士釗)는 칠체(七體)라며, 이 글을 『속초사(續楚辭)』에 넣고 매승(枚乘)의 「칠발(七發)」을 본받은 풍자문이라고 한 조보지(晁補之)의 견해에 동조하였다. 작자의 조적(祖籍)인 하동(河東)은 산서성 영제(永濟)현으로 진(晋) 지역에 속한다. 영주시기에 쓴 글이다.

2) 오자(吳子)는 오무릉(吳武陵)에 대한 존칭이다. 오무릉은 헌종(憲宗) 원화(元和) 3년(808)에 영주로 폄적(貶謫)되어 유종원과 가깝게 지냈다. 유선생은 유종원 자신을 가리킨다.

3) 진(晋)은 대체로 지금의 산서성(山西省) 일대에 해당한다.

다. “그렇다면 그에 관해 듣고 싶은데, 들려주시겠습니까?”

유선생이 답하였다. “좋습니다. 진(晋)의 옛 영역은 태항산(太行山)이 동남방에서 받치고 수양산(首陽山)이 서남방에서 받치며, 황하(黃河)가 서부와 남부를 감아 돌고 대륙택(大陸澤)이 동부에 펼쳐집니다.[4] 어떤 곳은 우뚝 높고 어떤 곳은 휑하니 깊은 골짜기입니다. 높은 곽산(霍山)과 분수(汾水)와 회수(澮水)가 이 지역에 분포하는데, 변하는 듯 이동하는 듯 산세가 이어지고 물길이 감아 돌다가, 나중에는 모여들어 평평한 강이 됩니다. 진의 제후의 도읍지와 대신들의 봉읍지가 이곳에 있었습니다. 그 높고 장엄한 산봉우리로 말하자면, 우뚝 솟아 버티고 서서 삐죽삐죽 돌출하여 마치 곰들이 포효(咆哮)하고 호랑이와 표범이 울부짖으며 영원히 떠나지 않을 듯합니다. 진(秦)을 움켜쥐고 제(齊)를 후려칠 듯하니, 대항하는 자는 근거지를 잃을 듯합니다. 연(燕)과 적(狄)은 겁내어 위축되어서는 마치 놀린 달걀처럼 전전긍긍하며, 문지방에 서서 문밖 진(晋)을 훔쳐보며 마치 엎드린 첩(妾)이 주인을 대하듯 두려워합니다. 그 평지로 말하자면, 평탄하고 비옥하며 완만하게 펼쳐져 마치 솔개가 날아 춤을 출 듯하며, 여유롭게 도는 물길과도 같습니다. 농사를 지으면 수확이 풍성하고 나무를 심으면 무성하며, 목축을 하면 매우 번성하고 가축을 기르면 증식합니다. 백성들은 이로 인해 부유하고 나라는 이로 인해 강성합니다. 이곳을 흐르는 황하로 말하자면, 곤륜산(崑崙山)에서 발원하여 바다로 흘러간다고 하지만, 도대체 어디서 시작되었는지 모른 채로 끝없이 흘러갑니다. 흉노(匈奴) 지역으로부터 남으로 흘러 서부 경계를 나누고, 태화산(太華山)으로 내달려 팔꿈치를 돌리듯 동쪽으로 흐릅니다.[5] 강물은 황토를 무너뜨려 진흙탕을 뿜어내고 죽처럼 들끓으니, 자라와 악어 같은 괴물들이

---

4) 대륙택(大陸澤)은 옛 호수의 이름이다. 지금의 하북성 거록현(巨鹿縣) 일대에 있으며 산서성(山西省)의 동부에 근접해 있다.

5) 태화산(太華山)은 화산(華山)을 가리킨다. 지금의 섬서성(陝西省) 화음현(華陰縣) 경내에 있다.

때로는 느리게 때로는 급하게 부유하며, 거꾸로 솟구치고 뛰어 넘어 내달리는가 하면, 물가에 내던져져 입을 벌리고선 숨을 내쉬고 들이쉬며 엉클어져 뒤섞입니다. 강물이 거칠게 부딪치는 곳으로 말하자면, 뭇 산은 높낮이가 들쭉날쭉하고 벌판은 무너지고 찢겼으며, 큰 천둥과 노한 강풍이 산턱에서 쾅쾅 울려댑니다. 무너져 내린 바위는 물줄기에 굴려지고 거목은 뿌리가 뽑히며, 콸콸대는 물소리는 수천 리에 퍼지니, 마치 만 명의 군사가 서로 찌르고 베는 듯합니다. 물건을 나르는 선박과 방향을 잡는 돛대들은 강물 속 고기비늘과 골짜기의 숲처럼 빽빽한데, 구름이 흩어지듯 소나기가 그치듯 눈 깜짝할 사이에 흘러 내려가는 배들은, 우르르 떼를 지어 출렁이며 삼천리 길을 단숨에 달립니다. 이런 것에 대해 어떻게 생각하시는지요?"

오자는 말했다. "선생이 말씀하신 풍성함과 험하고 견고함은 실로 진(晋)의 뛰어난 점입니다. 그러나 진(晋) 지방 사람들이 언급하는 산하(山河)의 안과 밖이라는 말은 적의 공격에 대비할 수 있다는 말에 불과합니다. 장관(壯觀)과 강대함을 영예롭게 여기고 자랑하는 말이 아닙니다. 오기(吳起)가 이른바 '덕(德)에 있지 험함에 있지 않다'는 말은 진 지방 사람들의 서적에 있는 말입니다.[6] 그러니 그 외의 것에 대해 듣고 싶습니다."

유선생이 답하였다. "태로(太鹵)의 금속과 당계(棠谿)의 기술로, 불에 달구고 물에 담가 만들면 무기와 장비는 충족됩니다.[7] 그들은 극(戟)·모(矛)를 만들고,[8] 긴 창과 갈고리 창을 만들며, 각종 화살촉을 만들며 후(鍭)라는 화살도 만듭니다.[9] 태백성(太白星) 불러내고 욕수(蓐收)를 모셔오

---

6) 『사기』「손오열전(孫吳列傳)」에 의하면, 오기(吳起)는 전국시대 위(魏)의 군사전문가로서, 위(魏) 무후(武侯)가 황하를 따라 내려가며 산하의 견고함을 위(魏)의 보배라고 찬미하자, 그는 전쟁의 승리는 덕(德)에 달린 것이지 험함에 달린 것이 아니라고 답하였다.

7) 태로(太鹵)는 지금의 산서성 태원(太原)을 가리킨다. 당계(棠谿)는 춘추시대의 초에 속한 지역으로 무기의 주조가 뛰어난 곳으로 이름났다.

8) 극(棘)은 극(戟)과 통하며 곧게 찌르거나 가로 가격할 수 있는 고대의 창의 일종이다. 모(矛)는 자루가 긴 창이다.

9) 후(鍭)는 금속 촉에 깃털로 화살대를 만든 화살이다.

며,[10] 초요성(招搖星)을 모시고 치우성(蚩尤星)을 청해다가,[11] 엄숙하고 부지런히, 여러 신령을 합하여 그것들을 만들어 냅니다. 넓은 것과 좁은 것, 굽은 것과 곧은 것, 갈라진 것과 통으로 된 것, 긴 것과 짧은 것, 그들을 모아 놓으면 별을 모은 듯하고, 내리치면 번개가 치는 듯하며, 휘두르면 빛이 휘감기듯 합니다. 큼직큼직 멋지고, 반들반들 깔끔하며, 번쩍번쩍 빛나니, 마치 산에 쌓인 눈이나 골짜기에 쌓인 얼음과도 같습니다. 보는 자는 간이 내려앉고, 눈에서는 찬 눈물이 흐릅니다. 허공에서 휘두르면, 광채와 정기(精氣)가 어우러지고, 빛줄기가 흔들리며 허공을 꿰뚫으니, 하늘 빛 또한 온통 희어지고, 태양조차 보잘것없어 보입니다. 또 구름을 녹이고 창공을 뚫어 나는 새조차 떨어뜨립니다. 활 기술자와 갑옷 기술자가 활을 만들고 갑옷을 만들 때는, 아교와 뿔을 수없이 여러 차례 골라내고 들소의 가죽을 일곱 차례나 덧붙입니다. 그리고는 무예가 뛰어난 고수들에게 주면, 그것을 입고 또 들고서, 남쪽으로 각 국을 감시하고 북쪽으로 뭇 변방부족을 겁줍니다. 그들의 무예와 지휘체계는 천하에 이름났으니 이들이야말로 훌륭한 군대입니다. 적군은 눈을 가늘게 뜨고 바라보다가, 오그라들어 기침하고 땀을 흘리며, 투구 벗고 갑옷 벗은 맨 팔로, 나아가 투항하지도 못하고, 물러나 도망치지도 못합니다. 이런 것에 대해 어떻게 생각하시는지요?”

오자가 말했다. “무릇 군대의 동원은 덕을 따르면 길(吉)하고 사나움을 따르면 흉(凶)합니다. 그러니 그런 것은 또 대단한 것이 못됩니다. 선진(先軫)이 이르기를, ‘군대는 대의가 바르면 사기가 충천하고 대의가 그릇되면 사기가 쇠한다’고 하였습니다.[12] 그러니 단지 견고한 갑옷과 예리한

---

10) 태백성(太白星)은 병상(兵象)을 주관한다. 욕수(蓐收)는 전설 속의 서방(西方)의 신(神)이다.

11) 초요성(招搖星)은 북두칠성의 일곱 번째 별로 역시 병기를 관장한다. 치우성(蚩尤星)은 혜성의 하나로 재난(災難)을 주관한다.

12) 선진(先軫)은 춘추시대 진(晋)의 대부이다. 『좌전』 희공(僖公) 28년의 기록에 의하면, 여기에 보이는 말은 진(晋) 문공(文公)의 외삼촌인 호언구범(狐偃咎犯)이 한 말이다. 작자의 착오로 보인다.

칼날을 대단하다고 하겠습니까?"

유선생이 말했다. "진(晉)에는 말이 많이 나는데 굴(屈) 지방이 그 산지입니다.[13] 땅 기운이 차갑고 날카로우니, 절벽은 무너지고 계곡은 갈라졌으며, 초목은 키가 작고 오그라들어, 조류도 날지 않고 들짐승도 숨어버려, 말들이 잘 번식합니다. 수많은 말들이 떼 지어 내달리는데, 큰 강물이 흐르듯이 어지럽게 섞여 몰려다니며, 끊임없이 말방울 소리를 울려댑니다. 어떤 놈은 붉고 어떤 놈은 누러며, 어떤 놈은 까맣고 어떤 놈은 회백색입니다. 어떤 놈은 순색이고 어떤 놈은 잡색이며, 어두운 색의 말떼는 그늘에 가린 듯하고, 환한 색의 말떼는 햇빛을 받은 듯합니다. 그리하여 마치 온갖 깃발이 바람에 휠휠 날리는 듯합니다. 그들은 별안간 전진하고 별안간 정지하며, 별안간 엎드리고 별안간 일어나며, 별안간 내달리고 별안간 엎어지니, 마치 장강(長江)과 한수(漢水)에 질풍이 파도를 일으켜 산을 두드리고 골짜기를 뒤흔드는 듯하며, 구름이 쉬지 않고 들끓는 듯합니다. 떼 지어 물을 마시면 수원(水源)이 마르고, 돌아가며 풀을 뜯으면 들이 흙빛으로 변합니다. 시내에서 목욕하면 물결이 출렁이며, 기침하여 콧김을 품어대면 뿌옇게 되어 마치 바다의 신이 눈을 타고 내려오는 듯합니다. 사방으로 흩어진 것을 보면 흐릿하여 불분명한데, 또 모이고 흩어지며 온갖 모습을 이룹니다. 좋아하는 모습은 참새가 빠르게 나는 듯하며, 성내는 모습은 사람이 싸우는 듯합니다. 별안간 흙먼지를 날리며 천리 길을 경주하는데, 바람과 안개 속에 말갈기를 휘날리며 산을 짓밟고 골짜기를 끼고 도는데, 귀는 구름 속에서 흔들어대고 배는 초목을 휩쓸며, 광활한 먼 곳까지 돌아서 저녁이 되기 전에 돌아옵니다. 또 발굽으로 땅을 차며 발을 구르는데, 모두가 강한 골격에 눈 밑의 근육을 가졌으며,[14] 목을 교차하며 서로 무는 듯하다가, 또 눈빛을 마주치며 친하게 굽니다. 모여

---

13) 굴(屈)은 지금의 산서성 석루현(石樓縣)에 해당하며 명마의 산지이다.

14) 말의 눈 밑에는 정(井)자 모양으로 파인 곳이 있는데 그곳의 근육을 난근(蘭筋)이라 하며, 그것이 있으면 천리를 가는 명마라고 한다.

서 오줌 누고 교대로 너털대며, 또 머리 들고 입을 벌려 잇몸을 드러냅니다. 망아지들은 줄지어 둘러서서, 머리 들어 젖을 빨고 머리 숙여 풀을 뜯으며, 개미나 메뚜기처럼 어지럽게 모여서, 찍찍 소리를 내며 움직이는데, 내달리기도 하고 또 떼 지어 서있기도 합니다. 쓸만한 놈을 걷어 들여 훈련을 시키려고, 손을 놀려 날듯이 포승을 던지는데, 털의 색을 보아 대상을 정하면 백 걸음 안에 목에 겁니다. 그리하여 말들은 순식(荀息)에게 끌려 예물로 보내지고,[15] 왕량(王良)에게 부려져 전쟁에 나가며,[16] 범앙(范鞅)에 이끌려 전차에 뛰어오르고,[17] 난침(欒鍼)에 이끌려 전차를 끌어내며,[18] 사냥에 나가기도 하고 전쟁에 나가기도 하고, 짐승을 잡기도 하고 적군을 물리치기도 합니다. 이런 것에 대해 어떻게 생각하십니까?"

오자는 말했다. "험한 지세나 명마에 의존함의 한계에 대해 듣지 못하셨습니까? 그래서 '기(冀)의 북쪽은 명마의 산지이나 그곳이 한 왕조에만 속하지는 않았다'고 말하는 것입니다.[19] 그런 말씀은 그만두고 다른 말씀을 해 주십시오."

유선생이 말했다. "진(晋)의 북녘 산에 특이한 목재가 나서, 건물을 지

---

15) 순식(荀息)은 춘추시대 진(晋)의 대부이다. 헌공(獻公)을 설득하여 굴(屈) 지방의 명마와 벽(璧)을 예물로 하여 우(虞)나라에게 괵(虢)나라 정벌의 길을 빌리고, 후에 다시 우(虞)나라를 정벌하여 명마와 벽을 찾아 돌아왔다. 그리고는 헌공에게 벽은 그대로이고 말만 나이가 들었다고 고하였다.

16) 왕량(王良)은 춘추시대 진(晋)나라에서 수레 몰기에 능했던 인물이다. 그는 고삐가 끊어지려고 할 때에도 그대로 유지하면서 수레를 전진시킨 고수였다.

17) 범앙(范鞅)은 춘추시대 진(晋)의 신하로서, 그는 내란 중에 위서(魏舒)의 수레에 뛰어올라 그를 끼고 가 평공(平公)을 뵈었으며, 위서와 함께 난을 일으킨 난영(欒盈)을 격퇴하였다.

18) 난침(欒鍼)은 춘추시대 진(晋)의 신하로서, 그는 초(楚)와의 전쟁 중에 진흙에 빠진 진(晋) 여공(厲公)의 전차를 끌어냈다.

19) 『좌전』 소공(昭公) 4년의 기록에 의하면 대략 다음과 같다. 초(楚) 영공(靈公)이 제후의 맹주가 되려하자 진(晋) 평공(平公)은 그에 반대하고자 했다. 그때 대신인 사마후(司馬侯)가 험한 지세나 명마를 믿는 일과 이웃 나라의 재난을 좋아하는 일이 세 가지 위태로운 일이라며, 험한 지세와 명마 산지는 믿을 바가 못 되며 늘 한 나라에 속하지 않았다고 간하였다. 기(冀)는 기주(冀州)로서 그 북쪽이 지금의 산서성과 하북성 북부는 명마의 산지이다.

을 큰 목재를 구하는 목수와 기술자가 천하에서 몰려옵니다. 한겨울이 되어 한기(寒氣)가 몰려오면, 그 나무의 잎은 조락(凋落)하나 속은 더욱 단단해지는데, 수액(樹液)이 흐르지 않아 더욱 단단하고 좋습니다. 수많은 기술자가 도끼를 들고 산에 들어와, 경사진 바위 절벽과 굽이도는 골짜기로 찾아오는데, 높은 산의 정상을 넘고, 깊이 구비치는 개울을 헤치며 옵니다. 그 나무는 뿌리가 괴석을 휘감고, 흙이 없는 곳에서 자라나, 천 길 높이에 백 아름이나 되는데, 색깔은 바위와 같습니다. 늘어서서 벌목하는 이들이 은하수 하늘 아래 무지개를 가르듯 도끼질하는데, 그 소리는 산간에 진동하고, 파편은 골짜기를 메웁니다. 퉁탕거리는 도끼 소리, 쿵쾅거리는 나무 구르는 소리, 마치 전차들이 얼음 위를 내달리는 듯합니다. 그 메아리는 쿵쿵 쾅쾅, 퉁퉁 탕탕, 마치 산이 무너지고 땅이 꺼지는 듯하며, 용들이 싸우는 듯하며, 비바람과 천둥이 치는 듯합니다. 베어져 아래로 구르는 목재들은 쫘르륵 뭇 나무를 뭉개고, 흙더미를 부숴 먼지를 날리니, 노을이 퍼지고 번개가 갈라지는 듯하며, 또 공공(共工)이 부주산(不周山)을 들이받아 하늘의 기둥이 무너지는 듯합니다.[20] 댓닭・황새・무수리・왜가리 같은 새들이 울부짖으며 날아대고, 추(貙)・한(犴)・호랑이・외뿔소 같은 들짐승이 겁에 질려 부딪치며 내달리는데, 숨으려 해도 숨을 곳이 없고, 도망치려 해도 도망칠 곳이 없습니다. 그런 후에 길이에 맞춰 베어서 한 곳에 모아놓고, 끝가지를 잘라내고 번잡한 가지를 잘라내어, 급류에 실어 황하로 띄워 보냅니다. 목재는 암초에 부딪쳐 이리저리 뒹굴며, 솟구치기도 하고 가라앉기도 하니, 마치 진(秦)나라 때 신통스런 이가 바위를 몰아 바다에 다리를 놓을 때와도 같습니다.[21] 얕

20) 『열자』「탕문(湯問)」의 기록에 의하면, 공공(共工)과 전욱(顓頊)이 싸우다가 부주산(不周山)을 들이받아 하늘을 받치던 기둥이 잘렸다고 한다. 공공과 전욱은 각기 전설 속의 두 부족의 우두머리이고, 부주산은 곤륜산 서북에 있다는 전설 속의 산이다.

21) 『삼재약기(三載略記)』의 기록에 의하면, 진시황이 돌다리를 놓아 바다 건너 해 돋는 곳을 보고자 하였는데, 한 신인(神人)이 바위를 몰 수 있다하여 그에게 시키자, 그 신인은 바위가 피를 흘려 붉은색이 되도록 채찍질하여 몰아 지금도 그 바위들이 붉다고 한다.

고 굽이진 곳에 이르면 물고기 비늘처럼 모이고, 와류에 이르면 번개 치듯 흩어지는데, 앞의 것이 급히 넘어가는가 싶으면 뒤의 것이 뒤쫓아 막아서며, 함께 용문(龍門)의 폭포 아래로 떨어집니다.[22] 서로 걸리고 겹쳐지는가 하면, 또 머리가 아래로 끌려 꼬리가 위로 들리며, 또 깊은 물속에 잠기면서, 몇 백리나 그렇게 흐르는지 모릅니다. 황하는 파도가 휘돌아 쳐 산을 가리고 하늘에 치솟다가는, 또 고요하고 잔잔해져 저 멀리 아득하기만 합니다. 한참이 지나서야 비로소 목재들이 머리 들고 우뚝 수면 위로 솟는데, 곧바로 뻗어 남다른 모습은, 마치 수목이 솟고 봉우리가 솟아 구름을 뚫고 해를 가리는 듯합니다. 나뉘어 제각기 뒹굴다가, 다시 또 줄을 지어, 한 덩어리가 되어 목적지에 이릅니다. 그리하여 훌륭한 기술자의 지휘에 따라, 총대(叢臺)·아방(阿房)·장락(長樂)·미앙(未央)·건장(建章)·소양(昭陽)의 웅장하고 화려하며 괴이하고 특별난 궁전들이,[23] 모두 이들 목재로 지어집니다. 이런 것에 대해 어떻게 생각하십니까?"

오자가 대답했다. "제가 듣기로, 군자는 덕이 없음은 걱정해도 땅이 없음은 걱정하지 않으며, 땅이 없음은 걱정해도 백성이 없음은 걱정하지 않으며, 백성이 없음은 걱정해도 궁전이 없음은 걱정하지 않으며, 궁전이 없음은 걱정해도 목재가 자기에게 없다고 걱정하지는 않는다고 하였습니다. 선생께서 늘어놓으신 것은 이 네 가지 걱정보다 못한 하류의 것입니다. 또한 사기궁(虒祁宮)이 완성되자 제후들이 배반하였습니다."[24]

유선생이 말했다. "황하의 대어들이 파도를 거슬러, 용문(龍門)의 나룻가에 줄지어 가득 모여들면, 사람들은 천리를 번개처럼 달려와, 여러 말

22) 용문(龍門)은 산서성 하진현(河津縣) 서북방에 있다. 우문구(禹門口)라고도 부른다.

23) 총대(叢臺)는 전국시대 조(趙) 무령왕(武靈王)이 지은 것으로 하북성 한단(邯鄲)성 안에 있었다. 아방(阿房)은 진시황이 지은 것으로 섬서성 서안(西安)시에 그 터가 남아 있다. 장락(長樂)·미앙(未央)·건장(建章)·소양(昭陽)은 모두 한대의 궁전으로 역시 서안시에 그 터가 남아 있다.

24) 사기(虒祁)는 춘추시대에 진(晋) 평공(平公)이 지금의 산서성 후마(侯馬)시 부근에 지은 궁전이다. 이 궁전이 완성되자 그 화려함을 본 제후들이 돌아가 두 마음을 품었다고 한다.

이 끄는 가벼운 수레를 타고 황제의 명령에 따라, 줄지어 고기들을 구경합니다. 큰 그물은 물길을 막고 긴 그물은 강물을 가로질러 쳐지고, 각종의 통발과 크고 작은 어구들은 그 사이에 설치되며, 커다란 배는 뱃머리를 치세우고 당당하게 돌아옵니다. 또 어부들이 교대로 외쳐대니, 그 소리는 상안산(商顏山)을 뒤흔듭니다. 시끄러운 가운데 어선들은 어지러이 모여들어 고기떼를 따라, 용의 목을 조르고 고래 지느러미를 잡아채며, 흰 자라를 죽이고 사나운 교룡을 쫓으며, 또 풍이(馮夷)를 소리쳐 물리치며 강가에 섭니다.[25] 그리고는 고기떼를 교란하여 흩어지게 하여, 그물을 조이고 끌어대면, 그물에 가득한 고기들이 이리저리 퍼덕이다, 역산(歷山) 자락에 올려집니다. 마치 냇물이 흐르듯, 산이 무너지듯, 구름이 덮이는 듯합니다. 그러나 자연 변화에 응하는 신령스런 놈들은 수면을 차고 솟아올라, 기이한 무늬를 드러내고 괴이한 비늘을 드러낸 채, 파도를 뛰어 날아 상류로 내달려, 번개처럼 용문에 오릅니다. 이런 놈들은 노끈 단 화살을 쏘아 땅에 떨어뜨려 잡습니다. 그러면 모두 뿔이 빠지고 날개지느러미가 갈라져, 주둥이를 벌리고 엎어져 깁니다. 그리고 다시 그 살을 토막내면 다시는 용으로 남지 못합니다. 다시 다섯 가지 양념으로 버무려 각종의 그릇에 담아내면, 풍운(風雲)을 일으키던 기세는 사라져 스르르 흩어지고 맙니다. 망둥어 · 자가사리 · 다랑어 · 잉어 · 메기 · 가물치 · 방어 · 서어(鱮魚) 같은 보잘것없는 작은 놈들은 실로 그 수를 셀 수도 없습니다. 그 놈들이 그물에서 빠져나와 못에서 양식되면, 황하 주변 세 지방에는 물고기로 가득 차 사람마다 배불리 먹습니다. 비린내가 나는 고기들은 소금밭에 비료로 쓰며, 회나 구이의 냄새를 맡으면 코를 막고 콧등을 찡그리며 아무도 돌아보지 않습니다. 이런 것에 대해선 어떻게 생각하십니까?"

오자가 대답했다. "한 때의 볼거리는 후세에 내세울 것이 못됩니다. 많은 사람이 맛있다고 하는 것으로는 백성을 이롭게 하지 못합니다. 우

25) 풍이(馮夷)는 황하의 신이다.

선 그 이상의 것에 대해 듣고 싶습니다."

유선생이 말했다. "의씨(猗氏)지방 소금은 진(晋)의 대단한 보배입니다.[26] 백성들은 곡식에 의존하듯 그것에 의존합니다. 그런 소금이 만들어진 것은 신의 조화이지 사람의 힘에 의한 것이 아닙니다. 소금밭에 가보면 고랑과 크고 작은 밭두둑이 이리저리 교차하여 돌아가, 마치 농지와도 같고 채소밭과도 같습니다. 훤하게 펼쳐지고 널리 비늘처럼 줄지어 끊임없이 이어지니 그 끝을 알 수 없습니다. 순식간에 물꼬를 트면 물길이 나뉘어 이리저리 흘러들어, 마치 나뭇가지인 양 사지인 양 구불구불 퍼지며, 핏줄이 펼쳐지듯 힘차게 퍼져나가, 높고 낮은 곳을 삼키며, 밭두둑을 가리고 흙덩이를 때립니다. 소금물은 쉬지 않고 흘러들어, 멀고 가까운 곳이 하나가 되고, 저 멀리 강둑까지 흘러드니, 큰 바다처럼 아득하며, 큰 비가 내린 듯이 깊어지며, 잔잔한 못이 되고 아득한 시내가 됩니다. 바라보는 사람은 그 광활한 수면만 볼 뿐이지, 어디까지 미치는지는 모릅니다. 신비로운 소금물은 슬며시 여과되어 감미로운 소금 맛이 짙어지는데, 영험함을 잉태한 풍요로운 대지의 어머니는 조금도 그 보물을 아끼지 않습니다. 듣지도 보지도 못하는 중에, 불꽃처럼 신속하고 신비하게, 눈 깜짝하는 사이에, 백 리에 흰 눈이 쌓인 듯합니다. 반짝반짝 덮인 소금은, 굳어지고 깨지는데, 옥그릇을 두드리고 벽옥(碧玉)을 깨는 듯한 소리가 나고, 현기증이 나도록 빛이 납니다. 홀연히 운석이 땅에 떨어지듯 빛났다가는 사라지며, 얼음이 갈라지고 우박이 부서지듯 높이높이 쌓입니다. 굵은 것은 옥도장 같고, 가는 것은 진주가루 같으며, 솟은 더미는 수면 위의 암초 같고, 파인 더미는 항아리 같습니다. 햇빛이 반짝이면 약한 빛의 소금은 놀랜 반딧불 같고, 강한 빛의 소금은 내리치는 번개 같으며, 사방 한 걸음 넓이의 소금이면 수레에 가득 차고, 사방 한 자 넓이의 소금이면 몇 말이나 됩니다. 거두어 모아서 쌓아놓으면, 하얗게 높은 현포봉(懸圃峯)

26) 의씨(猗氏)는 산서성 임의(臨猗)현을 가리킨다.

같으며,[27] 반들반들 윤이 나기는 술에 취한 태백산(太白山)처럼 대단합니다.[28] 신기한 변화에 놀라지만, 끝내 그 연유는 알 수 없습니다. 그 후에 나귀・노새・소・말 등으로 운반하여, 서쪽으로는 진(秦)・농(隴)지방으로 보내지고,[29] 남쪽으로는 번(樊)・등(鄧) 지역으로 보내지며,[30] 북쪽으로는 연(燕)・대(代) 지역까지 보내지고,[31] 동쪽으로는 주(周)・송(宋) 지역까지 보내집니다.[32] 집집마다 제염의 이익을 얻고, 사람마다 자연 작용의 덕을 입습니다. 군대 음식의 간을 맞추고, 부세로 납부되고 진공품(進貢品)으로 진상됩니다. 천하에 내린 선물로서, 그 공이 바다와 같으니, 큰 이로움이라 하겠습니다. 이와 같은 것에 대해서는 어떻게 생각하십니까?"

오자가 답하였다. "위강(魏絳)이 '도읍이 보물이 나는 것에 가까이 있으면 국고는 빈궁해집니다'라고 하였는데,[33] 바로 이를 두고 한 말이겠지요. 그렇지만 그런 것이 백성에게 이익을 줄[利民] 수는 있습니다. 그러나 백성 스스로 얻어내는 이익[民利]은 못 됩니다."

유선생이 말했다. "백성 스스로 얻어내는 이익[民利]에 대해 듣고 싶습니다."

오자가 말했다. "일상생활에 안주하면서도 필요한 것을 얻고, 교화에 복종하면서도 그것이 자신에게 유리하고, 온갖 재화가 유통되지만 그것이 어디에서 왔는지 모르며, 노소(老少)와 친척이 상부상조하면서도 그것

---

27) 현포(懸圃)는 곤륜산의 정상에 있어 하늘로 통한다는 전설 속의 봉우리이다.

28) 태백산(太白山)은 섬서성에 있는 종남산(終南山)을 가리킨다.

29) 진(秦)은 섬서성 지역을, 농(隴)은 감숙성 지역을 가리킨다.

30) 번(樊)은 번성(樊城)으로 지금의 양번(襄樊)시를 가리킨다. 등(鄧)은 등주(鄧州)로 지금의 하남성 남양(南陽)시를 가리킨다.

31) 연(燕)은 하북성 북부를, 대(代)는 산서성 북부를 가리킨다.

32) 주(周)는 하남성 낙양시를, 송(宋)은 하남성 상구(商丘)현을 가리킨다.

33) 『좌전』 성공(成公) 6년의 기록에 따르면 대략 다음과 같다. 진(晋) 경공(景公)이 고강(故絳)에서 염전이 가까운 운성(運城)으로 천도하려고 한헌자(韓獻子)에게 물었다. 한헌자는, 나라가 부유하면 백성이 교만하고 나태해지며 농업을 버리고 상업에 종사하여 세금이 줄어들어, 국고가 빈궁해진다며 반대했다. 그리하여 결국 신전(新田)으로 천도했다. 본문의 위강(魏絳)은 한헌자(韓獻子)의 착오로 보인다.

이 누구 덕인지 모르고, 병역과 형벌로 고통받지 않고, 조세와 노역에 고통받지 않는 것, 이것이 이른바 민리(民利)로서, 백성 스스로 얻어내는 이익인 것입니다."

유선생이 말했다. "진(晋) 문공(文公)이 패업을 달성할 때, 진(秦)의 힘을 이용해 초(楚)를 격파하여 제(齊)·송(宋)을 통제하였으며, 조(曹)·위(衛)의 땅을 분할하여 노(魯)·정(鄭)을 떨게 하였으며, 온(溫)지방에서 반란을 평정하여 주(周)왕실을 안정시켰습니다.[34] 그리하여 조서와 하사품을 받고, 천자를 보좌하고 각지를 감독하고 진압할 권한을 얻어 제후의 우두머리가 되었으며, 천토(踐土)에서 제후를 모아 옥백(玉帛)의 예물을 교환하는 예식을 거행했습니다.[35] 천자는 그에 의존하여 제후들에 대한 통치권을 유지하였으며, 제후들은 그에 의지하여 자신들의 나라를 통치하였고, 백성들은 그에 의존하여 처자를 데리고 먹고살았습니다. 반역자는 무력으로 정벌하고 귀순자는 안무하였으며, 덕과 의(義)를 확산시키고 믿음과 양보의 기풍을 세웠습니다. 반드시 행할 바를 알리고 방향을 밝혀주었으며, 금할 것을 알리고 숭상할 바를 통일시켰습니다. 봄과 가을에 조현(朝見)할 때에는,[36] 공후(公侯)와 대부들이 화려한 말을 몰아 성대한 수레를 달려, 둥글게 이어져 드나들어, 그 대오가 수도를 관통하였습니다. 제후를 맞이하는 곳에는 수십 자의 긴 자리가 놓인 대청이 있고, 아홉 개의 탁자가 놓인 방이 있으며, 높고 낮은 지위에 따라 자리가 정해지고 근신(近臣)들에게도 등급이 있었습니다. 날짐승과 가축을 잡아 대접하니 뒤섞인 음식들은 곱고 맛이 좋았으며, 연회에는 음악이 연주되고 대청 중앙에는 예물과 진공품(進貢品)이 쌓였습니다. 빈객들은 대청을 오르내리며 시를 읊고, 온갖 술잔을 모두 들어 서로 위로하고 선물을 주고받았는데, 이 모두가 예절에 맞고

34) 온(溫)은 하남성 온현. 주(周) 양왕(襄王)이 동생 숙대(叔帶)에게 쫓겨 정(鄭)으로 피난했을 때, 문공이 숙대를 잡아 죽이고 양왕을 복위시켰다.

35) 천토(踐土)는 하남성 원양(原陽)현 서남 지역이다.

36) 봄에 제후가 천자에게 조현(朝見)하는 것을 조(朝)라고 하고, 가을에 조현하는 것을 청(請)이라 한다. 천자에게 뿐만 아니라 패주(霸主)에게도 제후들이 조현하였다.

어긋남이 없었습니다. 육경(六卿)이 군대를 통솔하여,[37] 크고 작은 전차로 종과 북과 징을 울리며 천자에게 불공(不恭)한 자들을 토벌하였습니다. 전차는 천자만큼 만 대나 되었고 병사는 천하 병사의 반이나 되었으니,[38] 전쟁의 북을 울리면 천하가 진동하고, 깃발을 매달면 모두가 겁냈습니다. 명령이 발동되면 샘물처럼 용솟음치고 전차 바퀴가 돌듯 아무도 거역하지 못했습니다. 이때에는 모두가 기뻐하며 임금을 섬길 수 있었으니, 그래서 백성들이 지금까지 의로움을 좋아하고 노력을 제공했습니다. 이것은 백성의 노력으로 스스로를 공고하게 하며 인의(仁義)를 빌려 천하를 다스린 것으로서, 그 유풍(遺風)은 아직도 남아있습니다. 이와 같다면 백성 스스로 얻어내는 이익이라고 할 만하겠습니까?"

오자가 답했다. "가깝지만 여전히 아닙니다. 그 패자의 마음은, 큰 이익을 끌어다가 자신이 누리고, 남의 노력을 모아다가 자신을 공고하게 하면서, 백성들은 그 뒤에 두는 것입니다. 이는 자신도 모르게 교화되고 명령이 없이도 통일되는 것이 아니니, 제가 앞에서 말한 것과는 다릅니다. 그래서 가깝지만 여전히 아니라고 말씀드리는 것입니다."

유선생이 말했다. "황하 주변 세 곳은 옛날 제왕들이 교대로 수도를 세운 곳인데,[39] 평양(平陽)은 요(堯)임금이 다스리신 곳입니다. 띠로 지붕을 이고 나뭇가지 서까래로 바친 집에서 질그릇을 사용하는 법도를 지키셨으니, 그래서 그곳 백성들은 지금까지도 근검하고 절약합니다. 온유하고 공손하며 극기(克己)하고 양보하는 덕을 지키셨으니, 그래서 그곳 백성들은 지금까지도 선하고 양보합니다. 대중이 의견을 내어 모두 말하며 또

37) 춘추시대 진(晋)에는 범(范)·중항(中行)·지(知)·조(趙)·한(韓)·위(魏)의 여섯 성씨의 대 집안이 있었다. 육경(六卿)은 이들 집안의 우두머리를 가리키는 것으로 보인다. 혹 군대의 여러 지휘권자를 가리킨다고도 볼 수 있다. 당시에 천자에게는 육군(六軍)이 대국(大國)에는 삼군(三軍)이 있었다.

38) 천자는 전차는 만 대를 동원할 수 있었고, 제후는 천 대를 동원할 수 있었다.

39) 요(堯)임금은 평양(平陽) 즉 산서성 임분(臨汾)시에 수도를 세웠으며, 은(殷)은 안양(安陽) 즉 하남성 안양현에, 주(周)는 낙양(洛陽) 즉 하남성 낙양시에 수도를 세웠다.

위에서 그 의견을 구하는 방법을 쓰셨으니, 그래서 그곳 백성들은 지금까지도 깊이 있게 사고하기를 좋아합니다. 온갖 짐승이 춤추고 봉황이 짝을 지어 춤추며 교화에 따르고 화목하게 지내는 미풍을 유지하셨으니, 그래서 그곳 백성들은 지금까지도 화목하며 화를 내지 않습니다. 바로 말하고 경계하는 가르침을 펼치셨으니, 그래서 그곳 백성들은 지금까지도 염려하고 재난을 경계합니다. 무위(無爲)의 정치와 말없는 실천, 그리고 옷자락을 드리우고 자연에 순응하는 교화를 실행하셨으니,[40] 그래서 그곳 백성들은 지금까지도 한적함을 따르고 즐거워합니다. 이것이 요임금의 유풍입니다. 이에 대해 말씀드리고자 하는데, 그대는 어떻게 생각하십니까?"

오자가 자리에서 일어나 서서 손을 마주 잡아 예를 올리며 말했다. "훌륭합니다. 대단합니다. 더 이상은 없습니다! 그것이 제가 듣고 싶던 말입니다. 무릇 근검절약하면 소비는 충족되고 낭비가 없으며, 양보하면 분수를 지켜 선함에 나아가 싸우지 않으며, 사고하기 좋아하면 먼 미래를 예견하고 일 처리가 치밀합니다. 화목함은 어짊의 본질이며, 잘못을 경계함은 의로움의 실질입니다. 한적함을 따르고 즐거워하면 그 전통에서 안주하며 오래도록 지켜나갑니다. 최선입니다! 지금 주상께서는 바야흐로 태평성세를 이루시고 늘 요임금을 표준으로 삼으십니다. 선생의 말씀은 오묘한 도리입니다. 만약 주상께 바칠 수 있다면 아주 쉽게 채택되리라는 것을 알겠습니다. 진(晋)의 유풍(遺風)으로 천하를 통일하는 것, 그것만을 바랄 뿐입니다." 오자는 정중하게 재배하고 가르침을 받았다.

吳子問於柳先生曰："先生晉人也, 晉之故宜知之." 曰："然." "然則吾願聞之可乎?" 曰："可. 晉之故封, 太行掎之, 首陽起之, 黃河迤之, 大陸靡之. 或巍而高, 或呀而淵. 景霍、汾、澮, 以經其壖. 若化若遷, 鉤嬰蟬聯, 然後融爲平川, 而侯之都居, 大夫之邑建焉. 其高壯, 則騰突撑拒, 聱

40) 『역경』에서 요임금과 순임금이 옷자락을 드리운 채 가만히 있었어도 천하가 태평하였다고 하였다.

岈鬱怒, 若熊羆之咆、虎豹之嗥, 終古而不去; 攫秦搏齊, 當者失據, 燕、狄惴怯, 若卵就壓, 振振業業, 覷關蹀戶, 愓若僕妾. 其按衍, 則平盈旋緣, 紆徐夷延, 若飛鳶之翱舞, 泂水之容與; 以稼則碩, 以植則茂, 以牧則蕃, 以畜則庶, 而人用是富, 而邦以之阜. 其河, 則濬源崑崙, 入于天淵, 出乎無門, 行乎無垠, 自匈奴而南, 以界西鄙, 衝奔太華, 運肘東指; 混潰后土, 濆濁麋沸, 黿鼉詭怪, 于于汩汩, 騰倒駃越, 委泊涯涘, 呀呷歙納, 摧雜失墜. 其所蕩激, 則連山參差, 廣野壞裂, 轟雷努風, 撼鵠于巘; 崩石之所轉躍, 大木之所擢拔, 瀩泙洞踏者, 彌數千里, 若萬夫之斬伐. 而其舳艫之所負, 橦檣之所御, 鱗川林壑, 흫雲遁雨, 瞬目而下者, 榛榛沄沄, 百舍一赴. 若是何如?"

吳子曰 : "先生之言豐厚險固, 誠晉之美矣. 然晉人之言表裏山河者, 備敗而已, 非以爲榮觀顯大也. 吳起所謂 '在德不在險', 皆晉人之藉也. 願聞其他."

先生曰 : "大鹵之金, 棠谿之工, 火化水淬, 器備以充. 爲棘爲矛, 爲鎩爲鉤, 爲鏑爲鏃, 爲鍭. 出太白, 徵蓐收, 召招搖, 伏蚩尤, 肅肅褷褷, 合衆靈而成之. 博者狹者, 曲者直者, 歧者勁者, 長者短者, 攢之如星, 奮之如霆, 運之如縈. 浩浩弈弈, 淋淋滌滌, 熒熒的的, 若雪山冰谷之積. 觀者膽掉, 目出寒液. 當空發耀, 英精互繞, 晃蕩洞射, 天氣盡白, 日規爲小, 鑠雲破霄, 跕墜飛鳥. 弓人之弓, 函人之甲, 膠角百選, 犀兕七屬. 乃使跟超掖夾之倫, 服而持之, 南瞰諸華, 北讋羣夷, 技擊節制, 聞於天下, 是爲善師. 延目而望之, 固以拳拘喘汗, 免胄肉袒, 進不敢降, 退不敢竄. 若是何如?"

吳子曰 : "夫兵之用, 由德則吉, 由暴則兇, 是又不可爲美觀也. 先軫曰 '師直爲壯, 曲爲老', 況徒以堅甲利刃之爲上哉!"

先生曰 : "晉國多馬, 屈焉是產. 土寒氣勁, 崖坼谷裂, 草木短縮, 鳥獸墜匿, 而馬蕃焉. 師師甡甡, 溶溶紜紜, 轠轠轔轔, 或赤或黃, 或玄或蒼, 或醇或駹, 黟然而陰, 炳然而陽, 若旌旃旗幟之煌煌. 乍進乍止, 乍伏乍起, 乍奔乍躓, 若江、漢之水, 疾風驅濤, 擊山盪壑, 雲沸而不止. 羣飲源槁,廻食野赭, 浴川蹙浪, 噴震播灑, 潰潰焉, 若海神駕雪而來下. 觀其四散惝怳, 開合萬狀, 喜者鵲厲, 怒者人搏, 決然坌躍, 千里相角. 風駿霧鬣, 斸山抉壑, 耳搖層雲, 腹捎衆木, 寂寥遠遊, 不夕而復. 攫地跳梁, 堅骨蘭筋, 交頸互齧, 鬬目相馴, 聚溲更噓, 昂首張齗. 其小者則連牽繳繞, 仰乳俯齕, 蟻雜螽集, 啾啾濮濮, 旅走叢立. 其材之可者, 收斂攻敎, 掉手飛麾, 指毛命物, 百步就羈. 牽以荀息, 御以王良, 超以范鞅, 軒以欒鍼, 以佃以戎, 獸獲敵摧. 若是何如?"

吳子曰: "'恃險與馬'者, 子不聞乎? 故曰 '冀之北土, 馬之所生', '是不一姓'. 請置此而新其說."

先生曰: "晉之北山有異材, 梓匠工師之爲宮室求大木者, 天下皆歸焉. 仲冬旣至, 寒氣凝成, 外凋內貞, 潘液不行, 乃堅乃良. 萬工擧斧以入, 必求諸巖崖之欹傾, 硼壑之紆縈, 凌巑岏之杪顚, 漱泉源之淦瀯, 根絞怪石, 不土而植, 千尋百圍, 與石同色. 羅列而伐者, 頭抗河漢, 刃披虹霓, 聲振連巒, 林塡層谿. 丁丁登登, 硠硠稜稜, 若兵車之乘淩. 其響之所應, 則潰潰淵淵, 洶洶薨薨, 若騫若崩, 若螭龍之鬬, 風霆相騰. 其殊而下者, 札巙捎殺, 摧崒坱圠, 霞披電裂, 又似共工觸不周而天柱折. 鵾鸛鵞鶬, 號鳴飛翔, 貙豻虎兕, 奔觸讋慓, 伏無所入, 遯無所脫. 然後斷度收羅, 捎危顚, 芟繁柯, 乘水潦之波, 以入于河而流焉. 盪突硉兀, 轉騰冒沒, 類秦神驅石以梁大海; 抵曲鱗蹙, 匯流雷解, 前者汨越, 後者迫隘, 乃下龍門之懸水. 摺拉頹踏, 捽首軒尾, 澒入重淵, 不知其幾百里也. 濤波之旋, 滔山觸天, 旣渟旣平, 彌望悠焉. 良久, 乃始昂屹涌溢, 挺拔而出, 林立峯崒, 穿雲蔽日, 渙然自撓, 復就行列, 渾渾而去, 以至其所. 唯良工之指顧, 叢臺、阿房, 長樂、未央, 建章、昭陽之隆麗詭特, 皆是之自出. 若是何如?"

吳子曰: "吾聞君子患無德, 不患無土; 患無土, 不患無人; 患無人, 不患無宮室; 患無宮室, 不患材之不己有. 先生之所陳, 四累之下也; 且虒祁旣成, 諸侯叛之."

先生曰: "河魚之大, 上迎濤波, 雚㵸津涯, 十里雷馳, 重馬輕車, 遌以君命, 矢而縱觀焉. 大罟斷流, 脩網亘山, 罩罶罜麗, 織紝其間. 巨舟軒昂, 仡仡迴環, 水師更呼, 聲裂商顏. 於是鼓譟沓集而從之, 扼龍吭, 拔鯨鰭, 戮白黿, 逐毒螭, 叱馮夷, 立水涓. 搜攪流離, 掬縮推移, 梁會網蹙, 騰天彌圍, 掉蹦擁踴, 以登夫歷山之垂. 如川之歸, 如山之摧, 如雲之披. 其有乘化會神, 振拔漣淪, 擿奇文, 出怪鱗, 騰飛濤而上逸, 生電雷於龍門者, 猶仰綸飛繳, 頓踏而取之, 莫不脫角裂翼, 呀嚇匍匐, 復就臠切, 莫保龍籍, 具糅五味, 布列雕俎, 風雲失勢, 沮散遠去. 若夫魦、鱨、鮪、鯉, 鰋、鱧、魴、鱮之瑣屑蔑裂者, 夫固不足悉數, 漏脫紘目, 養之水府, 而三河之人, 則已塡溢饜飫, 腥膏舄鹵, 聞鱠炙之美, 則掩鼻蹙頞, 賤甚糞土而莫顧者也. 若是何如."

吳子曰 : "一時之觀, 不足以夸後世; 口舌之味, 不足以利百姓. 姑欲聞其上者."

先生曰 : "猗氏之鹽, 晉寶之大也, 人之賴之與穀同, 化若神造, 非人力之功也. 但至其所, 則見溝塍畦畹之交錯輪囷, 若稼若圃, 敞兮匀匀, 渙兮鱗鱗, 邐瀰紛屬, 不知其垠. 俄然決源釃流, 交灌互澍, 若枝若股, 委屈延布, 脉寫膏浸, 潗濕滑汩, 彌高掩庳, 漫壟冒塊決決沒沒, 遠近混會, 抵値堤防, 瀴瀛霈濊, 偃然成淵, 漭然成川. 觀之者徒見浩浩之水, 而莫知其以及. 神液陰漉, 甘鹵密起, 孕靈富媼, 不愛其美. 無聲無形, 熛結迅詭, 回眸一瞬, 積雪百里. 皛皛羃羃, 奮僨離析, 鍛圭椎璧, 令轉的皪. 乍似殞星及地, 明滅相射, 冰裂雹碎, 巃嵸增益. 大者印纍, 小者珠剖, 涌者如坻, 坳者如缶, 日晶熠煜, 螢駭電走, 亘步盈車, 方尺數斗. 於是裒斂合集, 擧而堆之, 皓皓乎懸圃之巍巍, 瞰乎漾乎, 狂山太白之淋灕. 駭化變之神奇, 卒不可推也. 然後驢騾牛馬之運, 西出秦、隴, 南過樊、鄧, 北極燕、代, 東逾周、宋. 家獲作鹹之利, 人被六氣之用, 和鈞兵食, 以征以貢. 其賚天下也, 與海分功, 可謂有濟矣. 若是何如?"

吳子曰 : "魏絳之言曰 '近寶則公室乃貧', 豈謂是耶? 雖然, 此可以利民矣, 而未爲民利也."

先生曰 : "願聞民利."

吳子曰 : "安其常而得所欲, 服其教而便於己, 百貨通行而不知所自來, 老幼親戚相保而無德之者, 不苦兵刑, 不疾賦力. 所謂民利, 民自利者是也."

先生曰 : "文公之覇也, 援秦破楚, 囊括齊、宋, 曹、衛解裂, 魯、鄭震恐, 定周于溫, 奉冊受錫, 夾輔糾逖, 以爲侯伯, 齊盟踐土, 低昂玉帛. 天子恃焉, 以有諸侯; 諸侯恃焉, 以有其國; 百姓恃焉, 以有其妻子而食其力. 叛者力取, 附者仁撫; 推德義, 立信讓; 示必行, 明所嚮; 達禁止, 一好尙. 春秋之事, 公侯大夫, 策文馬, 馳軒車, 出入環連, 貫于國都, 則有五筵之堂, 九几之室, 大小定位, 左右有秩, 禽牢饒饋, 交錯文質, 饗有嘉樂, 宴有庭實, 登降好賦, 犧象畢出, 犒勞贈賄, 率禮無失. 六卿理兵, 大戎小戎, 鐘鼓丁寧, 以討不恭. 車埒萬乘, 卒半天下, 鼓之則震, 旆之則畏. 其號令之動, 若水之源, 若輪之旋, 莫不如志. 當此之時, 咸能驩娛以奉其上, 故其民至於今, 好義而任力. 此以民力自固, 假仁義而用天下, 其遺風尙有存者. 若是可以爲民利也乎?"

吳子曰 : "近之矣, 然猶未也. 彼覇者之爲心也, 引大利以自嚮, 而摟他人之力以自爲固, 而民乃後焉. 非不知而化, 不令而一, 異乎吾嚮之陳者, 故曰近之矣, 猶未也."

先生曰 : "三河, 古帝王之更都焉, 而平陽, 堯之所理也, 有茅茨、采椽、土型之度, 故其人至于今儉嗇; 有溫恭、克讓之德, 故其人至于今善讓; 有師錫、僉曰、疇咨之道, 故其人至于今好謀而深; 有百獸率舞、鳳凰來儀、於變時雍之美, 故其人至于今和而不怒; 有昌言、儆戒之訓, 故其人至于今憂思而畏禍; 有無爲、不言、垂衣裳之化, 故其人至于今恬以愉, 此堯之遺風也. 願以聞於子何如?"

吳子離席而立, 拱而言曰 : "美矣善矣, 其蔑有加矣. 此固吾之所欲聞也. 凡夫儉則人用足而不淫; 讓則遵分而進善, 其道不鬪; 謀則通於遠而周於事; 和則仁之質; 戒則義之實; 恬以愉則安而久於其道也. 至乎哉! 今主上方致太平, 動以堯爲准, 先生之言, 道之奧者, 若果有貢於上, 則吾知其易易焉也. 擧晉國之風以一諸天下, 如斯而已矣." 敬再拜受賜.

답문(答問: 물음에 답함)[41]

누군가 유선생(柳先生)에게 물었다. "선생께선 옛것을 공부하는 분의 모습이십니다. 그러나 도가 시행되는 때를 만나서도 그 뜻을 펼치지 못하시고, 단지 죄를 지어 버려져 숨어 지내십니다. 친구는 모두 흩어져 친지였음을 부끄럽게 여기며, 평생토록 흠모하던 자는 편지를 없애 그 흔적을 지웁니다. 남의 잘못에 대해서는 지적하고 가르치시지만 천한 자리에 처하시어 수많은 비방을 받으십니다. 선생을 매도하는 이는 피하는 바가 없고 선생을 능멸하는 자는 벌을 받지 않습니다. 선생께선 인사를 받으면 눈을 돌리시고, 이야기를 들으면 마음으로 겁내시며, 수시로 초야를 다니시니, 어디를 가시는지 모르겠습니다. 어찌 그리 못나셨습니까? 지금의 현명하고 지혜로운 이들을 보면, 모두가 높이 올라 재능을 날리고 끼리끼리 끌어주고 밀어주니, 그 발길은 하늘까지 이어지고 씩씩하게 널리 퍼져서는, 무리를 이루고 줄지어 다닙니다. 기이한 책략과 고상한 담론으로 좌우에서 명성을 다투며, 우루루 몰려다녀 문간을 가득 메우고, 말 한 마디만 하여도 영광이 넘쳐납니다. 그러니 대단하지 않습니까? 선생께선 비록 고서(古書)를 읽어 스스로 통치의 도리를 알며 일의 핵심을 안다고 하시지만, 시행에 있어서는 이토록 어긋나셨군요! 낭패하고 쫓겨

---

41) 본편은 자기 변론과 위안을 위한 부(賦) 형식의 글이다. 손님의 물음을 설정하고 그에 답하는 형식으로 포진(鋪陳)의 수법을 사용하였다. 작자는 영정(永貞) 원년(805) 9월에 감찰어사에서 소주자사(邵州刺史)로 쫓겨났다가 11월에 다시 영주사마(永州司馬)로 재좌천됐다. 이 글은 영주에 도착한 이후의 글이다.

나셨으니 어떻게 오늘의 세상에 자신을 드러내시겠습니까?” 선생이 답했다. “삼가 말씀을 따르겠습니다. 그러나 제가 통치의 도리를 알고 일의 핵심을 안다고 하신 그대의 말씀은 과분합니다. 저는 굴신(屈伸)과 거취(去就)의 도리에 무지하여 죄를 짓고 모욕을 당하였습니다. 다행히 사지를 유지하고 살을 보존하고서, 여전히 남의 음식을 먹고 남의 옷을 입으며 남의 재화를 사용하고, 또 농사나 방직이나 장사도 하지 않습니다. 그러니 살아가는 것만으로도 부끄러워하고 겁낼 겨를이 없는 터인데, 그대는 지금 또 당대의 현명하고 지혜로운 이들을 끌어다가 저를 심하게 비난하고 책망하십니다. 저는 묶인 죄인입니다. 산림에 도망치고 강과 바다에 숨으려 해도 그 길이 없으니, 어디에 제 몸을 둘 수 있겠습니까? 바라건대 그대는 잠시 목소리를 낮추시어, 제 마음속의 이야기를 상세히 차례차례 말씀드릴 수 있게 해주십시오.”

손님이 말했다. “어찌 거절하겠습니까?” 선생이 말했다. “제가 어릴 때 학문하면서 스승님의 학설에 근본하지 못하고 마음으로 고서(古書)를 믿어 모든 일이 모두 쉽다고 여겼는데, 당시의 급한 일에 대해서도 그 생각을 꺾지 않았습니다. 다만 아는 것이라고는, 입을 열어 말하고 눈을 감아 쉬며, 남달리 행하고 넘어져 엎드리는 것뿐이었습니다. 기쁨과 화를 숨기지 못하고 곡직(曲直)을 따지지 못했으며, 그물에 달려들고 함정에 뛰어들며 좌절과 곤경을 당하는 것을 상관하지 않았습니다. 어리석고 미쳐 어긋나기가 이처럼 심했습니다. 그러니 또 어찌 그대의 가르침을 받들고 두터운 덕을 입을 수 있었겠습니까? 지금의 세상에서는 재주의 잘잘못을 속일 수 없으며 현명하고 어리석음이 분명히 드러납니다. 현달(顯達)한 자들은, 그 덕으로 말하자면, 모두가 넓고 넓으며 깊고 깊으며 단정하고 단단하고 밝으며, 두루 갖춰 함양하여 도(道)와 함께합니다. 그러나 저는 기울어지고 얕고 좁고 편벽하며, 경박하고 큰소리나 질러 흠을 만들고 액운에 빠졌으니, 실로 손과 발을 아무리 놀려도 그들의 자취를 따를 수 없습니다. 그들의 시정(施政)으로 말하자면, 모두들 시책은 현명하고 생각은 깊으며, 세심하게 분석하고 깊이 궁리하며, 시비를 분명히 가리고 고금을 비교하여 헤아립니다. 그러나 저는 싸이고 막혔고 안목도 적고 미혹되었으며, 이상하고 괴이한 것을 찾아 탐구하며 외딴 곳에 숨겨진 것이나 찾아내며, 아슬아슬 두근두근, 끝내는 자신을 해치고 화를 불렀습니다. 그러니 실로 눈을 크게 뜨고 올려다 바라보며 용기를 북돋아도 그들의 모범을 흉내 낼 수 없습니다. 그들의 학문으로 말하자면, 핵심과 맥락을 총망라하고 종횡으로 넓게 혼합하며, 하늘의 선회와 땅의 움직임을 이해하고 귀신과 신령의 조화에 두루 통했습니다. 그러나 저의 학문은 단지 공허하고 소략하고, 분산되고 소략하고 헛되며,[42] 길에서 몰래 들은 것이며, 시끄럽기만 하고 어리석은 이를 속이며 갈 곳을 모르는 것입니다. 그러니 실로 정색하고 혀를 놀린다 하여도 그들과 함께 할 수는 없습니다. 그들의 문장으로 말하자면, 모두가 넓디넓고 찬란하며 음양이 어우러지며, 멀리멀리 해와 달과 별빛 같고 제왕의 풍모를 녹여 담았습니다. 그러나 저의 글은 소박하고 촌스러우며 껄끄럽기만 하고, 무덤이 여기저기 솟은 듯하며, 털과 실처럼 겨우 이어지며 그 사이에 먼지와 오점이 끼어듭니다. 그러니 실로 아무리 생각하여 글귀를 찾아 뛰어본들 그들의 수준을 넘을 수가 없습니다. 이 네 가지가 뚜렷이 차이나니, 어린아이나 계집아이조차도 제가 그들에게 미치지 못함을 압니다. 거기에다 또 죄에 묶이고 굴레에 매였는데, 그대가 더 나아가 저를 밀어붙이니 역시 잔인하지 않습니까?" 또한 백희(白羲)와 녹이(騄耳) 같은 준마가 강장(康莊)의 큰길을 나서면,[43] 달리는 별을 좇고 회오리에 앞서는데, 절뚝발이 나귀는 진흙 밭을 나오지도 못합니다. 황종(黃鐘)과 원간(元間) 같은 악기가 청묘(淸廟)의 아악(雅樂)을 연주할 때면,[44] 천지를 울려대고

42) 장사교(章士釗)는 이 부분 즉 원문의 "이소공허(離疏空虛)"는 위의 구절 "별부(擻莩)"에 대한 방주(旁注)가 본문 안에 잘못 삽입된 것이라고 하였다.

43) 백희(白羲)와 녹이(騄耳)는 모두 주(周) 목왕(穆王)의 수레를 끌었다는 팔준마(八駿馬)에 속하는 말 이름이다. 강(康)과 장(莊)은 차례로 오거리와 육거리로 대로(大路)를 의미한다.

44) 황종(黃鐘)과 원간(元間)은 모두 궁정의 악기를 가리킨다. 청묘(淸廟)는 주 문왕(文王)을

하늘과 땅의 신들을 감동시키는데, 오오(嗚嗚) 같은 시원찮은 노래는 마을에도 들이지 못합니다.[45] 서시(西施)와 모장(毛嬙) 같은 미인이 후궁을 걸으면,[46] 아침 태양처럼 빛나고 떠가는 구름처럼 환한데, 무염(無鹽) 같은 추녀는 마을에서조차 쫓겨납니다.[47] 교룡(蛟龍)이 천지(天池)에서 솟아오를 때면, 천하를 가득 채우고 만물에 은택을 내리는데, 새우와 거머리는 한 자 물속을 벗어나지 못합니다. 탁월하고 거침없는 선비가 밝은 세상을 만나면, 지혜와 재능을 사용하여 공과 위엄이 빛나는데, 작고 보잘것없이 절뚝거리는 존재는 엎어지고 쓰러지는 것이 실로 제몫입니다. 그런데 그대는 또 왜 저를 탓하십니까? 또한 험난함과 액운의 징벌을 한번 건너 다시는 겪지 않으려는 것이 열사(烈士)의 뜻이요, 불가능한 줄 알면서도 자신에게 재촉하는 것이 군자의 일입니다. 제가 장차 그것을 훔쳐 생을 마치려하는 것, 그것 역시 괜찮지 않겠습니까?

그리고는 노래하였다. "요임과 순임금은 수양하시고, 우임금과 대신 익(益)은 근심하셨으니,[48] 유능한 이에게는 일을 맡기고 어리석은 이는 쉬게 하셨네. 함께 어울리는 쑥과 명아주처럼, 내 죄인생활 즐긴다네. 속과 겉이 잘 어울리는 문장으론, 내 근심 풀어낼 수 있다네. 그만이다, 그만이다, 그 무엇을 구하리오!" 그러자 손님은 웃으면서 떠나갔다.

有問柳先生者曰 : "先生貌類學古者, 然遭有道不能奮厥志, 獨被罪辜, 廢斥伏匿. 交遊解散, 羞與爲戚, 生平嚮慕, 毁書滅跡. 他人有惡, 指誘增益, 身居下流, 爲謗藪澤. 罵先生者不忌, 陵先生者無譎. 遇揖目動, 聞言

모신 종묘 또는 문왕의 덕을 기리는 아악(雅樂)이다.

45) 오오(嗚嗚)는 진(秦)의 악곡 이름이다. 교(咬)는 새소리, 와(哇)는 어린아이가 말 배우는 소리로서, 잡스럽고 나쁜 소리를 가리킨다. 장사교(章士釗)는 보통의 노랫소리로 풀이하였다.

46) 서시(西施)는 월(越)나라 미인으로 오왕(吳王) 부차(夫差)의 총희, 모장(毛嬙)은 『장자』에 보이는 미인으로 월왕(越王)의 총희이다.

47) 무염(無鹽)은 제(齊)의 추녀이다.

48) 익(益)은 순임금의 신하 이름이다.

心惕, 時行草野, 不知何適. 獨何劣耶? 觀今之賢智, 莫不舒翹揚英, 推類援朋, 疊足天庭, 魁礨恢張, 羣驅連行. 奇謀高論, 左右抗聲, 出入翕忽, 擁門塡扃, 一言出口, 流光垂榮. 豈非偉耶? 先生雖讀古人書, 自謂知理道, 識事機, 而其施爲若是其悖也! 狼狽擯僇, 何以自表於今之世乎?" 先生答曰 : "敬聞命. 然客言僕知理道、識事機, 過矣. 僕懵夫屈伸去就, 觸罪受辱, 幸得聯支體、完肌膚, 猶食人之食, 衣人之衣, 用人之貨, 無耕織居販, 然而活給羞愧恐慄之不暇, 今客又推當世賢智以深致誚責, 吾縲囚也, 逃山林入江海無路, 其何以容吾軀乎? 願客少假聲氣, 使得詳其心次其論."

客曰 : "何取?" 先生曰 : "僕少嘗學問, 不根師說, 心信古書, 以爲凡事皆易, 不折之以當世急務, 徒知開口而言, 閉目而息, 挺而行, 躓而伏, 不窮喜怒, 不究曲直, 衝羅陷穽, 不知顚踣, 愚惷狂悖, 若是甚矣. 又何以恭客之敎而承厚德哉? 今之世工拙不欺, 賢不肖明白. 其顯進者, 語其德, 則皆茫洋深閎, 端貞鯁亮, 苞幷涵養, 與道俱往. 而僕乃蹇淺窄僻, 跳浮嚄唶, 抵瑕陷厄, 固不足以趑趄批捩而追其跡. 擧其理, 則皆謀明淵沉, 剖微窮深, 劈析是非, 校度古今. 而僕乃緘鉗默塞, 耗眊窒惑, 抉異探怪, 起幽作匿, 攸攸恤恤, 卒自禍賊, 固不足以睢盱激昂而效其則. 言其學, 則皆揚攬羅絡, 横竪雜博, 天旋地縮, 鬼神交錯. 而僕乃單庸撇孛, 離疏空虛, 竊聽道塗, 顓嚚蒙愚, 不知所如, 固不足以抗顔搖舌而與之俱. 稱其文, 則皆汗漫輝煌, 呼噓陰陽, 轇轕三光, 陶鎔帝皇. 而僕乃朴鄙艱澁, 培塿潗湁, 毫聯縷緝, 塵出坱入, 固不足以攄摛踊躍而涉其級. 玆四者懸判, 雖庸童小女, 皆知其不及, 而又褁以罪惡, 纏以羈縶, 客從而擠之, 不亦忍乎? 且夫白羲、騄耳之得康莊也, 逐奔星, 先飄風, 而跛驢不出泥滓. 黃鐘、元間之登淸廟也, 鏗天地, 動神祇, 而嗚嗚咬哇, 不入里耳. 西子、毛嬙之蹈後宮也, 皦朝日, 煥浮雲, 而無塩逐於鄕里. 蛟龍之騰於天淵也, 彌六合, 澤萬物, 而蝦與蛭不離尺水. 卓詭倜儻之士之遇明世也, 用智能, 顯功烈, 而麽眇連蹇, 顚頓披靡, 固其所也. 客又何怪哉? 且夫一陟險阨懲而不再者, 烈士之志也; 知其不可而速已者, 君子之事也. 吾將竊取之以沒吾世, 不亦可乎?"

乃歌曰:“堯、舜之修兮, 禹、益之憂兮, 能者任而愚者休兮. 躍躍蓬藋, 樂吾囚兮. 文墨之彬彬, 足以舒吾愁兮. 已乎已乎, 曷之求乎!” 客乃笑而去.

기폐답(起廢答: 재기용에 대한 대답)[49]

유선생이 자사(刺史)의 취임식에 참가하고 돌아와 우계(愚溪) 가를 거닐었는데,[50] 얼굴이 거무스레한 노인과 건장한 젊은이 열한 사람이 발을 옮겨 나서서 줄지어 선 채 축하하였다. 축하를 마치자 서로 바라보다가 더욱 접근하여 말했다. “지금 이 주(州)에 버려졌다가 다시 기용된 경우가 둘인데, 선생께선 그것에 대해 들어 알고계십니까?”

선생이 말했다. “누구입니까?” 그들이 말했다. “동쪽 사당의 절름발이 스님과 관청 마구간의 이마에 병난 말입니다.”

선생이 말했다. “그들이 어떻다는 말입니까?” 그들이 답했다. “무릇 불교를 믿는 이들에게 도회지에서는 반드시 큰스님이 있습니다. 그 큰스님들은 계율을 잘 만들어 초학자와 여신도들을 훈계하는데, 매우 존귀하고 위엄이 있으며 또 여유가 있습니다. 절름발이 스님은 사도(師道)를 지녔는데, 어려서 절름발이가 된 뒤로 날로 심해졌습니다. 동쪽 사당에서 십년을 지내면서, 기어서 다니지 않으면 남에게 들려 다녔습니다. 외부인과 접촉한 적이 없었으며 숨어서 몹시 두려워하며 지냈습니다. 금년에 사도를 지닌 다른 큰스님들이 모두 사연이 있어 떠나가자, 초학자와 여신도들

---

49) 본편은 노인과 유선생의 문답을 통해 자신의 처지를 토로한 부(賦)이다. 행운의 기회를 만난 절름발이 스님 및 병든 말과 자신을 대비시켰다. 원화(元和) 9년(814) 새 자사인 최능(崔能)이 취임한 후, 즉 영주시기 말년에 쓴 글이다.

50) 원화(元和) 9년(814)에 최능(崔能)이 영주의 새 자사로 취임하였다. 우계(愚溪)는 원래 염계(冉溪)였는데 유종원이 개명하였다.

이 큰스님으로 모실 이가 없어 어쩔 줄 몰라 하다가, 마침내 함께 절름발이 스님을 모셔내어 큰스님으로 삼았습니다. 그들은 그를 목욕시키고 모시고 다니는데, 장정은 수레를 몰고 어린이는 앞에서 내달리며, 가사(袈裟)를 씌우고 깃발을 들어 이끌며, 걱정스런 표정으로 스님의 얼굴을 살피면서 인도하고 호위하였습니다. 그 절름발이 스님은 어찌하는 수가 없이 수백 명의 제자를 두었습니다. 제자들이 매일같이 음식을 봉양하고 때맞추어 두건과 수건을 바치니, 그 기세가 대단하여 아무도 그가 정하는 규정을 어기지 못합니다. 관청 마구간의 이마에 병난 말은 그 병이 십년 가까이 되었는데, 검은색에 잡색이 없으며, 별 재주는 없어도 덩그러니 덩치는 큽니다. 그러나 그 병 때문에 다른 말과 같이 나란히 서지 못했습니다. 먹을 때는 다른 먹이통으로 쫓겨났고 늘 먹을거리가 부족했으며, 고립되고 모욕을 당하면서 심하게 끌려 다녔습니다. 이 말은 머리는 쳐지고 귀는 늘어졌으며 흘리는 침은 땅에까지 이어졌습니다. 마구간의 다른 말들은 어느 말도 그와 같이하려 하지 않았습니다. 마침 이번에 자사(刺史)께서 어사중승(御史中丞)의 직함을 지닌 채 우리 지방에 오시면서, 뭇 말들을 버리고 배를 타고 강을 거슬러 오셔서, 막 도착하실 즈음에 타실 말이 없었습니다. 말 관리인들은 모두 말했습니다. '이마에 병난 말이 크고 또 잡색이 없으니 잘 먹이고 장식하여 제공할 만하다. 다른 말들은 파(巴)·북(僰) 지방의 출산으로 등이 낮고 좁아서 우리 자사에게 드리기에는 마땅치 않다.' 그리하여 여러 사람들이 그 말을 끌고 마른 땅의 마방(馬房)에 데려가 멍석을 깔고 그 위에 비단으로 매어 놓고는, 목욕시켜 때를 빼고 발굽과 갈기를 손질하고, 또 흠집을 베어내고 콧물을 닦고서, 향초인 조호(雕胡)를 베어다가 향기로운 콩 줄기와 섞어 먹이며, 자개 박은 복대(腹帶)를 매고, 금빛 무늬 놓은 굴레를 씌우고, 쌍방울을 달고, 붉은 끈의 가슴걸이를 매었습니다. 어떤 이는 말갈기에 기름을 바르고, 어떤 이는 엉덩이를 문질렀습니다. 마부도 온갖 장식을 갖추고 나서 고삐를 잡았습니다. 길을 정리하고 돌 위를 걸려 강가에 세웠으며, 오는 길엔 각종의 깃발이 앞에 늘어서고 긴 자루의 양산이 그 뒤를 따랐습니다. 수많은 무사들이 좌우로 호위하는 속에서 길 한가운데로 달리는데, 머리를 세우고 가슴을 내밀고서 기세가 등등하여 신이 났습니다. 이즈음에 그 말이 생각할 줄 알았다면, 어찌 '당연하다'고 하지 않았겠습니까?"

선생이 말했다. "그랬군요. 노인께선 제게 무엇을 이르시려는 겁니까?" 거무스레한 얼굴의 노인이 나서며 말했다. "지금 선생께서 우리 고장에 오신 지 역시 십년이 되었습니다. 발은 빨라 질풍과도 같고 코는 비린내와 향기를 구분하며, 뱃속에는 넘쳐나는 유학의 서적을 지니고 입으로는 문물제도(文物制度)에 대해 넘치게 말씀하시며, 고금을 통찰하며 바르고 훌륭한 이들을 바로 평가하십니다. 그런데도 한 번 버려져선 회복하지 못하시니, 절름발이 스님과 침 흘리고 이마에 병난 말이 때를 만난 것보다도 못합니다. 늙은 저는 무식하여 감히 그 점을 선생께 묻고자 합니다." 선생은 웃으며 답했다. "노인께서 틀렸습니다. 저들의 병은 발과 이마에 있을 뿐인데, 제 병은 덕(德)에 있습니다. 또 저들이 때를 만난 것은 다른 존재가 없어서일 뿐입니다. 지금 조정으로부터 사방에 이르도록 호걸들이 숲처럼 늘어섰고 정책은 내가 흐르듯 시행됩니다. 인재들이 무리 지어 담론하며 지혜를 겨루고 줄지어 앉아서 빼어남을 다투며, 재능을 펼치어 빛을 발하고 지휘하고 호령하는 소리는 천둥과도 같습니다. 노인은 덕을 수양하고 젊은이는 명성을 날리며, 머리 묶은 이이들도 줄지어 가지런히 수없이 관계로 향합니다. 한 자리가 잠시만 비어도 온갖 일이 발생하며, 서로 비벼대며 발을 들어도 뜻대로 되지 않습니다. 그러니 이 지방에 불교 스님과 큰 말이 부족한 경우와는 다릅니다. 더욱이 저는 덕에 병이 나 숨어 지내니, 어찌 절름발이와 침 흘리고 이마에 병난 말의 기회를 바라기나 하겠습니까? 노인의 말씀이 과분한 것이 분명하니, 제 잘못을 다시 들추지 마십시오." 그러자 거무스레한 얼굴의 노인과 젊은이들은 서로 바라보면서 기뻐하고 또 탄식하며 "알겠습니다"하고 말했다. 그리고 손을 맞잡아 예를 표하고는 돌아서서는 선생의 처지를 안타까워했다.

柳先生旣會州刺史, 卽治事, 還, 遊于愚溪之上. 溪上聚黧老壯齒, 十有一人, 謖足以進, 列植以慶. 卒事, 相顧加進而言曰 : “今茲是州, 起廢者二焉, 先生其聞而知之歟?” 答曰 : “誰也?” 曰 : “東祠躄浮圖, 中廏病顙之駒.”

曰 : “若是何哉?” 曰 : 凡爲浮圖道者, 都邑之會必有師, 師善爲律, 以敕戒始學者與女釋者, 甚尊嚴, 且優游. 躄浮圖有師道, 少而病躄, 日愈以劇, 居東祠十年, 扶服輿曳, 未嘗及人, 側匿愧恐殊甚. 今年, 他有師道者悉以故去, 始學者與女釋者倀倀無所師, 遂相與出躄浮圖以爲師, 盥濯之, 扶持之, 壯者執輿, 幼者前驅, 被以其衣, 導以其旗, 怵惕疾視, 引且翼之. 躄浮圖不得已, 凡師數百人. 日饋飮食, 時獻巾帨, 洋洋也, 擧莫敢踰其制. 中廏病顙之駒, 顙之病亦且十年, 色玄不厖, 無異技, 硿然大耳. 然以其病, 不得齒他馬. 食斥棄異皁, 恒少食, 屛立擯辱, 掣頓異甚, 垂首披耳, 懸涎屬地, 凡廏之馬, 無肯爲伍. 會今刺史以御史中丞來涖吾邦, 屛棄羣駟, 舟以泝江, 將至, 無以爲乘. 廏人咸曰 : “病顙駒大而不厖, 可秣飾焉; 他馬巴、僰痺狹, 無可當吾刺史者.” 於是衆牽駒上燥土大廡下, 薦之藨, 縻之絲, 浴剔蚤鬋, 刮惡除洟; 莝以雕胡, 秣以香萁; 錯貝鱗纕, 鑿金文羈; 絡以和鈴, 纓以朱綏; 或膏其鬛, 或劘其脽; 御夫盡飾, 然後敢持. 除道履石, 立之水涯; 幢旗前羅, 杠蓋後隨; 千夫翼衛, 當道上馳; 抗首出臆, 震奮遨嬉. 當是時, 若有知也, 豈不曰宜乎?

先生曰 : “是則然矣, 叟將何以敎我?” 黧老進曰 : “今先生來吾州亦十年, 足軼疾風, 鼻知膻香, 腹溢儒書, 口盈憲章, 包今統古, 進退齊良, 然而一廢不復, 曾不若躄足涎顙之猶有遭也. 朽人不識, 敢以其惑, 願質之先生.” 先生笑且答曰 : “叟過矣! 彼之病, 病乎足與顙也; 吾之病, 病乎德也. 又彼之遭, 遭其無耳. 今朝廷洎四方, 豪傑林立, 謀猷川行, 羣談角智, 列坐爭英, 披華發輝, 揮喝雷電, 老者育德, 少者馳聲, 丱角羈貫, 排厠鱗征, 一位暫缺, 百事交幷, 駢倚懸足, 曾不得逞, 不若是州之乏釋師大馬也; 而吾以德病伏焉, 豈躄足涎顙之可望哉? 叟之言過昭昭矣, 無重吾罪!” 於是黧老壯齒, 相視以喜, 且吁曰 : “諭之矣!” 拱揖而旋, 爲先生病焉.

제16권 설(說)

천설(天說 : 하늘에 관한 해설)[1]

한유(韓愈)가 유자(柳子)에게 말했다. "그대는 하늘에 대해 아시는지요? 제가 그대에게 하늘에 대해 이야기하겠습니다. 지금 사람들 중에 질병의 아픔, 권태와 모욕, 기아와 추위가 심한 자가 하늘을 우러러 외칩니다.

---

1) 본편은 한유(韓愈)의 하늘과 인간의 관계에 대한 견해를 반박한 글이다. 한유는 인간이 천지 만물을 해치는 존재이므로 인류를 번성시키는 자는 하늘에 대한 원수이고 따라서 화를 당한다는 견해이다. 유종원은 하늘을 의지적으로 작용하지 않는 자연물로 파악하여 한유의 견해를 반박하였다. 유종원의 절친한 친구인 유우석(劉禹錫)도 상・중・하 세 편의 「천론(天論)」을 지어 하늘과 인간의 관계에 대해 더욱 상세하게 논술하였는데, 유종원은 「답유우석천론서(答劉禹錫天論書)」(권31)에서 그에 절대적으로 동의하였다. 이 글은 유종원의 대표적인 철학 문장으로서 그를 유물론자로 규정하는 주요 근거가 되는 글이기도 하다. 영주시기에 쓴 것이다. 대부분의 유종원 문집은 유우석의 「천론」을 부록하고 있다. 본편 뒤에 그 글도 번역하여 첨부한다.

'백성을 죽이는 자는 잘 살고 백성을 돕는 자는 재앙을 당합니다!'라고 또 하늘을 우러러 외칩니다. '어찌하여 이처럼 극도로 불합리하게 만드십니까?'라고. 이런 사람들은 모두 하늘을 이해하지 못한 것입니다. 무릇 초목의 열매와 음식이 상하면 벌레가 생겨납니다. 사람의 혈기가 막혀 통하지 못하면 종기, 사마귀와 혹, 부스럼과 치질 등이 되며 벌레가 생겨납니다. 나무가 썩으면 굼벵이가 생기고 풀이 썩으면 반딧불이 날립니다. 이것들이 어찌 상한 다음에 생겨나는 것이 아니겠습니까? 생물이 상함으로 인해서 벌레가 생겨나며, 원기(元氣)와 음양이 파괴됨으로 인해서 사람이 생겨납니다. 벌레가 생겨나면 생물은 더욱 상하니, 먹고 물어뜯고 구멍을 뚫어 벌레의 생물에 대한 화(禍)는 더욱 심해집니다. 그 벌레를 제거할 수 있는 이는 생물에 공을 세우는 존재이고, 그 벌레를 번식시키는 이는 생물의 원수입니다. 인간의 원기와 음양을 파괴하는 것도 역시 더욱 심해집니다. 들과 밭을 개간하고 산림을 벌목하며, 샘과 우물을 파서 그 물을 마시며, 묘를 파 장사를 지내며, 또 구덩이를 파서 변소를 만듭니다. 담장·성곽·누대·정자를 쌓고 지으며, 도랑과 해자와 연못을 만들며, 나무로 불을 지펴 음식을 익히며, 금속을 제련하여 기물을 만들며, 질그릇과 기와를 빚고 옥을 쪼고 갑니다. 그리하여 천지의 만물이 생기를 잃고 제 본 모습을 잃게 만듭니다. 노기등등하여 이리저리 훼손하고 어지러이 파괴하기를 그치지 않았습니다. 그러니 원기와 음양에 끼치는 화가 벌레의 짓보다 더 심하지 않겠습니까? 제 생각에, 이런 인간을 죽여 날이 가고 해가 갈수록 줄어들게 하여 원기와 음양에 대해 화를 끼치는 자가 줄어들게 할 수 있다면, 그는 바로 천지에 공을 세우는 존재입니다. 그리고 그런 인간을 번식시키는 존재는 천지의 원수입니다. 지금 사람들은 모두 하늘에 대해 알지 못합니다. 그래서 그렇게 외쳐대고 원망해대는 것입니다. 제 생각에, 하늘이 그 외침과 원망을 듣는다면 유공자가 받을 상은 필시 클 것이요, 화를 끼친 자가 받을 벌 역시 클 것입니다. 그대는 제 말을 어떻게 생각하십니까?"

유자가 말했다. "그대는 정녕 흥분할 일이 있어서 그렇게 말씀하신 것이겠지요. 그렇다면 참으로 옳고 훌륭한 말씀입니다. 제가 그 말씀을 마무리할 수 있습니다. 저 위에 검은 것을 세간에서는 하늘이라 부르며 아래의 누런 것을 땅이라 부릅니다. 그리고 그 가운데 아스라이 존재하는 것을 세간에서는 원기(元氣)라 부르며, 춥고 더움을 음양이라 부릅니다. 그런데 이들이 크기는 하지만 열매, 종기와 치질, 초목 등과 다를 바가 없습니다. 만약 구멍을 내는 벌레를 없애주는 자가 있다면 이런 것들이 그에게 보답할 수 있겠습니까? 또 벌레를 번식시키는 자에게 이들이 화를 낼 수 있겠습니까? 천지는 커다란 열매이며, 원기는 커다란 종기와 치질이며, 음양은 커다란 초목입니다. 그들이 어떻게 공을 세운 이에게 상을 주고 화를 끼친 이에게 벌을 내릴 수 있겠습니까? 공이란 스스로 세우는 것이고 화란 스스로 초래하는 것이니, 상과 벌을 바란다면 큰 잘못입니다. 외치고 원망하여 애련히 여겨주고 자비를 베풀어주기를 바란다면 더욱 큰 잘못입니다. 그대가 그대의 인의(仁義)를 신봉하여 그를 준칙으로 삼으신다면, 그를 위해 살고 죽으시면 될 뿐입니다. 어찌하여 생사와 득실의 원인을 열매, 종기와 치질, 초목에 돌리시려 하십니까?"

韓愈謂柳子曰 : "若知天之說乎? 吾爲子言天之說. 今夫人有疾痛, 倦辱, 饑寒甚者, 因仰而呼天曰 : '殘民者昌, 佑民者殃!' 又仰而呼天曰 : '何爲使至此極戾也?' 若是者, 擧不能知天. 夫果蓏, 飮食旣壞, 蟲生之; 人之血氣敗逆壅底, 爲癰瘍、疣贅、瘻痔, 蟲生之; 木朽而蝎中, 草腐而螢飛, 是豈不以壞而後出耶? 物壞, 蟲由之生; 元氣陰陽之壞, 人由之生. 蟲之生而物益壞, 食齧之, 攻穴之, 蟲之禍物也滋甚. 其有能去之者, 有功於物者也; 繁而息之者, 物之讎也. 人之壞元氣陰陽也亦滋甚 : 墾原田, 伐山林, 鑿泉以井飮, 窾墓以送死, 而又穴爲偃溲, 築爲牆垣、城郭、臺榭、觀游, 疏爲川瀆、溝洫、陂池, 燧木以燔, 革金以鎔, 陶甄琢磨, 悴然使天地萬物不得其情, 倖倖衝衝, 攻殘敗撓而未嘗息. 其爲禍元氣陰陽也, 不甚於蟲之所爲乎? 吾意有能殘斯人使日薄歲削, 禍元氣陰陽者滋少, 是則有功於天地者也; 繁而息之者, 天地之讎也. 今夫人舉不能知天, 故爲是呼且怨也. 吾意天聞而呼且怨, 則有功者受賞必大矣, 其禍焉者受罰亦大矣. 子以吾言爲何如?"

柳子曰 : "子誠有激而爲是耶? 則信辯且美矣. 吾能終其說. 彼上而玄者, 世謂之天; 下而黃者, 世謂之地; 混然而中處者, 世謂之元氣; 寒而暑者, 世謂之陰陽. 是雖大, 無異果蓏、癰痔、草木也. 假而有能去其攻穴者, 是物也, 其能有報乎? 繁而息之者, 其能有怒乎? 天地, 大果蓏也; 元氣, 大癰痔也; 陰陽, 大草木也, 其烏能賞功而罰禍乎? 功者自功, 禍者自禍, 欲望其賞罰者大謬; 呼而怨, 欲望其哀且仁者, 愈大謬矣. 子而信子之仁義以遊其內, 生而死爾, 烏置存亡得喪於果蓏、癰痔、草木耶?"

부(附)

천론(天論) 상(上)

유우석(劉禹錫)

세상에서 하늘에 대한 말하는 이들에게는 두 가지 견해가 있다. 하늘에게 의지와 의식이 있다는 견해에 억매인 이는 다음과 같이 말한다. "하늘과 인간은 실제로 영향을 미친다. 화는 죄 때문에 오고 복은 선행 덕분에 온다. 지극한 곤경을 당해서 외치면 들어주고, 아픔을 숨기고 기도하면 반드시 답하니, 확실히 주재하는 존재가 있는 듯하다." 그래서 하늘에게 음덕(陰德)이 있다는 주장이 설득력을 지닌다. 하늘에게 의지와 의식이 없다는 견해에 억매인 이는 다음과 같이 말한다. "하늘과 인간은 실제로 판이하다. 가축과 수목에 천둥 번개가 내리치는 것은 그것들이 죄가 있어서가 아니고, 제비꽃과 씀바귀에 봄이 오는 것은 그것들이 착해서가 아니다. 도척(盜跖)과 장교(莊蹻)가 뜻을 이루고 공자와 안연(顔淵)이 액운을 당하니, 이렇다면 아득히 주재자가 없는 것이다." 그래서 저절로 그리된다는 주장이 설득력을 지닌다. 내 친구 하동(河東) 해현(解縣) 사람 유자후(柳子厚)는 「천설(天說)」을 지어 한퇴지(韓退之)의 주장을 꺾었는데 문장이 실로 훌륭하다. 아마도 분격한 바가 있어서 그리 말한 것이지 하늘과 인간의 관계를 모두 다 말하려고 한 것은 아니리라. 그래서 내가 「천론」을 지어 그 견해를 끝까지 다 밝힌다.

대체로 형체를 지닌 것은 모두 가능한 바와 불가능한 바가 있다. 인간은 동물 가운데 뛰어난 존재이다. 하늘에게 가능한 것은 실로 인간에게는 불가능하다. 인간에게 가능한 것이 하늘에게 불가능한 것도 있다. 그러므로 나는 하늘과 인간에게 각기 나은 바가 있다고 말한다. 풀어서 말하면 다음과 같다. 하늘의 규율은 생식에 있는데 그 운용은 강한 것과 약한 것에 차이를 두며, 인간의 규율은 법제(法制)에 있는데 그 운용은 잘

잘못에 차이를 둔다. 양기를 입으면 소생하고 음기를 입으면 쇠락하는 것, 물과 불이 사물을 상해하며 나무는 단단하고 금속은 날카로운 것, 장성하면 용맹하고 건강하며 늙으면 쇠약해지는 것, 원기가 뛰어나서 임금을 보좌하고 힘이 빼어나서 상관을 보좌하게 되는 것, 이들은 하늘에게 가능한 영역이다. 양기의 계절에 수목을 재배하고 음기의 계절에 수확하는 것, 한발을 피하여 촉촉하게 하며 화재를 피하여 빛을 사용하는 것, 목재를 베고 단단한 바위에 구멍을 내고 광물을 녹이고 칼날을 가는 것, 강경하고 비방하는 자를 도의로써 억제하고 어른과 아이의 예절을 나누는 것, 현인을 높이고 공훈을 숭상하며 준칙을 세우고 사악함을 피하는 것, 이것들은 사람에게 가능한 영역이다.

인간이 하늘에게 이길 수 있는 것은 법제 방면이다. 법제가 잘 운용되면, 대중을 위한 것이 옳은 바가 되고 그렇지 않은 것이 그른 바가 되어, 천하 사람들이 옳은 길을 가면 반드시 상을 받고 어기면 벌을 받는다. 상이 타당하면, 비록 세 겹의 정(旌)을 세우는 삼공(三公)의 존귀함과 만종(鐘)의 후한 봉록을 부여하여도 모두가 마땅하다고 한다. 왜인가? 훌륭한 일을 하였기 때문에 그러하다. 벌이 타당하면, 비록 삼족(三族)을 처형하고 칼과 톱으로 베는 처참한 벌을 주어도 모두가 마땅하다고 한다. 왜인가? 악한 일을 하였기 때문에 그러하다. 그러므로 사람들은 말한다. "하늘이 왜 그대의 일에 관여하겠는가? 단지 하늘에 제사를 올리는 예절과 즉위하여 백성에게 천시(天時)를 고하는 예절을 행할 때만 하늘을 내세울 뿐이다. 복은 선행으로 얻을 수 있고 화는 악행으로 초래하니 어찌 하늘에 의해 관여되겠는가?" 법제가 조금 이완되었을 때는 옳고 그름이 뒤섞여 상이 반드시 선행에만 주어지지 않고 벌이 반드시 악행에만 주어지지 않는다. 혹 현명하여 존귀해지지만 때로는 못난 사람도 끼어들고, 혹 잘못으로 모욕을 당하지만 때로는 무고한 사람도 끼어든다. 그러므로 사람들은 말한다. "당연하여 그런 것은 이치에 맞다. 그러나 당연하지 않은데도 그런 것이 어찌 이치에 맞는가? 하늘이 그리 만든 것이다. 복은 간혹 속임수로 얻을 수도 있고 화는 간혹 구차하게 면할 수 있다." 인간의 도리가 혼란되면 천명(天命)의 견해도 혼란되는 것이다. 법제가 크게 이완되었을 때는 옳고 그름이 자리가 바뀌어, 상은 늘 아첨하는 이에게 주어지고 벌은 늘 곧은 이에게 주어진다. 정의가 강자를 제압할 수 없고 형벌이 악인을 억제할 수 없게 되어, 인간이 하늘에게 이길 수 있는 방법이 모두 상실된다. 실제로 이미 상실되어 명분만 헛되이 존재하는 상황에서, 저 우매한 이들이 부지런히 실속 없는 명분을 들며 하늘을 내세우는 이들에게 항변하려 하지만, 그들에게 그럴 방법이 없다.

그러므로 말한다. 하늘에게 가능한 영역은 만물을 생육하는 일이요, 인간에게 가능한 영역은 만물을 다스리는 일이다. 법제가 잘 시행되면 사람들은 "하늘이 어찌 인간에게 관여하겠는가? 나는 바른 도리를 밟아나갈 따름이다"라고 말한다. 법제가 크게 이완되면 사람들은 "도리가 무슨 소용인가? 하늘에 맡길 따름이다"라고 말한다. 법제가 조금 이완되면 하늘과 인간의 관계에 대한 주장들이 혼란스러워진다. 지금 자기 한 개인만의 궁박함과 현달함을 가지고 하늘의 유무를 물으려한다면 그것은 미혹된 일이다!

나는 말한다. 하늘은 늘 자신이 가능한 일을 가지고 아래에 군림하며, 치란(治亂)에 대해 이리저리 관여하지는 않는다. 인간은 늘 자신이 가능한 일을 가지고 하늘을 우러러보며, 추위와 더위에 대해 이리저리 관여하지는 않는다. 태평한 시기에 살면, 인간의 도리가 분명하여 모두들 자신이 어디에서 왔는지 알기 때문에 은덕과 원망을 하늘에 돌리지 않는다. 난세에 살면, 인간의 도리가 애매하여 알 수 없으므로 인간에 의한 것들을 모두 하늘에 돌린다. 하늘은 인간에게 관여하지 않는다.

世之言天者二道焉. 拘於昭昭者, 則曰 : "天與人實影響 : 禍必以罪降, 福必以善倈, 窮阨而呼必可聞, 隱痛而祈必可答, 如有物的然以宰者." 故陰騭之說騰焉. 泥於冥冥者, 則曰 : "天與人實剌異 : 霆震于畜木, 未嘗在罪：春滋乎堇荼，未嘗擇善；跖、蹻焉而遂，孔、顔焉而厄，是茫乎無有宰者.” 故自然之說勝焉. 余之友河東解人柳子厚作天說，以折韓退之之言，文信美矣，蓋有激而云，非所以盡天人之際. 故余作天論，以極其辯云.

大凡入形器者，皆有能有不能. 天，有形之大者也；人，動物之尤者也. 天之能，人固不能也；人之能，天亦有所不能也，故余曰：天與人交相勝耳. 其說曰：天之道在生植，其用在强弱；人之道在法制，其用在是非. 陽而阜生，陰而肅殺；水火傷物，木堅金利；壯而武健，老而耗眊；氣雄相君，力雄相長：天之能也. 陽而藝樹，陰而揫斂；防害用濡，禁焚用光；斬材窾堅，液礦硎鋩；義制强訐，禮分長幼；右賢尙功，建極閑邪；人之能也.

人能勝乎天者，法也. 法大行，則是爲公是，非爲公非，天下之人蹈道必賞，違之必罰. 當其賞，雖三旌之貴，萬鍾之祿，處之咸曰宜. 何也？爲善而然也. 當其罰，雖族屬之夷，刀鋸之慘，處之咸曰宜. 何也？爲惡而然也. 故其人曰：“天何預乃事耶？唯告虔報本、肆類授時之禮，曰天而已矣. 福兮可以善取，禍兮可以惡召，奚預乎天邪？” 法小弛則是非駁，賞不必盡善，罰不必盡惡. 或賢而尊顯，時以不肖參焉；或過而僇辱，時以不辜參焉. 故其人曰：“彼宜然而信然，理也；彼不當然而固然，豈理邪？天也. 福或可以詐取，而禍或可以苟免.” 人道駁，故天命之說亦駁焉. 法大弛則是非易位，賞恒在佞而罰恒在直，義不足以制其强，刑不足以勝其非，人之能勝天之具盡喪矣. 夫實已喪而名徒存，彼昧者方挈挈然提無實之名，欲抗乎言天者，斯數窮矣.

故曰：天之所能者，生萬物也；人之所能者，治萬物也. 法大行，則其人曰：“天何預人邪？我蹈道而已.” 法大弛，則其人曰：“道竟何爲邪？任天而已.” 法小弛，則天人之論駁焉. 今以一已之窮通，而欲質天之有無，惑矣！

余曰：天恒執其所能以臨乎下，非有預乎治亂云爾；人恒執其所能以仰乎天，非有預乎寒暑云爾. 生乎治者，人道明，咸知其所自，故德與怨不歸乎天；生乎亂者，人道昧，不可知，故由人者擧歸乎天. 非天預乎人爾.

부(附)
천론(天論) 중(中)

유우석(劉禹錫)

혹자는 말한다. "그대는 하늘과 인간에게 상호 이기는 바가 있다고 말하는데 그 이치가 미묘하다. 어찌하여 사람마다 알도록 비유를 들어 말하지 않는가?" 나 유우석은 말한다. "그대는 여행에 대해 아는가? 여행하는 경우, 무리를 지어 아득한 벌판을 가면서 무성한 나무 밑에서 쉬고 샘에서 물을 마시려고 할 때는 필시 강하고 힘센 자가 그곳에 앞서 도달한다. 그렇지 못하면 비록 성스럽고 현명한 이라도 그와 경쟁할 수 없다. 이 점이 하늘이 이기는 면이 아닌가? 무리지어 마을 성안에 살면서 화려한 건물의 그늘에서 쉬고 배불리 음식대접을 받으려고 할 때는 필시 성스럽고 현명한 이가 먼저이다. 그렇지 못하면 강하고 힘이 세어도 그와 경쟁할 수 없다. 이 점이 인간이 이기는 면이 아닌가? 만약 우(虞)와 예(芮)에 인도되면 아득한 벌판도 마을 성안과 같고, 만약 광(匡)과 송(宋)에 이끌리면 마을 성안도 아득한 벌판과 같다. 이처럼 하루의 여행길에도 하늘과 인간이 각기 이기는 바가 있는 것이다. 나는 분명히 말한다. 옳고 그름의 경계가 존재하면 들판에 있어도 인간의 도리가 이기고, 옳고 그름의 경계가 존재하지 않으면 비록 나라 안에 있어도 하늘의 이치가 이긴다. 그렇다면 하늘은 인간에게 이기려고 힘쓰지 않는 것이다. 왜인가? 인간이 주재하지 않으면 그때에 하늘에 돌리기 때문이다. 인간은 실로 하늘에 이기려고 힘쓴다. 왜인가? 하늘은 사사로움이 없고 그래서 인간이 하늘에 이기려고 힘쓸 수 있기 때문이다. 나는 하루의 여행길에서 하늘과 인간의 관계를 밝혔는데, 이는 가까운 것에서 예를 든 것이다."

혹자는 말한다. "그와 같다면 하늘이 인간에게 관여하지 않음이 사실이다. 그런데 고인들은 왜 하늘의 작위를 끌어댔는가?" 이에 대답한다.

"그대는 배를 모는 일에 대해 아는가? 배가 유수(濰水)·치수(淄水)·이수(伊水)·낙수(洛水)를 갈 때는 그 빠르고 느림이 인간에게 달렸으며, 정박하는 곳도 인간에게 달렸다. 바람이 노하여 불어대도 물을 두드려 파도를 일으킬 수 없으며, 거슬러 도는 물길도 급해져 해를 가할 수 없기 때문이다. 신속하고 안전하게 하는 것도 역시 인간이요, 전복되고 얕은 곳에 걸리게 하는 것도 역시 인간이다. 배 안의 사람들이 하늘을 탓하지 않는 것은 왜인가? 그 이치가 분명하기 때문이다. 그들이 장강·황하·회수(淮水)·바다를 갈 때에는 그 빠르고 느림을 알 수 없으며, 정박하는 곳도 확정할 수 없다. 버들가지나 흔들만한 가느다란 바람도 해를 뒤흔들듯이 거센 파도를 일으킬 수 있으며, 수레 지붕만한 작은 구름도 변고를 일으킬 수 있다. 편안히 건너게 하는 것도 하늘이요, 스르르 가라앉히는 것도 하늘이며, 위기에서 단지 살려만 주는 것도 하늘이다. 배 안의 사람들이 사람을 탓하지 않는 것은 왜인가. 그 이치를 모르기 때문이다."

물은 이는 말한다. "배가 나란히 같이 건널 때 바람과 물길은 같은데도 가라앉기도 하고 그렇지 않기도 하는데, 하늘이 아니라면 그 무엇이 주관하는가?" 이에 답한다. "물과 배는 두 개의 사물이다. 사물의 병합에는 필히 그 사이에 이치가 존재한다. 그 이치가 존재한 연후에 그 사이에 형세가 형성된다. 하나는 가라앉고 하나는 건너는 것은 마침 그 이치에 형세가 만들어졌기 때문일 뿐이다. 그 형세는 사물에 붙어서 존재하니 마치 그림자나 울림과도 같다. 느린 것에 근본을 둔 것은 그 형세도 완만하므로 인간이 알 수 있다. 빠른 것에 근본을 둔 것은 그 형세도 급하여 알기 어렵다. 저 장강과 바다가 배를 전복시키는 것은 이수와 낙수가 전복시키는 것과 같다. 형세에는 빠름과 느림이 있어서 알 수 없는 것이 생겨날 뿐이다."

물은 이가 말한다. "그대는 정해진 이치가 존재하고 형세가 생겨나지 하늘이 그리하지는 않는다고 말하는데, 하늘이 과연 형세보다 못한가?" 이에 답한다. "하늘의 형체는 늘 둥글고 색깔은 늘 푸르며, 그 주위는 잴 수 있고 밤낮은 계기로 알 수 있으니, 그 정해진 이치가 존재하는 것이 아닌가? 늘 높고 낮지 않으며 늘 움직여 그치지 않는 것은 형세가 이루어진 것이 아닌가? 지금 저 푸르른 하늘은 높고 크게 형체가 주어져서 스스로 낮고 작게 돌아갈 수 없다. 일단 움직임의 기세를 타면 잠시도 스스로 멈출 수 없다. 또 어떻게 정해진 이치에서 벗어나고 형세를 벗어날 수 있겠는가? 나는 분명히 말한다. 만물이 무궁한 까닭은 각기 이기는 바가 있어서일 뿐이며 각기 작용하기 때문일 뿐이다. 하늘과 인간은 만물 가운데 뛰어난 존재이다."

물은 이가 말한다. "하늘이 과연 형체가 있어 그 정해진 이치에서 벗어나지 못한다면 저 형체가 없는 것들에게 그대는 어디에다가 그 이치를 붙이겠는가?" 이에 답한다. "그대가 이른바 무형의 것은 공간이 아닌가? 공간이란 형체가 희미한 것이다. 형체로서도 사물을 방해하지 않으며 작용으로서도 항상 존재하는데, 필히 사물에 의존한 후에야 형체를 이룬다. 지금 집을 지었다면 높고 두터운 형체가 그 안에 담기고, 기물을 만들었다면 도구로서의 형체가 그 안에 발생한다. 소리의 발생에는 크고 작음이 있는데 울림은 그것을 넘지 못하며, 표면을 만듦에는 곧고 굽음이 있는데 그림자는 그것을 넘지 못한다. 공간의 이치가 아닌가? 눈으로 볼 때 빛을 가질 수 있는 것은 아니다. 반드시 해와 달이나 화염이 있어서 빛이 존재한다. 이른바 어두워 숨겨진 것 중에는 눈으로 밝혀볼 수 없는 것이 있다. 그러나 저 살쾡이·족제비·개·쥐의 눈으로 본다면 어찌 어두워서 숨겨졌다고 하겠는가? 그러므로 나는 분명히 말한다. 눈으로 보면 형체 가운데 뚜렷한 것을 보고, 지혜로서 보면 희미한 것을 본다. 어찌 천지 안에 형체가 없는 것이 있겠는가? 옛날에 형체가 없다고 한 것은 일정한 형체가 없는 것일 뿐이며 사물로 인하여 보이는 것일 따름이다. 어찌 정해진 이치에서 벗어날 수 있겠는가?"

或曰: "子之言天與人交相勝, 其理微, 庸使戶曉, 盍取諸譬焉?" 劉子曰: "若知旅乎? 夫旅者, 羣適乎莽蒼, 求休乎茂木, 飲乎水泉, 必强有力者先焉, 否則雖聖且賢莫能競也, 斯非天勝乎? 羣次乎邑郛, 求蔭乎華榱, 飽于饙牢, 必聖且賢者先焉, 否則强有力莫能競也, 斯非人勝乎? 苟道乎虞、芮, 雖莽蒼猶郛邑然; 苟由乎匡、宋, 雖郛邑猶莽蒼然. 是一日之途, 與天人交相勝矣. 吾固曰 : 是非存焉, 雖在野, 人理勝也; 是非亡焉, 雖在邦, 天理勝也. 然則天非務勝乎人者也. 何哉? 人不宰則歸乎天也. 人誠務勝乎天者也. 何哉? 天無私, 故人可務乎勝也. 吾於一日之途而明乎天人, 取諸近也已."

或者曰 : "若是, 則天之不相預乎人也信矣, 古之人曷引天爲?" 答曰 : "若知操舟乎? 夫舟行乎濰、淄、伊、洛者, 疾徐存乎人, 次舍存乎人. 風之怒號, 不能鼓爲濤也; 流之泝洄, 不能峭爲魁也. 適有迅而安, 亦人也; 適有覆而膠, 亦人也. 舟中之人未嘗有言天者, 何哉? 理明故也. 彼行乎江、河、淮、海者, 疾徐不可得而知也, 次舍不可得而必也. 鳴條之風, 可以沃日; 車蓋之雲, 可以見怪. 恬然濟, 亦天也; 黯然沈, 亦天也; 阽危而僅存, 亦天也. 舟中之人未嘗有言人者, 何哉? 理昧故也."

問者曰 : "吾見其駢焉而濟者, 風水等耳, 而有沈有不沈, 非天曷司歟?" 答曰 : "水與舟, 二物也. 夫物之合并, 必有數存乎其間焉. 數存, 然後勢形乎其間焉. 一以沈, 一以濟, 適當其數乘其勢耳. 彼勢之附乎物而生, 猶影響也. 本乎徐者其勢緩, 故人得以曉也; 本乎疾者其勢遽, 故難得以曉也. 彼江、海之覆, 猶伊、淄之覆也. 勢有疾徐, 故有不曉耳."

問者曰 : "子之言數存而勢生, 非天也, 天果狹於勢邪?" 答曰 : "天形恒圓而色恒青, 周回可以度得, 晝夜可以表候, 非數之存乎? 恒高而不卑, 恒動而不已, 非勢之乘乎? 今夫蒼蒼然者, 一受其形于高大, 而不能自還於卑小; 一乘其氣于動用, 而不能自休於俄頃, 又惡能逃乎數而越乎勢耶? 吾固曰 : 萬物之所以爲無窮者, 交相勝而已矣, 還相用而已矣. 天與人, 萬物之尤者耳." 問者曰 : "天果以有形而不能逃乎數, 彼無形者, 子安所寓其數邪?" 答曰 : "若所謂無形者, 非空乎? 空者, 形之希微者也, 爲體也不妨乎物, 而爲用也恒資乎有, 亦依於物而後形焉. 今爲室廬, 而高厚之形藏乎內也; 爲器用, 而規矩之形起乎內也. 音之作也有大小, 而響不能踰; 表之立也有曲直, 而影不能踰. 非空之數歟? 夫目之視, 非能有光也, 必因乎日月火炎而後光存焉. 所謂晦而幽者, 目有所不能燭耳. 彼狸、狌、犬、鼠之目, 庸謂晦爲幽邪? 吾固曰 : 以目而視, 得形之粗者也; 以智而視, 得形之微者也. 烏有天地之內有無形者耶? 古所謂無形, 蓋無常形耳, 必因物而後見耳. 烏能逃乎數耶?"

부(附)
천론(天論) 하(下)

유우석(劉禹錫)

혹자는 말한다. "옛날에 하늘의 역법(曆法)과 천상(天象)에 대해 설명하던 것으로는, 하늘은 형질이 없다는 선야설(宣夜說)과 새의 알과 같이 혼연(渾然)하다는 혼천설(渾天說) 및 『주비(周髀)』에 보이는 지붕과도 같다는 개천설(蓋天說)이 있었다. 하늘의 고원(高遠)하고 신기함을 설명한 이로는 추자(鄒子)가 있었다. 지금 그대의 견해는 그 내력이 있는 것인가?"

이에 답한다. "나는 그런 무리가 아니다. 대체로 이치를 아는 이는 작은 것으로부터 큰 것을 유추하여도 필히 부합하며, 인간으로부터 하늘을 유추하여도 필히 부합한다. 이치에 따라 살피면 만물은 하나로 일관된다. 지금 사람이 지닌 얼굴 · 눈 · 귀 · 코 · 이 · 털 · 턱 · 입은 온갖 형체 중에서 뛰어난 것이다. 그러나 그 근본은 신장 · 창자 · 심장 · 육부(六腑)에 있다. 하늘에는 세 빛이 매달려 있는데 이는 만상 가운데 신령스럽고 밝은 것이다. 그러나 그 근본은 산천(山川)과 오행(五行)에 있다. 탁함은 맑음의 어미요, 무거움은 가벼움에서 시작된다. 하늘과 땅이 자리를 잡고 상호 작용하여 숨을 내뿜어 비와 이슬을 만들고, 기운을 내쉬어 번개와 바람을 만든다.

기운을 타고 생겨나 무리지어 나뉘고 또 모이니 심겨진 것은 초목이라 하고 활동하는 것은 동물이라 한다. 벌거벗은 동물의 우두머리가 가장 지혜로워 인간의 도리를 지니고 하늘과 더불어 상호 이기면서 하늘의 이로움을 사용하고 인간의 기강을 세웠다. 기강이 혹 파괴되면 다시 그 원시상태로 돌아갔다. 요(堯)임금과 순(舜)임금의 책은 그 앞에서 '옛일을 고찰한다'고 말했지 하늘을 고찰한다고는 말하지 않았다. 유왕(幽王)과 여왕(厲王)의 시는 그 앞에서 '하느님'을 말하고 인간사는 말하지 않았다. 순임금 때 조정에서 재덕(才德)이 있는 이들을 천거하였는데, '순임금이 등용했다'라고 말했지 하늘이 명을 내렸다고는 말하지 않았다. 은나라 고종(高宗)은 어지러운 때를 이어 흥기하였는데 마음으로 부열(傅說)이 현명함을 알아 '황제께서 하사하셨다'라고 말했다. 요임금의 백성들은 신기한 일을 빌어 속이기 어려웠다. 그러나 상(商)나라 때에는 습속이 잘못되어 하늘을 끌어대어 몰아댔다. 이상에 근거하여 말할 때, 하늘이 인간에게 관여하는 것인가?"

或曰 : "古之言天之曆象, 有宣夜、渾天、周髀之書; 言天之高遠卓詭, 有鄒子. 今子之言有自乎?"

答曰 : "吾非斯人之徒也, 大凡入乎數者, 由小而推大必合, 由人而推天亦合. 以理揆之, 萬物一貫也. 今夫人之有顔、目、耳、鼻、齒、毛、頤、口、百骸之粹美者也, 然而其本在乎腎、腸、心, 腑. 天之有三光懸寓, 萬象之神明者也, 然而其本在乎山川五行. 濁爲淸母, 重爲輕始. 兩位既儀, 還相爲庸, 噓爲雨露, 噫爲雷風. 乘氣而生, 羣分彙從, 植類曰生, 動類曰蟲. 倮蟲之長, 爲智最大, 能執人理, 與天交勝, 用天之利, 立人之紀. 紀綱或壞, 復歸其始. 堯、舜之書, 首曰 '稽古', 不曰稽天; 幽、厲之詩, 首曰 '上帝', 不言人事. 在舜之廷, 元凱舉焉, 曰 '舜用之', 不曰天授; 在殷高宗, 襲亂而興, 心知說賢, 乃曰 '帝賚'. 堯民之餘, 難以神誣; 商俗以訛, 引天而敺. 由是而言, 天預人乎?"

골설(鶻說 : 송골매 이야기)[2)]

맹금류 가운데 송골매라는 것이 있는데, 이 새는 장안(長安)의 천복사(薦福寺) 불탑에 둥우리를 튼 지 몇 년이 되었다.[3)] 스님 가운데 그 아래에 집을 지어 사시는 분이 매우 자세히 살펴본 터라 나에게 이야기해주었다. "겨울 저녁이면, 이 송골매는 반드시 자기 발에 가득 잡힐만한 크기의 새를 골라 산 채로 잡아와, 자기의 발을 좌우로 번갈아 바꿔가며 녹입니다. 그리고 아침이면 새를 쥐고 탑 꼭대기로 올라가 놓아주고는, 목을 빼고 그 새가 다 사라지도록 바라보다가 반드시 반대 방향으로 날아갑니다. 그 새가 동쪽으로 날아가면 그 날은 동쪽으로는 쫓지 않으니, 남쪽과 북쪽과 서쪽의 경우에도 마찬가지입니다."

아아! 발톱과 부리와 날개가 달린 것들은 인의(仁義)를 지닐 수 없다고 그 누가 말했던가? 이들은 실로 관직이나 작위에 대한 욕심도 없으며 마을의 친척이나 친구와의 애정도 없다. 알에서 나와 먹을거리를 움켜쥐고 찢는 것만을 알 뿐이고 다른 것은 모른다. 먹이를 먹는 조류에게 아침은 특히 배고플 때이다. 그런데도 지금 그것을 참고 놓아준 것은 보답하려는 마음이 있어서이다. 그러니 우뚝 남달리 원칙을 지키는 존재가 아니겠는가? 힘들여 잡고서도 그 새가 죽는 것이 안타까워서, 배고픔도 잊고 멀리 날려 보내고 또 그쪽을 피해 가니, 이것이 인의의 길이 아니겠는가? 항구한 도를 지켜 그 뜻을 하나같이 유지하고 자신의 마음을 속이지 않

---

2) 본편은 스님에게서 들은 송골매의 용기 있는 행위를 기술한 글이다. 송골매의 어질고 의로운 행위와 아무 말도 못하는 용기 없는 행위를 대비시켜, 전자를 칭송하고 후자를 풍자한 글이다. 장사교(章士釗)는 문장 끝이 매우 처절하다며, 이전에 유종원의 도움을 받고도 어려움에 처한 그에게 보답할 줄 모르는 이들에 대한 글이라고 하였다. 영주에서 쓴 글이다.

3) 부도(浮圖)는 '부도(浮屠)', '불도(佛圖)'라고도 쓰며, 불탑 · 불교 · 스님 · 불교도 등을 두루 의미한다. 여기에서는 불탑을 가리키며, 다음 구절에서는 불교사원을 가리킨다.

으니, 이는 실로 세상에서 찾아보기 어려운 일이다.

나는 또 오늘날의 다음과 같은 말을 미워한다. 웃음 띤 표정에 말이 없이 천천히 몸을 굽히는 사람은 선한 사람이고, 앞에 나서서 사납게 굴며 분명하게 자신의 생각을 밝히는 사람은 포악한 사람이라는 말이 그것이다. 지금 올빼미는 낮에는 못 보다가 밤이 되면 신통스레 보고, 쥐는 종묘에는 구멍을 뚫지 못하고서 담만을 따라 돌아다니니, 이들이 바로 웃음 띤 표정이나 짓는 자들과 가깝지 않은가! 지금 저 송골매는 우뚝 서고 휘익 재빠르게 움직이며, 정확하게 바라보고 날카롭게 울어대니, 바로 앞에 나서는 이와 가깝지 않은가! 이를 통해 사람들의 행위를 판단한다면, 오늘날의 그런 말은 타당하지 않다. 누구라도 송골매와 같다면 나는 그를 따르리라. 깃털이여 날개여, 어찌하여 내게는 생겨나지 않는가![4] 고요하고 드넓은 하늘에서 기꺼이 배고픔도 잊으리라.

有鷙曰鶻者, 穴于長安薦福浮圖有年矣. 浮圖之人室宇於其下者, 伺之甚熟, 爲余說之曰 : “冬日之夕, 是鶻也, 必取鳥之盈握者完而致之, 以燠其爪掌, 左右而易之. 旦則執而上浮圖之跂焉, 縱之, 延其首以望, 極其所如往, 則背而去焉. 苟東矣, 則是日也不東逐, 南北西亦然.”

嗚呼! 孰謂爪吻毛翮之物而不爲仁義器耶? 是故無號位爵祿之欲, 里閭親戚朋友之愛也, 出乎鷇卵, 而知攫食決裂之事爾, 不爲其他. 凡食類之饑, 惟旦爲甚, 今忍而釋之, 以有報也. 是不亦卓然有立者乎? 用其力而愛其死, 以忘其飢, 又遠而違之, 非仁義之道耶? 恒其道, 一其志, 不欺其心, 斯固世之所難得也.

余又疾夫今之說曰 : 以煦煦而嘿, 徐徐而俯者, 善之徒; 以翹翹而厲,

---

4) 이 부분의 원문은 ‘호불아시(胡不我施)’인데, 혹자는 ‘왜 나에게 (살려주는 은혜를) 베풀지 않는가’로 풀이하기도 한다. 그렇게 되면 뒤의 구절의 주어도 내가 아닌 송골매가 된다. 본고는 전후 맥락을 고려할 때 자신의 지향점을 능동적으로 내비친 것으로 풀이하는 것이 적절하다고 판단하였다.

炳炳而白者, 暴之徒. 今夫梟鵂, 晦於晝而神於夜; 鼠不穴寢廟, 循牆而走, 是不近於煦煦者耶? 今夫鶻, 其立趯然, 其動砉然, 其視的然, 其鳴革然, 是不近於翹翹者耶? 由是而觀其所爲, 則今之說爲未得也. 孰若鶻者, 吾願從之. 毛耶翮耶, 胡不我施? 寂寥太淸, 樂以忘飢.

사조일설(祀朝日說: 사조일의 명칭에 대한 해설)[5]

유자(柳子)가 어사(御史)로서 제사를 주관하였는데, 조일(朝日)의 예절을 행할 즈음에 동료가 물었다. "옛날에는 단지 조일(朝日)이라고만 불렀는데 지금은 사조일(祀朝日)이라고 부르니 어찌 된 일입니까?" 나는 대답했다. "옛날 기록에는 조배(朝拜)한다는 의미로 그렇게 말했습니다.[6] 지금 사(祀)자를 붙여 말하는 것은 조석(朝夕)이라는 말의 조(朝)자의 의미를 따서 그렇게 말하는 것입니다. 지금 쓰는 말이 잘못된 것입니다."

앞서 물었던 이가 다시 물었다. "석(夕)자로 조(朝)자와 짝을 이루었으니 어쩌면 지금 사용하는 말이 옳은 것이 아닙니까?" 나는 대답했다. "석(夕)자는 조배(朝拜)와 짝이 됩니다.[7] 옛날에 아침에 뵙는 것을 조(朝)라고 하고 저녁에 뵙는 것을 석(夕)이라고 하였습니다. 그래서 『시경』에서 '우리나라 제후들은 아무도 조석(朝夕)을 행하려 하지 않네'라고 했고, 『좌

---

5) 본편은 행사의 명칭에 관한 글이다. 천자가 검은 빛의 면류관을 쓰고 동문 밖에서 동쪽의 색을 지닌 희생을 잡아 행하는 행사의 명칭이 사조일(祀朝日)이 아니고 조일(朝日)임을 고서의 기록을 근거로 설명한 글이다. 작자가 감찰어사일 때 쓴 글이다.

6) 조(朝)는 조배(朝拜)의 의미로 '아침에 뵙는다' 또는 '아침에 알현한다'는 뜻도 있고, 조석(朝夕)에서처럼 '아침'이라는 뜻도 있다. 즉 '뵙는다'는 의미가 포함되느냐 여부가 문제된다. 본문에서의 행사의 명칭으로서의 '조일(朝日)'의 '조(朝)'는 '뵙는다'의 의미가 포함된다는 것이 작자의 논증 결과이다.

7) 작자는 '석(夕)'의 경우에도 뵙는다는 의미가 포함되어 있다고 증명한다.

전』에서 '백관이 일을 맡으며 조(朝)만 행하고 석(夕)은 행하지 않았다'라고 했습니다. 『예기』에서는 '해가 지면 석(夕)'을 행한다'고 했고, 또 '아침[朝]에는 조(朝)를 폐하지 않고 저녁[暮]에는 석(夕)을 폐하지 않았다'라고 했습니다. 진후(晋侯)가 내시 양(襄)을 죽이려하자 숙향(叔向)이 석(夕)을 행하며 간했고,[8] 초자(楚子)가 건계(乾谿)에 머물 때 우윤(右尹)인 자혁(子革)이 석(夕)을 행했으며,[9] 제(齊)가 어지러울 때 자아(子我)가 석(夕)을 행했고,[10] 조문자(趙文子)가 집을 지을 때 장로(張老)가 석(夕)을 행했으며,[11] 지양자(智襄子)가 집을 꾸밀 때 사줄(士茁)이 석(夕)을 행했는데,[12] 이상의 석(夕)은 모두 저녁의 알현을 의미합니다. 『한의(漢儀)』의 기록에 '저녁이면 두 낭(郎)이 쇄위(瑣闈)를 향해 절하였으므로 그들을 석랑(夕郎)이라 불렀다'라고 하였는데,[13] 역시 같은 의미로 사용된 것입니다. 그러므로 대채(大采)로 장식하고 조일(朝日)하며, 소채(少采)로 장식하고 석월(夕月)한다고 했습니다.[14] 또 봄날 아침에 조일(朝日)을 행하고 가을 저녁에 석월(夕月)을 행한다고 했습니다. 이와 같다면 그 사례가 충분합니다. 거기에 또 사(祀)자를 덧붙이는 일은 배우지 못한 자의 짓입니다."

동료는 말했다. "그대의 주장을 기록하시오. 나는 세상에 시행하겠습니다. 그러면 되겠습니까?" 나는 그의 말을 따랐다.

---

8) 『국어(國語)』에 따르면, 평공(平公)이 메추라기를 쏘았으나 죽지 않자 내시 양(襄)에게 잡아오도록 했다. 그러나 양이 그 새를 놓치자 평공은 노하여 양을 죽이려 하였다. 숙향(叔向)이 석(夕)을 행할 때 그 이야기를 듣고는 평공에게 간하여 용서하게 하였다. 이 때의 석(夕)은 저녁에 조정에서 뵙는 것을 가리킨다.

9) 『좌전』 소공(昭公) 12년의 기록에 보인다. 여기의 석(夕)도 '저녁의 알현'을 가리킨다.

10) 『사기』에 보이는 제(齊) 간공(簡公) 4년의 기록을 인용하였다.

11) 『국어』의 기록을 인용하였다.

12) 『국어』의 기록을 인용하였다. 사줄(士茁)은 양자(襄子)의 가신이었다.

13) 『한관의(漢官儀)』의 기록을 인용하였다. 황문랑(黃門郎)이 매일 저녁에 청쇄문(靑瑣門)을 향해 절하였으므로 그를 석랑(夕郎)이라 불렀다.

14) 『주례(周禮)』의 기록을 인용하였다. 대채(大采)와 소채(少采)는 오채(五采)와 삼채(三采)로서 왕의 장식의 일종이다.

柳子爲御史, 主祀事, 將朝日, 其僚問曰 : "古之名曰朝日而已, 今而曰祀朝日何也?" 余曰 : "古之記者, 則朝拜之云也. 今而加祀焉者, 則朝旦之云也. 今之所云非也."

問者曰 : "以夕而偶諸朝, 或者今之是乎?" 余曰 : "夕之名, 則朝拜之偶也. 古者旦見曰朝, 暮見曰夕, 故詩曰 : '邦君諸侯, 莫肯朝夕.' 左氏傳曰 : '百官承事, 朝而不夕.' 禮記曰 : '日入而夕.' 又曰 : '朝不廢朝, 暮不廢夕.' 晉侯將殺豎襄, 叔向夕. 楚子之留乾谿, 右尹子革夕. 齊之亂, 子我夕. 趙文子礱其椽, 張老夕. 知襄子爲室美, 士茁夕. 皆暮見也. 漢儀 : 夕則兩郎向瑣闈拜, 謂之夕郎. 亦出是名也. 故曰大采朝日, 小采夕月. 又曰春朝朝日, 秋夕夕月. 若是其類足矣. 又加祀焉, 蓋不學者爲之也."

僚曰 : "欲子之書其說, 吾將施于世, 可乎?" 余從之.

포사자설(捕蛇者說 : 땅꾼 이야기)[15]

영주(永州)의 들에는 괴이한 뱀이 난다. 검은 바탕에 흰 무늬를 하였는데, 초목을 건드리면 모두 죽고 사람을 물면 치료할 방법이 없었다. 그러나 그 뱀을 잡아 말려 약으로 쓰면, 중풍・수족경련・목의 종기・악창을 치료하고 죽은 살을 없애며 갖가지 기생충을 죽일 수 있다. 처음에 어의(御醫)가 왕명으로 모아 한 해에 두 번씩 바치게 하였는데, 잘 잡는 사람을 모집하여 그것으로 조세를 대신하게 하자, 영주 사람들이 다투어 그 일로 뛰어다녔다.

장(蔣)씨는 세 대에 걸쳐 그 일을 전문으로 하였는데, 그에게 물었더니

15) 본편은 땅꾼의 말을 빌려 가혹한 세금 착취의 현실을 풍자한 대표적인 문장이다. 영주에서 쓴 글이다.

다음과 같이 답하였다. "우리 할아버지도 이 일로 돌아가셨고, 아버지도 이 일로 돌아가셨으며, 제가 이 일을 이어 한 이래 십이 년이 되도록 거의 죽을 고비가 여러 번 있었습니다." 그런 말을 하는 그의 모습이 마치 몹시 상심한 듯했다. 내가 불쌍히 여겨 물었다. "자네는 그 일을 원망하는가? 내가 담당관에게 고하여 자네의 부역을 바꾸어 세금 납부로 되돌려준다면 어떻겠는가?"

장씨는 몹시 상심하여 눈물을 글썽이며 대답했다. "나리께선 저를 불쌍히 여겨 살려주시려는 것이겠지요? 그런데 제 이 일의 불행은 세금납부로 되돌렸을 때의 불행처럼 심하지는 않습니다. 제가 만약 이 일을 하지 않았다면 오래 전에 이미 병이 생겼을 것입니다. 저는 삼 대 전부터 이 마을에 살아 지금까지 육십 년이 되었습니다. 그런데 이웃들의 생은 날로 짧아졌습니다. 땅의 소출을 다 내놓고 집안의 수입을 다 내놓고는 울부짖으며 이사 가고, 굶주리고 목말라 엎어지는가 하면, 비바람을 맞으며 추위와 더위에 시달리고 독한 기운을 호흡하여, 이리저리 죽어가는 이들이 이어졌습니다. 전에 우리 할아버지와 같이 살던 집은 지금 열에 하나도 남지 않았고, 우리 아버지와 같이 살던 집은 지금 열에 두셋도 남지 않았으며, 십이 년 동안 저와 같이 살던 집은 지금 열에 네다섯도 남지 않았습니다. 죽지 않았으면 이사를 간 것입니다. 그리고 저만 뱀을 잡아 혼자 살아남았습니다. 사나운 관리가 우리 마을에 와서, 동으로 서로 시끄럽게 야단치고 남으로 북으로 치받으며 다니면서, 어수선하게 겁을 줄 때면, 닭이나 개조차도 안정할 수 없습니다. 그런데 저는 조심스레 일어나 항아리에 제 뱀이 여전히 남아있는 것을 보고는 느긋하게 자리에 눕습니다. 조심스레 뱀을 먹여 기르고 때맞춰 바치고서는, 물러나 땅에서 난 것을 맛있게 먹으며 제 생을 다합니다. 대략 일 년에 죽을 고비가 두 번 있으나, 그밖에는 걱정 없이 즐깁니다. 그러니 어찌 우리 이웃들이 매일같이 위험에 처하는 것과 같겠습니까! 지금 여기에서 죽는다 해도, 우리 이웃이 죽어간 것에 비하면 이미 오래 살았습니다. 그러니 또 어찌 감히 이 일을 원망하겠습니까?"

나는 그 말을 듣고 더욱 슬퍼졌다. 공자께서 "가혹한 정치는 호랑이보다 더 사납다"고 하셨는데,[16] 전에는 그 말을 의심하였으나, 지금 장씨의 경우를 통해 보니 믿을만하다. 아아! 그 누가 알겠는가, 가렴주구(苛斂誅求)의 사나움이 이 뱀보다 더 독하다는 것을! 그래서 글을 지어 민정(民情)을 살피는 이가 깨닫기를 기대한다.

永州之野產異蛇, 黑質而白章, 觸草木盡死, 以齧人, 無禦之者. 然得而腊之以爲餌, 可以已大風、攣踠、瘻、癘, 去死肌, 殺三蟲. 其始, 太醫以王命聚之, 歲賦其二, 募有能捕之者, 當其租入, 永之人爭奔走焉.

有蔣氏者, 專其利三世矣. 問之, 則曰 : "吾祖死於是, 吾父死於是, 今吾嗣爲之十二年, 幾死者數矣." 言之, 貌若甚慼者. 余悲之, 且曰 : "若毒之乎? 余將告于涖事者, 更若役, 復若賦, 則何如?"

蔣氏大慼, 汪然出涕曰 : "君將哀而生之乎? 則吾斯役之不幸, 未若復吾賦不幸之甚也. 嚮吾不爲斯役, 則久已病矣. 自吾氏三世居是鄕, 積於今六十歲矣, 而鄕鄰之生日蹙. 殫其地之出, 竭其廬之入, 呼號而轉徙, 飢渴而頓踣, 觸風雨, 犯寒暑, 呼噓毒癘, 往往而死者相藉也. 曩與吾祖居者, 今其室十無一焉; 與吾父居者, 今其室十無二三焉; 與吾居十二年者, 今其室十無四五焉, 非死則徙爾. 而吾以捕蛇獨存. 悍吏之來吾鄕, 叫囂乎東西, 隳突乎南北, 譁然而駭者, 雖雞狗不得寧焉. 吾恂恂而起, 視其缶, 而吾蛇尙存, 則弛然而臥. 謹食之, 時而獻焉. 退而甘食其土之有, 以盡吾齒. 蓋一歲之犯死者二焉, 其餘則熙熙而樂, 豈若吾鄕鄰之旦旦若是哉! 今雖死乎此, 比吾鄕鄰之死則已後矣, 又安敢毒耶?"

余聞而愈悲. 孔子曰 : "苛政猛于虎也." 吾嘗疑乎是, 今以蔣氏觀之, 猶信. 嗚呼! 孰知賦斂之毒, 有甚是蛇者乎! 故爲之說, 以俟夫觀人風者得焉.

16) 『예기』「단궁(檀弓) 하」의 기록을 인용하였다.

자설(禬說: 자제에 대한 풀이)[17]

유자(柳子)가 어사일 때에 제사 일을 주관하였다. 자제(禬祭)를 지낼 즈음에, 담당관을 찾아가 자제(禬祭)에 대해 물으니 그는 다음과 같이 말했다. "이 제사는 남쪽 교외에 온갖 신을 모아 한 해 동안의 보살핌에 보답하는 것입니다. 사전에 필히 호부(戶部)에 문의하는데, 호부에서 '어디에선 가뭄이 들고, 어디에선 수재가 나고, 어디에선 충해(蟲害)가 발생하고, 어디에선 전염병이 돌았다'고 하면, 그에 해당하는 신(神)은 배제하여 제사지내지 않습니다." 나는 일찍이 『예기』를 공부하여 대략 그 의미를 이해한다. 그래서 말했다. "'곡식이 잘 익은 지방에 해당하는 촛불은 꺼지지 않고 신이 통한다'고 하였는데,[18] 그런 것은 옛날의 이야기입니다." 그리고 이어 탄식하며 말했다. "신의 모습을 나는 볼 수 없고, 제사를 받는지 나는 알 수 없습니다. 그는 황당하고 경이(驚異)로운 존재로서, 흐릿해서 분명히 잡을 수가 없습니다. 무릇 성인은 도를 지니려는 데에 마음을 쓸 뿐입니다. 신(神)에게 마음을 쓰지 않고 사람에게 마음을 씁니다. 황당하고 경이로우며 흐릿해서 분명히 잡을 수 없는 존재에 대해서까지 그렇게 벌을 준다면, 모습과 말과 행동이 뚜렷한 존재의 경우야 어떻겠습니까? 이는 신을 두고 말함으로써 사람에게 경계하는 것으로서, 그 의미가 큽니다."

혹자가 말했다. "그대의 말과 같다면, 가뭄·수재·충해·전염병이 발생했을 때 그곳 관리는 쫓아내지 않고 신을 쫓아내면서, 또 '인간사에 마음을 쓴다'라고 말하는 것은 왜입니까?" 나는 답했다. "그대가 말하는 가뭄·수재·충해·전염병이 설마 인위적인 것이겠습니까? 그래서 신을

17) 본편은 자제(禬祭)의 본의를 풀이한 글이다. 자(禬)는 납향제(臘享祭)로서, 납일(臘日)에 여러 신에게 함께 지내는 감사의 제사이다. 이 글은 우연(偶然)을 인정하는 것으로서, 역시 인간 중심의 사상을 담고 있다. 감찰어사 때에 쓴 글이다.

18) 『예기』에 따르면, 자제(禬祭)를 행할 때 여덟 개의 초에 사방을 기록하는데, 곡식이 잘 익지 않았으면 초가 꺼져 백성의 재물을 아껴준다고 하였다.

쫓아내는 것입니다. 포악함, 눈이 멂음, 탐욕, 약자 핍박 등은 신의 소행이 아닙니다. 그래서 사람에게 벌을 주는 것입니다. 지금 인간세상의 이치를 저는 모릅니다. 그 이치를 이해하지 못하고서 옛 방식만을 보존한다면, 제사의 이름은 남아도 그 가르침의 실질은 사라집니다. 그것은 성인의 본의가 아니라 여겨, 그래서 탄식하는 것입니다."

혹자가 다시 말했다. "그렇다면 비가 오고 역풍이 불어 벼가 일어나고,[19] 해충이 사라지고, 호랑이가 새끼를 업고 사라진 것은,[20] 인위적인 것이 아니라면 무엇 때문입니까?" 내가 답했다. "그대는 그 이유를 알고 싶습니까? 이른바 우연(偶然)이라는 것은 실로 존재합니다. 만약 꼭 인위적이어야 한다면, 십 년 중에 구 년 동안 장마가 지고 팔 년 중에 칠 년이 가무는 것이 어찌 사람이 한 짓이겠습니까? 누구를 쫓아낼 때에, 만약 가르치신 이치를 이해한다면, 옛 방식은 버려도 됩니다. 이와 반대가 된다면, 황당한 주장이 우세하여, 이름과 실질이 사라질 것이니, 그 역시 슬픈 일이겠지요."

柳子爲御史, 主祀事. 將禮, 進有司以問禮之說, 則曰 : "合百神於南郊, 以爲歲報者也. 先有事必質于戶部, 戶部之詞曰 '旱于某, 水于某, 蟲蝗于某, 癘疫于某', 則黜其方守之神, 不及以祭." 予嘗學禮, 蓋思而得之, 則曰 : "'順成之方, 其禮乃通', 若是, 古矣." 繼而嘆曰 : "神之貌乎, 吾不得而見也; 祭之饗乎, 吾不得而知也. 是其誕慢惝怳, 冥冥焉不可執取者. 夫聖人之爲心也, 必有道而已矣, 非于神也, 蓋于人也. 以其誕慢惝怳, 冥冥

---

19) 주공(周公)이 동쪽 지방에 있을 때에 천둥 번개가 쳤는데, 왕이 교외에 나가 제사를 지내자 비가 오고 역풍이 불어 벼가 모두 일어났다고 한다.

20) 유곤(劉昆)이 홍농(弘農)의 태수일 때, 그곳에 호랑이의 폐해가 심했으나 삼 년을 다스리자 호랑이가 새끼를 업고 황하를 건너갔다고 한다. 또 송균(宋均)이 구강(九江)의 태수일 때, 그곳에 호랑이가 많았으나, 송균이 함정을 제거하도록 명을 내린 후 호랑이들이 다함께 장강을 건너갔다고 한다. 또 구강 경계에 날아들던 누리떼도 동서로 흩어졌다고 한다.

焉不可執取, 而猶誅削若此, 況其貌言動作之塊然者乎? 是設乎彼而戒乎此者也, 其旨大矣."

或曰 : "若子之言, 則旱乎、水乎、蟲蝗乎、癘疫乎, 未有黜其吏者, 而神黜焉, 而曰 '蓋于人者', 何也?" 予曰 : "若子之云, 旱乎、水乎、蟲蝗乎、癘疫乎, 豈人之爲耶? 故其黜在神. 暴乎、眊乎、沓貪乎、罷弱乎, 非神之爲耶, 故其罰在人. 今夫在人之道, 則吾不知也. 不明斯之道, 而存乎古之數, 其名則存, 其敎之實則隱. 以爲非聖人之意, 故嘆而云也."

曰 : "然則致雨反風, 蝗不爲灾, 虎負子而趨, 是非人之爲則何以?" 余曰 : "子欲知其以乎? 所謂偶然者信矣. 必若人之爲, 則十年九潦、八年七旱者, 獨何如人哉? 其黜之也, 苟明乎敎之道, 雖去古之數可矣. 反是, 則誕慢之說勝, 而名實之事喪, 亦足悲乎!"

승부설(乘桴說 : 승부에 대한 풀이)[21]

공자께서 말씀하시기를, "도가 시행되지 않으니 뗏목[桴]을 띄워 바다[海]에 나갈 터인데, 나를 따를 자는 유(由)이리라"고 하시자, 자로(子路)가 듣고 좋아했다.[22] 공자께서, "유(由)는 용감하기는 나보다 낫지만 재목[材]으로 쓸 만한 점이 없다"고 하셨다. 이에 대한 해설에서, 바다와 뗏목과

21) 본편은 『논어』에 나오는 구절에 대해 새롭게 해석한 글이다. 혹자는 이 글을 평하여, 유종원은 『논어』에 대해 기존 유학자들과 다른 이설을 거의 제기하지 않았으나, 이 문장만은 예외로서 천착의 폐단을 면하지 못하였다고 하였다.

22) 『논어』 「공야장(公冶長)」에 보인다. 유(由)는 중유(仲由)로 자(字)는 자로(子路)이다. 이 구절 원문의 '재(材)'를 유종원은 목재로 풀이하여 의론을 전개하였으나, 오늘날에는 목재가 아니라 조사 '재(哉)'로 풀이하는 것이 일반적이다. 양백준(楊伯峻)도 이 설을 그대로 인정한다.

재목은 비유라고 했다. 바다는 성인의 지극한 도의 근본으로서 광대하며 쉬는 곳이다. 뗏목은 쉬는 도구이다. 재목은 뗏목을 만드는 재료이다. 『주역』에 이르길, "천지의 마음을 보는 데까지 돌아갈 수 있는가?"라고 하였는데, 천지의 마음이란 성인의 바다[海]이며, 돌아가는[復] 도구는 성인의 뗏목[桴]이다. 돌아가는 도구의 재료는 뗏목의 재료이다. 공자는 백성을 살리는 도리를 지니고도 당시에 시행하지 못하여 지극한 도에 돌아가 쉬고자 한 것이다. 유(由)가 의(義)를 듣는 일에 용감하고 세상을 피하는 데 과감하였으므로 그가 자신을 따를 수 있다고 칭찬한 것이다. 그 끝에 재목으로 쓸 만한 점이 없다고 한 것은, 유(由) 즉 자로(子路)가 단지 의를 듣는 것에 용감하고 세상을 피하는 데 과감하기만 하여 돌아가는 방법을 모른다고 말한 것이다. 이는 자로의 적극적인 기질을 물리치고 돌아가는 것의 어려움을 밝힌 것이다. 그렇다면 재목을 가지고 뗏목을 만들어 바다에 쉰다면 성인인가? 공자가 안연(顔淵)에게 "등용되면 시행하고 버려지면 숨을 사람은 나와 그대뿐이다!"라고 하였는데, 이 말을 보면 실현의 희망에 회(回)가 더 접근하여 있었다. 그리고 "유(由)이리라"라고 한 것은 이 한탄을 할 때 회(回)가 죽었기 때문이다.

혹자가 물었다. "그대는 성인이 그렇게 말씀하셨다고 확신하십니까?" 나는 대답했다. "제가 어찌 감히 그러겠습니까? 이설(異說)을 확대하여 세상을 피하는 이로 하여금 제 말을 배워 고민 없이 그 생각이 흔들리지 않게 하고자할 뿐입니다."

子曰: "道不行, 乘桴浮于海, 從我者其由也!" 與子路聞之喜. 子曰: "由也好勇過我, 無所取材." 說曰: 海與桴與材, 皆喩也. 海者, 聖人至道之本, 所以浩然而游息者也. 桴者, 所以游息之具也. 材者, 所以爲桴者也. 易曰: "復其見天地之心乎?" 則天地之心者, 聖人之海也. 復者, 聖人之桴也. 所以復者, 桴之材也. 孔子自以極生人之道, 不得行乎其時, 將復於至道而游息焉. 謂由也勇於聞義, 果於避世, 故許其從之也. 其終曰 "無所取材"云者, 言子路徒勇於聞義, 果於避世, 而未得所以爲復也. 此以退子路兼人之氣, 而明復之難耳. 然則有其材以爲其桴, 而游息於海, 其聖人乎? 子謂顏淵曰 : "用之則行, 舍之則藏, 唯我與爾有是夫!" 由是而言, 以此追庶幾之說, 則回近得矣. 而曰 "其由也與"者, 當是歎也回死矣夫.

或問曰 : "子必聖人之云爾乎?" 曰 : "吾何敢. 以廣異聞, 且使遯世者得吾言以爲學, 其於無悶也, 揵焉而已矣."

설거증양회지(說車贈楊誨之 : 양회지에게 주는 수레에 대한 이야기)[23)]

양회지(楊誨之)가 떠날 즈음에 유자가 일어나 문까지 배웅하였는데, 마침 수레가 지나가기에 그것을 가리키며 그에게 일렀다. "자네는 저 수레가 무거운 것을 싣고 세상에 다니는 까닭을 아는가? 재목이 좋고 틀이 견고하며, 밖은 둥글고 가운데는 네모나 그렇다네. 재목이 좋지 않으면 바로 파괴되고, 기술자가 만들 때 견고하게 만들지 않으면 바로 부서진다네. 가운데가 네모나지[方] 않으면 물건을 실을 수가 없으며, 밖이 둥글지[圓] 않으면 걸려 돌아가지 않네. 네모난 것은 물건 싣는 상자[箱]를 말하고, 둥근 것은 바퀴[輪]를 말하네. 상자가 없으면 수레가 못되고 바퀴가 없으면 길에 못 나서네. 자네가 그것에서 본받을 바를 알아보겠는가?" 양회지는 "네" 하고 답했다.

유자가 말했다. "이는 하나의 수레에 해당하는 이야기이지 뭇 수레에

23) 양회지(楊誨之)는 양빙(楊憑)의 아들로서 유종원의 손아래 처남이다. 그는 경조윤(京兆尹)을 지내다가 임하(臨賀)의 현위로 좌천당했는데, 임하는 영남(嶺南)에 있었으므로 유종원이 있던 영주를 지나서 가게 되었다. 이 글은 원화 4년에 유종원이 그에게 준 것으로서 처세의 도리를 수레에 비유하여 일깨운 글이다.

해당되는 이야기는 아니네. 내 자네에게 뭇 수레에 해당하는 이야기를 들려주겠네. 습지를 다닐 때는 바퀴를 얄팍하게 만들고, 산을 다닐 때는 상하를 같게 만들며, 오르막에서는 앞을 무겁게 하여 숙이고, 내리막에서는 앞을 들며 또 바퀴가 끌리게 한다네. 장의용 수레는 왼쪽을 비워두고,[24] 전차는 바퀴살통[轂]을 길게 하고 창을 장치하며, 망루수레는 조망대를 두어 조망하네. 안락한 수레로는 노인을 모시고, 휘장 달린 수레는 내부를 가린다네. 손잡이 끈을 단 수레로는 사냥에 나가고, 열 두 깃발을 단 수레로는 종묘와 교외의 제사에 나가거나 궁정에 진열하네. 그 종류는 많다네. 그러나 요점은 재목이 좋고 틀이 견고해야하며 밖은 둥글고 가운데는 네모나야 한다는 것이네. 이처럼 실어 안전하게 하는 것은 상자[箱]이고, 굴러 나아가게 하는 것은 바퀴[輪]이며, 늘 가운데에 꼽힌 것은 축(軸)이고, 바큇살을 물려 단단하게 고정시키는 것은 바퀴 구멍에 박힌 살의 끝부분[蚤]이라네. 길고 휘어져서 나아갈 때 말에게 방해가 되지 않고 물러날 때 사람에게 방해가 되지 않는 것은 끌채[轅]이고, 더위와 비를 가리는 것은 덮개[蓋]이며, 공경심을 표하며 숙일 수 있게 만든 것은 앞턱[軾]이라네. 굴복시켜 제압하는 것은 말이나 소로서, 그런 연후에 여러 수레의 용도는 완비된다네."

"지금 양(楊)씨 가문은 인의(仁義)의 숲이어서 그 출신 재목은 모두 훌륭하네. 회지(誨之) 자네는 옛 도를 배우고 옛 문장을 지으며, 담박하고 빛이 나며 그 솜씨도 단단하네. 만약 자네가 수레의 상자처럼 도량을 넓히며, 바퀴처럼 전체를 모아 하나로 관통시키고, 축(軸)처럼 대중(大中)을 지켜 밖을 굴리되 안을 일정하게 유지하며, 구멍에 박힌 바큇살처럼 단단하게 고정시키고, 끌채처럼 사물을 끌어 적절하게 부리며, 덮개처럼 높은 곳에서 더러움을 멀리하고, 앞턱처럼 아래에서 예절을 갖추며, 험한 곳에서 편안하며 평지에서 날래며 움직이면 법도에 맞을 수 있다면,

24) 원문의 상(祥)은 길거(吉車)로 장례용 수레를 말한다. 왼쪽이 상석이다.

그렇다면 완전한 수레일 것이네. 『시경』에서 '네 마리 수말이 쉬지 않고 달리는데, 여섯 줄 고삐는 거문고의 줄인 양 가지런하다'라고 했네. 또 공자께선 '왼쪽에 여섯 관직을 두고 오른쪽에서 법을 집행한다'라고 하셨네.[25] 이것이 큰 정치에 통달한 방법이네. 무릇 사람의 바탕이 좋지 못하면 바르고[方] 일정할 수 없네. 바탕이 좋아도 임용이 부당하면 둥글[圓] 수 없네. 공자께선 마을에서도 공손하셨네. 양호(陽虎)를 만나셔서도 필히 출사(出仕)를 응낙한다고 말씀하셨는데,[26] 협곡(夾谷)에서는 제후(齊侯)에게 기르는 개처럼 야단치시며 마음이 떨리지 않으셨네.[27] 후일 공자를 배우는 이들이 이를 이해하지 못한다면 나는 그들에게 바랄 바가 없을 뿐이라네."

회지(誨之)는 내 인척으로, 자라면서 더욱 훌륭하고 마음이 바르다. 나는 실로 그가 중임을 맡고 세상에서 실천하기를 바라는데, 그 외면적인 원만함이 부족할까 걱정하여 수레에 대한 이야기를 써준다.

楊誨之將行, 柳子起而送之門, 有車過焉, 指焉而告之曰 : "若知是之所以任重而行於世乎? 材良而器攻, 圓其外而方其中然也. 材而不良, 則速壞. 工之爲功也, 不攻則速敗. 中不方則不能以載, 外不圓則窒拒而滯. 方之所謂者箱也, 圓之所謂者輪也. 匪箱不居, 匪輪不塗. 吾子其務法焉者乎?" 曰 : "然."

曰 : "是一車之說也, 非衆車之說吾, 將告子乎衆車之說. 澤而杼, 山而侔, 上而輊, 下而軒且曳. 祥而曠左, 革而長轂以戟, 巢焉而以望, 安以愛

25) 이 부분은 경전의 기록에는 보이지 않는다. 다만 『공자가어(孔子家語)』「집비편(執轡篇)」에 상응하는 기록이 보일 뿐이다. 대체로 천자는 여섯 관직을 고삐로 삼고 자신과 삼공(三公)이 이들 관직을 통제하여 뜻대로 한다는 내용이다. 장사교는 유종원이 이에 근거하여 임의로 작문한 것으로 추론하였다.

26) 『논어』「양화(陽貨)」에 관련 기록이 보인다. 양호(陽虎)는 양화(陽貨)와 동일 인물로 계씨(季氏)의 가신이다. 공자는 그와 대화하는 중에 출사를 승낙한 바 있다.

27) 『좌전』 정공(定公) 10년의 기록에 보인다. 협곡(夾谷)은 지명으로 어디인지 불분명하다. 제후(齊侯)는 제의 경공(景公)을 가리킨다.

老, 輜以蔽內, 垂緌而以畋, 載十二旒, 而以廟以郊以陳于庭, 其類衆也. 然而其要, 存乎材良而器攻, 圓其外而方其中也. 是故任而安之者箱, 達而行之者輪, 恒中者軸, 揭而固者蚤, 長而橈, 進不罪乎馬, 退不罪乎人者轅, 却暑與雨者蓋, 敬而可伏者軾, 服而制者馬若牛, 然後衆車之用具.

今楊氏, 仁義之林也, 其産材良. 誨之學古道, 爲古辭, 冲然而有光, 其爲工也攻. 果能恢其量若箱, 周而通之若輪, 守大中以動乎外而不攣乎內若軸, 攝之以剛健若蚤, 引焉而宜御乎物若轅, 高以遠乎汚若蓋, 下以成乎禮若軾, 險而安, 易而利, 動而法, 則庶乎車之全也. 詩之言曰 : 四牡騑騑, 六轡如琴. 孔氏語曰 : 左爲六官, 右爲執法. 此其以達於大政也. 凡人之質不良, 莫能方且恒. 質良矣, 用不周, 莫能以圓遂. 孔子於鄕黨, 恂恂如也, 遇陽貨必曰諾, 而其在夾谷也, 視叱齊侯類畜狗, 不震乎其內. 後之學孔子者, 不志於是, 則吾無望焉耳矣.

誨之, 吾戚也, 長而益良, 方其中矣. 吾固欲其任重而行於世, 懼圓其外者未至, 故說車以贈."

적용설(謫龍說 : 귀양 왔던 용에 관한 이야기)[28]

부풍(扶風) 지방의 마유자(馬孺子)가 말해주었다.[29] 나이 열대여섯에 택주(澤州)에 살면서 여러 아이들과 교외 정자 위에서 장난하였지요. 잠시 후 기이한 여인 하나가 땅에 떨어졌는데 환한 빛이 나는 가운데 청적색(靑赤

28) 본편은 귀양 와 하찮은 것들에게 놀림 받는 존재에 대한 이야기이다. 내용이 비현실적으로 작자의 여타의 글과는 다른 면이 보이며, 현지에서 분한 일이 있어 쓴 것으로 보인다. 당연히 폄적된 이후의 글로 여겨진다.

29) 부풍(扶風)은 지금의 섬서성 봉상(鳳翔)현 일대이다. 마유자(馬孺子)는 자가 노부(盧符)라고 고증한 이가 있으나 불확실하며 성명 미상이다.

色) 털에 흰 무늬 안감의 옷을 걸치고 머리에는 보요관(步搖冠)을 썼었지요.[30] 귀한 집 자제들이 무섭기도 하고 흥미로워하더니 차츰 그녀를 희롱하였답니다. 그 기이한 여인은 푸르스레 화난 얼굴로 말했지요. "아니 되오. 내 본래 거처는 저 하늘 중앙 하느님의 궁전으로, 별자리 사이를 오르내리며 음양의 기운을 호흡하면서, 봉래산(蓬萊山)과 곤륜산(崑崙山)도 우습게 여기고 창피하게 여겨 거처하지 않았소. 하느님께서 내 마음이 건방지다고 화를 내시어 귀양 보내신 것으로, 이레 후엔 당연히 돌아갈 것이오. 내가 지금 비록 속세에서 모욕을 당하지만 자네들의 상대가 아니오. 내가 돌아가게 되면 자네들을 해칠 것이오." 그러자 뭇 아이들은 무서워 물러났지요. 그리고 마침내 사원 강당에 들어가 지냈지요. 때가 되자 잔의 물을 머금더니 그걸 뿜어 구름을 만들었는데 오색이 가지런하였지요. 그리고는 털옷을 뒤집어 입고 흰 용으로 변해 휘익 날아돌아 하늘로 올라갔는데, 어디로 갔는지 알 수가 없었답니다. 몹시도 괴이한 일이지요.

아아! 같은 부류가 아니면서 귀양 온 이를 희롱한다면 안 되리라! 마유자(馬孺子)는 망령된 사람이 아니다. 그래서 그의 이야기를 기록한다.

扶風馬孺子言 : 年十五六時, 在澤州, 與羣兒戲郊亭上. 頃然, 有奇女墜地, 有光曄然, 被緅裘白紋之裏, 首步搖之冠. 貴游少年駭且悅之, 稍狎焉. 奇女頩爾怒曰 : "不可. 吾故居鈞天帝宮, 下上星辰, 呼噓陰陽, 薄蓬萊, 羞崑崙, 而不卽者. 帝以吾心侈大, 怒而謫來, 七日當復. 今吾雖辱塵土中, 非若儷也. 吾復, 且害若." 衆恐而退. 遂入居佛寺講堂焉. 及期, 進取杯水飮之, 噓成雲氣, 五色翛翛也. 因取裘反之, 化爲白龍, 徊翔登天, 莫知其所終. 亦怪甚矣.

嗚乎! 非其類而狎其謫不可哉. 孺子不妄人也, 故記其說.

30) 옛날 여성용 모자로, 걸으면 그 장식이 흔들린다고 하여 보요관이라 한다.

복오자송설(復吳子松說 : 오자에게 답하는 소나무에 대한 이야기)[31]

그대가 의아해 하는 나무껍질의 괴이한 무늬와 사람의 현우(賢愚), 장수와 요절, 귀천 등이 과연 기(氣)가 그 안에 존재해서인가? 아니면 조물자가 그렇게 마름질하여 만들어서인가? 나는 진정 기가 존재해서라고 생각합니다. 그대는 구름이 처음에 일어나는 것을 보지 못했습니까? 화난 듯 솟아올라 바위를 때리고 나무에 접근하여 공중에서 멋대로 구는데, 엎어져 사람모양을 하기도하고, 감겨 새 모양을 하기도하며, 펼쳐져 숲 모양을 하기도하며, 높이 솟아 궁전 모습을 하기도 합니다. 누가 그를 잡아 그렇게 만들겠습니까? 바람이 동굴에서 나와 만물을 흩어놓고 맑고 탁한 것을 건드리며 틈새와 웅덩이에 불어대는 것과, 초목이 홀짝으로 어지럽게 늘어서서 봉오리를 새겨내고 털끝을 세우며 향기와 악취를 풍기고 붉고 파랗고 희고 누런 색깔을 지니는 것, 이 모두는 기(氣)가 깃들어서입니다. 마름질하여 그렇게 만드는 존재는 없습니다. 그러니 또 어찌 껍질의 기괴한 무늬와 사람의 현우, 장수와 요절, 귀천과 같이 들쭉날쭉 일정하지 않은 것에 대해 의아하게 생각하겠습니까? 이는 실로 무정한 현상이니 궁리할 만하지 못합니다.

그러나 한탄할 일이 있습니다. 혹 칭찬과 폄하와 승진과 파면의 일을 헤아려 천자를 위해 선비를 구하는 자는, 모두 성인의 도를 공부하고 또 인의(仁義)를 표적으로 하며 자신이 사람을 알아본다고 거듭 말합니다. 그러면서 문장을 펼쳐보고 모습을 살펴보아, 그 명성을 좇고 실천한 바는 뒤집어서, 그를 승진시키고 강등시킵니다. 승진한 이들 중에는 항상 몽매하고 해치며 사악하여 남을 속여 자신의 이익을 취하는 이들이 많

31) 본편은 소나무 껍질의 무늬와 관련한 질문에 답하여 조물자의 유무를 논하고 이어 당시의 현심을 한탄한 글이다. 오자(吳子)는 오무릉(吳武陵)으로 영주에서 같이 지낸 지기(知己)이다. 장사교(章士釗)는 이 글을 작자가 장자의 자연관을 믿는 증거로 제시하였다.

습니다. 강등한 이들 중에는 언제나 맑고 밝으며 깊고 순수하여 남을 해치지 않는 사람들이 많습니다. 그 임용권자는 무정한 존재가 아니며, 바른 승진과 강등을 바라지 않는 것도 아닙니다. 그런데도 이처럼 어그러져 뒤집힙니다. 천년 백년에 한 두 사람은 다행히 이런 상황에서 벗어납니다. 그러나 실증하라면 여전히 고할 말이 없습니다. 지금 그대는 이를 탓하지 않고 나무껍질로 조물자의 유무에 대한 문제를 물으시니, 어찌하여 이다지도 어지럽게 마구 허튼소리를 하십니까!

子之疑木膚有怪文, 與人之賢不肖、壽夭、貴賤, 果氣之寓歟? 爲物者裁而爲之歟? 余固以爲寓也. 子不見夫雲之始作乎? 敎怒衝涌, 擊石薄木, 而肆乎空中, 偃然爲人, 拳然爲禽, 敷舒爲林木, 嵑巕爲宮室, 誰其搏而斲之者? 風出洞窟, 流離百物, 經淸觸濁, 呼召竅穴, 與夫草木之儷偶紛羅, 雕葩剡芒, 臭朽馨香, 采色之赤碧白黃, 皆寓也, 無裁而爲之者. 又何獨疑玆膚之奇詭, 與人之賢不肖、壽夭、貴賤, 參差不齊者哉? 是固無情, 不足窮也.

然有可恨者, 人或權褒貶黜陟爲天子求士者, 皆學於聖人之道, 皆以仁義爲的, 皆曰我知人, 我知人. 披辭窺貌, 逐其聲而覈其所蹈者, 以升而降. 其所升, 常多蒙瞀禍賊僻邪, 罔人以自利者; 其所降, 率恒多淸明沖淳不爲害者. 彼非無情物也, 非不欲得其升降也, 然猶反戾若此. 逾千百年, 乃一二人幸不出於此者. 徵之, 猶無以爲告. 今子不是病, 而木膚之問爲物者有無之疑, 子胡橫訊過詰擾擾焉如此哉!

비설(羆說 : 큰곰 이야기)[32]

사슴은 추(貙)를 두려워하고, 추는 호랑이를 두려워하며, 호랑이는 큰곰[羆]을 두려워한다.[33] 큰곰은 산발한 모습으로 사람처럼 서는데, 힘이 더없이 세며 사람을 심하게 해친다. 초(楚)지방 남쪽에 사냥꾼이 있었는데, 피리를 불어 온갖 동물들의 소리를 낼 수 있었다. 그는 살그머니 활과 화살과 불을 담는 항아리를 가지고 산으로 갔다.[34] 그리고 사슴의 울음소리를 내어 그 무리들을 감응시켜 그들이 오기를 기다려 불을 밝혀 쏘려고 하였다. 그러나 추(貙)가 그 사슴소리를 듣고 달려 왔다. 그는 두려워 호랑이소리를 내어 겁주었다. 추가 도망가고 호랑이가 오자 더욱 두려워 또 큰곰소리를 냈다. 호랑이도 역시 도망갔다. 그러나 큰곰이 듣고 동족을 찾아 왔다가, 와서 보니 사람인지라, 그 사냥꾼의 머리를 잡고 가격하고 찢어서 먹어치웠다.

지금 내부 역량을 강화하지 않고 외부에 의존한다면 큰곰의 먹이가 되지 않을 자가 없다.

鹿畏貙, 貙畏虎, 虎畏羆. 羆之狀, 被髮人立, 絶有力而甚害人焉. 楚之南有獵者, 能吹竹爲百獸之音. 昔云持弓矢罌火而卽之山, 爲鹿鳴以感其類, 伺其至, 發火而射之. 貙聞其鹿也, 趨而至. 其人恐, 因爲虎而駭之. 貙走而虎至, 愈恐, 則又爲羆. 虎亦亡去. 羆聞而求其類, 至則人也, 捽搏挽

32) 본편은 남의 힘에 의존하려는 사냥꾼의 비참한 최후를 이야기했다. 이 글은 우언(寓言)으로서, 당시에 심각한 문제가 되었던 번진(藩鎭)의 반란을 이웃 번진의 힘으로 제압하여 문제를 확대시키는 임시방편의 정책을 풍자한 것으로 풀이할 수 있다.

33) 추(貙)는 살쾡이 비슷한 맹수, 비(羆)는 덩치가 크고 힘이 센 곰의 일종이다.

34) 원문의 '석운(昔云)'은 다른 판본에서는 '적적(寂寂)' 혹은 '상(嘗)'으로 되어 있다. 내용으로 보아 '석운(昔云)'은 착오로 여겨진다. 따라서 '적적(寂寂)' 혹은 '상(嘗)'을 취해 '살그머니' 또는 '일찌이'로 옮기는 것이 타당하다고 여겨진다. 본고는 '적적(寂寂)'이 가장 타당하다고 여겨 그렇게 풀이하였다.

裂而食之.

今夫不善內而恃外者, 未有不爲羆之食也.

관팔준도설(觀八駿圖說 : 팔준도를 본 이야기)[35]

고서의 기록에 의하면, 주목왕(周穆王)이 여덟 마리 준마를 달려 곤륜산(崑崙山) 언덕에 올랐다고 하였다.[36] 후에 호사가(好事家)가 그 그림을 그렸고, 그것이 송(宋)·제(齊) 이후로 전해졌다. 그 모습을 보면 몹시 괴이하니, 모두가 마치 도약하는 듯하고 나는 듯하며, 용과 봉황과 기린(麒麟)과도 같으며 사마귀 같기도 하다. 그런 책은 더욱 불합리하여, 세간에 많이 있으나 취할 것이 못된다. 세간에선 그들이 준마라고 들었기 때문에 이상한 모습을 근거로 그들을 찾는데, 성인에 대해 말할 때에도 역시 그런 식이다. 그래서 복희(伏羲)는 소의 머리를 가졌고, 여와(女媧)는 그 모습이 뱀과 비슷하며,[37] 공자는 탈의 머리를 닮았다고 전하는데,[38] 이와 같은 것이 매우 많다. 맹자도, "어찌해서 남들과 다르겠는가? 요임금과 순임금도 남들과 같았을 뿐이다"라고 하셨다.[39]

---

35) 본편은 팔준도(八駿圖)를 계기로 하여 특별한 외형에 매달려 성인을 찾는 것에 반대하는 글이다. 팔준도는 주목왕(周穆王)의 수레를 몰았다고 전하는 여덟 마리의 준마 그림이다. 그 말들의 이름은 『목천자전(穆天子傳)』과 왕가(王嘉) 『습유기(拾遺記)』의 기록이 서로 다르다. 영주시기의 글이다.

36) 『열자』「주목왕편(蛋穆王篇)」의 기록이 가장 상세하다.

37) 복희(伏羲)는 전설 속의 인물인 태호씨(太昊氏)로, 『산해경(山海經)』에서는 용의 몸에 사람 머리를 하였고 배는 북과 같다고 하였다. 이곳의 기술은 작자가 어느 기록에 근거하였는지 알 수 없다. 여와(女媧)는 돌로 하늘을 기웠다는 신화 속의 인물로, 『초사』「천문(天問)」의 왕일(王逸)의 주(注)에서는 사람 머리에 뱀의 몸을 가졌고 하루에 일흔 번을 변한다고 하였다.

38) 『순자』「비상(非相)」에 공자의 얼굴이 몽기(蒙倛) 즉 탈과 같다는 기록이 보인다.

지금 말이란 것은 수레를 씌워 타는 존재로, 어떤 놈은 일 리를 가서 땀을 흘리고 어떤 놈은 십 리를 가서 땀을 흘리며, 혹 어떤 놈은 천 리나 백 리를 가고도 땀을 흘리지 않는다. 모습을 보면, 털이 난 몸에 꼬리와 갈기가 있으며, 네 발에 발굽이 있고, 풀을 먹고 물을 마시는 점이 모두 동일하다. 이를 미루어 준마를 생각해보면 역시 그 모습이 비슷할 것이다. 지금 사람 중에는 행상도 못할 사람이 있고, 관리가 못 될 사람도 있으며, 사대부가 못 될 사람도 있으며, 또 될 만한 사람도 있다. 모습을 보면, 둥근 머리에 가로 난 눈이 있고, 곡식을 먹고 고기를 좋아하며, 가는 갈포 옷을 입고 시원해하며 털옷을 입고 따뜻해하는 점이 모두 동일하다. 이를 미루어 성인을 생각하면 역시 모습이 비슷할 것이다. 그러니 복희·여와·공자도 역시 사람일 뿐이다. 화류(驊騮)·백희(白羲)·산자(山子)의 부류도, 만약 실제로 존재한다면, 역시 말일 따름이다.[40] 어떻게 소의 모습과 뱀의 모습과 탈의 얼굴을 하며, 용·봉황·기린·사마귀와 같을 수 있겠는가!

그러나 세간에서 준마를 좋아하는 자들은, 말 속에서 준마를 찾지 않고, 그 그림과 같은 것을 고집한다. 그러므로 끝내 준마를 찾을 수 없다. 성인을 흠모하는 자들은, 사람 속에서 성인을 찾지 않고, 소와 같고 뱀과 같으며 탈의 얼굴을 하였는지 묻는 일을 고집한다. 그러므로 끝내 성인을 찾을 수 없다. 실로 천하의 이 그림들을 모두 태워버린다면 바로 준마와 성인이 출현할 것이다.

古之書有記周穆王馳八駿升崑崙之墟者, 後之好事爲之圖, 宋、齊以下傳之. 觀其狀甚怪, 咸若騫若翔, 若龍鳳麒麟, 若螳螂然. 其書尤不經, 世多有, 然不足采. 世聞其駿也, 因以異形求之. 則其言聖人者, 亦類是矣. 故傳伏犧曰牛首, 女媧曰其形類蛇, 孔子如倛頭, 若是者甚衆. 孟子曰

---

39) 『맹자』 「이루(離婁) 하」의 기록을 인용했다. 그 모습이 같음을 말한 것이다.
40) 화류·백희·산자는 각기 팔준마에 속하는 준마의 이름이다.

: "何以異於人哉? 堯、舜與人同耳!"

今夫馬者, 駕而乘之, 或一里而汗, 或十里而汗, 或千百里而不汗者, 視之, 毛物尾鬣, 四足而蹄, 齕草飮水, 一也. 推是而至於駿, 亦類也. 今夫人, 有不足爲負販者, 有不足爲吏者, 有不足爲士大夫者, 有足爲者, 視之, 圓首橫目, 食穀而飽肉, 絺而凊, 裘而燠, 一也. 推是而至於聖, 亦類也. 然則伏犧氏、女媧氏、孔子氏, 是亦人而已矣. 驊騮、白羲、山子之類, 若果有之, 是亦馬而已矣. 又烏得爲牛, 爲蛇, 爲倛頭, 爲龍、鳳、麒麟、螳螂然也哉?

然而世之慕駿者, 不求之馬, 而必是圖之似, 故終不能有得於駿也. 慕聖人者, 不求之人, 而必若牛、若蛇、若倛頭之間, 故終不能有得於聖人也. 誠使天下有是圖者, 擧而焚之, 則駿馬與聖人出矣.

제17권 전(傳)

송청전(宋淸傳: 송청의 전기)[1]

송청(宋淸)은 장안 서쪽 약재(藥材)시장의 상인이다. 그는 좋은 약재를 쌓아놓고 있었다. 산이나 늪지에서 오는 이는 반드시 송청에게 찾아왔고 송청도 그들을 우대하였다. 장안의 의사들은 송청의 약재로 처방하여 조제하면 팔기 쉬웠으므로 모두들 송청을 칭찬하였다. 병이 나거나 종기가 생긴 사람 역시 모두 기꺼이 송청에게 와 약재를 구해 빨리 낫기를 바랐다. 송청은 모두에게 기꺼이 응하였으니, 비록 돈을 가지고 오지 않은 이에게도 언제나 좋은 약재를 제공하여 외상 증서가 산처럼 쌓였다. 그러나 그는 빚을 받으러 찾아간 적이 없었다. 혹은 모르는 사람이 멀리서

1) 본편은 송청(宋淸)이라는 하찮은 약재 상인의 행위를 통해 그만 못한 세상의 교유를 풍자한 글이다. 영주시기의 글로 여겨진다.

와 외상을 하여도 송청은 거절하지 않았다. 연말에는 갚지 못할 외상을 예상하여 그 증서를 태워버리고는 끝내 다시 말을 꺼내지 않았다. 시장 사람들은 그 남다른 행위에 모두가 비웃으며 "송청은 바보다"라고 말했다. 혹은 "송청은 도를 터득한 사람일거야"라고도 말했다. 송청은 그런 말을 들으면 말했다. "나는 이익을 추구해 처자를 먹여 살릴 뿐이지 도를 터득한 것은 아니다. 그러나 나를 바보라고 하는 것도 역시 틀렸다."

송청이 약재상을 한 지 사십 년이 되어 외상증서를 태운 사람이 백 수십 명이나 되었는데, 어떤이는 고관이 되기도 했고 어떤이는 여러 주(州)를 관할하며 많은 봉록을 받기도 하였으니, 송청에게 선물을 가져오는 이들이 문 앞에 이어졌다. 비록 바로 갚지 못하고 빚을 진 채로 죽는 이도 수백 수천 명이 되었지만, 그래도 송청이 부자가 되는 데에는 방해가 되지 않았다. 송청의 이익 추구는 멀리 내다보는 것이었고, 그래서 이익은 더 컸다. 그러니 어찌 시시한 장사꾼과 같겠는가? 그들은 처음 빚을 받지 못하면 부르르 화를 내고 두 번째에는 욕을 하며 원수로 여길 뿐이다. 그러니 그들의 이익 추구는 역시 너무 천박하지 않은가! 내가 보기엔 그들이 바보이다. 송청은 실로 그렇게 하여 큰 이익을 얻고도 허세부리지 않고 그 방법을 유지하여 버리지 않아 끝내 부자가 되었다. 찾아오는 손님은 더욱 늘어났고 상대하는 범위도 더욱 넓어졌다. 간혹 쫓겨나 버려진 사람이라도 가깝게 교유하였고, 망했다고 보이는 사람에게도 소홀히 하지 않았으니, 그들을 만나면 반드시 예전처럼 좋은 약을 주었다. 그러나 그들은 일단 다시 권좌를 차지하면 더욱 후하게 송청에게 보답하였다. 그가 멀리 이익을 취하는 방식은 모두 그런 식이었다.

내가 보기에 오늘날의 남들과의 교유는, 뜨거우면 붙고 차가우면 버리니, 송청과 같을 수 있는 사람은 드물다. 세간에선 단지 "시장에서의 교유"라고만 말한다. 아아! 송청은 시장 사람이지만, 오늘날의 교유 가운데 그처럼 멀리 그 보답을 바랄 줄 아는 경우가 있는가? 다행히 그와 비슷하다면, 천하에 곤궁하고 버려져 모욕을 당해도 죽지는 않을 사람이 많을 것이다.

그러니 “시장에서의 교유”를 업신여길 것인가? 혹자는 말한다. “송청은 시장 사람이 아니다.” 유선생(柳先生)은 말한다. “송청은 시장에서 장사하지만 시장의 짓거리를 따르지 않는다. 그러나 조정에 자리 잡고 관청에 자리 잡고, 또 각종 학교나 마을에 살면서 스스로를 사대부라고 부르는 자들이 반대로 앞 다투어 그런 짓거리를 하며 멈추지 않으니, 슬픈 일이다! 그러니 송청은 시장 사람에 비해서만 특이한 것이 아니다.”

宋清, 長安西部藥市人也. 居善藥. 有自山澤來者, 必歸宋清氏, 清優主之. 長安醫工得清藥輔其方, 輒易讎, 咸譽清. 疾病疕瘍者, 亦皆樂就清求藥, 冀速已. 清皆樂然響應, 雖不持錢者, 皆與善藥, 積券如山, 未嘗詣取直. 或不識遙與券, 清不爲辭. 歲終, 度不能報, 輒焚券, 終不復言. 市人以其異, 皆笑之, 曰 : “清, 蚩妄人也.” 或曰 : “清其有道者歟?” 清聞之曰 : “清逐利以活妻子耳, 非有道也, 然謂我蚩妄者亦謬.”

清居藥四十年, 所焚券者百數十人, 或至大官, 或連數州, 受俸博, 其餽遺清者, 相屬於戶. 雖不能立報, 而以賒死者千百, 不害清之爲富也. 清之取利遠, 遠故大, 豈若小市人哉? 一不得直, 則怫然怒, 再則罵而仇耳. 彼之爲利, 不亦翦翦乎! 吾見蚩之有在也. 清誠以是得大利, 又不爲妄, 執其道不廢, 卒以富. 求者益衆, 其應益廣. 或斥棄沉廢, 親與交; 視之落然者, 清不以怠, 遇其人, 必與善藥如故. 一旦復柄用, 益厚報清. 其遠取利, 皆類此.

吾觀今之交乎人者, 炎而附, 寒而弃, 鮮有能類清之爲者. 世之言, 徒曰 “市道交.” 嗚呼! 清, 市人也, 今之交有能望報如遠之清者乎? 幸而庶幾, 則天下之窮困廢辱得不死亡者衆矣, “市道交”豈可少耶? 或曰 : “清, 非市道人也.” 柳先生曰 : “清居市不爲市之道, 然而居朝廷、居官府、居庠塾鄉黨以士大夫自名者, 反爭爲之不已, 悲夫! 然則清非獨異于市人也.”

종수곽탁타전(種樹郭橐駝傳: 정원사 곽탁타의 전기)[2]

곽탁타(郭橐駝)는 원래 이름이 무엇인지 모른다. 곱사병을 앓아 불룩하니 엎어져서 다녀 그 모습이 낙타와 같았으므로 마을 사람들이 타(駝)라고 불렀다. 타도 듣고는 "매우 좋다. 내 이름으로 정말 적당하다"라고 하고는 제 이름을 버리고 스스로도 탁타라고 하였다. 그의 고향은 풍락향(豊樂鄕)으로 장안의 서쪽이다. 타는 나무 심는 일에 종사하였는데, 장안의 부자 중에 정원을 만드는 사람 및 과일 파는 사람들은 모두들 다투어 그를 고용하고자 하였다. 타가 심은 나무를 보면 혹 옮겨 심은 것들도 죽는 것이 없었으며, 또 크고 무성하여 일찍 그리고 많은 열매를 맺었다. 다른 사람들이 훔쳐보고 흉내를 내 보았지만 아무도 그와 같지는 못하였다.

누군가가 물으니 그는 답했다. "저 탁타가 나무를 오래 살고 번식시킬 수 있는 것은 아닙니다. 나무의 천성에 맞추어 그 본성대로 자라도록 할 수 있을 뿐입니다. 나무의 본성이란 그 뿌리는 펴지기를 바라고, 배토는 두루 고르기를 바라며, 흙은 옛것을 바라고, 다지기는 촘촘하기를 바랍니다. 그렇게 되었으면 그뿐으로, 건들이지도 염려하지도 않으며, 떠나면 다시 돌아보지도 않습니다. 심을 때는 자식같이 대하고 방치할 때는 버린 듯이 하면 천성대로 온전해지고 본성대로 자랍니다. 그러니 저는 그 성장을 해치지 않을 따름이지, 크고 무성하게 만들 수 있는 것은 아닙니다. 그 열매 맺기를 억압하지 않을 뿐이지 일찍 맺고 많이 맺게 할 수 있는 것은 아닙니다. 다른 사람들은 그렇지 않으니, 뿌리는 뭉치고 흙은 바꾸며, 배토할 때는 지나치거나 모자랍니다. 그렇지 않을 수 있는 사람은 또 너무 많이 아끼고 너무 번거로이 걱정하니, 아침에 보고 저녁에 어루

---

2) 본편은 곽탁타(郭橐駝)라는 식목 종사자의 입을 통해 관청의 번거로운 간섭과 명령의 해를 지적한 글이다. 노장(老莊)사상의 색채가 짙은 그의 대표적인 우언문이기도 하다. 영주시기의 글로 여겨진다.

만지며 이미 떠났다가도 다시 돌아봅니다. 심한 경우에는 껍질에 손톱질하여 살았는지 죽었는지 알아보고, 뿌리를 흔들어 빽빽한지 성근지 살피니, 나무의 본성에서 날로 벗어납니다. 비록 아낀다고 하지만 실은 해치고, 걱정한다고 하지만 실은 원수로 대합니다. 그래서 저만 못한 것입니다. 제가 또 무엇을 할 수 있겠습니까!"

물었던 이가 말했다. "그대의 도리를 관가의 다스림에 옮겨 적용해도 되겠는가?" 타가 대답했다. "저는 나무 심기만을 알 뿐입니다. 다스리는 일은 제 직업이 아닙니다. 그러나 제가 마을에 살면서 보니, 윗자리에 계신 분들이 번거로운 명령을 좋아하시니, 마치 매우 불쌍하게 여기는 듯하지만 끝내는 화를 부릅니다. 아침저녁으로 관리들이 와서 외쳐댑니다. '관청에서 명하니, 밭 갈기를 재촉하고, 파종에 힘쓰며, 수확을 재촉하라. 일찍 너희의 실을 뽑고 일찍 천을 짜며, 너희의 아이를 기르고 닭과 개를 기르라.' 북을 울려 사람들을 모으고 나무토막을 두드려 불러댑니다. 우리들 서민들은 아침식사 저녁식사를 멈추고 관리들을 위로하는 일만으로도 쉴 겨를이 없으니, 또 어떻게 우리의 자손을 늘리고 본성에 맞춰 안주하겠습니까? 그래서 병이 나고 또 위험에 처합니다. 이와 같다면 제 직업의 경우와도 유사한 점이 있겠지요?"

물었던 이가 말했다. "옳다! 훌륭하지 않은가! 내 나무 기르는 것을 물어 사람 기르는 방법을 배웠다." 이에 그 일을 기록하여 관청의 경계사항으로 삼고자 한다.

郭橐駝, 不知始何名. 病瘻, 隆然伏行, 有類橐駝者, 故鄕人號之"駝". 駝聞之曰: "甚善, 名我固當." 因捨其名, 亦自謂橐駝云. 其鄕曰豐樂鄕, 在長安西. 駝業種樹, 凡長安豪富人爲觀遊及賣果者, 皆爭迎取養. 視駝所種樹, 或移徙, 無不活, 且碩茂蚤實以蕃. 他植者雖窺伺傚慕, 莫能如也.

有問之, 對曰: "橐駝非能使木壽且孳也, 能順木之天, 以致其性焉爾. 凡植木之性, 其本欲舒, 其培欲平, 其土欲固, 其築欲密. 旣然已, 勿動勿慮, 去不復顧. 其蒔也若子, 其置也若棄, 則其天者全而其性得矣. 故吾不害其長而已, 非有能碩茂之也; 不抑耗其實而已, 非有能蚤而蕃之也. 他植者則不然, 根拳而土易, 其培之也, 若不過焉則不及. 苟有能反是者, 則又愛之太恩, 憂之太勤, 旦視而暮撫, 已去而復顧. 甚者爪其膚以驗其生枯, 搖其本以觀其疏密, 而木之性日以離矣. 雖曰愛之, 其實害之; 雖曰憂之, 其實讎之, 故不我若也. 吾又何能爲哉!"

問者曰 : "以子之道, 移之官理可乎?" 駝曰 : "我知種樹而已, 理, 非吾業也. 然吾居鄉, 見長者好煩其令, 若甚憐焉, 而卒以禍. 旦暮吏來而呼曰 : '官命促爾耕, 勗而植, 督爾穫. 蚤繅而緒, 蚤織而縷, 字而幼孩, 遂而雞豚' 鳴鼓而聚之, 擊木而召之. 吾小人輟飧饔以勞吏者, 且不得暇, 又何以蕃吾生而安吾性耶? 故病且怠. 若是, 則與吾業者其亦有類乎?"

問者曰 : "嘻, 不亦善夫! 吾問養樹, 得養人術." 傳其事以爲官戒.

동구기전(童區寄傳 : 구기 어린이의 전기)[3)]

유선생이 말했다. 월(越)지방 사람들은 인정이 적어 아들딸을 낳으면 반드시 그들을 재물로 간주한다.[4)] 이를 갈 나이가 지나면 아버지나 형이 그들을 팔아서 이익을 챙기며, 그래도 부족하면 다른 집에서 잡아와 포박하고 칼과 수갑을 채운다. 심지어 수염이 긴 성인도 힘이 부족하면 모

3) 본편은 구기(區寄)라는 어린이가 자신을 납치해 팔려고 한 강도 둘을 살해한 일을 기록하였다. 이를 통해 당시의 비열한 풍속을 폭로하고 동시에 어린이의 용기를 칭찬한 글이다. 유주(柳州)자사일 때 쓴 글이다. 유종원은 유주에서 규정을 만들어 빚 때문에 노예가 된 이들을 많이 구제하였는데, 한유는 그 치적을 「유자후묘지명(柳子厚墓誌銘)」에서 칭송한 바 있다.

4) 월(越)은 광동 · 광서 · 복건 · 절강 및 호남성 일대를 가리킨다.

두 굴복하여 종이 된다. 길 복판에서 서로 해치고 살육하는 것이 풍속이 되었다. 다행히 장성하게 되면 어리고 약한 이를 잡아가는데, 한족 관리는 이를 이용하여 자신의 이익을 챙겼으며, 종을 얻게라도 되면 그러한 행위를 멋대로 방치한다. 이 때문에 월 지방의 호구는 더욱 줄어들며, 그런 일에서 벗어나는 이가 드물다. 오직 구기(區寄) 어린이만이 열한 살의 나이로 이를 극복하였으니 이 역시 기특한 일이다. 계부(桂部)의 보좌관이었던 두주사(杜周士)가 나에게 말해준 것이다.[5]

기(寄) 어린이는 유주(柳州)에서 나무하고 방목하던 아이이다. 방목하고 나무하는 중에, 강도 둘이 그를 잡아다가 손을 뒤로 묶고 입을 천으로 가리고는 사십 리도 넘는 시장으로 팔러 갔다. 기 어린이는 거짓으로 어린애처럼 울고 겁에 떨며 어린이의 보통 모습을 보였다. 강도는 그를 쉽게 여기고는 마주하여 술을 마시고는 취하였다. 강도 하나가 흥정하러 갔고, 하나는 누웠는데 칼은 길에 꽂아두었다. 아이는 살며시 그가 잠들기를 살펴, 포승을 칼에 대고 힘껏 상하로 비벼 줄을 끊었다. 그리고는 칼을 잡아 그를 죽였다. 멀리 도망하기 전에 흥정하러갔던 자가 돌아와 아이를 잡고는 크게 놀랐다. 그리고 막 아이를 죽이려고 할 때 아이가 급히 말했다. "두 주인님의 종보다는 한 주인님의 종이 되는 것이 낫지 않겠습니까? 저 사람은 제게 인정을 보이지 않았습니다. 주인님이 정말 저를 살려주시어 은혜를 베푸신다면 무슨 일이나 다 하겠습니다." 흥정하러 갔던 자가 한참동안 궁리하였다. "이 종놈을 죽이느니 파는 것이 낫겠다. 팔아서 나누느니 내가 독차지하는 것이 낫겠다. 다행히 저자를 죽였으니 참 잘됐다." 곧바로 그 시체를 숨기고 아이를 끌고 그를 살 주인집에 가서는 더욱 단단히 묶어놓았다. 밤이 깊어지자 아이는 몸을 굴

5) 계부(桂部)는 계관경략관찰사(桂管經略觀察使)의 관할지역을 가리키며 지금의 계림(桂林)을 중심으로 한 광서성 동북 일대에 해당한다. 두주사(杜周士)는 정원(貞元) 17년(801)에 진사에 급제하였고 원화(元和) 연간(806~820)에 계관경략관찰사의 종사(從事) 즉 보좌관을 지낸 인물이다.

려 포승을 화롯불에 대어 끊었다. 비록 손에 상처가 났지만 꺼리지 않고 다시 칼을 잡아 흥정했던 그자를 죽였다. 그리고는 크게 울부짖으니, 그 소리에 온 시장 사람들이 모두 놀랐다. 아이는 말했다. "저는 구(區)씨 집안 아들입니다. 종이 되는 것은 마땅치 않습니다. 강도 둘이 저를 잡았는데, 다행히 제가 모두 죽였습니다. 관가에 알려주십시오."

시장의 관리가 주(州)에 고하고, 주에서는 상급 관청에 알렸다. 상급관청에서 그를 불러 보니 아이가 어리고 성실했다. 자사(刺史) 안증(顔證)이 그를 기특하게 여겨 남겨두어 말단 관리로 삼으려 하였으나,[6] 아이는 원하지 않았다. 그리하여 옷을 주고 관리의 보호하에 고향으로 돌려보냈다. 고향의 납치범들은 곁눈질로 보며 감히 그 집 문 앞도 지나가지 못했다. 모두들 말하는 것이었다. "이 아이는 진무앙(秦武陽)보다 두 살이 어린데도 강도 둘을 죽였으니 어떻게 접근할 수 있겠는가!"[7]

柳先生曰 : 越人少恩, 生男女必貨視之. 自毁齒以上, 父兄鬻賣, 以覬其利. 不足, 則取他室, 束縛鉗梏之. 至有鬚鬣者, 力不勝, 皆屈爲僮. 當道相賊殺以爲俗. 幸得壯大, 則縛取么弱者. 漢官因以爲已利, 苟得僮, 恣所爲不問. 以是越中戶口滋耗. 少得自脫, 惟童區寄以十一歲勝, 斯亦奇矣. 桂部從事杜周士爲余言之.

童寄者, 柳州蕘牧兒也. 行牧且蕘, 二豪賊劫持反接, 布囊其口, 去逾四十里之墟所賣之. 寄僞兒啼, 恐慄爲兒恒狀. 賊易之, 對飮酒醉. 一人去爲市, 一人臥, 植刃道上. 童微伺其睡, 以縛背刃, 力下上, 得絶, 因取刃殺之. 逃未及遠, 市者還, 得童大駭. 將殺僮, 遽曰 : "爲兩郎僮, 孰若爲一郞僮耶? 彼不我恩也. 郎誠見完與恩, 無所不可." 市者良久計曰 : "與其殺是僮, 孰若賣之; 與其賣而分, 孰若吾得專焉. 幸而殺彼, 甚善." 卽藏其尸,

---

6) 안증(顔證)은 계관관찰사로 계주(桂州)자사를 겸하였다.

7) 진무앙(秦武陽)은 전국시대 연(燕)나라 어린이로, 13세에 살인한 바 있으며, 형가(荊軻)를 따라 진시황을 죽이러 갔다가 실패하여 피살됐다.

持童抵主人所, 愈束縛牢甚. 夜半, 童自轉, 以縛卽爐火燒絶之, 雖瘡手勿憚, 復取刃殺市者. 因大號, 一墟皆驚. 童曰 : "我區氏兒也, 不當爲僮. 賊二人得我, 我幸皆殺之矣, 願以聞於官."

墟吏白州, 州白大府, 大府召視, 兒幼愿耳. 刺史顔證奇之, 留爲小吏, 不肯. 與衣裳, 吏護還之鄕. 鄕之行劫縛者, 側目莫敢過其門. 皆曰 : "是兒少秦武陽二歲, 而討殺二豪, 豈可近耶!"

재인전(梓人傳 : 도목수의 전기)[8)]

배봉숙(裵封叔)의 집은 광덕리(光德里)에 있었다.[9)] 한 도목수가 문을 두드려 빈 방을 세내어 묵고자 하였다. 그가 다루는 것은 길고 짧은 자, 걸음쇠와 곱자, 먹줄이었는데, 집안에는 갈고 깎는 도구를 두지 않았다. 재주를 물으니 답하였다. "저는 재목을 잘 살피며, 건물의 양식에 따라 높낮이 · 형태 · 길이 등을 지시하는데, 그러면 뭇 기술자들이 그에 따라 일을 합니다. 제가 없이는 사람이 많아도 집 한 채도 지을 수 없습니다. 그래서 관청에서 일하면 세 배의 봉급을 받으며, 개인 집에서 일하면 한 배 반을 받습니다." 후일 그의 방에 들어가 보니 침대에 다리가 빠졌는데도 수리하지 못하고는, "다른 기술자를 구할 것이요"하고 말했다. 나는 몹시 비웃으며

8) 본편은 양잠(楊潛)이라는 도목수의 건축과정을 서술함으로써 재상의 올바른 도리를 설파한 글이다. 말미에 그 거취의 문제까지 제기하였다. 재인(梓人)은 건축 책임자로 도목수를 가리킨다. 한유가 미장이를 주인공으로 하여 쓴 「오자왕승복전(圬者王承福傳)」과 자주 비교되는 글이기도 하다.

9) 배봉숙(裵封叔)은 유종원의 둘째 누이의 남편이다. 봉숙은 그의 자이고 이름은 근(墐)이다. 정원(貞元) 3년에 진사과에 급제하여 경조부참군(京兆府參軍) · 비부원외랑(比部員外郞) · 만년령(萬年令) 등을 지냈다. 광덕리(光德里)는 장안의 한 마을로, 궁성의 서남 모퉁이에 있었다.

능력도 없이 봉급이나 탐내고 재물이나 좋아하는 사람이라고 생각했다.

그 후에 경조윤(京兆尹)이 관청을 수리한다기에 그곳에 갔다. 많은 재목을 쌓아놓고 뭇 기술자들을 모아놓았는데, 어떤 이는 도끼를 들고 어떤 이는 칼이나 톱을 들고, 모두들 그 사람을 향해 둘러서 있었다. 도목수는 왼손에는 자를 들고 오른손에는 지팡이를 들고 가운데에 있었다. 그가 건물의 하중을 헤아리고 목재의 쓸모를 살펴, 지팡이를 휘두르며 "도끼!" 하고 말하니 도끼를 든 이가 오른쪽으로 뛰어가고, 돌아보고 손짓하며 "톱!" 하고 말하니 톱을 든 이가 왼쪽으로 뛰어갔다. 잠시 후에 도끼를 든 이는 찍고 칼을 든 자는 깎는데, 모두들 그의 표정을 살피며 그의 말을 기다리면서 아무도 감히 자기 마음대로 판단하지 못했다. 임무를 감당할 수 없는 자에게는 화내며 물리치지만 역시 아무도 감히 불만을 표하지 못했다. 벽에 설계도를 그렸는데, 한 자 남짓하지만 그 양식이 상세하였으며, 세밀하게 따져 큰 건물을 짓는데 오차가 없었다. 완공되어 용마루에 "모년 모월 모일에 누가 지음"이라고 썼는데, 바로 그의 이름이었다. 참여했던 기술자들의 이름은 나열하지 않았다. 나는 둘러보고 매우 놀랐다. 그리고 나서야 그 기술의 교묘함과 대단함을 알았다.

이어 감탄하였다. 저자는 손재주는 버리고 마음의 지혜에 전념하며 요점을 아는 사람이리라! 내가 듣기로 마음을 쓰는 이는 남을 부리고 힘을 쓰는 이는 남에게 부려진다고 하였는데, 저자는 마음을 쓰는 자이리라! 기능이 있는 자는 기능을 사용하고 지혜가 있는 자는 정책을 세우니, 저자는 지혜로운 자이리라! 그렇다면 천자를 보좌하여 천하를 다스리는 데에 본보기가 될 만하다! 그 무엇도 이보다 더 가깝지 않다. 천하를 다스리는 것은 그 근본이 사람에게 있다. 일꾼으로는 노역자가 있고 향사(鄕師)·이서(里胥)가 있으며,[10] 그 위로는 하급 선비, 또 그 위로는 중급 선비·고급 선비가 있다. 다시 위로는 대부가 있고 경(卿)이 있으며 공(公)이

10) 향사(鄕師)는 한 고을[鄕]의 책임자, 이서(里胥)는 한 마을[里]의 우두머리이다.

있다. 나뉘어 여섯 부(部)의 관직을 맡고,[11] 또 아래로 각기 수많은 관직을 맡는다. 밖으로는 사방의 바다에 접근하여 방백(方伯)・연수(連率)가 있다.[12] 군에는 군수(郡守)가 있고 읍에는 읍재(邑宰)가 있으며 각기 좌정(佐政)을 두었다.[13] 그 아래로는 서리(胥吏)가 있고, 다시 그 아래로는 색부(嗇夫)・판윤(判尹)이 있어 일을 맡는다.[14] 이는 마치 여러 기술자가 각기 기술을 가지고 힘을 써서 먹고사는 것과 같다. 천자를 보좌하여 천하를 다스리는 자는 그들을 선발해 직책을 주어 지휘하여 부리며, 기강을 정리하고 손질하며, 법제를 통일하고 정돈한다. 이는 마치 도목수가 걸음쇠와 곱자・먹줄을 가지고 건축의 양식을 정하는 것과 같다. 천하의 선비를 골라 그 직분에 맞추고 천하 백성들이 자기 직업에 안주하도록 하며, 도시를 보고 교외를 알며, 교외를 보고 한 광역을 알고, 한 광역을 보고 천하를 알아, 그 가깝고 멀며 크고 작은 일을 손으로 그 지도를 가리키듯이 궁구(窮究)한다. 이는 마치 도목수가 담에 설계도를 그리고 건축을 완성하는 것과 같다. 유능한 자를 들여 임용하면서도 은덕을 말하지 않게 한다. 무능한 자를 물리쳐 파면해도 아무도 감히 성내지 못한다. 재능을 과시하지 않고 명예를 뽐내지 않으며, 작은 일을 친히 하지 않고 뭇 관리의 일을 침해하지 않으면서, 날마다 천하의 영재들과 큰 기강을 토론한다. 이는 마치 도목수가 많은 기술자를 잘 운용하면서 기예를 뽐내지 않는 것과 같다. 그런 다음에야 재상의 도리에 맞으며 만국이 태평하다. 재상의 도리에 맞고 만국이 태평해지면 천하가 머리를 들어 바라보며, "우리 재상의 공이다"라고 말한다. 후인들도 그 사적을 따라 흠모하

---

11) 예로부터 집정 대신은 이(吏)・호(戶)・예(禮)・병(兵)・형(刑)・공(工)의 여섯 부(部)의 상서(尙書)를 가리키는데, 이들을 육직(六職)・육관(六官)・육경(六卿) 등으로 불렀다.

12) 방백(方伯)은 한 지방 제후들의 우두머리, 연수(連率)는 연수(連帥)와 같으며 열 제후 중의 우두머리이다.

13) 읍(邑)은 현(縣)의 별칭으로, 읍재는 현령을 가리킨다. 좌정(佐政)은 보좌관으로 장사(長史)・사마(司馬)・현위(縣尉) 등을 가리킨다.

14) 서리(胥吏)는 관청에서 문서처리 등을 맡는 하급 관리, 색부(嗇夫)는 최말단 관리나 백성들을 검사하고 통제하는 하급관리, 판윤(判尹)은 호적 담당 말단관리이다.

여, "그는 재상의 재목이었다"라고 말한다. 선비들이 혹 은(殷)·주(周)의 태평함을 말할 때면, 이윤(伊尹)·부열(傅說)·주공(周公)·소공(召公)만을 말하고 온갖 담당자의 수고는 기록하지 않는다.[15] 이는 마치 도목수가 그 공을 자신의 이름으로 올리고 참여했던 이들의 이름은 나열하지 않는 것과 같다. 위대하다, 재상이여! 이 이치에 통달한 이는 재상뿐이로다! 요점을 모르는 이는 이와 반대이니, 근신하고 부지런함만을 공무(公務)의 전부로 여기고,[16] 문서만을 존귀한 것으로 받들며, 능력과 명예를 뽐내고 자랑하고, 작은 일을 친히 하고 뭇 관리들의 일을 침해하며, 육부(六部)와 온갖 관료의 일을 훔치면서, 조정에서 너털대며 원대한 일은 놓치니, 이른바 그 도리에 통달하지 못한 자이다. 이는 마치 도목수이면서도 먹줄과 먹통이 바른지를 모르고, 걸음쇠와 곱자가 제대로 바른지를 모르며, 자의 길이도 모르면서, 우선 뭇 일꾼들의 도끼와 칼과 톱을 빼앗아 그들의 기술을 돕지만, 또 그 일들도 완성하지 못하여 많은 수고를 망쳐 아무것도 이룰 수 없는 것과 같다. 이 역시 잘못이 아닌가!

혹자는 말한다. "집의 주인이 만약 자신의 개인적인 지혜를 내어 도목수의 생각을 견제하며, 그가 대대로 해온 일을 빼앗고 길가는 나그네의 생각이나 따른다면, 비록 성공하지 못한다 한들 어찌 그의 잘못이겠는가? 잘못은 역시 그에게 일을 맡긴 주인에게 있을 뿐이다." 나는 답한다. 그렇지 않다. 먹줄이 바로 쳐지고 걸음쇠와 곱자가 바로 놓이면, 높일 것을 눌러 낮출 수 없으며 좁힐 것을 늘려 넓힐 수 없다. 자신의 방식을 따르면 견고하고 자신의 방식을 따르지 않으면 무너지는데, 집 주인이 기꺼이 견고함을 버리고 무너질 것을 따른다면, 자신의 재능을 숨기고 지

---

15) 이윤(伊尹)은 탕(湯)왕을 보좌하여 걸(桀)을 멸망시킨 대신이고, 부열(傅說)은 상(商) 후기의 천자 무정(武丁)의 대신으로서, 모두 훌륭한 재상으로서의 표상이다. 주공(周公)은 주(周) 무왕(武王)의 아우로 성왕(成王)을 보좌하여 크게 흥성하게 하였으며, 소공(召公)은 주공과 함께 성왕을 잘 보좌하였다.

16) 원문의 '공(公)'은 『전당문(全唐文)』에는 '공(功)'으로 되어 있다. 문맥으로 보면 '공(功)'을 취해 '공적(功績)'으로 옮기는 것이 더 자연스러우나 여기서는 원문을 따른다.

혜를 드러내지 않고 미련 없이 떠나가 자신의 도를 굽히지 않아야만, 그래야만 그가 실로 훌륭한 도목수이다. 간혹 재물을 탐내어 차마 그 자리를 버리지 못하고, 자신의 건축 방식을 잃고서 굽혀 지키지 못하여 기둥이 휘고 집이 무너질 때, "내 잘못이 아니요"라고 말한다면, 그래도 되겠는가, 되겠는가!

내 생각에, 도목수의 도는 재상의 도와 유사하다. 그래서 써서 보관한다. 도목수[梓人]는 옛날에 목재의 곡직(曲直)과 면(面)과 모양을 잘 살피던 사람으로, 오늘날에는 큰 목수(都料匠)라 부른다. 내가 만났던 사람은 양(楊)씨로 이름은 잠(潛)이다.

裴封叔之第, 在光德里. 有梓人款其門, 願傭隙宇而處焉. 所職尋引、規矩、繩墨, 家不居礱斲之器. 問其能, 曰: "吾善度材, 視棟宇之制, 高深、圓方、短長之宜, 吾指使而羣工役焉. 捨我, 衆莫能就一宇. 故食於官府, 吾受祿三倍; 作於私家, 吾收其直大半焉." 他日, 入其室, 其牀闕足而不能理, 曰: "將求他工." 余甚笑之, 謂其無能而貪祿嗜貨者.

其後京兆尹將飾官署, 余往過焉. 委羣材, 會衆工. 或執斧斤, 或執刀鋸, 皆環立嚮之. 梓人左持引, 右執杖而中處焉. 量棟宇之任, 視木之能, 擧揮其杖曰: "斧!" 彼執斧者奔而右; 顧而指曰: "鋸!" 彼執鋸者趨而左. 俄而斤者斲、刀者削, 皆視其色, 俟其言, 莫敢自斷者. 其不勝任者, 怒而退之, 亦莫敢慍焉. 畫宮于堵, 盈尺而曲盡其制, 計其毫釐而構大厦, 無進退焉. 旣成, 書于上棟, 曰 "某年某月某日某建", 則其姓字也氏. 凡執用之工不在列. 余圜視大駭, 然後知其術之工大矣.

繼而歎曰: 彼將捨其手藝, 專其心智, 而能知體要者歟? 吾聞勞心者役人, 勞力者役於人, 彼其勞心者歟? 能者用而智者謀, 彼其智者歟? 是足爲佐天子、相天下法矣! 物莫近乎此也. 彼爲天下者本於人. 其執役者, 爲徒隷, 爲鄕師、里胥; 其上爲下士; 又其上爲中士、爲上士; 又其上爲大夫、爲卿、爲公. 離而爲六職, 判而爲百役. 外薄四海, 有方伯、連率. 郡有守, 邑有宰, 皆有佐政. 其下有胥吏, 又其下皆有嗇夫、版尹, 以就役焉, 猶衆工之各有執伎以食力也. 彼佐天子相天下者, 擧而加焉, 指而使焉, 條其綱紀而盈縮焉, 齊其法制而整頓焉, 猶梓人之有規矩、繩墨以定制也. 擇天下之士, 使稱其職; 居天下之人, 使安其業. 視都知野, 視野知國, 視國知天下, 其遠邇細大, 可手據其圖而究焉, 猶梓人畫宮於堵而績于成也. 能者進而由之, 使無所德; 不能者退而休之, 亦莫敢慍. 不衒能, 不矜名, 不親小勞, 不侵衆官, 日與天下之英才討論其大經, 猶梓人之善運衆工而不伐藝也. 夫然後相道得而萬國理矣. 相道旣得, 萬國旣理, 天下擧首而望曰 : "吾相之功也." 後之人循跡而慕曰 : "彼相之才也." 士或談殷、周之理者, 曰伊、傅、周、召, 其百執事之勤勞而不得紀焉, 猶梓人自名其功而執用者不列也. 大哉相乎! 通是道者, 所謂相而已矣. 其不知體要者反此 : 以恪勤爲公, 以簿書爲尊, 衒能矜名, 親小勞, 侵衆官, 竊取六職百役之事, 听听於府廷, 而遺其大者遠者焉, 所謂不通是道者也. 猶梓人而不知繩墨之曲直、規矩之方圓、尋引之短長, 姑奪衆工之斧斤刀鋸以佐其藝, 又不能備其工, 以至敗績用而無所成也. 不亦繆歟?

或曰 : "彼主爲室者, 儻或發其私智, 牽制梓人之慮, 奪其世守而道謀是用, 雖不能成功, 豈其罪耶? 亦在任之而已." 余曰 : 不然, 夫繩墨誠陳, 規矩誠設, 高者不可抑而下也, 狹者不可張而廣也. 由我則固, 不由我則圮. 彼將樂去固而就圮也, 則卷其術, 默其智, 悠爾而去, 不屈吾道, 是誠良梓人耳. 其或嗜其貨利, 忍而不能捨也, 喪其制量, 屈而不能守也, 棟撓屋壞, 則曰 "非我罪也", 可乎哉, 可乎哉?

余謂梓人之道類於相, 故書而藏之. 梓人, 蓋古之審曲面勢者, 今謂之都料匠云. 余所遇者, 楊氏, 潛其名.

이적전(李赤傳: 이적의 전기)[17]

이적(李赤)은 강호(江湖)의 유랑자이다. 그는 일찍이 "나는 시를 잘 지으며 이백(李白)과 비슷하다"라고 하였다. 그리하여 자신을 이적(李赤)이라 불렀다. 그가 선주(宣州)를 유람하던 중에 그 주의 누군가가 집에 묵게 하였다.[18] 그의 친구 및 같이 유람하던 사람은 그곳에 인척이 있었다. 그래서 며칠이 지나서 그 숙소에 갔다. 적(赤)은 마침 한 부인과 말하고 있었는데 그 친구가 놀렸다. 그러자 적은 "이 여자는 내 중매쟁이요, 나는 여기에서 아내를 얻을 것이요"라고 하였다. 친구는 크게 놀라, "그대의 아내가 병이 없고 어머니께서도 집안에 계신데 어떻게 그런 일이 있을 수 있소? 설마 광기가 정신이상으로 변했단 말이요?"라고 하였다. 그리고는 강설(絳雪)을 먹이려했으나 적은 먹으려 하지 않았다.[19] 잠시 후에 그 부인이 와 다시 적과 이야기했다. 그러면서 두건을 가져다가 적의 목에 감았는데 적도 두 손으로 그녀를 도와주어 혀가 다 빠져나왔다. 친구가 고함치며 구해주니 그 부인은 두건을 놓고 도망쳤다. 적은 화를 내며 말했다. "너는 무도하구나. 내가 장차 내 아내를 따르려는데 네가 무슨 짓을 하는 거야?" 그리고는 창가에 가서 편지를 써서는 말아 둥글게 봉하였다. 그리고 또 편지를 써서 평평하게 봉했다. 그 일을 마치자 변소에 갔다. 한참이 되어 그 친구가 따라가 보니 적은 열린 변소에서 오물통을 끌어안고 기괴한 미소를 지으며 비껴보는데, 막 들어갈 태세였다. 친구는 들어가 그를 거꾸로 끌어냈다. 그러자 또 화를 내며 말했다. "내가 이미 방안에 들어가 아내를 만났다. 내 아내의 얼굴은 세상에는 없는 얼굴이고 방안의 장식은 웅장하고

---

17) 본편은 이적(李赤)이라는 정신이상자의 행태를 기술하며 수양 부족을 경계한 글이다. 소식(蘇軾)에게 「이적시(李赤詩)」가 있다.

18) 선주(宣州)는 지금의 안휘성 선성(宣城)현을 가리킨다.

19) 강설(絳雪)은 단약(丹藥)의 일종이다.

화려하며 초란(椒蘭)의 향기가 솔솔 일어났다. 너희 세상을 볼라치면 변소 같다. 내 아내의 거처는 천제(天帝)께서 거처하시는 균천(鈞天)·청도(淸都)와 다를 바가 없다.[20] 네 어찌해서 나를 이토록 고통스럽게 하는가?" 그러고 나서야 그 친구는 적에게 씌운 것이 변소귀신임을 알았다. 그리하여 하인을 모아 상의했다. "급히 이 변소를 떠나자." 이윽고 삼십 리를 가서 숙박하게 되었다. 밤이 되자 적은 또다시 변소에 갔다. 한참 후에 따라가 보니 또 막 들어가려 하였다. 잡아 꺼내 오물을 씻기고 여럿이서 아침이 되도록 둘러앉아 있었다. 그곳을 떠나 다른 현에 이르니 현의 관리가 막 연회를 열었는데, 절하고 앉았다 일어나는 적의 모습에 이상이 없었다. 술잔이 돌아 친구가 말할 틈도 없이 술을 마시고 적을 돌아보았는데, 적은 이미 거기에 없었다. 뛰어서 쫓아가니 적은 변소에 들어가 판자를 들어다가 문을 막았는데, 문이 단단하여 들어갈 수 없었다. 친구가 불러대고 말도 걸었다. 여러 사람이 벽을 부수고 들어가니 적의 얼굴은 반이나 오물에 빠져있었다. 또 꺼내다 씻겼다. 현의 관리가 다시 주술을 잘하는 무당을 불러 적을 지키도록 하자 적은 아무렇지도 않은 듯하였다. 한밤이 되자 지키던 이들이 피곤하여 모두 잠들었다. 깨어나 교대로 부르고 찾았다. 그러나 변소 밖의 발자취만 보일 뿐 적은 이미 죽은 지 오래였고 시체만을 찾아 집으로 데려왔다. 그가 썼던 편지를 읽어보니 어머니와 아내와 이별하는 것으로 그 글은 여전히 보통사람의 것이었다.

유선생은 말한다. 이적의 전기는 거짓이 아니다. 이는 마음에 병이 들어 그리 한 것이리라! 아니면 정말 변소귀신이 있단 말인가? 적의 이름은 강호 간에 소문이 났는데, 그가 처음에 선비가 되었을 때는 보통사람과 다름이 없었다. 한번 괴이한 것에 홀리더니 하는 짓이 이와 같았는데, 반대로 세상을 변소로 여기고 변소를 천제가 사는 청도(淸都)로 여겼으니, 그 마음은 분명하다. 지금 세상에선 모두들 이적이 홀린 것을 비웃지만,

20) 균천(鈞天)은 하늘의 중앙을 가리키며 청도(淸都)는 천제(天帝)의 궁궐로서, 모두 도교에서 말하는 세계이다.

옳고 그름과 받을 것과 줄 것 그리고 따를 것과 버릴 것에 있어 결코 이적과 같지 않을 자가 몇이나 되겠는가? 뒤돌려 자신을 수양하여, 욕심과 이익과 호오(好惡) 때문에 정신을 잃고 못 되돌아오지 않는다면 다행이다. 또 어느 겨를에 적(赤)을 비웃겠는가?

李赤, 江湖浪人也. 嘗曰 : "吾善爲歌詩, 詩類李白." 故自號曰李赤. 遊宣州, 州人舘之. 其友與俱遊者有姻焉. 間累日, 乃從之館. 赤方與婦人言, 其友戱之. 赤曰 : "是媒我也, 吾將娶乎是." 友大駭, 曰 : "足下妻固無恙, 太夫人在堂, 安得有是? 豈狂易病惑耶?" 取絳雪餌之, 赤不肯. 有間, 婦人至, 又與赤言. 卽取巾經其脰, 赤兩手助之, 舌盡出. 其友號而救之, 婦人解其巾走去. 赤怒曰 : "汝無道, 吾將從吾妻, 汝何爲者?" 赤乃就牖間爲書, 輾而圓封之. 又爲書, 博封之. 訖, 如厠. 久, 其友從之, 見赤軒厠抱甕詭笑而側視, 勢且下. 入, 乃倒曳得之. 又大怒曰 : "吾已升堂面吾妻. 吾妻之容, 世固無有, 堂之飾, 宏大富麗, 椒蘭之氣, 油然而起. 顧視汝之世猶溷厠也, 而吾妻之居, 與帝居鈞天、淸都無以異, 若何苦余至此哉?" 然後其友知赤之所遭, 乃厠鬼也. 聚僕謀曰 : "亟去是厠." 遂行宿三十里. 夜, 赤又如厠. 久, 從之, 且復入矣. 持出, 洗其汚, 衆環之以至旦. 去抵他縣, 縣之吏方宴, 赤拜揖跪起無異者. 酒行, 友未及言, 已飮而顧赤, 則已去矣. 走從之. 赤入厠, 擧其牀捍門, 門堅不可入, 其友叫且言之. 衆發牆以入, 赤之面陷不潔者半矣. 又出洗之. 縣之吏更召師巫善呪術者守赤, 赤自若也. 夜半, 守者怠, 皆睡. 及覺, 更呼而求之, 見其足於厠外, 赤死久矣, 獨得尸歸其家. 取其所爲書讀之, 蓋與其母妻訣, 其言辭猶人也.

柳先生曰 : 李赤之傳不誣矣. 是其病心而爲是耶? 抑固有厠鬼耶? 赤之名聞江湖間, 其始爲士, 無以異於人也. 一惑於怪, 而所爲若是, 乃反以世爲溷, 溷爲帝居淸都, 其屬意明白. 今世皆知笑赤之惑也, 及至是非取與向背決不爲赤者, 幾何人耶? 反修而身, 無以欲利好惡遷其神而不返, 則幸矣, 又何暇赤之笑哉?

부판전(蝜蝂傳 : 말똥구리의 전기)[21]

부판(蝜蝂)이라는 놈은 짐을 잘 지는 작은 곤충이다. 다니다가 물건을 만나면 바로 가져다가 머리를 들어 등에 진다. 등이 점점 무거워져 고통이 심해도 그만두지 않는다. 그 등은 매우 껄끄러워 물건이 쌓이면 흩어지지 않아 끝내는 넘어지고 뒤집혀 일어나지 못한다. 사람이 혹 불쌍히 여기어 짐을 치워주지만, 걸을 수 있게 되면 또 전처럼 짐을 챙긴다. 또 높은 곳에 오르기를 좋아하여 힘이 다하도록 그치지 않다가 땅에 떨어져 죽기에 이른다.

오늘날 세상에 챙기기 좋아하는 이는 재물을 만나면 피하지 않고 가산을 늘리는데, 자신에게 누가 됨은 모르고 오로지 재산이 쌓이지 않을까 겁낸다. 지치고 넘어져 쫓겨나고 좌천되니 이미 고통이다. 그러나 만약 일어날 수 있게 되면 또 멈추지 아니한다. 날마다 직위를 높이고 봉록을 증대시킬 것만 생각하며, 욕심이 더욱 심해져 거의 추락할 위험에 근접한다. 예전에 죽은 경우를 보면서도 경계할 줄 모른다. 비록 그 덩치가 큼지막하여 거대한 존재로서 사람이라고 불리지만, 그 지혜는 작은 곤충의 그것이다. 역시 슬퍼할 만한 일이다!

蝜蝂者, 善負小蟲也. 行遇物, 輒持取, 卬其首負之. 背愈重, 雖困劇不止也. 其背甚澀, 物積因不散, 卒躓仆不能起. 人或憐之, 爲去其負. 苟能行, 又持取如故. 又好上高, 極其力不已, 至墜地死.

---

21) 본편은 부판(蝜蝂)이라는 욕심 많은 곤충으로 이록(利祿)만을 추구하는 인간의 행태를 풍자한 글이다. 부판(蝜蝂)은 말똥구리 비슷한 가상의 곤충으로, 등이 껄끄러워 짐을 잘 지는 작은 곤충이다. 『논어』에 '부판자(負版者)'가 보이는데 그 주(注)에서 "나라의 도적(圖籍)을 지니고 다니는 자"라고 하였다. 즉 지적도나 호적의 문서[版]를 짊어지고[負] 다니는 말단 관리를 가리킨다. 유종원은 거기에 '충(虫)'을 더하여 보잘것없는 가상의 곤충으로 개조하였다.

今世之嗜取者, 遇貨不避, 以厚其室, 不知爲已累也, 唯恐其不積. 及其怠而躓也, 黜棄之, 遷徙之, 亦以病矣. 苟能起, 又不艾. 日思高其位, 大其祿, 而貪取滋甚, 以近於危墜, 觀前之死亡不知戒. 雖其形魁然大者也, 其名人也, 而智則小蟲也. 亦足哀夫!

조문흡위도안전(曹文洽韋道安傳 : 조문흡 · 위도안의 전기)[22]

원문 전하지 않음.

22) 본편은 제목만 남아있고 원문은 전하지 않는다. 조문흡은 의성군(義成軍)의 장수로 정원(貞元) 16년에 절도사 요남중(姚南仲)을 무고한 정무영(程務盈)을 죽이고 자살한 인물이다. 또 같은 해에 위도안(韋道安)은 서주(徐州)절도사 장건봉(張建封)이 죽고 군란이 일어나 그 아들 장음(張愔)이 왕명을 거역하자 그를 죽였다. 문집 43권에 「위도안(韋道安)」의 시가 한 수 있다.

제18권 소(騷)

걸교문(乞巧文 : 기교를 구하는 글)[1]

유자(柳子)가 밤에 바깥 정원에서 돌아오는데, 제사상을 차린 이가 있었다. 그녀는 건 죽과 과자가 향기를 날리고, 채소와 과일이 가로세로 나열되고, 통에 꽂인 댓가지가 끈을 드리우고,[2] 수박 조각의 크기가 제각각인 제사상 앞에서, 한편으론 절하며 한편으론 기도하고 있었다. 이상

1) 본편은 자신의 둔함[拙]을 드러내고 세속에 안주하는 기교[巧]를 달라고 비는 글이다. 천손(天孫) 즉 직녀에게 기도하고 또 그의 대답을 듣는 형식으로 되어 있다. 세속에 휩쓸리지 않고 자신의 길을 견지하려는 의지를 표명한 글로서, 세속에 대한 풍자와 질시(疾視)도 잘 드러나 있다. 칠월 칠석은 견우와 직녀가 만나는 날로, 이날 부녀들이 바늘에 실을 끼워 직녀에게 재주를 달라고 기도하는데, 이것을 걸교(乞巧)라고 한다. 거의 전부가 사언구(四言句)로 이루어졌다.

2) 점치기 위해 대나무를 쪼개 끈을 매단 조각을 통에 넣어 제사상에 놓은 상황이다.

하게 여겨 물으니, 하녀가 아뢰었다. "오늘 칠월 칠석은 직녀(織女)가 견우(牽牛)와 만나는 날입니다.[3] 사람을 청해 제사를 바치는 것은, 그녀에게서 기교를 받아, 더디고 둔함을 떨쳐버리고, 손과 눈이 재빠르고 환해져서, 깁고 재봉할 때 마음대로 막히지 않게 되기를 바라서입니다. 이를 위해 기도하는 것입니다."

유자가 말했다. "그런가? 나도 역시 매우 둔한데, 어쩌면 그렇게 해서 떨쳐버릴 수 있겠구나." 그리고는 모자를 쓰고 단임을 묶고서, 걸음을 재촉하여 조심스레 옆으로부터 종종걸음으로 다가서서, 허리를 굽혀 제사 준비를 하고, 재배하고 조아려 신하라 부르며 아뢰었다. "지상의 신하인 제가 듣건대, 천손(天孫)이신 직녀께선 하늘에서 재주가 가장 뛰어나시어, 선기(璇璣)의 네 별을 늘어놓고 별자리를 가로세로 엮어 문채를 만드시고,[4] 황제께선 그 무늬의 예복으로 아래 백성들에게 임하십니다.[5] 저는 당신의 성령(聖靈)하심을 흠숭(欽崇)하고 빛나심을 숭앙(崇仰)한 지 오래되었습니다. 지금 들어 알기에, 천손께선 그 재주를 혼자만 가지시기를 좋아하지 않으시며, 검은 거북의 귀갑(龜甲)으로 점을 치시고는, 장차 석교(石橋)를 건너 천진(天津)에 가시어, 은하수 가에서 신부(神夫)인 견우와 짝이 되어 만나십니다.[6] 좌기성(左旗星)과 우기성(右旗星)이 길을 열고 가운데 있는 별이 빛을 발하며, 신령스러운 기운이 불끈 나타나는 것은, 바로 이 좋은 때입니다. 다행히 걸음을 늦추시어 민간에 가까이 지나시다 저의 이 뜰에 이르신다면, 저의 말씀 들어주십시오. 저는 매우 둔하여, 지혜로운 이도 저를 교화시키지 못하고 의사도 치료하지 못하며, 위엄이 있는 이도 바꾸지 못하고 관대한 이도 용납하지 못합니다. 천지의 도량은 바다

3) 원문의 천녀지손(天女之孫)은 직녀성을 가리키며, 하고(河鼓)는 천고(天鼓)라고도 하며 견우성을 가리킨다.

4) 선기(璇璣)는 별의 이름으로, 북두칠성 중의 손잡이 반대편의 네 별을 가리킨다.

5) 원문의 보불(黼黻)은 고대 예복의 무늬. 여기서는 황제가 입는 예복의 무늬를 이룬다는 의미이다.

6) 천진(天津)은 은하수의 별명, 신부(神夫)는 견우성.

와 산악을 포용하는데, 저의 몸은 작디작은데도 발붙일 곳이 없습니다. 개미는 개밋둑에서 자적(自適)하고 달팽이는 껍질 속에서 쉬며, 거북이 · 자라 · 소라 · 조개들도 모두 숨을 곳이 있습니다. 그런데 저는 만물의 영장인데도 나아가나 물러나나 오직 모욕뿐입니다. 방황하면 미쳤다고 하고 조심하면 아첨한다고 하며, 편안해하면 속인다고 하고 태연하면 부끄러운 데가 있어서라고 합니다. 남들도 몸이 있지만, 그들은 움직이면 언제나 타당하고 남과 어울리면 남들이 웃음으로 대해주며, 넘어져도 좋게 보아줍니다. 제가 존중하고 가깝게 여기는 이에게는 사람들이 화를 냅니다. 어떤 이는 변절하여 형세를 따르고 이익을 노려 빈틈을 뚫습니다. 제 마음이 몹시 증오하는 이를 남들은 기특하다 여깁니다. 증오심을 참고 좋아하는 척하면 듣기 좋은 칭찬이 따라 옵니다. 어찌하여 제 마음을 붙들어 매어 늘 변치 않게 하십니까? 남에게 탓을 돌리고 자신만이 옳다고 하는 이를 저는 두려워한 적이 없습니다. 명예가 떨어지고 목숨이 끊어져도 알아주는 이를 저버리지 않습니다. 어떤 이는 손뼉치고 남을 조롱하니 오만한 듯한데, 귀한 분은 그것을 좋아라고 이를 보이며 웃습니다. 제가 옆에서 보고 놀라 떨지만 그러는 그들은 부끄러워하지도 않습니다. 머리 조아리고 기어다니면서 말은 종잡을 수 없는데, 저는 웅크려 부끄러워하지만, 그러는 그들은 매우 즐거워합니다. 제가 만약 흉내라도 내면 노한 눈길이 제게 모입니다. 그들은 실로 대단한 기교를 지녔는데 저의 둔함은 비할 바가 없습니다. 왕후(王侯)의 문 앞에서 미친듯이 짖어대는 폐안(狴犴)이란 놈 때문에,[7] 저는 백 보 가까이만 가도 숨이 가쁘고 머리에 땀이 나며, 흘겨보다가 되돌아 도망치며 혼비백산합니다. 그러나 신이 난 기교 좋은 자들은 천천히 문안에 들어가 멋대로 헛소리를 합니다. 폐안의 떼거지도 꼬리를 늘어뜨리며 온갖 사나움이 모두 흩어집니다. 세속의 길은 어

7) 폐안(狴犴)은 전설 속의 짐승으로, 용의 자식으로 용이 되지 못한 아홉 자식 가운데 넷째이며, 호랑이의 모습에 위력이 있어 옥문(獄門) 앞에 세워둔다고 한다. 일설에는 광견이라고도 한다.

둡고 험하여 칠흑 속을 걷는 듯하며, 왼쪽은 낮고 오른쪽은 높아 이리저리 부딪히니, 귀신도 겁내고 성인과 지혜로운 이도 위험 속에 떱니다. 그런데도 어떤 이는 스르르 바로 통하며 이르는 곳마다 한결같습니다. 그 무슨 재주로 좌우로 다니며 걱정이 없단 말입니까? 하늘이 빌려주신 것이 아니라면 그 지혜가 어디서 나온 것입니까? 다만 저에게만 인색하시어 항상 모욕당하고 쫓겨나게 하십니까? 어떤 이들은 말도 많고 방자하며 아무렇게나 떠들면서, 남이 좋아하는지 싫어하는지를 미리 알고, 미워하는지 아끼는지를 조용히 헤아려서, 입술 한번 떼면 남의 속마음까지 바로 꿰뚫어 말합니다. 집게로 집은 듯 들러붙어 죽어도 변치 않는다고 맹세합니다. 그리고 심장과 쓸개 속까지 깊이 파악하여, 열심히 뛰며 붙들어둡니다. 그가 비록 물러난 척하지만 어찌 그럴 수 있겠습니까? 다만 천손께선 제 혀만을 묶어, 억눌리고 억울한 사연을 벙어리인 양 말 못하게 하고, 눈이 찢어지게 화가 나고 피가 흘러도 한마디도 못하게 하시니, 어찌하여 부여하시는 것에 이처럼 차별이 있으십니까? 눈부시고 어지럽게 문채(文彩)를 이루고, 자질구레한 말로 대우(對偶)를 이루며, 황(黃)자로 백(白)자에 대구(對句)하고, 새소리가 바람에 날리듯이 소리를 맞춥니다. 네 자(字)와 여섯 자(字)로 짝을 짓고, 생각과 표현은 수놓은 비단과 같으며,[8] 궁조(宮調)로 낮추고 우조(羽調)로 높이니 생황(笙簧)의 소리와도 같습니다. 그래서 보는 이는 즐겁게 춤을 추고, 칭찬의 말은 천둥처럼 울립니다. 그런데도 단지 제 마음만은 가리시어, 낡고 추한 글에 만족하도록 하셨습니다.[9] 어리석고 어둡고 거칠어서, 질박하고 둔하며 말라 썩은 듯한 글을 쓰는 것은, 한 때를 기약하지 않고 유구한 미래를 기다리기 때문입니다.

---

8) 원문의 '변사려육(騈四儷六)'은 4·6언구를 집중적으로 사용하며 대구가 이어짐을 지적한 말로서, 여기에서 이른바 '사륙문(四六文)', '변문(騈文)', '변려문(騈儷文)' 등의 명칭이 생겨났다. 이는 '산문(散文)' 또는 '고문(古文)'과 상대적인 문장 형식을 가리킨다. 당시에는 아직 '사륙문(四六文)', '변문(騈文)', '변려문(騈儷文)'이라는 명칭이 없었다.

9) 자신이 낡고 추한[老醜] 글에 만족하다고 한 것은 자신이 변문 형식을 버리고 고문 형식의 글을 쓴 일에 대한 자부심을 반어적으로 표현한 것이다.

만금을 다 준다고 해도 이 해진 비를 팔지 않을 것입니다.[10] 그러나 무릎 꿇고 호걸에게 보내면, 모두 버려 가지지 않고, 화난 눈을 크게 뜨고 콧등을 찡그리며 침을 뱉고 구역질합니다. 저는 몹시 얼굴이 붉어져 돌아와선 원망하며 고개 숙입니다. 천손께선 기교를 관장하시면서, 저를 이토록 곤궁하게 만드시고, 끝내 제겐 기교를 주지 않으시니, 어찌 그리 혹독하십니까? 감히 바라오니, 성령(聖靈)께서 화를 내리신 것을 후회하시고 저만이 어려움을 당하는 것을 불쌍히 여기시어, 남의 환심을 사는 자태로 저의 뻣뻣한 얼굴과 바꿔주십시오. 제 모난 마음을 갈라내시어 둥글게 고쳐주십시오. 둔한 혀를 빼내시고 말 잘하는 혀를 주십시오. 문사(文辭)는 완곡하고 부드럽게, 발걸음은 가볍고 날래게 만들어 주시고, 이는 풍성하고 아름답게, 눈썹은 곱게 만들어 주십시오. 세속을 따르고 나서지 않아, 세상에서 현명하다 하게 해주십시오. 공(公)·후(侯)·경(卿)·사(士) 및 다섯 나라의 촉장(屬長)과 열 나라의 연수(連帥)들,[11] 그들은 어떤 사람이기에 무궁토록 오래오래 부귀를 누리는 것입니까?"

말을 마치고 다시 재배하여 조아리고 엎드려 기다렸다. 한밤중이 되어도 명령을 받지 못하고, 피곤이 극에 달하여 잠이 들었는데, 꿈속에서 푸른 상의에 붉은 치마를 입고 손에 붉은 부절(符節)을 든 이가 와서 고하는 것이었다. "천손께서 너에게 고하니, 네 말은 심히 고심한 말이다. 네 말뜻은 내가 잘 알고 있다. 너는 네 길을 선택하여 행하는 것으로서, 그들을 미워하여 그들처럼 행하지 않는 것이다. 네가 바라는 것을 네 스스로 기약할 수 있는데, 어찌해서 그렇게 하지 않고 나를 속이려 하는가? 너는 부끄러움을 알아, 아첨의 모습과 헛된 말들은 비록 모욕을 당한다고 하여도 하찮게 여기며, 스스로 타당한 것을 행하고 있다. 마음이 이미

---

10) 해진 비[弊帚]는 자신의 고문(古文)을 낮추어 말한 것이다. 『동관한기(東觀漢紀)』「광무제기(光武帝紀)」에, "집안에 해진 비를, 천금처럼 아낀다[家有弊帚, 享之千金]"는 표현이 있는데, 시원치 않은 물건을 보배로 여긴다는 의미이다.

11) 다섯 나라[國]를 촉(屬)이라 하고 촉에는 장(長)이 있으며, 열 나라[國]를 연(連)이라 하고 연에는 수(帥)가 있다. 크고 작은 제후를 가리킨다.

정해졌는데 어찌해서 망령되이 기도를 하는가? 네 마음을 견지하고 네 원칙을 다짐한다면, 성공하면 대단한 일이고 실패해도 천박하지는 않다. 내가 지닌 것을 감히 너에게 주지는 못한다. 목숨을 바쳐서라도 향상하라. 너는 결코 의심하지 말아라!"

아아! 하늘의 명은 중도에 바꿀 수는 없기에, 흐느끼며 절하고 기꺼이 받으니, 처음에는 슬프더니 뒤에는 기뻤다. 일생동안 둔함을 끌어안고 살다가 죽는다 한들, 그 누가 근심하겠는가!

柳子夜歸自外庭, 有設祠者, 餅餌馨香, 蔬果交羅, 揷竹垂綏, 剖瓜犬牙, 且拜且祈. 怪而問焉. 女隷進曰 : "今茲秋孟七夕, 天女之孫將嬪於河鼓. 邀而祠者, 幸而與之巧, 驅去蹇拙, 手目開利, 組紝縫製, 將無滯於心焉. 爲是禱也."

柳子曰 : "苟然歟? 吾亦有所大拙, 儻可因是以求去之." 乃纓弁束衽, 促武縮氣, 旁趨曲折, 傴僂將事, 再拜稽首稱臣而進曰 : "下土之臣, 竊聞天孫, 專巧于天, 轇轕璇璣, 經緯星辰, 能成文章, 黼黻帝躬, 以臨下民. 欽聖靈、仰光耀之日久矣. 今聞天孫不樂其獨得, 貞卜於玄龜, 將蹈石梁, 款天津, 儷于神夫, 于漢之濱. 兩旗開張, 中星耀芒, 靈氣翕欻, 茲辰之良. 幸而弭節, 薄遊民間, 臨臣之庭, 曲聽臣言 : 臣有大拙, 智所不化, 醫所不攻, 威不能遷, 寬不能容. 乾坤之量, 包含海岳, 臣身甚微, 無所投足. 蟻適于垤, 蝸休于殼. 龜黿螺蚌, 皆有所伏. 臣物之靈, 進退唯辱. 彷徉爲狂, 局束爲諂, 吁吁爲詐, 坦坦爲忝. 他人有身, 動必得宜, 周旋獲笑, 顚倒逢嘻. 已所尊昵, 人或怒之. 變情徇勢, 射利抵巇. 中心甚憎, 爲彼所奇. 忍仇佯喜, 悅譽遷隨. 胡執臣心, 常使不移? 反人是已, 曾不惕疑. 貶名絶命, 不負所知. 抃嘲似傲, 貴者啓齒. 臣旁震驚, 彼且不耻. 叩稽匍匐, 言語譎詭. 令臣縮恧, 彼則大喜. 臣若效之, 瞋怒叢已. 彼誠大巧, 臣拙無比. 王侯之門, 狂吠狴犴. 臣到百步, 喉喘顚汗, 睢盱逆走, 魄遁神叛. 欣欣巧夫, 徐入縱誕. 毛羣掉尾, 百怒一散. 世途昏險, 擬步如漆, 左低右昂, 鬬冒衝突. 鬼神恐悸, 聖智危慄. 泯焉直透, 所至如一. 是獨何工, 縱橫不衂. 非天所假, 彼智焉出? 獨嗇於臣, 恒使玷黜. 沓沓騫騫, 咨口所言. 迎知喜惡, 默則憎憐. 搖唇一發, 徑心中原. 膠如鉗夾, 誓死無遷. 探心扼膽, 踊躍拘牽. 彼雖佯退, 胡可得旃! 獨結臣舌, 喑抑銜冤. 擘眥流血, 一辭莫宣. 胡爲賦授, 有此奇偏? 眩耀爲文, 瑣碎排偶, 抽黃對白, 啽哢飛走. 駢四儷六, 錦心綉口, 宮沉羽振, 笙簧觸手. 觀者舞悅, 誇談雷吼. 獨溺臣心, 使甘老醜. 嚚昏莽鹵, 樸鈍枯朽. 不期一時, 以俟悠久. 旁羅萬金, 不鬻弊帚. 跪呈豪傑, 投棄不有. 眉矉頞蹙, 喙唾胸歐. 大赦而歸, 塡恨低首. 天孫司巧, 而窮臣若是, 卒不余畀, 獨何酷歟? 敢願聖靈悔禍, 矜臣獨艱. 付與姿媚, 易臣頑顏. 鑿臣方心, 規以大圓. 拔去吶舌, 納以工言. 文詞婉軟, 步武輕便. 齒牙饒美, 眉睫增姸. 突梯卷臠, 爲世所賢. 公侯卿士, 五屬十連. 彼獨何人, 多享終天!"

言訖, 又再拜稽首, 俯伏以俟. 至夜半, 不得命, 疲極而睡, 見有靑褏朱裳, 手持絳節而來告曰 : "天孫告汝, 汝詞良苦, 凡汝之言, 吾所極知. 汝擇而行, 嫉彼不爲. 汝之所欲, 汝自可期. 胡不爲之, 而誑我爲! 汝唯知恥, 諂貌淫詞, 寧辱不貴, 自適其宜. 中心已定, 胡妄而祈? 堅汝之心, 密汝所持, 得之爲大, 失不汙卑. 凡吾所有, 不妄汝施, 致命而昇, 汝愼勿疑."

嗚呼! 天之所命, 不可中革. 泣拜欣受, 初悲後懌. 抱拙終身, 以死誰惕!

매시충문(罵尸蟲文: 시충을 욕하는 글) 병서(幷序)[12]

어떤 도사가 말했다. "사람에게는 모두 세 마리의 시충(尸蟲)이 있는데, 그놈들은 배 안에 살면서 사람들의 사소한 실수까지도 장부에 기록한다. 그리고 경신일(庚申日)에 사람이 잠들기를 기다려 빠져나와서 천제(天帝)께 일러바치고 먹을 것을 얻는다. 그 때문에 대다수의 사람들이 벌을 받고 병에 걸리며 요절한다." 그러나 유자(柳子)만은 이 말을 믿지 않고 말했다. "내가 알기로 총명하고 정직한 이가 신이 되는데, 천제는 신 가운데 특출한 존재이다. 그러니 천제는 마땅히 대단히 총명하고 정직할 것이니, 어찌 음험하고 더러운 벌레들과 결탁하여 교활한 짓을 방임하고 속임수를 조장하여 사물에 해를 가하게 하며, 또 먹을 것을 주어 그들이 좋아하게 하겠는가? 그러는 것이 타당하지 않음은 매우 분명하다. 내 생각에, 이 벌레들이 정말 그런 짓을 한다면, 천제께서는 필시 노하여 그들을 죽이고 땅에 던져 그 부류를 없앰으로써, 사람들이 타고난 본성과 명(命)에 안주하며 질병과 재난이 발생하지 않도록 할 것이다. 그래야만 천제인 것이다." 나는 이미 비천한 자리에 있어 천제에게 물을 수는 없으므로 이 벌레를 미워하는 이야기로 글을 지어 매도하고자 한다.

오너라, 시충(尸蟲)아!
네놈은 어찌하여 그 모습을 드러내지 않느냐?
어둡고 으슥한 곳에 숨어들어 사람에게 붙어살면서, 그의 영험함을 해

12) 본편은 시충(尸蟲)의 음험하고 고자질하는 행태를 풍자한 글이다. 시충은 도교에서 말하는 사람 몸 안에 잠복해 있으면서 화를 입히는 벌레로, 실은 세 가지의 기생충을 가리킨다. 단성식(段成式)의 『유양잡조(酉陽雜俎)』의 기록에 의하면, 사람에게는 청고(靑姑)·백고(白姑)·혈고(血姑)의 세 가지 시충이 각기 눈·오장(五臟)·위(胃)에 있다가 경신(庚申)날에 사람의 허물을 천제(天帝)에게 고해 바친다고 한다. 영주사마로 폄적된 후의 글로 보인다. 문장 앞부분은 서문에 해당한다.

치는구나.

고황(膏肓)에 자리 잡아, 더럽고 비루함도 마다하지 않는구나.[13]

숨어 살피고 조용히 들으면서, 사람의 잘못을 유도하는구나.

몰래 장부를 지니고서, 화(禍)의 꼬투리를 만드는구나.

부끄럽고 두려움에 오그라들어서는, 몸 안 험한 곳에 자리를 잡는구나.

모습은 구부러졌고, 바탕은 사악하며,

어짊을 흉한 것으로 여기고, 잘못을 귀한 것으로 여기는구나.

아첨과 무고(誣告)를 자기 일로 삼고,

중정(中正)과 화평(和平)을 죄악으로 삼는구나.

잘 통하고 곧은 길을 걸려 넘어지는 길로 삼으며,

거꾸로 행하고 배반하는 짓을 안일함으로 삼는구나.

아랫사람을 헐뜯고 윗사람을 속이는 것은, 변함없는 네놈의 심술이며,

남의 능력을 질투하여, 그가 실수하기를 기대하는구나.

어둡고 잠든 틈을 이용하여, 곁눈질하여 몰래 나와서는,

천제에게 참언을 바치고는, 서둘러 돌아와 오그리고 있구나.

슬며시 소리도 내지 않아야 그 욕심이 만족되는구나.

네놈 입맛에 맞는 것을 찾으니, 어떻게 남을 동정하겠는가!

저 긴 회충(蛔蟲)은 심장을 상하게 하고, 작은 요충(蟯蟲)은 위장을 구멍 내고는,

밖으로는 가려운 상처를 찾고, 아래로는 치질을 찾으며,

사람의 살 속을 파고들어, 자기의 입맛을 채우는구나.

세상 모두가 화근으로 여기는 것이, 바로 네놈 부류이다.

네놈을 박멸할 훌륭한 의사가, 독을 모아 약을 만드니,

네놈은 남김없이 모두 죽고, 바른 기운이 통할 것이다.

네놈이 비록 교묘한 재주가 있다하나, 소용이 없을 것이다.

---

13) 고(膏)는 심장 아랫부분이고 황(肓)은 심장과 횡경막 사이로, 의약이 미치지 못하는 곳을 가리킨다.

천제께서는 총명하시니, 마땅히 정직함을 좋아하실 것이다.
그러니 어찌 좋은 음식을 상으로 내걸어, 네놈 모함에 응답하겠는가?
야단쳐 구관(九關)에 넘기고, 호랑이와 표범에게 먹이로 줄 것이다.[14]
그러면 아래의 백성들은 춤추며, 천제의 덕에 감사할 것이다.
이것은 당연한 것이니, 네놈에게 그 무슨 이득이 있겠는가!
어서 네놈 생을 정리하고, 서둘러 네놈 정령(精靈)을 소멸시켜라.
욕수(蓐收)가 진노하여,[15] 천둥 번개에게 명하여,
풍도(酆都)에서 네놈을 때려, 네놈 몸을 이리저리 흩어놓고,[16]
천제의 명령을 기다려, 형벌을 가할 것이다.
뭇 사악함이 사라져, 대도(大道)가 분명히 드러나고,
해로운 기운이 영원히 제거되어, 사람의 삶을 살찌우리니,
어찌 성(聖)스럽고 신령스럽지 않겠는가!

아뢰어 비오니,
시충이 쫓겨나고, 화(禍)가 숨을 곳이 사라져, 백성에게 만복이 오게 하옵소서.
오직 천제의 공에 의해서만 큰 복을 받습니다.
시충이 주살되고, 화가 머물 곳이 없어져, 백성이 소생하게 하옵소서.
오직 천제의 덕분으로 만복이 옵니다.
신이 머리 조아려 절하며, 감히 현도(玄都)에 고합니다.[17]

有道士言 : "人皆有尸蟲三, 處腹中, 伺人隱微失誤, 輒籍記. 日庚申, 幸其人之昏睡, 出讒於帝以求饗. 以是人多謫過、疾癘、夭死." 柳子特不

14) 구관(九關)은 전설 속의 아홉 겹 천문(天門)으로, 각 문마다 호표(虎豹)의 간수가 지킨다고 한다.
15) 욕수(蓐收)는 하늘에서 형법을 관장하는 전설 속의 신이다.
16) 풍도(酆都)는 귀신이 일하는 곳으로 지옥을 가리킨다.
17) 현도(玄都)는 옥황상제의 거처로서, 천제(天帝)를 가리킨다.

信曰:"吾聞聰明正直者爲神. 帝, 神之尤者, 其爲聰明正直宜大也, 安有下比陰穢小蟲, 縱其狙詭, 延其變詐, 以害于物, 而又悅之以饗? 其爲不宜也殊甚! 吾意斯蟲若果爲是, 則帝必將怒而戮之, 投于下土, 以殄其類, 俾夫人咸得安其性命而苛慝不作, 然後爲帝也." 余旣處卑, 不得質之于帝, 而嫉斯蟲之說, 爲文而罵之:

來, 尸蟲! 汝曷不自刑其形? 陰幽詭側而寓乎人, 以賊厥靈. 膏肓是處兮, 不擇穢卑; 潛窺默聽兮, 導人爲非; 冥持札牘兮, 搖動禍機; 卑陬拳縮兮, 宅體險微. 以曲爲形, 以邪爲質; 以仁爲凶, 以僭爲吉; 以淫諛諂誣爲族類, 以中正和平爲罪疾; 以通行直遂爲顚蹶, 以逆施反鬬爲安佚. 譖下譆上, 恒其心術, 妬人之能, 幸人之失. 利昏伺睡, 旁睨竊出, 走讒于帝, 遽入自屈. 羃然無聲, 其意乃畢. 求味已口, 胡人之恤! 彼脩蛕恙心, 短蟯穴胃, 外搜疥癘, 下索瘻痔, 侵人肌膚, 爲已得味. 世皆禍之, 則惟汝類. 良醫刮殺, 聚毒攻餌. 旋死無餘, 乃行正氣. 汝雖巧能, 未必爲利. 帝之聰明, 宜好正直, 寧懸嘉饗, 答汝讒慝? 叱付九關, 貽虎豹食. 下民舞蹈, 荷帝之力. 是則宜然, 何利之得! 速收汝之生, 速滅汝之精. 蓐收震怒, 將勑雷霆, 擊汝酆都, 糜爛縱橫. 俟帝之命, 乃施于刑. 羣邪殄夷, 大道顯明, 害氣永革, 厚人之生, 豈不聖且神歟!

祝曰: 尸蟲逐, 禍無所伏, 下民百祿. 惟帝之功, 以受景福. 尸蟲誅, 禍無所廬, 下民其蘇. 惟帝之德, 萬福來符. 臣拜稽首, 敢告于玄都.

참곡궤문(斬曲几文: 굽은 안석을 참하는 글)[18]

천지는 만물을 양육하며 곧은 것을 귀하게 여긴다.[19] 성주(聖主)는 그들을 취하여 나라를 세운다. 연이어 용마루와 앞 기둥으로 삼으며 가지런히 하여 문기둥으로 삼는다. 바깥 모퉁이는 평평하고 바르게 하고 방 가운데는 엄정하게 꾸민다. 또 잘 재어 궤(几)를 만들어 규격의 표준으로 삼는다.[20] 그리고 군자는 그에 의존하여 자신의 덕을 보필(輔弼)한다.

그러나 말년에 이르러 지나치게 기교를 부려 옛날 방식을 본받지 않는다. 굽은 나무를 잘라서 팔과 겨드랑이를 받치게 한다. 비스듬한 형체에 괴이한 모습으로 규격을 왜곡하고 비틀어 놓는다. 모양은 기이하고 괴상하니 표준 규격으로서의 역할도 못한다. 몸체는 꼬부라져 낮고 좁으며 다리는 기울고 측면도 한쪽으로 치우쳤다. 기대어도 불편하고 옆에 끼워도 쉴 수 없다. 내 어찌 이것을 남겨두어 극도로 심란하게 하겠는가!

그 원래의 문제점을 따져보니 재료가 불완전해서이다. 타고난 원기가 중용을 잃고 성장이 완전하지 못해서이다. 자라난 땅은 척박한 언덕이고 추위와 더위도 시절에 어긋났으며, 막혀 껄끄럽고 약해 자주 병이 들어 고생이 심하고, 제대로 성장하지 못하여 처음부터 발육이 잘못되어서이다. 뿌리는 비정상으로 구불구불하고 꼭대기는 오그라들었다. 속에는 좀벌레가 가득히 알을 까고 겉은 괴상하고 속은 메말랐다. 그러나 누군가 미리 손질하여 이 구부러진 재목을 팔았고, 병든 이가 그것을 아껴 기물로 만들어 위안으로 삼았던 것이다. 음풍(陰風)의 독기가 형체를 상해하

---

18) 본편은 구부러진 안석을 배척하며 바르지 못한 것을 경계하는 글이다. 궤(几)는 앉아서 몸을 기대는 탁자이다. 또 제사나 연회 때에 희생을 올려놓는 상도 궤라고 한다. 여기서는 전자를 가리킨다. 본편에 대해 장사교(章士釗)는 환관에 대한 글이라고 하였다.

19) 원문의 후황(后皇)은 후토(后土)와 황천(皇天)으로 천지를 의미한다.

20) 궤(几)는 세 재[尺] 길이의 앉을 때 기대는 상[案]으로 방의 규격을 재는 표준으로서의 역할도 담당한다.

고 이상 기후가 넋을 해쳤으며, 화(禍)의 기운이 골간에 침입하고 음기(淫氣)가 맥락을 변질시켰던 것이다. 본체는 기울고 줄기는 지쳤으며 영양은 조화를 잃고 수액의 순환은 어긋났던 것이다. 그런데도 누군가 이것을 좋아하여 자신에게 알맞다고 했던 것이다. 상서롭지 못한 기물 가운데 이것에 필적할 것은 없다. 그러니 어찌 이를 가까이하여 화를 부르겠는가!

또한 인심이란 몹시 사악하여 굽은 것만을 앞세운다. 굽은 것은 마음에 두면 적(賊)이 되고 입에 두면 허물이 되며, 어깨에 두면 곱사등이가 되고 무릎에 두면 마비를 일으킨다. 곱사등이에 절름발이가 되어 기어다니는 이는 고인들이 모두 멀리 내치고 앞에 내세우지 않았다. 누가 그들의 부류인가? 군자들이 피했던 몹쓸 나무[惡木]와 도둑 샘[盜泉]이다.[21) 또 묵자가 조가(朝歌)에 이르러 수레를 되돌렸음은 책에 기록된 바이다.[22) 또 연(燕)의 소왕(昭王)이 죽은 말의 뼈를 사들이자 악의(樂毅)가 연으로 귀순하였다.[23) 지금 나는 이 굽은 안석을 부셔 옛 현인의 출현을 기대한다. 아첨은 마땅히 경계하고 바르고 곧음은 마땅히 선양해야 한다. 도(道)는 그로써 달성되고 법은 그로써 전파된다. 애석하다, 군자여! 어찌하여 노력하지 않는가! 조화롭고 또 평안하니 하늘의 도움을 얻으리라. 사악함의 제거는 미미한 것에 있으니, 전해오는 미덕을 신중히 보전하리다.

---

21) 곧은 선비는 더워도 몹쓸 나무[惡木]의 그늘에서는 쉬지 않았으며, 공자는 목이 말라도 이름이 도천(盜泉)인 샘의 물은 그 이름이 나쁘다하여 마시지 않았다.

22) 조가(朝歌)는 은(殷)의 도읍지로 하남성 탕음(湯陰)현 남쪽이다. 주(紂)왕이 조가(朝歌)라는 음악을 만들었는데, 묵자는 아침에 노래를 부르는 것은 잘못이라며 같은 이름의 은나라 도읍지 조가에 이르러 수레를 돌렸다는 기록이 추양(鄒陽)의 「옥중상양왕서(獄中上梁王書)」에 보인다. 같은 글에 증자는 승모(勝母)라는 이름의 고을에 들어가지 않았다고 하였다. 모두 부도덕한 명칭을 피한 예이다.

23) 연(燕)의 소왕이 현인을 등용하여 제(齊)에게 복수하려 하자 곽외(郭隗)가 소왕에게 현인을 얻는 이치를 일깨운 이야기에서 유래된 전고이다. 곽외는 소왕에게 천리마를 원하는 임금에게 비싼 값에 죽은 천리마의 뼈를 사다 바치자 그 소식에 천리마를 세 마리나 구할 수 있었다고 이야기하였고, 소왕은 그 말의 이치를 깨달아 곽외를 중용하였다. 그러자 악의가 위에서, 추연(鄒衍)이 제에서 그리고 극신(劇辛)이 조(趙)에서 연으로 왔다. 『전국책』「연책」에 그 기록이 보인다.

后皇植物, 所貴乎直. 聖主取焉, 以建家國. 亘爲棟楹, 齊爲閫閾. 外隅平端, 中堂謹飭. 度焉以几, 維量之則. 君子憑之, 以輔其德.

末代淫巧, 不師古式. 斷茲揉木, 以限肘腋. 欹形詭狀, 曲程詐力. 制類奇邪, 用絶繩墨. 勾身陋狹, 危足僻側. 支不得舒, 脅不遑息. 余胡斯蓄, 以亂人極!

追咎厥始, 惟物之殘. 稟氣失中, 遭生不完. 託地墝埆, 反時燠寒. 鬱悶結澀, 癃蹇艱難. 不可以遂, 遂虧其端. 離奇詰屈, 縮恧巑岏. 含蝎孕蠹, 外邪中乾. 或因先容, 以售其蟠. 病夫甘焉, 制器以安. 彼風毒敗形, 陰沴遷魄. 禍氣侵骨, 淫神化脈. 體仄筋倦, 滎乖衛逆. 乃喜茲物, 以爲已適. 器之不祥, 莫是爲敵. 烏可昵近, 以招禍癖.

且人道甚惡, 惟曲爲先. 在心爲賊, 在口爲愆. 在肩爲僂, 在膝爲攣. 戚施踦跂, 匍匐拘拳. 古皆斥遠, 莫致於前. 問誰其類, 惡木盜泉. 朝歌回車, 簡牘載焉. 昭王市骨, 樂毅歸燕. 今我斬此, 以希古賢. 諂諛宜惕, 正直宜宣. 道焉是達, 法焉是專. 咨爾君子, 曷不乾乾! 旣和且平, 獲祐于天. 去惡在微, 愼保其傳.

유복사문(宥蝮蛇文: 복사를 용서하는 글) 병서(幷序)[24]

집안의 하인 하나가 뱀을 잘 잡았는데, 아침에 뱀 한 마리를 가지고 와 아뢰었다. "이 뱀은 복사(蝮蛇)라고 하는데, 사람을 물면 낫지 않고 죽

24) 본편은 남을 해치는 본성의 복사를 용서하는 글로, 이를 통해 어쩔 수 없는 소인배에 대한 자신의 생각을 반어적으로 표하였다. 복사(蝮蛇)는 독사의 일종으로 남방에서 난다. 살모사를 가리키기도 한다. 서문인 첫 단락 외에는 대부분을 사언구(四言句)로 썼으며 소체(騷體)에 속하는 글이다. 영주 시기에 쓴 것이다.

습니다. 또 사람 낌새를 잘 알아 기침소리나 걸음소리를 들으면 독을 참지 못하고 재빨리 교묘하게 물어 마구 해를 끼칩니다. 그런데 간혹 사람을 해친 것이 흡족하지 않으면 더욱 화를 내어, 초목을 깨물어 초목이 바로 죽어버리는데, 뒷사람이 그 죽은 줄기를 건드리면 손가락이 떨어지고 팔이 마비되고 다리가 부어 장애인이 됩니다. 꼭 죽여야지 살려두어선 아니 됩니다." 내가 "너는 그놈을 어디에서 잡았느냐?"고 물으니, "덤불에서 잡았습니다" 하고 답했다. "덤불에서 이런 놈들을 다 잡을 수 있느냐?"고 물으니, "불가능합니다. 그 부류가 매우 많습니다" 하고 답하였다. 내가 하인에게 일렀다. "그놈은 덤불 속에 살고 너는 집안에 사는데, 그놈이 네게 접근한 것이 아니고 네가 그놈에게 접근하여, 그놈을 건드려 죽자고 싸워 잡아서는 내게 가져왔다. 너는 실로 건장하고 또 모험적이어서 가벼이 그놈에게 접근하였다. 그러나 그놈을 죽인다면 너는 더욱 사나운 자가 된다. 저들 밭 갈아 수확하는 자들과 풀 베는 자들은 모두 그 마을의 토착민으로, 그에 방비하는 방법을 알고 들어가 쟁기와 채찍과 낫을 들고 두드려 그 해를 멀리한다. 너는 지금 덤불에서 구할 것이 있는 처지도 아니며, 자기 거처의 빈틈을 없애고 뜰을 정리하며, 숲 깊이 가지도 않고 어두운 곳을 걷지도 않으니, 그놈이 어떻게 너를 해칠 수 있겠느냐? 또 그놈이 그 꼴을 좋아해서 그리 된 것이 아니다. 조물주가 모습을 주고 음양이 기운을 주어, 그 모습이 몹시 괴벽하고 그 기운이 매우 독한 것이다. 그러니 그렇지 않으려고 한들 불가능한 것이다. 단지 불쌍한 놈일 뿐이니, 또 그 누가 그놈을 단죄하고 화를 낼 수 있겠느냐? 죽이지 마라." 나는 이 뱀이 부득이하여 그리 된 점을 불쌍히 여겨 그 등을 두드리고 훈시하여 용서하였다. 그 글은 다음과 같다.

나는 슬퍼한다. 하늘이 네게 몸을 주면서,
날개를 없애고 다리를 잘라, 스스로를 지탱할 수 없게 만들고,
척추를 구부리고 옆구리를 구부려, 오직 구불구불 다닐 수밖에 없게

만든 것을.

눈은 벌과 전갈과 같고, 색깔은 진흙길에 어울리며,
목은 오그라들고, 배는 꿈틀댈 뿐이며,
겹쳐진 코에 갈고리 이빨을 하고, 구멍에서 나와 덤불에서 사는구나.
노기를 품고 또아리를 틀고, 독을 머금고 내달리며,
사물을 해칠 뜻을 지니고서, 몰래 질투하고 속임수를 감추는구나.
네가 타고난 것이 그러하니,
개구리나 지렁이가 되려한들, 어찌 그것이 가능하겠는가?
너의 못된 짓은, 그것을 좋아해서가 아니라,
형체와 본성이 그리 만든 것이니, 자기 스스로 멈출 수가 없다.
풀이 흔들리고 바람이 움직이면, 온갖 독이 일제히 발동하여,
머리를 구부리고 몸을 뻗고는, 혀를 날름거리고 꼬리를 흔든다.
너는 못된 짓을 못하면, 자신을 탓하니,
세상에선 모두가 미워하며 마음을 떨어도, 나만은 너를 불쌍히 여긴다.
나는 장차 내 뜰의 풀을 베고, 기둥을 수선하며 담을 막고, 빗장을 단단히 걸어,
잡초가 자라지 않고, 구멍이 생기지 않게 할 것이다.
너와는 길이 다르니, 다투지 않겠다.
네가 악하다 한들, 어떻게 내게 통할 수 있겠느냐?

아아! 조물주는 얼마나 어질지 못하기에, 네 본바탕을 그리 묘하게 만드셨는가?
이미 그렇게 부여받았으니, 남을 해치지 않을 수 있겠는가?
무고한 이를 해치는 것이, 오직 너의 본질이다.
음양이 어그러져, 너에게 분노와 미움을 주었다.
내가 어찌 너를 탓하여, 창질하고 채찍질하겠는가?
너를 들에 놓아줄 터이니, 스스로 끝마침을 잘 하여라.

저 나무하는 아이가 낫을 들고, 농부가 쟁기를 들고 일하다가,
불행히 너와 마주치면, 해를 없애려고 할 터이고,
남은 힘으로 한번 휘두름에도, 살이 문드러질 것이다.
내가 비록 너를 살려주어, 실로 그 은혜가 큰들,
다른 이는 생각이 다르니, 누가 네 죄를 용서하겠는가?
형체가 변하지 않으니, 속마음이 어찌 뉘우치겠는가?
아아, 슬프다! 너는 필히 죽으리라.
독이 있는데도 모른 체하고, 오히려 안으로 용납한다.
지금은 비록 관대히 대하지만, 후일에는 누가 용서하랴?
음양(陰陽)일 뿐이고, 조화(造化)일 뿐이니,
도(道)는 어디에 있는가? 슬퍼하지 않을 수 있겠는가!

家有僮, 善執蛇. 晨持一蛇來謁曰 : "是謂蝮蛇. 犯於人, 死不治. 又善伺人, 聞人咳喘步驟, 輒不勝其毒, 捷取巧噬肆其害. 然或慊不得於人, 則愈怒, 反齧草木, 草木立死. 後人來觸死莖, 猶墮指、攣腕、腫足, 爲瘉病. 必殺之, 是不可留." 余曰 : "汝惡得之?" 曰 : "得之榛中." 曰 : "榛中若是者可旣乎?" 曰 : "不可, 其類甚博." 余謂僮曰 : "彼居榛中, 汝居宮內, 彼不汝卽, 而汝卽彼, 犯而鬭死以執而謁者, 汝實健且險, 以輕近是物. 然而殺之, 汝益暴矣. 彼耕穫者、求薪蘇者, 皆土其鄉, 知防而入焉, 執耒、操鞭、持芟, 扑以遠其害. 汝今非有求於榛者也, 密汝居, 易汝庭, 不凌奧, 不步闇, 是惡能得而害汝? 且彼非樂爲此態也, 造物者賦之形, 陰與陽命之氣, 形甚怪僻, 氣甚禍賊, 雖欲不爲是不可得也. 是獨可悲憐者, 又孰能罪而加怒焉? 汝勿殺也." 余悲其不得已而所爲若是, 叩其脊, 諭而宥之. 其辭曰 :

吾悲乎天形汝軀, 絶翼去足, 無以自扶, 曲膂屈脅, 惟行之紆. 目兼蜂蠆, 色混泥塗, 其頭蹙恧, 其腹次且, 褰鼻鉤牙, 穴出榛居. 蓄怒而蟠, 銜毒而趨, 志蘄害物, 陰妬潛狙. 汝之禀受若是, 雖欲爲黿爲蟥, 焉可得已? 凡汝之爲惡, 非樂乎此, 緣形役性, 不可自止. 草搖風動, 百毒齊起, 首拳脊努, 呥舌搖尾. 不逞其凶, 若病乎已. 世皆寒心, 我獨悲爾. 吾將薙吾庭, 葺吾楹, 窒吾垣, 嚴吾扃, 俾奧草不植, 而穴隙不萌. 與汝異途, 不相交爭. 雖汝之惡, 焉得而行?

嘻! 造物者胡甚不仁, 而巧成汝質. 旣稟乎此, 能無危物? 賊害無辜, 惟汝之實. 陰陽爲戾, 假汝忿疾. 余胡汝尤, 是戮是抶. 宥汝于野, 自求終吉. 彼樵豎持芟, 農夫執耒, 不幸而遇, 將除其害, 餘力一揮, 應手糜碎. 我雖汝活, 其惠實大. 他人異心, 誰釋汝罪? 形旣不化, 中焉能悔? 嗚呼悲乎! 汝必死乎! 毒而不知, 反訟其內. 今雖寬焉, 後則誰賚? 陰陽爾, 造化爾, 道烏乎在? 可不悲歟!

증왕손문(憎王孫文: 왕손 원숭이를 증오하는 글)[25]

원(猨)과 왕손(王孫)은 다른 산에 살며 품성도 달라 서로 어울리지 못한다. 원(猨)의 품성은 조용하고 변함이 없고, 어질고 겸양하며 효성스럽고 자애롭다. 같이 있을 때는 서로 아끼며 먹을 때는 서로 양보하고, 다닐 때는 줄을 지어 다니며 마실 때도 질서가 있다. 불행히도 흩어지게 되면

25) 본편은 원숭이의 한 부류인 왕손(王孫)에 대한 증오심을 토로한 글인데, 각기 원숭이의 한 부류인 원(猨)과 왕손(王孫)으로 군자와 소인을 비유하고, 군자가 소인을 물리쳐 줄 것을 기원하였다. 왕손이라는 원숭이는 후한 때의 왕연수(王延壽)가 쓴 「왕손부(王孫賦)」에 의하면, "얼굴은 노인 같고 몸은 어린아이 같다"고 한다. 체격이 작은 원숭이의 일종이다. 본문에서 이 왕손과 대비되는 원(猨)은 원(猿)이라고도 하며 체격이 비교적 크고 팔다리가 긴 원숭이의 일종이다. 후일 유종원이 참여한 정치집단을 부정적으로 보는 논자는, 유종원이 왕숙문(王叔文)을 따르다가 폄적된 것이 왕손(王孫)을 따름으로써 스스로 초래한 결과라고 비판한다. 제목 아래에 병서(幷序)의 표기를 하지 않았으나 실제로는 본문의 앞부분이 서문에 해당한다.

애처롭게 울며, 어려움을 당하면 어린 것들을 보호한다. 농작물을 밟지 않으며, 과실이 익지 않았을 때는 조심스럽게 간수하고, 익은 후에는 모두 불러 모은 연후에 같이 먹는데, 그 모습이 화기에 넘친다. 산에서 작은 초목을 만나면 필히 돌아서 다녀 초목이 잘 자라도록 한다. 그래서 원이 사는 산은 늘 울창하다. 왕손(王孫)의 품성은 조급하고 소란스러우며 화를 내 싸워대고 큰소리 질러대며, 꽥꽥대며 쫓고 쫓기며 비록 무리를 짓기는 해도 서로 적대적이다. 먹을 때는 서로 물어뜯고 다닐 때는 줄이 없으며, 마실 때도 무질서하다. 흩어져도 개의치 않고, 어려움을 만나면 어린것들을 밀어버려 화를 모면한다. 농작물을 마구 밟으며, 지나간 자리는 낭자하고 짓눌린다. 과실이 익기 전에 물어뜯고 던져버리며, 사람의 음식을 훔치고 모두들 자기의 협낭(頰囊) 안을 채울 줄만 안다.[26] 산에서 작은 초목을 만나면 필히 뭉개고 꺾어 잡아당겨 시들어버리게 하고야 만다. 그래서 왕손이 사는 산은 늘 쑥대밭 같다. 이 때문에 원이 많을 때는 왕손을 몰아낸다. 그러나 왕손이 많을 때는 원을 물어대는데, 원은 포기하고 물러나서 끝내 그들과 맞서지 않는다. 그러니 만물 가운데 심히 가증스럽기가 왕손만한 놈이 없다. 나는 산간에 버려진 지 오래되어, 그 행동이 그런 것을 보았기에 「증왕손문(憎王孫文)」을 짓는다.

상수(湘水)는 유유히 흐르고,
상류에는 산들도 많다.
어찌하여 이 산은 울창한데 저 산은 파리한가?
선하고 악한 부류가 달리 살기 때문이다.
악한 것은 왕손이고 선한 것은 원으로,
후자는 돌아서 다녀 초목을 보존하고 전자는 사납게 훼손할 뿐이다.
왕손이여, 몹시도 가증스럽구나!

---

26) 원숭이는 볼 안에 겸(嗛), 즉 협낭(頰囊)이 있어 그 안에 먹을 것을 일시 저장해둔다.

아, 산의 신령이여,
어찌해서 처치하지 않으시는가?
날뛰고 소란 떨며,
눈 부라리고 이빨을 드러내고,
밖으로는 사물을 해치고,
안으로는 떼를 지어 싸워댄다.
선한 자를 공격해 몰아내며,
시끄럽게 소란을 떨고 어지럽게 흩어진다.
백성의 음식을 훔쳐서는,
독차지하고 나눠주지 않는다.
협낭(頰囊)을 채우고 배를 불리며,
교만하고 오만하게 날뛴다.
고운 꽃과 멋진 나무 크고 우거졌다가도,
떼를 지어 물어뜯으니 줄기와 뿌리도 고사한다.
성장 막고 열매 망치며 더욱 성내고 떠들어대니,
주민은 고통으로 원망하며 하늘 향해 외친다.
왕손이여, 너무도 가증스럽다!
아, 산의 신령이여,
어찌하여 듣지 못하시는가?

원은 어질어서,
쫓겨나도 따지지 않으며,
물러나선 자적하며,
오로지 미덕만을 본받는다.
비렴(飛廉)과 악래(惡來)가 결탁하니 성인이 갇혔었고,[27)]

---

27) 비렴(飛廉)과 악래(惡來)는 부자지간으로 주(紂)임금의 혹리(酷吏)로 힘이 세고 참소를 잘했다. 무왕이 주를 정벌할 때 피살되었다. 성인으로 추앙되는 문왕(文王)은 일찍이 주

우(禹)와 직(稷)이 합심하니 악인들이 벌을 받았다.[28]
뭇 소인배가 득세하면 군자가 쫓겨나고,
대인(大人)이 모이면 악인들은 남지 않는다.
선과 악은 같은 곳에 있지 못하고,
악운과 행운은 그 성쇠(盛衰)의 조짐을 보인다.[29]
약자와 강자의 처지는 본디 그러하며,
그것이 화와 복의 추이이다.
왕손은 너무도 가증스럽다!
아, 산의 신령이여,
어찌하여 한가히 계시는가?

猨、王孫居異山, 德異性, 不能相容. 猨之德靜以恒, 類仁讓孝慈. 居相愛, 食相先, 行有列, 飮有序. 不幸乖離, 則其鳴哀. 有難, 則內其柔弱者. 不踐稼蔬. 木實未熟, 相與視之謹; 旣熟, 嘯呼羣萃, 然後食, 衎衎焉. 山之小草木, 必環而行遂其植. 故猿之居山恒鬱然. 王孫之德躁以囂, 勃諍號呶, 唶唶彊彊, 雖羣不相善也. 食相噬齧, 行無列, 飮無序. 乖離而不思. 有難, 推其柔弱者以免. 好踐稼蔬, 所過狼藉披攘. 木實未熟, 輒齕齩投注. 竊取人食, 皆知自實其嗛. 山之小草木, 必凌挫折挽, 使之瘁然後已. 故王孫之居山恒蒿然. 以是猨羣衆則逐王孫, 王孫羣衆亦齚猿. 猨棄去, 終不與抗. 然則物之甚可憎, 莫王孫若也. 余棄山間久, 見其趍如是, 作憎王孫云 :

(紂)에 의해 유리(羑里) 즉 지금의 하남성 탕음(湯陰)현에서 갇혔었다.

28) 우(禹)와 직(稷)은 순(舜)에 의해 요(堯)임금에게 추천된 현신(賢臣)으로, 둘이 합심하여 혼돈(混沌) · 궁기(窮奇) · 도올(檮杌) · 도철(饕餮)의 네 악한을 쫓아냈다. 직(稷)은 후직(后稷)이라고도 하며 농업을 관장하며 백성에게 농사를 가르친 인물이다.

29) 원문의 비(否)와 태(泰)는 각기 괘(卦)의 이름으로 각기 악운과 행운 또는 쇠함과 성함을 의미한다. 본 구절은 행운과 불행 또는 성함과 쇠함은 공존하지 못하고 각기 그 시기가 있음을 의미한다.

湘水之潋潋兮，其上羣山. 胡茲鬱其彼瘁兮，善惡異居其間. 惡者王孫兮善者猨，環行遂植兮止暴殘. 王孫兮甚可憎! 噫，山之靈兮，胡不賊旃? 跳踉叫囂兮，衝目宣齗. 外以敗物兮，內以爭羣. 排鬭善類兮，譁駭披紛. 盜取民食兮，私己不分. 充嗛果腹兮，驕傲驩欣. 嘉華美木兮碩而繁，羣披競齧兮枯株根. 毀成敗實兮更怒喧，居民怨苦兮號穹旻. 王孫兮甚可憎! 噫，山之靈兮，胡獨不聞?

猨之仁兮，受逐不校. 退優游兮，惟德是傚. 廉、來同兮聖囚，禹、稷合兮凶誅. 羣小遂兮君子違，大人聚兮孽無餘. 善與惡不同鄉兮，否泰既兆其盈虛. 伊細大之固然兮，乃禍福之攸趨趍. 王孫兮甚可憎! 噫，山之靈兮，胡逸而居?

축필방문(逐畢方文: 필방을 내쫓는 글) 병서(幷序)[30)]

영주(永州)의 원화(元和) 7년 여름은 화재가 많았다. 하루 밤낮에 수십 차례나 발생했고 적을 때도 대여섯 차례는 발생했는데, 세 달이 지나서야 멈췄다. 8년 여름에도 또 그랬다. 그리하여 사람들에게 안전한 거처가 없었으며 노약자들은 불에 타죽었다. 아침에도 감히 아궁이에 불을 지피지 못하고 밤에도 촛불을 켜지 못하고서, 모두들 옥상에 줄지어 앉아서 좌우를 감시하느라 쉬지도 못하였다. 아마도 불을 내는 어떤 존재가 있는 듯했다. 그리고 유언비어가 나돌아 모두 두려워하며 괴조(怪鳥)가 있다고 하였으나 아무도 그 모습을 말하지는 못했다. 『산해경(山海經)』의 기

30) 본편은 불길한 새인 필방을 몰아내는 글이다. 필방(畢方)은 『산해경(山海經)』에 등장하는 일종의 새로 화재를 불러오는 불길한 존재이다. 작자가 영주에서 지내던 원화(元和) 8년(813)에 쓴 것이다.

록에, “장아산(章莪山)에 학같이 생긴 새가 사는데, 다리는 하나이고 붉은 무늬에 흰 부리를 하였고 이름은 필방(畢方)이라고 한다. 이 새가 나타나면 그 마을에는 괴이한 화재가 발생한다”고 하였다. 지금 발생하는 화재는 괴이한 화재라고 할 수 있을 것이다. 그리고 사람들이 불을 낸다고 전하는 새가 필방일 것이다. 이에 마을 가운데에서 그 모습을 그려놓고 기도하고서 찢어버리고는 글을 지어 쫓아낸다.

천지(天地)의 신령은 사람을 보호하시어,
황공하게도 여러 가지 목재를 내려주신다.
큰 목재는 동량(棟樑)이 되고,
작은 것은 잡초를 가린다.
그로써 각기 좋은 집을 지어 살며,
때로는 열고 때로는 닫는다.
그를 사용하여 불을 피워서는,
음식물을 익히고 재물을 만든다.
그런데 지금 어찌하여 그리 사나워져서,
하루에도 열 차례나 타올라 화재를 내는가?
아침에 정돈하여 오래 보존하려는데,
저녁이면 깡그리 타 재가 된다.
쇠약한 노인을 태워 상해하고,
어린이도 태워 죽인다.
울부짖으며 이리 뛰고 저리 뛰며,
집집마다 놀라고 사람마다 슬퍼한다.
소매 걷어붙인 이들이 미친 듯 내달리며,
이리저리 정신없이 불을 끄러 오고간다.
거센 불길 옆으로 휘날리며,
시꺼먼 재와 뒤섞인다.

백성들은 숨도 편히 못 쉬고,
나자빠지고 엎어진다.
그저 밥 짓기 멈추고 등불도 끈 채로,
옆으로 엎드려 재에다 음식 익힌다.
문도 용마루도 시꺼멓게 그을렸으니,
열어보곤 그대로 돌아선다.
마치 하늘이 무너지고,
귀신이 나타난 곳 같다.
화재의 소식 어긋남이 없으니,
온 지역이 두려움에 휩싸인다.
우(禹)임금의 책을 찾아보니,[31]
필방(畢方)이 술수를 부린다고 한다.

아아, 너 필방이여,
어찌하여 멋대로 구는가?
하늘은 실로 총명하시니,
이 땅의 백성을 염려하신다.
하늘이 아끼시는 이들에게 재난을 내렸으니,
죽을 것이 분명하다.
몸을 숨기고서 독기를 뿜었으니,
음험한 속임수이다.
네가 지금 징벌되지 않는다 해도,
숱한 고소장이 모두 이를 것이다.
하늘께선 이에 진노하시어,
너희를 모두 전멸시키시리라.

31) 우임금이 지었다는 『산해경』을 가리킨다.

축융(祝融)은 화를 끼친 것을 회개하였고,
회록(回祿)도 화기를 감추었다.[32]
또 달[月]이 위세를 부리자,
현명(玄冥)께서 처리하셨다.[33]
네가 비록 붉은 무늬를 지니고,
외다리를 가지고,
마음껏 재주를 부린다지만,
아무도 너를 죽음에서 구하지 않으리라.
똑똑하다면 어서 사라지고,
어리석은 짓은 여기에서 그쳐라.
높이 올라 훨훨 날아,
멀리 숨어 다치지 말지어다.
바다의 남쪽은 하늘의 변두리이니,
너는 그곳에서 여유롭게 생을 마칠 수 있으리라.
하늘은 화내시지 않으시어 너는 평생 편안하리니,
날이 좋은 오늘 속히 떠나라.
어서어서 서두르라, 서둘러 명을 따르라!

永州元和七年夏, 多火災. 日夜數十發, 少尙五六發, 過三月乃止. 八年夏, 又如之. 人咸無安處, 老弱燔死, 晨不爨, 夜不燭, 皆列坐屋上, 左右視, 罷不得休. 蓋類物爲之者. 訛言相驚, 云有怪鳥, 莫實其狀. 山海經云 : 章莪之山, 有鳥如鶴, 一足, 赤文白喙, 其名曰畢方, 見則其邑有譌火. 若今火者, 其可謂譌歟? 而人有以鳥傳者, 其畢方歟? 遂邑中狀而圖之, 禳而磔之, 爲之文而逐之 :

后皇庇人兮, 敬授羣材. 大施棟宇兮, 小蔽草萊. 各有攸宅兮, 時闔而

32) 축융(祝融)과 회록(回祿)은 모두 불[火]의 신이며, 화재를 의미하기도 한다.
33) 현명(玄冥)은 태음 즉 달[月]의 신이다.

開. 火炎爲用兮, 化食生財. 胡今玆之怪戾兮, 日十爇而窮災. 朝儲淸以聯邃兮, 夕蕩覆而爲灰. 焚傷羸老兮, 炭死童孩. 叫號譟突兮, 戶駭人哀. 袒夫狂走兮, 倏忽往來. 鬱攸孽暴兮, 混合㤥台. 民氣不舒兮, 僵踣顚頹. 休炊息燎兮, 側伏煨煤. 門甍晦黑兮, 啓伺姦回. 若墜之天兮, 若生之鬼. 令行不訛兮, 國恐盍已. 問之禹書, 畢方是祟.

嗟爾畢方兮, 胡肆其志? 皇亶聰明兮, 念此下地. 災皇所愛兮, 僇死無貳. 幽形扇毒兮, 陰險詭異. 汝今不懲兮, 衆懟咸至. 皇斯震怒兮, 殄絶汝類. 祝融悔禍兮, 回祿屛氣. 太陰施威兮, 玄冥行事. 汝雖赤其文, 隻其趾, 逞工衒巧, 莫救汝死. 黠知亟去兮, 愚乃止此. 高飛兮翶翔, 遠伏兮無傷. 海之南兮天之裔, 汝優游兮可卒歲. 皇不怒兮永汝世, 日之良兮今速逝. 急急如律令!

변복신문(辨伏神文: 복신 분별의 글) 병서(幷序)[34]

나는 뱃속이 뭉치고 가슴이 뛰어 의사를 찾아가 그에게 보였다. 의사는, "복신(伏神)만이 맞는 약이요"하고 말했다. 다음날 시장에서 사다가 달여 먹었으나 병이 심해졌다. 의사를 불러 그린 된 것을 탓하니, 의사는 그 약의 찌꺼기를 보고 말했다. "아이쿠! 온통 오래된 토란이군요. 저 약장수가 손님을 속여 팔았군요. 손님이 멍청하면서 거꾸로 저를 탓하시니 잘못이 아니십니까?" 나는 놀라 바라보며 부끄러웠고 한숨이 나오게 걱정스러웠다.[35] 이런 일로 미루어 볼 때, 토란을 팔아 남에게 병을 주는 일이 많을

34) 본편은 가짜 약재의 해악을 서술하며 신중한 변별을 다짐하는 글이다. 복신(伏神)은 한약재의 일종으로 복신(茯神) 또는 복령(茯苓)이라고도 한다.

35) 원문 '수연(戍然)'의 '수(戍)'를 혹자는 '활연(䀨然)'의 '활(䀨)'을 줄여 '월(戉)'로 쓰면서

것이나, 그 누가 변별하겠는가! 그 일을 늘어놓아 시를 짓는다.

복신은 신통스러우니,
약 중의 양약(良藥)이다.
마음을 즐겁게 하고 간을 편하게 하니,
정신이 평온해지고 생각이 안정된다.
체하고 뭉친 것을 풀고,
음양을 조절하여 조화시킨다.
마음을 편안하게 하고 유쾌하게 하여,
정상상태로 돌이킨다.
가슴속이 통하고 음양이 어울리면,
사악한 기운이 사라진다.
군자는 그것을 먹으면,
즐거움이 넘쳐난다,
나는 몸조리에 태만하여,
혈기가 막혔었다.
잔을 엎은 듯 뭉친 것이 커지고,
뛰는 가슴은 멈추지 않았다.
의사가 나를 인도하여,
그것을 구해 복용하라 했다.
시장에 사러 가서,
기쁜 마음으로 구해왔다.
닦은 후에 불 피워 달여서는,
오직 이 약의 효력만을 믿었는데,
오히려 내 병을 악화시켜,

잘못 쓴 것으로 보았다. '활연(䀨然)'은 놀라 바라보는 모습을 가리킨다. 이 설을 따른다.

심란하고 가슴이 막혔었다.
나는 증상에 놀라,
의사를 찾아가 탓하였다.
의사는 찌꺼기 찾아 살펴보더니,
비웃고 탄식한다.
의사의 말, "어찌 그리 우매하시오?
이것은 토란이요.
지저분한 곳에서 자라는데,
습지에서 더욱 잘 자랍니다.
타고난 기운이 완고하고 어리석고,
못되고 별나며 비뚤고 바르지 못합니다.
여러 해를 지나면,
늙어가며 기이한 모습을 하며,
물 아래 땅속에 뿌리를 묻고,
메뚜기 새끼와 개미 알과 섞이니,
불행히 배 안에 넣는다면,
고질병이 생겨나는 것이 당연하지요."
농부가 해칠 양으로,
그것으로 나를 속였다.
살을 깎아내어 모양을 바꾸었으니,
보는 사람 의심하지 않았다.
안은 비고 푸석거리고,
겉은 반들거리고 평평했다.
잘못하여 약으로 먹었다가,
생명 또한 위태로웠다.
이번에는 되돌릴 수 없으나,
후에는 신중히 살피리다.

아아! 물건에는 본래 가짜가 많은데,
아는 이는 드물다.
잘 살피지 않으면,
복을 찾다 화를 당한다.
서문 쓰고 시를 지어,
후인이 깨닫기를 바란다.

余病痞且悸, 謁醫視之. 曰: "唯伏神爲宜." 明日, 買諸市, 烹而餌之, 病加甚. 召醫而尤其故, 醫求觀其滓. 曰: "吁! 盡老芋也. 彼鬻藥者欺子而獲售. 子之懵也, 而反尤於余, 不以過乎?" 余戍然慙, 愾然憂. 推是類也以往, 則世之以芋自售而病乎人者衆矣, 又誰辨焉! 申以詞云:

伏神之神兮, 惟餌之良. 愉心舒肝兮, 魂平志康. 敺開滯結兮, 調護柔剛. 和寧悅懌兮, 復彼恒常. 休嘉訢合兮, 邪怪遁藏. 君子食之兮, 其樂揚揚. 余殆於理兮, 榮衛蹇極. 伏盃積塊兮, 悸不得息. 有醫導余兮, 求是以食. 往沽之市兮, 欣焉有得. 條濯爨烹兮, 專恃爾力. 反增予疾兮, 昏憒馮塞. 余駭其狀兮, 往尤于醫. 徵滓以觀兮, 旣笑而嘻. 曰子胡昧愚兮, 茲謂蹲鴟. 處身猥大兮, 善植圩卑. 受氣頑昏兮, 陰僻欹危. 累積星紀兮, 以老爲奇. 潛苞水土兮, 混雜蝝蚳. 不幸充腹兮, 唯痼之宜. 野夫忮害兮, 假是以欺. 刮肌刻貌兮, 觀者勿疑. 中虛以脆兮, 外澤而夷. 誤而爲餌兮, 命或殆而. 今無以追兮, 後愼觀之.

嗚呼! 物固多僞兮, 知者蓋寡. 考之不良兮, 求福得禍. 書而爲詞兮, 願寤來者.

소리문(愬螭文: 이룡을 고발하는 글) 병서(幷序)[36]

영릉(零陵)의 성 서쪽에 이룡(螭龍)이 장강(長江)에 집을 지어 살았는데,[37] 법조사(法曹史)인 당등(唐登)이 강가에서 목욕하자 물속으로 끌고 들어갔다. 그리고 하룻저녁이 지나서 그 시체가 떠올랐다. 내가 듣기로 산과 강에는 반드시 관장하는 신이 있다는데, 혹 그런 것이 있는 것이 아닐까? 이에 이룡을 고발하는 글을 지어 강에 던진다.

하늘은 밝고 땅은 깊숙한데,
그 누가 이들을 주재합니까?
장수하고 요절하는 것은,
도대체 무엇이 그리 만듭니까?
겹겹이 쌓인 산맥과 도도한 강은,
관장하는 자 그 누구입니까?
별안간 사람을 해치니,
신령님께 알려야 했습니다.
위험과 해로움을 겁내고 염려하여,
신령님께 달려왔습니다.
죽은 그이는 부모의 큰 사랑 받았고,
아내와 자식들과도 잘 지냈으며,
공직에 있으면서,
잘못도 저지르지 않았습니다.

---

36) 본편은 무고한 이를 해친 이룡의 악행을 강의 신령에게 고발하는 글이다. 이(螭)는 이룡(螭龍), 즉 전설 속의 뿔이 없는 용이다. 비를 내릴 수 있다고 한다. 또 『설문해자(說文解字)』에서는 용을 닮았으며 황색이라고 하였다. 영주시기에 쓴 글이다.
37) 영릉(零陵)은 영주의 현 이름이다.

하염없는 상수(湘水)의 물길은,
맑고 또 희미하게 빛나는데,
그 그늘지고 깊숙한 바위 굴 속에,
괴이한 이룡이 있습니다.
어찌해서 더위를 씻어내려다가,
끝내 돌아오지 못한단 말입니까?
친척들은 울부짖고,
마을 사람들은 그리워합니다.
그의 혼은 어디에서 떠돕니까?
상수(湘水)의 원혼(冤魂)을 만나는 것인가요?[38)]
아아, 괴이한 이룡이,
강가에서 사람을 해쳤습니다.
깊은 물속에서 헤엄치니,
그 무엇도 그를 겁내지 않았었는데,
몸을 감고 눈을 부릅뜨고,
물속에서 훔쳐보고 있었던 것입니다.
기름기와 피를 탐내면서,
자신을 살찌웠습니다.
때는 큰 가뭄인데도,
비를 내리는 은덕은 베풀지 않았습니다.
그리고는 요사스럽게 아래의 백성을 해쳐,
위험 속에 빠뜨렸습니다.
욕심껏 배나 불리면서,
오만한 장난질만 해댔습니다.
넘실넘실 오고가는 강,

---

38) 원문의 '루(纍)'는 죄 없이 죽는 것을 의미하며, 상루(湘纍)는 그곳에 투신한 굴원(屈原)을 가리킨다.

그 물줄기는 굽이돌아 비껴 흐릅니다.
신령님은 고명(高明)하신데,
어찌하여 이놈을 놔두십니까?
무고한 이를 못 본 체 버리시고,
괴이한 놈을 방치하시는군요.
어찌하여 벌을 내리시고,
강 속의 암초를 정리하지 않으십니까?
그러면 뱃사람 기뻐하고,
헤엄치는 이들 번뜩일 것입니다.
고기 잡아 바칠 것이며,
길(吉)할 것이 분명합니다.
희생의 동물과 옥과 비단을,
사람들이 바칠 것입니다.
신령님께 고하지 않는다면,
어디에 대고 기대합니까!
신령님이 계신지 아닌지는,
이번 일로 추론됩니다.
이 글을 북으로 흐르는 물길에 던지노라니,
마음이 몹시도 슬픕니다.

零陵城西有螭, 室于江. 法曹史唐登浴其涯, 螭牽以入. 一 夕, 浮水上. 吾聞凡山川必有神司之, 抑有是耶? 於是作愬螭投之江曰 :

天明地幽, 孰主之兮? 壽善夭殤, 終何爲兮? 堆山釃江, 司者誰兮? 突然爲人, 使有知兮. 畏危慮害, 趨走祗兮. 父母孔愛, 妻子嘻兮. 出入公門, 不獲非兮. 潡潡湘流, 淸且微兮. 陰幽洞石, 蓄怪螭兮. 胡濯玆熱, 卒無歸兮. 親戚叫號, 閭里思兮. 魂其安游, 覲湘纍兮. 嗟爾怪螭, 害江湄兮. 涎泳重淵, 物莫威兮. 蟉形決目, 潛伺窺兮. 膏血是利, 私自肥兮. 歲旣大旱, 澤莫施兮. 妖猾下民, 使顚危兮. 充心飽腹, 肆敖嬉兮. 洋洋往復, 流逶迤兮. 惟神高明, 胡縱斯兮? 蔑棄無辜, 逞怪姿兮. 胡不降罰, 肅川坻兮. 舟者欣欣, 游者熙兮. 蒲魚浸用, 吉無疑兮. 牲牷玉帛, 人是依兮. 匪神之恕, 將安期兮! 神之有亡, 於是推兮. 投之北流, 心孔悲兮.

애익문(哀溺文: 익사를 슬퍼하는 글) 병서(幷序)[39]

영주(永州)의 백성들은 모두 헤엄을 잘 쳤다. 하루는 물이 많이 불었는데, 대여섯 사람이 작은 배를 타고 상수(湘水)를 건너다가, 중간에 배가 부서져 모두 헤엄쳤다. 그 중 한 사람은 온 힘을 다했으나 얼마를 헤엄치지 못했다.[40] 그 일행이, "너는 헤엄을 제일 잘 치는데 이번엔 어째서 뒤떨어지느냐?"고 물었다. 그는, "내 허리에 천 냥을 차 무거워서 뒤처지오"라고 답하였다. "왜 버리지 않느냐"고 물으니, 응하지 않고 또 머리를 가로 저었다. 잠시 후엔 더욱 지쳤다. 이미 건넌 사람들은 강가에 서서 부르고 또 고함쳤다. "너는 몹시도 어리석구나! 너무도 돈에 홀렸구나! 사람이 죽는데 재물을 어디에 쓰겠느냐?" 그래도 또 머리를 가로 젓더니 마침내 빠져죽었다. 나는 그것이 슬펐다. 만약 이와 같다면 많은 재물로 인해 큰 인물이 빠져죽는 일이 없을 수 있겠는가? 그리하여 익사를 슬퍼하는 글을 짓는다.

---

39) 본편은 재물에 대한 욕심으로 무거운 돈을 버리지 못해 물에 빠져죽은 자를 불쌍하게 여기며 탐욕을 경계하는 글이다. 앞에 서문이 있으며, 영주에서 쓴 글이다. 유사한 주지의 글로 「부판전(蝜蝂傳)」이 있다.

40) 원문의 '심(尋)'은 여덟 자이며 두 심(尋)이 한 '상(常)'이다. '심상(尋常)'은 여기에선 짧은 거리를 가리킨다.

나는 물에 빠진 자가 재물 때문에 죽는 것이 슬프고,
많은 이가 어리석은 것이 걱정이다.
세상에 파도치고 바람 솟구쳐,
아득히 물결 뒤집히는데 배는 없다.
봉록을 양보하고 부귀를 사양하지 못하며,
또 옆으로 살피며 억지로 구한다.
손발 어지러이 놀려도 나아가지 못하는데,
무거운 것 메고서 높은 물결언덕 넘는다.
이미 턱이 뜨고 등은 잠겼는데,
차마 이익 놓지 못해 화를 당한다.
외쳐대는 이들도 구하지 못하는데,
더욱 머리 저으며 가라앉아 흘러간다.
머리카락 어지러이 흩어져 물결 속에 춤추는데,
혼백은 아득히 어디에서 떠도는가?
거북이와 자라가 나아가 다투어 먹어대고,
물고기와 다랑어가 떼를 지어 먹이로 삼는다.
처음에 이익 탐하고 인색하더니,
끝내는 화를 당해 원한을 남긴다.
앞사람 빠졌어도 뒷사람 경계할 줄 모르니,
연이어 건져내도 그칠 날이 없다.
불쌍한 것은 이 백성이 홀리고 어리석어서,
반대로 자신을 해치고 원수를 따르는 것이다.
재물이 많은 줄도 모르고 스스로 참지 못하고서,
우선 요행을 가리키며 그렇기를 꾀한다.

사람이란 새나 물고기보다 영험한데,
어찌하여 그물에 걸리고 낚시에 걸리는가!

큰 인물은 큰 재물에 죽고,
작은 인물은 작은 재물에 죽는다.
비록 가장 뛰어난 헤엄 솜씨지만,
끝내는 그 재주 때문에 요절한다.
재난과 함께 다니면서,
죽음으로 자신을 감싼다.
지금 일을 미루어보고 옛 일을 거울삼아,
생명을 보전할 수 있는 이가 드물다.
주(紂)왕은 보배 장식의 옷을 입고 불에 타죽었고,[41]
이익만을 탐해 영이공(榮夷公)을 믿은 자는 멸망했다.[42]
승냥이와 이리는 죽어가면서도 배고프다고 하고,
소의 배는 죽을 때까지 차는 법이 없다.
백성이 몽롱하고 무지하니,
그래서 저들과 함께 모두 못난 백성[氓]이라 부른다.
죽은 이는 불쌍하게 여길 것이 못되니,
보통 사람이라도 내 글 읽고 바뀌기를 바란다.
아, 슬프다!

永之氓咸善游. 一日, 水暴甚, 有五六氓乘小船絶湘水. 中濟, 船破, 皆游. 其一氓盡力而不能尋常. 其侶曰: "汝善游最也, 今何後爲?" 曰: "吾腰千錢, 重, 是以後." 曰: "何不去之" 不應, 搖其首. 有頃, 益怠. 已濟者立岸上, 呼且號曰: "汝愚之甚! 蔽之甚! 身且死, 何以貨爲?" 又搖其首, 遂溺死. 吾哀之, 且若是, 得不有大貨之溺大氓者乎? 於是作哀溺.

---

41) 주왕(紂王)은 패전하여 녹대(鹿臺)로 도망쳤는데, 죽을 때도 보배로 장식한 옷을 입고 불에 뛰어들어 타죽었다.

42) 주(周)의 여왕(厲王)은 이익을 탐하여 영이공(榮夷公)을 가까이 하였는데, 영이공은 국가의 생산과 유통을 멋대로 하여 이익을 챙겼다. 예량(芮良)의 간언을 듣지 않은 여왕은 결국 반란에 쫓겨 산서성의 체(彘)지방에서 죽었다.

吾哀溺者之死貨兮, 惟大氓之爲憂. 世濤鼓以風涌兮, 浩滉蕩而無舟. 不讓祿以辭富兮, 又旁窺而詭求. 手足亂而無如兮, 負重踰乎崇丘. 旣搖頭而減膂兮, 不忍釋利而離尤. 呼號者之莫救兮, 愈搖首以沉流. 髮披囊以舞瀾兮, 魂倀倀而焉遊? 龜黿互進以爭食兮, 魚鮪族而爲羞. 始貪贏以嗇厚兮, 終負禍而懷讎. 前旣沒而後不知懲兮, 更攬取而無時休. 哀茲氓之蔽愚兮, 反賊已而從仇. 不量多以自諫兮, 姑指幸者而爲謀.

夫人固靈於鳥魚兮, 胡昧罻而蒙鉤! 大者死大兮, 小者死小. 善游雖最兮, 卒以道夭. 與害偕行兮, 以死自繞. 推今而鑒古兮, 鮮克以保其生. 衣寶焚紂兮, 專利滅榮. 豺狼死而猶餓兮, 牛腹尸而不盈. 民旣貿貿而無知兮, 故與彼咸謚爲氓. 死者不足哀兮, 冀中人之爲余再更. 噫!

초해고문(招海賈文: 바다의 상인을 부르는 글)[43]

바다의 상인에게 묻노니,
그대는 어찌하여 생명을 이익과 바꿔 끝내 형체를 떠났는가?
큰 바다에 파도가 거칠게 뒤흔들리니,
해와 달조차 뒤집힌다.
용과 물고기가 몸을 뒤틀고,
귀신과 괴물이 이리저리 날뛴다.
아득하여 형체도 없고,
파도는 오고가다 홀연히 사라진다.

---

43) 본편은 바다의 상인을 돌아오라고 부르는 글로, 『초사(楚辭)』「초혼(招魂)」을 모방하여 지우 것이다. 혹자는 험한 세상에 나아가 요행을 바라는 선비들에게 편안히 운명에 따를 것을 제시한 풍자의 글로 풀이한다.

흐리고 개임이 무상하며,
안개는 뿌옇게 피어난다.
그대가 돌아오지 않는다면 아스라이 사라지리라.
배는 머리를 들고서,
오르락내리락 떠가는데,
아슬아슬 높이 솟아오르면,
만 리 먼 곳이 한눈에 들어온다.
높은 산봉우리가 큰 파도 아래 숨어버리면,
하늘이 마치 지척인 양 보인다.
내달리는 이룡(螭龍)이 해면에 나타나고,
나르는 붕새가 날개 춤을 춘다.
천오(天吳)는 아홉 개나 되는 머리로,[44]
웃었다가 화냈다가 한다.
침을 흘리며 혀를 날름거리면서,
순식간에 날아올라 분주히 맴돈다.
그대가 돌아오지 않는다면 끝내는 잡히리라.
흑치(黑齒)국 사람처럼 들쑥날쑥한 이빨과 비늘무늬의 살을 가진 놈,[45]
삼각 침을 세우고 줄지어 늘어서고 귀는 너덜너덜한 놈,[46]
잇몸이 뒤집히고 이빨이 교차되고 발굽은 험한 절벽과도 같은 놈,
뱀 같은 머리에 돼지털 같은 지느러미에 호랑이나 표범 같은 껍질을 가진 놈이,
떼를 지어 나타났다 사라졌다 장난질하고,

---

44) 천오(天吳)는 『산해경』에 의하면, 조양(朝陽) 골짜기의 신으로 수신(水神)인데, 동물로 변하면 머리와 다리와 꼬리가 여덟 개씩이며 등은 청황(青黃)색이고 사람의 얼굴을 하였다고 한다. 여기에서 머리가 아홉 개라고 한 것은 착오로 보인다.
45) 흑치(黑齒)는 바다 밖의 나라 이름이다.
46) 『산해경』에 의하면, 능어(鯪魚)는 등과 배에 삼각형의 가시를 지녔다고 한다. 능어는 천산갑(穿山甲)이라고도 한다.

비린내 백 리까지 미치고 안개비 퍼지니,
그대가 돌아오지 않는다면 그들의 요깃거리가 되리라.
약수(弱水)는 깊게 휘돌아 감기는데,[47)]
그 아래는 끝이 없다.
무엇이던 그곳에 던지면 반드시 침몰하고,
깃털조차 뜨지 못한다.
커다란 고래도 두려워 머뭇거리는,
몹시도 어둡고 깊은 곳이다.
그대가 돌아오지 않는다면 끝내는 자신을 해치리라.
괴석이 삼엄하게 서있는 곳은 깊은 바다이니,
높고 낮게 늘어진 높은 봉우리까지 바닷물이 출렁이는데,
무너지며 일어난 파도가 빈틈을 찾아 창칼처럼 번뜩인다.
그대가 돌아오지 않는다면 순식간에 가라앉으리라.
바다 표면은 크고 넓으며 물밑 골짜기는 깊고 깊어,
옛날부터 휘돌아 하늘 끝을 돌려놓으니,
팔방(八方)이 뒤바뀌어 어지러이 펼쳐진다.
그대가 돌아오지 않는다면 별자리도 어지러우리라.
동쪽 끝으로 기울어진 바다로 흘러 물길 끊기는 곳엔,
모든 것이 뒤섞여 어지러이 뒤흔들리니,
까딱하여 미끄러져 탕곡(湯谷)에 빠져들면,[48)]
배는 산산이 부서져 약목(若木) 있는 곳에서 끝장난다.[49)]
그대가 돌아오지 않는다면 혼이 어디로 가겠는가?
해약(海若)이 재물을 탐내 바람과 벼락을 부르고,[50)]

47) 약수(弱水)는 동해의 한 곳으로, 모든 것을 침몰시킨다는 곳이다.
48) 탕곡(湯谷)은 『회남자(淮南子)』에서 해가 솟아오르는 곳이라고 하였다.
49) 약목(若木)은 곤륜산(崑崙山) 서쪽 끝에 있으며 그 열매가 땅 밑을 비춘다고 한다.
50) 해약(海若)은 바다의 신이다.

거대한 거북이가 머리를 끄덕여 산언덕을 무너뜨리며,[51]
미친 듯 천둥 번개가 온 세상을 뒤집어놓으리니,
그대가 돌아오지 않는다면 갈래갈래 찢어지리라.

바다의 상인에게 묻노니,
그대는 어찌하여 깊고 험한 곳에 나가기 좋아하고 평탄하고 가까운 곳을 싫어하는가?
두려움과 근심 속에서도,
돌아오길 잊었구나.
상당(上黨)은 평야라서 편안하고 평탄하며,[52]
대지는 단단하여 밟아도 탈이 없다.
길은 이리저리 퍼져있어 천하로 통하고,
이것저것 유통되어 모든 것이 구비되었고,
여기저기 다니며 멋대로 구경하여 마음 즐겁고,
종을 치고 가축 잡아 마음껏 즐길 수 있으니,
그대가 돌아오지 않는다면 누구를 기다리겠는가?
교격(膠鬲)은 성인을 만나 절인 고기 내놓았고,[53]
범려(范蠡)는 재상자리 버리고 도주공(陶朱公)으로 안주했으며,[54]
여불위(呂不韋)는 장사를 하여 재상이 되었으며,[55]

---

51) 『열자(列子)』에 의하면, 발해(渤海) 동쪽의 거대한 골짜기에 산이 다섯 개 있는데 거대한 거북이 열다섯 마리가 그 산들을 육 만년에 한 번씩 세 교대로 번갈아 떠받치고 있다고 한다.

52) 상당(上黨)은 노주(潞州)를 가리킨다.

53) 교격(膠鬲)은 수산물 시장에서 천거되었다.

54) 범려(范蠡)는 춘추시대 월(越)의 대부로 구천(句踐)을 도와 오(吳)를 멸망시킨 후에 월을 떠나 제(齊)에 가 이름을 바꾸어 지내다가 재상이 되었으며, 다시 도(陶)에 가서 부를 축적하여 주공(朱公)이 되었다. 도주공(陶朱公)은 범려를 가리키며 또 부자를 의미하기도 한다.

55) 여불위(呂不韋)는 대 상인으로 진(秦)에서 재상을 지내고 문신후(文信侯)에 봉해졌다.

상홍양(桑弘羊)은 마음속 계략으로 큰 벼슬에 올랐으며,[56]
소금 생산자와 대장장이가 경(卿)의 자리에 올랐다.[57]
벼슬자리 높고 국가 세금 담당하니,
똑똑하단 이들도 다투어 수레에서 달려 내려오고,
유유자적하며 마음대로 생활하니 세인들이 선망한다.
그대가 돌아오지 않는다면 어리석다는 이름을 얻으리라.

바다의 상인에게 묻노니,
장사란 할 만한 것이 못되는데도,
또 바다에까지 나섰단 말인가?
죽어서는 험한 혼백이 되고,
살아서는 욕심쟁이가 되는구나.
그 무슨 즐거움이 있겠는가?
돌아오라, 그대 몸을 편안케 해주리라!

咨海賈兮, 君胡以利易生而卒離其形? 大海盪泊兮, 顚倒日月. 龍魚傾側兮, 神怪隳突. 滄茫無形兮, 往來遽卒. 陰陽開闔兮, 氛霧瀰渤. 君不返兮逝怳惚. 舟航軒昂兮, 下上飄鼓. 騰趠嶢嵲兮, 萬里一覩. 崒入㚁坳兮, 視天若畝. 奔螭出抃兮, 翔鵬振舞. 天吳九首兮, 更笑迭怒. 垂涎閃舌兮, 揮霍旁午. 君不返兮終爲虜. 黑齒䶖鬔鱗文肌, 三角駢列耳離披. 反斷叉牙踔嶔崖, 蛇首狶鬣虎豹皮. 羣沒互出讙遨嬉, 臭腥百里霧雨瀰. 君不返兮以充飢. 弱水蓄縮, 其下不極. 投之必沉, 負羽無力. 鯨鯢疑畏, 淫淫嶷嶷. 君不返兮卒自賊. 怪石森立涵重淵, 高下迥置滔危顚, 崩濤搜蹤剡戈

56) 상홍양(桑弘羊)은 낙양의 상인 아들로서 이재(理財)에 밝아 대사농(大司農)이 되어 천하의 소금과 철을 성공적으로 관장하여 백성들의 세금을 경감시켰으며, 후에 좌서장(左庶長)의 작위를 받았다.

57) 동곽함양(東郭咸陽)은 제나라의 소금 생산자로서, 공근(孔僅)은 남양(南陽) 지방 대장장이로서, 둘 다 무제(武帝) 때에 대사농승(大司農丞)이 되었다.

鋋. 君不返兮砉沉顚. 其外大泊泙渹淪, 終古迴薄旋天垠, 八方易位更錯陳. 君不返兮亂星辰. 東極傾海流不屬, 泯泯超忽紛盪沃. 殆而一跌兮, 沸入湯谷, 舳艫霏解梢若木. 君不返兮魂焉薄? 海若嗇貨號風雷, 巨鼇頷首丘山頹, 猖狂震虩翻九垓. 君不返兮糜以摧.

咨海賈兮, 君胡樂出幽險而疾平夷? 恂駭愁苦, 而以忘其歸. 上黨易野恬以舒, 蹈蹂厚土堅無虞. 歧路脉布彌九區, 出無入有百貨俱. 周游傲睨神自如, 撞鐘擊鮮恣歡娛. 君不反兮欲誰須? 膠鬲得聖捐鹽魚, 范子去相安陶朱, 呂氏行賈南面孤, 弘羊心計登謀謨, 煮鹽大冶九卿居. 祿秩山委收國租, 賢智走諸爭下車, 逍遙縱傲世所趨. 君不返兮謚爲愚.

咨海賈兮, 賈尙不可爲, 而又海是圖. 死爲險魄兮, 生爲貪夫. 亦獨何樂哉? 歸來兮, 寧君軀!

제19권 조찬잠계(弔贊箴戒)

조장홍문(弔萇弘文: 장홍을 조상하는 글)[1]

주(周)나라 왕실이 쇠락하니,
제후국이 딴 마음을 품었다.
신하가 주군의 법제를 참칭(僭稱)하고,
왕실은 제후로 대체되었다.
위세있고 강한 자는 법제를 거스르고,

1) 본편은 장홍(萇弘)이 충성심을 지니고도 살해된 것을 애도한 글이다. 장홍은 자가 숙(叔)이며, 주(周) 영왕(靈王)의 현신(賢臣)으로 유문공(劉文公) 휘하의 대부였다. 경왕(敬王) 10년에 유문공이 장홍과 함께 성주(成周)에 성을 쌓으려고 진(晋)에 고하게 하였다. 위(魏) 헌자(獻子)가 집정하면서 장홍을 좋아하여 그 땅을 주었으며 제후를 모으기도 하였다. 범(范)씨와 중항(中行)씨의 난이 일어나자 장홍이 그들과 함께 하였는데, 진(晋)이 그것을 빌미로 토벌하려고하자 주나라 사람들이 장홍을 살해하였다.

번창하던 국운은 하찮게 전락했다.
열병의 독균은 바짝 들어붙고,
간담(肝膽)같이 따르던 자가 원수로 변했다.
간신배가 권력을 차지하고 모든 것을 가리니,
충성되고 용감한 이는 살육되었다.
이때를 행운이라 말한다면,
대부(大夫)의 수치이다.
아아, 위태로웠다!
황하와 위수(渭水)가 무너지고 넘쳐나자,
몸을 뉘여 막으셨다.
숭고산(嵩高山)이 무너져 내리자,[2)]
손을 들어 곧바로 늘어놓으셨다.
바위에 눌리고 물에 빠질 것을 개의치 않고서,
굳고 강직함을 준칙으로 삼으셨다.
죽을 줄 알면서도 굽힐 수 없었으며,
인륜의 도리를 밝히셨다.

어찌하여 대부(大夫)님의 그런 장렬함에도,
왕께선 참소하는 도둑에게서 깨어나지 못했는가?
끝내는 간사한 소인배에게 목숨을 빼앗기시고,
왕실은 강국에게 겁먹고 제압당했다.
소나무와 측백나무가 베어지니,
더부룩한 잡초가 무성했다.
준마 도려(盜驪)의 발이 잘리니,[3)]
지치고 노둔한 말이 맞서 나섰다.

2) 숭고산(嵩高山)은 숭산(嵩山)을 가리킨다.
3) 도려(盜驪)는 주(周) 목왕(穆王)의 여덟 마리 준마 중의 하나이다.

사나운 송골매가 높이 나니,
요사스런 여우가 겁먹고 먹을 것 찾지 않았다.
남몰래 두려움에 붕당을 이루니,
그 누가 다수 의견 탓하고 혼자만의 뜻을 펴겠는가?
소수로 나서서 다수와 맞서는 일은,
옛 성인들도 실행하기 어려워했다.
하물며 약자를 원조하고 강자에 맞선다면,
이는 실로 위험에 들고 안전을 위배하는 일이다.
죽임을 당하는 것은 당신의 근심거리 아니었으니,
종주(宗周)의 불완전함만을 슬퍼하셨다.
어찌 성을 쌓아 공을 내세우려 하셨겠는가?
주나라 청묘(淸廟)가 무너질까 슬퍼하셨던 것이다.
미워한 것은 표자(彪子)가 멋대로 굴고,[4)]
천자에게 올리는 글에 손을 대어 속이는 일이었다.
그런대로 자신의 도를 버리고 세속을 따르시지,
어찌하여 옛날 생각하며 현자가 되려하셨는가?

밝은 태양 가리키며 분통을 터뜨렸지만,
끝내는 낙심하고 숨어버려 도와주지 않았다.
나르는 정기를 빌어 하느님께 아뢰어 보았지만,
어둑하고 휑하니 비어 길이 끊겼었다.
호기롭게 구름에 의존해 힘껏 하소연해 보았지만,
끝내는 어둑컴컴 답답함만 쌓였었다.
산에 올라 외치며 말하고 싶었지만,
더욱 아득하여 무심하기만 했다.

4) 표자(彪子)는 위(衛)의 표혜(彪傒)로 장홍의 죽음을 바랐다.

속마음은 얼고 막히어 녹지 않고,
몸은 얼음이 되어 스스로 떨어댔다.
처음을 계획하고 결과를 고려하는 일은,
대부가 맡을 책무가 아니었다.
잘못을 범해 액운에 빠지는 것은,
본디 쇠망하는 시대의 법규이다.
안 되는 줄 알면서도 더욱 앞으로 나아가고,
구차하지 않게 자신을 지킬 것을 맹세하셨다.
충성심을 펼쳐 나라의 운명 바로잡고,
바른 신하와 나란히 하여 벗으로 삼으셨다.
비간(比干)은 인의(仁義)로운 분이라지만,[5)]
오래 전의 일로서 다시는 그와 같을 이가 없다.
백이(伯夷)는 깨끗함을 지켜 죽으면서도 원망하지 않았다지만,[6)]
누가 그 발자취를 따를 수 있겠는가?
만약 단정하고 정성된 마음 부족하다면,
늙도록 산들 그 누가 소중하게 여기겠는가?
예로부터 본디 한번은 죽는 법이니,
현인은 제 자리 찾기를 기꺼워한다.
대부님께서는 충성심에 돌아가셨으니,
군자들이 칭송하는 바이다.
아아, 슬프다!
공경스럽게 충성스런 분을 애도한다.[7)]

---

5) 비간(比干)은 은(殷) 주왕(紂王)의 숙부로 주왕의 악정을 간하다가 피살되었다. 『논어』의 기록에 의하면, 공자는 그를 기자(箕子)·미자(微子)와 더불어 상(商)의 세 인자(仁者)라고 평하였다.

6) 백이(伯夷)는 주(周) 고죽군(孤竹君)의 아들로서, 무왕(武王)이 은(殷)을 치려하자 아우 숙제(叔齊)와 함께 그에 반대하였다. 그러나 뜻을 이루지 못하자 주나라 땅의 곡식 먹기를 부끄럽게 여겨, 수양산(首陽山)에 들어가 고사리를 캐어 먹다가 굶어죽었다고 한다.

有周之羸兮, 邦國異圖. 臣乘君則兮, 王易爲侯. 威强逆制兮, 鬱命轉幽. 疹蠱膠密兮, 肝膽爲仇. 姦權蒙貨兮, 忠勇以劉. 伊時云幸兮, 大夫之羞. 嗚呼危哉! 河、渭潰溢兮, 橫軀以抑. 嵩宗坼隊兮, 擧手排直. 壓溺之不慮兮, 堅剛以爲式. 知死不可撓兮, 明章人極.

夫何大夫之炳烈兮, 王不寤夫讒賊. 卒施快於剽狡兮, 怛就制乎强國. 松栢之斬刈兮, 蓊茸欣植. 盜驪折足兮, 罷駑抗臆. 鷙鳥之高翔兮, 孽狐惴而不食. 竊畏忌以羣朋兮, 夫孰病百而伸一. 挺寡以校衆兮, 古聖人之所難. 矧援羸以威傲兮, 玆固蹈殆而違安. 殺身之匪予戚兮, 閔宗周之不完. 豈成城以夸功兮, 哀淸廟之將殘. 嫉彪子之肆誕兮, 彌皇覽以爲謾. 姑舍道以從世兮, 焉用夫考古而登賢.

指白日以致墳兮, 卒頹幽而不列. 版上帝以飛精兮, 黮寥廓而殄絶. 朅馮雲以狃愬兮, 終冥冥以鬱結. 欲登山以號辭兮, 愈洋洋以超忽. 心沍涸其不化兮, 形凝氷而自慄. 圖始而慮末兮, 非大夫之操. 陷瑕委厄兮, 固哀世之道. 知不可而愈進兮, 哲不偸以自好. 陳誠以定命兮, 侔貞臣與爲友. 比干之以仁義兮, 緬邃絶以不羣. 伯夷殉潔以莫怨兮, 孰克軌其遺塵? 苟端誠之內虧兮, 雖耆老其誰珍? 古固有一死兮, 賢者樂得其所. 大夫死忠兮, 君子所與. 嗚呼哀哉! 敬余忠甫.

7) 원문의 '여(余)'는 다른 여러 판본에는 '조(弔)'로 되어 있다. 그에 따라 옮긴다.

조굴원문(弔屈原文: 굴원을 조상하는 글)[8]

선생께서 세상을 떠나신 지 대략 천 년이 되어,
제가 다시 쫓겨나 상수(湘水)를 떠돕니다.
선생께서 투신한 멱라수(汨羅水)를 찾아서,
족두리풀 꺾어들고 그 향기를 바칩니다.
바라건대 황홀 간에 제 마음 돌아보시고,
드리는 말씀 이해하여 주십시오.

선생께선 세속을 따르지 않으시고,
오로지 도만을 따르셨습니다.
혼란과 분쟁 속에서,
지내신 세상은 몹시도 병들었습니다.
꿩의 모양 수놓은 예복을 땅에 버리시고,[9]
양 가죽 소매의 평상복을 입으셨습니다.[10]
암탉은 꼬꼬댁거리며 어지러이 떠드는데,
외로운 수탉은 주둥이를 다물었습니다.
하찮은 노래는 둘러서서 들으면서,[11]
고상한 음악에는 귀를 막았습니다.[12]

---

8) 본편은 영정(永貞) 원년(805) 폄적되어 영주로 가는 길에 멱라수(汨羅水)를 지나며 지은 글로서, 굴원(屈原)을 찬양하는 동시에 그처럼 이상과 절조를 지키려는 자신의 결심을 표현한 글이다. 굴원(屈原, B.C. 340?~278)은 전국시대 초(楚)나라의 대부로서 자는 원(原) 또는 영균(靈均)이고 이름은 평(平)이다. 회왕(懷王)의 신임을 받았으나 참소를 당해 유배되어 멱라수(汨羅水)에 투신했다. 일찍이 가의(賈誼)도 굴원의 투신을 조상하는 글을 쓴 바 있으며, 양웅(揚雄)은 굴원을 책망하는 글을 쓴 바 있다.
9) 원문의 화충(華蟲)은 꿩으로 그런 장식을 한 예복을 가리킨다.
10) 원문의 고수(羔褎)는 새끼양의 가죽을 댄 소매로 평민의 의상을 의미한다.
11) 원문의 왜교(哇咬)는 남녀의 애정을 노래한 곡으로 저급한 음악을 가리킨다.

까마귀 머리와 부리 같은 독약은 맛나게 먹으면서,
곡식은 태워서 버렸습니다.
감옥을 피할 줄 모르고서,[13]
궁정에는 거처하지 않았습니다.
진흙에 빠져 오물을 깔고 앉아서는,
멋진 수놓은 옷 입은 줄로 여겼습니다.
서까래는 부러지고 불길은 거센데도,
신이 나서 웃고 춤을 추었습니다.
교묘한 참언이 어지러운데,
미혹되어 어름다운 함지(咸池)로 여겼습니다.[14]
아첨하며 허리 굽혀 살살대는 이를,
서시(西施)보다 아름답다 여겼습니다.
올바른 정책을 허튼 소리라고 하면서,
오히려 귀를 막고 멀리 피했습니다.
심한 고질병을 숨기고 의사를 기피하니,
유부(兪跗)와 진완(秦緩)도 어쩔 수가 없었습니다.[15]

선생께선 그리도 늠름하시면서,
어찌하여 침(針)을 갈아 그를 따르려 하셨습니까?
공자님도 노(魯)나라를 떠나시고는,
천천히 떠났다고 말씀하셨습니다.

---

12) 원문의 대려(大呂)는 고대의 12율(律) 가운데 두 번째 율(律)로서 고상한 음악을 의미한다.

13) 초회왕(楚懷王)은 굴원의 권고를 듣지 않고 장의(張儀)에게 속아 진(秦)을 공격했다가 패하여 병사와 국토를 잃었다. 후에 진에 소왕(昭王)이 즉위하자 무관(武關)에서 만났다가 구류되어 도망치지 못하다가 삼년 후에 진나라에서 병사하였다.

14) 함지(咸池)는 황제(黃帝)가 만들고 요임금이 보완하여 사용했다는 옛 음악의 이름이다.

15) 유부(兪跗)와 진완(秦緩)은 모두 전국시대의 명의(名醫)이다.

유하혜(柳下惠)처럼 바른 도(道)를 가졌어도,
또 어디에 간들 실행할 수 있겠습니까?[16)]
오늘날 세상에선 선생에 대해 논하기를,
어찌하여 인내하며 그런 충정 품었느냐 말합니다.
오직 달인만의 탁월한 발자취로서,
실로 편벽되고 고루한 자는 알 수 없는 바입니다.
고국을 버리고 이익을 따르는 일은,
선생께선 하지 않으심을 저는 압니다.
선 채로 나라의 멸망을 보고만 계시는 것은,
더욱이 선생의 뜻이 아니시지요.
곤궁할 때나 현달할 때나 지향을 변치 않으시고,
단지 도(道)만을 따르고 의로움을 지키셨습니다.
더욱이 선생께선 그처럼 충성스러워,
크나큰 변고를 당하면서도 두 마음 품지 않으셨습니다.
물에 잠긴 옥과 땅에 묻힌 옥인들,
그 어찌 숨겨져 있다고 빛나지 않겠습니까?
가려지고 숨겨진 향초인들,
어찌 오래됐다고 향기롭지 않겠습니까?

선생의 모습은 뵈올 수 없지만,
그래도 그 문장을 읽으면 뵙는 듯합니다.
남기신 작품을 읽으며 탄식하노라니,
눈에 가득한 눈물이 흐릅니다.
별자리 향해 외치시며 허황된 일 비판하셨지만,[17)]

---

16) 유하혜(柳下惠)는 노(魯)나라 대부로서 세 차례나 파직 당했다. 혹자가 노나라를 떠나라고 권하자 "바른 도로 남을 섬긴다면 어디에 간들 쫓겨나지 않겠느냐"며 부모의 나라를 떠나는 것에 반대했다고 한다. 『논어』「미자(微子)」 참조.

그 누가 나라의 멸망 구했습니까?
어찌하여 천둥번개 부리어 쫓으시며,
아득한 우주에 그런 말씀을 하셨습니까?
뽐내신 화려한 문장은 이해하기 어려워,
세상에선 실로 미쳤다고 합니다.
제 속마음의 불평함을 애통해하며,
유독 울분을 간직한 채 슬픔만 더해갑니다.
선생께서 말씀하시지 않았었다면,
후인들이 또 어떻게 올려다보았겠습니까?
충성스러움이 이미 마음속에서 솟구쳤으니,
억눌러 참아낸들 오래가진 못했을 것입니다.
미(羋)씨의 초나라와 굴(屈)씨가 얼마나 가까운 사이라고,[18]
어찌하여 유독 속마음을 태우셨습니까?

저는 오늘날의 벼슬살이를 애달파하오니,
그 누가 이때의 잘잘못을 염려나 합니까!
주군의 봉록을 받으면서 많지 않을까 겁내고,
차지한 벼슬이 높지 않다고 슬퍼합니다.
물러나 말없이 자기 것만 챙기며,
자신의 주장이 시행되지 않는다고 말합니다.
이미 잘못된 기풍 제거할 수 없으니,
선생에 대한 그리움 떨칠 수가 있겠습니까!

---

17) 굴원은 『천문(天問)』에서 초나라의 미신과 괴이한 일들에 대해 하늘에 대고 물으며 자신의 번민을 발설하였다. 이에 대해 유종원은 「천대(天對)」를 지어 그 물음에 대해 하늘의 입장에서 일일이 답하였다. 본서 제14권 「천대」 참조.

18) 미(羋)씨는 초나라 조상의 성씨로서, 여기에서는 초나라를 가리킨다. 굴(屈)씨는 같은 조상 아래의 귀족집안으로, 초 무왕(武王)의 아들 굴하(屈瑕)가 굴(屈)지방을 봉읍지로 받은 이래로 그 후손들이 굴씨가 되었다.

後先生蓋千祀兮, 余再逐而浮湘. 求先生之汨羅兮, 擥蘅若以薦芳. 願荒忽之顧懷兮, 冀陳辭而有光.

先生之不從世兮, 惟道是就. 支離搶攘兮, 遭世孔疚. 華蟲薦壤兮, 進御羔褎. 牝雞咿嚘兮, 孤雄束味. 哇咬環觀兮, 蒙耳大呂. 堇喙以爲羞兮, 焚棄稷黍. 犴獄之不知避兮, 宮庭之不處. 陷塗藉穢兮, 榮若繡黼. 榱折火列兮, 娛娛笑舞. 讒巧之嘵嘵兮, 惑以爲咸池. 便媚鞠恧兮, 美逾西施. 謂謨言之怪誕兮, 反寘填而遠違. 匿重痼以諱避兮, 進俞、緩之不可爲.

何先生之凛凛兮, 厲鍼石而從之. 但仲尼之去魯兮, 曰吾行之遲遲. 柳下惠之直道兮, 又焉往而可施? 今夫世之議夫子兮, 曰胡隱忍而懷斯? 惟達人之卓軌兮, 固僻陋之所疑. 委故都以從利兮, 吾知先生之不忍; 立而視其覆墜兮, 又非先生之所志. 窮與達固不渝兮, 夫惟服道以守義. 矧先生之悃愊兮, 滔大故而不貳. 沉璜瘞珮兮, 孰幽而不光? 荃蕙蔽匿兮, 胡久而不芳?

先生之貌不可得兮, 猶髣髴其文章. 託遺編而歎喟兮, 渙余涕之盈眶. 呵星辰而驅詭怪兮, 夫孰救於崩亡? 何揮霍夫雷電兮, 苟爲是之荒茫. 耀姱辭之曭朗兮, 世果以是之爲狂. 哀余衷之坎坎兮, 獨蘊憤而增傷. 諒先生之不言兮, 後之人又何望. 忠誠之旣內激兮, 抑銜忍而不長. 芈爲屈之幾何兮, 胡獨焚其中腸?

吾哀今之爲仕兮, 庸有慮時之否臧! 食君之祿畏不厚兮, 悼得位之不昌. 退自服以默默兮, 曰吾言之不行. 旣媮風之不可去兮, 懷先生之可忘!

조악의문(弔樂毅文 : 악의를 조상하는 글)[19)]

허종(許縱)이 연(燕)지방에서 와 말하였다. 연의 남쪽에 분묘가 있는데 비문에 "악생(樂生)의 묘"라 기록되어 있다고. 나는 그 말을 듣고 슬펐다. 허종이 돌아가기에 이 글을 주어 악의에게 조상(弔喪)토록 한다.

큰 집이 무너지니,
비바람이 한꺼번에 몰려왔습니다.
수레의 축(軸)이 사라지니,[20)]
탔던 이가 그 수레를 버렸습니다.[21)]
아아 선생이시여,
선생의 불행은 그런 경우와도 유사합니다.[22)]
그러니 무엇을 하실 수 있었겠습니까?
소왕(昭王)은 죽지 않을 수 없고,
그 주장도 영원할 수 없었습니다.
그리하여 죽음이 두려워 망명하시어,
미친 듯이 돌아보며 방황하셨습니다.
연(燕)의 땅은 다시 제(齊)의 땅이 되었고,
동해(東海)는 넓고 넓기만 했습니다.

---

19) 본편은 악의(樂毅)가 공을 이루고도 고국에서 버려진 처지를 애도하고 또 고국을 아낀 어짊을 찬양한 글이다. 악의는 전국시대 연(燕)의 장수로서, 소왕(昭王) 때에 조(趙)·초(楚)·한(韓)·위(魏)·연(燕)의 연합군으로 연이 원수로 여기던 제(齊)를 공격하여 칠십여 개의 성을 빼앗았다. 그 후 제나라 전단(田單)의 이간으로 연나라에서 처벌될 것이 두려워 조(趙)로 망명했다. 후일 조의 연 정벌을 반대하였으며, 조나라에서 관진(觀津)지방을 봉읍지로 받았으며 망제군(望諸君)이라 불렸다.

20) 큰 집이나 축(軸)은 악의를 가리킨다.

21) 수레에 탔던 이는 연(燕)의 소왕(昭王)을 가리킨다.

22) 악의를 신임한 연의 소왕(昭王)이 죽은 후에 악의가 겪은 불행을 가리킨다.

아아, 선생께선 오로지 곧기만 하시어,
후일을 위해 방비하진 못하셨습니다.
어찌하여 둥근 것 버리고 모난 것을 취하시어,
끝내 어려움 당해 떠돌다 돌아가셨습니까?
애석하게도 훌륭한 공업을 이루지 못하여,
우매한 이들을 두렵게 만드셨습니다.
어찌 선생의 무능 때문이겠습니까,
그렇게 허둥댐을 미워해서였겠지요.
어질게도 조(趙)에게 연(燕)의 침공 거절하시며,[23]
실로 고국의 멸망 차마 보지 못하셨습니다.
군자의 관용과 너그러움은,
억 년이 지나도록 더욱 빛을 발할 것입니다.
때를 만난 것이 잘못되었지,
계획과 생각이 모자라서가 아니었습니다.
무릎 꿇고 아뢰오며 눈물 흘리고,
아득한 하늘만 올려다봅니다.
구차하게 세상에서 붙어산다면 무어라 하시겠습니까?[24]
제 마음이 못됐다고 하시겠지요!

許縱自燕來, 曰 : 燕之南有墓焉, 其志曰 "樂生之墓." 余聞而哀之. 其返也, 與之文使弔焉.

大厦之騫兮, 風雨萃之. 車亡其軸兮, 乘者棄之. 嗚呼夫子兮, 不幸類之. 尙何爲哉? 昭不可留兮, 道不可常. 畏死疾走兮, 狂顧傍徨. 燕復爲齊

23) 조(趙)가 악의에게 연(燕)을 정벌할 것을 상의하자, 악의는 "저는 일찍이 연을 섬겼습니다. 감히 그 명을 따를 수가 없습니다" 하고 거절했다.

24) 유종원 자신의 구차한 처지를 가리킨다.

兮, 東海洋洋. 嗟夫子之專直兮, 不慮後而爲防. 胡去規而就矩兮, 卒陷滯以流亡. 惜功美之不就兮, 俾愚昧之周章. 豈夫子之不能兮, 無亦惡是之遑遑. 仁夫對趙之悃款兮, 誠不忍其故邦. 君子之容與兮, 彌億載而愈光. 諒遭時之不然兮, 匪謀慮之不長. 跽陳辭以隕涕兮, 仰視天之茫茫. 苟偸世之謂何兮, 言余心之不臧!

이윤오취걸찬(伊尹五就桀贊: 이윤이 다섯 번이나 걸에게 갔던 일을 찬양하는 글)[25)]

이윤(伊尹)이 걸(桀)임금에게 다섯 차례나 갔던 일에 대해 혹자는 의아해하며 말한다. "탕(湯)이 어질다는 것은 알려진 사실이고 걸이 어질지 못하다는 것도 알려진 사실이다. 어찌하여 그리 빈번히 왔다갔다 하였단 말인가?" 유자(柳子)는 말한다. "아, 그 점이 내가 아는 이윤의 위대한 점이다. 저 이윤은 성인이다. 성인은 천하에 나와 하(夏)나 상(商)의 나라 자체에 마음을 쓰지 않고 백성을 살리는 데에 마음을 쓸 뿐이다. 또 '누가 내 말을 따를 것인가? 내 말을 따르는 이는 요임금이나 순임금이 될 것이고, 우리 백성들은 요임금이나 순임금의 백성이 된다'고 말하고, 물러나 생각하였다. '탕은 실로 어질지만 그 공업(功業)은 더디고, 걸은 실로 어질지 못하나 아침에 내가 그를 따른다면 저녁에는 그 공업이 천하에 미칠 수

25) 본편은 탕(湯)왕을 도와 걸(桀)을 정벌하고 은(殷)을 세운 명재상 이윤이 사전에 걸에 대한 미련을 버리지 못하고 그를 다섯 차례나 찾아간 일에 대해 풀이한 글이다. 작자는 바로 백성을 살리고 빨리 공업을 이루기 위한 것이었다며, 이윤의 위대함이 바로 그 점이라고 풀이하였다. 이 글은 작자가 왕숙문(王叔文)이 이끄는 진보적 정치집단에 참여했던 일에 대한 변론으로 풀이할 수 있다. 전반부는 서문 성격의 산문이며, 후반부는 압운한 찬어(贊語)이다.

있으리라.' 그리하여 걸에게로 갔다. 그러나 과연 걸은 아니 되겠기에 탕을 따랐다. 그 후에 다시 생각하길, '그래도 열에 하나라도 가능하지 않겠는가? 백성들이 빨리 그 은택을 입게하자'며 다시 걸에게 갔다. 그러나 걸은 아니 되겠기에 또다시 탕에게 갔다. 그렇게 백에 하나, 천에 하나, 만에 하나의 가능성을 보다가 끝내 아니 되겠기에 탕의 재상이 되어 걸을 정벌하였다. 그리하여 탕으로 하여금 요·순임금과 같이 되게 하였고 그 백성들로 하여금 요·순임금의 백성이 되게 하였다. 이 점이 내가 보는 이윤의 위대한 점이다. 탕은 지극히 어질었으나 네 차례나 떠났고, 걸은 지극히 어질지 못하였으나 다섯 차례나 찾아갔다. 큰 인물이 속히 공을 세우려는 욕심은 이와 같다. 그렇지 않다면, 탕과 걸의 차이는 보통 사람들이 모두 아는 바이니, 부지런히 오고 간 성인의 발걸음을 또 어떻게 볼 것인가? 내가 보기에 성인 중에 백성 살리기를 서둘렀던 이는 이윤보다 더한 이가 없다. 이윤의 위대함 중에 걸에게 다섯 차례나 찾아간 점보다 더한 것이 없다." 이에 이윤오취걸찬(伊尹五就桀贊)을 짓는다.

성인 중에 이윤이 계시어,
백성에게 덕 베풀 것을 생각하셨다.
어진 탕에게 가시어선,
하시는 말씀이 "어질기는 어질지만,
오래 되지 않고서는 신임을 못 얻겠다."
물러나 그 빠른 길을 생각하시더니,
하(夏)를 따름이 마땅하다고 여기셨다.[26)]
그에게 갔다가 아니 되겠기에,
다시 박(亳)지방 은(殷)에게 돌아오셨다.[27)]
그래도 더딜 것을 참지 못하시어,

---

26) 하(夏)는 걸(桀)의 통치 조직을 의미한다.
27) 박(亳)은 은(殷)을 세운 탕(湯)이 걸(桀)을 정벌하기 전에 군대를 정돈했던 곳이다.

여러 차례 걸(桀)에게 가 보셨다.
미치광이 걸이 성인이 되어,
그 어느날 잔인함을 극복하길 기대하셨다.
천에 하나 만에 하나를 기대하셨으나,
끝내 그럴 기미가 없었다.
다섯 차례나 가시고도 피곤해하지 않으시고,
그제야 마음 편히 여기셨다.
마침내 이산(陑山)에 오르시어,[28]
걸을 정벌하고 탕을 받드시니,
그로써 유민들은 온전했다.
대인(大人)께선 비할 이 없으시며,
도(道)와 짝이 되신다.
도(道)의 위대함은,
백성의 부모 됨에 있다.
위대하시도다, 이윤이시여,
성인 중의 으뜸이시다.
어진 이를 만나시고도,
여전히 그 더딤을 탓하셨다.
범인(凡人)이 의아해하는 점이,
내가 위대하게 여기는 점이다.
아아, 원대하도다!
기록하여 가르침으로 삼는다.

伊尹五就桀, 或疑曰 : "湯之仁聞且見矣, 桀之不仁聞且見矣, 夫何去就之亟也?" 柳子曰 : "惡, 是吾所以見伊尹之大者也. 彼伊尹, 聖人也. 聖人

28) 이산(陑山)은 걸(桀)을 정벌한 산이다.

出於天下, 不夏、商其心, 心乎生民而已. 曰 : '孰能由吾言? 由吾言者爲堯、舜, 而吾生人堯、舜人矣.' 退而思曰 : '湯誠仁, 其功遲; 桀誠不仁, 朝吾從而暮及於天下可也.' 於是就桀. 桀果不可得, 反而從湯. 旣而又思曰 : '尙可十一乎? 使斯人蚤被其澤也.' 又往就桀. 桀不可, 而又從湯. 以至於百一、千一、萬一, 卒不可, 乃相湯伐桀. 俾湯爲堯、舜, 而人爲堯、舜之人, 是吾所以見伊尹之大者也. 仁至於湯矣, 四去之; 不仁至於桀矣, 五就之, 大人之欲速其功如此. 不然, 湯、桀之辨, 一恒人盡之矣, 又奚以憧憧聖人之足觀乎? 吾觀聖人之急生人, 莫若伊尹; 伊尹之大, 莫若於五就桀." 作伊尹五就桀贊 :

聖有伊尹, 思德於民. 往歸湯之仁, 曰仁則仁矣, 非久不親. 退思其速之道, 宜夏是因. 就焉不可, 復反亳殷. 猶不忍其遲, 亟往以觀. 庶狂作聖, 一日勝殘. 至千萬冀一, 卒無其端. 五往不疲, 其心乃安. 遂升自陑, 黜桀尊湯, 遺民以完. 大人無形, 與道爲偶. 道之爲大, 爲人父母. 大矣伊尹, 惟聖之首. 旣得其仁, 猶病其久. 恒之所疑, 我之所大. 嗚呼遠哉! 志以爲誨.

양구거찬(梁丘據贊 : 양구거를 찬양하는 글)[29]

제(齊)의 경공(景公)에게 총애하는 신하로 양구자(梁丘子)라는 이가 있었으니, 주군과 쟁론하지 않아 예로부터 아첨꾼 선비[媚士]로 이름났다. 주

29) 본편은 제(齊) 경공(景公)의 총애를 받던 양구거(梁丘據)가, 비록 미사(媚士)라는 악명을 지닌 인물이기는 하여도, 안자(晏子)를 비방하지 않아 국정을 해치지 않은 일을 찬양한 글이다. 양구거는 자가 자유(子猶)이다. 유종원은 글 가운데서 아첨은 자신이 원수로 여기는 바라고 하면서도 미사(媚士)로 이름난 양구거가 안자를 비방하지 않고 도운 점을 극찬하였는 바, 이는 먼 외지로 쫓겨난 자신을 변론해 줄 사람이 없는 현실에 대한 다시없는 절망과 애통의 심정을 반영하고 있는 것이라고 할 수 있다.

군이 슬퍼하면 역시 슬퍼하고 주군이 좋아하면 역시 좋아했다.30) 그러나 그 현명함을 어찌 칭찬하지 않겠는가? 그리하여 이 글로 찬양한다. 아첨은 내가 원수로 삼는 일인데도 그를 찬양하는 것은 그 까닭이 있다. 양구거(梁丘據)의 아첨은 주군의 마음을 따르고 귀를 즐겁게 해 준 일이다. 그러나 끝내 그 정치를 어그러뜨리지 않았으며 자기의 반대편을 질시하지 않았다. 안자(晏子)가 재상이 됨에 양구는 그를 비방하지 않았다. 그에게 정사를 맡기어 잘 다스려지게 하였다. 한번은 안자의 식사에 고기도 없고 맛난 것이 없음을 보고는 배부르지 못할까 안타깝게 여기어 주군에게 고해 하사품을 내리게 하였다. 안자도 마음으로 이를 즐겼으며 국세는 기울지 않았다. 그러나 후대의 총신(寵臣)들은 이를 본받은 이가 드물다. 아첨으로 주군을 이끌고, 바른 말을 들으면 기피하였다. 현인들을 참소하며 악인들을 도와 백성의 생활은 좀먹고 나라는 기울어지게 만들었다. 아아! 어찌 단지 현인들이 옛날만 못하겠는가, 총신들도 양구거와 같지 못하다. 양구거를 그리워하니 안자의 경우야 어떻겠는가? 양구거를 격찬하노라니 마음조차 심하게 부서진다!

齊景公有嬖, 曰梁丘子, 同君不爭, 古號媚士. 君悲亦悲, 君喜亦喜. 曷賢不贊? 卒贊於此. 媚余所仇, 激贊有以. 梁丘之媚, 順心狎耳. 終不撓厥政, 不嫉反已. 晏子躬相, 梁丘不毀. 恣其爲政, 政實允理. 時睹晏子食, 寡肉缺味. 愛其不飽, 告君使賜. 中心樂焉, 國用不墜. 後之嬖君, 罕或師是. 導君以諛, 聞正則忌. 讒賢協惡, 民蠹國圮. 嗚呼! 豈惟賢不逮古, 嬖亦莫類. 梁丘可思, 又況晏氏? 激贊梁丘, 心焉孔瘁!

---

30) 양구거(梁丘據)는 자가 자유(子猶)로 제나라의 총애 받는 대부였다. 『좌전』 소공(昭公) 20년의 기록에 제나라 제후와 안자(晏子)의 다음과 같은 대화가 전한다. 제나라의 제후가 "나와 구거가 조화[和]를 이루는가?"하고 묻자, 안자(晏子)가 답하였다. "구거는 같음[同] 뿐입니다. 어찌 조화를 이룬다고 하겠습니까? 주군께서 가하다고 하시면 구거도 가하다고 하고, 주군께서 불가하다고 하시면 구거 역시 불가하다고 합니다."

벽력금찬인(霹靂琴贊引 : 벽력금을 위한 찬사)[31)]

벽력금(霹靂琴)은 영릉(零陵)의 상수(湘水) 서쪽에 있던 벼락 맞은 마른 오동나무로 만든 것이다. 오동나무는 처음부터 바위 위에서 자랐는데, 이야기꾼의 말에 의하면, 교룡(蛟龍)이 그 나무 구멍에 살았으며 어느 날 저녁 사나운 벼락으로 불이 붙어 아침이 되어서야 꺼졌고, 타다 남은 나무가 쾅하고 도로 위에 거꾸로 떨어져 누웠다고 한다. 부근의 주민들이 가지를 가져다가 땔나무로 삼았는데, 초도인(超道人)이 그 이야기를 듣고는 남은 나무통을 가져다가 거문고 셋을 만들었다. 거문고는 그 재료로 오동나무보다 더 좋은 것이 없으며, 오동나무 중에서도 바위 위에서 자라난 것보다 좋은 것이 없고, 바위 위에서 자란 것 중에서도 마른 것이 더욱 좋으며, 불에 타다 남은 것은 또 더욱 좋으며, 벼락에 맞아 불탄 것은 특이한 것이다. 이 거문고는 좋고 또 특이하다. 두 가지가 합하여 명품이 되었으니 천하에 다시없을 거문고다. 도인이 없었다면 천하의 명품이 자칫 사라질 뻔하였다. 나는 찬양하는 글을 지어 거문고 구멍 좌우에 기록하여 그 일을 알리고, 또 서문을 더해 그 사실을 전하는 방편으로 삼는다. 찬사(贊辭)는 다음과 같다.

상수(湘水)의 가에서 자라나고,
높은 바위 위에서 자라났다.
용이 깃들어 신령스럽고,
벼락에 타 신기하다.
좋고도 특이하니,

31) 본편은 벼락을 맞은 오동나무로 만든 거문고를 찬양하는 글이다. 서문에서는 거문고를 만든 재료의 특이함에 이어 그 가치를 알아보고 거문고를 만든 도인의 일을 비교적 상세하게 기술하였으며, 이어진 찬사(贊辭)는 4언 8구로 간결하다.

실로 명품 중의 명품이다.
초(超)도인께서 실제 만드시고,
유자(柳子)가 찬사(贊辭)를 쓴다.[32)]

霹靂琴, 零陵湘水西震餘枯桐之爲也. 始枯桐生石上, 說者言有蛟龍伏其窾, 一夕暴震, 爲火之焚, 至旦乃已, 其餘硿然倒臥道上. 震旁之民, 稍柴薪之. 超道人聞, 取以爲三琹. 琴莫良於桐, 桐之良莫良於生石上, 石上之枯又加良焉, 火之餘又加良焉, 震之於火爲異. 是琹也, 旣良且異, 合而爲美, 天下將不可載焉. 微道人, 天下之美幾喪. 余作贊辭, 識其越之左與右, 以著其事, 又益以序, 以爲他傳. 辭曰 :

惟湘之涯, 惟石之危. 龍伏之靈, 震焚之奇. 旣良而異, 爰合其美. 越實爲之, 贊者柳子.

존승당찬(尊勝幢贊 : 존귀하고 뛰어난 경당을 위한 찬어) 병서(幷序)[33)]

부처님은 존귀하시기에 그 불법도 존귀하게 여겨 산 정상에 모시니 가장 뛰어나고 마땅한 장소이다. 존귀하고 또 뛰어난 곳이니 중생을 구제하

32) 유자(柳子)는 작자 자신을 가리킨다.
33) 본편은 영주에서 알고 지내던 이영청(李永淸)이 죽은 첩의 묘 옆에 당(幢)을 세우자 그에 대해 쓴 찬어이다. 비단 깃발에 불경의 내용을 기록하여 절의 표지로 세우는 것을 경당(經幢)이라고 하는데, 본문의 당은 이영청의 첩의 묘지 옆에 세운 불교의 교리를 새긴 바위를 가리킨다. 편명의 '존승(尊勝)'은 당에 기록된 불교의 교리가 존귀하고 또 뛰어난 것이라는 의미이다. 한편, 본편에서 불교에 대한 유종원의 찬양이 지나치다는 지적이 있는데, 혹자는 친구사이를 고려한 부득이한 대접용 글이라고 풀이하기도 한다. 영주에서의 글이다.

심이 더욱 크리라. 먼지 날아가니 재난이 사라지고, 그림자 비치어 복이 이르니, 목주(睦州)는 정성을 바쳐 의심하지 않았다.[34] 그리하여 바위 갈아 여섯 면을 만들었는데 그 크기는 반 심(尋)으로,[35] 그 위에 전각하여 마유인(馬孺人)의 묘지 옆에 세웠다.[36] 마유인은 평생 불교를 신봉하여 태만히 한 적이 없었다. 지금 세상을 떠났으나 목주가 그 뜻을 이루어주려고 가장 뛰어나고 존귀한 불교의 도리를 바위에 새겨 그 훌륭한 신앙을 연속시켜주었다. 그러니 그녀는 부처님이 계신 곳에 살며 불교의 도리를 깨달을 것임에 의심의 여지가 없다. 찬어(贊語)는 다음과 같다.

세상에선 부처님을 존숭하며 그 도리도 존숭하니,
가장 뛰어난 곳에 모시며 보배로 여긴다.
크나큰 고난에서 구제하시어 지극한 진실의 경지에 올리시니,
영험함은 찬양되기 합당하고 신령으로서 신령스럽다.
원기(元氣)를 몰아 현진(玄津)을 건너시니,[37]
그 누가 벗하겠는가 하면 품덕이 뛰어난 자이다.
품덕에 다함이 없고 바위도 손상되지 않으리니,
영원토록 이어지고 땅 끝에서 제사 드리리다.
영혼이 복을 받으리니 이공(李公)의 정성 덕분이다.

以佛之爲尊而尊是法, 嚴之於頂, 其爲最勝宜也. 旣尊而勝矣, 其爲拔濟尤大. 塵飛而灾去, 影及而福至, 睦州於是誠焉不疑. 襲石六觚, 其長半尋, 乃篆乃刻, 立之馬孺人之墓. 孺人之生, 奉佛道未嘗敢怠. 今旣沒, 睦

---

34) 목주(睦州)는 이영청(李永淸)으로, 목주자사를 지냈으며 순주(循州)로 쫓겨났다가 원화 3년(808)에 영주로 옮겨왔다.
35) 심(尋)은 발, 통설은 8척(尺)의 길이.
36) 마유인(馬孺人)은 글 속의 목주(睦州) 즉 이영청(李永淸)의 첩(妾)으로, 원화 5년(810)에 영주에서 죽어 묻혔다.
37) 현진(玄津)은 현묘한 나루로, 불교의 교리를 의미한다.

州又成其志, 擇最勝且尊之道, 文之於石, 以延其休. 則其生佛所得佛道, 宜無疑也. 贊曰 :

世所尊兮又尊道, 勝無上兮以爲寶. 拔大苦兮升至眞, 靈合贊兮神而神. 駕元氣兮濟玄津, 誰爲友兮上品人. 德無已兮石無磷, 延永世兮奠坤垠. 靈受福兮公之勤.

용마도찬(龍馬圖贊 : 용마도를 위한 찬어) 병서(幷序)[38]

내가 처음에 명황제(明皇帝) 재위 때에 영창군(靈昌郡)에서 황하에서 기이한 말을 얻었다고 들었을 때 그 모습을 알 수 없었는데,[39] 호사가인 탁(涿)지방 사람 노준(盧遵)이 내게 그 그림을 가져와 보여주었다. 그 모습은 용의 비늘 같은 피부에 살무사의 꼬리, 곱슬거리는 털에 둥근 눈과 살로 된 갈기를 하였으니, 영험하고 괴이한 말은 이런 모습인가? 이 말은 궁전의 마구간에서 근 이십 년을 지냈으며, 봉선(封禪)의 행사와 교외에서의 적전(籍田) 경작에 참여했으며,[40] 방울을 달고 수레를 몬 일이 수십 차례나

38) 본편은 외사촌 동생 노준(盧遵)이 보여준 용마(龍馬)라는 특이한 말의 그림을 보고 그 말을 찬양한 글이다. 그 말이 때맞춰 출연하고 신령스럽게 사라져 덕을 온전히 보전했음을 찬양하고 있다. 다만 유종원은 「관팔준도설(觀八駿圖說)」에서 말의 특이한 외형에 집착하는 행태를 비판한 바가 있는데, 이 글에서는 그 특별한 외형을 긍정적으로 찬양하여 그 입장이나 태도가 모순된다. 장사교(章士釗)는 본편의 내용이 유종원이 지녔던 평생의 포부나 이상과는 어긋난다며 혹은 폄적생활의 외로움에서 외사촌 동생의 비위를 맞추어 쓴 것이 아닌가하고 의심한다. 또한 조심스레 위작의 가능성까지 제기하고 있다.

39) 개원(開元) 29년에 활주(滑州)자사 이옹(李邕)이 기이한 말을 바쳤는데 하루에 삼 백리를 갔다. 노준(盧遵)은 유종원의 외사촌 동생이다.

40) 봉선(封禪)은 천자가 천지의 신에게 제사지내는 큰 의식으로, 봉(封)은 태산(泰山)에 제단을 쌓고 하늘에 제사를 드려 그 공에 보답하는 것이고, 선(禪)은 태산 아래의 양보산(梁父

되었다. 난리를 만나 황제께서 서쪽으로 피난하실 때 함양(咸陽) 서쪽에서 위수(渭水)로 들어가 용이 되어 헤엄쳐갔는데 어디로 갔는지 모른다.[41] 또 출현할 때는 그때를 맞추었으며 사라질 때는 그 신령스러움을 간직하였으니 이는 완전한 덕(德)이다. 그 모습을 보았으니 찬미하지 않을 수 없다.

영험하고 온화하며 순수하고 특이하니,
지극히 신령스러움을 갖추었다.
맨살의 꼬리와 살이 드러난 갈기에,
가지런한 자주빛 비늘의 피부이다.
우뚝하니 뛰어나 특출하니,
성인께서 출현할 길조였다.
세상은 태평하고 화락하며,
온갖 음악이 연주되었다.
방울 울리면서 황제의 수레 끌며,
큰 길에서 인솔하여 앞서 나갔었다.
세상이 잡되고 도는 어그러졌으니,
진실을 우리에게 돌려다오.
구슬피 울며 목 길게 뽑아,
위수(渭水)가에서 그리워한다.
껑충 뛰어 잠수하여,
깊고 넓은 물밑으로 가라앉았구나.
깊은 물속에 살며 바다로 갔다면,
그 영험함 이웃할 자 없으리라.

山)에 터를 닦고 제사 드려 땅의 은혜에 보답하는 것이다. 개원 23년에 현종(玄宗)이 봉선을 거행했다. 적전(籍田)은 천자와 제후가 백성을 징발하여 경작하던 토지로, 권농의 의미로 친히 밭을 갈아 시범을 보였으며 그곳에서 수확한 곡식으로 종묘에 제사지냈다.

41) 안사의 난으로 천보(天寶) 15년에 현종은 촉(蜀)지방으로 피난했다.

출현할 때는 제 때였으니,
지극히 어진 듯도 하였다.
아아, 수많은 말들이여,
그 누가 네 짝이 될 것인가?
그들은 어두울 때 쓰이고 난리 중에 죽어,
저 자신을 해쳤도다.
이 말을 연모하지 않는다면,
그 누구를 가까이하랴?
이 그림을 찬미하니,
마땅히 세상의 보배로다!

始吾聞明皇帝在位, 靈昌郡得異馬於河, 而莫知其形. 好事者涿人盧遵以其圖示余. 其狀龍鱗、虺尾、拳髦、環目、肉鬣, 馬之靈怪有是耶? 居帝閑, 爲馬幾二十年, 從封禪郊籍, 鳴和鑾者數十事. 遇禍亂, 帝西幸, 馬至咸陽西入渭水, 化爲龍泳去, 不知所終. 且其來也宜于時, 其去也存其神, 是全德也. 旣覩其形, 不可以不贊 :

靈和粹異, 孕至神兮. 倮尾童鬣, 踈紫鱗兮. 巍然特出, 瑞聖人兮. 理平和樂, 禮樂陳兮. 鳴鑾在御, 大路遵兮. 世厖道悖, 還吾眞兮. 哀鳴延首, 慕水濱兮. 沛焉潛泳, 旋淪淪兮. 淵居海逝, 靈無鄰兮. 出處孔時, 類至仁兮. 嗟爾衆類, 孰是倫兮. 進昏死亂, 阽厥身兮. 匪馬之慕, 吾誰親兮? 贊之斯圖, 宜世珍兮!

계구잠(戒懼箴: 두려움을 경계하는 잠언)[42)]

사람으로서 두려움을 모른다면,
어찌 큰일을 하리요?
두려움을 아는 것은 훌륭하지만,
그 두려움을 없애는 것보다는 못하다.
어리석어 멍청하거나,
생각하지 않음을 말하는 것이 아니다.
화(禍)가 닥치고야 두려워한다면,
그것은 진정으로 무지한 것이다.
군자의 두려워함은,
화가 시작되기 전의 두려워함이다.
미미한 것에서 화의 기미가 발동하고,
일은 이치에 따라 변천한다.
말할 때는 두려움에 다시 생각하고,
행동할 때는 중지한다.
그러나 마음이 결정되고 도리에 부합되면,
형세에 따라 시작해야 한다.
시작하여 화를 당하는 것을,
군자는 부끄러워하지 않는다.
이는 도리의 잘못도 아니고,
마음의 잘못도 아니다.

---

42) 본편은 두려워함[懼]에 대한 잠언이다. 두려워하는 마음은 일을 시작하기 전에만 필요하며 그 결과에 대해서는 신념을 지녀 그 두려움을 극복할 것을 강조하여, 작자의 적극적인 태도를 보여준다. 혹자는 왕숙문(王叔文)이 몰락하기 전의 글이라고 하나, 글의 내용으로 보아 역시 폄적된 이후의 글로 여겨진다. 전문이 4언구로 이루어졌다.

두려움은 두려움일 뿐이니,
그 두려움이 어쩌겠는가?
군자는 두려워하지 않으니,
오직 처음에만 두려워한다.

人不知懼, 惡可有爲? 知之爲美, 莫若去之. 非曰童昏, 昧昧勿思. 禍至後懼, 是誠不知. 君子之懼, 懼乎未始. 幾動乎微, 事遷乎理. 將言以思, 將行以止. 中決道符, 乃順而起. 起而獲禍, 君子不恥. 非道之愆, 非中之詭. 懼而爲懼, 雖懼焉如? 君子不懼, 爲懼之初.

우잠(憂箴 : 근심에 대한 잠언)[43]

근심이 없을 수 있겠는가?
누구라도 편안하기만 할 수는 없다!
그대가 근심하지 않는다면,
근심거리가 날마다 생겨날 것이다.
근심은 늘 있을 수는 없다.
늘 있다면 그 누가 기뻐하겠는가?
그대가 늘 근심만 한다면,
그것은 소인배의 근심이다.
근심하는 바른 방법을 묻는다면,
내 그대에게 알려주리다.

43) 본편은 근심하며 조심할 바에 대한 잠언(箴言)으로, 전문이 4언구로 구성되었다.

좋은 일을 듣고도 실천하지 않음과,
잘못이 있는데도 고치지 않음을 근심하라.
말해야 하는데도 말하지 않음과,
말하지 않을 때에 번거롭게 말함을 근심하라.
마땅히 물러날 때에 만용을 부림과,
두려워하지 말아야할 때 두려워함을 근심하라.
마음속은 비록 간곡하여도,
지나치고 또 모자라게 된다.
근심하는 좋은 방법은,
그런 일들을 서둘러 근심하는 것이다!
속마음이 불만스러운데도,
심히 편안해하는 것은 근심거리이다.
되돌아 반성하여 허물이 없다면,
비록 죽는다 해도 여유롭다.
근심할 바는 도리(道理)에 있지,
화(禍)에 있지 않다.
사전에 조짐을 본다면,
과오를 없앨 수 있다.
이와 같이 그대에게 고하니,
지키고 버리지 말라!

憂可無乎? 無誰以寧! 子如不憂, 憂日以生. 憂不可常, 常則誰懌? 子常其憂, 乃小人戚. 敢問憂方, 吾將告子 : 有聞不行, 有過不徙; 宜言不言, 不宜而煩; 宜退而勇, 不宜而恐. 中之誠懇, 過又不及. 憂之大方, 唯是焉急! 內不自得, 甚泰爲憂. 省而不疚, 雖死優游. 所憂在道, 不在乎禍. 吉之先見, 乃可無過. 告子如斯, 守之勿墮!

사우잠(師友箴: 스승과 친구에 관한 잠언) 병서(幷序)[44]

오늘날의 세상에선 스승된 자를 사람들은 비웃으니 온 세상이 스승을 따르지 않는다. 그래서 바른 도리에서 더욱 멀어진다. 친구된 자는 도리를 따르지 않고 이익을 따른다. 온 세상에 진정한 친구가 없으니 도리는 더욱 버려진다. 아아! 이때에 태어난 것이 잘못이다. 노래 지어 잠언으로 삼는다. 자신을 경계하고, 또 남에게 경계시키고자 한다.

스승을 따르지 않으면 어찌되겠는가?
나를 어떻게 완성할 수 있겠는가!
진정한 친구를 사귀지 않는다면 어찌되겠는가?
나를 어떻게 발전시키겠는가!
내 스승을 따르고 싶지만,
따를 만한 이 그 누구인가?
따를 만한 이가 있다고 해도,
온 세상이 그를 비웃는다.
내 친구를 사귀고 싶지만,
사귈 만한 이 그 누구인가?
사귈 만한 이가 있다고 해도,
중도에서 혹 나를 버린다.
중니(仲尼)는 다시 태어나지 못하고,
포숙아(鮑叔牙)는 죽은 지 오래이다.[45]

44) 본편은 스승을 따르고 친구를 사귀는 것에 관한 잠언이다. 전반부는 서문에 해당한다. 공자나 포숙아를 내세우며 그밖에 스승이나 친구로 삼을 만한 이가 없음을 한탄하는 어기를 내포하고 있다. 혹자는 한유(韓愈)가 「사설(師說)」에서 "스승이 반드시 제자보다 낫지는 않다"라고 하면서 남에게서 배우려는 자세를 견지한 것과 대비시켜 양자의 우열을 논하기도 한다.

이 두 사람 스승과 친구 삼을 만하지만,
내게는 어울리지 않을 것이 두렵다.
중정(中正)을 지녔으면 스승으로 따를 만하고,
치욕을 견딘다면 친구로 사귈 만하니,
이 두 가지를 신중히 하여,
후일을 조심하리다.
바른 도를 갖춘 이라면,
거지라도 짝이 되고,
도를 거스르는 이라면,
공후(公侯)라도 피하리다.
안으로는 옛일에서 살피고,
밖으로는 사물에서 살펴,
스승으로 모시고 친구를 사귐에 있어,
공경스럽게 소홀함이 없으리라!

今之世, 爲人師者衆笑之, 擧世不師, 故道益離; 爲人友者, 不以道而以利, 擧世無友, 故道益棄. 嗚呼! 生於是病矣, 歌以爲箴. 旣以儆已, 又以誡人.

不師如之何? 吾何以成! 不友如之何? 吾何以增! 吾欲從師, 可從者誰? 借有可從, 擧世笑之. 吾欲取友, 誰可取者? 借有可取, 中道或捨. 仲尼不生, 牙也久死, 二人可作, 懼吾不似. 中焉可師, 耻焉可友, 謹是二物, 用惕爾後. 道苟在焉, 傭丐爲偶; 道之反是, 公侯以走. 內考諸古, 外考諸物, 師乎友乎, 敬爾無忽!

---

45) 포숙아(鮑叔牙)는 관중(管仲)을 제(齊) 환공(桓公)의 재상으로 추천하고 또 그의 잘못을 용서하고 이해한 인물로, 두 사람의 관계는 '관포지교(管鮑之交)'라 하여 가장 바람직한 친구관계로 평가되고 있다.

적계(敵戒: 적과 관련하여 경계할 점)[46]

누구나 적(敵)의 증오스러움은 알지만 그것의 큰 도움은 모른다. 누구나 적의 해로움은 알지만 그것의 커다란 이점은 모른다. 진(秦)나라에게는 여섯 나라가 있었기에 조심하여 강성해졌는데,[47] 그들이 제거되자 자만하다가 망하였다. 진(晋)나라가 언(鄢)지방에서 초(楚)나라를 격파하자 범문(范文)은 그 일을 걱정거리로 삼았다.[48] 결국 여공(厲公)이 국사를 계획하지 못하여 온 나라에 원망이 생겨났다.[49] 맹손(孟孫)은 장손(臧孫)을 미워했는데 맹손이 죽자 장손은 근심하며, 약과 침이 없어졌으니 내가 죽을 날도 멀지 않았다고 하였다.[50] 그 이치를 아는 지혜로운 이도 끝내는 위험에 빠져드니, 하물며 오늘날에 그 점을 생각하지 않는 이들이야 어떠랴! 적이 존재하면 두려워하고 적이 사라지면 춤을 추는데, 방비를 풀고 자만한다면 단지 더욱 화를 부를 뿐이다. 적의 존재는 화를 없애고 적의 소멸은 잘못을 부른다. 이 점을 알 수 있다면 그의 도(道)는 위대하고 이름은 드날린다. 질병을 경계하면 장수할 수 있으며, 건강을 자부하면 별안간 죽는

46) 본편은 적의 존재가 오히려 허물과 재난을 멀리하게 해주며, 적이 사라졌다고 자만하면 재난이 닥친다는 이치를 강조한 글이다. 혹자는 덕종(德宗)과 순종(順宗)을 위한 것이라고 하였으나, 혹자는 헌종(憲宗)을 향한 것이라고 한다. 후자의 주장이 더욱 설득력을 지닌다. 헌종 원화 12년부터 13년(817~818)에 걸쳐 회서(淮西)의 군벌들을 평정하는 등, 당 왕조는 일시적 중흥기를 맞이하였는데, 원화 14년(819)에 아첨하는 신하들에 포위된 헌종은 '원화성문신무법천응도황제(元和聖文神武法天應道皇帝)'의 존호가 더해졌으며 통치계층은 사치를 더하였다. 이 글은 이해에(819) 그런 현실에 대해 경계한 글로 여겨진다. 실제로 다음 해인 원화 15년(820) 말에 헌종은 환관들에 의해 피살되었다.

47) 진나라는 제(齊)·초(楚)·연(燕)·조(趙)·한(韓)·위(魏)를 멸망시킨 후 다음 대에 망하였다.

48) 진(晋)의 군대가 언릉(鄢陵)에서 초나라 군대를 격파하자 대부였던 범문자(范文子)는 어린 임금에게 더욱 조심하라고 경계하였다.

49) 여공(厲公)은 초나라 군대를 격파하고 언릉(鄢陵)에서 돌아와 사치를 일삼으며 대신들을 물리치고 측근들을 등용하다가 일년 후에 내란을 초래했다.

50) 맹손(孟孫)과 장손(臧孫) 모두 춘추시대 노(魯)나라의 대부였다. 맹손의 미움을 받던 장손은 막상 맹손이 죽고 나자 자신을 위한 양약이 없어졌다며 애통해 했다.

다. 욕심대로 하며 경계하지 않는다면 멍청이가 아니면 노망든 늙은이다. 경계의 이 글을 지으니, 이를 잘 생각하는 이에게는 과오가 없으리라.

皆知敵之仇, 而不知爲益之尤; 皆知敵之害, 而不知爲利之大. 秦有六國, 兢兢以强; 六國旣除, 訑訑乃亡. 晉敗楚鄢, 范文爲患; 厲之不圖, 擧國造怨. 孟孫惡臧, 孟死臧恤; 藥石去矣, 吾亡無日. 智能知之, 猶卒以危; 矧今之人, 曾不是思! 敵存而懼, 敵去而舞, 廢備自盈, 秖益爲瘉. 敵存滅禍, 敵去召過. 有能知此, 道大名播. 懲病克壽, 矜壯死暴. 縱欲不戒, 匪愚伊耄. 我作戒詩, 思者無咎.

삼계(三戒: 세 가지 경계할 일) 병서(幷序)[51]

나는 늘 세인들이 자기 본분을 모르고 외부의 사물을 빌어 멋대로 구는 것을 미워하였는데, 혹은 세력에 의존하여 자신과 다른 부류를 건드리고, 혹은 재주를 부려 강자를 노하게 만들고, 혹은 때를 악용하여 포악하게 굴지만, 끝내는 화를 당한다. 혹자가 고라니·나귀·쥐의 세 동물의 이야기를 하였는데, 그 일이 앞의 경우와 유사하여 「삼계(三戒)」를 짓는다.

吾嘗惡世之人, 不推己之本, 而乘物以逞, 或依勢以干非其類, 出技以怒强, 竊時以肆暴, 然卒迨於禍. 有客談麋、驢、鼠三物, 似其事, 作三戒.

---

51) 본편은 영주에서 지은 대표적인 우언문으로서 동물을 소재로 한 세 편의 독립된 글과 서문으로 구성되어 있다. 서문에서 각 편의 주지를 요약하고 있다. 주로 조정에서 권세의 그늘 아래 악행을 일삼는 무능한 존재들에 대한, 나아가 그들을 방임하는 통치자에 대한 강한 풍자의 내용을 담고 있다. 탄탄한 사건 구성과 전형의 창조 및 풍자성 등에서 매우 뛰어나, 유종원의 우언문 가운데서도 완성도가 매우 높은 작품으로 평가되는 작품이다.

임강지미(臨江之麋 : 임강지방의 고라니)

임강(臨江)지방의 어떤 사람이 사냥하여 고라니를 잡고는 집안에 기르고자 하였다.[52] 집안에 들어서니 뭇 개들이 침을 흘리며 꼬리를 세우고서 몰려왔다. 주인은 화를 내며 그들을 겁주었다. 이때부터 고라니를 안고 개들에게 다가가 익숙하도록 만들고 건드리지 못하게 하면서 조금씩 같이 놀게 하였다. 오래되자 개들은 모두들 주인의 뜻을 따랐다. 고라니는 점점 자라자 자신이 고라니인 것을 잊고 개들이 자신의 진정한 친구라고 여기어, 맞서고 나뒹굴며 더욱더 가깝게 지냈다. 개들은 주인을 겁내 고라니와 함께 비위를 맞추며 잘 지냈다. 그러나 수시로 입맛을 다셨다. 삼 년이 지나 고라니는 문을 나섰는데, 밖의 개들이 길가에 많이 있는 것을 보고는 달려가 함께 장난하고자 하였다. 밖의 개들이 고라니를 보고 좋아하기도 하고 화도 내면서 모여들어 죽여 먹어치우니 그 흔적이 길에 낭자했다. 그러나 고라니는 죽으면서도 그 까닭을 깨닫지 못하였다.

臨江之人, 畋得麋麑, 畜之. 入門, 羣犬垂涎, 揚尾皆來. 其人怒, 怛之. 自是日抱就犬, 習示之, 使勿動, 稍使與之戲. 積久, 犬皆如人意. 麋麑稍大, 忘己之麋也, 以爲犬良我友, 抵觸偃仆, 益狎. 犬畏主人, 與之俯仰甚善, 然時啖其舌. 三年, 麋出門, 見外犬在道甚衆, 走欲與爲戲. 外犬見而喜且怒, 共殺食之, 狼籍道上. 麋至死不悟.

검지려(黔之驢 : 검 지방의 나귀)

검(黔) 지방에는 나귀가 나지 않았는데, 일 만들기 좋아하는 어떤 사람이 배에 싣고 들여왔다.[53] 그러나 이르러보니 쓸모가 없어 산 아래에 풀

52) 임강(臨江)은 지금의 강서성(江西省) 청강현(淸江縣)을 가리킨다.

어주었다. 호랑이가 보니 덩치가 커다란지라 신령스런 동물로 여겼다. 그리하여 숲에 숨어 훔쳐보며 조금씩 접근하였는데, 조심스러워하며 어떤 존재인지 몰랐다. 후일, 나귀가 한 차례 울어대자 호랑이는 몹시 놀라 멀리 숨으며 자기를 물려는 줄 알고 매우 두려워했다. 그러나 오가며 보고는 특이한 능력이 없음을 깨달았다. 더욱 그 소리에 익숙해지고 또 앞뒤로 접근하면서도 끝내 감히 덤벼들지는 못하였다. 조금씩 가까이 가 장난치며 흔들어대고 덤벼드니 나귀는 화를 참지 못하고 발길질을 하였다. 그러자 호랑이는 기뻐하며, "재주가 그 정도이구나!" 하고 생각하고는 뛰어들어 크게 부르짖고는 그 목줄기를 끊고 살을 모두 먹어치우고는 사라졌다. 아아! 덩치가 커서 덕(德)이 있음 직하고 소리가 우렁차서 능력이 있음 직하였다. 전에 재주를 내보이지 않았을 때는 호랑이가 비록 사나워도 겁내고 머뭇거려 끝내 감히 덤비지 못했었다. 그런데 지금 이렇게 되었으니 슬픈 노릇이다!

黔無驢, 有好事者船載以入. 至則無可用, 放之山下. 虎見之, 尨然大物也, 以爲神. 蔽林間窺之, 稍出近之, 慭慭然莫相知. 他日, 驢一鳴, 虎大駭, 遠遁, 以爲且噬已也, 甚恐. 然往來視之, 覺無異能者. 益習其聲, 又近出前後, 終不敢搏. 稍近, 益狎, 蕩倚衝冒, 驢不勝怒, 蹄之. 虎因喜, 計之曰 : "技止此耳!" 因跳踉大㘎, 斷其喉, 盡其肉, 乃去. 噫! 形之尨也類有德, 聲之宏也類有能. 向不出其技, 虎雖猛, 疑畏, 卒不敢取. 今若是焉, 悲夫!

53) 검(黔)은 당대의 검중도(黔中道)로서 그 관할 지역은 지금의 호북성 서남부와 호남성 서부 및 사천성 동남부 그리고 귀주성(貴州省) 북부를 포함했다. 지금은 귀주성을 검이라고 줄여서 부른다.

영모씨지서(永某氏之鼠 : 영주 모씨 집의 쥐)

영주에 사는 모(某)씨는 일진과 관련된 미신을 믿어 제약받고 피하는 것이 남달리 심하였다. 그는 자기가 태어난 해가 자년(子年)이라고 알았는데, 쥐는 자년의 신이었다. 그리하여 쥐를 아끼어 고양이나 개는 기르지 않았으며, 하인에게도 쥐를 잡지 못하게 하였다. 곳간과 주방도 모두 쥐에게 멋대로 하도록 맡겨두고 불문에 부쳤다. 그리하여 쥐들은 서로 알려 모두 모씨의 집에 와서 배불리 먹으면서도 화를 당하지 않았다. 그의 집안에는 성한 기물이 없었으며 횃대에는 성한 옷이 없었고, 음식물도 대부분이 쥐고 먹고 남긴 것이었다. 쥐들은 낮에도 우루루 사람과 같이 몰려다니고 밤이면 물어뜯고 사납게 싸워대며 온갖 소리를 내서 잠을 잘 수가 없었다. 그러나 그는 끝내 싫어하지 않았다. 몇 년이 지나자 그는 다른 주로 이사하고 다른 이가 와서 살게 되었으나 쥐들의 작태는 여전했다. 새로 이사한 사람은, "이놈들은 음험하고 못된 놈들로서 도둑질하고 사납기가 특히 심하다지만 어떻게 이렇게까지 심할 수가 있단 말인가!"라고 말하고는, 고양이 대여섯 마리를 빌려오고 문을 닫아걸고 기와를 걷어내고는 구멍에 물을 부어넣고 하인을 고용하여 깡그리 잡았다. 죽인 쥐는 언덕만큼 쌓였는데 보이지 않는 곳에 버렸으나 그 냄새는 몇 달이나 지나서야 사라졌다. 아아! 저놈들은 배불리 먹으면서 화를 당하지 않는 일이 영원할 줄 알았단 말인가!

永有某氏者, 畏日, 拘忌異甚. 以爲已生歲直子, 鼠, 子神也. 因愛鼠, 不畜猫犬, 禁僮勿擊鼠. 倉廩庖廚, 悉以恣鼠不問. 由是鼠相告, 皆來某氏, 飽食而無禍. 某氏室無完器, 椸無完衣, 飮食大率鼠之餘也. 晝累累與人兼行, 夜則竊齧鬭暴, 其聲萬狀, 不可以寢. 終不厭. 數歲, 某氏徙居他州. 後人來居, 鼠爲態如故. 其人曰 : "是陰類惡物也, 盜暴尤甚, 且何以至是乎哉!" 假五六猫, 闔門撤瓦, 灌穴, 購僮羅捕之. 殺鼠如丘, 棄之隱處, 臭數月乃已. 嗚呼! 彼以其飽食無禍爲可恒也哉!

제20권 명잡제(銘雜題)

패국한원묘명(沛國漢原廟銘: 패 지방 한 고조 원묘의 명문) 병서(幷序)[1]

전에 요(堯)임금께서 천자로 계실 때에는 천하를 차지하여 만방(萬邦)의 수령이 되셨다. 그때에는 순(舜)·우(禹)·후직(后稷)·설(卨)이 천자를 보좌하여 천하의 대신으로 계셨다. 성덕이 쇠퇴하기 전에 안으로 선양(禪讓)하셨으니, 원로대신이 차례로 천명을 받아 천자가 되셨다. 그리하여 네 성씨가 큰 덕을 이어받아 차례로 만방을 통치하셨으며,[2] 다섯 신(神)이 돌아

1) 본편은 한(漢) 혜제(惠帝) 때에 세운 고조(高祖)를 모시는 원묘(原廟)를 위해 지은 명문(銘文)이다. 한 고조의 제업 달성 과정과 그 정통성 및 덕을 칭송한 글이다. '원묘(原廟)'의 '原'에 대하여는 한대부터 쟁론이 있었는데, 장사교(章士釗)는 충분한 근거를 찾아 '重' 또는 '再'의 의미로 판단한 바 있다. 본디 장안에 고조의 묘(廟)가 있는데 혜제가 또 세웠기 때문에 '원묘'라고 하였다는 주장으로 충분히 설득력을 지닌다. 패국(沛國)은 강소성 패현으로 고조의 고향이다.

가며 운행하여 염덕(炎德)이 다시 일어났다.[3] 주(周)의 도가 쇠락하고 진(秦)의 덕은 포악하였으므로 황천(皇天)께서 공로에 보답하여 자세히 살피시어 천명을 잇게 하시었다. 그리하여 당(唐) 요임금의 후손에게 진흥하라고 천명을 주셨으며,[4] 또 아홉 신하의 후손으로 하여금 그를 보좌하게 하시었다.[5] 그로써 큰 업적을 다시 잇고 그 제사를 끊지 않게 하셨다. 그리하여 곡역(曲逆)이 일어나 책사(策士)가 되어서는,[6] 제왕의 대업을 도모하도록 보좌하였다. 그가 계획한 책략은 신통하고 통찰력이 있는 것이었으며 신령과도 같이 특출하였는데, 그는 바로 순(舜)의 후손이시다.[7] 여음(汝陰)은 고조를 엄밀한 망에서 구출하고,[8] 적의 포악한 기세를 물리쳐 천자를 보좌하여 일으켰으며 훌륭한 계책을 실행하였으니, 그는 바로 우(禹)의 후손이시다. 찬후(酇侯)는 고조를 도와 삼진(三秦)을 평정하고 한중(漢中)을 통제하였으며,[9] 대단한 능력과 도량으로 제업(帝業)을 확충하였으니, 그는 바로 설(卨)의 후손이시다. 회음(淮陰)은 군대를 정비하여 대단한 위엄을 드날리며,[10] 조(趙)와 위(魏)를 정벌하고 제(齊)와 초(楚)를 격파하였으며, 평양(平陽)은 삼진(三秦)을 격파하고 위(魏)의 왕을 생포하였으며,[11] 강

---

2) 순(舜)은 규(嬀)씨, 우(禹)는 사(姒)씨, 후직(后稷)은 희(姬)씨, 설(卨)은 자(子)씨이다.

3) 다섯 신(神)은 다섯 가지 덕(德)을 가리킨다. 한(漢)은 염(炎) 즉 화덕(火德)에 의한 왕조이다.

4) 당(唐)은 요임금의 나라인 도당씨(陶唐氏)를 가리킨다.

5) 아홉 신하는 동시에 아홉 가지의 관직을 가리키기도 한다. 요임금 때에는 사공(司空)이었던 우(禹), 후직(后稷)이었던 기(棄), 사도(司徒)이었던 설(卨), 사(士)였던 고요(皐陶), 공공(共工)이었던 수(垂), 우백(虞伯)이었던 익(益), 질종(秩宗)이었던 이(夷), 전악(典樂)이었던 기(夔), 납언(納言)이었던 용(龍)이 신하로 있었다.

6) 곡역(曲逆)은 한(漢)의 고조를 도와 곡역후(曲逆侯)에 봉해진 진평(陳平)을 가리킨다.

7) 주나라 때 순(舜)의 후손을 진(陳)지방에 봉하여 그 자손들은 진(陳)씨가 되었다.

8) 여음(汝陰)은 하후영(夏侯嬰)을 가리킨다. 하후영의 조상은 성이 사(姒)였으며 여음후(汝陰侯)에 봉해졌고, 일찍이 고조를 옥에서 구한 일이 있다.

9) 찬후(酇侯)는 소하(蕭何)를 가리킨다. 항우(項羽)가 패공(沛公)을 한왕(漢王)으로 즉위시키고 소하를 승상으로 삼았다. 소하는 한신(韓信)을 천거하여 동쪽의 삼진(三秦) 지역을 평정시키고 자신이 파(巴)와 촉(蜀)에 남아서 수습하였다.

10) 회음(淮陰)은 회음후(淮陰侯) 한신(韓信)을 가리킨다.

11) 평양(平陽)은 조참(曹參)을 가리킨다. 고조의 장군으로서 한신과 더불어 삼진을 평성

후(絳侯)는 초나라 땅을 평정하고 유(劉)씨 왕조를 공고히 하였는데,[12] 그들은 모두 후직(后稷)의 후손들이시다. 그들이 요임금의 전통을 회복할 수 있었던 것은 확실하고도 몹시 분명하다. 하늘의 뜻은 마치 화덕(火德)을 일으킬 사람은 필시 당(唐)의 후손이라고 말한 듯하다.[13] 그래서 한(漢) 왕조가 일어난 것이리라. 또 화운(火運)을 보좌할 사람은 필시 당(唐) 신하의 후손이라고 말한 듯하다. 그래서 많은 영웅들이 등장한 것이리라. 그리하여 고조(高祖)는 하늘의 성스러운 명을 받아 후한 덕을 베풀고, 하늘의 신비한 뜻을 탐구하며 온 세상의 크나큰 복을 지니셨다. 백제(白帝)를 큰 못에서 죽여 그 영험함을 계승하셨으며,[14] 패(沛)지방에 붉은 기를 세워 신(神)의 뜻을 드러내 보이셨다. 영(嬴)의 손을 빌려 제후를 병합하고,[15] 항우의 힘을 빌려 관동(關東) 지역을 차지하셨다. 요임금이 받았던 천명을 받들어 계승하셨기에 네 대(代)의 후손들이 모두 그 능력을 바쳤고, 목(木)의 대통(大統)을 계승하셨기에 진(秦)과 초(楚)가 그렇게 강성하였어도 그 자리를 보존하지 못했다.[16] 왕조를 건립하고는 함양(咸陽)에 도읍지를 정하여 사방을 안무하고 정벌하며 천하를 훈계하고 통일하셨다. 이에 패궁(沛宮)에서 음악을 연주하여 나라의 근본을 세운 것을 추념하였으며, 대풍가(大風歌)를 불러 위엄있고 완전한 덕을 빛내고,[17] 예전의 도읍을 높이고 왕업의 기틀을 찬양했다. 고조의 생전에는 그분의 탕목읍(湯沐邑)이었으

하고 위의 왕을 사로잡았다.

12) 강후(絳侯)는 주발(周勃)을 가리킨다.

13) 여기의 당(唐)은 요임금의 당(唐)왕조를 가리킨다. 다음 구절의 경우도 같다.

14) 한의 고조가 밤에 큰 못을 지나던 중에 그 길을 막는 큰 뱀을 죽였다. 후인이 그곳에 이르자 노파가 울며 "내 아들은 백제(白帝)의 아들로서 뱀이 되어 길을 막았는데, 지금 적제(赤帝)가 죽였소"라고 말했다고 한다. 한나라는 붉은색을 숭상하였다.

15) 영(嬴)은 진(秦) 왕실의 성이다. 이 구절은 진이 여섯 나라를 병합하고는 다시 한나라에 귀속된 것을 의미한다.

16) 목(木)은 주(周)를 의미한다.

17) 대풍가는 고조 12년에 패(沛) 지역을 지나며 부른 노래로서 다음과 같다. "큰 바람 불어 구름이 휘날리는데, 위엄을 천하에 떨치며 고향에 돌아간다. 어떻게 용맹한 장사를 얻어 사방을 지킬 것인가!"

며,[18] 사후에는 그 음악을 생각하게 하는 곳이 되었다. 또 고조께서도 말씀하시길, 만년이 지난 후에 내 혼백이 이곳에 머물리라고 하신 곳이다.

이 원묘(原廟)는 패궁(沛宮)의 옛 건물이다. 이 마당에서 치우(蚩尤)에게 제사지내니 붉은 정기가 강림했고,[19] 이 지방에서 영험하신 천명을 인도하니 뭇 영웅이 이르렀다. 평민의 신분으로 천자의 지위에 오르셨으니 자손들은 그 공업을 찬양할 수 있었으며, 둘러친 담장을 사해(四海)로 바꾸셨으니 백성들이 제 직업에 안주할 수 있었다. 높은 태산을 기반으로 하고 긴 황하를 근원으로 하여 영험함을 쌓고 미덕을 지녔는데, 이곳이 그 발원지이다. 대체로 이곳에서 도를 갖춘 후에 천하에 실천하셨으며, 이곳에서 제도를 완성하여 천하에 펼치신 것이다. 천하에 도가 갖춰졌으므로 그 혼령이 본래 모습을 회복하고, 천하에 제도가 완성되었으므로 그 마음이 옛 시절을 그리워하는 것이다. 마땅히 명분을 바로잡아 그 공을 드러냄을 출발점으로 삼아, 백성으로 하여금 충분히 경의를 표하도록 해야 했고, 또 근본을 진술하여 혼령을 안주시켜 그 마침으로 삼음으로써, 백성으로 하여금 애모하는 정을 다 표하도록 해야 했다. 그래서 고조께서 즉위하시어 이 궁궐을 세우셨으며, 혜제(惠帝)께서 그 뒤를 이어받아 이 원묘(原廟)를 세우신 것이다. 그리하여 면면이 이어져 천년을 지나 오늘에 이르도록 제사를 받으신다. 이것이 시작과 마침을 완성하는 길인 것이다.

또한 뱀을 죽이신 위엄을 지니셨으니 어찌 치밀한 생각으로 많은 신하들을 보좌시켜 은택을 펼치는 일을 하지 않으셨다고 하겠는가? 또 법률을 간략하게 제정하신 어짊을 지니셨으니 어찌 신통함으로 옛 지역의 백성들을 보살피는 일을 하지 않으셨다고 하겠는가? 그리고 당(唐)의 제

18) 탕목읍(湯沐邑)은 황제의 목욕 비용을 부담시키기 위해 정한 봉읍지를 가리킨다.
19) 치우(蚩尤)는 전설상의 인물로 그에 관하여는 여러 가지 설이 있다. 여기서는 황제(黃帝)의 여섯 재상 중의 하나를 가리킨다. 그밖에 구려(九黎)족의 우두머리로 황제(黃帝)와 싸워 패해 피살되었다는 설도 있다. 고대의 천자를 가리키기도 하고 서인(庶人)을 가리키기도 하며, 악인(惡人)을 가리키기도 한다. 또 그가 황제와 싸울 때 안개가 가득하였다고 하여 안개를 가리키기도 한다. 치우의 무덤에서 붉은 기운이 나왔다고 한다.

업(帝業)을 계승하여 천하의 제현(諸賢)을 통괄하셨으니 어찌 성인다우심을 발휘하여 세상에 큰 복을 내리는 일을 하지 않으셨다고 하겠는가? 그러니 공경심을 펼쳐 영험함을 구하는 일을 어떻게 그만둘 수 있겠는가? 옛 땅에 명문을 지어 하늘의 명을 밝힌다. 명문(銘文)은 다음과 같다.

크나큰 밝은 덕을,
요임금은 갖추셨으니,
선양하고 물러나시어,
제위를 후손에게 맡기셨다.
뭇 뱀들은 용을 보좌하여,
천문(天門)으로 들게 하였다.
화덕(火德)의 창성을 도운 이들은,[20]
요임금의 신하의 후손이다.
진(秦)나라의 기강이 이미 깨어지니,
사슴은 동쪽 하(夏) 지역에서 놀라고,
긴 뱀과 큰 돼지는,
중원에서 춤을 췄다.
하늘이 요임금의 제업을 되살리려,
유(劉)씨에게 종(鍾)을 내리셨다.
위대하신 한나라 고조께선,
제업의 계획을 세우셨다.
패(沛)현에서 붉은 기를 드날리시고,
제후들을 통제하여 복종시키셨다.
포악한 호족들은 떨며 넘어졌고,
위엄과 명성은 널리 퍼졌다.

20) 화덕(火德)으로 상징되는 한나라의 공신들을 가리킨다.

호랑이 같은 신하들을 총괄하시어,
좋은 정책 세우도록 맡기셨다.
초(楚)의 패자(霸者)를 소탕하시고,
마침내 천하를 차지하셨다.
온 세상에 은택을 베푸시니,
백성들은 모두 유순했다.
만국을 바로 잡으시니,
불의 신령은 편안했다.
함양(咸陽)에 자리를 잡아,
강의 상류 지역에 도읍하셨다.[21)]
본래의 땅에 궁전을 지으셨으니,[22)]
주(周) 때의 호경(鎬京)과도 같다.[23)]
효성스러운 혜제(惠帝)께선,
종묘의 제사를 이으셨다.
높고 높은 패궁(沛宮),
그곳에 청묘(淸廟)가 있다.
대업을 추념하는 일은,
이곳에서 시작되었다.
그리하여 원래의 명령을 지키어,
엄정한 제사를 거행한다.
기를 세우고 정벌의 북을 울려,
마침내 천자가 되셨다.
혼령이 고향에서 머물며,
영원토록 이 위대한 땅에 계신다.

---

21) 위수(渭水)의 상류를 가리킨다.
22) 패궁(沛宮)을 가리킨다.
23) 주(周) 무왕(武王)은 호경(鎬京)에 도읍하였다.

분명히 당(唐)의 전적에 기록되어 있으니,[24]
엄중하고 공경스럽게 훼손하지 말 것이다.
이 위대한 명문을 지어,
그 시말(始末)을 밝힌다.

昔在帝堯, 光有四海, 元首萬邦. 時則舜、禹、稷、卨佐命垂統, 股肱天子. 聖德未哀而內禪, 元臣繼天而受命. 四姓承休, 迭有中邦; 五神環運, 炎德復起. 周道削滅, 秦德暴戾, 皇天疇庸, 審厥保承, 乃命唐帝之後振而興之, 又俾九臣之後, 翊而登之. 所以紹復丕績, 不墜厥祀. 故曲逆起爲策士, 輔成帝圖, 吐謀洞靈, 奮其如神, 舜之胄也. 汝陰脫帝密網, 摧虜暴氣, 扶乘天休, 運行嘉謀, 禹之苗也. 酇侯保綏三秦, 控引漢中, 宏器廓度, 以大帝業, 卨之裔也. 淮陰整齊天兵, 導揚靈威, 覆趙夷魏, 拔齊殄楚; 平陽破三秦, 虜魏王; 絳侯定楚地, 固劉氏, 皆稷之裔也. 克復堯緖, 昭哉甚明. 天意若曰 : 建火德者, 必唐帝之胄, 故漢氏興焉; 翼炎運者, 必唐臣之孫, 故羣雄登焉. 是以高帝誕膺聖祚, 以垂德厚, 探昊穹之奧旨, 載幽明之休祐. 殺白帝于大澤, 以承其靈; 建赤旂於沛邑, 以昭其神. 假手于嬴, 以混諸侯; 憑力于項, 以離關東. 奉纘堯之元命, 而四代之後咸獻其用; 得乘木之大統, 而秦、楚之盛不保其位. 旣建皇極, 設都咸陽, 撫征四方, 訓齊天下. 乃樂沛宮, 以追造邦之本; 乃歌大風, 以昭武成之德; 乃尊舊都, 以壯王業之基. 生爲湯沐之邑, 沒爲思樂之地. 且曰 : 萬歲之下, 魂遊于此.

惟茲原廟, 沛宮之舊也. 祭蚩尤於是庭而赤精降, 導靈命於是邦而羣雄至. 登布衣於萬乘, 而子孫得以纘其緖; 化環堵爲四海, 而黎元得以安其業. 基岱岳之高, 源洪河之長, 蓄靈擁休, 此焉發跡. 蓋以道備于是, 而後行之天下; 制成于是, 而後廣之宇內. 天下備其道, 而神復乎本; 宇內成其制, 而心懷于舊. 宜其正名以表功, 用成其始, 俾生靈盡其敬焉; 陳本以宅

24) 이곳의 당(唐)은 유종원이 살았던 당대를 가리킨다.

神, 用成其終, 俾生靈盡其慕焉. 故高帝定位, 建玆閟宮, 惠皇嗣服, 爰立淸廟, 綿越千祀, 至今血食, 此所以成終而成始也.

且夫以斷蛇之威, 安知不運其密, 用佐歲功以流澤歟? 以約法之仁, 安知不流其神, 睠相舊邦之遺黎歟? 以紹唐之餘慶, 統天之遺烈, 安知不奮其聖化大祐於下土歟? 然則展敬乞靈, 烏可已也. 銘于舊邑, 以廸天命. 其辭曰 :

蕩蕩明德, 時惟放勛. 揖讓而退, 祚于後昆. 羣蛇輔龍, 以翊天門. 登翼炎運, 唐臣之孫. 秦網旣離, 鹿駭東夏. 長蛇封豕, 踊躍中野. 天復堯緖, 鍾祐于劉. 赫矣漢祖, 播玆皇猷. 揚旆沛庭, 約從諸侯. 豪暴震疊, 威聲布流. 總制虎臣, 委成良疇. 勦殄覇楚, 遂荒神州. 區宇懷濡, 黔黎輯柔. 表正萬國, 炎靈用休. 定宅咸陽, 以都上游. 留觀本邦, 在鎬如周. 穆穆惠王, 宗禋克承. 崇崇沛宮, 淸廟是憑. 原念大業, 肇經玆地, 乃專元命, 亦擧嚴祀. 建旆釁鼓, 遂據天位. 魂游故都, 永介丕址. 煥列唐典, 嚴恭罔墜. 勒此休銘, 以昭本始.

검문명(劍門銘 : 검문의 명문) 병서(幷序)[25]

촉(蜀)의 땅은 지세가 험하고 산물이 풍부한데, 남쪽 미개부족과 서쪽 미개부족이 한데 섞여 살고 풍속이 악렬하여, 도적질하고 난리 일으키기

25) 본편은 촉(蜀)을 근거지로 반란을 일으킨 유벽(柳闢)을 토벌한 엄려(嚴礪)의 공을 기록하고 찬양한 글로, 검문(劍門)의 바위에 새기고자 한 것이다. 유벽은 죽은 검남(劍南)절도사의 후임을 자처하며 조정에 항거하다가 원화 원년 말에 엄려의 부하인 엄진(嚴秦)의 공격을 받아 생포되어 장안으로 압송된 후에 처형되었다. 자세한 경위를 기록한 서문에 이어 4언구의 명문으로 이루어졌다. 영주에서 도착하여 오래되지 않았을 때 지은 글로 보인다.

를 좋아했다. 영정(永貞) 원년(805) 8월에 절도사가 죽고 군진이 혼란스러워지자,[26] 뭇 관리들이 의심하여 통제되지 않고 요망스럽고 못된 자들이 선동을 자행했다. 당지의 부강함을 믿고 겉과 달리 마음대로 병권을 차지하고,[27] 다른 지역을 공략하고 북으로 검문을 포위하며, 산과 언덕에 의지하여 사납게 굴었으며, 단단하고 날카로운 무기로 왕조에 거역하며, 벼락 같은 정벌도 자기에겐 미치지 않으리라 여겼다.

양주(梁州)의 수장(守長)이자 예부상서인 엄(嚴)공께서는,[28] 나라의 해를 자신의 원수로 여기시고 천자의 토벌을 자신의 임무로 삼으셨다. 어짊을 펼치고 신뢰에 의지하니, 죽음을 경고하기도 전에 남들이 그 명을 따랐으며, 의로움을 세워 적에게 대항하니, 피를 밟기도 전에 병사가 한마음이 되었다. 모든 군대가 나아가고 주둔함에 오로지 명령만을 기다렸다. 각 지역의 군대들도 반드시 이곳을 통해야 했다. 각종의 보급품이 충분히 마련되자, 선봉대인 엄진(嚴秦)을 보내 황제의 명령을 받들어 보이며 그곳 남방에 고하였다. 11월에 우군(右軍)이 이주(利州)를 넘어 적지에 들어가 산세를 이용하여 도적을 참살하여 그들의 좌충우돌을 제지했다. 좌군(左軍)은 검문(劍門)에서 출발하여 날뛰는 그들을 크게 몰아치며 타이르고 겁주니, 그들은 흩어지는 개미나 놀란 쥐와도 같았으며, 그곳의 험지는 더 이상 견고한 곳이 못되었다. 그리하여 유리한 땅을 수복하여 황제의 군대를 기다렸다. 그들은 내장을 도려내듯 뿌리를 뽑아내듯 반군을 소탕하여 사납게 굴지 못하게 함으로써 아군의 빛나는 무공을 집중하였다. 큰 북이 진동하니 선봉이 길을 열어,[29] 도적의 수령을 잡아 처형당하게 하였다.[30]

---

26) 영정(永貞) 원년(805)에 검남서천(劍南西川)절도사 위고(韋皐)가 죽었다.

27) 검남절도사 위고(韋皐)가 죽자 지도부사(支度副使) 유벽(柳闢)이 후임을 자처하였는데, 조정에서는 새 황제가 막 즉위한 터라 안정책을 택해 그를 그 자리에 임명하였다. 이에 유벽은 황제의 명을 흔들 수 있다고 여겨 더욱 많은 요구를 하였다.

28) 촉(蜀)은 옛 양주(梁州)의 땅이다. 엄공은 엄려(嚴礪)를 가리킨다. 조정에서는 원화 원년(806)에 숭문(崇文)을 행영절도사로 임명하여 산남서도(山南西道)절도사인 엄려를 비롯한 여러 장수를 통솔하여 유벽을 정벌하게 하였다.

29) 원문의 원융(元戎)은 전차 열 대의 선봉대를 가리킨다.

엄공께선 충성스럽고 용감하고 도적을 미워하시어 임무를 단단히 담당하고 훌륭한 계책을 쓰시었으며, 그로 인해 험한 곳을 열어 큰 길로 평탄하게 만드셨으며, 해로운 기운을 물리쳐 막아 하늘의 뜻에 응하셨다.

황제께선 훌륭한 명을 내리시어 엄공에게 공의 으뜸에 세우시고, 군에서의 관직을 높이어 대번(大藩)으로 승진시키어 남방 일대를 지키게 하시었다.[31] 장병과 관리들이 산석(山石)에 새기어 공의 공을 드러내 무궁토록 남기고자 원하였다. 명문은 다음과 같다.

정락(井絡)의 별자리에 곤은(坤垠)의 괘에 속하는 이 땅은,[32]
당시에는 오직 변두리일 뿐이었다.
산이 나뉜 곳에 관문을 세워,
촉도(蜀都)를 둘러쌌다.
빽빽한 험지에 물산이 쌓이고,
강족(羌族)·모족(髳族)이 섞여 살며,
미치고 교활하여 틈을 노리더니,
으르렁거리며 반란을 일으켰다.
뛰어난 지세에 의지하여,
흉악한 무리를 부풀렸으나,
황제께선 몹시도 어지시어,
용서하고 벌하지 않으셨다.
폭도는 덕에 훈도되지 않아,
그 해가 파(巴)·투(渝)에 미쳤다.[33]
이에 황제의 군대 출동하고,

---

30) 원화 원년 9월, 총사령관격인 행영절도사 숭문(崇文)이 성도를 함락하고 유벽을 잡아 장안에 압송하였으며, 압송된 유벽은 처형되었다.

31) 엄려는 11월에 동천(東川)절도사가 되었다.

32) 촉(蜀)지방을 가리킨다.

33) 파(巴)·투(渝)는 모두 당대의 검남도(劍南道)에 속하는 지역이다.

각지의 군대를 파견했다.
양주(梁州)를 지키던 엄공께서,
그 중의 요충지를 맡으셨다.
병기가 마련되어 쌓이고,
군량이 모여 쌓였으니,
백성에겐 세금도 늘지 않고,
군진은 풍부하고 충족했다.
피를 밟아 맹세한 병사들은,
신기하고 적절한 대책을 가진 채로,
명에 따라 나뉘어 공략하니,
진지는 뿔을 뽑는 형세였다.
우군은 민산(岷山)을 넘고,
좌군은 검문으로 직진했다.
깊은 곳에서 나와 공략하고,
위로는 겹구름을 흩어냈다.
하늘에 올라 허공을 딛고는,
막히고 험한 땅을 평지로 여겼다.
첩첩의 적진을 깨부수고,
못된 무리를 섬멸하였다.
안으로는 제 땅을 견고하게 하면서,
밖으로는 평원에 다가갔다.
황제의 군대가 서서히 전진하니,
군사도 전차도 많기만 하였다.
괴수가 잡혀 처형되니,[34]
변방사람과 중원사람 모두가 기뻐했다.

---

34) 반군의 수령인 유벽(柳闢)이 장안에 압송되어 처형된 것을 가리킨다.

황제께선 그 공을 논하시며,
양주(梁州)의 수장을 앞세우셨다.[35]
봉록은 늘리고 직위는 올려,
남쪽 대번(大藩)을 통솔하게 하시었다.
나라 안은 맑고 평안해지고,
백성들은 온전하고 안정되었다.
공을 새기어 혼란의 거울로 삼아,
대대로 영원히 이 일을 보인다.

惟蜀都重險多貨, 混同戎蠻, 人尨俗剽, 嗜爲寇亂. 皇帝元年八月, 帥喪衆暴, 羣疑不制, 妖孽扇行. 怙恃富强, 滔天阻兵, 攻陷他部, 北包劒門, 憑負丘陵, 以張驁猛, 堅利鋒鏑, 以拒大順, 謂雷霆之誅莫已加也.

惟梁守臣禮部尙書嚴公, 以國害爲私讎, 以天討爲已任. 推仁仗信, 不待司死, 而人致其命; 立義抗憤, 不待喋血, 而士一其心. 悉師出次, 祗俟明詔. 凡諸侯之師, 必出于是. 儲峙饗賚, 取其豊穰. 乃遣前軍嚴秦, 奉揚王誅, 誕告南土. 十一月, 右師逾利州, 蹈寇地, 乘山斬虜, 以遏奔衝. 左師出于劍門, 大攘頑嚚, 諭引劫脇, 蟻潰鼠駭, 險無以固, 收奪地利, 以須王師. 刲刳腎腸, 振拔根柢, 俾無以肆毒, 用集我勳力. 蕿鼓一振, 元戎啓行, 取其渠魁, 以爲大戮. 由公忠勇憤悱, 授任堅明, 謀猷弘長, 用能啓闢險阨, 夷爲大塗, 衰沮害氣, 對乎天意.

帝用休嘉, 議功居首, 增秩師長, 進爲大藩, 宅是南服. 將校羣吏, 願刋山石, 昭著公之功, 垂號無窮. 銘曰 :

井絡坤垠, 時惟外區. 界山爲門, 環于蜀都. 叢險積貨, 混幷羌、髳, 狂猾窺隙, 猖猖嘯呼. 憑據勢勝, 厚其兇徒. 皇帝之仁, 宥而不誅. 暴非德馴,

35) 엄려(嚴礪)를 가리킨다.

害及巴渝. 乃出王旅, 乃咨列岳. 牧臣司梁, 當其要東. 器備攸積, 糗糧是蓄. 人無增賦, 師以饒足. 喋血誓士, 玄機在握. 分命貔貅, 陳爲掎角. 右逾岷山, 左直劍門. 攻出九地, 上披重雲. 攀天蹈空, 夷視阻艱. 破裂層壘, 殄殲羣頑. 內獲固圉, 外臨平原. 天兵徐驅, 卒乘嘽嘽. 大憝囚戮, 戎夏咸歡. 帝圖厥功, 惟梁是先. 開國進位, 南服于藩. 邦之淸夷, 人以完安. 銘功鑒亂, 永代是觀.

도산명(塗山銘 : 도산의 명문) 병서(幷序)[36]

하후씨(夏后氏)는 큰 공을 세워 천자의 자리를 안정시키고 큰 정치를 확립하였으며,[37] 만국을 위해 부지런히 힘써 사방 천지를 화목하고 평안하게 하였으니, 흠모하는 대상이 되고 후대의 왕들이 법으로 삼는 표본이 되었다. 홍수가 각 지방을 갈라놓아 재난이 천지에 퍼질 때에, 호구(壺口)에서 시작하여 온 강들을 정비하여 큰 공을 세웠다.[38] 순(舜)임금이 노인이 되어 하늘의 뜻에 순응함으로써, 그가 남하(南河)에서 천하의 통치권을 받은 이래로 위대한 천자의 지위는 확정되었던 것이다.[39] 만국이 하나가 되자 교화와 풍속을 선양하며, 도산(塗山)에서 제후를 모으니 이

36) 본편은 우임금의 공덕을 찬양한 글이다. 도산(塗山)은 우임금이 제후들과 회맹(會盟)한 곳으로, 그 위치에 대해서는 견해가 분분하며 미상이다. 혹자는 구강(九江)의 당도(當塗)에 우임금의 묘(廟)가 있음을 들어 도산은 강남에 있었다고 하고, 혹자는 수춘(壽春)의 동북지방에 있었다고 하고, 혹자는 나라이름이라고 한다. 긴 편폭의 서문에 이어 4언구의 명문이 있는데, 혹자는 서문의 의론에 견강부회한 점이 있다며 폄하하기도 한다.

37) 하후씨(夏后氏)는 우(禹)임금을 지칭한다.

38) 호구(壺口)는 기주(冀州)를 가리킨다.

39) 『맹자』의 기록에 따르면, 순은 요임금의 아들을 피해 남하(南河)로 갔는데 백성들이 그를 따랐다. 『서경』에 따르면, 순임금은 33년간 재위하였으며 나이가 들고 또 하늘의 명이 있어 우에게 천자의 자리를 넘겼다.

에 큰 정치가 확립되었다.[40] 공으로 말하자면 큰 재난을 막은 일보다 훌륭한 것이 없었으므로, 현규(玄圭)를 받고 제위(帝位)를 이었다.[41] 지위 중에는 큰 도를 집행하는 것보다 존귀한 것이 없었으므로, 다섯 가지 길상한 옥을 모아 황제의 권위를 세웠다. 정치 중에는 대통일보다 우선하는 것이 없었으므로, 제후들에게 옥과 비단을 들고 조배하게 하며 각종의 법과 제도를 종합하여 정비했다. 그리함은 요임금과 순임금을 이어 후손에게 위대한 대업을 남기며, 상(商)과 주(周) 이전에 제업을 확립하여 제왕의 큰 준칙을 세우는 길이었다.

아아! 천지의 도에 따르면 덕을 숭상하며 공(功)도 높이니, 제왕의 정치는 덕을 숭상하며 공에 대해 상을 내린다. 그러므로 요임금과 순임금은 덕이 지극하였으나 그 지위는 자식에게 주지 않았으며, 탕왕(湯王)과 무왕(武王)은 큰 공을 세웠으므로 제위를 후손에게 이어주었다. 우임금은 덕이 앞의 두 성인에 필적하였으므로 요임금과 순임금이 공을 양보하였고, 그 공은 삼대 중에 으뜸이었기에 상(商)과 주(周)가 덕을 양보하였다. 그러니 마땅히 통치의 표준을 세워 통일을 기하고 후손에게 넘겨, 그들이 제위에 올라 성인이 되어 세상의 준칙이 되도록 해야 한다. 도산은 공을 세운 곳이며 덕이 형성된 곳이며, 정치가 바로 선 곳으로서, 천하를 차지한 자는 마땅히 여기에서 배워야한다. 돌이켜보면, 명령이 발령되자 화려한 양산들이 준비되고 각 지역의 제후들이 줄을 지어 달려와 참석하였으며, 산천의 수호신 모두가 조용히 있는 가운데 각종의 깃발이 사방에서 모여오고 각종의 의상을 입은 이들이 다 모여들어, 경건하고 공경스럽게 자리를 잡아 머리를 숙여 명령을 따른 일이 생각난다. 그런 후에 예법과 음악을 보여 부드럽게 융화했으며, 덕정과 형법을 펼쳐 천자의 위엄을 떨쳤었다. 각종의 명령을 수립하였으니 장구함이 당연했다. 그 후로 계(啓)가 유호(有扈)를 정벌하자 하왕조의 덕은 쇠하기 시작했고, 예(羿)가 태강(太康)을 몰

40) 『좌전』 애공(哀公) 7년의 기록에 따르면, 우임금이 도산(塗山)에서 제후들을 모았다.
41) 현규(玄圭)는 검은 빛의 옥으로, 제왕이 예를 거행할 때 사용하던 기물이다.

아내면서부터 제업은 지켜지지 않았다.[42] 황조(皇祖)인 우임금의 가르침을 따르지 않아 백성은 사라지고 정치는 추락하여 끝내는 왕조가 교체된 것이다. 만약에 대를 이은 이가 인덕을 지키는 이였고, 또 그 공덕을 이어 그 정령의 통일성을 정비하고, 궁전을 낮추며 험한 의복을 입고, 많은 의견을 들으며 세금을 고르고 공평하게 하고, 제후의 회동 제도를 확립할 수 있었다면, 제후들이 늘 모여오고 천명(天命)도 떠나지 않았을 것이다. 그랬다면 어찌 이 산에서의 제후들의 회동만이 유독 후대에까지 빛을 발할 수 있었겠는가? 그런 까닭에 주목왕(周穆王)은 멀리 우왕이 남기신 법을 따라 다시 이 산에서의 회동의 제도를 복원하여 천하에 명성을 드날렸으며, 역시 이전의 자취를 이어받아 그 방법을 쓰신 것이다. 그러므로 나는 그 명문을 지어 후대에 제후들을 모으고 천하를 통치하는 이가 여기에서 그 원칙을 숭앙하기를 바란다. 명문은 다음과 같다.

우임금은 성인의 도리를 실천하여,
공은 크고 덕은 많았다.
각급의 제후와 회동하여,
법과 제도를 통일하였다.
각 지방을 살피고 가르침을 선양하여,
각기 다른 부족을 교화하고 통제했다.
모두가 이곳의 단에 모여와,[43]
정하신 예법과 제도를 이어 받들었다.
예법이 구비되고 음악이 완비되니,
덕이 가득한 모습이 믿음직하였다.
이에 분명한 법을 들어,
성인의 가르침을 보필하였다.

---

42) 계(啓)는 우임금의 아들이고 태강(太康)은 계의 아들이다.
43) 도산(塗山)에 모인 것을 가리킨다.

방풍(防風)씨를 살육하여,
유골을 수레에 실었었다.
분명하고 또 위엄이 있으니,
그 누가 감히 거역하겠는가?
많은 법을 밝히어 드러내고,
지휘하여 혼란을 안정시켰다.
후손에게 제위를 전하시며,
그 뜻을 이으라 하셨다.
도산(塗山)은 높고 높이,
저 동쪽에 솟아 있다.
우임금의 덕만은,
하늘과 짝하며 무궁하다.
이 산에 올라 비석에 새기어,
후손에게 교훈으로 남긴다.

惟夏后氏建大功, 定大位, 立大政, 勤勞萬邦, 和寧四極, 威懷之道, 儀刑後王. 當乎洪流方割, 災被下土, 自壺口而導百川, 大功建焉. 虞帝耄期, 順承天曆, 自南河而受四海, 大位定焉. 萬國旣同, 宣省風教, 自塗山而會諸侯, 大政立焉. 功莫崇乎禦大災, 乃賜玄圭, 以承帝命; 位莫崇乎執大象, 乃輯五瑞, 以建皇極; 政莫先乎齊大統, 乃朝玉帛, 以混經制. 是所以承唐虞之後, 垂子孫之丕業, 立商周之前, 樹帝王之洪範者也.

嗚呼! 天地之道尙德而右功, 帝王之政崇德而賞功. 故堯、舜至德而位不及嗣, 湯、武大功而祚延于世. 有夏德配于二聖, 而唐、虞讓功焉; 功冠於三代, 而商、周讓德焉. 宜乎立極垂統, 貽于後裔, 當位作聖, 著爲世準. 則塗山者, 功之所由定, 德之所由濟, 政之所由立, 有天下者宜取於此. 追惟大號旣發, 華蓋旣狩, 方岳列位, 奔走來同, 山川守神, 莫敢遑寧, 羽旄四合, 衣裳咸會, 虔恭就列, 俯僂聽命. 然後示之以禮樂, 和氣周洽;

申之以德刑，天威震耀. 制立謨訓，宜在長久. 厥後啓征有扈，而夏德始衰；羿距太康，而帝業不守. 皇祖之訓不由，人亡政墜，卒就陵替. 向使繼代守文之君，又能紹其功德，修其政統，卑宮室，惡衣服，拜昌言，平均賦入，制定朝會，則諸侯常至而天命不去矣. 玆山之會，安得獨光于後歟? 是以周穆遐追遺法，復會于是山，聲垂天下，亦紹前軌，用此道也. 故余爲之銘，庶後代朝諸侯制天下者，仰則於此. 辭曰：

惟禹體道，功厚德茂. 會朝侯衛，統壹憲度. 省方宣教，化制殊類. 咸會壇位，承奉儀矩. 禮具樂備，德容旣孚. 乃擧明則，以弼聖謨. 則戮防風，遺骨專車. 克明克威，疇敢以渝. 宣昭黎憲，耆定混區. 傳祚後裔，丕承帝圖. 塗山巖巖，界彼東國. 惟禹之德，配天無極. 卽山刊碑，貽後訓則.

수주안풍현효문명(壽州安豐縣孝門銘：수주 안풍현 효자문의 명문) 병서(幷序)[44]

수주(壽州) 자사 승크사(乘思)가 말했다. "구월 정해(丁亥)일에 안풍현(安豐縣) 현령이 관할 지역 주민 이흥(李興)의 일을 다음과 같이 보고하였다. 이흥은 아버지가 악질에 걸려 증세가 빠르게 악화하자 자신의 허벅지 살을 도려내서는 아버지를 속여 드시게 했다. 그러나 아버지는 늙고 병이 들어 이미 그것을 드시지 못하고 하루가 지나 돌아가셨는데, 이흥은 외쳐 대며 가슴을 쓰다듬었으며 입과 코에서는 피를 흘렸다. 그는 땅을 돋우어

44) 본편은 자기 살을 베어 바치고 또 묘소 옆에서 지낸 효자 이흥(李興)의 효성을 칭송하는 명문과 서문이다. 사건 경위와 명문을 쓰게된 과정도 자세히 기술되었다. 장사교(章士釗)는 이 글의 내용이 다른 글에 역력히 드러나는 유종원의 반미신적 주장과 배치된다며 위작의 가능성을 제기했다. 그는 또 이흥이 자기 살을 베어 바친 일을 칭송하는 것 자체의 불합리성도 지적했다.

분묘를 만들고 눈물을 흘리며 울어댔으며, 묘소 왼쪽에 작은 움막을 지어 풀로 지붕을 덮고 그 안에 숨어 지내며 기고 절뚝거리면서 밤낮으로 곡을 하며 호소했다. 효성이 저세상에 전해져 신령이 기이하게 여겨 움막 위에 자지(紫芝)와 백지(白芝) 두 포기가 나게 하였는데, 각기 한 치로 자랐으며, 또 움막 안에 단 샘이 솟아나 기이한 모습을 이뤘는데 그림이 사실을 말해준다. 그런데 이런 일은 모두 폐하께서 효도의 정치를 하여 신령이 감화되고 속으로 그 마음이 일치하여 출현한 것이다."[45]

내 생각에 따르면, 이홍은 필부로서 비천하여 그가 따르고 익힌 것은 모두 천한 것들이다. 그러나 본성이란 문자로 이끌 수 없는 것으로서, 생전에 농사를 업으로 하였으나 순수한 효심을 지녀 옛 사례를 넘어설 수 있었던 것이다. 그리하여 하늘과 신령까지도 상서로운 것을 내리시어 그 특별함을 드러내 보이신 것이다. 황공하게도 폐하께서는 요임금의 하늘이나 신령과도 같은 덕을 지니셨으니, 마땅히 정문(旌門)으로 그를 표양하여 상하가 마음을 합치도록 해야 한다고 생각하여, 그 마을에 표양하고 분명하게 바위에 새겨 미풍을 선양하고 후손들에게 보여 영원토록 남길 것을 주청하였다. 죽음을 무릅쓰고 주청하자 "좋다"는 명을 받았다. 명문(銘文)은 다음과 같다.

그 효심 칭송하며,
그 훌륭함 사모한다.
순수함과 온화함을 이어 받아,
하늘의 도리를 돈독히 지켰다.
늙고 병든 아버지를 흐느끼며 모시고,
묵묵히 저세상에 기도했다.
칼을 들어 자기 살을 바치니,

45) 이상은 현령이 자사에게 보고한 내용을 다시 자사에게서 작자가 듣는 상황이다.

살은 베어지고 육체는 부서졌다.
맛난 음식으로 대접하고,
근심과 노고로 효성을 다했다.
단지 높은 곳에선,
그 기도 듣지 않으셨다.
상심은 크고 애통함은 여전하여,
끝없는 하늘에 외쳤다.
흙을 쌓으며 눈물에 젖어,
머리 조아리며 묘소를 만들었다.
몸이 축나고 눈이 상해가며,
추위와 더위를 움막에서 지냈다.
초목은 말라 죽고,
새와 짐승들은 머뭇거렸다.
서로 다른 생명체이건만,
다같이 슬픔을 같이했다.
하늘과 땅이 나뉘니,
그로부터 효도가 일어났다.
이런 미덕 닦은 일은,
전적에도 기록됐다.
황제 중엔 순임금이 계시어,
넘치는 효심 지니셨다.
공자께선 경서로 저술하여,[46)]
증자(曾子)에게 가르치셨다.
과거에 노후(魯侯)께서는,
이궁(夷宮)에서 명을 받으셨다.[47)]

46) 공자는 『효경』을 저술하여 증삼(曾參) 즉 증자를 가르치셨다.
47) 주(周)의 선왕(宣王)은 노나라를 정벌하고는 효성스럽다는 노후(魯侯) 즉 노(魯) 효공(孝

또한 고숙(考叔)이 계시어,
장공(莊公)을 일깨워 효순(孝純)하단 칭송 듣게 하셨다.[48]
몹시도 뛰어난 이흥(李興)은,
실로 그들과 짝이 된다.
길가에서 애통해 하며 탄식하니,
마을 이웃들도 애모의 눈물 흘렸다.
지방의 장관이 상소를 올려,
머리 조아리며 간절하게 청하였다.
위로 천자의 마음을 움직이고,
옆으로는 신령에게 통하였다.
신령께선 비밀스런 복을 내리시어,
난초와 신통스런 샘물을 주시었다.
천자께서 상을 더하시고,
또한 정문(旌門)으로 표창하셨다.
나라 안의 위아래가 합치하여,
다같이 천자를 칭송한다.
이 비석을 세우니,
억년토록 향기가 드날리리라.

壽州刺史臣承思言 : 九月丁亥, 安豐縣令臣某, 上所部編戶甿李興, 父被惡疾, 歲月就亟, 興自刃股肉, 假託饋獻. 其父老病, 已不能啖啜, 經宿而死. 興號呼撫臆, 口, 鼻垂血, 捧土就墳. 沾漬涕洟. 墳左作小廬, 蒙以苫茨, 伏匿其中, 扶服頓踊, 晝夜哭訴. 孝誠幽達, 神爲見異, 廬上產紫芝白芝二本, 各長一寸, 廬中醴泉湧出, 奇形異狀, 應驗圖記. 此皆陛下孝理神

公)을 이궁(夷宮)에서 임명하였다. 이궁은 선왕의 조부를 위한 묘(廟)이다.

48) 효성스럽던 영고숙(潁考叔)은 정(鄭)의 장공(莊公)에게 진언하여 장공과 그의 어머니 강씨(姜氏)의 악화되었던 모자 관계를 예전처럼 회복시켜 주었다.

化, 陰中其心, 而克致斯事.

謹案興岷庶賤陋, 循習淺下, 性非文字所導, 生與耨耒爲業, 而能鍾彼醇孝, 超出古列, 天意神道, 猶錫瑞物, 以表殊異. 伏惟陛下有唐堯如天如神之德, 宜加旌褒, 合于上下, 請表其里閭, 刻石明白, 宣延風美, 觀示後祀, 永永無極. 臣昧死上請, 制曰 "可." 其銘曰 :

懿厥孝思, 惟茲淑靈. 稟承粹和, 篤守天經. 泣侍羸疾, 默禱隱冥. 引刃自嚮, 殘肌敗形. 羞膳奉進, 憂勞孝誠. 惟時高高, 曾不是聽. 創巨痛仍, 號于穹旻. 捧土濡涕, 頓首成墳. 陷膺腐眥, 寒暑在廬. 草木悴死, 鳥獸踟躕. 殊類異族, 亦相其哀. 肇有二位, 孝道爰興. 克修厥猷, 載籍是登. 在帝有虞, 以孝烝烝. 仲尼述經, 以敎于曾. 惟昔魯侯, 見命夷宮. 亦有考叔, 寤莊稱純. 顯顯李氏, 實與之倫. 哀嗟道路, 涕慕里鄰. 邦伯奏章, 稽首慇懃. 上動帝心, 旁達明神. 神錫秘祉, 三秀靈泉. 帝命薦加, 亦表其門. 統合上下, 交贊天人. 建此碑號, 億齡揚芬.

무강명(武岡銘 : 무강의 명문) 병서(幷序)[49]

원화(元和) 7년(812) 4월, 검중(黔中)과 무(巫)의 동쪽 변방에 서남방의 변방 부족이 소란을 부려,[50] 군사 진지를 노략질하고 관군을 위협하고 해쳤으

49) 본편은 반란을 일으킨 장백정(張伯靖)을 투항시킨 유공작(柳公綽)의 무공과 그들에게 베푼 인정(仁政)을 찬양한 글이다. 원화 8년(813)에 영주에서 쓴 글이다. 무강(武岡)은 당시 소주(邵州)에 속한 한 현(縣)의 이름으로 지금의 호남성 서남부 자수(資水)의 상류에 위치한다. 관련 사적과 작문의 의도를 밝힌 서문에 이어 이를 4언구로 요약한 명문으로 구성되었다.

50) 검중(黔中)은 지금의 호남성 원릉(沅陵)현 서쪽 지역으로 당시에는 관찰사를 두었다. 무(巫)는 오계(五溪)를 가리킨다. 일설에는 무협(巫峽)이라고도 한다.

며, 남쪽으로 장가(牂牁) 지역을 꼬여내고 밖으로는 서원(西原)을 유혹하여,[51] 수령을 세우고 군대를 정비하였으며,[52] 가축을 죽여 그 피로 맹세하고 동굴과 산자락 숲에 거처하며 시끄럽게 떼를 이루었다. 황제께서는 구리호랑이의 부절(符節)을 내려 용(庸)·촉(蜀)·형(荊)·한(漢)·남월(南越)·동구(東甌)의 군대를 동원하여 사방에서 토벌하게 하였다.[53] 그러나 그들은 잘못을 겁내 험한 지형을 이용해 도망쳤으므로 바로 주살하지는 못하였다.

당시에 담주(潭州)의 호남관찰사이자 어사중승(御史中丞)인 유공작(柳公綽)은 장병들을 훈련시켜 병졸 오백 명을 데리고 무강(武岡)에 주둔하였는데, 위세를 떨지도 않고 거만하지도 않으며 산과 숲과 같은 안정 속에, 천자의 위엄 가득한 명령을 고하며 신뢰감을 보였다. 난을 일으킨 이들은 크게 겁을 냈는데, 공의 군대가 백만의 대군 같고 공의 명령이 바람과 천둥 같은 것을 보고 원망하고 신음하던 차에 호소할 곳이 생긴 것을 기뻐하며, 칼을 버리고 땅에 엎드려 부자의 관계를 보존하고, 충성하고 믿을 만한 백성이 되어 관직을 지키며 세금을 내었으니, 바치는 것도 한인(漢人)에 접근했으며 감히 어기지 않았다. 도적의 어미와 동생과 사위가 연이어 담주에 왔으며 모두 조정으로 송치되었다. 황제께서는 크나큰 덕으로 다시 조서를 내리셨다. 그리하여 도적의 수령과 일당은 마음 돌려 교화에 응하였으니, 마치 취했다가 깨어나고 미쳤다가 얌전히 회복한 듯하였다. 유공께선 약과 침이 되시어 그들의 본성을 회복시켰다. 황제는 그의 특별한 공로에 조서를 내려 강(江)·한(漢)지역을 맡기시고,[54] 세 배의 군사를 더해주어 당시의 대신으로서 넓은 땅을 관할토록 하셨다.

---

51) 장가(牂牁)는 서남방의 군 이름으로 지금의 귀주성 귀양(貴陽) 부근에 본청이 있었다. 서원(西原)은 서남방 소수민족이 거처하던 지역이다.

52) 검중관찰사의 가렴주구에 분노한 당지 소수민족의 수령 장백정(張伯靖)이 군사를 모아 반란을 일으켜 관리를 살해하였으며 신주(辰州)와 금주(錦州) 등의 여러 주(州)를 점령하였다.

53) 촉주(蜀州)자사 최능(崔能)을 새로운 검중관찰사로 삼고 전임 관찰사 두군(竇群)은 개주(開州)자사로 좌천시켰다.

54) 유공작을 악악(鄂岳)관찰사에 임명하였다. 악악은 강수와 한수가 만나는 지역이다.

부드러운 문신으로 이런 무공을 세우신 것이다.

이리하여 소수민족이 비로소 제자리를 되찾았다. 유공이 떠난다는 소식에 모두들 멀리 나와 눈물 흘리며 추위에 옷을 잃은 듯이 아쉬워했다. 전에 유공께서는 적의 머리를 벤 것을 자신의 능력으로 내세우지 않으시고, 전적으로 교화에 힘써 그 곳을 평온하게 하셨다. 노인에서 아이에 이르도록 어진 공의 덕분으로, 작게는 살무사나 물여우 같은 간사한 짓을 하지 않고,[55] 크게는 불의의 흉악한 짓을 하지도 않았다. 은혜는 무겁고 사적은 특별했으므로 멀고 가까움을 막론하고 추념을 멈출 수 있는 이가 없었다. 바라건대 무강(武岡)의 꼭대기에 명문을 새겨, 우리의 그리워하는 마음을 위로하고, 우리의 이웃에 밝히고 자손에게 알리고자 한다. 억년이 지나도록 나라를 받듦이 지금처럼 정성스럽고,[56] 이웃의 우리들에 대한 사랑이 유공처럼 부지런하기를 바란다. 명문은 다음과 같다.

검산(黔山)은 높고 높으며,
무수(巫水)는 구불구불 감아 흐르는데,
물고기는 놀라 흩어지고,
짐승들은 덤벼들다 다친다.
주민들은 놀라 골짜기에 숨고,
이리저리 여전히 난리 속이었다.
천자의 군대가 토벌 왔지만,
죽을 지경에서 벗어나 살아났다.
유공(柳公)께선 밝게 머뭇거림 없이,
신뢰 지키어 속이지 않고,
군사를 이끌고 황제의 명령 실행하여,

---

55) 물여우[蜮]는 작은 여우같이 생겼으며, 모래를 머금어 뿜으면 맞은 사람이 병에 걸린다는, 전설상의 동물이다.

56) 장사교(章士釗)는 원문의 '령(令)'은 '금(今)'의 착오임을 지적하였다.

이곳 땅을 바름으로 돌리셨다.
황제의 어진 덕을 펼치시어,
우리를 본성으로 되돌리셨다.
우리에겐 사방의 길 막혔었는데,
공께서 우리에게 길을 알려주셨다.
우리는 어리석어 죽도록 반항하였으나,
공께서 은혜를 베풀어 주셨다.
육체를 온전히 보존하고,
죽었다가 다시 살아났다.
공의 가르침 받들어,
우리 자손에게 전해준다.
우리는 처음에 해충과도 같았으나,
공의 덕분으로 어질어졌다.
우리는 처음에 도적과도 같았으나,
공의 덕분으로 서로 친하게 되었다.
산에서 사냥하고 못에서 고기 잡아,
도성으로 세금을 납부하고,
동굴을 파고 나무를 베어,
우리 인척들의 집을 마련했다.
가축 잡아 제사를 바치니,
공께서는 큰 복을 받으셨다.
시초(蓍草) 잡아 세어서 점을 치니,
공께서는 만복을 누리실 점이었으니,
황제께서 공의 공적을 장려하여,
큰 지방 장관으로 승진시키셨다.
멀리 우리를 떠나시니,
그 누가 훌륭하신 공의 뒤를 이으랴.

단사(丹砂)가 출토되는 동굴이 있고,
물소의 뿔도 있지만,
우리가 고루한 것이 아니라,
공께서 선물 받지 않으셨다.
바라는 바는 이웃들도 덕을 지녀,
언제나 공의 법칙 지키는 일이다.
우리들의 후대를 격려하여,
영원히 이곳의 기틀을 지키신다.
남쪽 미개지에서 이 시를 지어,
바위에 새겨 후손에게 보인다.

元和七年四月, 黔巫東鄙, 蠻獠雜擾, 盜弄庫兵, 賊脅守帥, 南鉤牂牁, 外誘西原, 置魁立帥, 殺牲盟誓, 洞窟林麓, 嘯呼成羣. 皇帝下銅獸符, 發庸、蜀、荊、漢、南越、東甌之師, 四面討問. 畏罪憑阻, 遁逃不卽誅.

時惟潭部戎帥御史中丞柳公綽, 練立將校, 提卒五百, 屯于武岡, 不震不騫, 如山如林, 告天子威命, 明白信順. 亂人大恐, 視公之師如百萬, 視公之令如風雷, 怨號呻吟, 喜有攸訴, 投刃頓伏, 願完父子, 卒爲忠信, 奉職輸賦, 進比華人, 無敢不龔. 母弟生壻, 繼來于潭, 咸致天庭. 皇帝休嘉, 式新厥命. 兇渠同惡, 革面向化, 如醉之醒, 如狂之寧. 公爲藥石, 俾復其性. 詔書顯異, 進臨江漢, 益兵三倍, 爲時碩臣, 殿于大邦. 文儒申申, 有此武功.

於是夷人始復. 聞公之去, 相與高蹈涕呼, 若寒去裘. 昔公不夸首級爲已能力, 專務敎誨, 俾邦斯平. 我老洎幼, 由公之仁, 小不爲虺蜮, 大不爲鯨鯢, 恩重事特, 不邇而遠, 莫可追已. 願銘武岡首, 以慰我思, 以昭我鄰, 以示我子孫. 億萬年, 俾我奉國, 如令之誠. 鄰之我懷, 如公之勤. 其辭曰:

黔山之巔, 巫山之磻, 魚駭而離, 獸犯而殘. 戶恐谷竄, 披攘仍亂, 王師來誅, 期死以緩. 公明不疑, 公信不欺, 援師定命, 俾邦克正. 皇仁天施, 我反其性. 我塗四闔, 公示之門; 我愚抵死, 公示之恩. 旣骨而完, 旣亡而存. 奉公之訓, 貽我子孫. 我始螫賊, 由公而仁; 我始寇讎, 由公而親. 山畋澤獻, 輸賦于都, 陶穴刋木, 室我姻族. 烹牲是祀, 公受介福. 揲蓍以占, 公宜百祿, 皇懋公功, 陟于大邦. 遠哉去我, 誰嗣其良. 有穴之丹, 有犀之顚, 匪曰余固, 公不可賂. 祝鄰之德, 恒遵公則; 鼏余之世, 以永邦制. 南夷作詩, 刻示來裔.

정명(井銘 : 우물의 명문) 병서(幷序)[57]

처음에는 주(州)의 주민들이 각기 목이 좁은 항아리로 장강(長江)의 물을 지어 나를 뿐으로 아무도 우물물을 마실 수는 없었다. 강 언덕은 높고 험했으며, 가뭄이 들면 강물은 더욱 멀어져서 주민들이 오르내리기가 몹시 어려웠다. 비가 많이 오면 땅이 미끄러워 넘어졌다. 그러나 주민들은 늘 한탄하면서도 유언(流言)에 미혹되어 끝내 우물을 파지 못했다. 원화(元和) 11년 3월 초하루에 성 북쪽의 해자 가에 우물을 파도록 명령했다. 월말이 되기 전에 완공하였다. 냉수는 청량했고 샘물은 풍부하여 마을 사람들이 물을 길었다. 그 땅이 단단하니 이로움이 오래갈 것이다. 우물의 터를 골라 설계한 이는 불교 승려 담강(談康)과 제군사(諸軍事)의 부장(副將) 미경(米景)이다.[58] 우물을 판 이는 장안(蔣晏)이다. 사용한 벌금은 육천삼백 포(布)이며,[59] 고용한 이는 설흔 여섯 사람이고, 큰 벽돌 천 칠백 개이다. 우물의 깊이는 이 심(尋) 이 척(尺)이다.[60] 명문은 다음과 같다.

57) 본편은 작자가 자사를 지낸 유주(柳州)에서 우물을 파고 그 경과와 희망을 담은 글이다. 애민정신과 미신을 믿지 않는 적극적인 시정 태도를 보여준다. 서문 뒤에 짧은 명문을 더하였다.

58) 제군사(諸軍事)는 자사(刺史)를 가리킨다.

59) 포(布)는 고대 화폐의 하나이다.

가득한 물은 신기하게도,
끊임없이 솟아나서,
우리 후손에게 은혜를 베푼다.
아! 그 누가 정치도 그렇게 한다면,
미래는 날로 새로워지리라.

始州之人各以甖甀負江水, 莫克井飮. 崖岸峻厚, 早則水益遠, 人陟降大艱. 雨多, 塗則滑而顚. 恒惟咨嗟, 怨惑訛言, 終不能就. 元和十一年三月朔, 命爲井城北隍上. 未晦, 果. 寒食洌而多泉, 邑人以灌. 其土堅垍, 其利悠久. 其相者, 浮圖談康、諸軍事牙將來景. 鑿者蔣晏. 凡用罰布六千三百, 役傭三十六, 大甎千七百. 其深八尋有二尺. 銘曰:

盈以其神, 其來不窮, 惠我後之人. 噫! 疇肯似于政, 其來日新.

순우지사(舜禹之事: 순과 우에 관한 일)[61]

위(魏)의 공자(公子) 조비(曹丕)는 아버지 덕분으로 한(漢)나라로부터 선양을 받았다. 그는 남쪽 교외에서 제사지내고 돌아와 신하들에게 말했다. "순과 우의 일을 나는 안다"라고. 그런데 조비 이래로 모두가 그 말을 비웃는다.

60) 심(尋)은 여덟 척(尺)이다.
61) 본편은 조비가 순임과 우임금 때의 일을 이해한다고 한 말은 비웃을 말이 아니라고 풀이한 글로서, 왕조가 변화하는 상황에 대한 분석이다. 찬탈과 선양의 경우 모두가 지지의 대상이 바뀐 경우라는 주장이다. 이 글은 역대로 많은 논란을 부른 글이기도 하다.

유선생은 말한다. 조비가 그렇게 말하는 것은 가능하다. 전에 조비가 "순(舜)임금과 우(禹)임금의 도(道)를 안다"라고 말했다면 그것은 조비의 잘못이다. 그러나 그 사안의 이치를 알았다는 것은 믿을 수 있다. 내가 보기에 비웃는 이들은 그가 한 말의 뜻을 모른 것이다. 조비가 가소롭다고는 보이지 않는다.

성을 바꿔 자리를 넘기는 것은, 공적인가 사적인가와 어짊에 의한 것이냐 강한 힘에 의한 것인가에 따라 그 방법은 다르다. 그러나 넘겨준 이는 잊혀지고 넘겨받은 이는 지지를 얻고 있다는 그 사실은 같다. 요(堯)임금이 그토록 성인다운데 어느 날 순을 만나 그에게 천하를 넘겨주는 것이 가능한가? 내가 생각하기에 그랬다면 작게는 조정에서 다툼이 일어나고 크게는 민간에서 다툼이 일어나 그 혼란은 요임금도 제지할 수 없었을 것이다. 왜인가? 요임금이 사람들에게 잊히지 않았고 우임금이 사람들의 지지를 얻지 않았기 때문이다. 요임금이 순에게서 신망을 얻은 것은 자신이 성인다웠기 때문이고, 순이 요임금으로부터 신임을 얻은 것도 순이 성인다워서이다. 그렇다고 두 성인이 자기들만 천하의 윗자리에서 서로 이해한다면 어리석은 백성들은 어떻게 한다는 말인가? 조정에 있던 방제(放齊)도 "주(朱)가 개명(開明)했습니다"라고 말하였으니,[62] 하물며 재야의 백성들은 어떠했겠는가? 요임금은 그 방식이 불가함을 알고 물러나 백성들이 자신을 잊도록 하였다. 순도 요임금이 백성들로 하여금 자신을 잊고 순을 신임하도록 하려는 것을 알고는 나서서 자신을 신임하게 하였다. 순은 열여섯 개 부족의 수령을 등용하고 네 부족의 흉악한 부족 수령을 제거함으로써 천하의 백성들이 모두들 훌륭한 이를 만나게 하였다. 또 스물 두 명의 대신을 임명하고 다섯 개의 교리를 부흥시키며 예법과 형법을 제정함으로써 천하의 백성들이 모두 잘 다스려지도록 하였다. 또 계절[時]과 달[月]을 합치시키고 역법(曆法)을 바로잡았으며, 음률

62) 요임금의 아들인 단주(丹朱)를 계승자로 추천한 것을 가리킨다.

과 도량형을 통일하고 백성들로 하여금 잘 사용하게 하였다. 십여 년이 지나자 사람들은 "우리를 이해하는 이는 순이요, 우리를 다스리는 이도 순이요, 우리를 돕는 이도 순이다"라고 말했다. 그리고 천하에 관직을 지닌 자들도 모두 순이 임명한 사람들이었다. 그런데 요임금은 늙어 밝았던 귀는 어두워지고 환했던 시력도 어두워지며 성인다웠던 점도 없어진 듯하였다. 그리하여 사람들은 "전에 요라고 했던 분은 과연 어디에 있는가?"라고 하였으며, 혹자는 "늙었다"라고 말하고 또 "숨었다"라고도 말했다. 다시 십여 년이 지나자 그를 그리워하거나 그에 대해 묻는 이들이 더욱 줄어들었다. 요임금이 죽을 때에 이르러서는 천하 사람들이 "오래되었다, 순(舜)께서 우리의 임금이 되신 것이"라고 말하였다. 그런 연후에야 요임금의 시조(始祖)를 모신 문조(文祖)에서 선양을 받고 요임금의 지위를 끝낼 수 있었다. 순임금과 우(禹)의 관계도 역시 그와 같았다. 우는 천하를 두루 다니어 백성을 위한 공적이 많고 신임이 두터워 잊혀지는 것이 더디었다. 백익(伯益)이 신임을 얻는 것도 역시 더디었다.[63] 그러나 하계(夏啓)는 그 현명함이 백성에게 알려졌으므로 우가 백익에게 양위할 수 없었던 것이다.[64] 처음에 백성에게 신임을 두터이 받으면 잊힐 때도 천천히 잊히며, 처음에 그와 반대인 경우에는 잊힐 때도 그와 반대이다.

한(漢) 왕조가 지지를 잃은 지 오래 되었고 신임을 받지 못하고 잊혀진 정도도 심하였다. 또 환관 · 동탁(董卓) · 원씨(袁氏) · 도겸(陶謙) 등이 백성을 몹시 해치고 있었다.[65] 그러다 조비의 아버지가 재난을 떨치고 강자가 된 지 삼십여 년이 되어 천하의 주인은 조씨뿐이었고 아무도 한(漢) 왕조를 생각하지 않는 상황이었다. 조비가 뒤를 이어 선양을 받았는데 천하에서는 그가 천자가 된 것이 늦었다고 생각하였으니, 그것이 어떻게

---

63) 백익(伯益)은 순임금 때의 사람으로 우(禹)가 치수할 때에 공을 세웠다고 한다. 후에 우가 양위하려고하자 사양하고 기산(箕山)으로 숨었다고 전한다.

64) 하계(夏啓)는 우(禹)의 아들로 하(夏)의 임금이다. 백익이 양위를 고사하고 기산에 숨자 9년 동안 왕위에 있었다고 한다. 일설에는 백익을 죽이고 왕위에 올랐다고도 한다.

65) 원씨는 원소(袁紹) · 원술(袁術) 형제를 가리킨다.

순임금과 우임금의 일과 다른가? 그러니 한 왕조는 스스로를 잊도록 할 수 있었던 것이 아니라 그때의 일이 스스로를 잊게 만든 것이다. 조비가 자신을 지지하게 할 수 있었던 것이 아니고 그 일이 그를 지지하게 만든 것이다. 공적인지 사적인지, 어짊에 의존했는지 강한 힘에 의존했는지에 따라 그 방법은 달랐지만 한쪽이 잊히고 다른 한쪽이 지지를 받았다는 점은 다를 바 없다. 요임금과 순임금이 잊힌 것이 한 왕조 때의 상황과 같지 않았다면, 순이나 우에게 양위할 수 없었다. 또 순과 우가 지지받은 것이 조씨의 경우와 같지 않았다면 요임금이나 순임금에게서 양위 받지 못했다. 그런데도 세상에선 단지 그 속마음만을 헤아리며 비웃는다. 그래서 말한다. "조비의 그 말을 비웃는 것은 잘못이다"라고.

물었던 이가 말한다. "요임금이 죽자 천하는 부모를 잃은 듯이 슬퍼했으며 전국에서 삼 년 동안 여러 음악을 금지하였다. 그대가 잊었다고 한 말은 심한 듯하다. 그래도 되는 것인가?" 대답은 다음과 같다. 이는 순이 요임금에게 덕을 돌리고 역사가가 요임금의 덕을 높이어 전한 말이다. 요임금의 노쇠함은 한 세대가 지났으며 그에게서 은덕을 입은 자도 이미 많이 죽었다. 그리고 요임금은 살아남은 어린 이들에게 자신을 생각하지 않게 만들었다. 그렇지 않았다면 천하를 남에게 넘기지 못했다.

魏公子丕, 由其父得漢禪. 還自南郊, 謂其人曰: "舜、禹之事, 吾知之矣." 由丕以來皆笑之.

柳先生曰: 丕之言若是可也. 嚮者丕若曰: "舜、禹之道, 吾知之矣", 丕罪也. 其事則信. 吾見笑者之不知言, 未見丕之可笑者也.

凡易姓授位, 公與私, 仁與强, 其道不同; 而前者忘, 後者繫, 其事同. 使以堯之聖, 一日得舜而與之天下, 能乎? 吾見小爭於朝, 大爭於野, 其爲亂堯無以已之. 何也? 堯未忘於人, 舜未繫於人也. 堯之得於舜也以聖, 舜之得於堯也以聖, 兩聖獨得於天下之上, 奈愚人何? 其立於朝者放齊猶曰 "朱啓明", 而況在野者乎? 堯知其道不可, 退而自忘; 舜知堯之忘已而繫舜於人也, 進而自繫. 舜擧十六族, 去四凶族, 使天下咸得其人; 命二十二人, 興五教, 立禮刑, 使天下咸得其理; 合時月, 正曆數, 齊律、度、量、權衡, 使天下咸得其用. 積十餘年, 人曰 : "明我者舜也, 齊我者舜也, 資我者舜也." 天下之在位者, 皆舜之人也, 而堯隤然, 聾其聰, 昏其明, 愚其聖. 人曰 : "往之所謂堯者果烏在哉?" 或曰 "耄矣", 曰 "匿矣." 又十餘年, 其思而問者加少矣. 至于堯死, 天下曰 "久矣, 舜之君我也." 夫然後能揖讓受終於文祖. 禹之與舜也亦然. 禹旁行天下, 功繫於人者多, 而自忘也晚. 益之自繫亦猶是也, 而啓賢聞於人, 故不能. 夫其始繫於人也厚, 則其忘之也遲. 不然, 反是.

漢之失德久矣, 其不繫而忘也甚矣. 宦、董、袁、陶之賊生人盈矣. 丕之父攘禍以立强, 積三十餘年, 天下之主, 曹氏而已, 無漢之思也. 丕嗣而禪, 天下得之以爲晚, 何以異夫舜禹之事耶? 然則漢非能自忘也, 其事自忘也; 曹氏非能自繫也, 其事自繫也. 公與私, 仁與强, 其道不同, 其忘而繫者無以異也. 堯、舜之忘, 不使如漢, 不能授舜、禹; 舜、禹之繫, 不使如曹氏, 不能授之堯、舜. 然而世徒探其情而笑之, 故曰 : 笑其言者非也.

問者曰 : "堯崩, 天下若喪考妣, 四海遏密八音三載. 子之言忘若甚然, 是可不可歟?" 曰 : 是舜歸德於堯, 史尊堯之德之辭者也. 堯之老更一世矣, 德乎堯者, 盖已死矣, 其幼而存者, 堯不使之思也. 不若是, 不能與人天下.

방예(謗譽: 비방과 칭찬)[66]

무릇 사람들이 남에게서 비방이나 칭찬을 받는 데에는 각기 그 이유가 있다. 군자는 아랫자리에 있으면 비방을 많이 받고 윗자리에 있으면 칭찬을 많이 받는다. 소인은 아랫자리에 있으면 칭찬을 많이 받고 윗자리에 있으면 비방을 많이 받는다. 왜인가? 군자는 윗자리가 마땅하고 아랫자리는 마땅하지 않으며, 소인은 아랫자리가 마땅하고 윗자리는 마땅하지 않으니, 마땅한 자리를 얻으면 칭찬이 오고, 마땅한 자리를 얻지 못하면 비방이 오기 때문이다. 이것이 일반적인 상황이다. 그러나 군자가 난세를 만나 부득이하여 윗자리에 있게 되면, 필시 군주와 주장이 어긋나게 된다. 그러나 그에 따른 이로움이 필히 백성에게 미친다. 그래서 비방은 위에서나 행해지고 아래에서는 행해지지 않는다. 그래서 죽음을 당하고 모욕을 당할 수는 있으나 백성들은 그를 여전히 칭찬한다. 소인이 난세를 만나 윗자리에 있게 되면, 그 주장은 반드시 군주와 합치되고 그 해는 필히 백성에게 미친다. 이로 인해 칭찬은 위에서는 행해지나 아래에서는 행해지지 않는다. 그래서 총애를 받을 수 있고 부유해질 수는 있으나 백성들은 여전히 그를 비방한다. 그러니 군자에 대한 칭찬은 칭찬이 아니다. 그 훌륭함이 드러나는 것일 뿐이다. 소인에 대한 비방은 비방이 아니다. 그 비열함이 드러나는 것일 뿐이다.

그렇다고 아랫자리에 있으면서 비방을 많이 받는 사람이 어찌 모두 어리석고 교활하겠는가? 윗자리에 있으면서 칭찬을 많이 받는 사람이 어찌 모두 어질고 지혜롭겠는가? 칭찬하고 비방하는 이들이 어찌 모두 옳

---

66) 본편은 비방과 칭찬이 이루어지는 상황을 여러 면에서 분석하고 그에 대처하는 방향과 입장을 제시한 글이다. 혹자는 타인의 위작이라고 하는 이도 있으나 증거가 불충분하다. 혹자는 저자가 자신이 속했던 왕숙문(王叔文)이 이끄는 정치집단의 몰락에 따른 비방을 의식하고 쓴 글이라고 말한다. 다만 그 증거는 충분하지 않다.

은 평가를 잘 내리겠는가? 그런데도 세인들은 듣고 크게 미혹되니, 한 사람의 용렬(庸劣)한 자의 입에서 평가가 나오면 떼를 지어 전파하여 멀리까지 전해지는데, 그러면 믿지 않는 이가 없다. 어찌 바르게 평가하지 못할 뿐이겠는가? 더욱이 호오(好惡)에 가려지고 이해관계에 얽매이니, 우리는 또 누구에게서 진실을 알 수 있겠는가? 공자께서 말씀하시길, "마을사람 중에 훌륭한 이가 좋아해주고 못된 이가 미워해주는 것 만하지 못하다"라고 하셨다. 훌륭한 이는 찾기 어려운데, 군자를 비방하는 이는 적지 않다. 공자를 비방한 이도 역시 적지 않다. 그런 사람 가운데 기록에 전하는 이로는 숙손무숙(叔孫武叔)이라는 자가 있는데, 그는 당시에 지위 높고 명성이 있는 사람이었다. 그러니 기록할 만한 이가 못되는 이 가운데는 그런 사람이 또한 적지 않으리라. 그래서 군자라도 아래에 있으면 필히 곤경을 당한다. 때를 만나고 군주의 신임을 얻어 남의 위에 있게 되고 그 공적과 혜택이 아래에까지 미치게 되면, 천하의 사람들이 모두 기뻐하고 공경하며, 전에 비방했던 이들도 그때가 되어서는 따르고 칭찬한다. 그래서 군자는 위에 있으면 반드시 명성이 빛난다.

혹자는 말한다. "그렇다면 위로부터의 비방이나 칭찬을 들으면 되돌려 자신에게서 그 원인을 구하면 되겠는가?" 나는 말한다. "그래서 어찌 되겠는가? 그 말의 출처를 알아보는 것이 결여되었다. 그 말이 훌륭한 이에게서 나온 것이라면 믿고, 비열한 이에게서 나온 것이라면 믿지 말라. 만약 그 사람이 훌륭한지 비열한지를 분별할 수 없으면 내버려둘 따름이다. 남에게서 비방이나 칭찬을 받는 이가 있으면 나는 반드시 그 말의 출처를 알아본다. 그렇게 말하는 이가 많다고 해서 감히 그 말을 모두 믿지는 않는다. 나에게 하는 말인 경우에 감히 그 말이 많다고 해서 영예롭게 여기거나 두려워하지 않는다. 만약 나를 모르면서 나보고 도척(盜跖)이라고 한다면 내가 또 왜 두려워하겠는가?[67] 또 나를 모르면서 나를

67) 도척(盜跖)은 춘추시대 노나라 사람으로 도둑의 수령이었다. 여기서는 그와 같은 악인을 가리킨다.

공자라고 한다면 내가 또 왜 영예롭게 여기겠는가? 나를 아는 이가 훌륭한지의 여부는 내가 알 수 없는 것이니, 반드시 스스로를 훌륭하게 지켜나가야 할 뿐이다."

凡人之獲謗譽于人者, 亦各有道. 君子在下位則多謗, 在上位則多譽; 小人在下位則多譽, 在上位則多謗. 何也? 君子宜于上不宜于下, 小人宜于下不宜于上, 得其宜則譽至, 不得其宜則謗亦至. 此其凡也. 然而君子遭亂世, 不得已而在于上位, 則道必咈于君而利必及于人, 由是謗行于上而不及于下, 故可殺可辱而人猶譽之. 小人遭亂世而後得居於上位, 則道必合于君, 而害必及于人, 由是譽行于上而不及于下, 故可寵可富而人猶謗之. 君子之譽, 非所謂譽也, 其善顯焉爾. 小人之謗, 非所謂謗也, 其不善彰焉爾.

然則在下而多謗者, 豈盡愚而狡也哉? 在上而多譽者, 豈盡仁而智也哉? 其謗且譽者, 豈盡明而善褒貶也哉? 然而世之人聞而大惑, 出一庸人之口, 則羣而郵之, 且至於遠邇, 莫不以爲信也. 豈惟不能褒貶而已, 則又蔽於好惡, 奪於利害, 吾又何從而得之耶? 孔子曰: "不如鄕人善者好之, 其不善者惡之." 善人者之難見也, 則其謗君子者爲不少矣, 其謗孔子者亦爲不少矣. 傳之記者, 叔孫武叔, 時之顯貴者也. 其不可記者, 又不少矣. 是以在下而必困也. 及乎遭時得君而處乎人上, 功利及於天下, 天下之人皆歡而戴之, 向之謗之者, 今從而譽之矣. 是以在上而必彰也.

或曰: "然則聞謗譽於上者, 反而求之, 可乎?" 曰: "是惡可, 無亦徵其所自而已矣. 其所自善人也, 則信之; 不善人也, 則勿信之矣. 苟吾不能分於善不善也, 則已耳. 如有謗譽乎人者, 吾必徵其所自, 未敢以其言之多而擧且信之也. 其有及乎我者, 未敢以其言之多而榮且懼也. 苟不知我而謂我盜跖, 吾又安取懼焉? 苟不知我而謂我仲尼, 吾又安取榮焉? 知我者之善不善, 非吾果能明之也, 要必自善而已矣."

함의(咸宜: 당연한 일)[68]

흥하는 왕의 신하는 대부분 비천한 신분에서 기용되었는데, 사람들은 이를 행운이라 말한다. 망하는 왕의 신하는 대부분 도적에게 죽음을 당했는데, 사람들은 이를 재난이라 말한다. 그러나 나는 이들 모두를 당연하게 여긴다. 전한과 후한의 두 한(漢) 왕조가 시작할 때에 백정과 행상과 말단 관리가 나와 최고 공후(公侯)와 경상(卿相)의 귀족이 되어 고위직을 차지하였는데, 거기에 다른 이유가 있는 것이 아니다. 그들이 공후와 경상의 그릇이었기 때문이다. 혼란한 때를 만나 굴종하게 된 것은 단지 처음 겪는 불행으로서, 고조(高祖)나 광무제(光武帝)를 만난 것이 행운은 아니다.[69] 한(漢)과 진(晋) 말년에 공후와 경상이 잡혀 살육당하고 기아의 곤경을 당하며 장벽 사이에 엎드려 죽은 것은 다른 이유에서가 아니다. 그들이 원래 잡혀 살육당하고 기아의 곤경을 당할 그릇이었기 때문이다. 혼란한 때를 만나 나서게 된 것은 단지 처음 맞이하는 행운으로서, 동탁(董卓)이나 유요(劉曜)를 만난 것이 재난은 아니다.

그들이 혼란한 때에 곤경을 당하며 뜻을 숨기고 몸을 굽히어 노예만도 못해져서, 난리를 평정하고 은혜를 내리는 덕을 백성에게 실행하지 못하다가, 어느 때에 뜻과 같이 되었다면, 이는 그들의 등장이 늦은 것일 뿐이다. 그런데도 사람들은 여전히 이를 행운으로 여긴다. 저들이 혼란한 때에 등장하여 뜻을 내세우며 몸을 휘둘러 호걸에게 오만하게 굴며, 백성을 해치고 난리를 일으키는 재주를 천하에 부리다가, 어느 때에 제 자리로 돌아갔다면, 이는 그들의 죽음이 늦은 것일 뿐이다. 그런데도 사람들은 여전히 이를 재난으로 여긴다. 슬프다! 그래서 나는 그것들을 모두 당연하다고 한다.

---

68) 본편은 나라가 흥성할 때와 망할 때의 대신들이 처한 상황을 행운과 재난으로 여기지 않고 당연한 것으로 여기는 글이다. 후일 적지 않은 반론을 부른 글이기도 하다.
69) 유방(劉邦)과 유수(劉秀)를 가리킨다.

興王之臣, 多起汙賤, 人曰 "幸也"; 亡王之臣、 多死寇盜, 人曰 "禍也." 余咸宜之. 當兩漢氏之始, 屠販徒隸出以爲公侯卿相, 無他焉, 彼固公侯卿相器也. 遭時之非是以詘, 獨其始之不幸, 非遭高、光而以爲幸也. 漢、晉之末, 公侯卿相劫戮困餓伏墻壁間以死, 無他焉, 彼固劫戮困餓器也. 遭時之非是以出, 獨其始之幸, 非遭卓、曜而後爲禍也.

彼困於昏亂, 伏志氣, 屈身體, 以下奴虜, 平難澤物之德不施于人, 一得適其傃, 其進晩爾, 而人猶幸之. 彼伸於昏亂, 抗志氣, 肆身體, 以傲豪傑, 殘民興亂之伎行于天下, 一得適其傃, 其死後耳, 而人猶禍之. 悲夫! 余是以咸宜之.

편고(鞭賈 : 채찍장사)[70]

시장에서 채찍을 파는 이가 있었는데 사람들이 물으면 그 값은 오십 냥이면 마땅한데도 기필코 오만 냥이라고 말했다. 오십 냥을 내겠다고 하면 허리를 구부려 웃고, 오백 냥을 내겠다면 조금 화를 내고, 오천 냥을 내겠다면 몹시 화를 내면서 꼭 오만 냥이어야 된다고 하였다. 어떤 부잣집 아들이 채찍을 사러 시장에 가서 오만 냥을 내고 가지고 와 나에게 자랑하였다. 내가 그 끝부분을 보니 감겨 펴지지 않고, 손잡이를 보니 구부러져 똑바르지 않았다. 끝부분의 가죽 띠는 각기 놀아 맞지 않았으며,[71] 대나무 마디는 검게 썩어 무늬도 없었다. 눌러보면 손톱 전체가 들

70) 본편은 사기성이 있는 상인과 그에 속는 부자로, 무능하면서 분에 넘치는 지위를 바라는 자와 그를 중용하는 이를 비유하여 신랄하게 풍자한 글이다. 대표적인 단편 우언문의 하나이다.

71) 원문의 '행수자(行水者)'는 불확실한데, 혹자는 채찍 끝에 묶어 휘둘러서 소리를 내는 가죽 띠라고 한다.

어가 얼마나 더 깊이 들어갈지 알 수 없었으며, 들어보면 가뿐하여 마치 텅 빈 것을 휘두르는 듯하였다. 내가 말했다. "그대는 이 채찍의 어디가 좋다고 오만 냥도 아끼지 않았소?" 그는 답하였다. "나는 노랗고 반들거리는 것이 좋아서 샀소. 또 장사도 그렇게 말했소." 나는 하인을 불러 물을 끓여 그것을 씻게 했다. 그랬더니 바로 말라 오그라들고 얼룩얼룩 허옇게 변했다. 예전의 그 노란 빛은 치자 물을 들인 것이고, 윤택은 초칠을 한 것이었다. 그 부자는 좋아하지 않았다. 그러나 여전히 삼 년이나 가지고 다녔다. 후일 동쪽 교외에 나가 장락판(長樂坂) 아래에서 길을 다투게 되었다. 말들이 서로 발길질하자 세게 내리치니 채찍은 부러져 대여섯 동강이 났다. 말들은 발길질을 그치지 않아 그는 땅에 떨어져 상처를 입었다. 그 채찍 안을 보니 텅 비었고 그 재질은 썩은 흙과 같아서 지탱할 힘이 없었다.

오늘날 모습을 물들이고 언사에 초칠을 하여 조정에 그 재주를 팔려고 하는 자에게는 그 분수에 맞게 준다면 좋다. 그러나 어쩌다 잘못하여 그 분수에 넘게 주면 좋아하고, 분수에 맞추면 도리어 화를 내며, "내가 왜 공경(公卿)이 되지 못하는가?"라고 말한다. 그런데도 실제로 그런 지위에 이른 이가 매우 많다. 아무 일이 없을 때라면 삼 년이 지나도 해가 없다. 그러나 일이 발생했을 때, 능력을 발휘하여 일을 처리하라고 시키고서 그 텅 빈 내면과 썩은 흙과 같은 실력에 의지해 큰 실효가 있기를 바란다면, 어찌 그의 등용에서 실패하여 추락하여 상처 입는 재난을 당하지 않겠는가?

市之鬻鞭者, 人問之, 其賈宜五十, 必曰五萬. 復之以五十, 則伏而笑; 以五百, 則小怒; 五千, 則大怒; 必五萬而後可. 有富者子, 適市買鞭, 出五萬, 持以夸余. 視其首, 則拳蹙而不遂; 視其握, 則蹇仄而不植; 其行水者, 一去一來不相承; 其節朽黑而無文, 掐之滅爪, 而不得其所窮; 擧之翾然若揮虛焉. 余曰 : "子何取於是而不愛五萬?" 曰 : "吾愛其黃而澤. 且賈者云.” 余乃召僮爚湯以濯之. 則遫然枯, 蒼然白, 嚮之黃者梔也, 澤者蠟也. 富者不悅. 然猶持之三年. 後出東郊, 爭道長樂坂下. 馬相踶, 因大擊, 鞭折而爲五六. 馬踶不已, 墜於地, 傷焉. 視其內則空空然, 其理若糞壤, 無所賴者.

今之梔其貌, 蠟其言, 以求賈技於朝, 當其分則善. 一誤而過其分, 則喜; 當其分, 則反怒, 曰 : “余曷不至於公卿?” 然而至者亦良多矣. 居無事, 雖過三年不害. 當其有事, 驅之以陳力之列以御乎物, 以夫空空之內, 糞壤之理, 而責其大擊之効, 惡有不折其用, 而獲墜傷之患者乎?

이상(吏商 : 장사로서의 관리)[72]

관리로서 장사를 한다고 할 때, 탐관오리로서 장사를 하는 것은 청렴한 관리로서 장사를 하여 그 이익을 많이 얻는 것보다 못하다. 탐관오리로서 장사를 하면 못된 자들과 동업자가 되므로 대부분 소모되는 것이 많으며, 일꾼을 혹사하고 배나 수레를 낭비하며, 시기의 선택에도 문제가 생기고, 상품의 품질에도 문제가 생기며, 도적에 의한 살상이나 수재와 화재에 의한 손실이 걱정거리로 남는다. 다행히 이익이 남는다고 해도 일 할(割)이나 이 할이 되지 않으며, 또 몸을 망치고 봉록을 박탈당하니, 심하면 처형되고 다음으로는 쫓겨나며 경미한 경우라도 미움을 받아, 끝내 뜻을 이루지 못한다. 그러니 탐관오리가 어찌 장사에 능한 것이겠는가? 청렴한 관리로서 장사를 한다면, 일꾼을 혹사하지 않고 배나 수레를 낭비하지 않으

72) 본편은 관리의 길을 이익을 추구하는 장사의 길에 비유하여 청렴의 길이 유리하다는 점을 말했다. 이익 그 자체를 중시했다기보다 실정에 맞춰 예를 들어 설명한 것으로서, 작자의 적극적인 태도를 보여준다.

며, 못된 동업자에 의해 소모되는 것도 없고, 시기의 선택에도 문제가 없으며, 상품의 품질에도 문제가 없고, 도적도 살상하지 못하며 수재나 화재에 의한 재난도 없다. 이윤은 많고 명성은 더욱 높아지며 자신은 부자가 되고 집안은 강성해지며 자손들도 몹시 빛난다. 그러므로 청렴한 관리로서의 장사는 이익이 크다. 만약 근엄함과 결백함으로 정사를 보아, 말단 관리에서 현령이 되고, 작은 현의 현령에서 큰 현의 현령이 되고, 큰 현의 현령에서 작은 주(州)의 자사(刺史)가 된다면 그 이익은 달이 지나면서 배로 늘어난다. 그렇게 실천하여 변치 않아, 작은 주의 자사에서 큰 주의 자사가 된다면 그 이익은 달이 지나면서 삼분의 일씩 늘어난다. 또 그렇게 실천하여 변치 않아 또 큰 주의 자사에서 도(道)의 관찰사가 된다면, 그 이익은 달이 지나면서 세 배가 되어 더 이상 부유해질 수 없다. 만약 그렇게 실천하여 변치 않는다면, 그 이익을 이루 다 헤아릴 수 있겠는가? 산이 벌겋게 되도록 목재를 채취하고 바다가 마르도록 소금을 만든다고 해도 이처럼 이익이 클 수는 없을 것이다. 그런데도 온 세상이 다투어 물품으로 장사를 하니, 그 때문에 쫓겨난 관리들이 길에서 다투어 이익을 구하지만 백에 하나도 성공하지 못한다. 사람들이 부(富)에 가까이 가려고 좋은 계책을 쓰면서도 재난에 가까이 가니, 슬픈 노릇이다!

혹자는 말한다. "군자는 도(道)를 꾀하지 부(富)를 꾀하지 않소. 그대는 맹자가 송경(宋牼)에게 한 말을 모르오? 어찌 이익을 위하겠소?"[73] 나 유자(柳子)는 답한다. 군자에게는 가르침에 두 가지 길이 있다. 정성스럽고 총명한 이에게는 이익으로 가르치지 않는다. 그리고 총명하고 정성스러운 이는 이익을 추구해 얻지만 해로움이 물러난다. 위의 내 말은, 이익을 위해 행동하는 이를 위한 말이다. 어떤 이는 빈곤함에 안주하여 도를 행하고, 어떤 이는 이익을 좇아 도를 행하는데, 그들 모두 성공하게 되는

73) 맹자는 송경(宋牼)에게, "신하가 이익을 생각하여 주군을 섬기고, 자식이 이익을 생각하며 어버이를 섬긴다면, 군신과 부자와 형제가 인의를 저버리고 이익을 생각하며 관계를 가지게 됩니다. 그런다면 망하지 않을 자가 없습니다"라고 하였다.

점은 같다. 나는 이익에 사로잡혀 백성을 어지럽히고 자신을 망치는 것을 슬퍼한다. 임시로 그런 말을 하는 것은, 이익의 크기로 그들의 지향을 발전시키려는 것이니, 다행히 아랫사람을 건드리지 않고 잘 다스린다면 상호 모두가 큰 이익을 얻게 된다. 나의 말은 부득이해서 하는 말일 뿐이다. 어떻게 맹자처럼 여유를 부릴 겨를이 있단 말인가? 맹자는 도를 좋아했지만 실정에 맞추지 못했으므로 그 효과가 더디고 요원하였으니, 공자가 백성들을 위해 서두른 것보다 못하다.

吏而商也, 汙吏之爲商, 不若廉吏之商, 其爲利也博. 汙吏以貨商, 資同惡與之爲曹, 大率多減耗, 役傭工, 費舟車, 射時有得失, 取貨有苦良, 盜賊水火殺敓焚溺之爲患, 幸而得利, 不能什一二, 身敗祿敓, 大者死, 次貶廢, 小者惡, 終不遂. 汙吏惡能商矣哉? 廉吏以行商, 不役傭工, 不費舟車, 無資同惡減耗, 時無得失, 貨無良苦, 盜賊不得殺敓, 水火不得焚溺, 利愈多, 名愈尊, 身富而家强, 子孫葆光. 是故廉吏之商博也. 苟修嚴潔白以理政, 由小吏得爲縣, 由小縣得大縣, 由大縣得刺小州, 其利月益各倍. 其行不改, 又由小州得大州, 其利月益三之一. 其行又不改, 又由大州得廉一道, 其利月益之三倍, 不勝富矣. 苟其行又不改, 則其爲得也, 夫可量哉? 雖赭山以爲章, 涸海以爲鹽, 未有利大能若是者. 然而擧世爭以爲貨商, 以故貶吏相逐於道, 百不能一遂. 人之知謀好邇富而近禍如此, 悲夫!

或曰 : "君子謀道不謀富, 子見孟子之對宋牼乎? 何以利爲也." 柳子曰 : 君子有二道, 誠而明者, 不可敎以利; 明而誠者, 利進而害退焉. 吾爲是言, 爲利而爲之者設也. 或安而行之, 或利而行之, 及其成功, 一也. 吾哀夫沒於利者, 以亂人而自敗也. 姑設是, 庶由吏之小大登進其志, 幸而不撓乎下, 以成其政, 交得其大利. 吾言不得已爾, 何暇從容若孟子乎? 孟子好道而無情, 其功緩以疏, 未若孔子之急民也.

동해약(東海若: 동해의 신)[74]

동해의 신 동해약(東海若)이 육지에 놀러 나와, 맹저(孟諸)의 언덕에 올랐다가 호로박 두 개를 얻어,[75] 속을 긁어내어 그 씨를 털어내고 가지고 놀았는데, 바닷물을 퍼오고 썩은 흙과 요충·회충을 그 안에 채워놓으니 그 악취는 견딜 수가 없었다. 그리하여 단단한 돌로 입구를 막아 들어다 바다에 던졌다. 그 후에 얼마가 지나 그곳을 지나다가 말했다. "여기는 옛날에 오물을 버린 곳이구나." 그러나 호로박 하나가 그 말에 대해 소리쳤다. "나는 대해(大海)이다." 동해약은 깜짝 놀라 비웃으며 말했다. "이상하구나. 지금 대해는 동쪽으로도 끝이 없고 서쪽으로도 끝이 없으며, 북쪽으로도 끝이 없고 남쪽으로도 끝이 없으며, 아침에는 해가 목욕하고 나오고 밤이면 뭇 별자리를 가득 채우고 달을 차지하며, 은은한 빛과 보물의 빛으로 밝게 빛을 발하고 먼지 같은 잡것은 없이 꼭 서쪽의 물가에서 머문다. 그래서 크고 깊고 깨끗하고 밝기로 나만한 것이 없다. 지금 너는 바다에 버려진 방울이며 썩은 흙과 같은 덩어리가 되고 썩은 냄새와 같이 있으며 요충·회충과 같이 지낸다. 좁기는 여덟 치밖에 안 되고 또 어둡기가 이와 같으면서 바다와 같다고 하니 부끄럽고 가련한 일이 아닌가! 가고 싶은가? 내가 장차 너를 위해 돌을 빼고 호로박을 깨어, 대황(大荒)의 섬에서 각종 더러움을 씻겨주고 함께 예전에 네가 있던 곳으로 보내준다면 되겠는가?"[76] 썩은 물은 멈칫 기분나빠하면서 말했다. "나는 원래 마찬가지이다. 내가 또 그대에게서 무엇을 바라겠는가? 내 본성은 이와 같을 뿐이다. 더러운 것은 자기가 더러운 것으로 내 깨끗함

---

74) 본편은 동해의 신인 동해약과 오물과 함께 호로박에 갇혀 오염된 바닷물의 대화를 비유로 들어, 불교의 수행을 통해 구원받을 것을 선양한 우언문이다.

75) 맹저(孟諸)는 맹저(孟豬) 또는 망저(望諸)라고도 하며 늪[澤]의 이름이다.

76) 대황(大荒)은 아득히 멀고 광활한 곳을 의미한다.

을 해칠 수 없으며, 협소함은 자기가 협소한 것으로 내 넓음을 해칠 수 없고, 어두움은 자기가 어두운 것으로 내 밝음을 해칠 수 없다. 그리고 더러워도 바닷물이요 좁은 데에 있어도 바닷물이며 어두운 데에 있어도 역시 바닷물이다. 홀연히 갔다가 홀연히 돌아오니 그 어느 것이 바닷물이 아니겠는가? 그대는 가라. 나를 귀찮게 하지마라." 그러나 다른 호로박 하나는 소리쳐 빌었다. "내가 이를 원망한 지 오래됐다! 나는 그것이 본래 이상할 것이 없다고 여겼는데, 그대가 바다의 광대함을 말해주고 또 나를 옛 바다의 버려진 오물로 간주하니 나는 더욱 조급해졌다. 나는 내 거품을 품어내도 막힌 것을 뚫을 수 없고, 내 물결을 흔들어도 호로박의 배에 구멍을 낼 수 없다. 할 수 있다고 하여도 기나긴 세월이 걸린다. 그러니 나를 아끼고 불쌍하게 여겨주길 바란다!" 이에 동해약은 막은 돌을 빼내고 호로박을 깨서 맹저(孟諸)의 육지에 던지고 대황의 섬에서 그 더러움을 씻겼다. 그리하여 그 물은 모두 바다로 돌아가 예전에 말하던 곳에서 지내게 되었다. 그러나 전의 그 호로박 속의 바닷물은 끝내 냄새나고 더러움과 같이하며 변하지 않았다.

지금 불자(佛者) 두 사람이 있는데 모두 비로자나(毗盧遮那)의 바다에서 나와,[77] 오탁(五濁)의 더러움에 빠지고,[78] 삼유(三有)의 세계인 호로박에 갇히고,[79] 무명(無明)의 바위로 막히어,[80] 열두 종류 동물 가운데 기생충과 섞여 지냈다.[81] 누군가 물으니, 한 사람이 말했다. "나는 부처이다. 비로자나 · 오탁 · 삼유 · 무명 · 열두 부류는 모두 헛된 것이요, 같은 것이다. 선도 없고 악도 없으며, 인(因)도 없고 과(果)도 없다. 수(修)도 없고 증

77) 비로자나(毗盧遮那)는 범어(梵語)를 음역한 것으로 법신불(法身佛). 지덕의 빛으로 온 세상을 두루 비춘다는 부처.

78) 오탁(五濁)은 불교용어로 다섯 가지 더러운 것을 가리킨다.

79) 삼유(三有)는 불교 용어로 욕계(欲界) · 색계(色界) · 무색계(無色界)를 떠도는 사람을 가리킨다. 즉 미혹됨에서 벗어나지 못하고 있음을 의미한다.

80) 무명(無明)은 불교용어로 사견(邪見)이나 망집(妄執)으로 모든 법의 진리에 어두운 것을 의미한다.

81) 열두 종류는 12지(支)가 가리키는 동물을 가리킨다.

(證)도 없으며, 부처도 없고 중생도 없다. 모두 차이가 없으니 내가 무엇을 구하겠는가!" 물었던 이가 말했다. "그대가 하는 말은 본성[性]을 두고 하는 말이요, 또 외적인 일[事]도 있소. 무릇 본성과 일은 하나이면서 둘이 되고, 둘이면서 하나가 됩니다. 그대가 하나만을 지키면 큰 재난이 닥칩니다." 그러자 그는 말했다. "그대는 가시오. 나를 귀찮게 하지 마시오." 다른 한 사람은 말했다. "아아, 내가 그것을 원망한 지 오래 되었소! 나는 내 힘을 다하여도 무명(無明)을 버릴 수 없으며, 내 지혜를 다해도 삼유(三有)를 뛰어넘고 오탁(五濁)을 벗어날 수 없으며 열두 종류의 동물과 달라질 수 없소. 설령 할 수 있다고 해도 크고 작은 겁(劫)이 얼마나 많은지 모르니 어떻게 합니까?" 물었던 이가 서방(西方)의 일을 말해주고,[82] 삼매경(三昧境)의 불리를 닦도록 하였다. 그러자 성인이 그를 불쌍히 여겨 받아들여 극락의 경지에 보내주어 뭇 악행을 떨치고 많은 불행(佛行)을 실천하여 성자의 땅에 거처하며 부처님을 만나게 하였다. 앞의 그 사람은 끝내 열두 종류의 동물과 같이 지내며 변하지 않았다. 두 사람의 차이가 멀리 벌어진 것이 두 호로박 속의 물과 같지 않은가! 지금 한 경우를 버리고 다른 한 경우를 취할 줄 모름이 매우 심하다!

東海若陸遊, 登孟諸之阿, 得二瓠焉, 刳而振其犀以嬉, 取海水雜糞壤蟯蚘而實之, 臭不可當也. 窒以密石, 擧而投之海. 逾時焉而過之, 曰 : "是故棄糞耶?" 其一徹聲而呼曰 : "我大海也." 東海若呀然笑曰 : "怪矣, 今夫大海, 其東無東, 其西無西, 其北無北, 其南無南, 旦則浴日而出之, 夜則滔列星, 涵太陰, 揚陰火珠寶之光以爲明, 其塵霾之雜不處也, 必泊之西澨. 故其大也深也潔也光明也, 無我若者. 今汝海之棄滴也, 而與糞壤同體, 臭朽之與曹, 蟯蚘之與居, 其狹咫也, 又冥暗若是, 而同之海, 不亦羞而可憐哉! 子欲之乎? 吾將爲汝抉石破瓠, 盪羣穢於大荒之島, 而同子於

82) 서방은 불교에서 말하는 극락(極樂)세계를 가리킨다.

向之所陳者可乎?” 糞水泊然不悅曰 : “我固同矣, 吾又何求於若? 我之性也, 亦若是而已矣. 穢者自穢, 不足以害吾潔; 狹者自狹, 不足以害吾廣; 幽者自幽, 不足以害吾明. 而穢亦海也, 狹亦海也, 幽亦海也, 突然而往, 于然而來, 孰非海者? 子去矣, 無亂我.” 其一聞若之言, 號而祈曰 : “吾毒是久矣! 吾以爲是固然不可異也. 今子告我以海之大, 又目我以海之棄糞也, 吾愈急焉. 涌吾沫不足以發其窒, 旋吾波不足以穴瓠之腹也, 就能之, 窮歲月耳, 願若幸而哀我哉!” 東海若乃抉石破瓠, 投之孟諸之陸, 盪其穢於大荒之島, 而水復於海, 盡得向之所陳者焉. 而向之一者, 終與臭腐處而不變也.

今有爲佛者二人, 同出於毗盧遮那之海, 而汨於五濁之糞, 而幽於三有之瓠, 而窒於無明之石, 而雜於十二類之蟯蚘. 人有問焉, 其一人曰 : “我佛也, 毗盧遮那、五濁、三有、無明、十二類, 皆空也, 一也, 無善無惡, 無因無果, 無修無證, 無佛無衆生, 皆無焉, 吾何求也!” 問者曰 : “子之所言, 性也, 有事焉, 夫性與事, 一而二、二而一者也, 子守而一定, 大患者至矣.” 其人曰 : “子去矣, 無亂我.” 其一人曰 : “嘻, 吾毒之久矣! 吾盡吾力而不足以去無明, 窮吾智而不足以超三有、離五濁, 而異夫十二類也. 就能之, 其大小劫之多不可知也, 若之何?” 問者乃爲陳西方之事, 使修念佛三昧一空有之說. 於是聖人憐之, 接而致之極樂之境, 而得以去羣惡, 集萬行, 居聖者之地, 同佛知見矣. 向之一人者, 終與十二類同而不變也. 夫二人之相遠也, 不若二瓠之水哉! 今不知去一而取一, 甚矣!

제21권 제서(題序)

독한유소저모영전후제(讀韓愈所著毛穎傳後題: 한유의 「모영전」을 읽고 나서)[1)]

내가 미개지에 거주한 이래로 중원 사람과는 편지를 주고받지 않았다. 그런데 남쪽으로 온 사람이 여러 차례 한유가 「모영전(毛穎傳)」을 지었다고 말하면서, 그 글의 의미는 말하지 못하고 단지 크게 비웃으며 괴이하다고 하였다. 그러나 나는 오랫동안 그 글을 볼 수 없었다. 그러던 중에 양회지(楊誨之)가 비로소 그 글을 가지고 왔기에 구해 읽어보았더니, 뱀과

1) 본편은 한유의 「모영전」에 대한 독후감이다. 원화 5년(810), 영주에 있던 유종원에게 양회지(楊誨之)가 한유가 쓴 「모영전」을 가져와 보여주었는데, 유종원은 그 글에 대한 세간의 비판에 대비하여 한유의 창작상의 견해를 옹호한 글이다. 한유의 「모영전」은 붓을 의인화하여 그 일생을 기록한 가전(假傳) 형식의 글로서, 배도(裴度)에게서 이른바 '이문위희(以文爲戲)'하였다는 부정적인 평가를 받기도 하였다.

용을 포획하고 호랑이와 표범을 치면서 급히 그들과 각축하여 빈틈이 없었다. 실로 한유의 글은 괴이하다. 세간에서 모방하고 표절하며 청(靑)자로 백(白)자에 짝짓고 껍데기나 살이나 불리고 힘줄과 뼈대는 약하게 글을 짓는 사람들이 보고서 크게 비웃는 것도 실로 당연하다.

세간에서 비웃는 것은 그 장난기[俳] 때문이 아니겠는가? 그런데 장난기는 또 성인께서 버리신 것이 아니다. 『시경』에서, "장난[戱謔]도 잘하지만 지나치지 않네"라고 하였고, 『태사공서(太史公書)』에는 「골계열전(滑稽列傳)」이 있는데, 모두 세상에 유익한 것을 취하였다. 본디 학자는 종일토록 토론하고 문답하며 읊조리고 복습하며, 남과 응대하여 나아가고 물러나며, 물을 받아 뿌리며 청소하니, 지치고 정신없다. 그래서 "쉬고 노는" 이야기가 있다. 악기의 줄을 다루는 법을 배우지 않고는 곡조에 맞출 수가 없다. 제약할 때가 있고 또 풀어줄 때도 있는 것이다. 제사용 고기국과 맑은 물, 바치는 희생물의 전체나 부분은 지극히 맛있는 것들이다. 그런데도 또 기이한 작은 벌레, 수초(水草), 산사열매와 배, 귤과 유자를 마련한다. 쓰고 짜고 시고 매워, 입술이 따갑고 코가 찢어지고, 혀가 오그라들고 이가 떫어도, 그것들대로 모두 몹시 좋아하는 사람이 있다. 문왕(文王)이 좋아한 창포(菖蒲)절임, 굴도(屈到)가 좋아한 세발마름, 증석(曾晳)이 좋아한 고욤이 있은 연후에야 천하의 기이한 맛을 다 맛보아 입맛을 만족시키는 것이다. 그런데 유독 문장의 경우만 다르겠는가? 한유가 그 글을 쓴 것 역시 이완시키되 지나치지는 않은 것이리라! 쉬고 놀아 제약을 풀어놓은 것이리라! 육경(六經) 중의 기이한 맛을 다하여 입맛을 만족시킨 것이리라! 만약 그렇게 하지 않았다면, 한유의 문장은 큰 강을 막은 둑처럼 분명코 터져서 여러 곳으로 흘렀을 것이니, 그렇게 표현하지 않을 수가 없었던 것이다.

또한 고금의 시비와 육경(六經)과 제자백가에 대해 많건 적던 빠짐없이 기록한 것은 모영(毛穎)의 공로이다.[2] 한유는 고서를 많이 읽고 글쓰기를 좋아하였는데, 모영이 제 늦을 다 벨 수 있음을 가상하게 여겨, 분연히 그 전기를 지어 그의 억울함을 표현하였으며, 학자들이 그로써 격려되었으니, 그것에는 세상에 유익함이 있으리라! 그 이야기는 실로 다른 세상의 사람들에게 한 말인데, 일상적이고 사소한 것을 탐내고 좋아하는 이들이 여전히 이러니저러니 주둥이를 놀린다. 그들은 역시 몹시도 수고로울 뿐이다!

自吾居夷, 不與中州人通書. 有來南者, 時言韓愈爲毛穎傳, 不能擧其辭, 而獨大笑以爲怪, 而吾久不克見. 楊子誨之來, 始持其書, 索而讀之, 若捕龍蛇, 搏虎豹, 急與之角而力不敢暇, 信韓子之怪於文也. 世之模擬竄竊, 取靑媲白, 肥皮厚肉, 柔筋脆骨, 而以爲辭者人之讀之也, 其大笑固宜.

且世人笑之也, 不以其俳乎? 而俳又非聖人之所弃者. 詩曰: "善戱謔兮, 不爲虐兮." 太史公書有滑稽列傳, 皆取乎有益于世者也. 故學者終日討說答問, 呻吟習復, 應對進退, 掬溜播灑, 則罷憊而廢亂, 故有 '息焉游焉'之說. 不學操縵, 不得安絃. 有所拘者, 有所縱也. 大羹玄酒, 體節之薦, 味之至者. 而又設以奇異小蟲、水草、樝梨、橘柚, 苦鹹酸辛, 雖蜇吻裂鼻, 縮舌澁齒, 而咸有篤好之者. 文王之昌蒲葅, 屈到之芰, 曾晳之羊棗, 然後盡天下之奇味以足於口. 獨文異乎? 韓子之爲也, 亦將戱焉而不爲虐歟! 息焉游焉而有所縱歟! 盡六藝之奇味以足其口歟! 而不若是, 則韓子之辭, 若壅大川焉, 其必決而放諸陸, 不可以不陳也.

且凡古今是非六藝百家, 大細穿穴用而不遺者, 毛穎之功也. 韓子窮古書, 好斯文, 嘉穎之能盡其意, 故奮而爲之傳, 以發其鬱積, 而學者得以勵, 其有益於世歟! 是其言也, 固與異世者語, 而貪常嗜瑣者, 猶呫呫然動其喙. 彼亦勞甚矣乎!

---

2) 모영(毛穎)은 한유의 글에 나오는 의인화된 붓을 가리킨다.

배근숭풍이릉집례후서(裴墐崇豊二陵集禮後序: 배근이 편찬한 『숭풍이릉집례』의 후서)[3]

전하는 글에 의하면 『시경』과 『서경』에 따라 예의(禮儀)를 지킨다고 하였다. 예의가 지켜지지 않으면 일이 시행되지 않는다. 개원(開元) 연간에 예의(禮儀)를 제정한 이래 대신들이 모두 피휘(避諱)하여 「국휼(國恤)」의 장(章)을 버렸으므로 능묘(陵墓)의 예의는 마침내 지켜지지 않았다. 또 세간의 배우지 못한 자들이 멋대로 흉사(凶事)에 관한 주장을 내어 중요한 전범(典範)이 결여되었다. 그리하여 천자들의 여러 능묘에 관한 예의가 모두 버려지고 결여되었으며 유사한 예의제도도 사라져서, 그 후로는 바로 의존할 만한 것을 수습할 수 없게 되었다. 영정(永貞)・원화(元和) 연간에 천화(天禍)가 연이어져,[4] 숭릉(崇陵)의 장례에서 풍릉(豊陵)의 장례까지의 기간이 만 일 년도 안됐다. 사공(司空)인 두공(杜公)께서 태상(太常)에서 재상에 오르시고 예의사(禮儀使)를 겸하시어,[5] 신료(臣僚)를 선발하여 불비한 것에 대비하셨으므로 하동(河東)의 배근(裴墐)이 태상승(太常丞)으로, 농서(隴西)의 신비(辛秘)가 박사로 등용되었다. 그리하여 안으로는 목재를 손질하여 관을 만들고, 밖으로는 산세를 살펴 능을 만들었다. 위로는 천자의 유조(遺詔)의 전책(典冊)과 문물제도를 정돈하여 전국에 전하였고, 아래로는 제복의 무늬와 법령을 반포하여 사방에 내보였다. 그 엄숙하고 공경스러움으로 인해 예의는 모두 갖추어졌다. 또한 모든 것을 포함하여 천 년 동안의 제도를 통괄하였으며, 관련된 것들을 망라하고 각 학설의 차이를 보였다. 장점은 살리고 단점을 가려내니 모두가 법도에 맞았으며,

---

3) 본편은 배근이 정리한 덕종과 순종의 능묘에 관한 예의(禮儀)를 정리 기록한 서적의 후서(後序)이다. 숭릉(崇陵)・풍릉(豊陵)은 각기 덕종・순종의 능을 가리킨다. 배근은 유종원의 누이의 남편이다.

4) 정원(貞元) 21년에 덕종(德宗)이 죽고, 원화(元和) 원년에 순종(順宗)이 죽었다.

5) 정원 21년에 두황상(杜黃裳)이 재상이 되었다.

관련된 것을 살피고 참고하니 사리에 어긋나지 않았다. 사람들은 상공께서 제대로 사람을 써서 나라의 전범(典範)이 손상되지 않았다고 평하였다. 배씨는 이에 그 간행한 것과 천자에게 상주한 것을 모두 모으고, 하부에 반포한 것과 각 부서가 담당한 일을 구별하여, 『숭풍이릉집례(崇豐二陵集禮)』를 만들어 태상서각(太常書閣)에 보관하였다. 군자들은 그를 예의를 아끼며 옛날에 가까운 인물이라 하였다.

예전에 위맹(韋孟)은 『시경』과 『주례』로써 초(楚)에서 왕의 스승이 되었더니, 교묘(郊廟)의 제사 예절이 마침내 후손 현성(玄成)에 의해 바로잡혔다.[6] 정현(鄭玄)은 각종 경전의 주석으로 한나라의 스승이 되었더니, 선양의 제도가 마침내 손자 소동(小同)에 의해 집성되었다.[7] 가의(賈誼)는 경술(經術)에 밝아 출세하였는데, 손자 가운데 가(嘉)가 가장 학문을 좋아하였다.[8] 노식(盧植)은 유학으로 등용되었더니, 심(諶)이 제사의 법을 세웠다.[9] 이들 모두를 옛 역사서에서 영예로운 일로 기록하였다. 지금 배씨 가문의 태위공(太尉公)께서는 예로써 정의를 바로잡으시고,[10] 뒤를 이은 시중공(侍中公)께서는 예로써 봉선(封禪)을 논하셨으며,[11] 사부공(祠部公)께서는 예로써 대사를 맡아 처리하셨으며,[12] 대리공(大理公)께서는 예로써 동궁(東宮)을 보좌하셨는데,[13] 근(堇) 역시 예로써 두 능묘(陵墓)의 일을 맡고

---

6) 위맹(韋孟)은 초 원왕(元王)의 스승으로서 시를 지어 풍간했다. 현성(玄成)은 그의 5대손이다.

7) 정현(鄭玄)은 수많은 유가 경전의 주석을 가한 한대의 대표적인 학자이며, 소동(小同)은 그의 손자로서 위(魏)에서 벼슬하였다.

8) 가의(賈誼)는 제가의 서적에 통달하여 한 문제 때에 박사가 되었으며, 후에 양회왕(梁懷王)의 스승이 되었다가 죽었다. 무제는 그의 손자 둘을 군수로 등용하였는데, 그 중에 가가(賈嘉)가 학문을 좋아한다고 칭송되었다.

9) 노식(盧植)은 후한 때에 북중랑장(北中郎將)을 지냈으며 『상서장구(尚書章句)』와 『예기해고(禮記解詁)』를 지었다. 심(諶)은 그의 5대손으로 진(晉)나라 때 『제법(祭法)』을 찬술하였다.

10) 배근의 고조부인 행검(行儉)을 가리킨다.

11) 배근의 증조부인 배광정(裴光庭)은 현종 때에 병부시랑으로서 봉선에 대해 재상에게 논한 적이 있다.

12) 배근의 조부인 배진(裴稹)은 현종이 태자를 세우는 일에 대해 간한 적이 있으며, 사부원외랑을 지냈다.

또 책을 만들어 그 불비한 것을 보완하였으니, 그 예를 아끼고 옛날에 가까운 점은 그 근원이 심원하다!

근(墐)은 자가 봉숙(封叔)으로, 형제 모두가 문학으로 세상에 알려졌다.[14] 부친 대리공의 형님인 정평절공(正平節公)께선 예의의 모범으로 집안의 도를 이루셨으며 또 문아(文雅)함으로 국정의 기준을 세우셨는데,[15] 지금의 재상이신 순공(郇公)이 그 맏아들이시다.[16] 순공(郇公)께선 효성과 우애와 부지런함으로 집안과 나라에 유명하였다. 그 문 앞에 머물면 소(韶)와 호(頀)의 음악을 듣는 듯하고,[17] 그 사당에 들어가면 추(鄒)와 노(魯)에 이른 듯하다. 은택은 구족(九族)에 넘치고 예의는 다른 집안에까지 미쳤다. 그러니 봉숙이 예를 습득한 것은 효성과 우애에서 나온 것이 아니겠는가? 책을 완성한 것은 충성심과 공경심에서 근원한 것이 아니겠는가? 집안에서 비롯되어 나라에까지 이르렀으니 역사가에 의해 영예를 얻는 것도 당연한 결과이다!

傳曰 : 詩、書執禮. 禮不執, 則不行. 自開元制禮, 大臣諱避去國恤章, 而山陵之禮遂無所執. 世之不學者, 乃妄取預凶事之說, 而大典闕焉. 由是累聖山陵, 皆摭拾殘缺, 附比倫類, 已乃斥去, 其後莫能徵. 永貞、元和間, 天禍仍遘, 自崇陵至於豐陵, 不能周歲. 司空杜公由太常相天下, 連爲禮儀使, 擇其僚以備損益, 於是河東裴墐以太常丞, 隴西辛秘以博士用焉. 內之則攢塗秘器, 象物之宜; 外之則復土斥上, 因山之制. 上之則顧命典冊, 與文物以受方國; 下之則制服節文, 頒憲則以示四方. 由其肅恭, 禮無不備. 且苞并總統, 千載之盈縮; 羅絡旁午, 百氏之異同. 搜揚翦截, 而畢得其中; 顧問關決, 而不悖於事. 議者以爲司空公得其人, 而邦典不墜. 裴

13) 배근의 부친인 배경(裴儆)은 대리경(大理卿)을 지냈다.
14) 배근에게는 형인 배견(堅)과 두 동생 배식(埴)·배훈(塤)이 있다.
15) 배천(裴倩)을 가리킨다.
16) 배균(裴均)으로 원화 3년에 재상이 되었으며 순국공(郇國公)에 봉해졌다.
17) 소(韶)와 호(頀)는 차례로 순임금과 탕왕의 음악으로 훌륭한 음악을 대표한다.

氏乃悉去其所刊定, 及奏復于上, 辨列于下, 聯百執事之儀, 以爲崇豐二陵集禮, 藏之于太常書閣, 君子以爲愛禮而近古焉者.

昔韋孟以詩禮傳楚, 而郊廟之制, 卒正於玄成; 鄭玄以箋注師漢, 而禪代之儀, 卒集於小同. 賈誼以經術起, 而嘉最好學; 盧植以儒學用, 而諶爲祭法, 舊史咸以爲榮. 今裴氏太尉公以禮匡義, 嗣侍中公以禮議封禪, 祠部公以禮承大事, 大理公以禮輔東宮, 而墐也以禮奉二陵, 又能成書以充其闕, 其爲愛禮近古也, 源遠乎哉!

墐字封叔, 其伯仲咸以文學顯於世. 大理之兄正平節公, 以儀範成家道, 又以文雅經邦政. 今相國郇公, 其宗子也. 郇公以孝友勤勞, 揚於家邦. 遊其門若聞韶、護, 入其廟如至鄒、魯. 恩溢于九族, 禮儀乎他門. 則封叔之習禮也, 其出於孝悌歟? 成書也, 其本於忠敬歟? 由於家而達於邦國, 其取榮於史氏也果矣!

유종직서한문류서(柳宗直西漢文類序 : 유종직의 『서한문류』의 서문)[18]

좌사(左史)와 우사(右史)의 일이 섞인 지 오래되어,[19] 말[言]과 일[事]이 혼잡스럽고 어지러워 『상서』와 『춘추』의 의도가 사라졌다. 좌구명(左丘明)이 공자의 『춘추』에 전(傳)을 쓰고,[20] 태사공(太史公)이 고금을 기술하여 합해서 『사기(史記)』를 지은 이래로, 오늘에 이르러 섞이고 꼬이어 어느 누구

18) 본편은 유종직이 편찬한 『서한문류(西漢文類)』의 서문으로, 작자의 당시의 문풍(文風)에 대한 높은 평가가 드러난다. 유종직(柳宗直)은 유종원의 사촌 동생으로 정원(貞元) 연간에 진사에 급제하였다. 학문을 좋아했으며 영주에까지 작자를 따라왔었으며, 원화 10년(815)에 유주까지 따라왔다가 병을 얻어 33세의 나이로 죽었다. 영주시기에 쓴 것이다.

19) 좌사(左史)는 제왕의 말을 기록하고 우사(右史)는 일을 기록하였다. 『춘추』는 일의 기록이고, 『서경』은 말의 기록이다.

20) 『춘추좌전(春秋左傳)』을 가리킨다.

도 그런 현상에서 벗어나지 못하였다. 오직 『좌전』과 『국어(國語)』가 말을 기록하고 일은 기록하지 않았다. 그리고 『전국책(戰國策)』과 『춘추후어(春秋後語)』는 꽤나 우사(右史)의 『상서』의 방식을 근본으로 하였다.[21] 그러나 옛 성인의 위대한 도는 없고 대체로 촉급하고 불분명하다. 그런데도 후대의 문인들은 그것들을 총애한다. 글 가운데 옛날에 가깝고 특히 장려(壯麗)한 것으로는 한(漢)나라의 서경(西京)시대의 것 만한 것이 없다.[22] 반고(班固)가 써서 전하는 것에 대해서, 나는 일찍이 흩어져 이어지지 않아 그 변천을 살필 수 없음을 탓하였다. 그리하여 대조하여 다시 쓰고 싶었으나 마침 나이도 늙고 병이 발작하여 노둔함이 날로 심해져 그 일을 감당할 수 없었다. 다행히 내 동생 종직(宗直)이 고서를 좋아하여 즐겨 그 일을 완성하였다. 자료를 수집 분석하고 또 정리 종합하였으며, 부류별로 나누어 일치시키고 또 조정하였는데, 한 계절이 가기 전에 모두가 가지런하고 연관성을 갖췄다. 빽빽하고 빛나기는 마치 군옥(群玉)의 서고를 여는 듯하고,[23] 이어놓은 구성은 온갖 옥(玉)으로 만든 제기(祭器)를 늘어놓은 듯한 모습으로, 각기 자리가 있고 순서가 정연하니, 그 가치를 높이 평가해도 될 것이다. 문학[文] 방면을 보면, 부(賦)·송(頌)·시(詩)·가(歌)·서(書)·주(奏)·조(詔)·책(策)·변(辯)·논(論) 등의 글을 모두 갖추었다. 또 기록[語] 방면을 보면, 우사(右史)의 말과 『상서』·『국어(國語)』·『전국책(戰國策)』의 흥망성쇠의 이야기를 완전히 구비하여 포함하지 않은 것이 없다. 아! 이 책은 학문하는 이를 위한 최고의 작품으로 삼을 만하다.

처음에 내가 어릴 때 노자(路子)라는 이가 있었는데,[24] 이런 책을 만든다고 자찬(自讚)하기에 내가 가상히 여겨 생각을 일러주었는데, 그 책은 끝내 완성되지 못하고 결국 종직(宗直)에 의해 완성되었다. 그리하여 그이의

---

21) 『춘추후어(春秋後語)』는 진(晋)의 공연(孔衍)이 『전국책』의 미진함을 『사기』를 참고하여 보완하여 새로이 기록한 책이다.

22) 서한시대를 가리킨다.

23) 군옥(群玉)은 제왕의 서책을 보관하는 장소를 이른다.

24) 노수(路隨)를 가리킨다.

말을 손질하여 왼쪽에 붙이고 『서한문류(西漢文類)』의 첫 벼리로 삼는다. 은(殷)·주(周) 이전에는 그 글이 간결하고 거칠며, 위(魏)·진(晉) 이래로는 화려하고 사치스러우니, 그 중용을 얻은 것은 한(漢)의 글이다. 동한 때는 이미 쇠퇴하였다. 문제(文帝) 때에 처음으로 유가의 학술을 이해하는 가의(賈誼)가 나타났고,[25] 무제는 특히 그를 좋아했다. 그리고 공손홍(公孫弘)·동중서(董仲舒)·사마천(司馬遷)·사마상여(司馬相如)의 무리가 나타나 풍아(風雅)의 기풍이 더욱 성하여 천하를 뒤덮으니, 천자로부터 공(公)·경(卿)·대부(大夫)·사(士)·평민에 이르기까지 모두가 그에 능통했다. 이에 조책(詔策)의 글로 선양되고 주의(奏議)의 글로 전달되며, 사부(辭賦)로 풍자되고 노래로 전파되어, 고제(高帝)로부터 애제(哀帝)·평제(平帝) 때와 왕망(王莽)이 죽기까지 사방의 문장이 모두 찬란하였다. 사관인 반고(班固)가 역사를 쓰면서, 그 가운데 뛰어난 것을 발췌하여 책을 만들었으니, 이백삼십 년 동안 황제들의 통달한 도와 명신들의 위대한 공로와 현명하고 유능한 이의 지향과 업적 및 백성의 훌륭한 기풍을 그 안에 나열하였다. 만약 그 안의 정수를 모으고, 그 수법을 변통하고, 그 편제에 따라 질서있게 기술하려면, 반드시 옛날을 공부하는 이가 성행시킴에 의존해야 할 것이다. 당(唐) 왕조가 흥기하여 문치(文治)를 시행하니, 정원(貞元) 연간에 문장이 특히 흥성하였다. 이전의 삼대(三代)에 근본을 두고, 한(漢)대를 이어 그렇게 된 것이다. 이즈음에 유능한 이가 반고의 책을 취하고 그때의 글을 분류하여 차례를 갖춰 사십 권을 만든 것이다.

左右史混久矣, 言事駁亂, 尙書、春秋之旨不立. 自左丘明傳孔氏, 太史公述歷古今, 合而爲史, 迄于今交錯相紜, 莫能離其說. 猶左氏、國語紀言, 不參於事. 戰國策、春秋後語頗本右史尙書之制. 然無古聖人蔚然之道, 大抵促數耗矣, 而後之文者寵之. 文之近古而尤壯麗, 莫若漢之西

25) 가의(賈誼)는 18세에 경전을 외워 명성을 얻어 문제 때에 박사가 되었다.

京. 班固書傳之, 吾嘗病其畔散不屬, 無以考其變. 欲采比義, 會年長病作, 駑墮愈日甚, 未能勝也. 幸吾弟宗直愛古書, 樂而成之. 搜討磔裂, 攟摭融結, 離而同之, 與類推移, 不易時月, 而咸得從其條貫. 森然炳然, 若開羣玉之府. 指揮聯累, 圭璋琮璜之狀, 各有列位, 不失其序, 雖第其價可也. 以文觀之, 則賦、頌、詩、歌、書、奏、詔、策、辯、論之辭畢具. 以語觀之, 則右史紀言, 尙書、國語、戰國策成敗興廢之說大備, 無不苞也. 噫! 是可以爲學者端耶.

始吾少時, 有路子者, 自贊爲是書, 吾嘉而敘其意, 而其書終莫能具, 卒俟宗直也. 故删取其敘, 繫于左, 以爲西漢文類首紀. 殷、周之前, 其文簡而野, 魏、晉以降, 則盪而靡, 得其中者漢氏. 漢氏之東, 則旣衰矣. 當文帝時, 始得賈生明儒術, 武帝尤好焉. 而公孫弘、董仲舒、司馬遷、相如之徒作, 風雅益盛, 敷施天下, 自天子至公卿大夫士庶人咸通焉. 於是宣於詔策, 達於奏議, 諷於辭賦, 傳於歌謠, 由高帝迄于哀、平, 王莽之誅, 四方之文章蓋爛然矣. 史臣班孟堅修其書, 拔其尤者, 充于簡冊, 則二百三十年間, 列辟之達道, 名臣之大範, 賢能之志業, 黔黎之風美列焉. 若乃合其英精, 離其變通, 論次其叙位, 必俟學古者興行之. 唐興, 用文理, 貞元間, 文章特盛. 本之三代, 浹于漢氏, 與之相準. 於是有能者, 取孟堅書, 類其文, 次其先後, 爲四十卷.

양평사문집후서(楊評事文集後序 : 『양평사문집』의 후서)[26]

찬어(贊語)로 평론한다.[27] 문학[文]의 용도는 사령(辭令)과 포폄(褒貶) 및 도양(導揚)과 풍유(諷諭) 뿐이다.[28] 비록 그 문사가 천하고 거칠어도 그 용도에 대비할 수 있다. 그러나 문채가 없다면 실로 그때그때 상대의 마음을 움직일 수도 없고 후학에게 내보일 수도 없다. 사라져버릴 글을 쓰는 것은 군자가 택하지 않는 일이다. 그러므로 작자는 그 근본을 탐구하여 반드시 이 문채를 통해 도를 담아낸다. 성인에 의해 지어진[作] 것은 경서[經]라고 높여 부르고, 재능있는 이에 의해 기술된[述] 것은 문학[文]이라고 부른다. 문학[文]에는 두 길이 있으니, 사령(辭令)과 포폄(褒貶)은 저술(著述)에서 근원하고, 도양(導揚)과 풍유(諷諭)는 비흥(比興)에서 근원한다.[29] 저술(著述)의 부류는 『서경』의 모(謨)·훈(訓)과 『주역』의 상(象)·계(繫) 및 『춘추』의 기록 편집에서 나왔는데,[30] 요점은 그 주장이 고상하고 웅대하며 넓고 돈후하며 그 문사는 바르고 논리적이라는 것으로서, 서적에 실리기에 적당하다고 하겠다. 비흥(比興)의 부류는 우(虞)·하(夏)시대의 노래와 은(殷)·주(周)시대의 풍(風)과 아(雅)에서 나왔는데,[31] 그 요점은 아름답고 형식이 가지런하며 맑고 멀리 울리며 그 문사는 유창하고 의미

---

26) 본편은 장인의 부탁에 의해 양릉의 문집을 정리하고 그 말미에 부가한 서문이다. 유종원의 문학에 대한 용도와 분류 및 창작방법 등에 관한 관점이 많이 담겨 있다. 양평사(楊評事)는 양릉(楊凌)으로 유종원의 장인인 양빙(楊憑)의 동생이다. 대리평사(大理評事)를 지냈다. 이 글은 좌천되기 이전인 장안시기에 쓴 것으로 여겨진다.

27) 찬(贊)은 고대 문체의 일종으로 찬미나 평론을 주로 한다.

28) 사령(辭令)은 의사 교환을, 포폄(褒貶)은 칭찬과 비판을, 도양(導揚)은 이끌고 부추김을, 풍유(諷諭)는 풍자하고 깨우침을 의미한다.

29) 비흥(比興)은 비유와 기탁의 창작 방법인데, 여기서는 그렇게 쓰여진 글을 가리킨다.

30) 모(謨)는 정책의 의미로 「고요모(皐陶謨)」나 「대우모(大禹謨)」 등을 가리키고, 훈(訓)은 가르침의 의미로 「이훈(伊訓)」이나 「고종지훈(高宗之訓)」 등을 가리킨다. 상(象)은 상징의 의미로 괘효(卦爻)의 부호를 가리키고, 계(繫)는 「계사전(繫辭傳)」과 같은 『주역』의 한 구성 부분을 가리킨다.

31) 풍(風)·아(雅)는 송(訟)과 함께 『시경』 중의 시의 종류인데 여기서는 『시경』을 가리킨다.

가 좋다는 것으로서, 노래로 전해지기에 알맞다고 하겠다. 이 양자는 그 본질을 고려할 때 서로 어긋나 합치되지 않는다. 그러므로 붓을 드는 선비는 늘 한 쪽에만 뛰어나, 두 가지에 두루 능한 이는 드물다. 재능이 있어 어느 한 쪽만이라도 훌륭하다면 기예가 완성되었다고 말한다. 비록 옛날 문장과 아악(雅樂)이 흥성했던 때일지라도 그런 사람이 어깨를 나란히 동시에 출현할 수는 없었다.

당(唐) 왕조가 일어난 이래 위의 둘을 겸비한 인물로 뽑히어 부끄럽지 않을 사람으로 재동(梓潼)의 진습유(陳拾遺)가 있다.[32] 그 후에 연문정(燕文貞)이 저술에 뛰어나 다시 비흥문을 연마하였으나 완성의 경지에 이를 수는 없었다.[33] 장곡강(張曲江)은 비흥문을 쓰는 틈틈이 저술문에 힘을 쏟았으나 완전하지 못했다.[34] 그밖에 각기 한 방면을 탐구한 이들은 서로 반대의 길을 내달려 더욱 더 멀어졌다. 문학의 두 영역을 겸하기란 역시 몹시도 어렵다. 양릉(楊凌) 같은 이는 젊은 나이에 시가로 당시에 명성을 얻었으니, 빛나고 뛰어난 문사는 문인들에 의해 낭송되어 그 명성이 강호(江湖) 가득히 퍼져 수도에까지 미쳤다. 만년에는 각종 문체에 대해 두루 깨우쳤는데 서술문에 특히 빼어났다. 학문은 풍부하고 식견은 원대하며 재능이 끊임없이 용솟음쳐 웅걸(雄傑)하고 노련한 기풍은 날로 더해갔다. 그러나 그러고 몇 년이 지나지 않아 요절하였다. 말년의 작품은 특히 훌륭하니, 「악주신성송(鄂州新城頌)」·「제갈무후전론(諸葛武侯傳論)」과 재동(梓潼) 진중보(陳衆甫), 여남(汝南) 주원(周愿), 하동(河東) 배태(裴泰), 무도(武都) 부의부(符義府), 태산(泰山) 양사악(羊士諤), 농서(隴西) 이련(李鍊)을 전송하는 여섯 편의 서(序), 그리고 「여산선거기(廬山禪居記)」·「사이상시계(辭李常侍

---

32) 진자앙(陳子昻, 661~702)은 우습유(右拾遺)를 지냈다. 그가 두 가지에 모두 능했음을 의미한다.

33) 장열(張說, 667~730)은 현종(玄宗) 때 중서령(中書令)을 지냈으며 조정의 주요 문건을 작성한 문장가이다. 연국공(燕國公)에 봉해지고 문정(文貞)의 시호를 받았으므로 연문정이라 하였다.

34) 장구령(張九齡, 678~740)은 현종 때에 재상을 지낸 유명한 시인으로 곡강(曲江)사람이다.

啓)」·「원유부(遠遊賦)」·「칠석부(七夕賦)」 등은 모두 사람들의 선집에 뽑히는 글이다. 이들 작품으로써 진(陳)씨의 뒤를 이었으니 어쩌면 여러 체제를 겸비한 인물일 것이다.

아아! 양(楊)공은 문학에 대해 깨닫더니 병을 얻었고, 업적을 거두더니 면직됐으며, 면직되고 한 해도 넘기지 못하여 큰 병이 생겼다. 그리하여 끝내 공교로움을 다하지도 재능을 발휘하지도 못하였으며, 남긴 작품도 세상에 전해질 수 없고 명성도 제 때에 날리지 못하였다. 우리들 문학에 종사하는 사람들이 마땅히 애석해하고 애도할 일이다! 나 종원(宗元)은 그와 인척이며 좋은 관계로 인해 어릴 때부터 찾아뵈올 수 있었으므로 양공의 큰형님의 명을 받들어 그 문집을 정리한다. 그리고 그 작품들의 높은 경지를 기술하여 문집 후미에 덧붙인다.

贊曰 : 文之用, 辭令褒貶, 導揚諷諭而已. 雖其言鄙野, 足以備於用. 然而闕其文采, 固不足以竦動時聽, 夸示後學. 立言而朽, 君子不由也. 故作者抱其根源, 而必由是假道焉. 作於聖, 故曰經; 述於才, 故曰文. 文有二道 : 辭令褒貶, 本乎著述者也; 導揚諷諭, 本乎比興者也. 著述者流, 蓋出於書之謨、訓, 易之象、繫, 春秋之筆削, 其要在於高壯廣厚, 詞正而理備, 謂宜藏於簡策也. 比興者流, 蓋出於虞、夏之詠歌, 殷、周之風雅, 其要在於麗則淸越, 言暢而意美, 謂宜流於謠誦也. 玆二者, 考其旨義, 乖離不合. 故秉筆之士, 恒偏勝獨得, 而罕有兼者焉. 厥有能而專美, 命之曰藝成. 雖古文雅之盛世, 不能並肩而生.

唐興以來, 稱是選而不怍者, 梓潼陳拾遺. 其後燕文貞以著述之餘, 攻比興而莫能極; 張曲江以比興之隟, 窮著述而不克備. 其餘各探一隅, 相與背馳於道者, 其去彌遠. 文之難兼, 斯亦甚矣. 若楊君者, 少以篇什著聲於時, 其炳耀尤異之詞, 諷誦于文人, 滿盈于江湖, 達于京師. 晩節徧悟文體, 尤邃敘述. 學富識遠, 才涌未已, 其雄傑老成之風, 與時增加. 旣獲是, 不數年而夭. 其季年所作尤善, 其爲鄂州新城頌、諸葛武侯傳論、餞送梓潼陳衆甫、汝南周愿、河東裴泰、武都符義府、太山羊士諤、隴西李錬凡六序，廬山禪居記、辭李常侍啓、遠遊賦、七夕賦，皆人文之選已．用是陪陳君之後，其可謂具體者歟?

嗚呼! 公旣悟文而疾，旣即功而廢，廢不逾年，大病及之，卒不得窮其工、竟其才，遺文未克流于世，休聲未克充於時．凡我從事於文者，所宜追惜而悼慕也! 宗元以通家修好，幼獲省謁，故得奉公元兄命，論次篇簡．遂述其制作之所詣，以繫于後．

복양오군문집서(濮陽吳君文集序 : 복양 오군의 문집의 서문)[35]

박릉(博陵)의 최성무(崔成務)가 일찍이 신주(信州)의 관료를 지냈는데, 그가 내게 말했다. 고을에 잘 알려진 복양(濮陽) 오(吳)씨가 있었는데, 그는 젊은 나이에 수염은 길고 이마는 넓으며, 학문을 좋아하고 문장에 뛰어났으며, 마을에서 언제나 신의를 지키며 남과 교제하고 자식을 가르칠 때는 언제나 충효로 그 근본을 바로잡았으니, 그 때문에 고관 재상과 현명한 선비들이 모두 그와 동등한 위치에서 예를 행하였다는 것이었다. 나는 전에 그 말을 듣고 마음에 새겨두었다. 마침 그의 아들인 간(侃)은 무릉(武陵)으로 이름을 바꾸고 진사과에 급제하였다가 후에 죄를 지어 영주(永州)에 왔다.[36] 그리고는 부친의 문집 열 권(卷)을 바치며 내게 그 앞머리에 글을 써달라고 절하며 청했으므로 그 문집을 두루 볼 수 있었다.

---

35) 본편은 오무릉의 부탁으로 그의 부친의 문집에 붙인 서문이다. 복양(濮陽) 오(吳)군은 오무릉(吳武陵)의 아버지를 가리킨다. 그 이름은 미상이다. 유종원이 영주로 방축된 후에 오무릉 역시 다른 일에 연좌되어 그곳으로 방축되어 둘은 지기(知己) 관계가 됐다. 본 문집에 오무릉과 관련된 글이 여러 편 보인다.

36) 원화(元和) 2년(807)에 급제하고 이듬해인 원화 3년(808)에 영주에 왔다.

그의 사부(辭賦)는 억지로 구하고 월권하는 것을 경계하는 뜻이 담겨있고, 그의 시가는 왕공(王公)과 대인들과의 교제의 내용이 담겨있었다. 또 비문과 조사 및 제문은 효성과 공경과 자애로움과 어짊의 진실이 담겨있었다. 그리고 대부분 육경 속의 성인의 대의(大義)를 들어 문채있게 표현하여 볼만하였다.

옛날의 사도(司徒)는 반드시 빼어난 선비를 찾아 향리를 거쳐 천관(天官)에 올렸다.[37] 옛날의 태사(太史)는 반드시 민풍(民風)을 조사하여 시를 지어 법궁(法宮)에 바쳤다.[38] 그리하여 인재는 버려지지 않았으며 그 뜻은 실현될 수 있었다. 그러나 근세의 집정자는 혹 옛 방법을 제대로 활용하지 못한다. 그리하여 오씨의 덕행은 드러나지 않고 그 문장은 바쳐지지 않았으니, 비록 왕에게서 말단의 관직을 얻었으나 끝내는 그 뜻을 실현하지 못했다.[39] 아아, 애석하다!

오무릉(吳武陵)이 또 의론과 전기의 세 권을 끝에 이어놓았으니, 그 관직 및 기타 재능과 덕행이 매우 자세하다.

博陵崔成務, 嘗爲信州從事. 爲余言 : 邑有聞人濮陽吳君, 弱齡長鬣而廣顙, 好學而善文. 居鄕黨, 未嘗不以信義交於物; 敎子弟, 未嘗不以忠孝端其本. 以是卿相賢士, 率以亢禮. 余嘗聞而志乎心. 會其子偘, 更名武陵, 升進士, 得罪來永州. 因奉其先人文集十卷, 再拜請余以文冠其首, 余得徧觀焉. 其爲辭賦, 有戒苟冒陵僭之志; 其爲詩歌, 有交王公大人之義; 其爲誄誌弔祭, 有孝恭慈仁之誠. 而多擧六經聖人之大旨, 發言成章, 有可觀者.

古之司徒, 必求秀士, 由鄕而升之天官. 古之太史, 必求人風, 陳詩以獻于法宮. 然後材不遺而志可見. 近世之居位者, 或未能盡用古道, 故吳君

37) 천관(天官)은 이부(吏部)를 가리킨다.

38) 법궁(法宮)은 황제가 정사를 처리하는 궁전을 가리킨다.

39) 원문의 일명(一命)은 최하급의 관계(官階)를 가리킨다. 주(周)대의 관계는 일명부터 구명(九命)까지로 나뉘었다.

之行不昭, 而其辭不薦, 雖一命于王, 而終伏其志. 嗚呼, 有可惜哉!

武陵又論次誌傳三卷繼于末, 其官氏及他才行甚具云.

왕씨백중창화시서(王氏伯仲唱和詩序 : 왕씨 형제의 창화시의 서문)[40]

내가 듣기로 대대로 가업이 쇠하지 않은 경우는 옛날에도 지금과 같아서, 지금의 경우를 알아보면 이해할 수 있다고 한다. 왕씨(王氏) 집안의 이분은 우리 집안과 세교(世交)관계에 있으며, 집안 대대로 문인 학자였다. 선천(先天) 연간 이래로,[41] 대책(對策)으로 유명하여 글을 지어 문창대(文昌臺)에 올랐으며,[42] 궁정을 출입하는 이들이 줄줄이 화려함을 뽐내며 대대로 이어졌다. 문단에서 위세를 뽐내는 사대부들도 모두들 그에게 비견되지는 못하였다. 을해(乙亥)년(795)에 이분께서 남서(南徐)에서 오시어 문장을 내게 주셨는데,[43] 고원한 멋이 있었다. 또 글을 지어 반초(班超)가 그 부형(父兄)의 글을 쓰는 가업을 이을 수 없어 미친 척함으로써 자신의 이름을 남겼다고 비난하셨다.[44] 나는 이분이 유학을 신봉함이 전일하다는 것을 안다. 간혹 형제나 후손이 경성에 와 옛 마을에서 모이게 되면, 마치 응거(應璩)와 응양(應瑒) 형제가 위(魏)에 있는 듯하였고,[45] 육기(陸機)와

---

40) 본편은 왕씨 형제의 창화시에 붙인 서문인데, 그들이 누구를 가리키는지는 불분명하다. 혹자는 왕서(王紓)와 왕소(王紹)라고 하며, 혹자는 본문 안의 직위를 근거로 왕위(王緯)와 그 동생을 가리킨다고 한다. 또 왕위에게는 환지(奐之) · 분지(賁之)의 동생이 있었는데 역사서에 모두 문명이 높았다고 전한다.

41) 선천(先天)은 현종(玄宗) 때의 연호로 원년이 712년이다.

42) 문창대(文昌臺)는 상서성(尙書省)을 가리킨다.

43) 남서(南徐)는 윤주(潤州)를 가리킨다.

44) 반초(班超)는 아버지 반표(班彪)와 형 반고(班固)의 역사 찬술의 업을 이을 수 없다하여 붓을 버리고 무(武)에 종사하여 다른 영역에서 공을 이루려고 하였다. 원문의 '독(讀)'은 다른 판본을 참고할 때, '속(續)'의 잘못으로 여겨진다.

육운(陸雲) 형제가 낙양에 들어온 듯하였다.[46] 그리하여 바른 노래가 교대로 상주(上奏)되고 전아한 노래가 창화되니, 질나팔과 피리의 음이 전파되고 음률의 기운이 조절되어, 부드럽게 청아한 기풍이 죽간과 비단에 피어났다. 문장에 뛰어난 집안의 후손이 아니고서야 어떻게 여기에 이를 수가 있겠는가? 더욱이 맏형은 빛나는 문채의 글을 써 요직에 임명되고 최고의 명예를 지니고 강호에 영예를 떨쳤다.[47] 그러니 예전의 미담이 다시 살아났던 것이다.

이분께선 내가 복씨(卜氏)의 학문을 전한다고 하시며,[48] 앞장에 서문을 쓰는 것이 마땅하다고 하셨다. 그러나 이는 반(班)과 영(郢)의 문 앞에 도끼를 들고 나서는 꼴이니,[49] 낯 두꺼운 짓일 뿐이다. 약간의 시가 있다.

僕聞之, 世其家業不隕者, 雖古猶今也. 求之於今而有獲焉. 王氏子某, 與余通家, 代爲文儒. 自先天以來, 策名聞達, 秉毫翰而踐文昌. 登禁掖者, 紛綸華耀, 繼武而起. 士大夫掉鞅於文囿者, 咸不得攀而倫之. 乙亥歲, 某自南徐來, 執文貺予, 詞有遠致. 又著論非班超不能讀父兄之書, 而乃徼狂疾之功以爲名. 吾知其奉儒素之道專矣. 間以兄弟嗣來京師, 會于舊里, 若璩、瑒在魏, 機、雲入洛. 由是正聲迭奏, 雅引更和, 播塤篪之音韻, 調律呂之氣候, 穆然淸風, 發在簡素. 非文章之胄, 曷能及玆? 況宗兄握炳然之文, 以贊關石, 廌冠銀章, 榮映江湖. 則嚮時之美談, 必復其始.

某也謂余傳卜氏之學, 宜叙於首章. 操斧於班郢之門, 斯强顔耳. 詩凡若干首.

---

45) 응거(應璩)와 응양(應瑒)은 위나라 때의 뛰어난 형제 문인이다.

46) 육기(陸機)와 육운(陸雲)은 오(吳)의 대사마(大司馬) 육항(陸抗)의 아들로서, 진(晉) 태강(太康) 말년에 낙양에 들어가 사공(司空) 장화(張華)에게 극찬을 받은 형제 문인이다.

47) 정원(貞元) 10년, 절서(浙西)관찰사 왕위(王緯)는 제도염철전운사(諸道鹽鐵轉運使)가 되었다. 다만 반드시 왕위를 가리키는지는 단정하기 어렵다.

48) 복자하(卜子夏)는 「시서(詩序)」를 지었다.

49) 반(班)은 공수반(公輸班)으로 뛰어난 장인(匠人)이며, 영(郢) 역시 『장자』에 등장하는 도끼질에 능한 인물로서, 모두 도끼질에 있어서의 절대적인 존재이다.

제22권 서(序)

송양응낭중사환변송시후서(送楊凝郎中使還汴宋詩後序 : 변주 송주로 다시 출사하는 낭중 양응을 전송하는 시의 후서)[1]

논자들은 대량(大梁)[2]에 사나운 장수와 억센 병사들이 많아 종종 혼란에 빠져서 편안한 날이 없다고 말합니다. 이러한 상황을 제어하는 수단

1) 본편은 변주(汴州) 송주(宋州)로 다시 출사(出使)하는 낭중(郎中) 양응(楊凝)을 전송하는 제인(諸人)의 시에 대한 후서(後序)이다. 양응(楊凝)은 자가 무공(懋功)이고 괵주(虢州) 홍농(弘農)사람이다. 대력(大曆) 13년(778)에 진사가 되었다. 처음에 이부낭중(吏部郎中)의 신분으로 선무군판관(宣武軍判官)이 되어 한유(韓愈)와 함께 선무군절도(宣武軍節度) 동진(董晉)의 막하(幕下)에 있었다. 양응이 변주(汴州)에서 경사(京師)로 천자에게 새해인사를 왔을 때 한유는 「천성행(天星行)」을 지어 그를 전송한 바 있다. 정원 15년(799) 봄 경사에서 다시 변주로 돌아감에 유종원이 이 서를 지어 그를 전송한 것이다. 후서(後序)는 송별연에서 여러 사람이 지은 송별시에 대하여 뒤에 붙인 서라는 의미로, 최공(崔公)이 수서(首序)를 지었으므로 뒤에 후서를 써서 덧붙이게 된 것이라고 본문에서 밝히고 있다.

2) 선무군(宣武軍)은 대량(大梁) 땅에 있었다.

은 도의(道義)에 맞추기 어렵습니다. 장수가 교만하고 병사들이 사나우면 내부의 걱정거리가 생겨날 것이니 이는 백성들을 화합시키고 안정시키는 방법이 아닙니다.' 장수가 벌을 받고 병사들이 삭감되면 외부로부터의 걱정거리가 발생할 것이니 이는 성을 지키고 변방을 굳게 지킬 방도가 아닙니다. 마땅히 위로와 추천, 은혜와 가르침을 병행하고 그들을 받아들여 심복으로 삼아야 그 다음에 위엄과 회유의 도가 갖추어지게 되는 것입니다. 이에 성상께서는 유능하고 노련한 신하로 안무(按撫)하시고 기예가 있는 사람으로 도우시어[3] 굳셈과 부드러움을 섞어 사용하시고 거스름과 순순함을 조화시켜 같은 길로 가게 하셨습니다. 이리하여 큰 악(惡)을 제거하시고 마침내 백성들을 안정시켰습니다.

이렇기 때문에 양공(楊公)께서는 모의(謀議)하시는 중에 틈을 내시어 왕정(王庭)에 대양(對揚)[4]하시고, 시간을 어기지 않고 조(詔)를 받들어 복명(復命)하심으로써[5] 밖의 제후들에게 믿음을 보이셨습니다. 당시 조정에 있던 많은 문신 무관들과 모든 동관(同官) 속료(屬僚)들이 다 그를 전송하였는데 어린아이와 같은 저를 받아주시어 말석(末席)에 있게 하셨습니다.[6] 예부낭중(禮部郎中) 허공(許公)[7]께서는 큰 재주와 심오한 학문으로 이내 문장을 지으시고 자리에 있는 사람들을 돌아보시며 다 장절(章節)을 나누어 문장을 짓도록 하자고 제의하시면서, 공부낭중(工部郎中) 최공(崔公)[8]은

3) 유능하고 노련한 신하로 안무(按撫)하였다는 것은 정원 11년(795) 7월 동진(董晉)을 선무군절도(宣武軍節度)로 삼은 것을 말하고 기예가 있는 사람으로 도왔다는 것은 정원 11년 8월 검교이부낭중(檢校吏部郎中) 양응을 변송박영관찰판관(汴宋亳潁觀察判官)으로 삼은 것을 가리킨다.

4) 대양(對揚)은 관리가 제수된 뒤에 천자의 은혜에 감사하는 의식의 일종이다. 정원 14년(798) 겨울 양응이 경사(京師)로 와서 천자에게 새해인사를 한 것을 가리켜 말한 것이다.

5) 정원 15년(799) 봄에 양응이 변주(汴州)로 돌아갔다.

6) 당시 유종원의 나이는 27세로 양응을 전송하는 모임에 참가하였다.

7) 허맹용(許孟容)을 가리키며 자는 공범(公範)이다.

8) 최공(崔公)에 대하여 한순(韓醇)의 주에는 최군(崔羣)이라 하였다. 진경운(陳景雲)은 『유집점감(柳集點勘)』에서 이 서가 쓰여진 것은 정원 15년이고 당시 최군은 교서랑(校書郞)이었으므로 마땅히 낭관(郎官)까지 벼슬이 올랐던 최군의 아버지 최진(崔稹)이어야 하고 허맹용과 최진은 모두 유종원의 아버지 친구들이었으므로 장인(丈人)의 항렬로 그들을 높

문장이 당시에 가장 뛰어나니 참으로 수서(首序)를 쓰는 것이 좋겠다고 말씀하시고 저는 전송연의 자리에 참여하였으니 후서(後序)를 짓게 하여 그것에 이어 편집하게하자고 말씀하셨습니다. 대체로 군대의 제도나 찬좌(贊佐)의 막중함에 대하여는 최공의 서에 잘 갖추어져 있습니다. 서를 지으라는 명을 받고는 침묵을 지키고 싶었으나 감히 그러지 못하였습니다. 그리하여 논자들의 말씀을 써서 두 손으로 공손히 바쳐 여분의 작품에 충당하였습니다.

談者謂大梁多悍將勁卒, 亟就滑亂, 而未嘗底寧. 控制之術, 難乎中道. 蓋以將驕卒暴, 則近憂且至, 非所以和衆而乂民也; 將誅卒削, 則外虞實生, 非所以扞城而固圉也. 是宜慰薦煦諭, 納爲腹心, 然後威懷之道備. 聖上於是撫以表臣, 贊以藝人, 參剛柔而兩用, 化逆順而同道. 旣去大憝, 遂安有衆.

故楊公以謀議之隙, 對揚王庭, 不踰時而承詔復命, 示信于外諸侯. 時當朝之羽儀, 凡同官之僚屬, 皆餞焉. 容受童孺, 使在末位. 禮部郎中許公, 以宏才奧學, 已任文字, 顧唱在席, 咸斷章而賦焉. 謂工部郎中崔公, 文爲時雄, 允宜首序. 謂小子預離觴之餘瀝, 俾撰後序, 編以繼之. 大凡軍旅之制, 贊佐之重, 崔公序之備矣. 膺命受簡, 欲默不敢, 故書談者之辭, 拜手以獻, 用充餘篇云.

였다고 하였다. 또 그는 당시 문학으로 이름이 널리 알려졌던 최원한(崔元翰)으로 보는 견해도 있다고 소개하면서 그의 경우 '문장이 당시에 가장 뛰어났다'는 본문의 의미와 더욱 합치된다고 의견을 제시하였다. 한편 장사교(章士釗)는 최원한(崔元翰)으로 고증하고 있다(「유문지요(柳文指要)」, 667면).

송최군서(送崔羣序: 최군을 전송하며 지은 서)[9]

곧은 소나무가 험준한 산꼭대기에서 나서 똑바로 높이 솟아 우뚝 빼어나고 가지가 번창하고 잎이 무성하여 깨끗하게 천 길 높은 봉우리 위에 서있습니다. 화기(和氣)[10]가 발하여 화기의 지극한 것을 타고났으니 반드시 바른 본성에 합치될 것입니다. 이리하여 곧은 마음과 굳센 자질이 생겨나 그 뿌리를 견고하게 하고 얼음과 서리를 막아 물리침으로써 한해의 추위를 뚫고 지나기 때문에 군자가 이를 본받는 것입니다. 청하(淸河)사람 최돈시(崔敦詩)는 부드러운 유생(儒生)의 온화하고 문아(文雅)한 법도를 갖추어, 그 기(氣)를 조화시키고, 인(仁)을 가까이 하고 예(禮)로 돌아가 뭇 사람들의 그에 대한 칭찬이 자자하니, 이 어찌 소나무의 기질을 타고난 것이 아니겠습니까? 바르면서 후하고 곧으면서 반듯한 정성으로 그 본성을 바르게 하고, 신중하게 논하고 충실하게 고하여 친구를 사귀는 방법이 매우 정직하니, 이 어찌 소나무의 풍모와 합치되는 것이 아니겠습니까? 이 때문에 해처럼 빛나는 명성이 경사(京師)에 진동하였습니다. 일찍이 농서(隴西)사람 이표직(李杓直),[11] 남양(南陽)사람 한안평(韓安平),[12] 그리고 나와 교유하였습니다. 표직은 돈독하고 부드럽고 깊이 있고 분명

---

9) 본편은 최군(崔羣)을 전송하여 지은 서이다. 최군(崔羣)은 자가 돈시(敦詩)이다. 갑과(甲科)에 발탁되고 현량방정(賢良方正)에 합격하여 비서성교서랑(祕書省校書郞)이 되었고 우보궐(右補闕) 한림학사(翰林學士) 중서사인(中書舍人) 등 여러 관직을 거쳤다. 한유(韓愈)와도 사이가 좋았다. 이 서의 저작 시기는 정원 말년, 유종원이 아직 폄적되기 전으로 추정된다. 본문에서는 최군의 기질과 성품을 곧은 소나무에 비유하여 칭송하고 그와의 사귐을 회상하면서 집안의 친분관계나 그의 뛰어난 기예 때문에 그와 교유한 것은 아니라고 자신의 마음을 밝히고 있다.

10) 화기(和氣)는 천지간의 음기와 양기가 합쳐져서 생기는 기운을 말하는데 옛사람은 이 화기로부터 만물이 생겨난다고 보았다. 뒤에는 길하고 이로운 것을 불러오는 상서로운 기운을 가리키는 말로 쓰였다.

11) 이표직(李杓直)은 이건(李建)이다. 표직은 그의 자이다.

12) 한안평은 한태(韓泰)이다. 안평(安平)은 그의 자이다.

하고 담박(淡泊)하고 광달(曠達)하고 솔직하고 평이하였는데 최군(崔君)의 온화함을 사모하였습니다. 안평은 엄숙하고 장중하고 단정하고 굳세고 활달하고 명랑하고 출중하였는데 최군의 바름을 기뻐하였습니다. 나는 굳셈과 부드러움에 일관성이 없고 잠시동안에도 마땅함을 잃어버려, 한 안평에게서 바름을 구하고 이표직에게서 온화함을 배웠으며 최군(崔君)에게 나아가서는 그 중용의 도를 점검하였습니다. 말없이 서로 바라보고만 있어도 침묵 속에 함께 마음이 통하였습니다. 지금 부모님을 뵈러 동주(東周)[13]로 돌아가려 한다 하니 말을 채찍질하여 달려가 들판에서 전송하려 하는데 누군가가 그를 위해 서를 쓸 것을 부탁하였습니다.

나와 최군(崔君)과는 집안 대대로 오랜 친분이 있었고 외가 쪽으로도 화목하게 지냈습니다. 그러나 나는 이 때문에 그와 사귄 것이 아닙니다. 최군은 문학으로 의조(儀曹)[14]에 올라[15] 조정에서 이름을 날렸으며, 과거에 뽑힌 인물들 가운데 가장 뛰어나고 교수(校讎)의 대열에서도 최고입니다.[16] 그러나 나는 이것 때문에 그를 중시한 것이 아닙니다. 그에게 주는 서에 있어서 그 마지막에 이를 기록합니다.

貞松產於巖嶺, 高直聳秀, 條暢碩茂, 粹然立於千仞之表. 和氣之發也, 禀和氣之至者, 必合以正性. 於是有貞心勁質, 用固其本, 禦攘冰霜, 以貫歲寒, 故君子儀之. 淸河崔敦詩, 有柔儒溫文之道, 以和其氣, 近仁復禮, 物議歸厚, 其有禀者歟? 有雅厚直方之誠, 以正其性, 慤論忠告, 交道甚直, 其有合者歟? 是故日章之聲, 振於京師. 嘗與隴西李杓直南陽韓安平洎予交友. 杓直敦柔深明, 冲曠坦夷, 慕崔君之和, 安平厲莊端毅, 高朗振

13) 동주(東周)는 낙양(洛陽)을 말한다.
14) 의조(儀曹)는 관명(官名)으로 예악제도를 관장하였다. 당 이후로는 예부낭관(禮部郎官)의 별칭으로 쓰였다.
15) 정원 8년(792) 최돈시는 예부(禮部) 시험에 합격하였다.
16) 정원 10년(794) 최군은 현량방정(賢良方正)에 합격하여 비서성교서랑(秘書省校書郎)을 제수받았다.

邁, 說崔君之正; 余以剛柔不常, 造次爽宜, 求正於韓, 襲和於李, 就崔君而考其中焉. 忘言相視, 默與道合. 今將寧覲東周, 振策于邁, 且餞于野, 或命爲之序.

余於崔君有通家之舊, 外黨之睦, 然吾不以是合之. 崔君以文學登于儀曹, 歇于王庭, 甲俊造之選, 首讎校之列, 然吾不以是視之. 於其序也, 載之其末云.

송빈녕독고서기부벽명서(送邠寧獨孤書記赴辟命序: 임명을 받고 빈녕으로 가는 독고서기를 전송하며 지은 서)[17]

나는 최근 몇 년간 여러 차례 빈주(邠州) 지역을 돌아다녔다. 지금 군대의 원수인 양대부(楊大夫)는 당시 후엄(候奄)[18]으로 있으면서[19] 뭇 군위(軍尉)들을 다 지휘하였다. 그는 엄하게 법을 집행하고 권세 있는 이들을 두려워하지 아니하였다.[20] 부하들 중에는 군진(軍陳)을 두려워하여 적을 피해 도망가거나 상급자에 대항하여 법령을 어기는 이들이 없었다. 침착하

17) 본편은 빈녕절도사(邠寧節度使)의 서기(書記)로 부름을 받고 임지인 빈녕(邠寧)으로 떠나는 독고녕(獨孤寧)을 전송하며 지은 서이다. 제목의 독고서기는 독고녕을 가리킨다. 본문에서는 먼저 빈녕절도사에게 가는 의미를 부여하고 이어 독고녕의 능력을 칭송하면서 명문(名文)의 사령(辭令)을 통하여 역사에 길이 남을 임무 수행을 기원하고 있다.

18) 후엄(候奄)은 군대에서 적의 동태를 정찰하는 책임을 맡았던 관원이다.

19) 양조성(楊朝晟)은 자가 숙명(叔明)이다. 한순(韓醇)은 당시 양조성이 빈녕절도사(邠寧節度使) 한유괴(韓游瓌)의 도우후(都虞候)였다고 하였는데, 진경운(陳景雲)은 『유집점감(柳集點勘)』에서 유종원이 빈녕으로 간 것은 빈녕에서 종사하고 있었던 숙부를 만나러 갔을 때의 일이고 그때 빈주(邠州)의 원수는 장헌보(張獻甫)였으며 양조성이 후엄(候奄)이었다고 밝히고 있다.

20) 『시경』 「대아」 「증민(蒸民)」에 "부드러워도 삼키지 않고 단단해도 토하지 않네. 홀아비과 과부들을 업신여기지 않고 권세있는 이들을 두려워하지 않네[柔亦不茹, 剛亦不吐. 不侮矜寡, 不畏强禦]"라는 구절이 있다.

고 과단성이 있고 위엄 있고 용감하면서 무력(武力)에 전념하여 대장의 휘하(麾下)[21]에서 나왔지만 주공(主公)[22]의 절월(節鉞[23])을 취하여 그 지위를 대신하니[24] 갈관(鶡冠)[25]을 쓴 사람들은 우러러보며 그를 영예롭게 여겼다. 지금은 또 따로 문아(文雅)함을 귀하게 여겨 절도사의 명의로 문사 가운데 빼어난 인재를 불러모아 하남(河南)사람 독고녕(獨孤寧)을 기실(記室)[26]로 임명하고 문서를 담당하게 하였다. 그러자 논자들은 이구동성으로 인재를 얻었다고 그를 칭송하였다. 조정에서 용작(勇爵)[27]으로 장수를 논하는 것이 어찌 지나친 것이겠는가? 독고생(獨孤生)과 그의 둘째 형 식(寔)은 연이어 진사에 합격하여[28] 동시에 한중(漢中) 신평(新平) 두 절도사의 막하에서 기록을 관장하고 있다.[29] 모두 필묵으로써 구덕(舊德[30])을 이어 지위는 높지 않으나 영예는 존귀한 관료와 같으니 참으로 어려운 일이다.

아! 견융(犬戎)이 하우(河右)를 함락시키고 서쪽 변방을 위협[31]하면서부터 조정에서는 그곳에 군대를 주둔시켜 환난에 대비하였다. 현(縣)과 도

---

21) 휘(麾)는 대장(大將)의 기(旗)이다.

22) 주공(主公)은 상관(上官)에 대한 존칭이다.

23) 절월(節鉞)은 부절(符節)과 부월(斧鉞)을 말하며, 옛날 장수에게 이를 수여하여 권력의 표지로 삼게 하였다.

24) 한유괴(韓游瓌)는 근위병이 많았고 군대는 교만에 빠져 장헌보(張獻甫)가 그를 대신하러 왔을 때 군대가 마침내 난을 일으켰고 무리들은 감군(監軍)을 위협하여 범희조(范希朝)로 절도사를 삼을 것을 청하였다. 양조성(楊朝晟)이 악인 100여 명을 참수하고서 장헌보가 들어갈 수 있었고 양조성에게는 어사대부(御史大夫)를 더하였다. 정원 9년(793) 장헌보가 죽자 양조성을 빈녕절도사로 삼았다.

25) 갈관(鶡冠)은 갈(鶡)의 깃털로 장식한 관으로 무관(武官)이 썼다. 갈(鶡)은 꿩의 일종으로 꿩보다 크며 사납고 싸움을 좋아하여 죽어도 물러나지 않는다고 한다.

26) 기실(記室)은 문서를 관장하는 관직 이름이다.

27) 용작(勇爵)은 작위(爵位)를 설치하여 용사를 임명하는 것을 말한다.

28) 독고식(獨孤寔)은 정원 7년에 진사에 합격하고 독고녕(獨孤寧)은 정원 11년에 급제하였다.

29) 식(寔)은 산남서도절도사(山南西道節度使) 엄진(嚴震)의 장서기(掌書記)가 되었다. 신평군(新平郡)은 바로 빈주(邠州)이다.

30) 구덕(舊德)은 선인(先人)의 은덕을 말한다.

31) 광덕(廣德) 원년(763) 토번(吐蕃)이 대진관(大震關)을 쳐들어와 하서(河西) 농우(隴右)의 땅을 취하였다.

(道)에서는 괴로움을 호소하고 있고 안으로는 곡식 창고에 비축해놓은 곡식이 부족하여 겨우 군대의 수요에 충당할 수 있을 정도다. 군대에서 돌을 던지며 용기를 북돋우는 자들은 힘을 쓸 방법을 생각하고 있고, 논자들은 천자께서 장차 황하 가의 옛 땅을 수복하여 서융(西戎)에 이르는 길을 개척하시고 각 절도사의 군대를 철회할 것이라고 여기고 있다. 이러한 상황에서 군대의 막사에서 옷자락을 끌면서 오로지 문장을 일삼으며 무사들에게 비웃음을 사는 것은 매우 옳지 않다. 그대는 고금(古今)의 역사변천을 두루 열람하여 그 득실을 밝히 알고 있다. 장차 젓가락을 빌린 연석(宴席)[32]에서처럼 치밀한 계획을 세우고 조정에 상주하는 글에서 뭇 사람들의 지모(智謀)를 반영하여, 위로 밝으신 천자를 위하여 깊이 숙고한 계획을 논술하고, 조정의 위엄과 명령을 선양할 것이다. 그런 뒤에 연회석상에서 술과 고기안주로 담소하면서 종군(從軍)의 즐거움을 시로 써내게 될 것이다. 공문을 써 보내어 서쪽 땅의 협박하는 무리를 깨우쳐 알리고 그들로 하여금 밥 바구니와 물병을 가지고 조정에서 파견한 군대를 위로하고 환영하게 하는 것은 그대에게 달려 있다. 가서 사령(辭令)[33]에 신중하여 촉(蜀)을 깨우치는 글[34]과 연연산(燕然山)의 글[35]이 한(漢)의 역사의 한 페이지를 밝힌 것처럼 한다면 이는 참으로 사모할 만한 일이리라. 그렇지 않다면 이 하찮은 것을 어떻게 입에 올려 그대를 영예롭게 할 수 있겠는가?

---

32) 젓가락을 빌린 연석이란 한(漢)의 장량(張良)이 왕의 식탁에 있는 젓가락을 빌어 초(楚)를 굴복시키기 위한 역이기(酈食其)의 계교를 점친 고사를 말한다.

33) 사령(辭令)이란 응대하는 말을 말하는데 일반적으로 말이나 문장을 가리키는 말로 쓰이기기도 한다.

34) 한(漢) 무제(武帝) 때 당몽(唐蒙)이 야랑(夜郎)과 통하여 극(僰)의 백성들이 크게 놀라고 두려워하였다. 무제는 사마상여(司馬相如)로 하여금 당몽을 질책하게 하고 이리하여 문고(文告)로써 파촉(巴蜀)의 백성들을 깨우쳐 천자의 뜻이 아니라고 알려주었다.

35) 한 화제(和帝) 때에 두헌(竇憲)장군이 흉노(匈奴)를 격파하고 연연산(燕然山)에 올라 돌을 깍아 공(功)을 새겨 넣어 한의 위덕(威德)을 기록하였는데 반고(班固)로 하여금 명(銘)을 짓게 하였다.

僕間歲驟遊邠壇, 今戎帥楊大夫時爲候奄, 盡護羣校. 用笞法箠令, 不吐强禦, 下莫有逗撓凌暴而犯令者. 沉斷壯勇, 專志武力, 出麾下, 取主公之節鉞而代之位, 鶡冠者仰而榮之. 今又能旁貴文雅, 以符召文士之秀者河南獨孤寧, 署爲記室, 俾職文翰, 翕然致得士之稱於談者之口. 蓋朝廷以勇爵論將帥, 豈濫也哉? 獨孤生與仲兄寔連擧進士, 並時管記於漢中新平二連帥府, 俱以筆硯承荷舊德, 位未達而榮如貴仕, 其難乎哉!

噫! 自犬戎陷河右, 逼西鄙, 積兵備虞, 縣道告勞, 內匱中府太倉之蓄, 僅而獲饜, 投石而賈勇者, 思所以奮力. 論者以爲天子且復河壖故疆, 拓達西戎, 而罷諸侯之兵. 則曳裾戎幕之下, 專弄文墨, 爲壯夫捧腹, 甚未可也! 吾子歷覽古今之變, 而通其得失, 是將植密畫於借筯之宴, 發羣謀於章奏之筆, 上爲明天子論列熟計, 而導揚威命. 然後談笑罇俎, 賦從軍之樂. 移書飛文, 諭告西土劫脅之伍, 俾其簞食壺漿, 犒迎王師, 在吾子而已! 往慎辭令, 使諭蜀之書, 燕然之文, 炳列于漢史, 眞可慕也. 不然, 是瑣瑣者, 惡足置齒牙間而榮吾子哉?

동오무릉송전계주두유후시서(同吳武陵送前桂州杜留後詩序 : 오무릉이 계주로 가는 두유후를 전송하여 지은 시에 화답하여 지은 서)[36)]

집을 살피는 사람은 그 모퉁이를 살핍니다. 모퉁이가 우뚝 솟아 있고 곧고 반듯하여 견고하면 그 안은 반드시 단정하고 장중하며 크고 넓어서 살만합니다. 사람이라고 어찌 이와 다르겠습니까? 지금 두군(杜君)과 같은 이는 모퉁이가 볼 만하여 그 속은 거할 만하니, 그 안에는 덕(德)으로 가득합니다. 그가 남방으로 가서 다스리는 것을 돕게 되니 다스림은 이로 인하여 확대되었고, 유부(留府)[37)]의 정사(政事)를 총괄하니[38)] 정사는 이로 인하여 더욱 빛났습니다. 그의 도(道)는 흔들림이 없습니다. 고서(古書)와 백가(百家)의 말을 좋아하여 길을 가면 수레에 가득 채워서 함께 가지고 갔고, 머물러 있으면 마주하고서 쌓아두고 의(義)의 창고로 삼았습니다. 그리고 이것들이 넘쳐나 수준 높은 문장을 이루었습니다. 성실하면서도 온화하고 자유스러우면서도 믿음이 있으니 어찌 『시경』에서 말한 "아름다운 위의(威儀)여, 덕의 모퉁이로구나"[39)]라는 표현이 가리키는

---

36) 본편은 계주(桂州)로 가는 두유후(杜留後)를 전송하여 지은 오무릉(吳武陵)의 시에 화답하여 지은 서이다. 당시 유종원은 영주에 폄적되어 있었고 오무릉 역시 일에 연루되어 영주에 유배되어 있었다. 제목에 '오무릉에 화답한다'고 하였으니 영주에서 지어진 것이 틀림없다. 제목의 '유후(留後)'는 관직명이다. 당(唐) 중엽 이후 번진(藩鎭)의 세력이 강해지자 절도사에게 우연히 사고가 있게되면 그의 아들이나 조카 혹은 가까운 장수나 관리로 하여금 직무를 대행하게 하였는데 이를 절도유후(節度留後) 혹은 관찰유후(觀察留後)라고 불렀다. 제목의 두유후(杜留後)는 두주사(杜周士)를 가리킨다. 그는 정원 17년(801) 진사에 올랐으며 정원(貞元)에서 원화(元和)로 교체되는 시기에 계주(桂州)절도사 안증(顏証)의 빈좌(賓佐)가 되었다. 그가 계주(桂州)절도사의 막부(幕府)를 나와 영주(永州)에 와서 유종원과 오무릉이 시문(詩文)으로 그를 전송한 것은 원화 연간의 일이다. 유종원과 헤어진 뒤 그는 북으로 가서 호남(湖南)절도사의 막부로 들어갔고 뒤에 또 영남으로 가서 여러 곳의 막부생활을 하였으며 장경(長慶) 초에 이르러 감찰어사로 안남(安南)에 출사하였다가 세상을 떠났다. 본문에서는 훌륭한 위의(威儀)를 갖춘 두주사의 높은 품덕과 정치적 성취를 칭송하고 있다.

37) 유부(留府)는 관직 혹은 관서(官署)의 명칭이다.

38) 두주사가 계관관찰유후(桂管觀察留後)가 된 것을 말한다.

사람이 아니겠습니까? 지금 가시면 그 도(道)가 천자에게 알려질 것이고, 천자께서는 오직 인재를 구하는 것을 급한 일로 여기시니 두군(杜君)이 쟁신(爭臣)[40] 시종(侍從)의 직위를 사양하고 싶어도 그것이 가능하겠습니까? 복양(濮陽)사람 오무릉(吳武陵)은 올곧으면서도 매우 문아(文雅)한 사람으로 두군(杜君)의 도(道)를 즐거워하여 시를 지어서 생각을 말하였습니다. 저도 오무릉을 존중하기에 여기에 서를 지었습니다.

觀室者, 觀其隅. 隅之巍然, 直方以固, 則其中必端莊宏達可居者也. 人孰異夫是? 今若杜君之隅可觀, 而中可居, 居之者德也. 贊南方之理, 理是以大; 總留府之政, 政是以光. 其道不撓, 好古書百家言, 洋洋滿車, 行則與俱, 止則相對, 積爲義府, 溢爲高文. 慤而和, 肆而信, 豈詩所謂"抑抑威儀, 惟德之隅"者耶? 今往也, 有以其道聞于天子; 天子唯士之求爲急, 杜君欲辭爭臣侍從之位, 其可得乎? 濮陽吳武陵直而甚文, 樂杜君之道, 作詩以言. 余吳吳也, 故於是乎序焉.

39) 『시경』「대아」「억(抑)」의 처음에 나오는 구절이다.
40) 쟁신(爭臣)의 쟁(爭)은 쟁(諍)의 의미로, 곧은 말로 간쟁하는 신하를 말한다.

송영국범명부시서(送寧國范明府詩序: 영국현령 범명부를 전송하는 시의 서)[41]

근래의 제도는 무릇 조정에서 벼슬할 자격을 갖춘 사람은 해마다 이부에 이름을 올립니다. 이부에서는 반드시 그 등급과 품위(品位)를 참고하여 나누고 합쳐서 30명을 한 무리로 하는데 그것을 갑(甲)이라고 부릅니다. 명단은 셋으로 하여 하나는 유사(有司)에게 보관시키고 나머지 둘은 중서성과 문하성에 보관합니다. 대규모로 관리를 선발 배치하고 성적을 심사할 때마다 반드시 서면으로 결정을 요청하고 삼성(三省)이 공동으로 심사하여 그 성적을 살핍니다. 심사하여 불합격한 사람이 있으면 유사에게 내려보내어 처리하게 하는데 후보자격이 취소되거나 관직에서 파면되는 사람이 아주 많습니다. 이 때문에 관리들이 부정행위로 위엄을 부리고, 사악한 지혜로 권력을 남용하고, 속여 빼앗고 바꾸어 그 실제 모습을 보여주지 못할 수도 있습니다. 반드시 정직 성실하면서도 일에 능숙하고 변론을 잘하고 일에 통달하면서도 그 직무에 부지런한 사람을 찾아 관리로 임명하여 그것을 맡겨야 하며, 3년간 일을 맡겼으면 그의 관직을 또 올려주고 그런 뒤에 그 직무를 그만두게 해야 합니다.

범전진(范傳眞)이란 분이 처음 경사로 오자 천자 측근의 신하들 가운데 많은 사람이 그가 훌륭하다고 칭찬하였습니다. 재상이 이 소식을 듣고는 그에게 이 관리 평가를 담당하는 직무를 맡겼습니다. 문하성에서 일하면

---

41) 본편은 선주(宣州) 영국현(寧國縣)의 현령(縣令)에 배수되어 떠나는 범명부(范明府)를 전송하는 시에 대하여 쓴 서이다. 범명부(范明府)는 범전진(范傳眞)이다. 명부(明府)는 현령(縣令)에 대한 호칭이다. 『신당서』·『구당서』에는 모두 범전진에 대한 전(傳)이 없다. 저작 시기는 본문에 '막내 동생이 전중시어사(殿中侍御史)가 되어 이 말을 동료들에게 말하였다'는 내용으로 보아 유종원이 감찰어사로 있었던 정원 20년(804)으로 추정된다. 본문에서는 먼저 이부(吏部)에서의 관리 심사 제도를 소개하고 이어 범전진의 관리 심사 능력에 대한 주위 사람들의 높은 평가를 말하였으며 아울러 관리란 사람들의 부림을 받는 존재이기 때문에 사람들을 위해서 봉사하여야 한다는 그의 말을 직접 인용함으로써 관리로서의 그의 훌륭한 자세를 부각시키고 있다.

서 아주 좋은 명성을 얻었지요. 처음에 경조(京兆) 무공현(武功縣) 현위(縣尉)로 임명되었는데 좋은 성적을 내자 유사에게 보고되어 선주(宣州) 영국현(寧國縣) 현령(縣令)이 되셨습니다. 사람들은 모두 경성(京城) 부근에서 관직을 옮기는 사람은 동서부위(東西部尉)[42]로 임명되는 것을 훌륭한 벼슬살이로 여긴다고 말하였습니다만 범선생께서는 “그렇지 않다. 벼슬살이가 훌륭한 것은 사람들에게 이롭게 하는 것을 말한다. 풍족하게 물자를 조달 공급하는 것보다는 편안하게 사람들을 교화 인도하는 것이다. 그러므로 내가 배운 바를 발휘하여서 직무에 시행하기를 추구할 뿐이다. 관리란 사람들의 종이다. 사람들에게 부림을 받으면서 그들의 힘의 결실을 먹는 것이니 보답이 없을 수 있겠는가? 이제 나는 그들을 자애롭고 예절바른 삶으로 이끌고 그들에게서 속임수와 허위, 업신여김과 폭력을 제거할 것이다. 이렇게 함으로써 이 사람들에게 은혜를 베풀고 그런 뒤에 그 봉록을 향유한다면 거의 내 마음이 평안해지고 얼굴에 부끄러운 빛이 없을 것이다. 이렇게만 된다면 만족스러울 것이다”라고 말씀하셨습니다. 막내 동생이 전중시어사(殿中侍御史)가 되어[43] 이 말을 동료들[44]에게 말해주니 모두 기뻐하였고 그를 존경하게 되었습니다. 그러므로 시를 써서 그가 떠나는 것을 정중하게 대접하고 저로 하여금 서를 쓰게 했습니다.

近制, 凡得仕於王者, 歲登名于吏部, 吏部則必參其等列, 分而合之, 率三十人以爲曹, 謂之甲. 名書爲三, 其一藏之有司, 其二藏之中書洎門下. 每大選置大考績, 必關決會驗而視其成. 有不合者, 下有司, 罷去甚衆. 由是吏得爲姦以立威, 賊知以弄權, 詭竊竄易, 而莫示其實. 必求端愨而習於事, 辯達而勤其務者, 命之官而掌之. 居三年, 則又益其官而後去其職.

---

42) 동서부위(東西部尉)란 경성(京城)의 동서(東西)에 있는 두 적현(赤縣), 즉 장안(長安) 만년(萬年)의 현위(縣尉)를 말한다.

43) 막내 동생은 범전정(梵傳正)을 가리키며, 위남위(渭南尉)에서부터 감찰전중시어사(監察殿中侍御史)로 배수되었다.

44) 유종원은 당시 감찰어사(監察御史)였으며 범전정과 동료였다.

有范氏傳眞者, 始來京師, 近臣多言其美. 宰相聞之, 用以爲是職. 在門下, 甚獲休問. 初命京兆武功尉. 旣有成績, 復於有司, 爲宣州寧國令. 人咸曰 : 由邦畿而調者, 命東西部尉以爲美仕. 范生曰 : "不然. 夫仕之爲美, 利乎人之謂也. 與其給於供備, 孰若安於化導. 故求發吾所學者, 施於物而已矣. 夫爲吏者, 人役也. 役於人而食其力, 可無報耶? 今吾將致其慈愛禮節, 而去其欺僞凌暴, 以惠斯人, 而後有其祿, 庶可平吾心而不愧於色. 苟獲是焉, 足矣." 季弟爲殿中侍御史, 以是言也告於其僚, 咸悅而尙之. 故爲詩以重其去, 而使余爲序.

송행남용귀사연구시서(送幸南容歸使聯句詩序 : 출사한 곳으로 되돌아가는 행남용을 전송하며 지은 연구시의 서)[45]

옛날 한 왕실이 한참 흥성할 때에 문장을 잘 쓰는 사람들이 경사에 모여들어 또한 금마(金馬), 석거(石渠)를 채웠고[46] 또 제후에게까지 가서 그 도(道)를 실현하기를 구하였다. 그런 까닭에 매승(枚乘)은 오(吳)에 가서 지냈으며[47] 사마상여(司馬相如)는 양(梁)으로 갔다.[48] 그 가운데 어떤 이는

45) 본편은 조정에 절도사의 직무를 보고하기 위해 장안에 왔다가 다시 임지로 되돌아가는 행남용(幸南容)을 전송하는 자리에서 동년 급제한 친구들이 지은 연구시(聯句詩)에 붙인 서이다. 본문에서는 한(漢) 매승(枚乘)과 사마상여(司馬相如)와 같은 문사들이 자신의 도를 실현하고자 제후에게 갔던 일을 서술하고 이어서 행남용이 한단(邯鄲)으로 가서 절도사의 막부에서 일하는 결단력을 부러워하고 조천(朝天)함에 예의 법도에 맞는 일처리가 매승이나 사마상여보다도 뛰어남을 칭송하고 있다.

46) 금마(金馬)는 금마문(金馬門)으로 한(漢) 궁문(宮門)의 이름이며 학사(學士)가 대조(待詔)하던 곳이다. 석거(石渠)는 석거각(石渠閣)으로 미앙전(未央殿) 북쪽에 있었으며 한(漢) 황실의 비서(秘書)를 보관하던 곳이다.

47) 매승의 자는 숙(叔)이고 회음(淮陰)사람인데 오왕(吳王) 비(濞)의 낭중(郎中)이 되었다.

48) 사마상여의 자는 장경(長卿)이다. 한(漢) 경제(景帝) 때에 재물로 낭(郎)이 되었고, 무기

서(書)를 올려 주군을 바로잡음으로써 그 뜻을 지극히 하였으니 이는 절조가 큰 사람이요,[49] 어떤 이는 적당한 시기에 변화를 살펴서 그 본성을 이루었으니 도(道)가 훌륭한 사람이다.[50]

발해(渤海)사람 행군(幸君)은 이미 태상(太常)의 적에 올랐는데[51] 또 한단(邯鄲)의 부름을 받고[52] 북으로 가서 군대에 종사하며 바른 도(道)를 스스로 실현하여 우리들은 그 지략을 높이 평가하였고, 남쪽으로 조정에 빙문(聘問)하는데 예(禮)에 맞도록 도우며 직무를 보고하니[53] 공경들이 그 태도를 칭찬하였다. 신하의 예(禮)와 군주의 예 사이에서 법도에 부합하였으니 비록 매승의 절조와 사마상여의 도(道)라 할지라도 이보다 뛰어날 수는 없다. 겨울 12월에 조반(朝班)[54]의 오른쪽에서 조천(朝天)의 예를 다 마치고 원문(轅門)[55]에 다시 모였는데 우리들은 함께 진사과에 급제한 친구인지라 이에 그의 취사(取捨)를 영예롭게 여기고 그가 집을 떠나 외롭게 지내는 것을 애석해하며 이 좋은 날을 골라 그의 훌륭함을 노래하였다. 문사를 배열하여 시를 지으니 기이한 문채(文彩)가 번갈아 빛나서 엮어놓은 조개처럼 찬

상시(武騎常侍)가 되었지만 그것을 좋아하지는 않았다. 경제는 사부(辭賦)를 좋아하지 않았는데 때마침 양효왕(梁孝王)이 내조(來朝)하여 추양(鄒陽), 매승(枚乘), 엄기(嚴忌) 등의 유세하는 사람을 따르자 사마상여는 그를 만나 유세하고는, 병을 핑계로 무기상시를 그만두고 양(梁)으로 갔다.

49) 오왕 비가 역모를 꾀하자 매승이 서(書)를 올려 힘써 간하였다.

50) 사마상여를 가리켜 한 말이다.

51) 태상(太常)은 제사 예악을 관장한 관(官)의 이름이다. 정원 원년(785) 행남용은 진사과에 급제하였다.

52) 한단(邯鄲)은 위박절도부(魏博節度府)에 속하였다.

53) 원문의 '빙(聘)'은 빙문(聘問), 즉 천자와 제후간에 혹은 제후와 제후간에 사신을 보내어 안부를 묻는 것을 말한다. 이 구절은 남쪽으로 가서 조정에서 천자에게 절도사의 직무를 보고하는 일을 도와 예의에 맞게 처리하였음을 말한다.

54) 조반은 군신들이 천자를 조현(朝見)할 때 관품(官品)에 따라 반을 나누어 배열한 순서를 말한다.

55) 원문(轅門)은 고대 제왕이 순수하거나 사냥을 하면서 임시로 머무는 곳에 수레로 울타리를 치고 두 수레를 세워 문을 표시하였던 것을 말하는데 뒤에는 군대를 거느린 장군의 영문(營門)이나 지방 고급 관서(官署)의 외문(外門)을 가리키는 것으로 쓰였다. 여기서는 관서(官署)를 가리킨다.

란하고 꿰어놓은 구슬처럼 아름답거니와, 낭랑한 맑은 소리가 교대로 좌우에서 울려난다. 뭇 사람들이 명하기를 시어(侍御)가 길을 떠나는데 나는 쓴 것이 없으니 이와 관련하여 서를 쓰라고 하였다.

昔漢室方盛, 文章之徒合于京師, 亦既充金馬石渠, 則又溢於諸侯, 求達其道. 故枚乘客于吳, 相如遊于梁, 其或致書匡主, 用極其志, 節之大者也, 適時觀變, 以成其性, 道之茂者也.

渤海幸君, 既登于太常之籍, 又膺邯鄲之召, 北會元戎, 直道自達, 吾儕器其略; 南聘天朝, 相禮述職, 公卿多其儀. 合度於易于之間, 雖枚生之節, 長卿之道, 無以尚也. 冬十有二月, 朝右禮備, 復于轅門, 我同升之友, 是用榮其趣舍, 惜其離曠, 卜茲良辰, 詠歎其美. 比詞聯韻, 奇藻遞發. 爛若編貝, 粲如貫珠. 琅琅淸響, 交動左右. 羣公以侍御之往也, 予闕其述, 命繫而序焉.

송이판관왕계주서(送李判官往桂州序 : 계주로 가는 이판관을 전송하며 지은 서)[56]

선비 가운데 관리생활에 익숙한 사람은 항상 문아(文雅)함이 적은 것을 걱정하는 까닭에 말은 빠르면서도 행동은 함부로 하지 아니하고, 문재(文

56) 본편은 영주(永州)를 떠나 계주(桂州)로 가는 이판관(李判官)을 전송하며 지은 서이다. 이판관이 누구인지는 자세하지 않다. 진경운(陳景雲)의 『유집점감(柳集點勘)』에서는 한유(韓愈)의 「송이생초반호남서(送李生礎返湖南序)」에 '그 당시 800편의 시가 전해져 읊어졌다'고 칭찬하고 있는 것과 이 서에서 '이생(李生)은 시를 배운 지 여러 해가 되었고 그가 지은 시부(詩賦)는 제법 사람들에게 알려져 있다'고 한 것의 연관성을 들어 이판관(李判官)은 이초(李礎)가 아닐까 추측하였다. 당시 이판관은 영주자사 최민(崔敏)의 치하에서 판관(判官)을 맡고 있었다고 보여진다. 최민이 세상을 떠난 것은 원화 5년(810)의 일이므로 이 서의 저작 시기도 이때로 추정된다.

才)가 뛰어난 사람은 과단성이 없는 것을 걱정하여 풀어놓고 제어하지 않습니다. 지금 이생(李生)은 시를 배운 지 여러 해가 되었고 그가 지은 시부(詩賦)는 제법 사람들에게 알려져 있습니다. 이 고을[57]에 이르자, 주(州)의 장관이 그에게 자문을 구하여 군대 일을 도우면서 여러 관리들과 부딪치면서도 매우 솔직하고 과감하였으니 어찌 이른바 관리이면서 문재가 뛰어난 사람이 아니겠습니까? 부(府) 자사(刺史)가 세상을 떠나자[58] 그만두고 이곳을 떠나 예(禮)가 행해지는 지방을 골라서 가려 하고 있습니다. 이런 상황으로 미루어보니 이 때문에 계주(桂州)로 가지만 예(禮)를 만나지 못하면 어찌할는지 저는 모르겠습니다.

士之習爲吏者, 恒病於少文, 故給而不肆; 飾於華者, 恒病於無斷, 故放而不制. 今李生學於詩有年矣, 吟咏風賦, 頗聞乎人. 至於是州, 惟州之牧咨焉. 以贊戎事而糺羣吏, 甚直且武, 豈所謂吏而華者耶? 以府喪罷去, 擇而之乎有禮之邦. 推是道也以往, 然而不際於禮, 則吾不知也.

57) 이 고을이란 유종원이 폄적되어 있는 영주(永州)를 가리킨다.
58) 영수자사 최민(崔敏)의 죽음을 가리킨다.

송원논등제후귀근시서(送苑論登第後歸覲詩序 : 등제한 뒤에 귀근하는 원논을 전송하는 시의 서)[59]

정원 8년(792) 겨울, 나는 마읍(馬邑) 사람 원언양(苑言揚)[60]과 나란히 경사에 과거시험을 치러 왔습니다. 그때 이후로 수레를 탈 때면 언제나 바퀴 축을 부딪쳤고 자리에 앉을 때면 언제나 옷깃을 부딪쳤습니다.[61] 그의 뜻을 헤아려 보고는 그가 밝은 시대에 현달할 것을 알았고, 그 문장을 보고는 그가 태상(太常)[62]보다 뛰어남을 알게 되었습니다. 그와 탐구하며 토론해보니 명석함이 소박하고 돈후(敦厚)한 바탕에 숨어 있었고 행위는 빛나는 명성에 떠 있었습니다. 공경(公卿) 사이에서 왕래하는데 질박하고 솔직하면서도 남의 비위를 건드리지 않았고 조심스러우면서도 움츠리지 않았습니다. 동료들과 사귐에 있어서는 성실과 신의로 소문이 났습니다. 나는 그를 존경하여 형으로 삼고 우의를 지켜 견고하게 하고자 하였으니 절조를 지켜 잃지 않는 것은 형에게 달려있을 뿐입니다.

그 해 소사도(小司徒) 고공(顧公)이 비어있던 춘관(春官)의 직책을 떠맡아 인재선발의 실권을 장악하였습니다.[63] 이듬해[64] 봄, 우리는 함께 시험장으로 달려가 나란히 과거시험을 쳤습니다. 바라보니 그가 기예의 마당에

---

59) 본편은 등제(登第)한 뒤에 부모님을 뵈러 고향 형형(荊衡)으로 돌아가는 원논(苑論)을 전송하는 자리에서 뭇 사람들이 지은 시에 대한 서이다. 본문에 의하면 유종원은 정원 9년(793) 2월 원논과 함께 진사과에 급제하였고, 원논이 고향으로 돌아간 것은 여름 4월이니 이 서는 바로 이 시기에 지어진 것으로 추정된다. 본문에서는 작가의 원논에 대한 우의, 그리고 그의 뛰어난 문재(文才)와 등제(登第)시 과거장에서의 출중한 모습 등을 묘사하였고 이어서 먼 길을 떠나는 원논의 기분에 대한 상상과 몸조심에 대한 부탁, 그리고 전별하던 상황을 쓰고 있다.

60) 원논(苑論)의 자는 언양(言揚)이다.

61) 두 사람이 늘 함께 다닌 것을 말한다.

62) 태상(太常)은 관명(官名)으로 제사 예악을 전담하였다.

63) 호부시랑(戶部侍郎) 고소련(顧少連)이 임시로 예부시랑(禮部侍郎)의 직무를 맡아 과거시험을 관장한 것을 가리킨다.

64) 정원 9년(73)을 말한다.

서 말 어깨 끈을 바로 하고[65] 문장의 숲에서 칼날을 놀리는데[66] 비바람이 필찰(筆札)에서 생기고 구름 노을이 간독(簡牘)에서 일어났습니다. 좌우에서 서로 바라보고 친구들은 두 손을 모두어 탄복하였으니 참으로 장관이었습니다. 2월 병자(丙子)일에 유사(有司)가 갑과(甲科) 을과(乙科)의 성적을 공포하여 남궁(南宮)[67]에 게시하였는데 나와 형은 또 나란히 등제(登第)하였습니다. 나는 두꺼운 낯으로 부끄러워하지 않고 오래 형과 함께 돌아다녔습니다.

여름 4월, 형형(荊衡)[68]으로 돌아간다 내게 알리고 작별인사를 하고 떠나가시니 수레는 도성 문으로 옮기어 진령(秦嶺)[69]의 길을 가리키고 있습니다. 바야흐로 부모님이 기뻐하시고 마을에서 또한 축하하겠지요. 옷자락을 끌면서 높이 관을 쓰고 영예롭게 남쪽으로 제후의 땅으로 내려가 멀리 왕찬(王粲)의 누각에 오르고 유표(劉表)의 평상을 높이 바라보실 것이니[70] 계수나무 숲의 나뭇가지요, 곤산(崑山)의 옥 조각과 같아서[71] 가

65) 원문의 '도앙(掉鞅)'은 『좌전』 선공(宣公) 12년에 나오는 말로, 전차를 몰고 적진으로 들어가 도전할 때 수레에서 내려 말의 어깨에 있는 가죽끈을 정리하여 수레 모는 기술이 뛰어나고 여유가 있음을 보여주는 것을 말한다. 이는 여유 만만하게 재능을 보여주는 것을 비유한다.

66) 원문 '유인(遊刃)'은 『장자』 「양생주(養生主)」에 나오는 포정(庖丁)이 문혜군(文惠君)을 위하여 소를 해체할 때 정확하고 숙련된 솜씨로 여유있게 칼을 놀리는 것을 가리키는 말이다. 사물을 철저하게 관찰하고 기술이 정확하고 숙련되어 자유자재로 운용할 수 있음을 비유한다.

67) 남궁(南宮)은 예부(禮部)를 말한다.

68) 『서경』에 의하면 형(荊)과 형양(衡陽)은 형주(荊州)에 속한다.

69) 진령(秦嶺)은 남산(南山)을 말한다.

70) 동탁(董卓)이 난을 일으키자 왕찬(王粲)은 형주(荊州)로 피난하여 유표(劉表)에게 의지하였고 이리하여 강릉(江陵)의 성루(城樓)에 올라 돌아갈 것을 그리워하며 부(賦)를 지었다.

71) 『진서(晉書)』 「극선전(郤詵傳)」에 의하면 극선이 옹주자사(雍州刺史)로 자리를 옮길 때 무제(武帝)가 동당(東堂)에서 전송하면서 "그대는 스스로를 어떠하다고 생각하는가?"라고 물었다. 그러자 극선은 "신은 현량대책(賢良對策)에 합격하여 천하 제일이 되었지만 오히려 계수나무 숲의 나뭇가지 하나요, 곤산(崑山)의 옥 한 조각에 불과합니다"라고 대답하였다. '계림일지(桂林一枝)', '곤산편옥(崑山片玉)'이란 말은 원래 겸손의 말로 자신이 단지 여러 인재 가운데 하나에 불과하다는 뜻이지만 뒤에는 과거시험에서 뛰어난 성적을 거둔 사람을 비유하는 말로 사용되었다.

문에 광채가 날 것입니다. 이러므로 상낙(商雒)[72]의 험난함도 평평하게 느껴질 것이요, 강한(江漢)[73]의 호탕(浩蕩)함도 띠처럼 여기시게 될 것입니다. 담소하고 뒤돌아보면서 천리 길을 뛰어 넘어가도 피곤이나 병은 없을 것입니다. 그러나 가시는 곳은 바로 해가 타오르고 공기가 무더운 남쪽 지방입니다. 뜨거운 구름 속을 오르고 따뜻한 바람을 호흡하는데 조심하지 않을 수 있겠습니까? 삼가 약재를 쓰면서 몸 건강히 잘 관리하십시오. 이 역시 형이 사사로이 할 수 있는 바는 아닙니다. 여러 분들께서 패릉(霸陵)에까지 가서 전송하는데, 자리에 늘어앉아 술을 마시면서 먼길을 가는 것을 전송하며 지은 부(賦)가 규장(圭璋)[74]처럼 번갈아 빛납니다. 어떤 사람이 첫 번째 간독(簡牘)을 내게 주면서 "그대는 언양(言揚)과 잘 아는 사람이 아니던가? 어떻게 침묵을 지킬 수 있겠는가?"라고 말하였습니다. 나는 그것을 받아 서를 쓰고 여러 옥같이 아름다운 작품의 오른편에 엮어 놓는 것은 사양하는 예(禮)를 몰라서가 아니라 신의를 전하는 것을 귀하게 여기기 때문입니다.

八年冬, 余與馬邑苑言揚聯貢于京師. 自時而後, 車必挂轊, 席必交衽. 量其志, 知其達於昭代; 究其文, 辨其勝于太常. 探而討之, 則明韜於朴厚之質, 行浮於休顯之問. 遊公卿之間, 質直而不犯, 恪謹而不慑. 交同列之羣, 以誠信聞. 余拜而兄之, 以爲執誼而固. 臨節不奪, 在兄而已.

是歲, 小司徒顧公守春官之缺, 而權擇士之柄. 明年春, 同趨權衡之下, 並就重輕之試. 觀其掉鞅于術藝之場, 遊刃乎文翰之林, 風雨生於筆札, 雲霞發於簡牘, 左右圜視, 朋儕拱手, 甚可壯也. 二月丙子, 有司題甲乙之科, 揭于南宮, 余與兄又聯登焉. 余不厚顏懷媿而陪其遊久矣.

---

72) 상낙(商雒)은 상현(商縣)과 상락현(上雒縣)을 말한다. 한(漢) 초에 동원공(東園公) 기리계(綺里季) 하황공(夏黃公) 녹리선생(甪里先生) 등 이른바 '사호(四皓)'가 상낙 심산에 은거하였다고 한다.

73) 강한(江漢)은 강수(江水)와 한수(漢水)를 말한다.

74) 규(圭)와 장(璋)은 모두 귀중한 옥으로 만든 예기(禮器)의 일종이다.

夏四月, 告歸荊衡, 拜手行邁, 輪移都門之轍, 轅指秦嶺之路. 方將高堂稱慶, 里閈更賀, 曳裾峨冠, 榮南諸侯之邦, 遐登王粲之樓, 高視劉表之榻, 桂枝片玉, 光生於家. 是宜砥商雒之阻艱, 帶江漢之浩蕩, 以談笑顧眄, 超越千里而無倦極也. 然而景熾氣燠, 往卽南方, 乘陵炎雲, 呼吸溫風. 可無敬乎? 愼進藥石, 保安其躬, 是亦非兄之所宜私也. 羣公追餞于霸陵, 列筵而觴, 送遠之賦, 圭璋交映. 或授首簡於余曰: "子非知言揚者乎, 安得而默耶?" 余受而書之, 編於羣玉之右, 非不知讓, 貴傳信焉爾.

송소연등제후남귀서(送蕭鍊登第後南歸序: 등제한 뒤에 남쪽으로 돌아가는 소연을 전송하며 지은 서)[75]

처음 제가 어렸을 때 구강군(九江郡)에서 형을 뵙고 형이 경서(經書)를 즐기고 산과 호수를 좋아하며 내면에 조화와 질박함을 간직하고 기상이 대단한 것을 보고는 비록 비단옷을 입고 있었지만[76] 속으로는 형을 좋아하였습니다. 그 뒤 몰래 문장을 배우고 먼저 예를 행하여 약관(弱冠)이 되어서 택궁(澤宮)[77] 가운데서 형을 만났습니다. 그때 보니 형의 덕(德)은 구강에서 뵈었을 때와 같았는데 아마 세속(世俗)이 바꿀 수 없는 것이었

75) 본편은 등제(登第)한 뒤에 남쪽으로 돌아가는 소연(蕭鍊)을 전송하며 지은 서이다. 저작 시기에 대하여는 분명하게 명시되어 있지 않지만 본문에 소연 역시 이미 이부(吏部)에 이름을 올리고서 유종원에게 동쪽으로 갈 것을 알려왔다는 것으로 보아 정원 9년(793) 등제한 이후에 지은 것으로 추정된다. 본문에서는 어릴 때부터 알고 지내며 형으로 호칭하던 소연이 처음 사귈 때나 과거 시험에 응시할 때, 그리고 과거에 실패하여 어렵게 지낼 때나 등제하여 득의할 때, 시종 변함없는 태도를 보여준 군자였음을 칭송하고 있다.

76) 소연(蕭鍊)이 부귀한 집 자제라는 뜻이다.

77) 택궁(澤宮)은 고대 활쏘기를 연습하고 인재를 선발하던 곳이다. 여기서는 과거장을 가리킨다.

나 봅니다. 이로부터 과거시험에서 세 번이나 실패하여 잠시 누추한 골목에서 머무셨습니다. 저는 자주 그 집에서 형과 만났는데 그때 보니 형의 도(道)는 태궁에서 만났을 때와 같았습니다. 역시 좌절과 실패도 굴복시킬 수 없었습니다. 시간이 지나서 형의 이름이 태상(太常)에 발탁되니[78] 명성이 경성에 진동하고 선비들이 우러러 사모하였으며 득의양양하게 좌우를 둘러보는 모습이 매우 영예로웠습니다. 저는 채통유(蔡通儒) 집에서 축하할 기회를 얻었는데 그때 살펴보니 형의 뜻은 누추한 골목에서 만났을 때와 같았습니다. 또한 득의(得意)하였다고 바뀌지 않았습니다. 군자는 뜻이 바르고 기(氣)가 한결 같으며, 정성이 순수하고 본분이 안정되거니와, 일찍이 출사(出仕)와 은퇴를 비교하여 두 가지 다른 도(道)로 여기거나 굽히는 것과 펴는 것을 다른 문으로 구별하지 않았습니다. 근본을 견고하게 하고 바름을 길러나가는 것은 이와 같을 뿐입니다.

형은 먼저 깨달아 도를 지키고, 홀로 서서 조화로움을 보전하고, 곧고 진실하고 단정하고 순정하고, 아정(雅正)하여 세속에 얽매이지 않았으니 참으로 군자의 바탕을 갖추었습니다. 이미 천관(天官)[79]에 이름을 올리고서 저에게 동쪽으로 가겠다고 말씀하시니 이제 상오(商於)에 오르고 한지(漢池)에서 배를 타고 영성(郢城)을 지나고 무창(武昌)으로 내려가 다시 우리가 처음 만났던 땅으로 돌아가시겠군요. 친구들이 즐겁게 맞이하고 가족 친척들이 예(禮)를 더하여 대접하여 배와 수레가 지나는 곳마다 축하하는 소리를 들을 것이니 무리를 떠나왔다는 생각은 갈수록 적어질 것입니다. 저는 변변치 못하지만 부름을 받아 서를 썼습니다. 미치광이의 말로서 군자에 대해 쓴 것은 아니고 제 생각을 표현했을 뿐입니다.

---

78) 태상(太常)은 예부(禮部)를 말한다. 정원 12년(796) 예부시랑 여위(呂渭)가 과거시험을 주관하여 「일오색부(日五色賦)」, 「춘대청망시(春臺晴望詩)」로 시험을 보았는데 이해 소련이 급제하였다.

79) 천관(天官)은 이부(吏部)를 말한다.

始余幼時, 拜兄於九江郡, 覩其樂嗜經書, 慕山藪, 凝和抱質, 氣象甚茂, 雖在綺紈, 而私心慕焉. 厥後竊理文字, 先禮而冠, 遇兄於澤宮之中. 觀其德如九江之拜, 蓋世俗所不能移也. 自是戰藝三北, 左次陋巷. 余亟會於其居, 視其道如澤宮之遇, 亦挫抑所不能屈也. 逾時而名擢太常, 聲動京國, 士輩仰慕, 顧眄有耀. 余獲賀於蔡通儒氏, 窺其志如陋巷之會, 又得意所不能遷也. 君子志正而氣一, 誠純而分定, 未嘗摽出處爲二道, 判屈伸於異門也. 固其本, 養其正, 如斯而已矣.

吾兄先覺而守道, 獨立而全和, 貞確端懿, 雅不羈俗, 君子之素也. 亦旣升名天官, 告余東游, 是將乘商於, 浮漢池, 歷郢城, 下武昌, 復于我始見之地. 則朋舊之徒, 含喜來迎; 宗姻之列, 加禮以待; 舟輿所略, 賀聲盈耳; 離羣之思, 行益少矣. 僕不腆, 見邀爲序. 狂夫之言, 非所以志君子也, 自達而已.

송반효렴탁제귀동천근성서(送班孝廉擢第歸東川覲省序 : 과거에 급제하여 부모님을 뵈러 동천으로 돌아가는 반효렴을 전송하여 지은 서)[80]

농서(隴西)사람 신태서(辛殆庶)[81]가 외람되게도 내 문장이 서사(敍事)에 적합하다고 칭찬하면서 새벽에 가는 비단을 가지고 와서 반효렴(班孝廉)이 길을 떠나가는 건으로 부탁을 하였습니다.[82] 그러면서 이렇게 말하였

80) 본편은 신태서(辛殆庶)의 부탁으로 과거에 급제하여 부모님을 뵈러 동천(東川)으로 돌아가는 반숙(班肅)을 전송하여 지은 서이다. 본문에서는 서를 쓰게 된 경위를 설명하고 이어 신태서의 말을 인용하여 반숙의 집안 내력을 서술하고 아울러 작가의 반숙에 대한 칭송을 덧붙이고 있다.

81) 신태서는 반숙(班肅)과 동년 진사이다. 유종원 역시 일찍이 신태서를 전송하는 서를 지었다.

82) 정원 17년(801) 예부시랑 고영(高郢)이 과거시험을 주관하였을 때 반숙(班肅)이 일등으

습니다. "이 사람은 이른바 길사(吉士)[83]라고 할 수 있을 것입니다. 성실하고 신의가 있으며 질박하고 예의가 바릅니다. 말은 불경스럽지 않으며 행동은 신분에 걸맞습니다. 그의 조상은 양한(兩漢) 때 계속해서 역사를 수찬(修撰)한 문유(文儒)[84]로서 대대로 그 가업을 이었습니다.[85] 그 가풍이 후손에게 이어져 배움을 좋아하고 뜻을 돈독히 한 인재가 왕왕 그 가문에서 나왔습니다. 지금 이 사람은 고대의 전적을 깊이 연구하면서 힘들다고 말하지 않습니다. 근래에 향리에서 천거되어 춘관(春官)에서 등제(登第)하였는데 일등을 차지하였습니다. 집은 촉(蜀)의 동도(東道)에 있고, 그 엄군(嚴君)[86]께서는 객경(客卿)의 지위로 그곳 방악(方岳)[87]을 돕고 있는데 훌륭한 대부(大夫)이십니다. 이제 고향으로 돌아가 부모님께 문안드리고 가족 친척들을 빛내게 되었으니 이는 축하할 만한 일입니다. 길은 남정(南鄭)으로 나가게 될 텐데 그곳에는 외조부께서 장상(將相)의 막중한 책임을 지시고 구명(九命)[88]으로 붉은 사토(社土)를 하사 받아[89] 제후의 영수로 계십니다.[90] 이제 급히 수레를 몰아서 뵙고 인사드리면 조용히

로 급제하였다.

83) 길사(吉士)는 현인(賢人)을 말한다.

84) 문유(文儒)는 유자(儒者) 가운데 저술에 종사하는 사람을 말한다.

85) 반고(班固)의 『한서』「자서(自序)」에 자세히 설명되어 있다.

86) 엄군(嚴君)은 부친을 말한다.

87) 방악(方岳)은 사악(四岳) 즉, 동악 태산(泰山), 남악 형산(衡山), 서악 화산(華山), 북악 항산(恒山)을 말한다. 전설에 의하면 요임금은 희화(羲和)의 네 아들에게 사악(四岳)을 관장하도록 하였다고 한다. 이리하여 뒤에는 한 지방을 맡은 중신(重臣)을 방악(方岳)이라고 불렀다. 여기서의 방악은 동천절도사(東川節度使)를 가리킨다.

88) 주대(周代)에 관작(官爵)을 9등급으로 나누었는데 이 가운데 가장 높은 등급을 구명(九命)이라 한다.

89) 붉은 사토(社土)란 원문의 '적사(赤社)'를 옮긴 것인데, 사단(社壇)의 붉은 흙을 말한다. 고대에 천자는 흙을 돋우어 사단(社壇)을 세우고 오색토로 사방 및 중앙을 상징하였다. 적색은 남방을 상징하므로 남방의 제후에게는 사단의 붉은 흙을 하사하여 봉지(封地)로 돌아가 사(社)를 세우고 나라를 건국하게 하였다. 여기서 붉은 사토를 하사 받았다는 것은 남방의 절도사에 배수되었음을 말한다.

90) 엄진(嚴震)의 자는 하문(遐聞)이고 재주(梓州) 염정(鹽亭)사람이다. 정원 연간에 산남서도절도사(山南西道節度使)가 되었다.

주연을 베풀며 기뻐하실 것이니 이 또한 축하할 만 합니다. 이런 까닭에 나와 하남(河南)의 독고신숙(獨孤申叔),[91] 조군(趙郡)의 이행순(李行純), 이행민(李行敏)[92] 등 몇 사람이 모두 시를 써서 그를 축하하였습니다. 서를 쓸 사람으로는 정말로 그대가 적당합니다." 저 유종원은 이렇게 대답하였습니다. "저는 일찍이 「왕명론(王命論)」[93]과 『한서』를 읽고 그들의 입언(立言)에 대하여 높이 평가한 바 있거니와, 그분은 반표(班彪)·반고(班固)의 후손이십니다. 상국(相國) 풍익왕공(馮翊王公)[94]의 공(功)은 사직(社稷)에 있고, 덕(德)은 사람을 살리는 데 있습니다. 그 집안의 자제 가운데 문장을 잘 짓는 사람들과는 내 일찍이 함께 한 적이 있습니다. 그분은 엄씨 가문에서 나오셨습니다. 집안 대대로의 유풍(儒風)을 잇고 외가의 아름다운 광채를 받았으니 그분께서 성인의 책만을 오로지 읽으며 군자의 숲을 달리는 것은 당연한 일입니다." 이리하여 신(辛) 선생의 말을 따라 흰 비단 위에 글을 쓰고 아울러 다음과 같은 말을 덧붙였습니다. "저를 대신하여 당신의 외조부에게 고맙다는 말씀을 전해 주십시오. 주옥(珠玉)이 장차 이를텐데 몸을 꾸미지 않을 수 있겠습니까?"

隴西辛殆庶, 猥稱吾文宜叙事, 晨持縑素, 以班孝廉之行爲請. 且曰: "夫人殆所謂吉士也. 愿而信, 質而禮. 言不黷慢, 行不進越. 其先兩漢間繼修文儒, 世其家業. 其風流後胤, 耽學篤志之士, 往往出於其門. 今夫人研精典墳, 不告劬勩. 屬者擧鄕里, 登春官, 獲居其甲焉. 家于蜀之東道, 其嚴君以客卿之位, 贊是方岳, 爲大夫良. 今將拜慶寧覲, 光耀族屬, 是其可歌也. 道出於南鄭, 外王父以將相之重, 九命赤社, 爲諸侯師. 今又將亟

91) 독고신숙의 자는 자중(子重)이다.
92) 이행민의 자는 중명(中明)이다.
93) 「왕명론」은 반표(班彪)가 전한 것이다.
94) 덕종(德宗)이 봉천(奉天)에 행차하여 엄진(嚴震)에게 풍익군왕(馮翊郡王)을 더하여 봉하였고, 후에 동중서문하평장사(同中書門下平章事)에 승진시켰다. 엄진은 정원 15년(799)에 세상을 떠났다.

駕省謁, 從容燕喜, 是又可歌也. 故我與河南獨孤申叔, 趙郡李行純, 行敏等若干人, 皆歌之矣. 若乃序者, 固吾子宜之." 柳子曰 : "吾嘗讀王命論及漢書, 嘉其立言. 彼生彪固之胄歟? 相國馮翊王公, 功在社稷, 德在生人. 其門子弟遊文章之府者, 吾嘗與之齒. 彼生嚴氏之出歟? 承世家之儒風, 沐外族之休光. 彼生專聖人之書, 而趍君子之林, 宜矣哉!" 遂如辛氏之談, 濡翰于素, 因寓于辭曰 : 爲我謝子之舅氏, 珠玉將至, 得無修容乎!

송독고신숙시친왕하동서(送獨孤申叔侍親往河東序 : 부모를 모시고 하동으로 가는 독고신숙을 전송하며 지은 서)[95]

하동(河東)은 옛날 우리 고향인데[96] 집안이 대대로 옮겨다녀서 본업에 종사할 수가 없었습니다. 거기에는 대하(大河), 조산(條山)이 있어 그 기세가 관(關)[97] 동쪽 지역을 덮으니, 문사들은 왕왕 배회하면서 멀리 내려다 보기도 하고 앉아서 뛰어난 경치를 감상하기도 합니다. 저는 본래부터 높이 바지를 걷어올리고 옛 땅으로 돌아가고픈 마음을 가지고 있었거니와 날이 갈수록 그 마음이 더 커지고 있습니다. 독고(獨孤) 선생은 주(周) 사람인데 나보다 먼저 그곳에 가게 되었습니다. 또 문아(文雅)함을 사랑하고 경전의 뜻에 매우 통달해있으며 재능은 키와 더불어 자라고 의지는 더욱 강력해졌습니다. 이러한 재능과 학식을 가지고 동쪽으로 가니 어찌 헛되

95) 본편은 부모를 모시고 하동(河東)으로 가는 독고신숙(獨孤申叔)을 전송하며 지은 서이다. 독고신숙은 자가 자중(子重)이며 정원 13년(797)에 과거에 급제하였다. 하동은 유종원의 본관이다. 본문에서는 고향을 그리는 정을 나타내고 독고신숙의 재능과 학식을 칭찬하였으며 자신의 간결한 문장에 대한 자신감도 아울러 피력하고 있다.

96) 유(柳)씨는 본래 하동(河東) 사람이다.

97) 관(關)은 동관(潼關)을 가리킨다.

이 가는 것이겠습니까? 겨울에는 따뜻하게 여름에는 시원하게 부모님을 모시는 틈틈이 반드시 훌륭한 작품이 있을 것이니 만약 급히 보내어 제게 보여주시면 저는 기쁘게 읽어보고 감히 소홀히 대하지 않겠습니다.

옛날의 서(序)는 뜻을 펴내는데 목적을 두어 화려하거나 길게 쓰지 않았습니다. 그러나 지금은 이와 반대입니다. 선생께서 진(晉)에 이르러 나의 이 글을 문학하는 사람들에게 보여주었을 때 혹시 내 글이 너무 간단하다고 평하는 사람이 있으면 삼가 글을 아는 사람이라고 그를 칭찬하지는 마십시오.

河東, 故吾土也, 家世遷徙, 莫能就緖. 聞其間有大河條山, 氣蓋關左, 文士往往彷徉臨望, 坐得勝槪焉. 吾固翹翹褰裳, 奮懷舊都, 日以滋甚. 獨孤生, 周人也, 往而先我. 且又愛慕文雅, 甚達經要, 才與身長, 志益强力, 挾是而東, 夫豈徒往乎? 溫凊奉引之隙, 必有美製. 儻飛以示我, 我將易觀而待, 所不敢忽.

古之序者, 期以申導志義, 不爲富厚, 而今也反是. 生至於晉, 出吾斯文於筆硯之伍, 其有評我太簡者, 愼勿以知文許之.

송두로응수재남유서(送豆盧膺秀才南遊序: 남쪽으로 가는 두로응 수재를 전송하며 지은 서)[98]

군자는 속이 텅 비어 있는데 겉을 꾸미거나, 속이 꽉 차 있는데도 겉을 꾸미지 않는 것을 걱정합니다. 속이 텅 비어 있는데 겉을 꾸미면 이는 거꾸로 함정을 파는 것이니 이보다 큰 재앙이 어디 있겠습니까? 속이 꽉 차 있는데도 겉을 꾸미지 않으면 이는 좋은 목재를 태우고 옥석(玉石)을 부수는 것이니 이보다 심한 수치가 어디 있겠습니까? 이리하여 절차탁마(切磋琢磨), 족려괄우(鏃礪括羽)[99]의 교훈이 생겨나고 성인이 이를 중시한 것입니다. 두로(豆盧) 선생은 속이 꽉 찬 사람입니다. 나는 이 때문에 그를 좋아하며 그가 성공하기를 바라고 있습니다. 어려서 고아가 되어 병들고 굶주림을 항상 두려워하고, 조바심거리며 제후를 찾아다니면서 이들에게 녹봉을 구하니 이는 참으로 속이 꽉 찬 사람의 행동입니다. 그러나 배움에 뜻을 전념하지 못하여 겉을 꾸미는 것은 아직 크지 않습니다. 나는 그대가 『시경』·『예기』를 모자와 신발로 삼고 『춘추』를 옷깃과 띠로 삼으며 도서(圖書)와 사적(史籍)을 패물과 복식으로 삼아, 구(璆)·황(璜)·충아(衝牙) 등 여러 패옥(佩玉) 부딪치는 소리가 낭랑하게 울려나고, 산·용·꿩 등 관복 위의 여러 문양이 밝게 빛나게 되기를 바랍니다.

---

98) 본편은 남쪽으로 가는 수재(秀才) 두로응(豆盧膺)을 전송하면서 지은 유종원 자신의 시에 덧붙여 쓴 서이다. 두로응이 누구인지는 자세하지 않다. 또한 유종원의 전송시도 전하지 않는다. 본문에서는 내면의 사람 됨됨이는 훌륭하지만 그에 걸맞는 외형을 아직 갖추지 못한 두로응이 학문을 떠 연마하고 속히 돌아와 조정에 중용(重用)되기를 바라는 마음을 쓰고 있다.

99) 족려괄우(鏃礪括羽)는 화살촉을 갈고 화살대 끝에 깃털을 단다는 의미로 『공자가어(孔子家語)』「자로초견(子路初見)」에 나오는 말이다. 자로가 '남산에 대나무가 있는데 여리지 않은데다 자체가 곧아서 그것을 베어 사용하면 물소 가죽도 뚫을 수 있습니다. 이런 관점에서 말한다면 무슨 배울 것이 있겠습니까?'라고 묻자, 공자는 '화살대 끝에 깃털을 달고 화살촉을 갈면 더욱 깊이 박히지 않겠는가?'라고 대답하였다고 한다. 족려괄우란 애써 단련하며 힘써 정진하는 것을 비유한다.

그리하여 종묘 조정에서 읍양(揖讓)[100]하면서 응대할 수 있으면 좋겠습니다. 애석하게도 나는 세상에 봉록(俸祿)이 없으니 그대의 바램에 부합할 수 없으며 그 뜻을 성취시킬 수 없습니다. 잠시 그대가 속히 돌아오기를 바라는 까닭에 시를 쓰고 서를 씁니다.

君子病無乎內而飾乎外, 有乎內而不飾乎外者. 無乎內而飾乎外, 則是設覆爲穽也, 禍孰大焉; 有乎內而不飾乎外, 則是焚梓毁璞也, 詬孰甚焉! 於是切磋琢磨鏃礪括羽之道, 聖人以爲重. 豆盧生, 內之有者也, 余是以好之, 而欲其遂焉. 而恒以幼孤羸餒爲懼, 恤恤焉遊諸侯求給乎是, 是固所以有乎內者也. 然而不克專志於學, 飾乎外者未大, 吾願子以詩禮爲冠屨, 以春秋爲襟帶, 以圖史爲佩服, 琅乎璆璜衝牙之響發焉, 煌乎山龍華蟲之采列焉, 則揖讓周旋乎宗廟朝廷斯可也. 惜乎余無祿食於世, 不克稱其欲, 成其志, 而姑欲其速反也, 故詩而序云.

송조대수재왕강릉알조상서서(送趙大秀才往江陵謁趙尙書序 : 조상서를 만나러 강릉에 가는 조대수재를 전송하며 지은 서)[101]

선비는 허여(許與)함에 감사할 줄 알고 항상 보답할 것을 염두에 두는데 무릇 도에 뜻을 둔 사람이면 다 그렇게 하기를 원합니다. 조(趙) 선생

100) 읍양은 읍(揖)하는 동작과 사양하는 동작을 말한다. 예악(禮樂), 문덕(文德)을 가리키기도 한다.

101) 본편은 조상서(趙尙書)를 만나러 강릉(江陵)에 가는 조대수재(趙大秀才)를 전송하며 지은 서이다. 조상서는 조창(趙昌)이며, 자는 홍조(洪祚)이고 천수(天水) 사람이다. 조대수재에 대하여는 자세하지 않다. 본문에서는 자신을 알아주고 은혜를 베풀어준 조창에게 보답하기 위하여 길을 떠난다는 조대수재의 말을 소개하고 이어서 유종원이 관찰한 조대수재의 언행을 칭찬하고 그의 전도에 대한 희망과 기대를 묘사하고 있다.

같은 이도 거의 이러한 사람입니다. 그가 내게 와서 다음과 같이 말하였습니다. "우리 조씨 집안의 상서(尙書)께서 큰 덕(德)과 뛰어난 공(功)으로 교주(交州), 광주(廣州)를 거쳐 형주(荊州)로 오셔서[102] 저를 자식처럼 사랑하시고 중후(重厚)하게 예우해주셨습니다. 그분에게는 어사(御史)로 있는 아드님이 계시는데 배우기를 좋아하고 매우 문아(文雅)하며 나를 동생처럼 우애 있게 대해주어 기쁘게 서로 왕래를 하였습니다. 저는 참으로 그분께 쓰임 받는 것을 즐거워하며 전혀 사양하지 않았습니다. 그러나 저는 불행하게도 중병에 걸려서 60일이 지난 뒤에야 사람을 알아보게 되었습니다. 바야흐로 위급한 상황인지라 상서공(尙書公)의 은혜를 갚지 못하게 될까 크게 두려워하였고 또 어사군(御史君)의 마음을 따르지 못하고 죽게 될까 두려워하였습니다. 이런 생각이 들 때마다 애통해하며 속으로 슬퍼하지 않은 적이 없었으니 마치 칼날에 베인 것처럼 아팠습니다. 그 이후로 저는 약과 침으로 조절하고 때에 맞춰 음식을 먹으면서 기혈(氣血)을 보충하고 근골(筋骨)을 강화시켰습니다. 지금에 와서야 온전하게 피의 순환과 기의 흐름이 조화를 이루고 등뼈의 힘도 강해지기 시작했습니다. 그러나 그분을 위하여 허리를 펴고 고개를 들겠습니다. 문장은 단아하여 아름답고 재주는 쓸만하니 감히 이별을 고하고 가서 그분의 휘하(麾下)에서 힘을 다하려고 합니다." 그 말이 이와 같았습니다.

나는 영주로 폄적된 지 3년[103] 동안 조 선생을 여러 차례 만났습니다. 그 모습을 보니 공손하고 조심스럽고 성실하고 진실하였고, 그 행위를 보니 온화하고 빈틈없고 소박하고 조용하였으며, 그 말을 들어보니 솔직하고 정직하였습니다. 상서께서 형주(荊州)로 오신 뒤로부터 평소와는 다

---

102) 조창(趙昌)은 정원 20년(804) 국자사업(國子司業)에서 안남도호(安南都護)가 되었다. 안남(安南)은 바로 교주(交州)이다. 원화 원년(806) 4월 호부상서(戶部尙書)로 옮겨졌다가 영남절도사(嶺南節度使)가 되었으며 원화 3년(808) 4월 형남절도사(荊南節度使)로 옮겼다.

103) 어떤 판본에는 '사년(四年)'으로 되어 있다. 진경운(陳景雲)은 조창이 형남(荊南)으로 제수된 것은 원화 3년(808)이고 유종원은 영정 원년(805) 겨울에 영주에 도착하였으니 이미 4년이 흘렀다고 하면서 원문에 '삼년(三年)'으로 된 것은 틀렸다고 하였다.

른 정령(政令)이 날마다 도착하였는데, 정령이 도착하면 조 선생은 기쁘게 박수를 치면서 일어나 눈을 들어 사방을 돌아보고는 마치 자기 일처럼 일하였습니다. 참으로 자신을 알아주는 사람에게 보답하는 도리가 있는 것이 당연하며, 또한 참으로 크게 현명한 사람이 그를 알아주는 것이 당연합니다. 이번에 가게 되면, 조 선생은 장차 날개를 치고 올라 천리를 날 것이고 원문대부(轅門大府)104)의 중요한 인물이 되어 깃털로 장식한 의장(儀仗)의 성대함을 더할 것이니 그 길이 아름답습니다. 이런 까닭에 나는 문사로써 그것을 이었습니다.

士之知感激許與, 常以有報爲志者, 則凡志乎道者, 咸願爲之. 如趙生, 庶乎哉! 來謂余曰 : “宗人尙書以碩德崇功, 由交廣臨荊州, 仁我若子姓, 恩禮重厚. 有賢子爲御史, 好學而甚文, 友我若同生, 歡欣交通, 我誠樂爲之用, 甚不辭也. 不幸遭重痼, 六旬而後知人. 方其急也, 大懼不克報尙書公之恩, 又懼無以當御史君之心以沒. 每念于是, 未嘗不盡然內傷, 若受鋒刃. 自是而後, 調藥石, 時飮食, 生血補氣, 强筋植骨, 榮衛之和, 膂力之剛, 迨今玆始全. 然爲人舒幹抗首, 文翰端麗, 材足以用, 敢辭而往, 以効於戲下.” 其言云爾.

自吾竄永州三年, 趙生亟見. 視其狀, 恭謹愿慤; 觀其跡, 溫密簡靜; 聞其言, 徑直端誠. 自尙書之爲荊州, 異政日至. 至則趙生喜抃起立, 伸目四顧, 不啻若自己而爲之者. 誠宜有報知己之道, 又誠宜有大賢而爲之知也. 是行也, 趙生其將奮六翮, 翔千里, 以爲轅門大府之重, 增羽儀之盛, 其道美矣. 故余繼之以辭.

104) 원문(轅門)은 수레로 만든 문이란 의미로 군대를 거느린 장수의 영문(營門)를 가리키며, 대부(大府)는 상급 관부(官府)를 가리킨다. 여기서 원문대부란 형남(荊南)절도사의 관부를 가리킨다.

제23권 서(序)

동오무릉증이목주시서(同吳武陵贈李睦州詩序 : 오무릉의 「이목주에게 주는 시」에 화답하여 지은 서)[1]

윤주(潤州)의 도적 이기(李錡)가 재물을 도적질하고 도당을 모아서 모반 활동을 한 지가 벌써 10년이 되었습니다.[2] 지금 천자께서 즉위하시고 3

---

1) 본편은 이기(李錡)의 반란사건에 연루되어 폄적되었다가 사면되어 영주로 온 이목주(李睦州)에게 오무릉(吳武陵)이 준 시에 화답하여 쓴 서이다. 저작 시기는 본문에 '대사면을 받아 처음으로 영주에 옮겨왔다'고 하였으니 대사면이 실시된 원화(元和) 3년(808) 정월 이후에 해당한다. 당시 작가는 오무릉과 함께 영주에 폄적되어 있었다. 이목주는 이름이 유청(幼淸), 자는 심원(深源)으로, 본문에서는 그가 억울하게 득죄하였다가 사면된 경위와 서를 쓰게 된 경위를 간략하게 기술하였다.

2) 이기(李錡)는 치천왕(淄川王) 효동(孝同)의 5세손으로, 아버지 이국정(李國貞)의 음덕(蔭德)으로 여러 차례 항주(杭州) 호주(湖州) 2주의 자사를 지냈다. 정원(貞元) 15년(799) 12월 윤주자사(潤州刺史) 절서관찰제도염철전운사(浙西觀察諸道鹽鐵轉運使)로 자리를 옮기고서 천하의 술 전매와 조운(漕運)을 마음대로 할 수 있게 되자 휘하에 군사의 숫자를 늘려

년 동안 제도와 법령을 크게 세우시자 도적들은 두려워하면서 떨쳐 일어나 불선(不善)한 행동을 하려고 하였습니다.[3] 부중(部中)의 훌륭한 태수 가운데 자신이 쓰지 않은 사람에 대하여는 무함(誣陷)하여 이들을 제거하였는데 이목주(李睦州)는 이 때문에 죄를 얻게 된 것입니다. 천자께서는 어사를 파견하시어 이 사건을 심문하고 목주(睦州)에 머무르게 하셨는데, 문에서 공당(公堂)에 이르기까지 모두 이기의 사병(私兵)이 호위를 맡아 천자께서 파견한 호위병은 손도 쓰지 못한 채 병졸들을 사직시키고 무기를 반납하게 하였습니다. 얼마간의 시간이 지나서 도적들은 마침내 반란을 일으켰는데[4] 조정의 대신들은 오히려 글로써 이목주를 질책하여 남해(南海) 가로 폄적시켰습니다.[5] 폄적지로 가는 길에서는 도적들이 100명의 무리로 초(楚)와 월(越)의 접경지역을 차단하고 있었지만 이목주는 그들과 전투를 하면서 달려가 무사히 좌천(左遷) 관리의 일을 완수하였습니다. 얼마 지나지 않아서 도적은 사로잡히고 사원(社垣)[6]의 밖에서 참수를 당하였습니다.[7] 논자들은 마땅히 이목주(李睦州)를 돌려보내 그 무함(誣陷)을 밝혀야 한다고 말하였습니다. 다시 대 사면을 받아[8] 처음으로

나갔다. 21년(805) 3월 윤주(潤州)에 진해군(鎭海軍)을 설치하여 이기를 절도사로 삼았고, 그로 하여금 염철(鹽鐵)과 관련된 일을 그만두게 하였다.

3) 헌종(憲宗)이 즉위하고서 방진(方鎭 : 병권을 장악하고 지방에 주둔하던 군사장관)을 허락하지 않았으므로 오만불손하고 강경하던 자들이 조금씩 조정에 들어가게 되었다. 원화(元和) 2년(807) 이기(李錡)는 세 번 표(表)를 올려 근현(覲見)을 청하였고 천자가 그것을 허락하였지만 사실은 갈 뜻이 없었으므로 유후(留後) 왕담(王澹) 등을 죽이고 모반을 꾀하였다.

4) 원화 2년 10월 조서를 내려 이기(李錡)를 상서좌복야(尙書左僕射)로 불러들이고 어사대부 이원소(李元素)로 하여금 그를 대신하게 하자, 이기는 윤주(潤州)를 거점으로 반란을 일으켰다.

5) 순주(循州)로 폄적되었다.

6) 사(社)는 사단(社壇)을 말한다. 고대 중국에서는 흙을 쌓아 사(社)를 만들고 그 땅에 잘 자라는 나무들을 심어 사신(社神)에게 제사하는 곳으로 삼았다. 사원(社垣)은 사단의 담장을 말한다.

7) 윤주대장(潤州大將) 장자량(張子良) 등이 이기(李錡)를 잡아 바치자 독류수(獨柳樹)에서 참수하였다.

8) 대 사면은 원화 3년(808) 정월에 실시되었다.

영주로 옮겨왔지만 장안으로부터는 아직도 4천 리나 떨어져 있습니다. 그러나 이목주는 스스로 이에 대해 말한 적이 없습니다.

오무릉은 굳세고 힘있는 선비인지라 마음으로 이러한 불공평함을 참을 수가 없었습니다. 그리하여 그 정성을 다하여 목소리를 내고 나아가 그를 위하여 시를 짓고 나서야 속으로 흡족해 하였습니다. 나는 본디 이목주가 살아온 길을 잘 알고 있었으나 속에 꾹 담아두고 오랫동안 발설하지 않았는데, 오무릉이 나보다 앞서 말한 것을 듣고는 마치 종과 북을 두드리는 것처럼 마음에 격동되는 바가 있어 자신도 모르게 목소리를 내게 되었고, 마침내 오무릉의 시에 연계하여 거듭 이 서를 쓰게 되었습니다.

潤之盜錡, 竊貨財, 聚徒黨, 爲反謀十年. 今天子卽位三年, 大立制度. 於是盜恐且奮, 將遂其不善. 視部中良守不爲己用者, 誣陷去之, 睦州由是得罪. 天子使御史按問, 館于睦. 自門及堂, 皆其私卒爲衞. 天子之衞不得搖手, 辭卒致具. 有間, 盜遂作. 而庭臣猶用其文, 斥睦州南海上. 旣上道, 盜以徒百人遮于楚越之郊, 戰且走, 乃得完爲左官吏. 無幾, 盜就擒, 斬之於社垣之外. 論者謂宜還睦州, 以明其誣. 旣更大赦, 始移永州, 去長安尙四千里, 睦州未嘗自言.

吳武陵, 剛健士也. 懷不能忍, 於是踴躍其誠, 鏗鏘其聲, 出而爲之詩, 然後慊於內. 余固知睦州之道也熟, 銜匿而未發且久, 聞吳之先焉者, 激於心, 若鐘鼓之考, 不知聲之發也, 遂繫之而重以序.

송남부주량이예주서(送南涪州量移澧州序 : 예주로 자리를 옮기는 남부주를 전송하며 지은 서)[9)]

월(越)나라에는 납관(納官)의 영(令)[10)]이 있어서 대적을 이겼고, 한(漢)나라에는 우림(羽林)의 제도[11)]가 있어서 사방 오랑캐들에게 위엄을 떨쳤습니다. 국가의 공신 고(故) 어사중승(御史中丞)[12)]께서는 옛사람의 공적을 훨씬 뛰어넘었기 때문에 그대가 아직 열 다섯 살이 되기 전부터 품위(品位)는 언제나 4품이었지만 사람들은 오히려 옛날보다 대우가 박하다고 말하였습니다.[13)] 한대(漢代) 북지도위(北地都尉) 손앙(孫卬)은 흉노(匈奴)를 함락시키는 소임을 다하지도 못하였는데 아들 단(單)은 병후(缾侯)에 봉해졌고[14)] 제북(濟北)의 승상 한천추(韓千秋)는 한갓 필부(匹夫)의 절개로써 분발하여

---

9) 본편은 부주자사(涪州刺史)에서 영주(永州)로 좌천되어 왔던 남승사(南承嗣)가 예주장사(澧州長史)로 옮겨가는 것을 전송하면서 써 준 서이다. 제목의 남부주(南涪州)는 남제운(南霽雲)의 아들 남승사(南承嗣)를 가리킨다. 유벽(劉闢)이 반란을 일으켰을 때 부주자사(涪州刺史)로 이에 대한 방비를 하지 못하여 영주에 폄적이 되었다가 뒤에 사면되어 예주(澧州)로 자리를 옮겼다. 원 제목의 '양이(量移)'는 관리가 죄로 인하여 멀리 폄적이 되거나 사면을 받아 정상이 참작되어 가까운 곳으로 관직을 옮기는 것을 가리킨다.

10) 납관(納官)은 관직을 자식에게 물려주는 것을 말한다. 『국어(國語)』「월어(越語) 상」에 의하면 월나라 왕이 군중(軍中)에 영을 내려 자신을 도와 도모하여 오(吳)를 물리칠 수 있는 사람이 있으면 그와 더불어 월나라의 국정을 함께 다스리겠다고 하였고, 그 부모 형제를 불러 모아놓고 맹세하기를 고아나 과부, 악질에 걸리거나 가난한 자들은 그 자식에게 관직을 물려주겠다고 하였다.

11) 우림(羽林)은 금위군(禁衛軍) 이름이다. 한 무제 때 농서(隴西)·천수(天水)·안정(安定)·북지(北地)·상군(上郡)·서하(西河) 등 6군(郡)의 양가 자제를 선발하여 건장궁(建章宮)을 지키게 하고 이를 건장영기(建章營騎)라고 불렀는데 뒤에 우림기(羽林騎)로 명칭을 바꾸었다.

12) 남부주의 부친 어사중승 남제운(南霽雲)을 가리킨다. 그는 저양(睢陽)에서 죽음으로써 절조를 지켰다.

13) 남제운이 순직하였을 때 그 아들 남승사(南承嗣)는 일곱 살이었지만 곧바로 무주별가(婺州別駕)를 제수하여 시주(施州) 부주(涪州) 2주를 두루 다스리게 하였다.

14) 한(漢) 문제(文帝) 14년(B.C. 176)에 흉노(匈奴)가 한의 변방을 노략질하고 도위(都尉) 손앙(孫卬)을 죽였다. 그 아들 단(單)은 아버지가 힘써 싸우다 순직하였다는 이유로 병후(缾侯)에 봉해졌다.

남월(南越)을 건드렸는데 아들 연년(延年)은 성안후(成安侯)에 봉해졌습니다.[15] 그런데 그대에게 하사된 토지와 전답은 오히려 유사(有司)의 손에서 거절되었습니다. 처음에 시주(施州)자사에서부터 부주(涪州)자사가 되어서는 촉도(蜀道)의 억센 도적[16]을 막으려 낮에는 칼을 풀지 않고 밤에는 갑옷을 벗지 않으며 밤낮으로 경계하면서 "나는 충렬(忠烈)의 후손으로 죽을 때까지 적과 대적하겠다"고 말씀하셨습니다. 적군 역시 "그는 충렬의 후손이라 온 힘을 다하고 목숨을 내놓고 싸울 것이니 이를 침범할 수는 없다"고 말하였습니다. 그러나 붓을 놀리는 관리가 부책(簿冊)의 기록에 남는 것과 모자라는 것을 문제삼아 이 군(郡)[17]으로 폄적된 지 2년이 되었습니다.

조정에서는 큰 근본을 세워 만방을 바르게 하시니[18] 황상의 은택이 넘쳐나 만물을 깨끗이 씻어 내었습니다. 또 게다가 부주(涪州)께서는 가문의 명성이 지대하시고 선친의 사업을 크게 빛내실 뜻[19]을 가지고 계시니 더욱 특별한 은총을 입으심이 마땅합니다. 한수(漢水) 이남의 주(州) 가운데 훌륭한 곳은 열에 일곱여덟이지만 예주(澧州)만한 것이 없고, 예주를 보좌하여 다스림은 장사(長史)를 뛰어넘는 것이 없습니다. 이러한 이유로 승진하게 되어도 사람들이 오히려 또 뒤따르는 명(命)이 있을 것이라고 말하는 것입니다. 영주에는 폄적된 관리들이 많은데 군후(君侯)께서는 은혜롭고 온화하시어 그 기쁨이 다른 부(部)와 달랐습니다. 표창하는 조서가 이미 이르렀거니와 그대는 조서의 내용에 딱 부합됩니다. 그대가 홀로 가시는 까닭에 모든 부러워하는 말이 특별하지 아니함이 없습니다.

---

15) 『서한공신표(西漢功臣表)』에 의하면 한연년(韓延年)은 그 아버지 천추(千秋)가 남월(南越)을 공격하다 순직하였기 때문에 성안후(成安侯)에 봉해졌다.

16) 영정(永貞) 원년(805) 8월 서천절도행군사마(西川節度行軍司馬) 유벽(劉闢)이 반란을 일으켰다.

17) 이 군이란 영주를 말한다.

18) 원화 4년(809) 등왕(鄧王) 영(寧)을 태자로 세운 것을 말한다.

19) 원문의 유고(裕蠱)는 『역(易)』「고(蠱)」 "六四, 裕父之蠱, 往見吝"의 구에서 나온 말로 부친의 사업을 크게 빛낸다는 의미이다.

아! 그대는 막중한 임무를 감당할 능력이 있고 공경과 엄숙의 미덕을 갖추었으니 충성스럽고 용감하며 정의롭고 절개 있는 인재를 찾는 사방의 사람들이 장차 그대에 대하여 주목할 것입니다. 무릇 군자의 뜻은 우아하고 부드러우면서도 더욱 굳고, 여러 가지로 생각하여 그 의미를 찾으며[20] 잊지 않음으로써 태사(太史)의 세가(世家)의 적(籍)을 늘리려 하는 법이거니와, 이 말씀을 송별 선물로 드리니 공벽(拱璧)[21]과 큰 세 발 솥을 어찌 무겁다고 말할 수 있겠습니까?

越有納官之令以勝大敵, 漢有羽林之制以威四夷. 國家寵先中丞, 邁古人之烈, 故君自未成童, 品常第四, 人猶曰於古爲薄. 漢北地都尉卬, 以不勝任陷匈奴, 而子單侯于缾. 濟北相韓千秋以匹夫之諒奮觸南越, 而子延年侯于成安. 君之土田之錫, 猶挫於有司之手. 始由施州爲涪州, 扞蜀道劾寇, 晝不釋刃, 夜不釋甲, 曰 : 我忠烈胤也, 期死待敵. 敵亦曰 : 彼忠烈胤也, 盡力致命, 是不可犯. 然而筆削之吏, 以簿書校計贏縮, 受譴玆郡, 凡二歲.

朝廷建大本, 貞萬邦, 慶澤之濡, 洗濯生植. 又況涪州家聲之大, 裕蠱之志, 宜尤被顯寵者也. 自漢而南, 州之美者十七八, 莫若澧. 澧之佐理, 莫踰於長史. 以是進秩, 人猶曰且有後命, 永州多謫吏, 而君侯惠和溫良, 故其歡愉異於他部. 優詔旣至, 而君適讎於文. 其往也獨, 故凡羨慕之辭, 無不加等.

噫! 以君承荷之重, 恭肅之美, 四方之求忠壯義烈者, 將於君是觀. 凡君子之志, 欲其優柔而益固, 憤悱而不忘, 以增太史世家之籍, 用是爲貺, 則拱璧大鼎, 烏可以言重乎?

---

20) 원문의 분비(憤悱)는 『논어』 「술이」 "不憤不啓, 不悱不發"에서 온 말로 주희(朱熹) 『집주(集注)』에서는 '憤'을 마음으로 깨닫기를 구하였으나 깨닫지 못하였다는 뜻으로, '悱'는 입으로 말하려 하나 표현할 수 없는 모양으로 풀이하였다. 즉 여러 가지로 생각하여 그 뜻을 찾는다는 의미다.

21) 두 손으로 안을 정도로 큰 구슬로 지극히 진귀한 물건을 말한다.

송설존의지임서(送薛存義之任序 : 임지로 가는 설존의를 전송하며 지은 서)[22]

하동(河東) 사람 설존의께서 떠나가려 하시니, 유종원은 그릇에 고기를 담고 술잔에 가득 술을 따라 장강가에까지 따라가 송별의 자리를 마련하고 음식을 대접하며 말씀드립니다. 지방에서 관리를 지내는 사람으로서 그대는 그 직무에 대해 아십니까? 백성에게 부려지는 존재로서 백성을 부리기만 하는 존재가 아닙니다. 백성들 가운데 땅에 의존하여 살아가는 사람들은 소득의 십분의 일을 내어 관리를 고용해서 자신들을 공평하게 관장하도록 합니다. 지금 관리들은 백성들에게서 대가를 받고서 그 일에 태만한데 천하가 모두 이렇습니다. 어찌 태만할 뿐이겠습니까? 또 관직을 이용하여 백성들의 재물을 도둑질하기까지 합니다. 만약 집안에 사람을 고용하였는데 그대의 품삯을 받고 일을 태만히 하고 또 그대의 재물을 도둑질한다면 반드시 매우 화를 내며 쫓아내 벌할 것입니다. 지금 천하에 이와 같은 경우가 많은데도 백성들이 감히 화를 내며 쫓아내 벌하지 못하는 것은 무엇 때문입니까? 백성과 관리 간의 형세가 다르기 때문입니다. 형세는 달라도 그 이치는 마찬가지이니 백성들을 어떻게 대해야 하겠습니까? 그 이치를 아는 이라면 두려워하지 않을 수 있겠습니까?

설존의께서는 영릉에서 대리 현령을 지낸 지 두 해가 되었습니다. 일찍 일어나고 밤늦도록 생각하시며 힘써 일하고 노심초사하시어 송사는 공평하고 세금이 균등하니, 늙은 사람이나 약한 사람이나 속이려는 마음을 품지 않고 미움을 드러내지 않습니다. 그러니 헛되이 대가를 받은 것이 아님이 확실하며 두려워할 줄 알았음이 분명합니다.

---

22) 본편은 영릉의 대리 현령으로 있던 설존의가 떠나게 되자 이를 전송하여 지은 서이다. 제목의 '지임(之任)' 두 자가 빠진 판본도 있다. 설존의는 유종원과 동향인이다. 본문 중에서 작가는 자신의 민본주의 가치관을 직접적으로 표현하고 있다. 즉 관리는 백성들에게 고용된 일꾼이라는 점과 직무를 태만히 했을 경우 백성들에게 쫓겨날 수도 있음을 분명하게 밝혔다.

저는 천한데다 욕을 당하고 있어 관리들의 업적과 우열을 살피는 일에 참여할 수는 없습니다. 그러므로 그대가 떠나심에 즈음하여 술과 고기로 연회를 베풀고 글을 더하여 드립니다.

河東薛存義將行, 柳子載肉于俎, 崇酒于觴, 追而送之江之滸, 飮食之. 且告曰 : "凡吏于土者, 若知其職乎? 蓋民之役, 非以役民而已也. 凡民之食于土者, 出其十一傭乎吏, 使司平於我也. 今受其直怠其事者, 天下皆然. 豈惟怠之, 又從而盜之. 向使傭一夫於家, 受若直, 怠若事, 又盜若貨器, 則必甚怒而黜罰之矣. 以今天下多類此, 而民莫敢肆其怒與黜罰何哉? 勢不同也, 勢不同而理同, 如吾民何? 有達於理者, 得不恐而畏乎!"

存義假令零陵二年矣. 蚤作而夜思, 勤力而勞心, 訟者平, 賦者均, 老弱無懷詐暴憎, 其爲不虛取直也的矣, 其知恐而畏也審矣.

吾賤且辱, 不得與考績幽明之說; 於其往也, 故賞以酒肉而重之以辭.

송설판관량이서(送薛判官量移序 : 자리를 옮기는 설판관을 전송하며 지은 서)[23)]

세상에서 벼슬살이를 하면서 공로가 있는데도 죄를 입으면 범인들의 경우 원망하고 분노하면서 위로 줄을 대고 아래로 하소연하지 않는 사

23) 본편은 연주(連州)에서 낭주(朗州)로 임지를 옮기는 설손(薛巽)에게 준 서이다. 제목의 설판관(薛判官)은 설손을 가리킨다. 연주와 영주는 서로 접해 있었고 영주는 또한 낭주로 가는 길목에 해당하였으므로 유종원이 그를 전송하며 서를 쓴 것이다. 유종원은 뒤에 최간(崔簡)에게 출가한 누이의 딸을 설손에게 시집보내고, 그 아들을 주륙(周六)이라 이름짓고는 자신의 양자로 삼았다. 본문에서는 공로가 있는데도 죄를 입게 되면 원망하고 분노하는 것이 일반인의 모습인데 설손은 그런 자신의 처지에 전혀 개의치 않았다고 칭찬하면서 낭주로 임지를 옮기는 그의 밝은 앞날을 축복하고 있다.

람이 거의 없으니 이것이 일반적인 모습입니다. 일반적인 경우와 다른 사람이라면 그 사람의 행적은 드러나야 마땅합니다. 설(薛) 선생은 군사 행동이 시작되었을 때 군대에 재물을 공급하는 일을 맡았는데 병란이 심하였는데도 도망가지 않았습니다. 그리하여 군수물자를 잃어버리지 않았습니다. 태항산(太行山) 이동(以東) 지역에서는 모두가 그러한 행동을 전하면서 칭찬하였으니 공로를 세웠다고 할 수 있습니다. 그런데 뜻밖에 옥사에 연루되어 쫓겨나게 되었는데[24] 겉으로 슬픈 표정을 짓거나 마음에 울적해하지 않았고 즐겁게 자신의 생활을 하면서 다른 사람을 원망하지 않았으니 참으로 일반적인 경우와 다름이 있었습니다.

조정에서 은택을 베풀어 모든 폄적되었던 사람들을 죄 얻은 기한이 아직 많이 남았음에도 가까운 곳으로 임명하셨습니다. 설군(薛君)은 연주(連州)를 떠나 낭주(朗州)에 관리로 가게 되었으니 이제부터 점차 드러나게 되겠군요. 군자는 배움으로써 그 뜻을 심고 믿음으로써 그 도를 돈독히 하거니와, 일반과 다름이 있는 사람은 그것을 채워서 확대시키는 법입니다. 만약 이를 미루어 나아간다면 비록 드러남을 사양하려 해도 어려울 것입니다.

仕於世, 有勞而見罪, 凡人處是, 鮮不怨懟忿憤, 列於上, 愬於下, 此恒狀也. 異於恒者, 其道宜顯. 薛生司貨賄於軍興之際, 兵亂不去, 然得以不犯, 由太行以東皆傳道之, 可以爲勞矣. 而竟連大獄, 以至於放. 不戚於貌, 不悱於心, 樂以自肥, 而未嘗尤於物, 其有異于恒矣哉.

朝廷施恩澤, 凡受謫者, 罪得而未薄, 乃命以近壤. 薛君去連而吏於朗, 是其漸於顯歟? 君子學以植其志, 信以篤其道, 有異于恒者, 充而大之. 苟推是以往, 雖欲辭顯難矣.

---

24) 설손은 처음에 하북군(河北軍) 우고모(于皐謨)의 판관(判官)으로 일하였는데, 그의 우두머리인 우고모 및 동계(董溪)의 죄가 상부에 보고되자 설손은 이에 연좌되어 폄적을 당하였다.

송이위부경사서(送李渭赴京師序 : 경사로 가는 이위를 전송하며 지은 서)[25]

죄가 있어 좌천된 사람이 아니고서는 동정호(洞庭湖)를 건너고 상강(湘江)을 거슬러 올라오는 경우가 드뭅니다.[26] 또한 이름이 형부(刑部)에 올라 있지 않으면서 다시 임원령(臨源嶺)을 넘고 이수(灕水)를 내려와 여포현(荔浦縣)을 나와서 관리로 오는 경우는 정말로 더욱 적을 것입니다. 이전에 제가 쫓겨나 영주(永州)에서 거주하고 있을 때, 이군(李君)께서 그곳에 오셨었지요. 그때 저는 당신께서 훌륭한 벼슬을 버리고 더러운 땅으로 오셔서 속박됨이 없이 스스로 힘든 환경을 받아들이시는 것에 대하여 참으로 이상하게 생각했습니다. 뒤에 제가 유주(柳州)자사로 폄적되어 계(桂) 땅에 이르렀는데 당신께서는 또 그곳에서 보잘 것 없는 관리생활을 하고 계셨습니다. 아! 어찌 이처럼 자신을 고달프게 하셨는지요?

밝은 시대에 황실에 속한 자제들은 경성 부근에서 관리생활을 하셔야 당연합니다. 지금 조정의 군대가 계속 전쟁을 하지만 승리하지 못하여 이부(二府)[27]에서는 바야흐로 인재를 찾기 급급해 하고 있습니다. 이군께서는 독서와 시 짓는데 재능이 있을 뿐만 아니라 오래도록 연(燕)·위(魏)·조(趙)·대(代) 등의 지역을 돌아다니셔서 세상 인정을 잘 알고 지리(地利)에 밝으니 그 까닭을 말하실 수 있습니다. 이러한 재능을 가지고 경성에 들어가 승상을 보좌하면 국사(國事)에 도움이 될 것이니, 자신에게 수확을 추구하지 않아도 절로 수확이 생길 것입니다. 저는 당신께서 이렇게 하

25) 본편은 황실의 자손인 이위(李渭)가 경성에서 멀리 떨어진 지방관을 전전하다가 유주(柳州)에서 경사로 가게 된 것을 전송하여 지은 서이다. 본문에서 작가는 영주에서 이위를 만난 이후 다시 유주에서 만나게 된 일을 언급하면서 황실의 자손으로서 먼 지방에서 낮은 관직을 전전하는 그의 신세에 대하여 안타까운 심정을 나타내었고, 경사로 가겠다는 말에 얼른 떠나라는 말로 송별사를 대신하고 있다.

26) 상강(湘江)은 상수(湘水)와 장강(長江)을 말한다. 상수는 영릉군(零陵郡) 양해산(陽海山)을 나와 북으로 장강(長江)에 흘러 들어간다.

27) 이부(二府)는 한(漢)대에 승상과 어사(御史)를 부르는 말이었다.

지 않는 것에 대하여 오래도록 유감스럽게 생각하고 있었는데 이제서야 가시겠다 말씀하시고 저에게 이별의 말을 부탁하시는군요. 가십시오, 가십시오! 제가 드릴 말씀은 이것뿐입니다.

過洞庭, 上湘江, 非有罪左遷者罕至. 又況踰臨源嶺, 下灕水, 出荔浦, 名不在刑部而來吏者, 其加少也固宜. 前余逐居永州, 李君至, 固怪其棄美仕就醜地, 無所束縛, 自取瘴癘. 後余斥刺柳州, 至于桂, 君又在焉, 方屑屑爲吏. 噫! 何自苦如是耶!

明時宗室屬子當尉畿縣. 今王師連征不貢, 二府方汲汲求士. 李君讀書爲詩有幹局, 久游燕魏趙代間, 知人情, 識地利, 能言其故. 以是入都干丞相, 益國事, 不求獲乎己, 而己以有獲. 予嫉其不爲是久矣. 今而曰將行, 請余以言. 行哉行哉! 言止是而已.

송엄공황하제귀흥원근성시서(送嚴公貺下第歸興元覲省詩序 : 과거에 낙방한 엄공황이 양친을 만나러 흥원부로 돌아가는 것을 전송하는 시의 서)[28]

엄씨(嚴氏) 가문의 자제 가운데 공황(公貺)이라는 이가[29] 유사(有司)에서 물러나서는 나를 찾아와 말씀하셨습니다. "제가 바친 기예가 의조(儀曹)[30]

28) 본편은 과거에 낙방한 엄공황(嚴公貺)이 양친을 만나러 흥원부(興元府)로 돌아가는 것을 전송하여 지은 시에 대하여 고양(高陽)·제거(齊據) 등의 부탁을 받아 유종원이 쓴 서이다. 엄공황은 중서문하평장사(中書門下平章事)를 지냈던 엄진(嚴震)의 넷째 아들이다. 본문에서는 과거에 낙방하여 고향집으로 돌아가는 엄공황을 위로하면서 엄씨 가문의 엄격한 자식교육을 칭찬하고 있다.

29) 엄진(嚴震)의 자는 하문(遐聞)이며, 건중(建中) 2년(781) 12월 양주자사(梁州刺史) 산남서도절도사(山南西道節度使)에 배수되었고 풍익군왕(馮翊郡王)에 봉해졌다. 그에게는 계(械)·협(協)·공필(公弼)·공황(公貺) 등 네 아들이 있었다.

의 장사치들에게 팔리지 않았습니다. 상품이 구미에 맞지 않았으니 그 허물에 대한 책임을 벗어날 수 있겠습니까? 내일 아침 떠나려 하는데 저를 버린 까닭을 듣고 싶습니다. 말씀해주실 수 있겠습니까?" 나는 그때 이렇게 말씀드렸습니다. "그대는 겸허하게 물러나는 뜻으로써 그 나아갈 방향을 단정하게 하였고, 불에 담금질하고 숫돌에 가는 정성으로 그 문아(文雅)함을 닦았습니다. 홀로 우뚝 서신 귀하로부터 가르침을 받으려 하니, 깊은 곳에서 맑은 샘물이 흘러나오고 큰 소리가 부딪쳐 울려나는 듯 합니다. 대단합니다! 쩌렁쩌렁 소리가 울려서 온 사지에 가득 찰 겨를도 없는데 제가 어찌 감히 그대를 버리겠습니까?"

삼가 생각해보니, 상국(相國) 풍익공(馮翊公)[31]께서는 큰 공훈이 조정의 깃발에 가득하셨고[32] 신하들 가운데 가장 높은 자리에 올라 천자의 근심거리를 분담하셨으며 온 나라를 안정시키고 문무백관을 지휘하셨습니다. 그대와 같은 사람은 태어나면서부터 화려한 문양이 있는 옷을 입고 기름진 음식을 먹어 농사짓는 수고와 밖에서 일하는 어려움을 알지 못합니다. 집안에 들어서면 위강(魏絳)의 아름다운 음악이 있고[33] 그 문에는 아부(亞夫)의 계극(棨戟)이 있었으니[34] 보통사람이 그러한 환경에 처하

30) 의조(儀曹)는 예악제도를 관장하는 관직으로, 처음에 삼국(三國) 위(魏)에서 설치하였다. 수(隋) 양제(煬帝)때 예부원외랑(禮部員外郞)을 의조랑(儀曹郞)으로 고쳤고, 당 초기에는 또 의조랑을 예부원외랑으로 고쳤다. 당 이후에 의조는 예부낭관(禮部郞官)의 별칭으로 사용되었다. 여기서는 예부를 가리킨다.

31) 정원(貞元) 2년(786) 엄진(嚴震)이 동평장사(同平章事)가 되었다.

32) 엄공황의 아버지 엄진이 조정에 큰 공훈을 세웠다는 말이다. 『주례』에 의하면 공이 있는 사람은 왕의 태상(太常)에 썼다고 한다. 태상은 깃발 이름이다. 해와 달을 그린 깃발이 상(常)이고 쌍룡을 그린 것이 기(旂)이다.

33) 위강(魏絳)은 춘추시대 진(晉)나라 사람으로 진의 경(卿)이 되었다. 『좌전』 양(襄) 11년에 의하면 정(鄭)나라 사람이 진후(晉侯)에게 여러 악기와 악공들을 보내자 진후가 그 반을 진(晉)의 경(卿)으로 있던 위강(魏絳)에게 하사하여 비로소 위강에게도 음악이 있게 되었다고 한다.

34) 아부(亞夫)는 한(漢)의 장군 주아부(周亞夫)를 말한다. 주아부가 세류(細柳)에 주둔하면서 흉노족을 막고 있을 때 군영의 경계상태가 매우 삼엄하였다고 한다. 계극(棨戟)은 한(漢)대 사용되었던 의장용 창을 말하는데 나무로 만들었다.

였다면 오만함이 없을 수 없습니다. 그러나 그대의 형제들은 모두가 존귀하고 아름다운 신분을 벗어버리고 유가적 소양을 부지런히 닦았고, 물러나 평민의 관직을 맡았는데 마치 어려서부터 익숙한 것 같았습니다. 그리하여 계속해서 과거에 급제[35)]하여 그대에게까지 미치게 되었습니다. 이러한 점에서 엄씨 가문의 가르침을 들어 다른 가문에 읽히고 본보기로 삼게 할 만하다 하겠습니다. 그런데 그대는 또한 자신의 잘못을 이끌어내어 속으로 꾸짖고 이와 같이 남을 높이고 자신은 낮추고 있는데, 어째서 장사치들이 사지 않음을 근심하면서 자신을 박대하는 것입니까? 이에 문장과 덕행이 통달한 고양(高陽) 제거(齊據)와 같은 이들이 함께 시를 짓고 내게 서[36)]를 쓰라고 명하였습니다. 나는 투박하여 글을 잘 알지 못합니다. 그런 까닭에 엄 선생의 훌륭한 말씀을 써서 오른쪽에 배열하고 삼가 포폄(褒貶)의 뜻으로 드립니다.

嚴氏之子有公貺者, 退自有司, 踵門而告柳子曰 : "吾獻藝不售於儀曹之賈, 貨不中度, 敢逃其咎! 詰朝將行, 願聞所以去我者, 其可乎哉?" 余諭之曰 : "吾子以沖退之志, 端其趣嚮; 以淬礪之誠, 修其文雅. 行當承教戒於獨立之下, 濬發清源, 激揚洪音. 沛哉! 鏗鏗乎充于四體之不暇, 吾何敢去子!"

恭惟相國馮翊公, 有大勳力盈于旂常. 極人臣之尊, 分天子之憂. 殿邦坤隅, 柄是文武. 若子者, 生而有黼黻粱肉之美, 不知耕農之勤勞, 物役之艱難. 趨其庭, 有魏絳之金石焉. 候其門, 有亞夫之棨戟焉. 中人處之, 不能無傲. 而子之伯仲, 皆脫略貴美, 服勤儒素, 退託於布衣韋帶之任, 如少習然. 故繼登上科, 以及於子. 是可舉嚴氏之教, 誦乎他門, 使有矜式也. 而吾子又引慝內訟, 撝謙如此, 其何患乎賈之不售而自薄哉! 於是文行之

35) 정원 5년(789) 공필(公弼)이 과거에 급제하였다.
36) 원문의 서인(序引)은 서(序)와 인(引)을 말하는데 모두 문체 이름이다. 서와 인은 대체로 비슷하며 인이 서보다 약간 간단하다.

達, 若高陽齊據者, 偕賦命余序引. 余朴不曉文, 故書嚴子之嘉言, 編于右簡, 竊褒貶之義以贈.

송원수재하제동귀서(送元秀才下第東歸序 : 과거에 낙방하여 동쪽으로 돌아가는 원수재를 전송하며 지은 서)[37)]

뜻이 확고한 사람은 곤경에 처하여도 그 지조를 바꿀 수 없고, 기예가 확고한 사람은 억압을 받아도 그 명성을 낮출 수 없다. 만약 마음으로 기(氣)를 안정시켜서 이 두 가지를 지켜나가면 비록 곤궁하여 억압을 받는 환난이 닥쳐도 군자는 이를 걱정하지 않는다. 원씨(元氏)의 자제는 거의 확고하구나. 그의 말은 공손하면서도 미덥고 행동은 단정하고도 조용하며, 학문 연구에 용감하고 공업(功業)을 증진시킴에 재빠르다. 경사에 와서는 사는 곳이 누추하고 심부름시키는 아이도 없고 교제에 필요한 재물도 없었으니 곤경에 처하였다고 할 수 있겠다. 그러나 지조가 더욱 굳세어진 것은 뜻이 확고하였기 때문이다. 그의 재주는 깊고도 맑고, 문사는 간결하면서도 갖추어져 있으며, 이치를 말하는데 뛰어나고 급한 상황에 대처를 잘하였다. 경사에서 재능을 발휘하여 병과(丙科)의 추천을 받고 춘경(春卿[38)])에게 작품을 바쳤지만 세 번이나 쫓겨나는 굴욕을 당하

---

37) 본편은 과거에 낙방한 원수재(元秀才)가 위주(衛州)로 떠나갈 때 그를 찾아가 전송하여 지은 서이다. 원수재는 원공근(元公瑾)을 가리킨다. 본문에서는 확고한 의지와 뛰어난 재주를 갖추고 있는 원공근이 가난으로 인하여 과거에 실패한 채 고향으로 돌아가는 것을 전송하면서 그의 뜻과 재주를 펴게 될 날이 올 것이라고 격려하고 있다. 저작 시기는 정원 18~19년(802~803)경 경사에서 지은 것으로 보인다. 『유종원집』 권34에는 이 작품보다 먼저 지은 것으로 보이는 「답공사원공근논사진서(答貢士元公瑾論仕進書)」가 있는데 역시 원공근이 문재(文才)와 덕행을 갖추고 있지만 유사(有司)에게 추천되지 못함을 말하고 있다.

였으니 억압을 받았다고 할 수 있겠다. 그러나 명성이 더욱 커진 것은 기예가 확고하였기 때문이다. 참으로 마음으로 기를 안정시키지 않았다면 어떻게 이와 같을 수 있었겠는가?

나는 그가 고향 은허(殷墟)[39]로 물러가 뜻을 닦고 기예를 증진시키려 한다는 소식을 듣고 그가 침울하여 기를 손상시키고 분노를 품어 목표에 도달하지 못할까 두려워하여, 가서 그를 전송하고 당부하였다. 담로(湛盧)·호조(豪曹)[40] 같은 보검이 있으면 물소 뿔을 얻어 가늘게 베지 못할까 걱정하지, 그것이 예리하지 않을까 걱정하지는 않는 법이다. 이제 그가 그러한 보검을 가지고 있다면 그 예리함은 그 적당한 시기를 타서 드러날 것이니 무엇을 걱정하겠는가? 숫돌에 갈면서 앉아 기다리면 되는 것이다. 이리하여 그는 기뻐하면서 떠나갔다.

周乎志者, 窮躓不能變其操; 周乎藝者, 屈抑不能貶其名. 其或處心定氣, 居斯二者, 雖有窮屈之患, 則君子不患矣. 元氏之子, 其殆庶周乎. 言恭而信, 行端而靜, 勇於講學, 急於進業. 旣游京師, 寓居側陋, 無使令之童, 闕交易之財, 可謂窮躓矣. 而操逾厲, 志之周也. 才濬而淸, 詞簡而備, 工於言理, 長於應卒. 從計京師, 受丙科之薦. 獻藝春卿, 當三黜之辱, 可謂屈抑矣. 而名益茂, 藝之周也. 苟非處心定氣, 則曷能如此哉!

余聞其欲退家殷墟, 修志增藝, 懼其沉鬱傷氣, 懷憤而不達, 乃往送而諭焉. 夫有湛盧豪曹之器者, 患不得犀兕而劃之, 不患其不利也. 今子有其器, 宣其利, 乘其時, 夫何患焉? 磨礪而坐待之可也. 遂欣欣而去.

---

38) 주나라의 춘관(春官)은 육경(六卿) 가운데의 하나로 방례(邦禮)를 관장하였다. 뒤에는 예부장관(禮部長官)을 춘경(春卿)이라고 불렀다.

39) 은허는 위주(衛州)를 말한다.

40) 담로(湛盧)와 호조(豪曹)는 월(越) 구천(勾踐)이 소유하였다는 보검 이름이다. 『오월춘추(吳越春秋)』에 의하면 이 검들은 월왕(越王) 원상(元常)이 구야자(歐冶子)를 시켜 만들었다고 한다.

송신태서하제유남정서(送辛殆庶下第遊南鄭序: 과거에 낙방하여 남정으로 가는 신태서를 진송하며 지은 서)[41]

조정에서 문장으로 인재를 선발하는데 매년 무명옷을 입고 허리띠를 한 평민들 가운데 계리(計吏)[42]와 함께 유사(有司)에 나아가는 사람은 겨우 공자를 따르던 무리의 반수에 해당하고,[43] 춘관상대부(春官上大夫)[44]가 갑과(甲科) 을과(乙科)에서 발탁하여 사도(司徒)에 오른 사람은 또한 공자의 뛰어난 제자의 두 배이다. 내가 경사에 있은 지 지금까지 모두 9년인데 그 사이 시험에 합격한 사람은 260명이다. 결국 문장으로 합격할 수 있는 사람은 열 가운데 하나나 둘도 되지 않는다. 나는 일찍이 과거를 준비하게 된 이후로 예술 문학과 관련된 일을 꽤 섭렵하였고 향리에서 네 번이나 시험을 치르고서야 진사과에 급제하였다.[45] 이를 낚시하는 것에 비유하자면 낚시 줄을 연결하지 않고, 낚시 바늘은 매우 곧으며 가슴에 좋은 미끼를 품은 상태에서 물고기 잡는 것이 늦어짐을 원망하는 것과 같으니 고기를 잘 낚는 사람은 모두 손가락질하며 그것을 비웃을 것이다.

지금 신생(辛生)은 본래 곤궁하여 현달하지 못하였고 늦도록 시험에 참가하지 못하였다. 넉넉한 옷을 입은 무리[46]가 그대를 보고서 배를 잡고

---

41) 본편은 과거에 낙방하여 생계를 도모하기 위해서 후원자를 찾아 남정(南鄭)으로 떠나가는 신태서(辛殆庶)를 전송하며 지은 서이다. 본문에 '내가 경사에 있은 지 지금까지 모두 9년'이라 하였는데 유종원이 경사에 간 것은 정원 5년(789)이었으니 이 작품의 저작 시기는 정원 13년(797)년 경으로 추정된다. 이때는 아직 집현전서원정자(集賢殿書院正字)에 배수되기 이전이다. 본문에서는 먼저 작가 자신의 경우를 예로 들면서 등제(登第)의 어려움을 설명하고 이어 신태서가 충분한 능력을 가지고서도 등제하지 못함을 위로하고, 마지막으로 과거에 실패하여 생계를 도모하기 위해 남정으로 떠나는 것이 배수진을 치는 것이라고 그를 격려하면서 그의 성공을 기원하고 있다.

42) 계리(計吏)는 주군(州郡)에서 장부와 호적을 관장하고 연말에 지방 경내의 상황을 조정에 보고하는 상계(上計)를 책임지는 관리를 말한다.

43) 공자를 따르던 무리는 3천이었다.

44) 춘관상대부란 예부시랑(禮部侍郎)을 말한다.

45) 유종원이 진사과에 급제한 것은 정원 9년(793), 그의 나이 21세 때이다.

비웃는 것은 아마 그 사정을 알지 못하기 때문일 것이다. 신생은 일찍이 남쪽 만초(蠻楚)[47]에 살면서 오로지 배움에 뜻을 두었고 문장을 씀에 황당무계하거나 속이는 말이 없었으며 어휘를 단련하고 어구를 잘 배치하여 늘 볼만하였다. 이런 까닭에 상국 제공(齊公)[48]은 그를 대접함에 예절의 등급을 높이어 언제나 상객으로 대하였고 또 과거에 응시하려는 그의 소원을 도와주었다. 이리하여 전적을 짊어지고 문장을 소매에 품고서 북쪽으로 왕도(王都)에 와서 웃으며 많은 사람들과 사귀었다. 문창(文昌)[49] 의 하대부(下大夫)나 상사(上士)의 대열에서 그를 보고 특이한 인재로 주목하여 다투어 그를 칭찬하였고 이로 말미암아 사람들에게 알려지게 되었다. 과거 시험장에는 그와 상대할 자가 없었다. 그러나 시간을 끌면서 세 번이나 실패하고 머뭇거리며 나아가지 못하였으니 어찌 낚시 바늘을 곧게 하여 낚시질하고 좋은 미끼를 품에 품고 고기를 바라는 경우가 아니겠는가? 신생과 같은 이는 유사가 그를 막으면 그만이지만 그렇지 않다면 갑과와 을과의 명적(名籍)에 이름을 올려 결국 문장으로 합격할 것이다.

지금 주머니가 텅 비어서 다른 집에 고용되어 타향에서 생계를 도모하고자 어진 이를 찾아 천리를 가려고 하니[50] 뜨거운 햇빛을 무릅쓰며 잔도(棧道)를 오르내리게 될 것이다. 나는 꾹 참고 탄식하지 않으려 하니 그 마음이 어떠하겠는가? 그러나 배를 불태워서 이기고[51] 손에 검을 들고 맹세하게 했던[52] 것들은 모두 패배하여 어쩔 수 없는 상황에서 한 것

46) 넉넉한 옷을 입은 무리란 유생들을 말한다.

47) 만초는 형주(荊州)를 말한다.

48) 제공은 제영(齊映)을 말한다. 제영은 정원 2년(786) 정월에 동평장사(同平章事)가 되었다. 유종원이 이 서를 쓸 때 그는 이미 세상을 떠났다.

49) 문창은 상서성(尙書省)을 가리킨다.

50) 신태서가 남정(南鄭)으로 간 것은 산남서도절도사(山南西道節度使) 엄진(嚴震)을 찾아간 것으로 보인다.

51) 『좌전』에 의하면 문공 3년에 진백(秦伯)이 진(晉)을 치러 가서 황하를 건너자 배를 불살라 배수의 진을 쳤다고 한다.

52) 『공양전(公羊傳)』 장공(莊公) 13년에 의하면 노(魯) 장공이 제(齊) 환공(桓公)과 가(柯)에서 회맹(會盟)을 할 때, 노(魯)의 조자(曹子)가 손에 검을 들고서 환공을 위협하여 제나라가

이라고 나는 들었다. 그대는 곤경에 처하여 가는 것이니 독한 마음과 용기가 이번 여행에서 생겨날 것이 아니겠는가? 하사품에 절하겠다는 약속을 지키고[53] 변경을 압박하였던 치욕[54]을 씻는 일은 바로 이번 행동에서 이루어지지 않겠는가? 가서는 행동을 조심하여 뜻하는 바대로 속히 돌아오고 스스로 힘써 심지를 굳게 하여 그대가 하고자 하는 바를 완수하시라. 잠시나마 논자들로 하여금 내 말이 이치에 맞다고 생각하게 한다면 오히려 기쁘지 않겠는가?

朝廷用文字求士, 每歲布衣束帶, 偕計吏而造有司者, 僅半孔徒之數. 春官上大夫, 擢甲乙而升司徒者, 於孔氏高第亦再倍焉. 僕在京師, 凡九年于今, 其間得意者, 二百有六十人. 其果以文克者, 十不能一二. 嘗從俊造之後, 頗涉藝文之事, 四貢鄉里, 而後獲焉. 方之於釣者, 絲綸不屬, 鉤喙甚直, 懷有美餌, 而觖望獲魚之暮, 則善取者皆指而笑之.

今辛生固窮而未達, 遲久而不試, 褒衣之徒, 視子而捧腹者, 蓋不之知焉. 辛生嘗南依蠻楚, 專志於學, 爲文無謬悠迂誣之談, 鍛鍊翦截, 動可觀采. 故相國齊公, 接禮加等, 常爲右客, 且佐其策名之願. 遂笈典墳, 袖文章, 北來王都, 笑揖羣伍. 文昌下大夫上士之列, 見而器異, 爭爲鼓譽, 由是爲聞人. 戰術藝之場, 莫與爭鋒. 然而遷延三北, 躑躅不振, 豈其直鉤而釣, 懷美餌而羨魚者耶? 若辛生者, 有司抑之則已, 不然, 身都甲乙之籍, 其果以文克歟!

노나라에서 빼앗아간 문양(汶陽)의 땅을 돌려줄 것을 요구하고 이를 맹세하게 하였다.

53) 춘추시대 진(秦)·진(晉) 간의 효(殽)에서의 전투에서 진(秦)의 장수 맹명시(孟明視)가 포로로 붙잡혔다가 풀려났다. 뒤늦게 그를 풀어준 것이 잘못이란 것을 안 진(晉)에서는 양처보(陽處父)로 하여금 다시 잡아들이게 하였다. 이미 황하의 배를 타고 가는 광명시를 되돌리기 위해 양처보는 수레의 말을 풀어 하사품이라 속여 말하였지만 광명시는 '삼년 뒤에 하사품에 절을 하겠다'고 말하고 무사히 탈출하였다. 그리고 3년 뒤 설욕을 위하여 진(秦)의 군대가 진(晉)을 공격하였다. 『좌전』 희공(僖公) 33년에 보인다.

54) 가(柯)에서 회맹할 때 환공을 위협하면서 조자(曹子)는 환공이 '노나라의 성을 파괴하고 변경을 압박하였다'고 하였다.

今則囊如懸磬, 傭室寓食, 方將適千里, 求仁人, 被冒畏景, 陟降棧道. 吾欲抑而不歎, 其若心胸何? 然吾聞焚舟而克, 手劍而盟者, 皆敗北之餘也. 子之厄困而往, 羈心勇氣, 無乃發於是行乎? 成拜賜之信, 刷壓境之耻, 無乃果於是擧乎? 往愼所履, 如志遄返, 勉自固植, 以遂子之欲. 姑使談者謂我言而中, 不猶愈乎?

송최자부파거시서(送崔子符罷擧詩序 : 과거를 포기한 최자부를 전송하는 시의 서)[55]

세상에는 진사과의 병폐를 지적하는 사람이 있어 효제(孝悌) · 경술(經術) · 병농(兵農)으로 이를 대체하려고 생각하면서 "풍속이 순후(淳厚)해지기를 바라면서 나라를 진사과 출신으로 다스릴 수 있겠는가?"라고 말한다. 나는 이렇게 대답하련다. "그렇지 않다. 지금 세상에서 진사를 떠받들기 때문에 무릇 천하의 가문마다 훌륭한 인물을 추천하여 공경대부의 명문자제와 나라의 우수한 인재들이 다 진사과로 향하는 것이다. 장차 시험 과목을 바꾸면 남다른 인재를 얻을 수 있다고 생각하는가? 그럴 수 없다. 과거에서 떠받들고 있는 문학을 조정하고 이에 따라서 효제(孝悌)를 가지고 떠받든다 해도 효제로 합격한 사람은 여전히 이 사람이고, 경술(經術)로 떠받든다고 해도 경술에 합격한 사람 역시 여전히 같은 사람

55) 본편은 누차 과거에 실패하고 더 이상 과거에 응시하지 않고 포기하려는 최자부(崔子符)가 영주를 떠나갈 때 이를 전송하며 시를 지어주고 그 시에 붙인 서이다. 지금 그 시는 전하지 않는다. 본문에 '초야에 묻혀 지낸 지 8년'이라고 하였으니 영주에서 지은 것이 분명하다. 최자부는 최책(崔策)으로 자부(子符)는 그의 자이다. 본문에서는 먼저 진사과 폐지에 반대하는 입장을 밝히고 이어 최자부의 효제(孝悌)에 대하여 칭찬하고 그가 곧 급제하게 될 것이라고 위로하고 있다.

일 것이다. 비록 병(兵)이나 농(農)이라고 해도 다 그렇다." "그렇다면 어떻게 하는 것이 좋겠는가?"라는 질문에는 "그의 문장을 연구하고 그의 행동을 살피고 그의 지혜를 고찰하여, 사람과 만물을 교화시킬 수 있다고 생각되는 사람을 높이고, 문장이 화려하기만 하고 내용이 없거나 행동에 볼만한 것이 없고 지혜를 고찰할 수 없는 사람은 낮추어야 한다. 풍속은 이로써 순후하게 될 것이고 국가는 이로써 다스려지게 될 것이니 진사과는 바꿀 필요가 없다"고 말하겠다.

지금 이름이 최책(崔策), 자가 자부(子符)라는 박릉(博陵) 사람이 있는데 어려서 경서를 읽고 문장을 지었으며, 효제(孝悌)에 근본을 두어 도리에 관용이 많고, 선행으로 이 시대 사람들과는 달랐고 굳세면서도 부드럽게 행동할 줄 알았다. 유사(有司)에 나아가 여섯 번이나 선발시험에 응하였지만 합격하지 못하였다. 집안에 원통한 일이 연이어 닥쳤을 때는 여러 달 동안 궁궐 아래 엎드려 있으면서 시위를 풀지 않았다. 벼슬길에 나가는 것이 늦어지려 하는데도 어린아이가 혼자 있는 것을 가슴 아파하여 만리를 개의치 않고 경성과 고향을 왕래하였으므로 2년간 시험에 합격하지 못하였다. 세상에서는 모두 그를 가리켜 효성스럽고 공경을 잘하는 사람이라고 말한다. 이와 같은데도 높임을 받지 못한다면 비록 백 번 과목을 바꾼다 하더라도 풍속을 순후하게 하고 나라를 다스릴 수 있겠는가? 지금 천하는 이미 다스려지고 민풍(民風)은 이미 순후하다. 이러한 형세를 한없이 이어가려 한다면 그것은 과거를 신중히 하는데 달려 있을 뿐이다. 조정에서는 아직 유사에게 명령을 내리지 않았거니와 명령이 내려져서 결국 도를 갖춘 사람을 얻게 된다면 이러한 방책을 쓰는 것이 마땅할 것이니, 최 선생이 벼슬에 나가는 것이 또 어찌 늦어질 것인가?

나는 지혜가 부족하여 다만 문장만을 지었으므로 처음에 진사과에 합격되었으나 마지막에는 이로 인해 버려지게 되었다. 초야에 묻혀 지낸지 8년 동안 여택(麗澤)[56]의 유익이나 화살촉을 가는 일[57]은 귀에 들어본 적이 없고 마음에 생각해본 적이 없었다. 다행히 최 선생이 와서 나와 가깝게 지내어 그의 글을 읽고 그의 말을 들으면서 내가 처음 먹었던 뜻을 끄집어내니 마치 잠에서 깨어 꿈 이야기를 하고 술에서 깨어 취중의 일을 묻는 것 같았다. 아직 충분히 사귀지도 못하였는데 내게 떠나간다고 알려왔다. 나는 그가 시간이 흘러가 버림을 슬퍼하면서 속으로 깨닫지 못할까 두려워하여 술자리를 마련하고 그를 위해 시를 짓고 그것을 노래하였다. 자리에 있던 사람들도 여기에 화답하였고, 화답시가 지어지고 나서 거기에 서를 지었다.

世有病進士科者, 思易以孝悌經術兵農, 曰 : "庶幾厚於俗, 而國得以爲理乎?" 柳子曰 : "否. 以今世尙進士, 故凡天下家推其良, 公卿大夫之名子弟國之秀民擧歸之. 且而更其科, 以爲得異人乎? 無也. 唯其所尙文學, 移而從之, 尙之以孝悌, 孝悌猶是人也. 尙之以經術, 經術猶是人也. 雖兵與農皆然." 曰 : "然則宜如之何?" 曰 : "卽其辭, 觀其行, 考其智, 以爲可化人及物者, 隆之. 文勝質, 行無觀, 智無考者, 下之. 俗其以厚, 國其以理, 科不俟易也."

今有博陵崔策子符者, 少讀經書, 爲文辭, 本於孝悌, 理道多容, 以善別時, 剛以知柔. 進於有司, 六選而不獲. 家有寃連, 伏闕下者累月不解. 仕將晩矣, 而戚其幼孤, 往復不憚萬里, 再歲不就選. 世皆曰孝悌人也. 如是且不見隆, 雖百易科, 其可厚而理乎? 今夫天下已理, 民風已厚, 欲繼之於無窮, 其在愼是而已. 朝廷未命有司, 旣命而果得有道者, 則是術也宜用.

---

56) 여택(麗澤)은 두 연못이 서로 이어진 것을 말한다. 『역』 「태(兌)」의 "두 못이 붙어있는 것이 태괘다. 군자는 그것으로 친구들과 강습한다[麗澤兌, 君子以朋友講習]"에서 비롯된 말로 친구 간에 서로 절차탁마하는 것을 비유한다.

57) 화살촉을 가는 일이란 족려괄우(鏃礪括羽)를 말하는데 이는 『공자가어(孔子家語)』 「자로초견(子路初見)」에 자로가 '남산에 대나무가 있는데 여리지 않은데다 자체가 곧아서 그것을 베어 사용하면 물소 가죽도 뚫을 수 있습니다. 이런 점에서 말한다면 무슨 배울 것이 있겠습니까?'라고 묻자, 공자는 '화살 끝에 깃털을 달고 화살촉을 갈면 더욱 깊이 박히지 않겠는가?'라고 대답하였다는 고사에서 온 말이다. 화살촉을 간다는 것은 바로 애써 단련하며 힘써 정진하는 것을 비유한다.

崔子之仕, 又何晩乎?

僕智不足而獨爲文, 故始見進而卒以廢. 居草野八年, 麗澤之益, 鏃礪之事, 空於耳而荒於心. 崔子幸來而親余, 讀其書, 聽其言, 發余始志, 若寤而言夢, 醒而問醉. 未及悉, 而告余以行. 余懼其悼時之往而不得於內也, 獻之酒, 賦之詩而歌之, 坐者從而和之, 旣和而叙之.

송채수재하제귀근서(送蔡秀才下第歸覲序 : 과거에 낙방하고 부모님을 뵈러 고향에 돌아가는 채수재를 전송하며 지은 서)[58]

제가 경사에 처음 과거를 보러 왔을 때 점쟁이가 점을 쳐 말하기를 "이는 이른바 보아도 보이지 않고 숨어서 나타나지 않으며 멀리서 흐릿하지만 영예가 있는 사람이다. 지금 올해는 순수(鶉首)에 있는데[59] 만약 수성(壽星)에 합치된다면 마침내 합격할 것이다!"[60]라고 말하였습니다. 저는 당시 울적하여 주저하면서 그것이 황당무계하고 괴이하며 현실에 맞지 않는다고 생각하고 장차 그렇게 되지는 않을 것이라 여겼습니다. 그러나 근근히 마음에 간직하고 결단코 그것을 잊을 수는 없었습니다. 뒤에

58) 본편은 과거에 낙방하고 고향에 돌아가는 채수재(蔡秀才)를 전송하며 지은 서이다. 본문에서는 등제(登第)와 관련된 작가 자신의 경험을 예로 들면서 사람이 알 수 없는 운명의 주재자가 존재하는 것이 분명하고, 때가 되면 반드시 과거에 급제할 것이니 자신이 옳다는 확신을 가지고 고향에 돌아가 학문 연구와 문학 수양에 힘쓰라는 충고를 하고 있다. 저작 시기는 분명하지 않으나 진사과에 급제한 정원 9년 이후 장안에 있을 때로 추정된다.

59) 순수(鶉首)는 이십팔수(二十八宿)에 의한 별의 위치 즉 성차(星次)의 이름으로 주조칠수(朱鳥七宿) 가운데 정수(井宿)와 귀수(鬼宿)를 가리킨다. 해가 12지(支)의 미(未)에 있는 것을 순수(鶉首)라고 말한다. 정원 7년 신미(辛未)년에 유종원은 경사에 있었다.

60) 수성(壽星)은 십이성차(十二星次)의 하나로 12지(支)에서 진(辰)에 속하고, 유(酉)는 진(辰)과 합치된다. 그러므로 정원 9년 계유(癸酉)년에 이르러 유종원이 진사과에 급제한 것은 점쟁이의 예언과 일치한다고 볼 수 있다.

과연 차츰차츰 옮겨가서 네 번 시험을 보고서야 합격하였으니 끝내 그 점쟁이의 말처럼 되었습니다. 아! 알 수 없습니다. 인간에게 주재자가 있는 것일까요? 그렇지 않다면 어떻게 이전에 결정된 것이 이처럼 분명하게 들어맞을 수 있습니까? 지금 채군(蔡君)은 명성을 드날리고 영예를 빛내어 공경(公卿)들 사이에 소문이 자자하고 과거에 참가하는 무리들이 출중한 인재로 꼽고 있습니다. 다섯 번 향시에 응시했는데 지난 날에 실패한 것은 아마도 이전에 결정된 것이 이루어질 때가 아직 이르지 않은 것일 겁니다. 그러므로 군자가 평안한 곳에 거하며 명(命)을 기다리고[61] 천명을 즐기며 걱정하지 않는 것은 스스로를 옳게 여기는데 과감하기 때문입니다. 그대는 문장과 학문을 갈고 닦도록 하십시오. 집안 어른과 목민관이 있는 남방에서 그들을 찾아 뵙고 모시며 여유롭고 즐겁게 지내면서 틈을 내어 경서에 통달한 사람이 되고 문단에서 뛰어나게 된다면 시운(時運)을 어떻게 벗어나겠습니까? 더디게 올 것인지 속히 올 것인지에 관한 일은 고사(瞽史)[62]의 책임이고, 나는 거기까지는 알 수가 없습니다.

僕之始貢於京師, 蓍者卦之曰 : 是所謂望而未覩, 隱而未見, 曭乎遠而有榮者也. 今茲歲在鶉首, 若合於壽星, 其果合乎? 僕時怛然遲之, 謂其誕慢怪迂, 是將不然, 然而僅寘於懷耳, 未克決而忘之也. 後果依違遷就, 四進而獲, 卒如其言云. 噫! 彼莫莫者, 其有宰於人乎? 不然, 何其應前定若是之章明也. 今蔡君馳聲耀譽, 聞於公卿, 戰藝之徒, 推爲先登, 而五就鄉擧, 往則見罷, 意者前定之期殆未及歟? 故君子之居易俟命, 樂天不憂者, 果於自是也. 君其勵文學焉! 丈人牧人南邦, 君展覲承顔婆娑愉樂之暇, 則充其經笥, 茂是文苑, 時焉逃哉? 遲速之事, 則瞽史之任, 吾不及知.

---

61) 『예기』「중용」에 "군자는 평안한 곳에 거하며 명을 기다리고 소인은 위험한 길을 가며 요행을 바란다[君子居易以俟命, 小人行險以僥幸]"는 말이 있다.

62) 고사(瞽史)는 주(周)의 관명(官名)으로 음양(陰陽)·천시(天時)·예법(禮法)과 관련된 책을 관장하여 가르침을 주는 일을 맡았다.

송위칠수재하제구익우서(送韋七秀才下第求益友序 : 과거에 낙방하고 유익한 친구를 찾아가는 위칠수재를 전송하며 지은 서)[63]

이른바 명성을 앞에 내세우고 실력은 뒤에 둔다는 계책을 어찌 병가(兵家)만 쓰겠는가? 비록 선비라 할지라도 역시 그러해야 한다. 지금과 같은 경우 주군(州郡)에서 유사(有司)에게 나아가 진사가 되기를 희망하는 사람이 매년 수백 명이다. 이들은 모두 글을 많이 짓는데 그 내용은 현안을 다루면서도 사용하는 말은 옛 말이고, 화려함을 다투면서 분량을 늘리는 일에만 힘쓰고 있다. 유사가 하루에 받는 글은 거의 천만 자에 가까워 그 십분의 일도 읽어낼 수가 없다. 위아래로 읽어 가는 동안에 피곤해지고 체력이 소진되니, 눈은 어질어질하여 더 이상 읽고 싶지 않고 마음으로는 포기하여 일하고 싶지가 않다. 이와 같은데도 "나는 인재를 놓치지 않을 수 있다"고 말하는 것은 거짓말이다. 다만 이미 명성이 알려진 사람은 그 문장을 읽을 때 눈과 마음이 반드시 집중될 것이고 이런 이유로 해서 낙방하는 경우는 드물다.

경조(京兆) 사람 위중립(韋中立)은 그 문장이 아름답고도 고상하고 그 행동은 덕스럽고도 일관성이 있는 사람이다. 그 기예는 시험해볼수록 더욱 뛰어나며 오래 함께 지낼수록 더욱 그의 현명함을 볼 수 있다. 그러나 과거시험에는 삼 년간 계속 낙방하였으니 이 어찌 명성을 알리는데 서툴렀기 때문이 아니겠는가? 어떤 사람은 위생(韋生)이 낙방한 것이 유사(有司)의 잘못이라고 여기고 있는데 나는 아니라고 생각한다. 곡량자(穀梁子)가 말하기를 "마음과 뜻이 통하였는데 명예가 소문나지 않으면 친구의 잘못이고,

---

63) 본편은 과거에 낙방한 위칠수재(韋七秀才)를 전송하며 지은 서이다. 제목의 '求益友' 3자가 빠진 판본도 있다. 위칠수재(韋七秀才)는 위중립(韋中立)을 말하며 경조(京兆) 사람이다. 본문에서 작가는 수많은 응시자의 문장을 평가해야 하는 고시관의 능력의 한계를 이해시키고, 과거 응시에 앞서 명성을 쌓아야 고시관으로부터 정당한 평가를 받을 수 있음을 설명하면서 마음과 뜻이 통하는 좋은 친구를 사귈 것을 충고하고 있다.

명예가 소문났는데 유사가 이 사람을 알리지 않으면 유사의 잘못이다"[64] 라고 하였다. 사람의 시각과 청각에는 한계가 있고 정신과 뜻에도 미치지 못하는 바가 있다. 옛 사람의 방식으로는 명성이 알려지지 않으면 그 사람이 뽑히지 않아도 유사를 허물하지 않았는데 하물며 지금에 있어서랴? 지금 위생(韋生)은 속으로 자신의 심지(心志)를 즐기면서 밖으로 자랑하려고 하지 않는데 그 생각은 잘못된 것이다. 공자는 명예를 피하지 않음으로써 그 도를 실현하였다. 지금 위생은 그 문장에 의지하여 친구들은 소홀히 하면서 자신이 유사에게 인정받을 것을 생각하고 있으니 옛 사람의 방식은 아니다. 그가 떠나려 하는 마당에 내가 그에게 이렇게 말하는 것은 그 사람을 변화시킬 뿐만 아니라 그 친구도 바꾸고 또 미혹된 이로 하여금 유사에 대한 편견을 버리게 하고자 함이다.

所謂先聲後實者, 豈唯兵用之, 雖士亦然. 若今由州郡抵有司求進士者, 歲數百人, 咸多爲文辭, 道今語古, 角夸麗, 務富厚. 有司一朝而受者幾千萬言, 讀不能十一, 卽偃仰疲耗, 目眩而不欲視, 心廢而不欲營, 如此而曰吾能不遺士者, 僞也. 唯聲先焉者, 讀至其文辭, 心目必專, 以故少不勝.

京兆韋中立, 其文懿且高, 其行愿以恒, 試其藝益工, 久與居, 益見其賢, 然而進三年連不勝, 是豈拙於爲聲者歟? 或以韋生之不勝, 爲有司罪. 余曰 : 非也. 穀梁子曰 : 心志旣通, 而名譽不聞, 友之過也; 名譽旣聞, 而有司不以告, 有司之過也. 人之視聽有所止, 神志有所不及. 古之道, 名譽未至, 不以罪有司, 而況今乎? 今韋生樂植乎內, 而不欲揚乎外, 其志非也. 孔子不避名譽以致其道, 今韋生仗其文, 簡其友, 思自得於有司, 抑非古人之道歟? 將行也, 余爲之言, 旣以遷其人, 又以移其友, 且使惑者知釋有司也.

64) 이 구절은『곡량전(穀梁傳)』 소공(昭公) 19년에 보인다.

송신생하제서략(送辛生下第序略: 과거에 낙방한 신생을 전송하며 지은 서략)[65]

향촌에 명하여 인재를 논하게 하던 제도가 무너져 다시 시행되지 않게 되면서부터 선비들 가운데는 그 본업에 종사하는 이가 없게 되었고 이리하여 경사에 모여들었다. 경조윤(京兆尹)이 매년 수재(秀才)들을 천거하여 항상 여러 군(郡)과 대항하였는데 현능(賢能)[66]에 오른 글은 아마 천하의 반을 차지할 것이다. 그 가운데 특히 우수한 이를 택하여 일등으로 합격된 자는 여전히 매년 모두 급제를 하였는데 통과되어서는 바로 축출을 당하였다. 당시에는 이상한 일이라 여겼지만 유사 가운데 어떤 사람은 능력이 있는지 없는지도 따지지 않고 그렇게 하였다.

중서사인(中書舍人) 고영(高郢)이 예부(禮部)에 자리를 잡고서는 소매를 걷어붙이고 잘못을 바로잡으며 화려함을 철저하게 억제하여[67] 일등으로 경사에서 과거에 추천된 사람이 2년간 계속 낙방을 하였다. 신생(辛生)은 이 때문에 우열을 논하는 대오에 끼지 못하였다. 영락하여 곤궁한 선비들이 문을 닫고 창문을 막은 채 지내다가 영예로운 명성을 얻은 자가 끊임없이 생겨나자 논자들은 결국 지극히 공정하다고 그를 칭찬하였다. 그

---

65) 본편은 과거에 낙방하고 장사(長沙)로 돌아가는 신생(辛生)을 전송하며 지은 서이다. 신생이 누구인지는 자세하지 않다. 제목의 서략(序略)이란 서를 간략하게 하였다는 의미이다. 이 서략(序略)의 표제(標題)는 유종원의 글에 처음 보인다고 언급하면서 『문체명변(文體明辨)』에서는 서략(序略)을 서(序) 조 아래에 편입시키고 있다. 본문에서는 중서사인(中書舍人) 고영(高郢)이 경사에서 명성이 자자한 공사(貢士)들을 낙방시킨 일을 기술하고 이어 경사에서 일등으로 공사가 된 신생이 낙방한 일에 대하여 분개하며 그를 위로하고 있다.

66) 현능(賢能)은 덕행이 있고 재능이 있는 사람을 말한다.

67) 고영(高郢)은 정원(貞元) 연간에 예부시랑(禮部侍郎)이 되어 과거시험을 관장하였다. 당시 사람들은 힘써 사당(私黨)을 결성하여 서로 칭찬하고 천거함으로써 유사(有司)에게 영향력을 행사하였다. 이렇게 명성만을 좇고 실력을 잃어버린 풍조를 걱정한 고영은 청탁을 일절 사절하고 오로지 덕행과 기예를 평가의 기준으로 삼았다. 그가 과거시험을 관장하던 3년간 후원자가 없었던 외로운 인재들을 선발해내고 부화함을 억제하자 관직을 위해 여기저기 좇아다니던 풍조가 쇠퇴하게 되었다.

가 능력이 있는지 없는지는 세상에 아무도 아는 이가 없다. 신생과 같은 이는 그 문장이 간결하고 법도가 있으며 그 행실은 곧으면서도 잘못이 없었다. 만약 공경(公卿)에게 이름이 알려지지 않고 교유(交遊)에 힘쓰지 않으며 또 경사에서 일등으로 과거에 추천되지 않았더라면 그는 과거시험에서 틀림없이 급제하였을 것이다. 아, 명성이 결과적으로 이처럼 상서롭지 못한 것이 되는 경우가 있구나! 이미 낙방을 하고서 그는 내게 장사(長沙)로 돌아가겠노라고 알려왔다. 신생(辛生)이 문장과 덕행이 뛰어났으면서도 8년 동안 성취가 없이 처음처럼 물러나 돌아가는 것에 대하여 나는 매우 분개한다. 맹자가 말하기를 "지위가 낮으면서 높은 사람에 대해 말하는 것은 죄다"라고 하였는데 신생에 대하여 또한 그만둘 수 없어서 약술하였다.

自命鄕論士之制, 壞而不復, 士莫有就緖, 故叢于京師. 京兆尹歲貢秀才, 常與百郡相抗. 登賢能之書, 或半天下. 取其殊尤以爲擧首者, 仍歲皆上第, 過而就黜, 時謂怪事, 有司或不問能否而成就之.

中書高舍人, 備位于禮部, 攘袂矯枉, 痛抑華耀, 首京師之貢者, 再歲連黜, 辛生以是不在議甲乙伍中. 其沉沒厄困之士, 闔戶塞竇而得榮名者, 連畛而起, 談者果以至公稱焉, 其能否也, 世莫知也. 若辛生, 其文簡而有制, 其行直而無犯, 嚮使不聞於公卿, 不揚於交游, 又不爲京師貢首, 則其甲乙可曲肱而有也. 嗚呼, 名之果爲不祥也有是夫! 旣受退, 告歸長沙. 以辛生之文行, 八年無就, 如其初而退返, 吾甚憤焉. 孟子曰 : 位卑而言高者, 罪也. 於辛生又不能已, 故略.

제24권 서(序)

송종형칭파선귀강회시서(送從兄偁罷選歸江淮詩序 : 관직을 그만두고 강회로 돌아가는 종형 유칭을 전송하는 시의 서)[1)]

형님께서 회양(淮陽)[2)]에서 전근되어 경사에 이르렀는데, 겨울 10월에 관직 임명 문서가 이르지 않자 옷깃을 여미고 물러나면서 나 유종원을

---

1) 본편은 관직을 그만두고 강회(江淮)로 돌아가는 사촌 형 유칭(柳偁)을 전송하는 시의 서이다. 유칭에 대하여는 자세하지 않다. 강회(江淮)는 보통 장강(長江)과 회수(淮水) 사이의 지역을 가리킨다. 본문에 '동쪽으로 회호(淮湖)로 간다'고 하였으니 강회란 호수가 많은 장강(長江) 회수(淮水) 일대를 두루 지칭하는 것으로 보인다. 저작 시기는 본문에 '형님께서 회양(淮陽)에서 전근되어 경사에 이르렀다'고 하였으니 정원 17~8년 경 경사에 있을 때 지은 것으로 추정된다. 본문에서는 조상 유하혜(柳下惠)의 정신을 이어받아 자신의 이상을 견지하며 어떠한 환경에 처하여도 꿋꿋한 자세를 유지했던 사촌 형을 칭찬하고, 더 이상 관직을 제수받지 못하여 강회(江淮)로 떠나는 그의 불운한 처지를 위로하며 시와 서를 지었음을 밝히고 있다.

2) 회양(淮陽)은 진주(陳州)이다.

찾아와 이렇게 말씀하셨다. "옛날 우리 조상 사사(士師)[3]께서는 주나라의 쇠퇴기에 태어나셔서 자신의 도를 추구하시어 세상의 의표(儀表)가 되셨다. 그러므로 자신의 도를 따라 벼슬살이를 하였고 세 번 쫓겨나도 자신의 도를 떠나지 않은 것에 대하여 공자께서 칭찬하셨고, 버림을 받고도 원망하지 않고 곤궁하게 되어서도 근심하지 않은 것에 대하여 맹자께서 칭찬하셨다. 지금 내가 황망히 궁지에 몰리고 뜻이 맞는 사람이 없으니 어디로 나아가야 할지 모르겠고 물러나 어떻게 자신을 지켜야 할 지 모르겠는데도 내가 감히 나의 뜻을 꺽지 않고 마음에 슬퍼하지 않는 것은 조상의 가르침을 따르려고 했기 때문이다. 그러나 쌀뜨물에 담가 부드럽게 할 음식도 없고 비축해놓은 곡식도 없어서 이 때문에 여기저기 분주히 돌아다녔지만 이룬 것이 없으니 동쪽으로 회호(淮湖)로 가야겠다. 마음속으로는 자잘한 일에서 벗어나고 싶지만 혀끝에 그 맛이 남아 있으니 그 뜻을 힘써 닦는다 해도 아마도 항구적이지는 못할 것이다. 너는 마땅히 곤궁에 처한 내 마음을 위로하고 떠돌며 일해야 하는 나의 분노를 제거하여 문장으로 내 마음을 넓혀주고 시가(詩歌)로 표현해야 할 것이다. 내가 너를 바라보지 않으면 장차 누구를 바라보겠는가?"

나는 재배(再拜)하고 말하였다. "선(善)을 듣고도 사모하지 않으면 귀머거리와 같고, 선을 보고도 공경하지 않으면 장님과 같으며, 선을 알고도 말하지 않으면 벙어리와 같다는 말을 선배들에게서 들은 지 오래되었습니다. 형님께서는 온유하고 유아(儒雅)한 기질과 드넓은 도량을 갖추셨으니 어찌 공경하지 않을 수 있겠습니까? 조상의 가르침을 따르는 미담(美談)과 도를 편안히 여기는 정절(貞節)을 갖추셨으니 어찌 사모하지 않겠습니까? 훌륭한 행동을 보고서는 공경하고 아름다운 이야기를 들으면 사모하니 어찌 말하지 않을 수 있겠습니까? 말이 덕에 어울리지 못하고 글이 뜻을 다하지 않으면 다만 군더더기를 쌓아놓은 것이 될 뿐입니다." 이리

3) 사사(士師)는 유하혜(柳下惠)를 말한다.

하여 시를 짓고 그에 대한 서를 썼다. 그 시에 이어서 쓴 시작품을 왼편에 나열하였는데 모두 57수였다. 끝으로 종질(從姪) 입(立)[4]에게 명하여 후서(後序)를 써서 그 마지막에 편집하게 하였다.

伯氏自淮陽從調, 抵于京師. 冬十月, 牒計不至, 攝袵而退, 顧謂宗元曰 : "昔吾祖士師, 生于衰周, 與道同波, 爲世儀表. 故直道而仕, 三黜不去, 孔子稱之. 遺佚而不怨, 厄窮而不憫, 孟子贊之. 今吾遑遑末路, 寡偶希合, 進不知嚮, 退不知守, 所不敢折其志, 戚其心, 遵祖訓也. 然而闕滫瀡之養, 乏庾釜之畜, 逼迸無成, 東轅淮湖. 雖欲脫細故於胸中, 味道腴於舌端. 勉修厥志, 懼不恒久. 子當慰我窮局之懷, 袪我行役之憤, 博之以文, 發於詠歌. 吾非子之望將誰望焉?"

宗元再拜曰 : "夫聞善不慕, 與聾聵同; 見善不敬, 與昏瞽同; 知善不言, 與嚚瘖同, 則聞之先達久矣. 矧吾兄有柔儒之茂質, 恢曠之弘量, 敢無敬乎? 有述祖之美談, 安道之貞節, 敢無慕乎? 覩徽容而敬, 聞嘉話而慕, 敢無言乎? 言不稱德, 文不盡志, 適爲累而已矣!" 於是賦而序之, 繼其聲者列于左, 凡五十七首. 遂命從姪立, 編爲後序終焉.

4) 정원 11년(795) 진사에 급제하였다.

송종제모귀강릉서(送從弟謀歸江陵序 : 강릉으로 돌아가는 종제 유모를 전송하며 지은 서)[5]

나와 모(謀)는 고조 할아버지 때부터 지파(支派)가 다르다. 모는 나보다 두 살 어리다. 지난 날 장안에 있을 때 서로 가까운 곳에서 살았다. 모와 함께 어울렸던 사람은 모두 아주 어렸는데, 유독 모가 여러 친구들 가운데서 말이 적었고 경서를 좋아하였던 것을 발견하고는 마음속으로 그를 남다르게 여겼다. 그 뒤 나는 경조종사(京兆從事)가 되었고,[6] 모는 진사시험에 응시하기 위하여 경사에 와서 다시 만날 수 있었다. 이때 모가 문사에 뛰어났고 유가경전 이외의 각 전적에 정통하였음을 더욱 깊이 알게 되었다. 한두번 과거에 실패하자 녹봉을 받아 생계를 꾸리는 것이 늦어질 것을 두려워하여 그는 과거를 포기하고 경사를 떠나 광주종사(廣州從事)가 되었다. 다시 옹주(邕州)의 보좌로 있다가 연이어 천거되어 어사(御史)에 이르렀다. 뒤에 지혜롭게 벼슬을 그만두고 강릉(江陵)으로 돌아가 살았다. 택지에는 빙 둘러 뽕나무를 심었고 노비 300명과 밭 500무(畝)가 있어 곡식을 심고 삼을 재배하였다. 가축을 기르고 외출할 때는 수레를 탔으며 다른 사람에게 구하는 것이 없었다. 날마다 여러 자제들을 거느리고 맛있는 음식을 풍성히 갖추어 먹었으며 추위와 더위에 적절하게 조치하였다. 그러면서 틈틈이 독서를 하고 옛사람이 말한 바 지극하게 도를 추구하였던 경우를 설명하면서 서로 격려하였다. 영주(永州)를 지나다가 나를 위하

---

5) 본편은 유종원을 만나러 영주에 들렀다가 다시 강릉(江陵)으로 돌아가는 종제(從弟) 유모(柳謀)를 전송하며 지은 서이다. 저작 시기는 본문에 '죄를 얻어 월(越)・초(楚) 사이로 쫓겨난 지 이미 6년이 되었다'는 언급으로 보아 원화 5년(810) 경으로 추정된다. 종제 유모에 대하여는 자세하지 않다. 본문에서는 종제 유모가 과거를 포기하고 지방에 종사하면서 경제적으로 집안을 넉넉하게 꾸려나가고 아울러 사인의 풍도(風度)를 잃지 않는 모습을 칭찬하고 그가 장차 유씨 가문을 떨쳐 일으켜주기를 바라는 마음을 써내고 있다.

6) 유종원은 주질위(盩厔尉)를 지냈다.

여 며칠간 머물면서 그 동안 있었던 일들을 자세히 말해주었다.

무릇 사인(士人)은 집에 있을 때는 효성스럽고 우애 있고 공경하고 검소하며 관리생활을 할 때는 조심스럽고 엄숙하다. 밖에 나가면 신의가 있고 집안에 들어오면 너그럽다. 그 집안을 풍족하게 하되 정당하지 못한 방법으로 하지 아니하고, 그 자신을 나아가게 하되 구차한 방법을 쓰지 않는다. 때가 물러날 상황이면 물러나고, 노인을 존경하여 물을 긷거나 절구질을 하는 수고를 하게 하지 않는다. 온화하고 편안하게 지내며 수명을 더하고, 형제들은 즐거워하면서 서로 우애 있게 지낸다. 먹을 것을 도모하지 않아도 먹을 것이 공급되고 도를 도모하지 않아도 도가 드러난다. 모(謀)가 진사 시험을 포기하고 먼 곳에서 종사하는 것에 대하여 처음에 나는 의혹을 품었지만 지금은 그것이 옳았다고 인정한다. 이별한 지 9년이 되어 이곳에서 만났는데 그 모습을 바라보니 더욱 의젓하고 그 학업을 물어보니 더욱 무르익었고 그의 뜻을 두드려보니 더욱 견고하다. 아! 우리 집안은 떨쳐 일어나지 못한 지 오래되었다. 식자들은 "지금 세상에 약간이나마 인재가 있다"고 말한다. 모(謀)와 같이 벼슬길에 나가고 물러난다면 어찌 이른바 인재가 아니겠는가? 어떤 사람이 관중(管仲)에 대하여 묻자 공자는 "인재이다"라고 말하였다.[7] 모는 비록 관중에게 비교할 수는 없지만 도를 닦음에 어그러짐이 없었으니 또한 이러한 이름을 가질 수 있겠다. 또 성인의 도를 듣고 그것을 배워나가면 반드시 이르게 된다고 들었다. 모(謀)의 학업은 원래 훌륭한데 또 진보가 있고, 뜻은 전일(專一)한데 또 그것에 만족하지 못하는 것 같다. 공자의 문하에서는 관중 안자(晏子)를 말하지 않았으니[8] 모(謀)의 사람됨은 본받을 만하다.

---

7) 『논어』「헌문(憲問)」에 다음과 같은 구절이 나온다. 어떤 사람이 자산(子產)에 대하여 묻자 공자께서 "자애스러운 사람이다" 하시고, 또 자서(子西)에 대하여 묻자 공자께서는 "그는 그저 그런 사람이다"라고 하였다. 또 관중에 대하여 묻자 "인재이다. 백씨(伯氏)의 땅 병읍(駢邑) 삼백을 몰수하였지만 맨밥을 먹으면서도 죽을 때까지 원망하지 않았으니"라고 대답하였다.

8) 『맹자』「공손추」 첫머리에 다음과 같은 구절이 있다. 공손추가 묻기를 "선생님께서

나는 지혜롭지 못하여 죄를 얻어 월(越)·초(楚) 사이로 쫓겨난 지 이미 6년이 되었다. 집을 지어 풀로 이엉을 얹고 상수(湘水) 서쪽에서 채전(菜田)을 일구었다. 연못을 파서 물고기를 잡을 수 있고 기장을 심어 술을 담글 수 있었으므로 기꺼이 죽을 때까지 영주의 평민으로 살려고 하였다. 또 부질없이 녹봉을 허비하면서도 보답할 바가 없는 처지를 원망하면서 아래로 농부들에게 부끄럽고 위로 왕조의 관원에게 부끄러웠다. 지난날의 허물을 돌이켜 생각하기를 밤낮으로 반복하여 한끼라도 마음 편하게 먹은 적이 없었다. 이와 같이 된 까닭은 어려서부터 명예를 좋아하고 중독이 되도록 그 맛을 즐겨서 이 지경에 이르렀기 때문이 아니겠는가? 이러한 이유로 해서 나는 모(謀)가 진사시험을 포기하고 종사가 되어 그 집안을 넉넉하게 하고 시종 효성스럽고 우애 있게 지내고 있는 것이 더욱 현명한 처신이었다고 생각한다. 지금 비록 그를 본받고 싶지만 어떻게 다시 가능한 일이겠는가? 모(謀)는 남방에서 훌륭한 명성을 가지고 있고 그가 행한 일은 나날이 사람들에게 소문이 나고 있다. 나는 모(謀)가 불행하게도 또 내가 후회하고 있는 바를 행하여 장차 그만두려고 해도 그럴 수 없는 처지가 되면 어찌할는지 걱정이 된다. 그러나 모는 미덥고 너그러우며 말이 적고, 그 뜻을 견고하게 하여 일에 주도면밀하니 비록 나의 전철을 밟는다해도 나와 같은 재앙에는 이르지 않을 것이다. 그러니 모에게 무슨 후회할 일이 있을 것인가? 만약 이럴 수 있다면 비록 큰 부귀에 이른다 해도 또 무엇을 두려워하겠는가? 우리 집안을 떨쳐 일으킬 것을 다만 바랄 뿐이다.

제나라의 요직을 맡아보신다면 관중과 안자가 세운 공적을 다시 이룩하실 자신이 있으십니까?" 하자 맹자는 이렇게 대답하였다. "자네는 정말로 제나라 사람일세 그려. 관중과 안자만을 알 따름이니. 어떤 사람이 증서에게 '선생과 자로는 어느 쪽이 훌륭합니까?'라고 묻자 증서는 불안해 하면서 '내 조부께서 두려워하셨던 분일세'라고 말했네. '그러시면 선생과 관중은 어느 쪽이 훌륭합니까?'라고 말하자 증서는 성난 얼굴을 하고 기분 나빠하면서 '자네는 어떻게 나를 관중에 비교하려 드는 건가? 관중은 국군의 신임을 얻어 나라 일을 그토록 오래 전단하였고 국정을 맡아본 것이 그토록 오래 되었는데도 그의 공적은 그토록 변변치 않은데 자네는 어떻게 나를 관중에게 비교하려 드는 건가?'라고 말하였네." 이어서 맹자는 이렇게 말하였다. "관중은 증서가 따라하려 하지 않는 인간인데 그대는 내가 그 사람처럼 되기를 원한다고 생각하는가?"

吾與謀, 由高祖王父而異. 謀少吾二歲, 往時在長安, 居相邇也. 與謀皆甚少, 獨見謀在衆少言, 好經書, 心異之. 其後吾爲京兆從事, 謀來擧進士, 復相得, 益知謀盛爲文詞, 通外家書. 一再不勝, 懼祿養之緩, 棄去, 爲廣州從事. 復佐邕州, 連得薦擧至御史, 後以智免, 歸家江陵. 有宅一區, 環之以桑, 有僮指三百, 有田五百畝, 樹之穀, 藝之麻, 養有牲, 出有車, 無求於人. 日率諸弟具滑甘豐柔, 視寒燠之宜, 其隙則讀書, 講古人所謂求其道之至者以相勵也. 過永州, 爲吾留信次, 具道其所爲者.

凡士人居家孝悌恭儉, 爲吏祗肅. 出則信, 入則厚. 足其家, 不以非道; 進其身, 不以苟得. 時退則退, 尊老無井臼之勞. 和安而益壽, 兄弟衎衎以相友. 不謀食而食給, 不謀道而道顯. 則謀之去進士爲從事於遠, 始也吾疑焉, 今也吾是焉. 別九歲而會於此, 視其貌益偉, 問其業益習, 叩其志益堅. 於虖! 吾宗不振久矣. 識者曰 : 今之世稍有人焉. 若謀之出處, 庸非所謂人歟? 或問管仲, 孔子曰 : "人也." 謀雖不試於管仲, 其爲道無悖, 亦可以有是名也. 抑又聞聖人之道, 學焉而必至, 謀之業良矣, 而又增焉; 志專矣, 而又若不足焉. 孔子之門, 不道管晏, 則謀之爲人也, 其可度哉!

吾不智, 觸罪擯越楚間六年, 築室茨草, 爲圃乎湘之西, 穿池可以漁, 種黍可以酒, 甘終爲永州民. 又恨徒費祿食而無所答, 下媿農夫, 上慙王官. 追計往時咎過, 日夜反覆, 無一食而安於口平於心. 若是者, 豈不以少好名譽, 嗜味得毒, 而至於是耶! 用是愈賢謀之去進士爲從事以足其家, 終始孝悌. 今雖欲羨之, 豈復可得? 謀在南方有令名, 其所爲日聞於人, 吾恐謀不幸又爲吾之所悔者, 將已之而不能得, 可若何? 然謀以信厚少言, 蓄其志以周於事, 雖履吾跡, 將不至乎吾之禍, 則謀何悔之有? 苟能是, 雖至於大富貴, 又何慄耶? 振吾宗者, 其惟望乎爾!

송해서(送澥序 : 해를 전송하며 지은 서)[9]

사람들은 모두 우리 선조께서 많은 공덕을 쌓았기 때문에 우리 집안이 당연히 크게 흥성할 것이라고 말한다. 고종(高宗) 때 상서성(尙書省)에서 나란히 일을 한 우리 집안 사람은 22명이나 되었는데[10] 무씨(武氏)들을 만나 변고를 당하여 쇠락하였다.[11] 무씨(武氏) 집안이 패하였지만 여전히 흥성하지 못하여 상서성(尙書省)의 관리가 된 사람은 그 사이 수십 년 동안 겨우 한 사람뿐이었다. 영정(永貞)년(805)에 내가 족형(族兄) 등(登)[12]과 함께 나란히 예부(禮部)의 관속이 되었고,[13] 나는 축출되었지만 계부(季父) 공작(公綽)은 다시 형부랑(刑部郎)이 되었으니[14] 이전보다 많아진 셈이다. 또 살펴보니 집안 가운데 문아(文雅)한 사람이 찬란하게 수십 명이나 되고 인의(仁義)는 본래 우리 집안 고유의 품성이다. 이렇게 본다면 아마도 우리 집안이 다시 흥성한 것이리라.

내가 죄인이 되어 남쪽 지방에 지내면서부터 뒤에 나온 우리 집안의 출중한 인재를 나는 만나보지 못하였다. 여행 중에 운 좋게 나에게 들른 사람은 오직 해(澥)뿐이다. 해는 질박(質朴) · 돈후(敦厚)하여 아첨하지 않고

---

9) 본편은 영주에 잠시 들른 친족 유해(柳澥)를 전송하며 지은 서이다. 유해에 대하여는 자세하지 않다. '내가 죄인이 되어 남쪽 지방에 지낸다', '나는 너와 떨어져 이 오랑캐 땅에서 노년을 마칠까 한다'는 본문의 내용으로 보아 이 서는 영주에서 지은 것이 분명하다. 본문에서는 과거에 찬란했던 유씨(柳氏) 가문이 무후(武后) 이후 쇠락하여 아직 흥성하지 못한 상태에 있음이 안타깝지만 그래도 유해(柳澥)와 같은 인재가 나오게 되어 가문을 부흥시킬 희망을 갖게 되었다고 자위하면서 부지런히 노력할 것을 부탁하고 있다.

10) 영휘(永徽) 2년(651)에 유석(柳奭)은 동평장사(同平章事)였다.

11) 유석은 무후의 미움을 받아 애주자사(愛州刺史)로 폄적되었다가 죽임을 당하였고 그 집안은 적몰(籍沒)되었다.

12) 유등(柳登)의 자는 백성(伯成)이고 유방(柳方)의 아들이다.

13) 유종원은 예부원외랑(禮部員外郎), 유등은 선부낭중(膳部郎中)이 되었다.

14) 유공작(柳公綽)은 자가 기지(起之)이고 유온(柳溫)의 아들이다. 이부원외랑(吏部員外郎)의 신분으로 서천무원형판관(西川武元衡判官)이 되었고, 다시 조정에 들어가 이부낭중(吏部郎中)이 되었다.

여유가 있는데 그릇과 같이 반드시 아주 크게 한 뒤에 담을 수 있으니 그것을 들일 방법을 택할 뿐이요, 그의 문장은 축적된 것이 아주 많고 좋아하는 것이 매우 바른데 담장과 같이 반드시 기초를 넓게 한 뒤에 덮을 수 있으니 그것을 낼 방법을 택할 뿐이다. 성인의 도를 부지런히 닦고 효제(孝悌)로 도우면서 지난날 우리 집안의 훌륭한 명성을 회복시켜 주기를 나는 해(澥)에게서 기대한다. 너는 가서 집안 사람들을 만나거든 나를 대신해서 인사하고 그들을 격려하라. 태산의 산기슭처럼 멈추어 서서 위로 오를 수 없는 처지가 되지 말고 오직 강물처럼 멈추지 말라. 나는 너와 떨어져 이 오랑캐 땅에서 노년을 마칠까 한다.

人咸言吾宗宜碩大, 有積德焉. 在高宗時, 並居尙書省二十二人. 遭諸武, 以故衰耗. 武氏敗, 猶不能興. 爲尙書吏者, 間數十歲乃一人. 永貞年, 吾與族兄登並爲禮部屬. 吾黜, 而季父公綽更爲刑部郎, 則加稠焉. 又觀宗中爲文雅者, 炳炳然以十數, 仁義固其素也. 意者其復興乎?

自吾爲僇人, 居南鄕, 後之穎然出者, 吾不見之也. 其在道路幸而過余者, 獨得澥. 澥質厚不諂, 敦朴有裕, 若器焉, 必隆然大而後可以有受, 擇所以入之者而已矣. 其文蓄積甚富, 好慕甚正, 若墻焉, 必基之廣而後可以有蔽, 擇其所以出之者而已矣. 勤聖人之道, 輔以孝悌, 復嚮時之美, 吾於澥焉是望. 汝往哉! 見諸宗人, 爲我謝而勉焉. 無若太山之麓, 止而不得升也, 其唯川之不已乎! 吾去子, 終老於夷矣!

송내제노준유계주서(送內弟盧遵遊桂州序 : 계주로 가는 외사촌 동생 노준을 전송하며 지은 서)[15]

외가(外家)의 세덕(世德)[16]은 옛 역사에 기록되어 있고 사람들의 입에서 찬양되고 있거니와 그 독실하고 관대하고 질박하고 중후함은 특히 다른 가문과 다르다. 노준(盧遵)으로부터 위로 5대조는 위대한 학자였으며 형제 세 사람이 모두 제왕의 스승이었다.[17] 그 집안의 전통은 모두 배우기를 좋아하였고 질박하고 중후하였다.

노준(盧遵)은 나의 동생이다.[18] 넓으면서도 방자하지 않고 공손하면서도 두려워하지 않는다. 효경충신(孝敬忠信)의 도를 늘 마음에 간직하여 그 마음 속에서 떠난 적이 없었으니 아마도 그 속에서부터 나온 것이리라. 『시경』·『역경』을 깊이 공부하였고 뛰어난 문장력도 갖추고 있다. 내가 남쪽 땅에 버려지자 나를 따라 와서 5년을 살았는데 그 행동이 의에 어그러지

---

15) 본편은 영주(永州)에서 일자리를 찾아 계주(桂州)로 가는 외사촌 동생 노준(盧遵)을 전송하며 지은 서이다. 한유(韓愈)의 「유자후묘지명(柳子厚墓誌銘)」에 의하면 노준은 유종원의 외사촌 동생으로 탁인(涿人)이다. 품성이 조심스럽고 순순하였으며 학문을 싫어하지 않았다. 유종원이 영주로 폄적되자 유종원을 따라 영주에 와서 살았으며 죽을 때까지 떠나지 않았다고 한다. 이 서의 저작 시기는 본문에 '내가 남쪽 땅에 버려지자 나를 따라 와서 5년을 살았다'고 하였으니 원화 4년(809) 경으로 추정된다. 본문에서는 먼저 노씨 가문의 흥성하였던 가계를 기술하고 이어서 노준의 성품과 학문을 칭찬하면서 계주(桂州)에서의 성공을 기원하고 있다.

16) 세덕(世德)은 대대로 쌓아 내려오는 아름다운 덕을 말한다.

17) 노식(盧植)은 탁인(涿人)으로 후한 때에 상서(尙書)가 되었고, 식(植)의 아들 육(毓)은 위(魏)의 사공(司空)이었다. 육의 아들 정(珽)은 진(晉)의 시중(侍中)이었고, 정의 아들 지(志)는 중서감(中書監)이었다. 지의 아들 심(諶)은 사공종사중랑(司空從事中郎)이었다. 4대가 모두 전기가 있다. 심의 아들은 언(偃)이고, 언의 아들은 소(昭)이며 소의 증손은 정(靖)이다. 정의 세 아들 경유(景裕), 변(辯), 광(光)은 모두 제왕의 스승이었으므로 제사방(帝師房)이라 불렀다. 경유는 위(魏) 국자박사(國子博士)로 북제(北齊) 문선제(文宣帝)의 스승이었다. 변은 서위(西魏)의 시중상서령(侍中尙書令)으로 북주(北周) 무제(武帝)의 스승이었다. 광은 서위(西魏)의 시중(侍中), 장작대장(將作大匠)으로 서위(西魏) 공제(恭帝)의 스승이었다.

18) 노준은 유종원의 외삼촌 아들이다.

거나, 말이 행동과 다른 경우를 본 적이 없다. 그런즉 나의 폄적(貶謫)이 마침 이 사람을 연루시킨 것이다. 나를 좋아하고 나의 걱정스런 생각을 위로하기 위하여 현세에 명성을 얻으러 경사에 가지 않았다. 계주(桂州)가 여기에서 가깝거니와, 중승(中丞)[19]의 도가 광명정대하고 현명한 이들을 많이 받아들이고 있기 때문에 노준은 넘치는 즐거움으로 중승(中丞)께 귀순하여 종종걸음을 하면서 그 속에 가진 재능을 발휘할 것이다. 이와 같으니 의당 날개와 비늘을 떨쳐서 바람과 파도를 타고 끝없이 넓은 세상에서 노닐 것이다. 가서 점차 이러한 행보를 내딛기를 바란다.

外氏之世德, 存乎古史, 揚乎人言, 其敦大朴厚尤異乎他族. 由遵而上, 五世爲大儒, 兄弟三人咸爲帝者師. 其風之流者, 皆好學而質重.

遵, 余弟也. 廣而不肆, 巽而不懾. 孝敬忠信之道, 拳拳然未嘗去乎其中, 蓋由其中出者也. 浸潤以詩易, 動搖以文采. 以余棄于南服, 來從余居五年矣. 未嘗見其行有悖乎義, 言有異乎行者. 則余之棄也, 適累斯人焉. 以愛余而慰其憂思, 故不爲京師遊, 以取名當世. 以桂之邇也, 而中丞之道光大, 多容賢者, 故洋洋焉樂附而趨, 以出其中之有. 夫如是, 則宜奮翼鱗, 乘風波, 以游乎無倪. 往哉, 其漸乎是行也.

19) 당시 계주(桂州)의 중승(中丞)이 누구인지에 대하여는 자세하지 않다. 본문에 '내가 남쪽 땅에 버려지자 나를 따라 와서 5년을 살았다'고 하였으니 이 서를 지은 시기가 원화 4년(809)이고 이때의 중승은 이(李)씨라는 견해가 근리(近理)하다. 『유종원집』 35권에 유종원이 이중승에게 노준을 추천하는 「상계주이중승천노준계(上桂州李中丞薦盧遵啓)」가 보인다. 그러나 후일 원화 12년(817) 계관관찰사(桂管觀察使)로 오는 어사중승 배행립(裴行立)에게도 노준을 추천한 바 있다.

송표제여양장사진서(送表弟呂讓將仕進序 : 벼슬길에 나아가려는 표제 여양을 전송하며 지은 서)[20]

내가 살펴보건대, 옛날 호걸이나 현사(賢士)들은 사람이 고생하고 굶주리고 병들고 추위에 떨면 어려움을 무릅쓰고 폭력에 항거하는데 머리채를 잡히고 억압을 당하면서도 하소연할 데가 없다는 것을 알고서 이를 탄식하며 불쌍히 여길 수 있었다. 이것은 모두가 어려운 상황을 충분히 경험하고, 언제나 고립되어 위험하고, 자신의 방식을 고집하며 불안해하고, 동서남북 사방에 귀의할 곳이 없게 된 다음에 이렇게 된 것이다. 지금 양(讓)이라는 이름의 여씨(呂氏) 자제가 있는데 태어나면서부터 고기를 먹고 조밥과 쌀밥을 물리도록 먹고 좋은 비단옷을 하찮게 여긴다. 어려서는 오로지 편안한 것을 좋아하고 놀러 다니는 것을 좋아하지 않아 고을을 벗어난 땅[21]은 밟아보지 않았으니 어린 백성과 농부들의 경작과 건

20) 본편은 벼슬길에 나아가려는 표제(表弟) 여양(呂讓)을 전송하며 지은 서이다. 표제(表弟)는 고모·외삼촌·이모의 아들 등 친척 가운데 성이 다른 동생을 가리킨다. 여양(呂讓)은 여위(呂渭)의 아들이다. 여위는 자가 군재(君載)이고 하중(河中)사람이며 정원 연간에 호남관찰사(湖南觀察使)가 되었는데 그에게는 온(溫)·공(恭)·검(儉)·양(讓) 등 네 아들이 있었다. 여온(呂溫)의 자는 화광(化光)이고 정원(貞元)말에 진사에 올랐으며 한림학사(翰林學士) 위집의(韋執誼)와 사이가 좋았다. 여온 역시 유종원과 같이 왕숙문(王叔文)의 총애를 받았으며 8사마(八司馬)에 끼지는 않았으나 8사마와 다를 바 없는 인물이었다. 정원 20년(804) 겨울 공부시랑(工部侍郎) 장천(張薦)을 보좌하여 토번(吐蕃)에 사절로 나갔다가 원화 원년(806)에 돌아와 호부원외랑(戶部員外郎)으로 자리를 옮겼다. 당시 유종원 등 8사마는 왕숙문의 일에 연루되어 모두 폄적되었는데 여온은 사절로 나가 있었기 때문에 화를 면하였다. 원화 3년(808) 10월 균주(均州)자사로 폄적되고 얼마 후에 도주(道州)로 폄적되었으며 원화 5년에 형주(衡州)로 옮겼다. 여온은 원화 6년(811) 8월에 세상을 떠났다. 여양(呂讓)이 영주(永州)에 들른 것은 형 여온이 균주자사에서 도주자사로 옮긴 원화 4년(809) 경이었을 것이며 이 서의 저작 시기도 이때로 추정된다. 본문에서는 먼저 스스로 어려움을 겪어봐야 비로소 백성들의 어려움을 이해하게 되는 법인데 여양은 부유한 환경 속에서 전혀 걱정거리 없이 자랐으면서도 백성들의 어려움을 아는 현명함을 지녔다고 칭찬하고, 이어 벼슬에 나아가는 전도에 대한 여양의 자문에 여양이 의지와 학문과 문장력을 갖추었고 시절마저도 적당하여 본인만 노력한다면 그의 벼슬길은 순탄할 것이라 격려하고 있다.

축에서 오는 피로와 고생을 목격하지 못하였고, 귀로는 탄식과 원망의 소리를 듣지 못하였다. 그러나 유독 순수하게 세상의 곤궁한 전민(田民)을 불쌍히 여겨서 앉아 이야기를 할 때면 이에 대하여 언급하지 않은 적이 없었다. 이것은 누가 그에게 알려주고 누가 그에게 보여준 것인가? 속에 축적되고 정성에서 체득되어, 갔다가 다시 돌아오는 순환 과정 속에서 모두 그 안에 존재하게 된 것이다. 말해준 뒤에 알고 보여준 뒤에 슬퍼하는 것은 밖에서부터 자신을 녹이고 사물로 인하여 뜻을 격동시키는 것이다. 속에 축적되어 정성으로 체득하니 그 현명함은 이보다 더한 것이 없다. 여씨의 자제는 현인의 뛰어난 자질을 타고났다. 거기에 더하여 유가의 서적을 좋아하고 문장을 많이 짓고 상하고금의 각종 규범과 준칙을 바른 도로 삼고 있으니, 그 심원하고 원대함은 마치 농사를 지어 곡식을 거두고 밭을 일구어 채소를 수확하는 것과 같아서 구걸하거나 사들이지 않고도 생겨나게 될 것이다.

지금 내게 와서 말하기를 "도(道)는 단독으로 펴낼 수 없고 공업(功業)은 빈손으로 이룰 수 없습니다. 반드시 벼슬을 경유하여 올라가고 문장을 빌려 통하고 난 뒤에 사물에 미쳐야 합니다. 저는 장차 그 문장을 통하고 벼슬을 구하여 제 도(道)를 시행할 것입니다. 그것이 가능한지 않은지 형님께서 판단을 내려 주셨으면 하는데 어떻습니까?"라고 하였다.

나는 말하였다. "뜻이 있어도 배움이 이르지 않으면 안된다. 배움이 있어도 문장이 이르지 않으면 안된다. 문장이 있어도 때가 이르지 않으면 안된다. 지금 너는 너의 뜻으로써 배우고 그것을 문장으로 써내고 있고 또 주상께서 태평성대를 일으키시어 현명한 사대부가 재상과 경사(卿士)로 있으니 너는 너의 도로써 조용히 행하여 아래에서 시작하여 위에 도달하면서 옆으로 그 사업을 시행하면 마치 건강한 사람이 사다리를

21) '마을을 벗어난 땅'이란 원문의 '교목경야(郊牧坰野)'를 옮긴 말이다. 『이아』에 의하면 읍(邑) 바깥을 교(郊)라 하고, 교 바깥을 목(牧)이라 하고, 목 바깥을 야(野)라 하고, 야 바깥을 임(林)이라 하고, 임 바깥을 경(坰)이라 한다

오르는 것처럼 발을 드는 일이 많을수록 몸은 더욱 높아져서 사람들이 더욱 더 너를 우러러보게 될 것이다. 도가 틀리지 않으니 부지런하여 잊지 않으면 가능할 것이고, 나태하여 잊어버리면 불가능할 것이다. 이것을 제외하고는 나는 판단을 내릴 방법이 없다. 너의 길을 가라."[22]

吾觀古豪賢士, 能知生人艱饑羸寒, 蒙難抵暴, 捽抑無告, 以吁而憐者, 皆飽窮厄, 恒孤危, 訑訑忡忡, 東西南北無所歸, 然後至于此也. 今有呂氏子名讓, 生而食肉, 厭粱稻, 欺紈縠, 幼專靖, 不好遊, 不踐郊牧坰野, 不目小民農夫耕築之倦苦, 不耳呼怨, 而獨粹然憐天下之窮甿, 坐而言, 未嘗不至焉. 此孰告之而孰示之耶? 積於中, 得於誠, 往而復, 咸在其內者也. 彼告而後知, 示而後哀, 由外以鑠己, 因物以激志者也. 中之積, 誠之得, 其爲賢也莫尚焉. 呂氏子得賢人之上資, 增以嗜儒書, 多文辭, 上下今古, 左程右準, 以爲直道, 其於遠且大, 若稼而穀, 圃而蔬, 不丐買而有也.

今來言曰: "道不可特出, 功不可徒成, 必由仕以登, 假辭以通, 然後及乎物也. 吾將通其辭, 干於仕, 庶施吾道, 願一決其可不可於子何如?"

余曰: "志存焉, 學不至焉, 不可也; 學存焉, 辭不至焉, 不可也; 辭存焉, 時不至焉, 不可也. 今以子之志, 且學而文之, 又當主上興太平, 賢士大夫爲宰相卿士, 吾子以其道從容以行, 由於下, 達於上, 旁施其事業, 若健者之升梯, 擧足愈多, 身愈高, 人愈仰之耳. 道不誤矣, 勤而不忘, 斯可也; 怠而忘, 斯不可也. 捨是, 吾無以爲決. 子其行焉."

22) 원화 10년(815)에 여양(呂讓)이 과거에 급제한다.

배영주최사군유연남지서(陪永州崔使君遊宴南池序 : 영주 최사군을 모시고 남지에 놀러가 연회를 베푼 것을 기록한 서)[23]

영릉(零陵)의 성 남쪽은 여러 산으로 둘러있고 숲으로 덮인 산록으로 이어져 있다. 그 절벽과 골짜기 사이의 물이 모인 곳은 넓게 연못을 이루고 굽이져 시내를 이루고 있다. 그 위에는 단풍나무 남(楠)나무[24] 전죽(箭竹)과 구슬프게 우는 새들이 많고, 그 아래에는 가시연밥 새발마름 부들풀 연꽃과 물결을 타고 오르는 물고기들이 많다. 물 속에 하늘이 젖어 있고 마을이 출렁이고 있으니 참으로 유람하여 감상할만한 아름다운 곳이다.

최공(崔公)께서 이곳에 오신 뒤로 그 행정은 너그러우면서 여유가 있고 그 풍도는 온화하고 청렴하여 백성들을 즐겁게 하고 또 자신을 즐겁게 하셨다. 늦은 봄, 인재들을 불러모으고 인척들을 집합하여 이 강의 나루에서 배에 올랐는데, 연이어진 산들이 거꾸로 드리워 만물의 형상이 아래에 있고, 하늘과 햇빛이 물에 떠 있어 출렁이니 포함하지 않은 것이 없었다. 하늘을 가로질러 그 가운데로 관통하고 허공을 타고 올라 똑바로 건너갔다. 깃 달린 술잔이 날아다니고 박과 대나무로 만든 악기 소리가 높고 맑게 울려나는 가운데, 즐겁게 노래하며 덩실덩실 춤을 추고, 턱을 잡고 웃으며 눈을 크게 뜨고 거만을 부리면서 해 지는 줄도 몰랐으니 마주하는 만물을 저버리지는 않았다고 말할 수 있을 것이다.

---

23) 본편은 영주(永州)의 최사군(崔使君)을 모시고 남지(南池)에 놀러가 연회를 베푼 것을 기록한 서이다. 제목에 비록 서(序)라고 명명하였지만 본편은 잡기문류(雜記文類)에 속한다. 최사군은 최민(崔敏)을 가리킨다. 원화 3년(808)에 영주자사(永州刺史)로 부임하여 원화 5년(810) 9월에 영주에서 세상을 떠났다. 저작 시기는 최민이 부임한 원화 3년 늦은 봄으로 추정된다. 본문에서는 영주 남지 주위의 아름다운 풍광을 묘사하고 최사군이 여러 사람들과 함께 남지에 놀러가 연회를 베푼 과정과 그 모습을 기록하고 마지막으로 이런 모임을 다시 갖지 못할 것에 대한 안타까움에서 이 서를 쓰게 되었다고 저작 이유를 밝히고 있다.

24) 남나무는 키가 큰 상록수로 목재는 견고하고 향이 좋아 고급 건축재료와 선박 건조용으로 쓰인다. 운남(雲南) · 사천(四川) · 귀주(貴州) · 호남(湖南) 등지에서 난다.

옛 사람들은 즐거움이 영구적일 수 없다는 것과 모임을 기필(期必)할 수 없다는 것을 알아서, 기쁜 일을 만나면 슬퍼하던 자도 환락을 즐겼다. 하물며 최공의 다스림이 행해지고 있음에랴. 마땅히 이곳을 떠나서 후한 은사(恩賜)를 받아야 할 것이다. 배석한 인재들은 모두 다 좌천된 관리로 은택을 입어 바야흐로 비늘과 껍데기를 벗고 날개가 돋아나려고 하고 있으니 어찌 상수(湘水) 가운데서 머뭇거리며 초췌한 나그네로 살겠는가?[25] 나는 세상에서 버림받아 항상 이 산수와 짝할 수 있지만[26] 이 모임은 다시 가질 수 없음을 슬퍼하기 때문에 글을 써서 그것을 기록한다.

零陵城南, 環以羣山, 延以林麓. 其崖谷之委會, 則泓然爲池, 灣然爲溪. 其上多楓柟竹箭哀鳴之禽, 其下多芡芰蒲蕖騰波之魚, 韜涵太虛, 澹灩里閭, 誠游觀之佳麗者已.

崔公既來, 其政寬以肆, 其風和以廉, 既樂其人, 又樂其身. 于暮之春, 徵賢合姻, 登舟于茲水之津. 連山倒垂, 萬象在下, 浮空泛景, 蕩若無外. 橫碧落以中貫, 陵太虛而徑度, 羽觴飛翔, 匏竹激越, 熙然而歌, 婆然而舞, 持頤而笑, 瞪目而倨, 不知日之將暮, 則於向之物者可謂無負矣.

昔之人知樂之不可常, 會之不可必也, 當歡而悲者有之. 況公之理行, 宜去受厚錫, 而席之賢者, 率皆左官蒙澤, 方將脫鱗介, 生羽翮, 夫豈趑趄湘中爲顑頷客耶? 余既委廢於世, 恒得與是山水爲伍, 而悼茲會不可再也, 故爲文志之.

---

25) 원화 3년(808) 정월에 사면령이 내려 영주에 좌천된 관리들이 모두 새로 평가를 받아 자리를 옮기게 되었음을 말한다.

26) 처음에 유종원을 포함한 8사마(八司馬)가 폄적될 때 뒤에 사면령이 있다 하더라도 영원히 양이(量移)하지는 않을 것이라는 명이 있었으므로 '나는 세상에서 버림받아 항상 산수와 짝할 것이라'고 말하여 연회에 참석했던 다른 관리들과는 다른 자신의 처지를 슬퍼한 것이다.

우계시서(愚溪詩序 : 우계에서 지은 시의 서)[27]

관수(灌水)의 북쪽에 시내가 있는데 동쪽으로 흘러 소수(瀟水)로 들어간다. 어떤 사람은 "염씨(冉氏)가 일찍이 이곳에 살았기 때문에 이 시내에 성을 붙여 염계(冉溪)라고 하였다"고 하고, 어떤 사람은 "이 시내 물로 염색을 할 수가 있어서 그 기능을 가지고 이름을 지었기 때문에 염계(染溪)라고 부른다"고 하였다. 나는 어리석어서 죄를 범하여 소수(瀟水) 가로 폄적되어 왔는데, 이 시내를 좋아하여 2~3리를 더 들어가 풍경이 매우 아름다운 곳을 선택하여 그곳에 살게 되었다. 옛날에 우공(愚公)의 골짜기라는 것이 있었다.[28] 지금 내가 이 시내에 살고 있지만 그 이름에 대하여 단정지을 수 있는 사람이 없고, 이 땅에 사는 사람들은 오히려 옥신각신 싸우고 있으니 이름을 바꾸지 않으면 안되었다. 그리하여 시내의 이름을 우계(愚溪)로 바꾸었다.

우계의 옆에 조그만 언덕을 사서 우구(愚丘)라고 이름하였다. 우구에서 동북쪽으로 60보를 가면 샘물이 있는데 또 그곳을 사서 거기에 거주하고 우천(愚泉)이라 이름하였다. 우천은 모두 6개의 구멍이 있는데 다 산 아래 평지에서 나와 대개는 위로 솟아올랐다. 샘물은 합류하여 구불구불 남쪽

---

27) 본편은 우계(愚溪) 주변의 경치를 읊은 「팔우시(八愚詩)」의 서로, 증서류(贈序類)가 아니라 서발류(序跋類)에 속하는 글이다. 「팔우시(八愚詩)」는 망실되어 지금 전하지 않는다. 유종원이 원화 5년(810)에 지은 「여양회지서(與楊誨之書)」에 "바야흐로 우계 동남쪽에 집을 짓고 있다[方築愚溪東南爲室]"고 하였고 본문에서는 우계 주변의 언덕 도랑 연못 집 시내 정자 섬을 다 갖추었다고 하였으니 이 서의 저작 시기는 원화 5년(810) 우계의 집이 완성된 이후로 추정된다. 본문에서는 우계 주변의 언덕 도랑 연못 집 시내 정자 섬 등을 마련하고 그것들에 '우(愚)'자를 붙여서 명명하게 된 과정과 그 이유를 설명하고 우계(愚溪)에서의 시 창작이 몰아(沒我)의 경지에 이르렀음을 밝히고 있다.

28) 『설원(說苑)』에 의하면 제(齊) 환공(桓公)이 사냥을 나갔다가 산골짜기에 들어가서 한 노인을 만났다. 그에게 "이 골짜기가 무슨 골짜기인가?" 물어보니 대답하기를 "우공(愚公)의 골짜기입니다"라고 하였다. 환공이 그 이름이 붙여진 연유를 묻자 "신(臣)이 살고 있기에 그렇게 명명한 것입니다"라고 대답하였다고 한다.

으로 흘러 도랑을 이루었고 나는 그것을 우구(愚溝)라 이름하였다. 이리하여 나는 흙을 져 나르고 돌을 쌓아 그 좁은 곳을 막아서 우지(愚池)를 만들었다. 우지의 동쪽에는 우당(愚堂)을 만들고 그 남쪽에 우정(愚亭)을 만들었다. 우지 가운데에는 우도(愚島)를 만들었다. 아름다운 나무와 특이한 돌들이 섞여 있어 모두 산수의 기이한 것들인데 나 때문에 모두 '우(愚)'자로 그것들을 욕되게 한 것이다.

물은 지혜로운 사람이 좋아한다는데, 지금 이 시내가 홀로 '우(愚)'자로 치욕을 당하는 것은 어째서인가? 대체로 그 물줄기가 너무 아래에 있어서 논밭에 물을 댈 수가 없고, 또 물 흐름이 급하고 수면에 드러난 돌이 많아서 큰 배가 들어갈 수 없으며, 그윽하게 깊숙한 곳에 위치하고 시내 바닥이 얕고 좁아서 이무기나 용이 거들떠보지도 않으니 비구름을 일으킬 수가 없다. 세상을 이롭게 할 방법이 없는 것이 공교롭게도 나와 닮은 점이 있다. 그러므로 비록 그것을 욕보여 어리석다고 하여도 괜찮은 것이다. 영무자(甯武子)는 '나라가 무도(無道)하면 어리석었다'고 하는데 지혜로운 사람으로 어리석은 척을 한 것이다. 안자(顔子)는 '종일토록 어긋나는 의견을 제시하지 않아 어리석은 것 같았다'고 하는데 이는 슬기로운 사람으로 어리석은 척을 한 것이다. 모두 정말로 어리석은 사람이었다고 할 수는 없다. 지금 나는 도가 행해지는 세상을 만나서 사리에 어긋나고 일을 망가뜨렸으니 무릇 어리석다고 하는 사람들 가운데 나와 같은 이는 없다. 그러므로 세상에는 이 시내에 대하여 다툴 수 있는 사람이 없이, 내가 그것을 독차지하여 명명할 수 있는 것이다.

시내가 비록 세상에 이로울 것은 없지만 만물을 잘 비추고, 맑고 깨끗하며, 금석을 울리는 듯한 맑은 소리를 내어, 어리석은 사람으로 하여금 기쁘게 웃고 돌아보며 사모하여 그것을 즐기면서 떠날 수 없게 한다. 나는 비록 세속과 합치하지는 못했지만 자못 문장으로써 스스로를 위로하여, 만물을 씻어내고 온갖 자태를 다 망라하면서 피하는 바가 없었다. 어리석은 문장으로 어리석은 시내를 노래하노라니, 아득히 서로 어긋남이 없고 혼연히 융화되어, 혼돈 상태를 초월하고 허공과 융화되어 고요히 나 자신조차 깨닫지 못하게 된다.[29] 이에 「팔우시(八愚詩)」를 지어 시내가의 돌 위에 기록한다.

灌水之陽有溪焉, 東流入于瀟水. 或曰 : 冉氏嘗居也, 故姓是溪爲冉溪. 或曰 : 可以染也, 名之以其能, 故謂之染溪. 余以愚觸罪, 謫瀟水上, 愛是溪, 入二三里, 得其尤絶者家焉. 古有愚公谷, 今予家是溪, 而名莫定, 土之居者猶齗齗然, 不可以不更也, 故更之爲愚溪.

愚溪之上, 買小丘爲愚丘. 自愚丘東北行六十步, 得泉焉, 又買居之, 爲愚泉. 愚泉凡六穴, 皆出山下平地, 蓋上出也. 合流屈曲而南, 爲愚溝. 遂負土累石, 塞其隘爲愚池. 愚池之東爲愚堂, 其南爲愚亭. 池之中爲愚島. 嘉木異石錯置, 皆山水之奇者, 以余故, 咸以愚辱焉.

夫水, 智者樂也. 今是溪獨見辱於愚, 何哉? 蓋其流甚下, 不可以漑灌; 又峻急, 多坻石, 大舟不可入也; 幽邃淺狹, 蛟龍不屑, 不能興雲雨. 無以利世, 而適類於余, 然則雖辱而愚之, 可也. 甯武子邦無道則愚, 智而爲愚者也; 顔子終日不違如愚, 睿而爲愚者也, 皆不得爲眞愚. 今余遭有道, 而違於理, 悖於事, 故凡爲愚者莫我若也. 夫然, 則天下莫能爭是溪, 余得專而名焉.

溪雖莫利於世, 而善鑒萬類, 淸瑩秀徹, 鏘鳴金石, 能使愚者喜笑眷慕, 樂而不能去也. 余雖不合於俗, 亦頗以文墨自慰, 漱滌萬物, 牢籠百態, 而無所避之. 以愚辭歌愚溪, 則茫然而不違, 昏然而同歸, 超鴻蒙, 混希夷, 寂寥而莫我知也. 於是作八愚詩, 紀于溪石上.

---

29) 원문의 '홍몽(鴻蒙)'은 우주가 형성되기 전의 혼돈 상태를 말한다. '희이(希夷)'는 『노자』의 "보아도 보이지 않아 이(夷)라고 부르고 들어도 들리지 않아 희(希)라고 한다"는 말에서 나왔다. 이는 도(道)의 허적현묘(虛寂玄妙)함을 가리킨다. '적료(寂寥)'는 공허하여 형체가 없는 상태를 말한다.

누이십사수재화하대주창화시서(婁二十四秀才花下對酒唱和詩序 : 누이십사수재가 꽃 아래에서 술을 마시며 창화한 시의 서)[30)]

군자는 세상이 잘 다스려지는 때를 만나면 소리 높여 노래하면서 여기저기 뛰어다니며 세상에 알려지기를 구하고, 도피하여 은거하려는 생각은 사라지게 된다. 이리하여 감격하여 여러 가지 방책을 궁리하고 그 지략을 진작시켜 당대에 공헌할 것을 생각한다. 그러므로 문자로 표현해내고 시가로 펴내는 것은 능력을 갖추었으면서도 그 도를 실행할 수 없는 사람이 하는 행위이다.

누(婁)군은 도(道)에 뜻을 두었고 잘 다스려지는 세상을 만났으니 그의 도는 마땅히 행해져야 하지만 그 재능이 아직 쓰이지 못하여서 글을 쓰고 노래함에 자신을 알아주기를 구하는 언사가 있다. 내 동생과 뜻을 같이 하였지만 함께 그 뜻을 달성하지 못하였으므로 시를 써 주어 때가 지나감을 슬퍼하였다. 나는 이미 곤욕을 당하여 세상의 광명을 목도하는 데에 참여하지 못하고 초(楚)와 월(越) 사이에 깊숙이 숨어지내고 있다. 그렇기 때문에 문사(文士)들을 모아서 그 취향을 써내어 장차 목탁(木鐸)[31)]

30) 본편은 누이십사수재(婁二十四秀才)와 꽃 아래에서 술을 마시며 주고받은 시의 서로 서발류(序跋類)에 속한다. 누이십사수재는 누도남(婁圖南)으로, 당(唐) 초기의 시중(侍中) 누사덕(婁師德)의 증손이다. 일찍이 장안에서 시가로 명성을 날렸으며 학문이 뛰어났지만 출사하지 않고 영릉(零陵)에 와서 은거하였고 그곳에서 유종원을 만나 3년을 같이 지냈다. 『유종원집』에는 누도남과 관련된 작품으로 권25에 「송누도남수재유회남장입도서(送婁圖南秀才遊淮南將入道序)」가 있고 권42에 「수누수재우거개원사조추야월병중견기(酬婁秀才寓居開元寺早秋夜月病中見寄)」시와 「수누수재장지회남견증지십(酬婁秀才將之淮南見贈之什)」시가 있다. 누도남이 영주를 떠나 회남(淮南)으로 간 것은 원화 3년(808)이다. 따라서 이 서는 그가 영주를 떠나기 전에 지은 것으로 추정된다. 본문에서는 태평성대를 만나면 인재들은 등용되기 위하여 분주히 자신을 알리기 위해 시문을 지어 재능을 표현한다고 말하면서 영주에 폄적되어 온 작가 자신이 누도남을 비롯한 여러 불우한 문사들과 모여 시를 주고받는 것 역시 자신의 뜻을 알리기 위함이라고 밝히고 있다.

31) 목탁(木鐸)은 나무와 동(銅)으로 만든 종 모양의 큰 방울로, 고대에 정교(政敎)나 법령을 선포할 때 길을 가며 울려서 사람들의 주의를 끄는데 사용되었다. 이로써 교화(敎

이 이로써 금석(金石)[32] 사이에 들기를 기다릴 것이다. 대체로 여기에 작품을 엮어놓은 이는 모두 태평시대에 불우한 사람들이다.

君子遭世之理, 則呻呼踴躍以求知於世, 而遯隱之志息焉. 於是感激憤悱, 思奮其志略, 以効於當世. 故形於文字, 伸於歌詠, 是有其具而未得行其道者之爲之也.

婁君志乎道, 而遭乎理之世, 其道宜行, 而其術未用, 故爲文而歌之, 有求知之辭. 以余弟同志而偕未達, 故爲贈詩, 以悼時之往也. 余旣困辱, 不得預睹世之光明, 而幽乎楚越之間, 故合文士以申其致, 將俟夫木鐸以間於金石. 大凡編辭於斯者, 皆太平之不遇人也.

법화사서정야음부시서(法華寺西亭夜飮賦詩序 : 법화사 서정에서 밤에 술을 마시며 지은 시의 서)[33]

내가 영주에 유배되어서는, 법화사 서쪽으로 연못과 구릉 그리고 큰 강과 연이어진 산이 내려다보이는데 그 높이는 오를만하고 그 거리는 볼만하여, 마침내 나무를 베어 정자를 짓고서 바람과 비를 맞고 만물의 처음을 바라보며 호기(顥氣)[34]가 시작되는 데서 노닐었다. 몇 년이 지나

化)를 선양하는 사람을 비유한다.

32) 금석(金石)은 글자를 새겨 넣어 공덕을 기리고 일을 기록했던 종정(鐘鼎)이나 비석류를 말하며, 여기서는 국가에 커다란 공을 세운 사람들을 비유한다.

33) 본편은 법화사(法華寺) 서정(西亭)에서 밤에 술을 마시며 지은 시의 서로, 서발류(序跋類)에 속한다. 『유종원집』 권43에는 이 서를 쓸 때 지은 것으로 추정되는 「법화사서정야음(法華寺西亭夜飮)」 시가 있다. 법화사는 영주 영릉현(零陵縣) 동산(東山)에 있는 절이다. 서정은 법화사 서쪽의 정자로 유종원이 손수 지었다. 본문에서는 법화사 서정을 짓고 그곳에서 사는 작가의 생활을 기술하고 원극기를 비롯한 여러 문인들과 서정에서 가졌던 시회(詩會)에 대하여 의미를 부여하고 있다.

자 원극기(元克己)가 주하사(柱下史)[35]에서 또한 이곳으로 유배되어 왔고, 얼마 되지 않아서 문장으로 나를 따르는 사람이 많아졌다. 오늘 밤 이 정자에 모인 사람은 모두 여덟 사람이다. 술에 취하자 극기가 이 모임을 기록하여 후세에 남기고자 하여 모두 시를 지을 것을 명하고 나에게는 서를 지으라고 하였다.

지난 날 조맹(趙孟)은 정(鄭)나라에 이르러 일곱 사람에게 시를 읊게 하여 정나라의 뜻을 살폈다.[36] 극기는 조맹을 본받은 것이리라. 복자하(卜子夏)는 『시경』 서(序)를 지어 후세로 하여금 풍아(風雅)의 도를 알게 하였다.[37] 나는 복자하를 본받은 것이리라. 정말로 이 작품들로 하여금 세상에 전하게 한다면 거의 옛날에 가깝게 될 것이다.

余旣謫永州, 以法華浮圖之西臨陂池丘陵, 大江連山, 其高可以上, 其遠可以望, 遂伐木爲亭, 以臨風雨, 觀物初, 而遊乎顥氣之始. 間歲, 元克己由柱下史亦謫焉而來. 無幾何, 以文從余者多萃焉. 是夜, 會茲亭者凡八人. 旣醉, 克己欲志是會以貽于後, 咸命爲詩, 而授余序.

昔趙孟至於鄭, 賦七子以觀鄭志, 克己其慕趙者歟? 卜子夏爲詩序, 使後世知風雅之道, 余其慕卜者歟? 誠使斯文也而傳于世, 庶乎其近於古矣.

---

34) '호(顥)'는 '백(白)', '성(盛)'의 뜻이며, 호기(顥氣)는 맑고 깨끗하며 성대한 기운을 말한다.

35) 주하사(柱下史)는 관명(官名)으로 주사(柱史)라고도 한다. 주(周)나라 때 설치하였으며 궁중의 문서를 관장하였다. 그 관장하는 내용과 항상 궁전 기둥 아래에서 시립(侍立)한데서 온 명칭이다. 당대(唐代)에는 시어사(侍御史)가 주(周)의 주하사에 해당하였으므로 시어사의 미칭(美稱)으로 사용되었다.

36) 『좌전』 양공(襄公) 27년에 보면 조맹(趙孟)이 정(鄭)나라를 지날 때 정백(鄭伯)이 수롱(垂隴)에서 대접하였는데 정(鄭)의 대부 일곱 명이 정백을 모시고 자리를 함께 하였다. 그때 조맹은 그들에게 『시경』의 시를 읊게 하여 그들의 뜻을 살폈다.

37) 복자하(卜子夏)는 춘추 위(衛)나라 사람이다. 성은 복(卜)이고 이름은 상(商)이다. 공자의 제자로 문학에 뛰어났고 『시경』을 익혔다. 공문(孔門)의 시학은 자하에서부터 시작되어 여섯 대를 걸쳐 손경(孫卿)에 이르렀는데 순경은 부구백(浮丘伯)에게 전수하여 노시(魯詩)의 시조가 되었고 다시 모형(毛亨)에게 전수하여 모시(毛詩)의 시조가 되었다. 심중(沈重)의 견해에 의하면 『시경』의 대서(大序)는 자하(子夏)가 지었다고 하고 소서(小序)는 자하와 모공(毛公)이 합작한 것이라고 한다.

서음(序飮: 음주에 대한 서)[38)]

작은 언덕[39)]을 사서 첫 날은 호미로 정리하고 둘째 날은 물로 씻어내고는 마침내 시냇가 바위 위에 술자리를 마련하였다. 지난번에 기(記)[40)]를 쓰면서 말한 '소와 말이 시내에서 물을 마시는 것 같다'는 모양의 바위는 떨어져 그 뒤쪽에 자리하고 있다. 술잔을 채워 흐르게 하고 앞으로 오는 술잔을 잡아서 마셨다. 이에 감사(監史)[41)]를 세우고 주령(酒令)을 말하였다. "술을 마실 차례가 된 사람은 10촌 길이의 산가지 셋을 들어서 물 흐르는 방향과 거꾸로 던지는데, 소용돌이에서 빙빙 돌지도 않고 모래 섬에 걸려 멈추지도 않고 밑으로 가라앉지도 않으면 그냥 지나가고 마시지 않는다. 그러나 빙빙 돌거나 멈추거나 가라앉으면 산가지 숫자대로 마시기로 한다." 이리하여 어떤 사람이 산가지를 던지니 어지럽게 빙 돌다가 미끄러져 급하게 흘러가는데 마치 춤추는 것 같기도 하고 뛰는 것 같기도 하였으며, 빠르기도 하고 느리기도 하며, 가기도 하고 멈추기도 하였다. 사람들은 모두 바위에 기대어 주시하면서 즐겁게 손뼉을 치며 그 기세를 도왔다. 졸지에 흘러가 버리면 아무 일이 없었던 듯 원래 상태로 돌아왔다. 이리하여 어떤 사람은 한 잔을 마시고 어떤 사람은 두 잔을 마셨다. 모인 사람 가운데 누도남(婁圖南) 선생이 있었는데 그가 산

---

38) 본편은 술 마시는 것에 대한 작가의 견해를 쓴 것이다. 제목에 서(序)라는 명칭을 사용하고 있지만 잡기류(雜記類)에 속하는 글이다. 본문에서는 우구(愚丘)를 정리하고 시내 가에 술자리를 마련하여 친구들과 주령(酒令)을 내어서 즐겁게 술을 마시는 상황을 묘사하였고, 이어서 옛 사람의 다양한 음주 행태를 소개하고 이들과는 전혀 다른 금일 자신들의 음주모임이 '간단하면서도 화목하고 자유스러우면서도 공손하며 즐거우면서도 조용하여 산수의 즐거움에 합치되고 군자의 마음을 이루었으니, 마땅하다'고 긍정하고 있다.

39) 「우계시서」에서 말한 우구(愚丘)를 가리킨다.

40) 「고무담서소구기(鈷鉧潭西小丘記)」를 말한다.

41) 감사는 원래 관명(官名)인데 여기서는 술자리에서의 주령(酒令)을 감독하는 사람을 가리킨다.

가지를 던지자 하나는 빙빙 돌고 하나는 멈추고 하나는 가라앉아서 혼자서 세 잔이나 술을 마셨다. 그러자 사람들이 크게 웃으며 아주 즐거워하였다. 나는 비장비대증을 앓고 있어서 술을 많이 마실 수 없었는데 이런 상황에 이르러 취하게 되었다. 마침내 그 주령을 덜기도 하고 더하기도 하면서 낮과 밤이 다할 때까지 돌아갈 줄을 몰랐다.

내가 듣기로 옛날에 술 마시는 사람 가운데는 주인과 손님이 양손을 모아 인사하고 사양하는 동작을 하면서 서로 술을 권하고 여러 차례 절을 하여 예를 갖추는 사람도 있었고, 큰소리로 떠들면서 계속해서 춤을 추어 물이나 국을 끓이듯 시끌벅적하게 하여 극진하게 하는 사람도 있었고, 옷을 벗어서 알몸을 드러내어 광달(曠達)한 모습을 보인 사람도 있었고, 여러 가지 악기를 연주하여 조화를 이룬 사람도 있었고, 빈번하게 바로잡아주는 것을 친밀한 것으로 생각한 사람도 있었다. 오늘 우리의 음주 모임은 전혀 이와는 달랐다. 그러므로 여러 번 절하지 않고도 예에 맞았고, 큰소리로 떠드는 일이 없이도 극진하였고, 옷을 벗지 않고도 광달하였고, 악기가 아니어도 조화를 이루었고, 바로잡아주는 일을 떠나서도 친밀하였다. 간단하면서도 화목하고 자유스러우면서도 공손하며 즐거우면서도 조용하여 산수의 즐거움에 합치되고 군자의 마음을 이루었으니, 마땅하다. 이에 「서음(序飮)」을 지어 뒷사람에게 남겨준다.

買小丘, 一日鋤理, 二日洗滌, 遂置酒溪石上. 嚮之爲記所謂牛馬之飮者, 離坐其背. 實觴而流之, 接取以飮. 乃置監史而令曰 : 當飮者擧籌之十寸者三, 逆而投之, 能不洄于洑, 不止于坻, 不沉于底者, 過不飮. 而洄而止而沉者, 飮如籌之數. 旣或投之, 則旋眩滑汨, 若舞若躍, 速者遲者, 去者住者, 衆皆據石注視, 懽抃以助其勢. 突然而逝, 乃得無事. 於是或一飮, 或再飮. 客有婁生圖南者, 其投之也, 一洄一止一沉, 獨三飮, 衆乃大笑驩甚. 余病痞, 不能食酒, 至是醉焉. 遂損益其令, 以窮日夜而不知歸.

吾聞昔之飮酒者, 有揖讓酬酢百拜以爲禮者, 有叫號屢舞如沸如羹以爲極者, 有裸裎袒裼以爲達者, 有賁絲竹金石之樂以爲和者, 有以促數糺逖而爲密者, 今則擧異是焉. 故捨百拜而禮, 無叫號而極, 不袒裼而達, 非金石而和, 去糺逖而密. 簡而同, 肆而恭, 衎衎而從容, 於以合山水之樂, 成君子之心, 宜也. 作序歆以貽後之人.

서기(序棋: 바둑돌에 대한 서)[42]

방직온(房直溫) 선생은 내 두 동생[43]과 가깝게 지내고 있는데 모두가 배움을 좋아한다. 나는 그들이 배움에 집착하는 것을 걱정하여 그들을 쉬게 할 방도를 생각하였다. 나무 바둑판을 얻어서 그 가운데를 불룩하게 하여 둥글게 만들고 그 아래는 네모지고 곧게 하여 바둑돌 24개를 놓았다. 귀한 것이 반이고 천한 것이 반이었는데, 귀한 것을 상(上)이라 하고 비천한 것을 하(下)라고 하여 상하 모두 첫 번째 돌에서 열두 번 째 돌까지 있었다. 하(下)에 속하는 돌 두 개는 상(上)의 하나에 필적하였으며 붉은색과 검은색으로 구별하였다. 방직온은 이리하여 붓 두 자루를 가지고 그 차례대로 색을 칠하였다. 이렇게 하여 맞붙어 놀이를 시작한 두 사람은 그 천한 것을 보면 천하게 대하고 귀한 것은 귀하게 대하였다. 그들이 바둑돌을 부딪치게 할 때는 반드시 천한 것을 먼저 사용하였고

---

42) 본편은 바둑돌 놀이에 사용되는 돌이 칠해진 색에 따라 등급이 달라지는 것을 보고 인간세계의 신분상의 귀천이 나뉘는 것도 이와 유사하다는 작가의 생각을 써낸 글이다. 제목은 서(序)라고 되어 있지만 잡기류(雜記類)에 속한다. 본문 마지막에 "나는 검게 칠한 것의 무리인데 그 시작과 마지막을 관찰해보니 바둑돌과 닮은 점이 있어 이 글을 쓰게 되었다"고 말하였으니 영주에서 유배생활을 할 때 바둑돌 놀이를 하면서 자신의 생각을 담아낸 것으로 보인다.

43) 두 동생은 종직(宗直)·종일(宗一)을 말한다.

부득이하여 귀한 것을 사용하게 되면 언제나 긴장하고 정신이 안정되지 않아 또한 맞출 수 있는 경우가 드물었다. 바둑돌을 딸 때 붉은 것을 얻으면 남음이 있는 것 같았고 검은 것을 얻으면 부족한 것 같았다.

내가 자세히 그것을 살펴보면서 생각해 보았다. 처음에는 모두가 똑같은 것이었는데 방 선생이 한번 그것을 칠하자 경중(輕重)이 이렇게 나뉜 것이다. 때마침 그 손 가까이에 있어서 먼저 그것을 잡은 것이지 그 좋은 것을 골라서 붉게 칠하고 그렇지 않은 것을 검게 칠할 수 있었던 것이 아니다. 그러나 그것을 상으로 분류하면 상이 되고 하로 분류하면 하가 되며, 귀한 것으로 분류하면 귀하게 되고 천한 것으로 분류하면 천하게 되었으니, 저것은 경시하고 이것은 공경하여 마침내 이로써 큰 차이가 벌어지게 된 것이다. 그런즉 세상에서 사람을 귀하게 여기고 천하게 여기는 것은 방 선생이 이 바둑돌을 귀하게 대하고 천하게 대하는 것과 무슨 다름이 있는가? 또한 가까이 있어서 먼저 그들을 택한 것이 아닌가? 과연 그 좋은 것과 나쁜 것을 택할 수 있는 사람이 있는가? 그 공경하는 것과 경시하는 것도 또한 상황을 쫓아서 마음을 움직이는 것이다. 그 좋은 것과 나쁜 것을 감히 의논할 사람이 있는가? 귀한 지위를 얻은 사람 가운데 의기양양하고 뜻이 광대하지 않은 사람이 있는가? 천한 지위를 얻은 사람 가운데 태도가 느슨하고 마음이 방자하지 않은 사람이 있는가? 이른바 귀한 사람 가운데 감히 가볍게 여기고 부릴 사람이 있는가? 이른바 천한 사람 가운데 감히 자신을 부리어 부딪치게 하는 것을 피할 사람이 있는가? 저 붉게 칠한 것과 검게 칠한 것은 서로 천만이나 멀리 떨어져 있을 뿐만 아니라 감히 검게 칠한 것 둘로 붉게 칠한 것 하나를 상대하려는 사람도 없다. 나는 검게 칠한 것의 무리로 그 시작과 마지막을 관찰해보니 바둑돌과 닮은 점이 있어 이 글을 쓴다.

房生直溫, 與予二弟遊, 皆好學. 予病其確也, 思所以休息之者. 得木局, 隆其中而規焉, 其下方以直, 置棋二十有四. 貴者半, 賤者半, 貴曰上,賤曰下, 咸自第一至十二, 下者二乃敵一, 用朱墨以別焉. 房於是取二毫, 如其第書之. 旣而抵戲者二人, 則視其賤者而賤之, 貴者而貴之. 其使之擊觸也, 必先賤者, 不得已而使貴者, 則皆慄焉惛焉, 亦鮮克以中. 其獲也, 得朱焉則若有餘, 得墨焉則若不足.

余諦視之, 以思其始, 則皆類也, 房子一書之而輕重若是. 適近其手而先焉, 非能擇其善而朱之, 否而墨之也. 然而上焉而上, 下焉而下, 貴焉而貴, 賤焉而賤, 其易彼而敬此, 遂以遠焉. 然則若世之所以貴賤人者, 有異房之貴賤玆棋者歟? 無亦近而先之耳! 有果能擇其善否者歟? 其敬而易者, 亦從而動心矣, 有敢議其善否者歟? 其得於貴者, 有不氣揚而志蕩者歟? 其得於賤者, 有不貌慢而心肆者歟? 其所謂貴者, 有敢輕而使之者歟? 所謂賤者, 有敢避其使之擊觸者歟? 彼朱而墨者, 相去千萬不啻, 有敢以二敵其一者歟? 余墨者徒也, 觀其始與末, 有似棋者, 故敍.

제25권 서(序)

능조교봉옥제시서(凌助教蓬屋題詩序: 능조교의 쑥으로 엮은 집에 쓴 시의 서)[1]

독서인 가운데 쑥 대문과 옹기 창을 낸 집에 살면서 자립한 사람이 있거니와, 하간(河間) 능사섭(凌士燮)[2]은 육경(六經)을 연구 토론하여 모두 저술이 있는데 특히 『춘추』에 정통하였다. 유관(儒官)[3]이 되어 도를 지켜

1) 본편은 능조교(凌助教)의 집의 벽에 그의 덕을 찬미하여 여러 사람들이 써 붙인 시에 대한 서이다. 능조교는 능사섭(凌士燮)으로 소주(蘇州) 오현(吳縣) 사람이다. 조교는 고대의 학관(學官)으로 국자제주(國子祭主)와 박사(博士)가 생도를 가르치는 것을 도왔다. 본문에서는 능사섭이 12년간 경사에 살면서 고향에 돌아가지 못하자 강남지역의 풍속을 따라 쑥으로 엮은 집을 장만하여 고향 그리움을 달래면서 지내는 것을 묘사하고 이것이 인륜을 두텁게 하고 옛 풍속을 그리워하는 행위로 『시경』 육의(六義)의 근본이라고 칭찬하고 있다.

2) 능사섭(凌士燮)의 세계(世系)는 하간(河間)에서 나왔다.

3) 유관(儒官)은 학무(學務)를 관장하는 관원(官員) 혹은 관학(官學)교사를 말한다. 여기서는 조교를 가리킨다.

행실이 단정하였으며 뜻을 세워 그릇된 길로 나아가지 않았다. 경사에서 지낸 지 12년이 되었는데 집이 본래 오(吳)이어서 돌아가고 싶어도 돌아갈 수가 없었다. 이리하여 쑥으로 엮은 집을 지어 손님에게 예를 갖춰 맞이할 수 있는 자리를 마련하였다. 집은 아주 간소하여 겨우 비바람을 막을 정도였다. 아마도 장강(長江) 이남 지역의 옛 풍속을 따른 것일 것이다. 이 뒤로 둘러쳐진 담을 나가지 않았으니 고향 오(吳) 땅의 교외에 들어가 앉아있는데 포산(包山) 진택(震澤)[4]이 창 밖에 있는 것 같았다. 이른바 인(仁)을 구하여 인을 얻었다[5]는 말이 정말로 그러하였다. 이것은 옛날 종의(鍾儀)가 남방의 음악을 연주하고[6] 장석(莊舃)이 월(越) 방언으로 시를 읊으며[7] 고향을 사모하여 바라보면서 돌아가지 못했던 것과 시대는 다르지만 똑같은 도리이다.

인륜을 두텁게 하고 옛 풍속을 그리워하는 것은 정말로 『시경』 육의(六義)의 근본이다. 여러 사람들이 이 때문에 그의 덕을 찬미하는 시를 지어 집 벽에 써 붙였고, 나는 서를 써서 그것을 이끌었다.

儒有蓬戶甕牖而自立者, 河間凌士燮窮討六籍, 皆有著述, 而尤邃春秋. 爲儒官, 守道端莊, 植志不回. 在京師十二年, 家本吳也, 欲歸而不可得, 遂構蓬室, 以備揖讓之位. 棟宇簡易, 僅除風雨, 蓋大江之南其舊俗也. 由

---

4) 진택(震澤) 가운데 포산(包山)이 있다. 포산은 또한 초산(椒山)이라고도 하는데 『춘추』에서 말하는 부초(夫椒)가 이것이다. 진택은 또한 구구(具區)라고도 하는데 지금의 태호(太湖)가 이것이다. 오현(吳縣) 남쪽에 있다.

5) 『논어』에 "인을 구하여 인을 얻었으니 또 무엇을 원망하겠는가?"라는 구절이 있다.

6) 『좌전』 성공(成公) 7년에 의하면 진(晉)나라 사람이 초(楚) 대부 종의(鍾儀)를 돌려보내어 군부(軍府)에 가두고는, 9년에 진후(晉侯)가 그에게 금(琴)을 주게 하자 남방 음악을 연주하였다고 한다.

7) 『사기』에 의하면 월(越)나라 사람 장석(莊舃)이 초에서 벼슬살이를 하고 있었는데 병이 들었다. 초왕이 말하기를 "석은 월의 미천한 사람으로 지금 벼슬하여 규(圭)를 잡게 되었는데도 월을 그리워하고 있을까?"라고 하였다. 중사(中謝)가 말하기를 "그가 월을 그리워하면 월나라 말을 쓸 것이고 그렇지 않으면 초나라 말을 할 것입니다"라고 하였다. 사람을 시켜서 들어보니 여전히 월나라 말을 쓰고 있었다.

是不出環堵, 坐入吳甸, 包山震澤, 若在牖外, 所謂求仁而得, 斯固然歟! 與夫南音越吟, 慕望而不獲者, 異日道也.

夫厚人倫, 懷舊俗, 固六義之本. 羣公是以有發德之什, 書在屋壁, 余叙而引之.

송한풍군공시후서(送韓豐羣公詩後序: 한풍을 전송하며 지은 여러 사람의 시에 대한 후서)[8]

춘추시대 진(晉)에 숙향(叔向)[9]이란 사람이 있었는데 씩씩하고 강직하다는 이름이 났으며 당시에 자신을 분명하게 드러내었다. 그런데 그의 형 동제(銅鞮)대부 백화(伯華)[10]는 자신의 덕과 재능을 숨기고 은거하여 조화로움을 지키며 살았으므로 사대부 가운데 숙향과 교유하지 않은 사람은 백화를 아는 이가 드물었다. 그러나 중니(仲尼)는 숙향을 칭찬하여 '곧음을 간직하고' '의(義)를 따랐다'고 하였고,[11] 또 백화를 칭찬하여 '많

8) 본편은 벼슬길을 찾아 회호(淮湖)로 떠나는 한풍(韓豐)을 전송하며 지은 여러 지인들의 시에 대한 후서(後序)이다. 한풍은 만주자사(萬州刺史) 한모(韓某)의 아들로 자가 무실(茂實)이다. 본문에서는 춘추시대 숙향(叔向)과 백화(伯華) 형제가 공자의 칭찬을 받은 것을 소개하면서 한태(韓泰)와 한풍이 이와 유사함을 들어 한풍의 자질을 칭찬하고, 뒷부분에서 『춘추』의 의리로 종결하는 서술 방법의 예와 『역경』의 「서괘(序卦)」가 끝에 실려 있는 것에서 후서(後序)의 의미를 찾고 있다.

9) 숙향(叔向)은 진(晉) 대부 양설직(羊舌職)의 아들 힐(肸)의 자(字)이다. 숙향은 또 숙예(叔譽)라는 자(字)도 가지고 있다. 백화(伯華)의 동생이다.

10) 백화의 이름은 적(赤)이다. 노(魯) 양공(襄公) 3년에 백화는 동제대부(銅鞮大夫)가 되었고 아버지를 대신하여 중군위좌(中軍尉佐)가 되었다. 『공자가어(孔子家語)』에는 공자가 한가롭게 지낼 때 "만약 동제 백화가 죽지 않았다면 천하는 안정이 되었을 것이다"라고 탄식하였다는 기록이 있다. 동제는 진(晉)의 별현(別縣)으로 상당(上黨)에 있었다.

11) 양설직(羊舌職)에게는 네 아들이 있었다. 백화(伯華)·숙향(叔向)·숙어(叔魚)·숙호(叔虎)가 그들이다. 『좌전』 소공(昭公) 14년에 보면, 형후(邢侯)와 옹자(雍子)가 축전(鄐田)을 다투

이 듣고' '안으로 곧다'고 하였다.[12] 나아가거나 물러나거나 두 경우 모두 존경을 받아 역사책에 이름이 났기 때문에 양설씨(羊舌氏)의 훌륭한 명성이 지금까지도 사라지지 않았다.

나 종원(宗元)은 일찌기 한안평(韓安平)[13]과 경사에서 만나[14] 옛 도(道)를 추구하면서 지금까지 사귀고 있다. 이 때문에 형을 알게 되었다. 형의 자는 무실(茂實)인데 돈후(敦厚)하고 소박하면서 변통할 줄 알았고 도량이 크고 온화하면서 절조를 지켰다. 온화하고 순박하고 중후하면서 정직한 도(道)와 짝하였다. 항상 문장을 짓고 글을 써서 예가(禮家)의 일을 말하고 고금(古今)을 분석하고 종합하였는데 크게 갖추어 자르고 헤아림에 이름은 버리고 실질에 거하여 담박하였다. 훗날 통달한 사람[15]에게서 칭찬을 받는다면 그 사람은 우리들 가운데 있을 것이다. 그런 즉 한씨 집안의 훌륭함 역시 후세에 빛날 것이다.

지금 회호(淮湖)로 떠돌아다니며 제후에게 재능을 보이고자 하니 형을 아는 사람들이 다 밖에 나와서 노신(路神)에게 제사를 지내었다. 천수(天水)사람 조길(趙佶)이 붓을 들어 이 일에 대하여 서를 섰는데 정성스럽고도 빈틈이 없었으며 글의 취지가 아주 적당하였다. 『춘추』에서의 글쓰는

고 있을 때 숙어(叔魚)는 경백(景伯)을 대신하여 일을 처리하고 있었는데 옹자에게서 딸을 받고 형후에게 죄를 뒤집어 씌웠다. 형후는 노하여 조정에서 숙향과 옹자를 죽였다. 뒤에 선자(宣子)가 숙향에게 그들의 죄에 대하여 묻자 숙향은 세 사람의 죄가 같다고 대답하고 하(夏)나라의 형법에 의한 형량을 제시하였다. 이에 대하여 중니(仲尼)는 "숙향은 옛날에 곧음을 간직한 사람이었다. 나라를 다스리고 형벌을 제정함에 그 친족도 숨기지 않았다[叔向, 古之遺直也. 治國制刑, 不隱其親]"라고 말하고, 또 "친족을 죽여 영예를 더한 것이 그래 의(義)로운 일인가?[殺親益榮, 猶義也夫!]"라고 하였다. 『좌전』 원문의 '유의(猶義)'는 『공자가어』에 '유의(由義)'로 되어 있다. 유종원은 『공자가어』의 말을 인용하여 공자가 숙향의 행위가 의(義)를 따른 것으로 칭찬하였다고 본 것이다.

12) 『공자가어』에 "사람됨이 깊이가 있으니, 들은 것이 많아 속이기 어렵고 안으로 곧아서 그 일생을 가라앉힐 수 있었던 것은 아마도 동제 백화의 행동일 것이라"는 기록이 보인다.

13) 안평(安平)은 한태(韓泰)의 자이며, 한태는 한풍의 동생이다.

14) 유종원은 정원 9년(793) 진사에 급제하였고, 한태(韓泰)는 정원 11년(795)에 급제하였다. 정원(貞元) 20년(804) 유종원과 한태는 함께 감찰어사(監察御史)를 지냈다.

15) 문맥상 통달한 사람이란 백화를 칭찬했던 공자 같은 성인을 가리킨다.

방법은 어떤 것은 사건으로부터 시작하고 어떤 것은 의리(義理)로 종결하였다[16]고 나는 생각한다. 『역경』의 체제는 「서괘(序卦)」를 끝에다 두었다. 그런즉 후서(後序)를 두는 것은 상도에 어긋나는 것이 아니다. 이리하여 전별시(餞別詩) 약간을 편집하고 간책(簡冊)의 마지막에 기록하여 이를 길 떠나는 형에게 주고 마침내 손을 들어 인사를 하고 이별하였다.

春秋時, 晉有叔向者, 垂聲邁烈, 顯白當世. 而其兄銅鞮伯華, 匿德藏光, 退居保和, 士大夫其不與叔向游者, 罕知伯華矣. 然仲尼稱叔向曰"遺直" "由義." 又稱伯華曰"多聞" "內植." 進退兩尊, 榮於策書, 故羊舌氏之美, 至于今不廢.

宗元常與韓安平遇於上京, 追用古道, 交於今世, 以是知吾兄矣. 兄字茂實, 敦朴而知變, 弘和而守節, 溫淳重厚, 與直道爲伍. 嘗績文著書, 言禮家之事, 條綜今古, 大備制量, 遺名居實, 澹泊如也. 他日當爲達者稱焉, 在吾儕乎? 則韓氏之美, 亦將焜燿於後矣.

今將浮游淮湖, 觀藝諸侯, 凡知兄者, 咸出祖于外. 天水趙佶秉翰序事, 殷勤宣備, 詞旨甚當. 余謂春秋之道, 或始事, 或終義. 大易之制, 序卦處末. 然則後序之設, 不爲非經也. 於是編其餞詩若干篇, 紀于末簡, 以貺行李, 遂抗手而別.

---

16) 두예(杜預) 「좌씨전서전(左氏傳序傳)」에 "어떤 것은 경(經)에 앞서 일을 시작하고 어떤 것은 경의 뒤에서 의리로 종결하였다"고 하였다.

송누도남수재유회남장입도서(送婁圖南秀才遊淮南將入道序 : 회남을 떠돌며 도교에 입문하려는 누도남 수재를 전송하며 지은 서)[17]

나는 약관(弱冠)이 되기 전에 진사과 시험에 참가하여 귀에 익숙하도록 누(婁)군의 명성을 들었다. 그가 지은 가시(歌詩)는 경성의 도처에 전해져 노래로 불려졌고, 여러 경전과 뭇 전적에 정통하였다. 당시 문장도 썼는데 최비부(崔比部)[18] 우위위(于衛尉)[19]같은 사람이 서로 더불어 그의 글을 칭찬하였다. 사람들은 모두 납언(納言)[20]의 증손이라고 말하였으며, 이런 일이 있음으로 해서 모두 그를 높여서 선등(先登)[21]으로 양보하였다. 십여 년 뒤에 나는 상서랑(尙書郞)에서 영릉(零陵)으로 유배되어 왔고[22] 여기서 누군을 만나게 되었다. 그는 아직 평민이었고, 사는데 반듯한 집이 없었으며 외출함에 시중드는 하인이 없었다. 나는 매우 이상하게 생각되어 그 이유를 물었더니 이렇게 대답하였다. "지금 과거에 급제하는 사람은 고귀한 세력가와 교유하거나 친척에 의지하여 운이 잘 맞으면 날개를 달고 바람과 파도를 일으키며 힘차게 기세를 떨치면서 여유를 부리는데, 나는 이러한 짓을 하지 않았다. 이런 경우가 아니면 입에 물리도록 먹고 마시며 견고한 수레와 좋은 말을 타고서 붕당의 사람과 즐기고, 서로 재물을

---

17) 본편은 회남(淮南)을 떠돌며 도교(道敎)에 입문하려는 누도남(婁圖南) 수재를 전송하며 지은 서이다. 본문에서는 지난날 장안에서의 누도남의 문명(文名)을 기억하고, 영릉에서 다시 만난 그가 말한 관도(官途)의 부조리에 대한 지적과 도술(道術)을 추구하는 명분이 적절치 않음을 밝히고 있다.

18) 최비부는 비부낭중을 지낸 최붕(崔鵬)을 말한다. 최붕(崔鵬)의 자는 원한(元翰)이며, 정원 6년(790) 지제고(知制誥)로부터 파직되어 비부낭중(比部郎中)이 되었다.

19) 우위위는 우소(于邵)를 가리킨다. 우소의 자는 상문(相門)이다.

20) 누사덕(婁師德)은 무후(武后) 때 하북(河北)을 평정하여 납언(納言)이 되었으며 세상에서는 그를 장자(長者)라고 불렀다.

21) 선등(先登)은 선봉을 말한다.

22) 영정 원년(805) 유종원은 예부원외랑(禮部員外郎)에서 영주사마(永州司馬)로 폄적되었다. 영릉은 영주이다.

교환하여 도와주고 서로 바꾸어 이름을 불러주면서 만약 허락하지 않는 사람이 있으면 기세로써 그들을 배척하는데 이러한 짓도 나는 하지 않았다. 이런 경우도 아니면 사방으로 뛰어다니면서 집으로 찾아가 인사하는 것을 잘하여 아침저녁으로 보통 사람의 앞에서 굽신대며, 높은 가문을 찾아다니고 높은 지위에 있는 사람을 불러서 거짓 웃음을 지으며 꾸며서 말하고 비열하게 아첨하면서 잠깐의 기회를 틈타서 그 기예를 파는데 이러한 짓을 나는 하지 않았다. 끝까지 그런 수고를 감내할 수 없음을 스스로 판단하였기 때문에 벼슬길을 버리고 사방을 떠돌아다니게 되었다. 동정호(洞庭湖)와 장강(長江)을 건너고 예장(豫章)으로 나와 남해(南海)에 이르렀다가[23] 다시 계주(桂州)를 거쳐 내려왔다. 어려서 도사(道士)의 말을 좋아하여 단약을 복용하여 장수하려고 하였는데 아직 그 비방을 다 터득하지 못하여 가서 그것을 구하려고 한다." 나는 이 말을 듣고서 더욱 의아스럽게 여겼다. 지난 날 진사에 급제한 사람을 살펴보건대 반드시 누(婁)군의 말과 일치하지는 않는다. 또 누군과 같은 문학적 재주가 적고 납언(納言) 같이 큰 덕이 있는 할아버지가 없으며 그들을 알아주는 최비부나 우위위가 없이도 진사에 이름을 올린 자가 백 수십 명이나 된다. 지금 누군은 부족한 것이 아니라 다만 좋아하지 않아서 피하는 것일 뿐이다. 이리하여 나를 위하여 3년을 영릉에 머물렀다. 어느 날 그는 또 "내가 마음에 추구했던 것을 할 수 없으니 지금 떠나야겠다"고 말하였다. 나는 그가 이름을 숨기는 것을 기이하게 생각하였고 또 그가 오랫동안 나 있는 곳에 머무른 것을 고맙게 생각하고 있었으므로 그를 위해서 말하였다.

군자가 세상에 나가는 것은 도를 행하기 위해서요, 물러나는 것은 홀로 자신의 한 몸을 잘 보존하기 위해서다. 지금 천하는 다스려져서 평화롭고 주상께서는 인재를 구하는 조서를 자주 내리신다. 누(婁)군은 직책을 맡아 일을 할 수 있는 지혜가 있고 풍아(風雅)를 선양하고 공덕을 노

---

23) 예장은 홍주(洪州)를 말하고 남해는 광주(廣州)를 가리킨다.

래할 수 있는 문장을 쓸 수 있으니 세상에서 돌아다니면 반드시 그의 도를 좋아하여 그를 추천하는 사람이 있을 것이다. 급작스럽게 처사(處士)가 되려고 하는데 나는 때가 아니라고 생각한다. 늙어서 쉬어야겠다는 것인가? 아주 젊고 혈기왕성하다. 허약하여 스스로 보양해야겠다는 것인가? 아주 우람하고 용맹스럽다. 그가 은거하려는 까닭을 물어 보았지만 그의 대답은 모두 명분이 없다. 만약 구차하게 장수(長壽)를 도모하는 것을 도(道)라고 생각한다면 이는 또한 내가 말하는 도는 아니다. 우리 몸이 흙에 발을 붙이고 사는 것은 내가 마음대로 할 수 있는 바가 아니다. 다행히도 요(堯)·순(舜)·공자의 뜻을 좋아하여 추구하였으니 다만 얻지 못할까 두려워할 뿐이요, 다행히도 요·순·공자의 도를 만나 행하게 되었으니 다만 만족스럽지 않을까 두려워할 뿐이다. 이와 같다면 오래 살아도 괜찮다. 그것을 추구하여 얻고 그것을 행하여 만족스러우면 비록 요절한다 해도 누가 슬퍼하겠는가? 이제 장차 숨을 들이쉬고 내쉬는 것을 음식으로 삼고 씹으며 음미하는 것을 정신으로 삼으면서 일이 없는 것을 한가로움이라 여기고 죽지 않음을 삶이라 여기려고 하고 있다. 그렇다면 깊은 산의 나무나 돌, 큰 연못의 거북이나 뱀도 모두 늙어 오래 살 수 있으니 그들은 도에 있어서 어떠한가?[24)]

나는 일찍이 유도(儒道)를 배워 그것을 지속하였지만 터득하지 못하여 이 지경에 빠지게 되었다. 이 때문에 세상에 나가서 곤궁하게 되었고 이 때문에 물러나서 잘못되었으니 도를 말할 자격이 없음이 분명하다. 그대가 내게 사사로운 정을 보여주고 또 다시 떠나가려 하는 까닭에 남몰래 이런 말을 하고 그것을 써서 밀봉하여 그대에게 준다.

僕未冠, 求進士, 聞婁君名甚熟. 其所爲歌詩, 傳詠都中. 通數經及羣書. 當時爲文章, 若崔比部于衛尉, 相與稱其文. 衆皆曰納言曾孫也, 而又

24) "도를 추구하는 목적이 단순히 오래 사는 데 있다면 깊은 산의 나무나 돌, 큰 연못의 거북이나 뱀도 도를 터득한 것이라고 할 수 있겠는가?"라는 말이다.

有是, 咸推讓爲先登. 後十餘年, 僕自尙書郎謫來零陵, 覯婁君, 猶爲白衣, 居無室宇, 出無僮御. 僕深異而訊之, 乃曰: "今夫取科者, 交貴勢, 倚親戚, 合則揷羽翮, 生風濤, 沛焉而有餘, 吾無有也. 不則饜飮食, 馳堅良, 以歡于朋徒, 相貿爲資, 相易爲名, 有不諾者, 以氣排之, 吾無有也. 不則多筋力, 善造請, 朝夕屈折於恒人之前, 走高門, 邀大車, 矯笑而僞言, 卑陬而姁媮, 偸一旦之容以售其伎, 吾無有也. 自度卒不能堪其勞, 故舍之而遊, 逾湖江, 出豫章, 至南海, 復由桂而下也. 少好道士言, 餌藥爲壽, 未盡其術, 故往且求之." 僕聞而愈疑. 往時覯得進士者, 不必若婁君之言, 又少能類婁君之文學, 又無納言之大德以爲之祖, 無比部衛尉以爲之知, 而升名者百數十人. 今婁君非不足也, 顧不樂而遁耳. 因爲余留三年. 他日又曰: "吾所以求於心者未克, 今其行也." 余旣異其遁於名, 而又德其久留於我也, 故爲之言.

夫君子之出, 以行道也; 其處, 以獨善其身也. 今天下理平, 主上亟下求士之詔, 婁君智可以任職用事, 文可以宣風歌德, 行於世, 必有合其道而進薦之者. 遽而爲處士, 吾以爲非時. 將曰老而就休耶? 則甚少且銳; 羸而自養耶? 則甚碩且武. 問其所以處, 咸無名焉. 若苟焉以圖壽爲道, 又非吾之所謂道也. 夫形軀之寓於土, 非吾能私之. 幸而好求堯舜孔子之志, 唯恐不得, 幸而遇行堯舜孔子之道, 唯恐不慊, 若是而壽可也. 求之而得, 行之而慊, 雖夭其誰悲? 今將以呼噓爲食, 咀嚼爲神, 無事爲閑, 不死爲生, 則深山之木石, 大澤之龜蛇, 皆老而久, 其於道何如也?

僕嘗學於儒, 持之不得, 以陷於是. 以出則窮, 以處則乖, 其不宜言道也審矣. 以吾子見私於僕, 而又重其去, 故竊言而書之而密授焉.

송역사양군서(送易師楊君序 : 역사 양군을 전송하며 지은 서)[25]

세상에서 『역경』을 배우는 사람은 대체로 스승의 학설을 속속들이 깊이 연구하지 못하여, 근본은 공자를 계승하면서 사물의 표면에 대하여 억측을 하고 이치의 밖에서 논쟁하며, 새로운 것에 힘써서 이름이 나고 변론을 잘하여 고명해지니 그 근원을 떠나 그 끝을 흔드는 격이다. 그런 까닭에 복희씨 문왕 주공 공자의 심오함이 모순되고 혼란스럽게 되어 그것을 경유하여 정통한 사람이 거의 없게 되었다. 옛 스승에 위배되지 않고 도의 묘한 경지에까지 들어간 홍농(弘農)사람 양(楊)군 같은 사람은 아주 드문 경우다. 어사중승(御史中丞) 최공(崔公)[26]은 박학하면서도 유도(儒道)를 지키고 광달(曠達)하면서도 예(禮)를 좋아하였다. 그리하여 양군이 오자 연당(燕堂)에 묵게 하고 좋은 음식으로 대접하며 날마다 모든 고을의 학자에게 명하여 연구 토론하여 고금 학설의 위아래를 꿰뚫게 하였다. 이리하여 흩어졌던 것이 다 한데 모이고 어두웠던 것이 크게 밝아졌으며 말은 황당한 것 같으면서도 성인에 어긋나지 않고 이치는 제멋대로인 듯 하면서도 정도를 잃지 않았다. 다른 신기한 것을 연구하여 이름을 세우지 않았고 잠시 그 뜻에 통달하기를 힘쓸 뿐이었다. 옛 사람이 공자의 학설을 전한 사람에 대하여 말한 바 있거니와 양군은 참으로 그러한 사람이다.

나 유종원은 태학(太學)에서 유관(儒官)[27]을 세우고 유업(儒業)[28]을 전수하는 것은 마땅히 전문적이면서 통달하고 참신하면서 하나로 통일할 수

---

25) 본편은 영주에 와서 고을 학자들과 『역경』에 대하여 연구 토론하고 떠나가는 역사(易師) 양군(楊君)을 전송하며 지은 서이다. 역사는 『역경』 선생을 말한다. 양군에 대하여는 자세하지 않다. 본문에서는 신기함을 쫓고 유창한 변론으로 명성을 추구하는 당시 『역경』 연구자들과는 달리 양군이 『역경』에 정통하고 있음을 말하고 세상을 등지고 은거하려는 그의 뜻을 바꾸기를 권하고 있다.

26) 당시 영주(永州)자사인 최능(崔能)을 말한다.

27) 고대 학무(學務)를 관장하는 관원 혹은 관학(官學)교사를 말한다.

28) 유학(儒學)을 가리킨다.

있는 사람을 구하여 주자(冑子)[29]의 교사로 삼아야 된다고 생각한다. 지난날 여기저기 돌아다녀 보았지만 그러한 사람을 만나지는 못하였다. 지금 세상에서는 밖의 여러 현명한 연수(連帥)[30] 방백(方伯)[31]과 조정의 괴극(槐棘)[32] 아래 서있는 사람들 모두 유학 선생을 쓰고 있는데, 양군의 도는 아직 박사의 대열에 들지 못하였으니 누구를 탓할 것인가? 이리하여 그 목소리를 숨기고 그 아름다움을 품고서 자신의 삶을 마치려는 것이 아니겠는가?

물러나 양보하여 풍부한 세상에서 자신의 삶을 마침으로써 자리를 차지하고 있는 사람들에게 부끄러움을 남겨주니 이는 『역경』의 학설을 익히고서 그 도를 폐기하는 것이다. 장차 길을 떠나려하는 마당에 이러한 물음을 던져 감히 그대의 뜻을 바꿔보려 한다.

世之學易者, 率不能窮究師說, 本承孔子而妄意乎物表, 爭伉乎理外, 務新以爲名, 縱辯以爲高, 離其源, 振其末, 故羲文周孔之奧, 訛冒混亂, 人罕由而通焉. 不違古師以入道妙, 若弘農楊君者其鮮矣. 御史中丞崔公, 博而守儒, 達而好禮, 故楊君之來也, 館于燕堂, 饋之侯食, 日命合邦之學者, 論說辯問, 貫穿上下, 揮散而咸同, 幽昏而大明, 言若誕而不乖於聖, 理若肆而不失於正; 不爲他奇以立名氏, 姑務達其旨而已. 古人謂駕孔子之說者, 楊君固其徒歟?

---

29) 주자(冑子)는 국자학(國子學) 생원(生員)을 말한다.

30) 원래는 고대 십국(十國) 제후의 우두머리를 말하는데, 뒤에는 일반적으로 지방 고급 장관을 지칭하였으며 당(唐)대에는 관찰사(觀察使)·안찰사(按察使)를 가리키는 말로 사용되었다.

31) 은주(殷周) 시대 한 지방 제후의 우두머리를 가리키는 말로 뒤에는 지방관을 범칭(泛稱)하였다. 한(漢) 이래의 자사(刺史), 당(唐)의 채방사(采訪使)·관찰사, 명청(明淸)의 포정사(布政使)를 모두 방백이라 하였다.

32) 괴극(槐棘)은 삼괴구극(三槐九棘)의 약어로 삼공구경(三公九卿)을 말한다. 주(周)대 조정에는 세 그루의 회화나무[三槐]를 심고 삼공(三公 : 太師、太傅、太保)이 이를 바라보고 앉았고, 좌우에 각각 아홉 그루의 가시나무[九棘]를 심어 그 아래로 오른쪽에 고(孤)·경(卿)·대부(大夫), 왼쪽에 공(公)·후(侯)·백(伯)·자(子)·남(南)이 앉았다.

宗元以爲太學立儒官, 傳儒業, 宜求專而通新而一者, 以爲胄子師. 昔嘗遊焉而未得其人. 今天下外多賢連帥方伯, 朝廷立槐棘之下, 皆用儒先, 而楊君之道未列於博士, 則誰咎歟? 無乃隱其聲, 含其美, 以自窮歟?

夫以退讓自窮於豐富之世, 以貽有位者羞, 是習易之說而廢其道也. 於將行而問以言, 敢以變君之志.

송서종사북유서(送徐從事北遊序 : 북으로 가는 서종사를 전송하며 지은 서)[33]

『시경』, 『예기』, 『춘추』를 읽고 능히 말로 설명해낸 사람이 없어서 그 얼굴에 희열이 충만한데도 명성이 세상에 소문나지 않으니, 어찌 천하가 넓고 유생들이 많아서 그렇게 된 것이겠는가? 이것이 아니라면 그 학설을 숨기고 자신이 읽은 것을 말하기를 꺼리어 세상으로 하여금 그 명성을 듣지 못하게 한 것인가? 아니면 먼 곳에 물러나 있고 먼 곳에서 벼슬살이를 하느라 통도대읍(通都大邑)의 호걸과 그 기예를 다투지 않아서 이렇게 된 것인가? 그렇지 않다면 그를 추켜세워 그 명성을 떨치게 하는 현달한 사람이 없어서인가? 지금 세상에 많은 유생이 있다고 해도 선생을 덮어 가릴 수는 없다. 살펴보니 선생 역시 그 학설과 읽은 것을 숨기는 사람이 아니다. 그런즉 나머지 두 가지 이유 때문에 그렇게 된 것이다.

33) 본편은 북으로 가는 서종사(徐從事)를 전송하며 지은 서이다. 제목의 '서종사(徐從事)'는 '서생(徐生)'으로 된 판본도 있다. 서종사에 대하여는 자세하지 않다. 본문에 "선생이 북으로 가면 반드시 통도대읍에 이를 것이다"라고 하였으니 유종원이 남방에 있을 때 지은 것은 분명하나 그곳이 영주인지 유주(柳州)에서인지는 알 수 없다. 본문에서는 유가경전에 통달하고서도 세상에 이름이 나지 않는 경우를 네 가지 제시하면서 서경사가 경사에서 멀리 떨어져 있어 그를 이끌어줄 현달한 사람을 만나지 못해서 이름이 나지 못하였음을 진단하고, 이번에 북으로 가면 반드시 명성과 지위를 얻어 진정한 유(儒)가 될 수 있을 것이라 위로하고 있다.

선생이 북으로 가면 반드시 통도대읍에 이르게 되고, 통도대읍에는 반드시 현달한 사람이 있을 것이니 이로 말미암아 결국 세상에 소문이 날 것이다. 만약 소문이 나면 반드시 지위를 얻을 것이고, 지위를 얻어서는 『시경』·『예기』·『춘추』의 도를 일에 적용하고 사물에 미치게 하면서 공자의 가르침을 저버리지 않을 것을 생각할 것이다. 이와 같을 수 있으면 그런 뒤에 유(儒)가 될 수 있다. 유는 말할 수 있고 읽을 수 있고 일할 수 있는 것이다.

讀詩禮春秋, 莫能言說, 其容貌充充然, 而聲名不聞傳於世, 豈天下廣大多儒而使然歟? 將晦其說, 諱其讀, 不使世得聞傳其名歟? 抑處於遠, 仕於遠, 不與通都大邑豪傑角其伎而至於是歟? 不然, 無顯者爲之倡, 以振動其聲歟? 今之世, 不能多儒可以蓋生者, 觀生亦非晦諱其說讀者, 然則餘二者爲之決矣.

生北遊, 必至通都大邑, 通都大邑必有顯者, 由是其果聞傳於世歟? 苟聞傳必得位, 得位而以詩禮春秋之道施於事, 及於物, 思不負孔子之筆舌. 能如是, 然後可以爲儒. 儒可以說讀爲哉!

송시인요유방서(送詩人廖有方序: 시인 요유방을 전송하며 지은 서)[34]

교주(交州)[35]에는 남금(南金)[36]·주기(珠璣)[37]·대모(瑇瑁)[38]·상서(象

34) 본편은 시인 요유방(廖有方)을 전송하며 지은 서이다. 요유방과 관련된 글로는 『유종원집』 권34에 「답공사요유방론문서(荅貢士廖有方論文書)」가 있다. 본문에서는 먼저 교주(交州)에 기이한 광물과 초목은 나지만 인재는 나지 않음을 언급하면서 요유방을 세상에 드문 인재로 인정한다.

35) 교주는 광주(廣州)의 남쪽에 있는데 당(唐)대에는 안남(安南)에 속하였고 천축도(天竺道)

犀[39]가 많은데 그곳에서 나는 것은 모두가 기괴하여 초목까지도 특이하다. 나는 일찍이 양덕(陽德)[40]의 광채가 유독 여러 화초나 남금 주기 대모 같은 아름다운 것들에서만 발하고 사람에게 집중되는 일은 드문 것을 이상하게 생각하였다.

지금 요(廖)선생은 강건(剛健)·중후(重厚)하며 효성스럽고 공손하고 미덥고 겸손하여 속으로 충실하고 겉으로는 문아(文雅)하다. 당시(唐詩)를 지음에 대아(大雅)의 풍모를 갖추고 있으니 참으로 양덕(陽德)에 집중된 사람이다. 이는 세상에 드문 경우이다. 오늘날 보통사람들은 여러 화초나 아름다운 것들을 보면 그것을 귀하게 여길 줄 안다. 그런즉 또한 요선생을 귀하게 여길 사람도 있을 것이다. 만약 이럴 수 있다면 나는 그를 보통사람이라고 부르지 않을 것이다. 사실 그런 사람 또한 세상에 드문 경우이기 때문이다.

交州多南金珠璣瑇瑁象犀, 其産皆奇怪, 至於草木亦殊異. 吾常怪陽德之炳耀, 獨發於紛葩瓌麗, 而罕鍾乎人.

今廖生剛健重厚, 孝悌信讓, 以質乎中而文乎外. 爲唐詩有大雅之道, 夫固鍾於陽德者耶? 是世之所罕也. 今之世, 恒人其於紛葩瓌麗, 則凡知貴之矣, 其亦有貴廖生者耶? 果能是, 則吾不謂之恒人也, 實亦世之所罕也.

에 통하였다. 남해(南海)·번우(番禺)·합포(合浦)·교지(交趾)가 모두 그 속군(屬郡)이다.

36) 남방에서 생산된 양질의 금을 말한다. 금은 남방에서 나는 것이 좋았으므로 남금이라 불렀다.

37) 주(珠)는 진주를 말하며, 기(璣)는 둥글지 않은 구슬을 말한다.

38) 대모는 거북과 비슷한 동물로 남해에서 난다. 껍질은 황갈색인데 검은 반점과 광택이 있어 장식품으로 사용된다.

39) 코끼리와 물소.

40) 양덕은 양기(陽氣)를 말한다. 교주는 남쪽 지방이므로 이렇게 말한 것이다.

송원십팔산인남유서(送元十八山人南遊序 : 남쪽으로 가는 원십팔산인을 전송하며 지은 서)[41]

태사공(太史公)이 일찍이 말하기를 세상에서 공자를 배우는 사람은 노자를 배척하고 노자를 배우는 사람은 공자를 배척하는데 이는 도가 같지 않아서 서로 도모하지 못하기 때문이라고 하였다.[42] 내가 살펴보니 노자 역시 공자와는 다른 부류여서 서로 대립시킬 수가 없다. 하물며 양주(楊朱) · 묵적(墨翟) · 신불해(申不害) · 상앙(商鞅) 등과 형명(刑名)[43] · 종횡(縱橫)의 학설의 경우, 서로 모순되고 충돌하여 합치되지 않는 것을 이루 다 말할 수 있겠는가? 그러나 모두 세상에 도움이 될 수 있다. 태사공이 죽고 그 뒤에 불교가 나타났는데 참으로 학자들은 더욱 놀라며 이상하게 보고, 황당하여 정도에 어긋나는 것으로 여겼다.

지금 하남(河南)사람 원(元)선생이 있는데 사람됨이 크게 트여 있으면서 질박하고 정직하여 사물이 그의 뜻을 좌절시킬 수 없었다. 그의 학문은 폭이 넓으면서도 두루 관통하여 운명이 그 도를 넘어뜨릴 수 없었다. 지

---

41) 본편은 영주를 떠나 남으로 가는 원십팔산인(元十八山人)을 전송하며 지은 서이다. 원십팔산인은 그 이름이 누구인지 자세하지 않다. 백낙천(白樂天)의 「유대림사서(遊大林寺序)」에 하남(河南)사람 원집허(元集虛)라는 사람이 보이는데 동일 인물일지도 모르겠다. 제목의 산인(山人)은 강호(江湖)의 술사(術士)를 지칭하는 말이다. 한유(韓愈)의 「증원십팔협률시(贈元十八協律詩)」에 "내 친구 유자후는 재능이 있고 현명하다. 내가 그대를 알기 전에 이미 그대에게 준 글을 읽었다[吾友柳子厚, 其人藝且賢. 吾未識子時, 已覽贈子篇]"라고 하였는데 여기서 '그대에게 준 글'이란 바로 이 서를 말한다. 본문에서는 노자를 비롯한 양주(楊朱), 묵적(墨翟), 신불해(申不害), 상앙(商鞅) 등과 형명(刑名) · 종횡(縱橫)의 학설이 공자의 학설과는 어긋나지만 모두 세상에 도움이 되는 것이라고 총평하고 이어 원생(元生)의 사람됨과 학문을 칭찬하고 마지막에 자신과 함께 지내게 된 일을 회상하며 남으로 떠나가는 그의 앞길을 축복하고 있다.

42) 『사기』 「노자한비열전(老子韓非列傳)」에 "세상에서 노자를 배우는 사람은 유학을 배척하고 유학자 역시 노자를 배척한다. '도가 같지 않으면 서로 도모하지 못한다'는 말이 어찌 이것을 말하는 것이 아니겠는가?"라는 기록이 있다.

43) 전국시대 신불해(申不害) · 한비자를 대표로 하는 학파를 말한다.

난날 다르게 취급하였던 학설을 다 가져다가 관통하여 똑같이 취급하고, 물색하여 고르고 융합하여 도(道)와 대체적으로 어울리게 하면서 그 장점은 다 펼쳐내고 그 기괴하고 바르지 못한 점은 배척하였다. 요컨대 공자와 도를 같이 하면서 모두 그 취지에 맞게 할 수 있었으니, 그 재능은 족히 그것을 지킬 수 있었고 그 기운은 족히 그것을 행할 수 있었다. 그 도(道)로써 세상에 부합되기를 구하지 않았고 항상 옛 사람이 유약한 태도로 처세했던 것에 뜻을 두었다.

이 지방에 이르러 내가 길이 막히어 근심이 많고 일찍이 유학(儒學)을 좋아하였다는 사실을 알고는 36일간 머물면서 그의 고명한 견해를 내게 진술하고 부지런히 깨우쳐주었다. 이리하여 나는 비로소 그의 사람됨을 이해하게 되었다. 그는 지금 또 나를 떠나 남으로 가서 영도(營道)[44]를 지나 구의산(九疑山)을 유람하고 이수(灕水)로 내려가 남월(南越) 땅 끝까지 가서 큰 바다에 다다르려고 한다. 그런즉 나는 그가 다시 돌아올는지 알지 못한다. 고니가 한 번 떠나면 푸른 하늘 끝없이 펼쳐 있을 것이니 어떻게 구름과 바람을 타고 올라 광활한 하늘에 소리를 남기지 않을 수 있겠는가?

太史公嘗言, 世之學孔氏者, 則黜老子, 學老子者, 則黜孔氏, 道不同不相爲謀. 余觀老子, 亦孔氏之異流也, 不得以相抗, 又況楊墨申商刑名縱橫之說, 其迭相訾毁牴牾而不合者, 可勝言耶? 然皆有以佐世. 太史公沒, 其後有釋氏, 固學者之所怪駭舛逆其尤者也.

今有河南元生者, 其人閎曠而質直, 物無以挫其志; 其爲學恢博而貫統, 數無以躓其道. 悉取向之所以異者, 通而同之, 搜擇融液, 與道大適, 咸伸其所長, 而黜其奇衺, 要之與孔子同道, 皆有以會其趣, 而其器足以守之, 其氣足以行之. 不以其道求合於世, 常有意乎古之"守雌"者.

及至是邦, 以余道窮多憂, 而嘗好斯文, 留三旬有六日, 陳其大方, 勤以

44) 영도(營道)는 한(漢) 현명(縣名)으로 영릉군(零陵郡)에 속하였다.

爲諭, 余始得其爲人. 今又將去余而南, 歷營道, 觀九疑, 下灕水, 窮南越, 以臨大海, 則吾未知其還也. 黃鵠一去, 青冥無極, 安得不馮豐隆愬蜚廉以寄聲於寥廓耶!

송가산인남유서(送賈山人南遊序: 남쪽으로 가는 가산인을 전송하며 지은 서)[45]

전(傳)에 이른바 배워서 자신을 위하는 사람, 정말로 그런 사람이 있는가? 나는 경사에서 33년을 살았다. 그 동안 동향 사람들과 교유하고 태학(太學)에 들어갔으며 예부(禮部)와 이부(吏部)의 시험에 합격하고 집현원(集賢院)의 비서(秘書)를 교감하였다. 드나들고 오가면서 더불어 이야기를 나눴던 사람들은 학자가 아닌 이가 없었으니 아마도 백 명은 넘었을 것이다. 그러나 이른바 배워서 자신을 위하는 사람을 알 수는 없었다. 상서성(尙書省)에서 쫓겨나 영주(永州)에 거하고 유주(柳州)의 자사로 있으면서 만난 학자는 더욱 드물고 적었으므로 금세(今世)에서는 이 문제에 대하여 결론을 낼 수 없겠다고 늘 생각하였다.

몇 달이 지나서 장락(長樂) 사람 가경백(賈景伯)이 왔다. 그와 더불어 말해보니 경서에 정통하였고 여러 역사가와 뭇 제자백가가 옛날에 쓴 문장을 다 융회관통(融會貫通)하여, 공정하지 못한 말을 한 적이 없으며 괴이하게 행동한 적이 없었다. 그가 집에 거하면 조용하여 문 밖으로 나가려 하지 않았고 사람을 만나면 화락하면서도 엄숙하였다. 그를 불러 벼

45) 본편은 남쪽으로 가는 가산인(賈山人)을 전송하며 지은 서이다. 가산인은 가경백(賈景伯)을 말한다. 본문에 '유주(柳州)의 자사로 있으면서' '몇 달이 지났다'라고 하였으니 저작 시기는 유종원이 유주자사로 부임한 원화 10년(815) 겨울쯤으로 추정된다. 본문에서는 먼저 금세에 자신의 수양을 위해서 학문하는 사람을 만나 본 적이 없다고 하면서 가경백이 출사에 뜻을 두지 않고 오로지 도(道)를 추구하는 것을 칭찬하고 있다.

슬을 주어도 기뻐하지 않았고, 그를 중원으로 돌아가도록 안내하면서 그의 뜻을 살피니 중원이나 남방이나 똑같은 것 같았다. 그 옳고 그름을 취하는 일이 없고 "잠시 도를 닦을 뿐이다"라고 말한다. 이러한 사람은 사실 자신을 위하는 것인가? 자신을 비난하는 것인가? 나로 하여금 금세(今世)에서 고르라고 한다면 가(賈)군이 과연 그런 사람인가? 풍족하면 머물러 지내고 부족하면 길을 떠나는데 길을 떠남에 구차하게 가지 않고 머물러 지냄에 구차한 표정을 짓지 않는다. 이렇게 하면서 지금 세상에서 살고 있으니 그가 과연 부족함에서 도피하는 것이겠는가?

나는 이름을 좇다가 녹봉이 낮아졌고 말은 세상에서 비난을 받고 있으니 가군을 어찌할 것인가? 그가 가려는 마당에 그 배에 가서 그와 더불어 술자리를 마련하여 노래를 불러 그에게 술을 권하였다. 노래 가사는 이러하다. "자신이 사는 집을 채우자면 그 길에서 넘어지기도 하겠네. 자신이 가진 것을 다 써버리고 텅 비우면 그 집을 채우게 될 수도 있겠네. 무엇이 써버리는 것이고 무엇이 채우는 것인가? 편안하게 지내고 궁색하게 지내는 것이라네. 군자는 무엇을 선택하는가? 자신의 편안함이라네." 그대와 같은 사람은 도(道)에 나아갈 뿐이니 세상에서 그 누가 그 조용한 것을 알겠는가?

傳所謂學以爲己者, 是果有其人乎? 吾長京師三十三年, 遊鄕黨, 入太學, 取禮部吏部科, 校集賢秘書, 出入去來, 凡所與言, 無非學者, 蓋不啻百數, 然而莫知所謂學而爲己者. 及見逐於尙書, 居永州, 刺柳州, 所見學者益稀少, 常以爲今之世無是決也.

居數月, 長樂賈景伯來, 與之言, 邃於經書, 博取諸史羣子昔之爲文章者, 畢貫統, 言未嘗詖, 行未嘗怪. 其居室愔然不欲出門, 其見人侃侃而肅. 召之仕, 怏然不喜; 導之還中國, 視其意, 夷夏若均, 莫取其是非, 曰 "姑爲道而已爾". 若然者, 其實爲己乎? 非己乎? 使吾取乎今之世, 賈君果其人乎? 其足也則居, 其匱也則行, 行不苟之, 居不苟容, 以是之於今世,其果逃於匱乎?

吾名逐祿貶, 言見疵於世, 奈賈君何? 於其之也, 卽其舟與之酒, 侑之以歌. 歌曰 : "充乎己居, 或蹪其途, , 匱己之虛, 或盈其廬. 孰匱孰充? 爲泰爲窮, 君子烏乎取? 以寧其躬." 若君者之於道而已爾, 世孰知其從容者耶?

송방급사서(送方及師序 : 방급 스님을 전송하며 지은 서)[46]

세간의 유민(遊民)[47]은 문장을 배워 뛰어난 성취를 이루지 못하면 승려의 몸을 빌려 자신의 지위를 높이려고 한다. 부처를 배우되 성실하지 못한 사람은 또한 문장가의 이름을 빌려 자신의 감정을 풀어놓는다. 이런 까닭에 문장을 쓰는 승려는 대체로 모두가 방종하고 난잡스러운데도 세상에서는 또한 너그럽게 대하면서 추궁하지 않는다.

지금 방급이란 스님이 있는데 홀로 이렇지 않다. 승려의 무리와 함께 지내면서 고결하게 절도를 뛰어넘지 않고, 외부 사람을 만나면 겸허하게 대하면서도 구차하게 친하려 하지 않는다. 달사(達士)의 저작을 보면 언제나 손으로 잘 베껴서 복습하기를 게을리 하지 않고, 그 법(法)을 실행하면서 스스로 나태하지 않았다. 푸른 풀을 밟으며 새로 나는 싹을 꺾거나[48] 자리를 청소하고 세수하는 것에 이르기까지 비록 작은 가르침이나

46) 본편은 방급(方及) 스님을 전송하며 지은 서이다. 원제(原題)의 사(師)는 승려나 도사(道士)에 대한 존칭이다. 본문에 유우석(劉禹錫)을 연주(連州)자사로 부르고 있는 것으로 보아 저작 시기는 유종원이 유주(柳州)자사로 있었던 원화 10년(815) 이후로 추정된다. 본문에서는 문장으로 뛰어나지 못하여 승려가 된 사람이 있는가 하면 불도에 성실치 못하여 문장으로 이름을 날리려는 승려가 있는데 방급은 이런 부류의 사람이 아니라 문장이 뛰어나고 불도에 성실한 승려로서 도주(道州)자사 설백고(薛伯高)와 연주자사 유우석도 그를 존경하고 그를 칭송하는 시를 썼다는 말로 그에 대한 칭찬을 대신하고 있다.

47) 유민은 한가롭게 맡은 일이 없는 사람을 말한다.

계율이라 할지라도 그 마음을 멋대로 한 적이 없었으니, 이 사람은 참으로 저 거짓으로 하는 사람들과는 달랐다. 설도주(薛道州)와 유연주(劉連州)는 문유(文儒)[49]라고 할 수 있는데 그에게 숙소를 제공하여 그에 대한 공경의 도리를 다 갖추었고 그를 노래하여 시를 지어 주었다.[50] 이것이 어찌 지나친 대우이겠는가? 나는 이로써 그 설명을 덧붙이지 않고 다른 호사가들에게 알릴 수 있게 되었다.

代之游民, 學文章不能秀發者, 則假浮屠之形以爲高; 其學浮屠不能愿慤者, 則又託文章之流以爲放. 以故爲文章浮屠, 率皆縱誕亂雜, 世亦寬而不誅.

今有方及師者獨不然. 處其伍, 介然不踰節; 交於物, 冲然不苟狎. 遇達士述作, 手輒繕錄, 復習而不懈. 行其法, 不以自怠. 至於踐青折萌, 汎席灌手, 雖小敎戒, 未嘗肆其心, 是故異夫假託爲者也. 薛道州劉連州, 文儒之擇也, 館焉而備其敬, 歌焉而致其辭, 夫豈貸而濫歟? 余用是得不繫其說, 以告于他好事者.

48) 봄에 새로 돋아나는 차 잎을 따는 것을 말한다.

49) 문유란 유자(儒者) 가운데 저술에 종사하는 사람을 말한다. 여기서는 문사(文士)의 의미로 쓰였다.

50) 설도주는 설백고(薛伯高), 유연주는 유우석(劉禹錫)을 말한다. 유종원의 「도주문선왕묘비(道州文宣王廟碑)」에 "하동(河東)사람 설백고가 상서(尙書) 형부랑중(刑部郎中)에서 도주자사(道州刺史)가 되었다[河東薛公伯高, 由尙書刑部郎中爲道州]"는 기록이 있다. 유우석은 「송승방급남알유원외시(送僧方及南謁柳員外詩)」의 서에서 "내가 연주(連州)자사가 된 지 얼마 되지 않아서 방급(方及)이 왔다. 옷자락에서 시 한 수를 꺼내어 내게 주었는데 그 문사가 아주 풍부하였다. 1년을 머물렀는데 그 행동을 살펴보니 거동이 가르침과 같았으므로 더욱 그를 훌륭하게 여기게 되었다[予爲連州, 居無何, 而方及至. 出褏中詩一篇以貺予, 其詞甚富. 留一歲, 觀其行, 結矩如敎, 益多之]"고 말하였다. 설백고가 방급에게 지어준 시는 전하지 않는다.

송문창상인등오대수유하삭서(送文暢上人登五臺遂遊河朔序 : 오대산에 올라서 하삭으로 가려는 문창상인을 전송하며 지은 서)[51]

옛날에 불문(佛門)의 제자들은 현인 사대부와 교유하기를 좋아하였습니다. 진(晉) 송(宋)대 이후로 도림(道林) · 도안(道安) · 원법사(遠法師) · 휴상인(休上人) 등이 교유한 사람으로는 사안석(謝安石) · 왕일소(王逸少) · 습착치(習鑿齒) · 사령운(謝靈運) · 포조(鮑照) 같은 사람으로 모두 당시의 저명한 인물들이었습니다. 이로 말미암아 불가의 경전과 유가 경전이 함께 쓰였고 사람들이 정도(正道)를 따를 줄을 알게 되었습니다. 지금 석문창(釋文暢)이란 사람이 있는데 태어나면서부터 도의 근원[52]을 알아 일찍부터 좋은 근기(根基)를 갖게 되었습니다. 법어(法語)를 매우 좋아하였고 감로의 맛에 푹 빠져서 강남에서 출가한 지 30년쯤 되었을 것입니다. 왕성도읍(王城都邑)에 대사(大士)[53]가 있어야 한다고 생각하여 발걸음을 서쪽으로 향하였

---

51) 본편은 오대산(五臺山)에 올랐다가 이어서 하북(河北)으로 가려는 문창상인(文暢上人)을 전송하며 지은 서이다. 상인(上人)은 승려에 대한 존칭이다. 한유 「송부도문창서(送浮屠文暢序)」에 "문창은 문장짓는 것을 좋아하여 천하를 두루 돌아다닐 때 그가 가는 곳마다 언제나 관리들에게 초청되어 그 뜻을 시가로 써내기를 요구받았다. 정원 19년(803) 봄 동남쪽으로 가려할 때 유종원이 그에게 시를 써 주었다[文暢喜爲文章, 其周遊天下, 凡有所行, 必請於縉紳先生, 以求詠歌其志. 貞元十九年春, 將行東南, 柳君宗元爲之詩]"고 하였는데 유종원의 시는 지금 전하지 않는다. 한유에게는 또 정원 21년(805)에 지은 「송문창사북유시(送文暢師北遊詩)」가 있는데 유종원의 이 서와 그 저작 시기가 같은 것으로 보인다. 이때 유종원은 아직 장안에 있었다. 본문에서는 옛부터 승려와 사대부 사이에 교유가 있어서 이 때문에 유학과 불학이 함께 사용되어 정도를 제시하게 되었음을 긍정하고, 이어서 문창상인의 승려로서의 삶을 소개하면서 그와 사귐을 가졌던 관료들이 그가 오대산을 거쳐 하북으로 수행의 길을 떠나는 것을 못내 아쉬워하면서 새로운 지방에서도 그곳 관료들과 교유하여 그의 덕을 찬미하는 많은 시가 지어지길 바라는 마음을 써내었다.

52) 도의 근원이란 원문의 '도원(道源)'을 옮긴 것으로 불교 경전의 뜻을 가리킨다. 불교나 도교에서는 불교나 도교의 경전의 뜻이 사물의 본원이라고 생각하기 때문에 이렇게 부른다.

53) 대사(大士)는 고승(高僧)에 대한 존칭이다.

고, 석장(錫杖)을 짚고 돌아다닌 지 12년이 지나니 진(秦)[54]인 가운데 이익을 본 사람이 매우 많아졌습니다. 운주(雲州)·대주(代州) 사이에는 영산(靈山)[55]이 있어 축건(竺乾)·취령(鷲嶺)[56]과 나란히 서서 서로 바라보고 있는데 그곳으로 가서 해탈을 추구하는 사람이 많아서 가고 오고 되돌아가는 것이 마치 앞사람의 발걸음을 따라 걷는 것 같습니다. 그런즉 부지런히 오묘한 불법(佛法)을 추구하고 대성(大聖)에게 예를 행하려면 이 곳에 가지 않으면 안됩니다. 그 때문에 또 서쪽 땅에서의 일을 그만두고 북쪽 변방으로 가서 문수보살의 불이(不二)의 모임에 참여하여 세속의 일에 연루되는 것을 벗어버리고 깨달음의 길로 나아가려 하니 우리 같은 사람들은 만류할 수가 없습니다.

천관(天官) 고공(顧公),[57] 하관(夏官) 한공(韓公),[58] 정위(廷尉) 정공(鄭公), 이부낭중(吏部郎中) 양공(楊公)과 유공(劉公)은 사안석 같은 덕(德)과 왕일소 같은 고상함 그리고 습착치 같은 재능을 가지고 있는데, 모두 문창상인(文暢上人)과 친밀하게 지냈고 그의 도풍(道風)을 이어받았으므로 오래도록 서서 바라보면서 그가 가서 돌아오지 않을까 두려워하고 있습니다. 우리는 항상 사령운과 명원(明遠)의 문아함을 동경하였기 때문에 시를 짓고 서를 썼습니다. 또 이어서 다음과 같이 일렀습니다. "지금 연(燕)·위(魏)·조(趙)·대(代) 지역은 천자께서 중신(重臣)을 나누어 임명하여 사방의 산악을 맡기셨으니 문장과 학식을 갖춘 인재를 불러서 정령(政令)을 쓰게 할 것입니다. 유가(儒家) 성인의 가르침을 부지런히 따르며 불가(佛家)의 일을 높여 예를 표하는 사람은 도처에 있습니다. 상인께서는 가셔서 장차 유가와 불가를 통합하시어 의혹과 막힌 것들을 씻어내시고 그런 뒤에 사람들

54) 진(秦)은 장안(長安)을 말한다.
55) 오대산(五臺山)을 가리킨다.
56) 축건(竺乾)은 인도를 말하며, 취령은 불경에서 말하는 영취산(靈鷲山)으로 부처가 제자들을 모아 설법하던 곳이다.
57) 천관은 이부(吏部)를 가리킨다. 정원 17년(801) 고소련(顧少連)이 이부상서가 되었다.
58) 병부시랑(兵部侍郎) 한고(韓皐)를 말한다.

이 주는 승복을 가볍게 여기고 재물을 시주하는 모임은 버려 두고 돌아보지 않으실 것이니, 돌아오실 때 어찌 또한 그들이 시가들을 모아서 상인의 고상하고 탁월한 행적을 빛내지 않겠습니까? 위장(偉長)과 덕련(德璉) 같은 사람이 지은 작품이 어찌 천년동안 중시되지 않겠습니까?[59] 풍속을 살피는 직무를 수행하는 틈틈이 그들의 뜻을 알기를 바랄 뿐입니다."

昔之桑門上首, 好與賢士大夫遊. 晉宋以來, 有道林道安遠法師休上人, 其所與遊, 則謝安石王逸少習鑿齒謝靈運鮑昭之徒, 皆時之選. 由是眞乘法印, 與儒典並用, 而人知嚮方. 今有釋文暢者, 道源生知, 善根宿植, 深嗜法語, 忘甘露之味, 服道江表, 蓋三十年. 謂王城雄都, 宜有大士, 遂躡虛而西, 驅錫逾紀, 而秦人蒙利者益衆. 雲代之間, 有靈山焉, 與竺乾鷲嶺角立相望, 而往解脫者, 去來回復, 如在步武. 則勤求秘寶, 作禮大聖, 非此地莫可. 故又捨筏西土, 振塵朔陲, 將欲與文殊不二之會, 脫去穢累, 超詣覺路, 吾徒不得而留也.

天官顧公夏官韓公廷尉鄭公吏部郎中楊公劉公, 有安石之德, 逸少之高, 習鑿齒之才, 皆厚於上人, 而襲其道風, 佇立瞻望, 懼往而不返也. 吾輩嘗希靈運明遠之文雅, 故詩而序之. 又從而諭之曰 : "今燕魏趙代之間, 天子分命重臣, 典司方岳, 辟用文儒之士, 以緣飾政令. 服勤聖人之教, 尊禮浮圖之事者, 比比有焉. 上人之往也, 將統合儒釋, 宣滌疑滯, 然後蔑衣裓之贈, 委財施之會不顧矣. 其來也, 盍亦徵其歌詩, 以焜耀逈躅, 偉長德璉之述作, 豈擅重千祀哉! 庶欲竊觀風之職, 而知鄭志耳."

59) 위장은 북해(北海) 사람 서간(徐幹)의 자이고, 덕련은 여남(汝南) 사람 응창(應瑒)의 자이다. 여기서 위장과 덕련은 연·조·위·대 지방의 막료(幕僚)를 비유한다.

송손상인부중승숙부소서(送巽上人赴中丞叔父召序: 중승 숙부의 부름을 받고 가는 손상인을 전송하며 지은 서)[60]

어떤 사람이 종원(宗元)에게 "아참, 당신은 손상인에게서 불학을 배웠는데 그 도는 도대체 어떻습니까?"라고 물어 이렇게 대답하였습니다. "저는 어려서부터 불학을 좋아하여 그 도를 추구한 지 30년이 되었습니다. 세상의 논자 가운데 불가의 학설에 능통한 사람은 드문데 영릉(零陵)에서 나는 홀로 그런 사람을 만났습니다. 부처님의 말씀을 우리는 들을 수가 없거니와 세상에 존재하는 것은 다만 그 책에 남아있을 뿐입니다. 그 책에서 구하지 않으면 그 말씀을 얻을 수가 없습니다. 말씀을 얻을 수가 없는데 하물며 그 뜻은 더할 나위가 있겠습니까? 지금 손상인은 그 책을 연구하고 그 말씀을 얻고 그 뜻을 논하는데 그것을 추론하고 확대하면 만 자가 넘어도 번거롭지 않고 그것을 총괄하면 몇 마디 말로 표현하여 빠진 것이 없습니다. 사람들이 문장의 구법을 분석하고 문자를 검증하면서 지허(至虛)의 극단을 이야기하면 흔들려서 지킬 것을 잃어버리고, 군유(羣有)[61]의 많은 것을 변론하면 구애되어 모두 다 언급하는 것과는 전혀 차원이 다르다고 생각지 않으십니까?"

내가 들어서 아는 바에 의하면, 세상에서 불학에 대하여 잘 설명할 수

60) 본편은 유종원의 숙부 유공작(劉公綽)의 부름을 받고 가는 손상인(巽上人)을 전송하며 지은 서이다. 손상인은 중손(重巽)을 말하며 영주 용흥사(龍興寺)에 거주하고 있던 승려다. 『유종원집』에는 권42에 「손상인이죽간자채신다견증수지이시(巽上人以竹間自採新茶見贈酬之以詩)」와 권43에 「손공원오영(巽公院五詠)」시가 있다. 『신당서』「유공작전」에 의하면 유공작은 어사중승(御史中丞)에 배수되어 이길보(李吉甫)가 국정을 맡고 있을 때 호남(湖南) 관찰사로 파견되었다. 이길보가 다시 재상이 된 것은 원화 6년(811)이며, 이 해에 이 서가 지어진 것으로 추정된다. 당시 유종원은 영주에 있었다. 본문에서는 유종원 자신이 손상인에게서 불학을 배운 일을 술회하면서 그의 불도(佛道)의 경지를 칭찬하고 유공작의 초청에 응하여 가서 천하의 많은 사람들에게 불도를 창도하여 줄 것을 바라는 마음을 적고 있다.

61) 군유(羣有)는 불가(佛家)에서 삼계(三界)의 중생(衆生)을 가리키는 말로 쓰인다.

있는 사람으로 오(吳)에서는 혜성(惠誠) 스님, 형(荊)에서는 해운(海雲) 스님, 초(楚)의 남쪽에서는 중손(重巽) 스님을 꼽을 수 있습니다. 이런 스님들의 말씀이 있으니 부처님의 도가 멀지 않은 것입니다. 혜성 스님은 이미 세상을 떠나 지금 불법을 설명할 사람은 더욱 적어졌습니다. 유학(儒學)을 거쳐서 불학에 통달한 사람으로는 정중서(鄭中書)와 맹상주(孟常州)가 있습니다. 정중서는 손상인과 만나자 불경을 듣고 사사(師事)하였고 또 "중도(中道)[62]에 대하여 나는 더욱 통달할 수 있게 되었다"고 말하였습니다. 맹상주는 "부처를 좇아 법(法)이 생기고 성불(成佛)하여 법이 나뉜다"고 말하였습니다. 사람들은 모두 그들을 스승과 벗의 관계라고 명명하였습니다. 지금 연수중승(連帥中丞)[63]께서 배를 보내와 그를 맞이하고 숙소를 꾸며놓고 기다리면서 그의 도가 멀리 행해지기를 바라고 있는데 어찌 공연히 그리하는 것이겠습니까? 정직하고 근엄한 중승(中丞)과 변론에 능하고 박학한 중서(中書), 그리고 민첩하고 통달한 상주(常州)까지도 또한 오히려 그 도를 높이고 중시하고 있는데 나같이 우둔하고 무지한 사람이야 더할 나위 있겠습니까?

뭇 사람의 화답은 대인(大人)의 제창에서 비롯됩니다. 동정호(洞庭湖)의 남쪽에서 남해(南海)에 이르기까지 그 문사들이 넘쳐나고 도(道)를 추구하는 사람이 천하의 반을 넘습니다. 한 사람이 제창하면 먼 곳에 있는 사람에까지 크게 행해지게 될 것이니 이번에 가서 그렇게 하면 그에 화답하는 사람이 마치 뭇 벌레에 천둥이 치는 것과 같아서 장차 멈출 수가 없을 것입니다. 이에 글로 적어 「손상인부중승숙부초서(巽上人赴中丞叔父召序)」를 지었습니다.

---

62) 중도(中道)는 불가어(佛家語)로 대승제종(大乘諸宗)에서 말하는 차별이 없고 치우침이 없는 지극한 이치를 가리킨다. 즉 공(空)과 유(有), 단(斷)과 상(常) 등의 두 가장자리를 떠난 실상(實相)을 말한다.

63) 연수(連帥)는 당(唐)대 관찰사(觀察使)를 가리킨다. 여기서 연수중승(連帥中丞)은 어사중승(御史中丞)에 배수되어 이길보(李吉甫)가 국정을 맡고 있을 때 호남(湖南)관찰사로 파견된 유공작(柳公綽)을 말한다.

或問宗元曰：悉矣! 子之得於巽上人也, 其道果何如哉? 對曰：吾自幼好佛, 求其道積三十年. 世之言者罕能通其說, 於零陵, 吾獨有得焉. 且佛之言, 吾不可得而聞之矣. 其存於世者, 獨遺其書. 不於其書而求之, 則無以得其言. 言且不可得, 況其意乎? 今是上人窮其書, 得其言, 論其意, 推而大之, 逾萬言而不煩; 總而括之, 立片辭而不遺. 與夫世之析章句, 徵文字, 言至虛之極則蕩而失守, 辯羣有之夥則泥而皆存者, 其不以遠乎?

以吾所聞知, 凡世之善言佛者, 於吳則惠誠師, 荊則海雲師, 楚之南則重巽師. 師之言存, 則佛之道不遠矣. 惠誠師已死, 今之言佛者加少. 其由儒而通者, 鄭中書洎孟常州. 中書見上人, 執經而師受, 且曰：於中道吾得以益達. 常州之言曰：從佛法生, 得佛法分. 皆以師友命之. 今連帥中丞公, 具舟來迎, 飾館而俟, 欲其道之行於遠也, 夫豈徒然哉! 以中丞公之直淸嚴重, 中書之辯博, 常州之敏達, 且猶宗重其道, 況若吾之昧昧者乎?

夫衆人之和, 由大人之倡. 洞庭之南, 竟南海, 其士汪汪也, 求道者多半天下. 一唱而大行於遠者, 是行有之, 則和焉者, 將若羣蟄之有雷, 不可止也. 於是書以爲巽上人赴中丞叔父召序.

송승호초서(送僧浩初序: 승려 호초를 전송하며 지은 서)[64]

유자(儒者) 한퇴지(韓退之)는 나와 사이가 좋은데 일찍이 내가 불가(佛家)의 말을 좋아하는 것을 질책하였고 내가 승려와 교유하는 것을 비난하였다. 최근에 농서(隴西)사람 이초(李礎) 선생이 동도(東都[65])에서부터 왔는데[66] 퇴지는 또 편지를 부쳐서 나를 탓하면서 "「송원생서(送元生序)」[67]를 읽어보았는데 불교를 배척하지 않더군"이라고 말하였다. 불교에는 참으로 배척할 수 없는 것이 있고, 왕왕 『역경』·『논어』와 합치되기도 한다. 진심으로 그것을 좋아하면 성정에 스르르 풀리는 것이 있게 되니 공자와 도를 달리하는 것은 아니다. 퇴지는 유학을 좋아하지만 양웅(揚雄)보다 더 좋아한 것은 아니다. 양웅의 책에는 장자(莊子)·묵자(墨子)·신불해(申不害)·한비자(韓非子)에 대하여 모두 취한 바가 있으니, 불가(佛家)가 오히려 장자·묵자·신불해·한비자의 괴벽하고 음험하고 간사한 것에 미치지 못한다는 말인가? 한퇴지는 "그것이 외국에서 왔기 때문이라"고 말

---

64) 본편은 승려 호초(浩初)를 전송하며 지은 서이다. 호초는 용안(龍安) 해선사(海禪師)의 제자이다. 『유종원집』에는 「해선사비(海禪師碑)」가 있다. 한유(韓愈)가 이초(李礎)를 통하여 유종원에게 편지를 부쳐온 것은 동도(東都)를 나누어 맡을 때, 즉 원화 3년(808) 경에 해당하므로 이 서는 유종원이 이때 영주에서 지은 것으로 추정된다. 본문에서는 먼저 한유가 유종원이 불교를 배척하지 않음을 비난한 것에 대하여 쓰고 이를 반박한다. 불교에는 『역경』·『논어』와 합치되는 점이 있고, 대유(大儒) 양웅(揚雄)도 불교만 못한 장자(莊子)·묵자(墨子)·신불해(申不害)·한비자(韓非子)의 말을 취했으며, 외국의 것이라도 그 실질을 구해야 한다면서 자신은 불교에서 유가와의 합치점을 취하겠다는 뜻을 밝힌다. 이어서 한유가 배척하는 불교의 부정적인 면, 즉 현실적으로 생산활동에 참여하지 않는 단점을 인정하면서도 불교의 긍정적인 면을 찾아 자신의 불교도와의 교유를 변론한다. 마지막에는 호초(浩初)의 성정과 학문 그리고 불교도로서의 삶을 칭찬하고 그가 가는 길에 한유에게 이 서를 전해줄 것을 부탁한다. 이 서는 주로 한유의 불교 비판에 반대하여 유종원 자신의 불교에 대한 변호 입장을 밝힌 글이다.

65) 동도는 낙양(洛陽)을 말한다.

66) 이초는 호남종사(湖南從事)로 있었는데 원화 6년(811) 동도로 그 부친을 뵈러 갈 것을 청하였다.

67) 「송원십팔산인남유서(送元十八山人南遊序)」를 가리킨다.

한다. 과연 불도를 믿지 않고 외국에서 왔다는 이유로 그것을 배척한다면 장차 악래(惡來)[68]와 도척(盜跖)[69]과 사귀며 계찰(季札)[70]과 유여(由余)[71]를 천시할 것인가? 이것은 이른바 '이름을 떠나 실제를 추구한다'는 것이 아니다. 내가 취한 것은 『역경』·『논어』와 합치되니 비록 성인이 다시 태어난다 해도 배척할 수 없을 것이다.

퇴지가 탓하는 것은 승려들의 행적으로, "머리를 밀고 검은 옷을 입으며, 부부나 부자의 인륜관계가 없고, 밭을 갈거나 누에를 치고 뽕나무를 심는 일이 없이 사람들에게서 빌어먹고 산다"고 말한다. 이와 같은 것은 나 역시도 좋아하지 않는다. 퇴지는 그 겉모양에 분개하고 그 내면을 간과하였다. 이는 돌은 알아보면서 그 안에 숨어있는 옥은 알지 못하는 것이다. 내가 불가의 말을 좋아하는 것은 이 때문이다. 불교도들과 교유하는 사람이라고 반드시 불가의 말을 다 이해할 수 있는 것은 아니다. 게다가 불도를 신봉하는 사람은 벼슬을 좋아하지 않고 능력을 다투지 않고 산수를 즐기면서 한가하고 편안한 것을 좋아하는 사람이 많다. 나는 세상사람들이 바쁘게 뛰어다니며 벼슬자리만을 힘쓰고 서로 알력을 일으키는 것을 싫어한다. 그런즉 이 불가의 가르침을 버리고 그 무엇을 쫓겠는가? 내가 승려들과 교유하기를 좋아하는 것은 이 때문이다.

지금 호초(浩初)는 자신의 심성을 한가롭게 하고 감정을 편안하게 하여 자신이 좋아하는 책을 읽으며 『역경』과 『논어』에 통달하였다. 오직 산수만을 즐기면서 글감이 생기면 그것을 글로 써낸다. 또 호초 부자(父子)는 모두 불도를 신봉하여 심성을 수양하면서 지내고 담박하여 추구하는 것이 없다. 그런즉 장자·묵자·신불해·한비자의 말을 믿어 바쁘게 뛰어

68) 은(殷) 주왕(紂王)의 신하이며, 비렴(飛廉)의 아들로서 힘이 세었다.
69) 진(秦)의 대도(大盜)로 9천 명이나 되는 무리를 이끌고서 천하를 횡행하였다고 한다.
70) 오왕(吳王) 합려(闔廬)의 막내아들이다.
71) 유여는 춘추시대 진(晉)나라 사람으로 융(戎)으로 도망하여 들어갔다가 뒤에 진(秦)에 투항하였다. 진(秦)을 위하여 융(戎)을 정벌하는 계책을 내었고 목공(穆公)은 그의 계책을 써서 나라 열 둘을 더하고 땅 천리를 넓혀 마침내 서융(西戎)의 패자가 되었다.

다니며 벼슬자리만을 힘쓰고 서로 알력을 일으키는 사람들보다 훨씬 현명하다 하겠다.

이초 선생은 호초와 또 사이가 좋으니, 이제 가면 내 말을 그에게 보여줄 것이다. 북으로 가는 사람 편에 퇴지에게 부치고, 그가 어떻게 반응하는지 살필 것이다.

儒者韓退之與余善, 嘗病余嗜浮圖言, 訾余與浮圖遊. 近隴西李生礎自東都來, 退之又寓書罪余, 且曰 : "見送元生序, 不斥浮圖." 浮圖誠有不可斥者, 往往與易論語合, 誠樂之, 其於性情奭然, 不與孔子異道. 退之好儒未能過揚子, 揚子之書於莊墨申韓亦有取焉. 浮圖者, 反不及莊墨申韓之怪僻險賊耶? 曰 : "以其夷也." 果不信道而斥焉以夷, 則將友惡來盜跖, 而賤季札由余乎? 非所謂去名求實者矣. 吾之所取者與易論語合, 雖聖人復生, 不可得而斥也.

退之所罪者其跡也, 曰 : "髡而緇, 無夫婦父子, 不爲耕農蠶桑而活乎人." 若是, 雖吾亦不樂也. 退之忿其外而遺其中, 是知石而不知韞玉也. 吾之所以嗜浮圖之言以此. 與其人遊者, 非必能通其言也. 且凡爲其道者, 不愛官, 不爭能, 樂山水而嗜閑安者爲多. 吾病世之逐逐然唯印組爲務以相軋也, 則舍是其焉從? 吾之好與浮圖遊以此.

今浩初閑其性, 安其情, 讀其書, 通易論語, 唯山水之樂, 有文而文之; 又父子咸爲其道, 以養而居, 泊焉而無求, 則其賢於爲莊墨申韓之言, 而逐逐然唯印組爲務以相軋者, 其亦遠矣.

李生礎與浩初又善. 今之往也, 以吾言示之. 因北人寓退之, 視何如也.

부(附)

송원고남유시(送元暠南遊詩 : 남으로 가는 원고를 전송하는 시) 병인(并引)[72]

유우석(劉禹錫)

내가 진사시험 합격자 명단에 이름을 올린 지 20년이 지나도록 온갖 근심걱정을 다하였지만 하나도 소득이 없었다. 그러한 뒤에 세상에서 말하는 도(道)는 두려운 길이 아닌 것이 없고 오직 세간을 벗어나는 법(法)만이 마음을 다할 수 있는 것임을 알게 되었다. 이로부터 벼루를 놓아둔 곳에는 횡으로 4구씩 쓰여진 책이 많아졌으며 자리를 마련하여 맞이하는 사람들은 모두가 붉은 수염과 흰 발의[73] 고승(高僧)들이었다. 지혜의 땅으로 깊이 들어가 조용히 환원(還源)[74]에 통하였고, 객진(客塵)[75]을 끝까지 관찰하니 영묘한 기운이 집을 에워쌌다. 안으로 흉중을 살펴보니 마치 지지고 불로 달구는 것 같았다. 개사(開士)[76] 원고는 성이 도(陶)씨이고 본래 단양(丹陽)에 집이 있었다. 대대로 작위(爵位)가 있었지만 그 도움을 받지 않았다. 비니(毗尼) · 선나(禪那)[77]에 세밀하고도 굳은 뜻을 다하였

---

72) 본편은 유우석이 남으로 가는 원고(元暠)를 전송하는 시와 그 저작 배경을 밝힌 인(引)을 병기한 것이다. 다음에 나오는 유종원의 「송원고사서」에 의하면 원고가 유우석의 이 시와 인(引)을 가지고 유종원을 찾아갔다.

73) 원문의 '적자백족(赤髭白足)'은 고승을 가리킨다. 남조(南朝) 양(梁) 혜교(慧皎)의 『고승전(高僧傳)』「역경중(譯經中)」「불타야사(佛陀耶舍)」에 의하면 야사(耶舍)는 붉은 수염을 하고 있었는데 『비파사(毗婆沙)』를 잘 해석하여 당시 사람들이 적자비파사(赤髭毗婆沙)라고 불렀다. 또 『신이하(神異下)』「불타야사(佛陀耶舍)」에 의하면 후진(後秦) 구마라습(鳩摩羅什)의 제자 담시(曇始)는 발이 얼굴보다 희었는데 진흙 수렁을 맨발로 밟아도 더러워지지 않았으므로 백족화상으로 불렀다고 한다.

74) 환원은 불가어(佛家語)로 미혹되고 잘못된 데서 돌이켜 깨달음으로 들어가는 것을 말한다.

75) 객진은 불가어로 세속의 여러 가지 번뇌를 가리킨다.

76) 개사는 보살(菩薩)의 다른 이름이다. 스스로 깨달음을 열 수 있을 뿐만 아니라 다른 사람을 열어 신심을 일으킬 수 있기 때문에 붙여진 이름이다. 뒤에는 승려에 대한 경칭으로 사용되었다.

77) 비니(毗尼)는 불가어로 범어 Vinaya의 역음이다. 비나야(毗奈耶)로 번역하기도 하며 뜻

고 뒤에 가서 총지(總持)[78]의 문을 익히니 영묘한 소리가 떨쳐 일어나고 원력(願力)[79]에 밝히 응답이 있었다. 내가 부처님을 섬기고 말을 잘한다는 소리를 듣고는 자주 와서 상종하게 되었다. 어떤 사람이 언제부터 삭발을 하였는가 물으니 그는 다음과 같이 대답하였다. "어려서 부친을 잃고 극심(棘心)[80]을 다하여 상승(上乘)[81]을 추구하였습니다. 40년 동안 몸은 허약하고 늙어가지만 나태하지 않았습니다. 처음에 준천(浚泉)[82]이 차가운 것을 슬퍼하였는데 지금은 방묘(防墓)[83]를 아직 옮기지 못하였음을 가슴아파하고 있습니다. 도거(塗車)와 추령(芻靈)[84]을 마련하지 못하였는데 횃불이 꺼질까[85] 두려워하거니와 제상(諸相)[86]이 다 분리되어도 이 마음은 길이 걸려있을 것입니다. 비록 만가지 성을 가진 백성이지만 부처님께 귀의하면 모두 부처님의 제자가 되어 마치 황하가 바다로 들어가 다시는 강으로 불려지지 않는 것처럼 될 것입니다. 그러나 일체의 지혜를 갖추고 있는 사람이 어찌 온갖 품행을 빠뜨리겠으며 무량(無量)의 의를 추구하는 사람이 어찌 부모에 대한 그리움을 끊는 것을 허용하겠습니까? 지금 들으니 남쪽 제후들은 문아하여 덕행이 고상한 사람이 많다고 하니 저의 괴로운 심정을 말씀드려 그 마지막 빛을 기대해볼까 합니다. 앞

은 율(律)이다. 선나(禪那)는 범어 Dhyana의 음역으로 선(禪)이라고 약칭하기도 하며, 선정(禪定)으로 의역된다.

78) 총지는 불가어로 범어 다라니(dharani)의 의역이다. 선을 지니어 잃지 않고 악을 생기게 하지 않으며 모든 덕을 구비한 것을 말한다. 주어(咒語)를 가리키기도 한다.

79) 원력은 불가어로 부처에게 빌어 원하는 바를 이루려는 힘을 말한다.

80) 극심은 어린아이의 마음을 말한다.

81) 상승은 불가어로 대승(大乘)을 말한다.

82) 『시』「패풍(邶風)·개풍(凱風)」에 "한천(寒泉)이 준(浚) 아래에 있네. 아들 일곱 명이 있어 어머니가 고생하시네[爰有寒泉, 在浚之下. 有子七人, 母氏勞苦]"라는 구절이 있다. 준(浚)은 춘추 위(衛) 고을 이름이다. 뒤에 준천(浚泉)은 효자가 어머니를 섬기지 못하여 자책하는 전고로 사용되었다.

83) 방묘는 방 땅의 묘로 공자의 부모를 합장한 곳이다. 뒤에 부모의 묘를 가리키는 말로 사용되었다.

84) 도거와 추령은 모두 장례에 사용되는 기물이다.

85) 횃불이 꺼진다는 것은 죽음을 의미한다.

86) 제상은 불가어로 일체 사물의 밖으로 드러난 형태를 말한다.

으로 나아가는 것을 받아주는 사람이 없으니 그것이 저를 슬프게 합니다." 내가 이 말을 들으니 힘은 부족한데 슬픔은 남아돈다. 이리하여 시를 지어 그를 전송하였다. 서리와 이슬을 밟는 사람[87]이 이를 듣고 측은한 마음을 갖기를 바란다. 시는 다음과 같다.

보배로운 책 번역되어 배움이 막 이루어지고
석장(錫杖)을 떨치며 가는데 나는 듯 흰 발이 가볍다.
팽택(彭澤)의 인연을 맺은 집 모두 몇 세대였나?
영산(靈山) 모임에 참여하니 이 모두 전생이라.
등불 전하여 깨달음을 얻으니 이치 따질 일 없는데
젖은 길에서 오히려 끝없는 정을 그리워하네.
이로부터 큰 거사들을 많이 만나게 되리니
그 누가 구슬 목걸이 풀기를 원하지 않으랴?

予策名二十年, 百慮而無一得, 然後知世所謂道, 無非畏途, 唯出世間法可盡心爾. 繇是在席硯者, 多旁行四句之書; 備將迎者, 皆無赤髭白足之侶. 深入智地, 靜通還源. 客塵觀盡, 妙氣來宅. 內視胸中, 猶煎煉然. 開士元暠姓陶氏, 本丹陽居家, 世有人爵, 不藉其資. 於毗尼禪那, 極細牢之義, 於中後日, 習揔持之門. 妙音奮迅, 願力昭答. 雅聞予事佛而佞, 亟來相從. 或問師隳形之自, 對曰 : "少失怙恃, 推棘心以求上乘. 積四十年, 身羸老將至而不懈. 始悲浚泉之有冽, 今痛防墓之未遷. 塗芻莫備, 薪火恐滅, 諸相皆離, 此心長懸. 雖萬姓歸佛, 盡爲釋種, 如河入海, 無復水名. 然具一切智者, 豈遺百行; 求無量義者, 寧容斷思. 今聞南諸侯雅多大士, 思

---

87) 서리와 이슬을 밟는 사람이란 '천상로자(踐霜露者)'를 옮긴 것이다. 『예기』「제의(祭義)」에 "서리와 이슬이 내려 군자가 이를 밟으면 반드시 슬픈 마음을 갖게 된다는 것은 그것이 차가운 것을 말하는 것이 아니다[霜露旣降, 君子履之, 必有悽愴之心, 非其寒之謂也]"라는 기록이 있는데 정현(鄭玄)은 "그것이 차가운 것을 말하는 것이 아니라는 것은 슬퍼져서 모두 시절을 느끼고 부모를 생각하게 된다라는 말이다"라고 주(注)하였다.

叩以苦調, 而布其末光. 無容至前, 有足悲者." 予聞是說已, 力不足而悲有餘, 因爲詩以送之, 庶幾踐霜露者聆之有惻. 詩曰 :

寶書翻譯學初成, 振錫如飛白足輕. 彭澤因家凡幾世? 靈山預會是前生. 傳燈已悟無爲理, 濡露猶懷罔極情. 從此多逢大居士, 何人不願解珠纓.

송원고사서(送元暠師序 : 원고 스님을 전송하며 지은 서)[88]

중산(中山)사람 유우석(劉禹錫)은 분명하고 확실한 사람이다. 사람의 실제를 알지 못하면 일찍이 말을 한 적이 없었고 말한 것은 들어맞지 않은 적이 없었다. 원고 스님은 무릉(武陵)[89]에 사신 지 여러 해가 되었다. 유우석과 교유한 지 오래되었고 또 친밀하였다. 유우석이 지은 시와 인(引)을 가지고 와서[90] 내가 그것을 보았는데 그 말이 조리가 있었고 그 생각이 정성스러웠으니 그가 알고서 말하였음이 확실하였다.

내가 살펴보니 세상에서 불교를 신봉하는 사람 가운데 어떤 사람은 불도(佛道)를 제대로 알지 못하여 효(孝)를 버리고서 달(達)을 추구하고 정(情)을 버리고서 허(虛)를 귀하게 여긴다. 지금 원고 스님은 거친 옷을 입고 변

88) 본편은 원고(元暠) 스님을 전송하며 지은 서이다. 원고는 앞의 유우석이 지은 「송원고남유시(送元暠南遊詩)」를 가지고 유종원을 찾아왔다. 본문에서는 유우석과 교유관계에 있는 원고가 유종원을 찾아온 일을 밝히고, 그가 선친의 묘를 이장하지 못함에 대하여 안타까워 하는 것이 불경에 위배되지 않고 유학의 가르침과 합치됨을 긍정하면서 원고의 조상과 현재의 그를 연계시켜 그를 칭찬하고 있다.

89) 무릉(武陵)은 정주(鼎州)이다. 지금의 호남(湖南) 상덕시(常德市)는 당(唐)・오대(五代) 때에는 낭주(朗州)라고 불렀고 송(宋)대에는 정주(鼎州)라고 불렀다.

90) 유우석과 유종원은 영정 원년(805)에 함께 원외사마(員外司馬)로 강등되어 유우석은 정주(鼎州)로 유종원은 영주로 유배를 갔다. 이때 원고가 정주에서 영주로 온 것이다. 인(引)은 문체의 한 종류로 당(唐) 이후에 생겨났으며, 서(序)와 유사하나 보통 서보다 길이가 짧다.

변치 못한 음식을 먹으며 지내는데 가슴앓이를 하여 어두운 모습이다. 타향에 묻히신 그 선친을 아직 그 고향 땅으로 모시지 못하였고 그 슬픔을 옮길 친족도 없는 터라 여기저기로 어진 이를 찾아다니며 그 마음의 짐을 해결할 수 있기를 바라고 있다. 부지런히 일하면서도 편안하게 생각하고 멀리 떨어졌어도 가까운 것으로 여기니 이 사람은 아마도 불가의 도를 아는 사람일 것이다. 불교의 경서 가운데 『대보은(大報恩)』 10편이 있는데 모두 효(孝)를 통하여 그 업(業)을 다하는 것을 설명하고 있다. 세상의 방탕하고 황당하고 오만하고 수다스런 사람은 비록 불도를 신봉한다 해도 불경의 교의에 위배되는 것을 좋아하는데, 원고 스님에게서 나는 그가 불경에 위배되지 않고 또 유학(儒學)과도 합치됨을 발견하였다.

원고는 도씨(陶氏) 집안의 자손이다.[91] 그 조상은 통후(通侯)[92]요, 고고한 선비요,[93] 유학(儒學) 선생이었다. 그 유학적 자질을 타고났으므로 감히 효(孝)를 잊지 못하였고, 그 고고한 자취를 따랐으므로 승려가 되었으며, 그 통후의 작위를 승계하였으므로 현달한 사람들과 교유할 수 있었다. 그가 이곳으로 와서 나를 따르게 되어 그의 사람됨을 관찰하고 더욱 유우석이 분명하고 확실하다는 것을 알 수 있었다. 그리하여 또 그에게 서를 써서 거듭 그 일을 기록하였다.

中山劉禹錫, 明信人也. 不知人之實, 未嘗言, 言未嘗不讎. 元暠師居武陵, 有年數矣. 與劉遊久且暱. 持其詩與引而來, 余視之, 申申其言, 勤勤其思, 其爲知而言也信矣.

---

91) 원고는 본래 단양(丹陽) 사람이다.

92) 통후(通侯)는 작위명(爵位名)으로 원래는 철후(徹侯)였다. 진(秦)이 천하를 통일한 뒤 건립한 24급의 군공작(軍功爵) 가운데 최고급에 해당한다. 한(漢) 초에는 공이 있는 이성(異姓) 대신에게 많이 수여하였는데 작위를 받은 사람은 현(縣)으로 나라를 세울 수가 있었다. 뒤에 유향(劉向)이 무제(武帝)의 휘(諱)를 피하여 통후 혹은 열후(列侯)로 바꾸었다. 여기서 통후란 도간(陶侃)이 진(晉)을 섬겨 장사군공(長沙郡公)에 봉해진 것을 가리킨다.

93) 도간의 증손 도잠(陶潛)은 동진(東晉) 말기에 관직을 버리고 벼슬길에 나가지 않았다.

余觀世之爲釋者, 或不知其道, 則去孝以爲達, 遺情以貴虛. 今元暠衣粗而食菲, 病心而墨貌. 以其先人之葬未返其土, 無族屬以移其哀, 行求仁者, 以冀終其心. 勤而爲逸, 遠而爲近, 斯蓋釋之知道者歟? 釋之書有大報恩十篇, 咸言由孝而極其業. 世之蕩誕慢訑 者, 雖爲其道而好違其書, 於元暠師, 吾見其不違且與儒合也.

元暠陶氏子. 其上爲通侯, 爲高士, 爲儒先. 資其儒, 故不敢忘孝; 跡其高, 故爲釋; 承其侯, 故能與達者遊. 其來而從吾也, 觀其爲人, 益見劉之明且信, 故又與之言, 重叙其事.

송침상인남유서(送琛上人南遊序: 남으로 가는 침상인을 전송하며 지은 서)[94]

부처님의 자취는 세상을 떠난 지 오래되었고 지금 남아있는 것은 부처님의 말씀입니다. 말씀을 저술한 것이 경(經)이고 이를 도와 완성한 것이 논(論)인데 그 가운데 지금까지 전해져 오는 것은 백에 하나도 되지 못합니다. 그러나 그 도는 갖추어져 있습니다. 법(法)의 지극함은 반야(般若)[95]를 뛰어넘는 것이 없고, 경(經)의 크기는 열반(涅槃)보다 지극한 것이 없습니다. 세상의 상사(上士) 가운데 장차 이를 경유하여 입문하고자 하는 사람이 경(經)과 논(論)을 취하지 않는다면 이는 잘못된 것입니다. 그런

---

94) 본편은 남으로 가는 침상인(琛上人)을 전송하며 지은 서이다. 침상인에 대하여는 자세하지 않다. 본문에 침상인이 '경사에서부터 이곳으로 왔다가 또 남으로 가서 계림(桂林)으로 나가려고 한다'고 하였으니 영주에서 지은 것임이 틀림없다. 계림은 유주(柳州)다. 본문에서는 선종이 불경에 근거하지 않고 함부로 진실을 왜곡하고 있음을 비판하면서 침상인이 반야와 삼관의 이치를 깨달아 사람들에게 전파하는 공을 칭찬하고 있다.

95) 반야(般若)는 범어 Prajna의 역음으로 지혜(智慧)라는 뜻이다. 불교에서는 일체 사물을 사실 그대로 이해하는 지혜를 가리키는 말로 사용되며 일반 지혜와 구별하기 위해서 음역을 사용한다.

데 지금 선(禪)을 말하는 사람들은 이리저리 옮겨다니며 잘못되고, 번갈아 가며 서로 본받아 사용하고, 함부로 헛된 말을 취하고, 방편(方便)[96]을 가볍게 보고, 진실을 왜곡시키면서 자신을 함정에 빠트리고 또 다른 사람을 함정에 빠트립니다. 또 불교 교의의 본체를 말하면서도 그 응용에 대해서는 언급하지 못하는 사람은 교의 본체와 응용 두 가지가 잠깐이라도 분리될 수 없다는 것을 모르고 있습니다. 분리되어 따돌리게 되는 이것이 세상에서 크게 우려하는 바입니다.

그러나 우리 침(琛) 상인은 그렇지 않습니다. 그는 경(經)을 보고 반야(般若)의 의미를 이해하였으며 논(論)을 읽고 '삼관(三觀)'[97]의 이치를 기뻐하며 밤낮으로 익히고 몸소 그것을 행하였습니다. 가르침을 구하러 오는 자가 있으면 그를 위해 자세히 설명해주었습니다. 그를 좇아 교화된 사람은 모두 부처님의 크심과 불법의 넓이, 보살대사의 웅대함과 수행자의 공(空) 그리고 방탕하여 아무 것도 없는 사람의 막힘에 대하여 알게 되었습니다. 그러므로 그는 위에서 열거한 방만한 사람들과는 다릅니다. 이와 다르면서 이런 이름을 벗어나는 경우를 나는 알지 못합니다. 그는 장차 그 도(道)를 넓혀서 멀리까지 은혜를 입히려 하기 때문에 돌아다니기를 좋아하는 것입니다. 경사에서부터 이곳으로 왔다가 또 남으로 가서 계림(桂林)으로 나가려고 하니 그 끝이 어디인지 알 수 없습니다. 나는 세상의 오만하여 안일에 빠진 사람이 자신의 방식만 좋아하고 이런 것을 추구하지 않음을 걱정합니다. 이 때문에 이 서를 썼습니다.

佛之跡, 去乎世久矣; 其留而存者, 佛之言也. 言之著者爲經, 翼而成之者爲論, 其流而來者, 百不能一焉, 然而其道則備矣. 法之至莫尚乎般若,

---

96) 방편은 불가어로 융통성 있게 각 사람의 특성에 따라 가르침을 베풀어 불법의 참 뜻을 깨닫게 하는 것을 말한다.

97) 삼관(三觀)은 불가어로 천태종(天台宗) 기본 교의(敎義)의 하나이다. 사물연기(事物緣起)로부터 관찰하여 공(空)·가(假)·중(中) 삼체(三諦)를 깨닫는 것을 말한다.

經之大莫極乎涅槃. 世之上士, 將欲由是以入者, 非取乎經論則悖矣. 而今之言禪者, 有流盪舛誤, 迭相師用, 妄取空語, 而脫略方便, 顚倒眞實, 以陷乎己, 而又陷乎人. 又有能言體而不及用者, 不知二者之不可斯須離也. 離之外矣, 是世之所大患也.

吾琛則不然, 觀經得般若之義, 讀論悅三觀之理, 晝夜服習而身行之. 有來求者, 則爲講說. 從而化者, 皆知佛之爲大, 法之爲廣, 菩薩大士之爲雄, 修而行者之爲空, 蕩而無者之爲礙. 夫然, 則與夫增上慢者異矣. 異乎是而免斯名者, 吾無有也. 將以廣其道而被於遠, 故好遊. 自京師而來, 又南出乎桂林, 未知其極也. 吾病世之傲逸者, 嗜乎彼而不求此, 故爲之言.

송문욱사서(送文郁師序: 문욱 스님을 전송하며 지은 서)[98)]

유씨(柳氏)는 문아함으로 전대(前代)에 이름이 높았는데 근세에 그에 걸맞는 인물이 거의 나오지 않아 백년간 글을 써서 이름이 난 사람이 없었고, 예부의 시험에 등제하는 것은 몇 년에야 겨우 한 사람이다. 후학(後學)의 아동 가운데 문유(文儒)를 자신의 업으로 삼는 사람은 더욱 드물다. 지금 문욱(文郁) 스님이란 분은 공자의 책을 읽고 시가를 지은 것이 백 편을 넘

98) 본편은 문욱(文郁) 스님을 전송하며 지은 서이다. 문욱에 대하여는 자세하지 않다. 본문의 내용으로 보아 문욱은 유종원의 종친인 것 같다. 또 문욱이 '바다를 끼고 강을 거슬러 올라 홀로 산수(山水) 사이를 돌아다닌다'고 하였고, '지금 세상에 문유로 명성을 얻고 대관(大官)이 되어 조정에 들어가면 증오·질투·비방·배척·좌절·굴복을 당하여 자기 자리를 지킬 수 없는 자가 열이면 보통 여덟아홉은 된다'라고 하였으니 유종원이 영주에 있을 때 지은 것으로 추정된다. 본문에서는 문유(文儒)에 뜻을 두었던 문욱이 불가에 입문하여 떠돌아다님을 애석하게 여기고 이어 문유로 명성을 얻고 현관(顯官)이 된 이들이 대부분 배척을 받아 쫓겨나는 현실과 자신의 처지를 되돌아보면서 문욱의 선택을 지지하는 입장을 밝히고 있다.

었으니 문유의 일에 뜻을 두고 있었음이 분명한데, 또 은둔하여 불가에 입문하고 책 상자를 짊어지고 붓과 목간(木簡)을 가슴에 품고서 바다를 끼고 강을 거슬러 올라 홀로 산수(山水) 사이를 돌아다니고 있다. 자유자재로 만물의 자태를 본떠서 그려내고, 숨겨진 비경들을 찾아 살피고, 높은 곳에 올라 멀리 바라보며 슬픔에 젖기도 하고, 그 마음을 놀려 아름다운 시어를 찾는데 마치 감독하는 사람이 있는 것 같았다. 자신은 검은 쑥빛의 옷을 걸치고 쑥과 미나리를 먹으면서 그 일생을 마칠 뜻을 가지고 있었다. 나는 참으로 이상하게 생각되어 그것을 비난하였더니 그는 "힘은 뛰어다니며 경쟁하기에 벅차고 뜻은 번거로움에 시달리는 것을 감당하지 못합니다. 그럭저럭 제가 좋아하는 것이 있으니 여기저기 다니면서 그것을 추구할 뿐입니다"라고 대답하여 끝내 변화시킬 수가 없었다.

나는 생각해 보았다. 지금 세상에 문유로 명성을 얻고 대관(大官)이 되어 조정에 들어가면 증오·질투·비방·배척·좌절·굴복을 당하여 자기 자리를 지킬 수 없는 자가 열이면 보통 여덟아홉은 된다. 스님 같은 사람을 비방하여 쫓아낼 수 있을까? 이런 생각 때문에 다시 그의 행위를 비난하지 못하고 반대로 물러나 자신을 비난하게 되었다. 그가 이별을 고하고 떠날 즈음에 글로 적어서 그에게 주었다.

柳氏以文雅高於前代, 近歲頗乏其人, 百年間無爲書命者. 登禮部科, 數年乃一人. 後學小童, 以文儒自業者又益寡. 今有文郁師者, 讀孔氏書, 爲詩歌逾百篇, 其爲有意乎文儒事矣. 又遁而之釋, 背笈篋, 懷筆牘, 挾海泝江, 獨行山水間. 翛翛然模狀物態, 搜伺隱隟, 登高遠望, 悽愴超忽, 遊其心以求勝語, 若有程督之者. 己則被緇艾, 茹蒿芹, 志終其軀. 吾誠怪而譏焉. 對曰: "力不任奔競, 志不任煩拏. 苟以其所好, 行而求之而已爾." 終不可變化.

吾思當世以文儒取名聲, 爲顯官, 入朝受憎娼訕黜摧伏, 不得守其土者, 十恒八九. 若師者, 其可訕而黜耶? 用是不復譏其行, 返退而自譏. 於其辭而去也, 則書以畀之.

송현거귀유천사서(送玄擧歸幽泉寺序: 유천사로 돌아가는 현거를 전송하며 지은 서)[99]

부처님의 도는 크고 포용하는 바가 많아서, 속세의 밖에 뜻을 두고 세상에서 제약받는 것을 부끄러워하는 사람이면 거기에 입문할 생각을 한다. 그러므로 모양은 있으나 마음은 아니고, 이름은 있으나 행동을 달리하고, 대쪽같이 강직하여 짝을 떠나고, 구불구불 여유있게 혼자 멋대로 행동하여 그 모습은 하나가 아니지만 모두 어린아이 머리에다 헤어진 옷을 입고 세상을 돌아다니니 그 누가 그것을 알 수 있겠는가.

지금 말하는 현거(玄擧)라는 이는 그 용모와 행동을 살펴보니 반드시 부처님을 따르려는 생각만 하는 것은 아니다. 그리고 시구를 가지고 와서 나를 찾았으니 어찌 세상에서 제약받는 것을 부끄러워하여 속세의 밖에 뜻을 둔 사람이겠는가? 도(道)는 외곬이라 친한 이를 따르면 원망하게 되고, 뜻은 멀어서 몸에 굴레를 씌우면 구애되는 것이다. 유천산(幽泉山)은 산 가운데 조용한 곳이다. 그 뜻을 한가롭게 하고 그 도를 따르면서 몸을 숨기어 즐긴다면 족히 이로써 두 가지 근심을 떠날 수 있으니 이것을 버리고 또 무엇을 하겠는가? 나 때문에 왔다고 하였기 때문에 그가 떠남에 이 말을 해주지 않을 수 없다.

佛之道, 大而多容, 凡有志乎物外而耻制於世者, 則思入焉. 故有貌而不心, 名而異行, 剛狷以離偶, 紆舒以縱獨, 其狀類不一, 而皆童髮毁服以遊於世, 其孰能知之!

---

99) 본편은 유천사(幽泉寺)로 돌아가는 현거(玄擧)를 전송하며 지은 서이다. 현거에 대하여는 자세하지 않다. 본문에서는 세속의 제약을 싫어하는 이들이 불가에 입문하여 다양한 모습을 보이고 있다고 비판하면서 유천사에 돌아가는 현거에게 속세에 마음을 두지 말고 더욱 수행에 전념할 것을 권하고 있다.

今所謂玄擧者, 其視瞻容體, 未必盡思跡佛, 而持詩句以來求余, 夫豈耻制於世而有志於物外者耶? 夫道獨而跡狎則怨, 志遠而形羈則泥. 幽泉山, 山之幽也. 閑其志而由其道, 以遯而樂, 足以去二患, 捨是又何爲耶? 旣曰爲予來, 故於其去, 不可以不告也.

송준상인귀회남근성서(送濬上人歸淮南覲省序 : 부모님을 뵈러 회남으로 돌아가는 준상인을 전송하며 지은 서)100)

부처님의 도는 대체로 효경(孝敬)에 근본을 두고 그런 뒤에 여러 공덕을 쌓아 공무(空無)로 돌아가는 것인데, 중원지역에서 교계(敎戒)를 설명하고 전파하였던 것은 분리되어 문파를 달리하게 되었습니다. 선(禪)이라 하고, 법(法)이라 하고, 율(律)이라 하여 미혹되고 혼탁한 이들을 이끌어 바로잡아주니 세상에서는 이를 높이 받들게 되었습니다. 그 중 관행(觀行)을 닦아 바로잡고 법용(法容)을 존엄하게 하여 후학에게 모범을 보인 경우는 지율(持律)의 종파가 되었습니다. 상인께서는 비밀스런 뜻을 궁구하고 토론하여 상승(上乘)을 밝혀내고 위의(威儀) 삼천을 받들어 비록 짧은 시간이라도 반드시 갖추셨습니다. 일찍이 이 도를 가지고 강호(江湖)의 사람들에게 강연하였는데 강호의 사람들이 그의 풍모를 기뻐하고 그의 가르침을 받아들여 자비를 부여잡고 피안을 바라보고 배를 건넌 사람이 대단히 많았습니다. 천자께서 이 소문을 들으시고 궁궐로 불러들이시어 친

100) 본편은 부모님을 뵈러 회남(淮南)으로 돌아가는 준상인(濬上人)을 전송하며 지은 서이다. 저작 시기는 정확히 알 수 없지만 본문의 내용으로 추측해 보건대 유종원이 아직 경사에 있을 때 즉 정원 14,5년경으로 추정된다. 본문에서는 불교에 대한 작가의 이해를 먼저 쓰고 이어서 준상인이 율행(律行)에 힘쓰다가 부모님을 모시러 고향으로 가는 그의 효경(孝敬)의 행위를 찬양하고 서를 쓰게 된 경위를 밝힌다.

히 대명비전(大明秘殿)에서 그에게 물으셨는데, 본 가르침으로 깨우쳐 인도하시니 아주 천자의 뜻에 부합하였습니다. 경사의 사람들은 바야흐로 고개를 치켜들고 큰 구름과 같은 은택을 우러러보며 이것을 가지고 덕행의 근본을 세우려고 하였습니다. 그러나 상인께서는 자신을 키워주신 부모님의 은혜를 주체하지 못하여, 물러나 부모님을 찾아 뵙고 모시는 예를 다할 것을 마음에 품으시고 간절하게 주상께 비시니 마침내 그 마음을 빼앗을 수가 없었습니다. 이리하여 석장을 짚고 동쪽을 향하여, 옷을 털어 입고 새벽에 떠나시게 되었습니다.

우사원외랑(右司員外郎) 유공(劉公)[101]은 세간의 전적(典籍)에 매우 밝고 불가의 가르침에도 통달하여 상인과 방외유(方外遊)를 가졌습니다. 처음에 상인이 오신 것을 영예롭게 생각하더니 지금 떠나심을 애석해하여 낭서(郎署)의 벗들을 불러모으고 시를 지어 상인에게 드렸습니다. 물러나오셔서는 어린아이인 저에게 죽간을 잡고 그것을 쓰게 하시므로 그 말씀에 연계하여 다음과 같이 썼습니다.

상인께서는 율행(律行)[102]에 전념하시어 오래될수록 더욱 견고하시니 후학들에게 모범이 되십니다. 살아있는 사람들을 가르치시어 만나는 이들마다 복을 받으니 많은 덕을 쌓으시는 분이십니다. 부모님을 찾아 뵙는데 먼 거리를 가까운 것처럼 여기시니 본래 효경(孝敬)스런 분이십니다. 이와 같으니 이 분께서 장차 마음이 공무(空無)에 돌아가 뗏목을 버리고 땅에 오르시면 정말로 어떻게 알아볼 수 있겠습니까? 옛날에는 예물을 증정함에 반드시 가벼운 것을 먼저 하고 귀중한 것을 뒤에 하였습니다. 그런 까닭에 정(鄭)나라의 상인은 군사들에게 호궤(犒饋[103])하기 전에 네 장의 가죽을 먼저 증정하였고,[104] 노후(魯侯)가 증정할 때는 오(吳)의 세발

101) 유공이 누구인지는 자세하지 않다.

102) 승려들이 계율을 지키는 행위를 가리킨다.

103) 군사들에게 먹을 것을 주어 위로하는 것을 말한다.

104) 『좌전』 희공(僖公) 33년에 의하면 진(秦)의 군대가 정(鄭)나라를 공격하러 가는 도중에 골(滑) 땅에 머무르게 되었는데 정나라 상인 현고(弦高)가 주(周)나라로 장사하러 가다가

솥을 나중에 주었습니다.[105] 지금 상인을 전송하는 시의 무거움은 모두 여러 오(吳)의 세발솥과 같습니다. 그러므로 네 장의 가죽을 먼저 증정한 것처럼 서를 써서 앞에다 놓을 수 있겠습니다. 또한 예(禮)로 말미암았으니 감히 사양할 수 없다는 것을 말씀드립니다.

金仙氏之道, 蓋本於孝敬, 而後積以衆德, 歸于空無. 其敷演教戒於中國者, 離爲異門, 曰禪, 曰法, 曰律, 以誘掖迷濁, 世用宗奉. 其有脩整觀行, 尊嚴法容, 以儀範于後學者, 以爲持律之宗焉. 上人窮討秘義, 發明上乘, 奉威儀三千, 雖造次必備. 嘗以此道宣於江湖之人, 江湖之人悅其風而受其賜, 攀慈航望彼岸者, 蓋千百計. 天子聞之, 徵至闕下, 御大明秘殿以問焉. 導揚本教, 頗甚稱旨. 京師士衆, 方且翹然仰大雲之澤, 以植德本, 而上人不勝顧復之恩, 退懷省侍之禮, 懇迫上乞, 遂無以奪. 由是杖錫東顧, 振衣晨征.

右司員外郎劉公, 深明世典, 通達釋教, 與上人爲方外遊. 始榮其至, 今惜其去, 於是合郎署之友, 詩以貺之. 退使孺子執簡而序之, 因繫其辭曰 :

上人專於律行, 恒久彌固, 其儀刑後學者歟? 誨于生靈, 觸類蒙福, 其積衆德者歟? 覲于高堂, 視遠如邇, 其本孝敬者歟? 若然者, 是將心歸空無, 捨筏登地, 固何從而識之乎? 古者贈禮, 必以輕先重, 故鄭商之犒先乘韋, 魯侯之贈後吳鼎. 今餞詩之重, 皆衆吳鼎也. 故乘韋之比, 得序而先之. 且曰, 由禮而不敢讓焉.

그들을 만나서는 네 장의 가죽을 먼저 주고 소 12마리로 군사들에게 먹을 것을 주어 위로하고 그들을 안심시켰다고 한다.

105) 『좌전』 양공(襄公) 19년에 의하면 제후들이 독양(督揚)에서 회맹을 하고서 진(晉)의 군대가 노(魯)를 쳤던 주(邾)의 도공(悼公)을 사로잡자, 노(魯)의 양공(襄公)은 포포(蒲圃)에서 진(晉)의 육경(六卿)에게 잔치를 베풀고 그들에게 예물을 주었는데 중군원수(中軍元帥)인 순언(荀偃)에게는 5필의 바단, 구슬, 4마리 말을 먼저 증정하고 뒤에 오(吳) 수몽(壽夢)의 세발솥을 증정하였다.

제26권 기(記)

감제사벽기(監祭使壁記 : 감제사를 위한 벽기)[1]

『예기(禮記)』「단궁(檀弓)」의 기록에, 제례(祭禮)는 공경심이 부족하고 제물이 넉넉하기보다는 제물은 부족해도 공경심이 넉넉한 것이 낫다고 했다. 이는 반드시 제물과 공경심이 모두 충족된 후에야 제사의 의미가 있다는 말이다.

『주례(周禮)』의 기록에 제복(祭僕)은 제사 담당 관료들의 제사 행위를 감독하며 공경스럽지 못한 점이 있으면 처형한다고 하였다. 한(漢)나라 때에는 시어사(侍御史)로 하여금 제사를 감독하게 하였다. 『당개원례(唐開元禮)』에 따르면, 큰 제사 약간과 중형 제사 약간을 거행하면서 모두 어

1) 본편은 제사의 감독관인 감제사(監祭使)의 임무에 대해 벽에 쓴 글이다. 작자는 일찍이 감제사를 맡은 바 있는데 다음 해에 유우석(劉禹錫)이 그 직책을 맡고 나서 쓴 글이다.

사(御史)로 하여금 감독하게 하고, 그들에게 규범에 맞지 않는 점이 있으면 탄핵하게 하였다고 하였다.[2] 또 인장을 조각하고 문서를 전하는 관리를 감제사(監祭使)라고 하였는데, 보응(寶應) 연간(762)에 그 의례를 더욱 중시하여 사제사(祠祭使)로 이름을 바꾸었다가 오래지 않아 본래 이름으로 되돌렸다. 또 법제를 정하여 제사를 담당하는 관리들은 비록 재계(齋戒)하였더라도 벌을 받을 수 있게 하였는데, 그 뒤로 의식과 공경심에 부족한 점이 없게 되었다.

성인들은 제사에 대해 반드시 신성스럽게 여기지는 않았다. 대체로 교화의 한 방편으로 삼았다. 천지에게 제사지내는 것은 존엄한 존재가 있음을 보이는 것으로, 엄숙하지 않으면 공경심을 가르칠 수 없다. 종묘(宗廟)에서 제사지내는 것은 효심을 널리 알리는 것으로, 엄숙하지 않으면 애심(愛心)을 가르칠 수 없다. 공로가 있는 사람에게 제사지내는 것은 은덕에 보답함을 가르치는 것으로, 엄숙하지 않으면 선행을 권할 수 없다. 무릇 엄숙함은 법제로부터 비롯된다. 법제를 받들어 지키는 일은 어사로부터 나온다. 그러므로 제사를 지내려할 때 사부(祠部)에서는 날짜를 택해 올리고 이부(吏部)에서는 관리를 선정하여 올리고, 어사는 문서를 받들어 와 고한 다음에 담당관에게 반포하여 모든 일을 신중히 하도록 한다. 태상시(太常寺)는 그 예절을 정하고, 광록경(光祿卿)은 용품을 마련하고, 각종 일꾼들은 하루 앞서 모두 제사 장소에 와서 점검받는다. 어사는 높고 낮은 관리를 모아 간책(簡策)을 가지고 와서 점검한다. 그러므로 각종 그릇·각종 희생물·주류·채소·과일 등의 요리는 주방에 확실히 준비된다. 또 종·북·생황·피리와 크고 작은 거문고, 각종 타악기, 그리고 가로 세로 세울 받침대와 춤을 출 장소 등이 모두 뜰 안에 마련된다. 술 단지·술병·술독·술 버릴 그릇·각종 제수 담을 나무그릇과 옥그릇이 필히 단상에 놓이게 된다. 제례를 집행할 사람과 도와줄 아동 그

2) 명대에 장열(張說)이 새로 정리한 『대당개원례(大唐開元禮)』를 쓴 바 있다.

리고 악대와 춤출 사람으로부터 잡역부와 경비인원까지 모두 제 자리에 서며, 채찍과 몽둥이를 당 아래에 설치하여 벌을 줄 준비를 하니, 수많은 관리 중에 그 누구도'감히 맡은 바를 준비하지 않는 이가 없게 된다. 책상에는 주장(奏章)과 문서를 나열하여 천자의 법의 존엄함을 보이니, 수많은 관료 중에 그 누구도 감히 성의를 다하지 않는 이가 없게 된다. 그리고 제삿날에는 먼저 서쪽 계단 위에 서서 의식이 끝나기를 기다린다. 그 의식의 진행과 음악의 리듬에 대해 필히 두루 알며, 물러나서는 제사용의 구운 고기와 묻을 제사용품을 바라보며 끝까지 공경스럽게 대한다. 평시에는 사방에서 올라온 제사용품을 정리하여 때에 맞춰 왕부(王府)에 보관한다. 복식과 기물의 수선과 관리, 사당의 보수와 정돈, 적격한 소와 양의 확보, 궁궐 창고의 용품 점검 등등을 완전히 하여 명령을 기다린다.

전에는 감찰어사의 장(長)이 감제사의 직책을 맡았는데, 정원(貞元) 19년(803) 12월에 어사 중에 많은 수가 공석이 되었으므로 세 사람의 아래 서열인 내가 그 직책을 맡았다.[3] 다음 해에 중산(中山) 출신 유우석(劉禹錫)이 옛 제도를 복구하였다. 그는 예절과 공경심을 부하에게 가르쳤으므로 관청의 일이 더욱 정돈되었으며, 제도와 법령이 때에 맞지 않는 바가 있으면 반드시 상부에 보고하여 개혁하고 바로잡았다. 이에 나는 기(記)를 쓰기 시작하였으니, 장부를 구해 그 후로 이 직책을 맡은 몇 사람을 위해서도 기를 남긴다.

禮檀弓曰 : 祭禮, 與其敬不足而禮有餘也, 不若禮不足而敬有餘也. 是必禮與敬皆足, 而後祭之義行焉.

周禮 : 祭僕視祭祀有司百官之戒具, 誅其不敬者. 漢以侍御史監祠. 唐開元禮 : 凡大祠若干, 中祠若干, 咸以御史監視, 祠官有不如儀者以聞. 其

---

3) 정원(貞元) 19년(803) 11월에 감찰어사로 있던 최원(崔薳)이, 12월에는 한유(韓愈)·이방숙(李方叔)이 모두 어사직을 잃었다. 역시 감찰어사였던 유종원이 이들 다음의 서열에 있었음을 가리킨다.

刻印移書, 則曰監祭使. 寶應中, 尤異其禮, 更號祠祭使, 俄復其初. 又制, 凡供祠之吏, 雖當齋戒, 得以決罰, 由是禮與敬無不足者.

聖人之於祭祀, 非必神之也, 蓋亦附之敎焉. 事於天地, 示有尊也, 不肅則無以敎敬; 事於宗廟, 示廣孝也, 不肅則無以敎愛; 事於有功烈者, 示報德也, 不肅則無以勸善. 凡肅之道, 自法制始. 奉法守制, 由御史出者也. 故將有事焉, 則祠部上其日, 吏部上其官, 奉制書以來告, 然後頒于有司, 以謹百事. 太常修其禮, 光祿合其物, 百工之役, 先一日咸至于祠而考閱焉. 御史會公卿有司, 執簡而臨之, 故粢盛牲牢酒醴菜果之饌, 必實於庖廚; 鐘鼓笙竽琴瑟戛擊之樂, 簨簴綴兆之數, 必具於庭內; 樽彝罍洗俎豆醆斝之器, 必絜於壇堂之上. 奉奠之士, 贊禮之童, 樂工舞師洎執役而衛者, 咸列若其實, 設箠朴于堂下, 以修官刑, 而羣吏莫敢不備物; 羅奏牘于几上, 以嚴天憲, 而衆官莫敢不盡誠. 而祭之日, 先升立于西階之上, 以待卒事. 其禮之周旋, 樂之節奏, 必周知之, 退而視其燔燎瘞埋, 終之以敬也. 居常則飭四方祀貢之物, 以時登于王府. 服器之修具, 祠宇之繕理, 牛羊毛滌之節, 三宮御廩之實, 畢備之而聽命焉.

舊以監察御史之長居是職, 貞元十九年十二月, 御史多缺, 予班在三人之下, 進而領焉. 明年, 中山劉禹錫始復舊制. 由禮與敬以臨其人, 而官事益理, 制令有不宜于時者, 必復于上, 革而正之. 於是始爲記, 求簿書, 得爲是職者若干人書焉.

사문조교청벽기(四門助教廳壁記: 사문 학관의 조교를 위한 청벽기)[4]

주(周)대에는 사방 교외에 농림지와 학관를 두어 원로를 봉양하고 고관의 자식을 교육했다. 『제통(祭統)』에서 천자는 네 곳에 학관을 설치한다고 하였다.[5] 대체로 당시의 제도가 그렇다. 『역전(易傳)』「태초편(太初篇)」에, "천자는 아침에 동학(東學)에 들고 낮에는 남학(南學)에 들고 저녁에는 서학(西學)에 들고 밤에는 북학(北學)에 든다"고 하였다. 채옹(蔡邕)은 이를 근거로 명당(明堂)의 위치를 정하였다.[6] 『대대례(大戴禮)』「보전편(保傳篇)」에 따르면, 천자는 동학에 들어 어짊[仁]을 소중히 하고 남학에 들어 믿음[信]을 소중히 하며, 서학에 들어 덕성[德]을 소중히 하고 북학에 들어 작위[爵]를 존숭한다고 하였다. 가의(賈誼)가 그 일을 기록하여 태자의 교육을 설명했으므로 그곳을 대교(大教)를 행하는 궁(宮)이라 불렀으니, 이에 사학(四學)이 갖춰졌다. 명당(明堂)을 세운 정책을 참고하고 대교(大教)의 의미를 찾음으로써 학관 설치가 흥성하게 되었다.

후위(後魏) 태화(太和) 연간에 네 성문에 학관을 설치하고 조교 20인을 두었다.[7] 수(隋)나라 때에는 국자감(國子監)에 예속시키고 그 인원을 5인으로 줄였다. 본 왕조에 와서 비로소 태학(太學)에 병합시키고 또 그 수를 줄여 3인으로 하였다.[8] 인원수는 줄고 직책은 특히 어려웠으므로 유학에 능통한 이가 아니면 임명되지 못했다. 사문(四門)의 학관은 상사(上士)·중사(中士)·하사(下士)의 세 등급과 후작(侯爵)·백작(伯爵)·자작(子爵)·남작

4) 본편은 사방 성문에 세운 학관의 조교, 즉 사문조교(四門助教)의 직책에 대해 설명하고, 이어 천시되던 그 자리를 자원한 세 사람의 뛰어난 조교의 이름을 남긴 글이다.
5) '『제통(祭統)』'은 '『예기(禮記)』「제의(祭義)」'의 착오로 보인다.
6) 명당(明堂)은 동한 때 천자의 태묘(太廟)인데, 이곳에서 하늘의 뜻을 받들고 조상의 제사를 바치는 동시에 장로를 높이고 어린이를 교육하며 제후를 접견하고 인재를 선발하기도 하였다.
7) 본래의 사학은 교외에 있었는데 태화 20년에 너무 멀다하여 성문으로 옮겼다.
8) 당대에는 사문박사 3인과 조교 3인을 두었다.

(男爵)의 네 등급의 인원의 교육을 관장하였다.[9] 그들의 자손으로 장자인 자 및 일반 선비와 평민 아들 중에 뛰어난 자는 그들이 배운 바를 가지고 그 아래에 있다가 담당 학자에게 가 점검받았다. 조교는 박사를 보좌하여 학교 규범과 처벌에 관한 규정을 관장하고 각기 나뉘어 교육하는데, 경서에 능통하고 힘써 공부하는 조교는 반드시 연말에 예부(禮部)에 뽑혀가 간단한 시험 업무를 관리하였다. 학생들의 진퇴를 정할 때는 그가 도덕에 합당한지를 따지니, 박식하고 전아하며 정중하고 공경스럽지 못한 조교는 그 자리에 있을 수 없다. 따라서 물러나는 조교도 있고 조정으로 승진하는 조교도 있다. 하비서(賀秘書)는 이 자리에서 박사가 되었고 귀산기(歸散騎)는 좌습유(左拾遺)가 되었다.[10] 옛 법제에 따르면 습유(拾遺)는 팔품(八品)의 청관(淸官)으로 규정하였으니 필히 이름과 실제가 부합하는 이를 그 자리에 앉혔다.[11]

정원(貞元) 연간에 법령과 제도 등이 완성되고 경적도 부족한 바가 적어지자 유관 부서에서 태학의 관원을 명하면서 그들을 퍽이나 하찮게 여겼다. 명예를 중시하고 문장을 좋아하는 이들은 모두 태학의 관원이 되는 것을 부끄럽게 여겼다. 그 즈음에 하동(河東) 출신 유립(柳立)이 처음으로 진사(進士)가 되기 이전의 신분으로 이 직책을 원하였고, 천수(天水) 출신 무유형(武儒衡)·민중(閩中) 출신 구양첨(歐陽詹)이 또 그 뒤를 이었다.[12] 이해에는 사문 학관의 조교가 세 사람이었는데 모두 뛰어난 문인인지라 온 장안이 특이하게 여겼다. 나는 유립과 같이 방여공(方輿公)의 후손이며, 무유형과는 같이 예부(禮部)의 시험에 합격하여 진사가 되었으며, 구양첨과는 같이 문장에 뜻을 둔 사이이다. 사문 조교 관서에는 앞 사람의 이름을 기록한 적이 없기에 내가 기록하니 바로 이 세 사람으로부터 시작된다.

---

9) 사문박사는 문·무 7품 이상 및 작위자의 아들에 대한 교육을 관장했다.

10) 하비서(賀秘書)는 비서감을 지낸 하지장(賀知章)을, 귀산기(歸散騎)는 좌산기상시(左散騎常侍)를 지낸 귀숭경(歸崇敬)을 가리킨다.

11) 청관(淸官)은 벼슬과 녹은 낮으나 후에 승진할 관리를 가리킨다.

12) 유립(柳立)은 정원 10년에 진사과에 합격했다.

周人置虞庠于四郊, 以養國老, 教胄子. 祭統曰 : 天子設四學. 蓋其制也. 易傳太初篇曰 : 天子旦入東學, 晝入南學, 夕入西學, 暮入北學. 蔡邕引之, 以定明堂之位焉. 大戴禮保傅篇曰 : 帝入東學以貴仁, 入南學以貴信, 入西學以貴德, 入北學以尊爵. 賈生述之, 以明太子之教焉. 故曰爲大教之官, 而四學具焉. 參明堂之政, 原大教之極, 其建置之道宏也.

後魏太和中, 立學于四門, 置助教二十人. 隋氏始隸于國子, 而降置五人. 皇朝始合於太學, 又省至三人. 員位彌簡, 其官尤難, 非儒之通者不列也. 四門學之制, 掌國之上士、中士、下士凡三等, 侯、伯、子、男凡四等. 其子孫之爲胄子者, 及庶士、庶人之子爲俊士者, 使執其業而居其次, 就師儒之官而考正焉. 助教之職, 佐博士以掌鼓篋榎楚之政, 令分其人而教育之, 其有通經力學者, 必於歲之杪, 升於禮部, 聽簡試焉. 課生徒之進退, 必酌于中道, 非博雅莊敬之流, 固不得臨於是, 故有去而升于朝者. 賀秘書由是爲博士, 歸散騎由是爲左拾遺. 舊制以拾遺爲八品清官, 故必以名實者居於其位.

貞元中, 王化旣成, 經籍少間, 有司命太學之官, 頗以爲易. 專名譽、好文章者, 咸耻爲學官. 至是, 河東柳立始以前進士求署茲職, 天水武儒衡、閩中歐陽詹又繼之. 是歲, 爲四門助教凡三人, 皆文士, 京師以爲異. 余與立同祖於方輿公, 與武公同升於禮部, 與歐陽生同志於文. 四門助教署未嘗紀前人名氏, 余故爲之記, 而由夫三子者始.

무공현승청벽기(武功縣丞廳壁記: 무공현승을 위한 청벽기)[13]

『시경』「상송(商頌)」에 이르길, “도성의 교외는 천리라네”라고 했다. 주(周)나라 제도에 따르면 천리 이내를 전복(甸服)이라 불렀다. 『곡량전(穀梁傳)』에서 천하의 제후가 황제의 내신(內臣)이라고 했으니, 그 규모가 몹시 크다. 지금 경조윤(京兆尹)이 관장하는 경성지역은 현이 23개로서 그 넓이는 옛날과 같다. 현의 여러 관리들의 장을 영(令)이라고 부르고 또 승(丞)이라고 부른다.[14] 현승(縣丞)의 지위는 정8품 하로 여섯 분야의 모든 직책을 수행하며 현령을 보좌한다. 진(秦)·한(漢) 때에는 승상(丞相)이 있었고, 지금에는 상서성(尚書省)에 좌승과 우승이 있으며, 어사대(御史臺)에는 중승(中丞)이 있고 구경(九卿)의 각급 반열에도 모두 승이 있으며, 아래로는 천하의 각 현에 승이 있다. 정치에는 대소가 있으나 그 의미는 같다.

무공현(武功縣)은 도성 교외 중의 큰 현으로, 지도에 의하면 옛날 후직(后稷)이 봉지로 지녔던 유태(有邰)의 땅이다. 진(秦)나라 때에는 41개의 현을 두었는데 그때는 태(邰)·미양(美陽)·무공(武功)이 각기 다른 현이었으나 지금에 와 합해졌다. 일찍이 직주(稷州)였다가 후에 현이 된 것이다. 이 땅은 비옥하며 크고 작은 언덕과 강변과 평원도 있다. 식물은 무성하고 다양하며 찰기장·검은 기장·쥐눈이콩·대두 등이 난다. 이곳 풍속은 예절이 바라『시경』「대아(大雅)」의 유풍에 합치된다.

정원 15년(799)에 성을 남쪽에 새로 세웠는데 새 성이 낙성되자 뭇 관청에 있던 옛 기문들은 벽이 헐리고 글자가 마멸되어 보존될 수 없었다. 삼년 뒤에 영천(潁川)사람 진남중(陳南仲)이 현승이 되었는데, 현의 주민들이 그 정치가 간결하고 편안함에 만족해하며 간정(簡靖)이라 칭송했다. 그 후 그 집안 조카 진존(陳存)이 지도를 가지고 나를 찾아와 기문을 부

---

13) 본편은 무공현(武功縣)과 현승(縣丞)에 대해 설명하고 그곳 현승 진남중(陳南仲)을 칭송하여 관청 벽에 남긴 기문이다. 무공현은 지금의 섬서성 무공현에 해당한다.

14) 승(丞)은 돕는다[佐]는 의미이다.

탁했다. 무릇 무공현은 관할지가 넓고 백성이 많은데도 진현승이 간결하고 편안하게 통치하니 이는 실로 어려운 일이다. 한고조(漢高祖)는 천하에 조령을 내려 전쟁으로 작위를 얻어 공대부(公大夫)·공승(公乘) 이상이 된 이는 현령이나 현승과 평등하게 예를 행하게 하였으며, 그리하여 직책 수행이 더욱 어려웠다.[15] 지금의 천자는 무(武)를 숭상하고 무공을 염두에 두어 한고조 때와 유사하며, 금군(禁軍)을 나누어 현에 주둔시켰는데, 무공현에 특이 많이 주둔시켰다. 그런데도 진현승은 이곳을 맡고 또 도적에도 방비하였다. 그가 직무 수행에 그르친 일이 없을 줄을 내 어찌 알았겠는가! 그리하여 그를 위해 기문을 쓴다.

殷頌曰:“邦畿千里.” 周制, 千里之內曰甸服. 穀梁謂之寰內諸侯, 爲王內臣, 其制甚重. 今京兆尹理京師部二十有三縣, 幅員之廣, 其猶古也. 縣吏之長曰令, 曰丞. 丞之位, 正八品下, 蓋丞述六職以輔其令也. 秦、漢有丞相, 今尙書有左右丞, 御史有中丞, 至于九卿之列, 亦皆有丞, 下以達天下之縣. 政有大小, 其旨同也.

武功爲甸內大縣, 按其圖, 古后稷封有斄之地. 秦作四十一縣, 斄、美陽、武功各異, 至是合焉. 蓋嘗爲稷州, 已而復縣. 其土疆沃美高厚, 有丘陵墳衍之大; 其植物豐暢茂遂, 有秬秠藿菽之宜. 其人善樹藝. 其俗有禮讓, 宜乎其大雅之遺烈焉.

貞元十五年, 改邑于南里, 旣成新城, 凡官署舊記, 壁壞文逸, 而未克繼之者. 後三年, 而潁川陳南仲居是官, 邑人宜之, 號爲簡靖, 因其族子存持地圖以來謁余爲記. 夫以武功疆理之大, 人徒之多, 而陳生以簡靖輔其理, 斯固難矣. 漢高帝嘗詔天下, 凡以戰得爵, 七大夫公乘以上, 令丞與抗禮, 故爲吏益難. 今天子崇武念功, 與漢初相類, 分禁旅以守縣道, 武功爲多. 陳生爲丞於是, 而又職盜賊. 其爲理無敗事, 吾庸可度哉! 爲之記云.

---

15) 원문의 칠대부(七大夫)는 공대부(公大夫)의 등급이 일곱 번째였으므로 그렇게 부른 것이다. 공승(公乘)은 여덟 번째 등급이다. 모두 고위 작위이다.

주질현신식당기(盩厔縣新食堂記: 주질현 새 식당의 기문)[16]

정원(貞元) 18년(802) 5월 모일, 현 안의 오른 편에 새로 식당을 지어 처음으로 회식하였다.

군대를 일으킨 이래 서쪽 교외지역에서 군인들이 무질서하게 어지럽혔으니, 26년간 군대 주둔지가 된 이 현은 뭇 관리들이 모두 성 밖에 거처했다.[17] 군대가 철수할 때 현은 황폐하고 건물들은 기울어 무너져 내렸다. 그 후 또 19년이 지났으나 사람이 살 수는 없었다. 그로부터 현의 업무들은 분산되어 연결되지 않고 관리들끼리도 드물게 겨우 만났다. 일이 이에 이르자 어떤 주부(主簿)가 이를 안타까워하였다. 그리하여 일꾼들 관장하는 일을 맡아 살 곳을 되찾게 하였다. 그는 창고가 완성되고 학교가 완성되자 그 남은 경비로 이 식당을 건축하였다. 식당의 들보는 남북으로 22자 길이였다. 사방 처마는 높고 단정하며 늘어진 기둥들은 가지런하였다. 장식의 무늬 정도와 계단의 높낮이는 성의 크기와 관리들의 품계를 고려하여 지나치지도 모자라지도 않았다. 앞에는 높은 산이 있고 강물은 아래에 흘러서 올려다보고 내려다볼 수 있으며 연회를 열 수도 있었다. 식당이 낙성된 후 남은 경비로 음식의 기본비용으로 삼고 달마다 잉여금을 헤아려 음식 개선에 충당했다. 그리하여 이 새 식당에 관리들이 모이게 되었는데, 행동거지에 선후가 분명하여 비로소 위계질서가 바로 잡혔다. 예절 갖추고 담소하며 의론이 오고가자 비로소 중요한 정사가 종합되었다. 자리는 단정하고 그릇들은 깔끔하며 각종 요리방식의 음식들

---

16) 본편은 황폐했던 주질현(盩厔縣)에 한 주부(主簿)의 노력에 의해 새 식당이 생기고, 그로부터 관리들이 모여 정사를 의론하고 또 예의에 맞춰 즐길 수 있게 된 일을 기록한 글이다. 주(盩)는 물이 굽이진 곳을 가리키며, 질(厔)은 산이 굽이진 곳을 가리킨다. 주질현은 봉상부(鳳翔府)에 속했다.

17) 숙종(肅宗) 시기에 경성 교외 여기저기에 신책군(神策軍)을 주둔시켰는데 이들이 멋대로 굴어 백성들이 심히 고생했다.

에 좋은 술이 더해지니, 비로소 동료간에 만나는 즐거움이 있었다.

일을 마치고 나와서는 모두가 흐뭇해서 말했다. “연회의 유래는 오래되었지요. 지금 경성의 백관들이 모두 이런 방식입니다. 경성 교외는 모두 황제의 안마을이고 관리들도 서로 관련이 되니 함께 모이는 것이 타당하지요. 전에는 흩어졌다가 지금은 모였으니 그 득이 매우 많습니다. 우리들은 엄숙함과 장중함 그리고 즐거움과 부드러움을 느끼며, 또 여러 의심은 사라지고 멋진 말들은 칭찬되니, 이것이 이 식당의 의의이지요. 단지 맛있게 술과 음식을 배불리 먹고 누구의 공이라고 말할 수만은 없습니다. 바위를 구해다가 기록하여 이 방식이 후대에도 바뀌지 않게 해야 마땅하겠습니다.” 그리하여 그 일들을 늘어놓아 내게 고하며 글로 쓰게 하였다.

貞元十八年五月某日, 新作食堂于縣內之右, 始會食也.

自兵興以來, 西郊捍戎, 縣爲軍壘二十有六年, 羣吏咸寓于外. 兵去邑荒, 棟宇傾圮, 又十有九年, 不克以居. 由是縣之聯事, 離散而不屬, 凡其官僚, 罕或覿見. 及是, 主簿某病之. 於是且掌功役之任, 俾復其邑居. 廩庫旣成, 學校旣修, 取其餘材, 以構斯堂. 其上棟, 自南而北者, 二十有二尺. 周阿峻嚴, 列楹齊同. 其飾之文質, 階之高下, 視邑之大小與羣吏之秩, 不陋不盈. 高山在前, 流水在下, 可以俯仰, 可以宴樂. 堂旣成, 得羨財可以爲食本, 月權其贏, 羞膳以充. 乃合羣吏于玆新堂, 升降坐起, 以班先後, 始正位秩之敍; 禮儀笑語, 講議往復, 始會政事之要; 筵席肅莊, 罇俎靜嘉, 燔炮烹飪, 益以酒醴, 始獲僚友之樂.

卒事而退, 舉欣欣焉, 曰:“惟禮食之來古也, 今京師百官, 咸有斯制. 甸服亦王之內邑, 且官有聯屬, 則宜統會以齊之也. 嚮之離而今之合, 其得失也遠甚. 我是以肅焉而莊, 衎焉而和, 羣疑以亡, 嘉言以彰, 旨乎其在此堂也. 不唯其馨香醉飽之謂, 某之力也夫! 宜伐石以志, 使是道也不替于後.” 乃列其事來告, 使余書之.

제사겸어사중승벽기(諸使兼御史中丞壁記: 어사중승을 겸한 각종 사를 위한 벽기)[18]

옛날에 사방에 정무를 연락하고 교섭하는 이를 사(使)라고 불렀다. 지금 제도에 따르면 명을 받아 군영(軍營)에 가면서 그 직무가 어느 누구의 관할도 받지 않는 이도 역시 사(使)라고 부른다. 무릇 사(使)라는 호칭은 전적으로 그 직명에 해당하는 일을 행하는 이를 부르는 호칭이다. 개원(開元) 이래는 사가 더욱 중시되어 어사(御史)라는 호칭을 덧붙였다. 근 몇 년 동안 어사중승(御史中丞)을 겸한 이도 몇 사람 있었다. 사(使)의 영역이 확대되면서 군대를 통솔하기도 하고 주현을 안무하기도 하며, 재물을 전담하기도 하고 먼 곳 백성들을 회유하기도 하며, 영토를 공고히 하기도 하고 풍속을 바로잡고 관계를 조정하기도 한다. 크게는 내지의 혼란을 평정하고 외지의 영토를 개척한다. 그 모두 위엄을 높이고 명성을 날릴 수 있으니 활용도가 광범위하다. 이 사의 이름으로 직책을 맡으면 존엄이 이와 같으니 더욱이 또 조정에서 법제를 총괄하고 천하에 명성을 드날린다면 어떻겠는가? 황제를 보좌하고 백성들을 바로잡는 점은 더욱 알 만한 일이다.

무공(武公)께서는 후덕을 지니고 직책을 수행하시니 그 관직에 합당하다.[19] 그의 관서를 보면 사(使)이면서 중승을 겸한 이에 대한 기록이 있는데 누락된 사람이 많다. 그래서 옛 공문에서 찾고 또 역사서를 참조하여 완전하게 갖추어 놓았다. 그리고는 부하인 내게 명하여 기록하게 하였다. 그리고 또 내게 말했다. "호칭으로부터 그 실제 직무를 알 수 있을

---

18) 본편은 당시 상관인 어사중승(御史中丞) 무원형(武元衡)의 명을 받아 그 관서에 있는 어사중승을 겸한 각종 사(使)들에 대한 기록을 정비하고서 쓴 기문이다. 어사중승의 직책과 각종 사(使)의 직무와 그 중요성 및 기문을 쓰게 된 경위가 주된 내용이다. 사(使)는 관찰사·단련사·경략사 등을 가리킨다.

19) 무공(武公)은 무원형(武元衡)을 가리킨다. 무원형은 정원 20년(804)에 어사중승이 되었다.

것이다. 후에 이 자리에 있을 자는 그를 통해 직무를 정중히 수행할 수 있을 것이다."

古者, 交政於四方謂之使. 今之制, 受命臨戎, 職無所統屬者, 亦謂之使. 凡使之號, 蓋專焉而行其道者也. 開元以來, 其制愈重, 故取御史之名而加焉. 至于今若干年, 其兼中丞者若干人. 其使絶域, 統兵戎, 按州部, 專貨食, 而柔遠人, 固王略, 齊風俗, 和關石. 大者戡復于內, 拓定于外. 皆得以壯其威, 張其聲, 其用遠矣. 假是名以涖厥職, 而尊嚴若是, 況乎總憲度於朝端, 樹風聲於天下, 其所以翼于君、正于人者, 尤可以知也.

武公以厚德在位, 甚宜其官. 視其署, 有記諸使中丞者而多闕漏, 於是求其故於詔制, 而又質於史氏, 增益備具, 遂命其屬書之. 且曰 : 由其號而觀其實, 後之居於斯者, 有以敬于事.

관역사벽기(館驛使壁記 : 관역사를 위한 벽기)[20)]

만국의 사람들이 모여 오고 사방 변방민족 사람들이 올 때, 천하의 모든 길이 경성 교외지역에 모인다. 공물을 올리고 세금을 운송하며 경성에 관직이 있는 사람이 근교의 관문에 들어오면 모두 이리저리 붐벼대며 담당관의 허가 명령을 기다린다. 또 명령을 전하고 사면을 전하는 사람과 전국에 정령을 반포하는 사람은 경성 근교로 나간 후에 집단별로 줄을 지어 제후들의 역관(驛館)에 든다. 그러므로 역관의 제도는 천리 안에서 특히 중요하다.

20) 본편은 역관의 제도와 관역사(館驛使)의 임무를 설명하고 한태(韓泰)의 공을 칭찬하면서 쓴 글이다. 본문의 내용으로 보아 정원 20년(804)경에 쓴 것으로 보인다.

만년현(萬年縣)에서 위남현(渭南縣)에 이르기까지 역관이 여섯 군데 있는데, 이들은 화주(華州)에 귀속되며 그 관문은 동관(潼關)이다.[21] 화주에서 북쪽 경계인 역양현(櫟陽縣)까지 역관이 여섯 군데 있는데 동주(同州)에 귀속되고 그 관문은 포진(蒲津)이다. 파수(灞水)로부터 남쪽으로 남전현(藍田縣)까지 역관이 여섯 군데 있는데 상주(商州)에 귀속되고 그 관문은 무관(武關)이다. 장안현에서 주질현(盩厔縣)까지 역관이 열한 군데 있는데 양주(洋州)에 귀속되고 그 관문은 화양(華陽)이다. 무공현(武功縣)에서 서쪽으로 호치현(好畤縣)에 이르기까지 역관이 세 군데 있는데, 봉상부(鳳翔府)에 귀속되고 그 관문은 농관(隴關)이다. 위수(渭水)에서 북쪽으로 화원현(華原縣)에 이르기까지 역관이 아홉 군데 있는데 방주(坊州)에 귀속된다. 함양현(咸陽縣)에서 서쪽으로 봉천현(奉天縣)까지 역관이 여섯 군데 있는데 빈주(邠州)에 귀속된다. 전국에서 모여 올 때 먼저 각 관문에 이르고 다시 관문 안에 들어와서 집단별로 경성에 이른다. 중원 사람이건 변방 사람이건, 오는 사람이건 가는 사람이건 역관에 오는 이들은 정오 즈음에 도착하는데, 역관의 관리는 문서를 확인하고 그 숫자를 헤아리며 주(州)의 관리는 장부를 가지고 그 물품들을 기록한다. 도착과 출발을 보고하는 이들이 길에 끊이지 않고 접대 담당관의 맞이하고 보내는 일이 하루도 멈추지 않는다. 또 봄가을로 성묘하는 고을에도 모두 역관이 있다. 음식물의 제공은 충족하고 시설은 반드시 완전하게 수선하고 수리한다. 지출과 수입을 모두 기록하여 수입을 헤아려 모인 것을 사용한다. 그래서 출납을 기록하여 여분과 부족분을 결산하며 또 검사하고 대조할 수 있도록 한다.

대력(大曆) 14년(779)에 비로소 어사(御史)를 관역사(館驛使)로 임명하여 그 성과를 검열해 상서성에 보고하게 하였다. 관역사는 각 계절 마지막 달 그믐에 장부를 모아 착오가 있는지 대조하여 반드시 규정에 합치시킨다. 만약 부당한 점이 있으면 관서에 반송한다. 역관의 관리자 가운데

21) 만년현(萬年縣)과 위남현(渭南縣)은 모두 경조부(京兆府)에 속했었다. 화주(華州)는 지금의 섬서성에 있다. 동관(潼關)은 섬서성에 있는데 관중으로 통하는 요지이다.

공이 있으면 천자에게 보고하여 우대한다. 공이 큰 자는 그 관직을 높여주고, 그 다음으로 공이 있는 자는 세금을 감해주며, 또 그 다음가는 공이 있는 자는 좋은 성적을 매겨준다. 또 맡은 바를 못한 관리는 고발하여 벌을 준다. 그래서 관역사는 월급으로 국고에서 이만 냥을 받는다. 사(史) 5인과 증서를 검사하는 관리 2인을 두는데 이들도 모두 월급을 받는다.

이전에는 폐지된 관직의 인장을 사용하였으나 정원 19년(803)에 남양(南陽)의 한태(韓泰)가 황제에게 보고하자 비로소 관역사의 인장을 주조하여 제 이름을 가진 인장을 사용하게 되었다.[22] 그런데 그 이후에는 이 직책을 맡은 사람 가운데 기록을 남긴 이가 없었다. 그래서 찾아보았으나 몇 년 이전의 것은 없어졌다. 지금 내가 기록하는 것은 한(韓)씨로부터 시작한다. 또한 그가 관련 직무를 정돈하자고 말했으므로 맨 앞에 놓는다.

凡萬國之會, 四夷之來, 天下之道塗畢出於邦畿之內. 奉貢輸賦, 修職於王都者, 入于近關, 則皆重足錯轂, 以聽有司之命. 徵令賜予, 布政於下國者, 出于甸服, 而後按行成列, 以就諸侯之館. 故館驛之制, 於千里之內尤重.

自萬年至于渭南, 其驛六, 其蔽曰華州, 其關曰潼關. 自華而北界于櫟陽, 其驛六, 其蔽曰同州, 其關曰蒲津. 自灞而南至于藍田, 其驛六, 其蔽曰商州, 其關曰武關. 自長安至于盩厔, 其驛十有一, 其蔽曰洋州, 其關曰華陽. 自武功而西至于好畤, 其驛三, 其蔽曰鳳翔府, 其關曰隴關. 自渭而北至于華原, 其驛九, 其蔽曰坊州. 自咸陽而西至于奉天, 其驛六, 其蔽曰邠州. 由四海之內, 總而合之, 以至于關; 由關之內, 束而會之, 以至于王都. 華人夷人往復而授館者, 旁午而至, 傳吏奉符而閱其數, 縣吏執牘而書其物. 告至告去之役, 不絶於道; 寓望迎勞之禮, 無曠於日. 而春秋朝陵之邑, 皆有傳館. 其飮飫餼饋, 咸出於豐給; 繕完築復, 必歸於整頓. 列其

22) 한태(韓泰)는 정원 20년(804)에 작자와 같이 감찰어사를 지냈으며, 이른바 8사마(八司馬) 중의 한사람이다.

田租, 布其貨利, 權其入而用其積, 於是有出納奇贏之數, 勾會考校之政.

大曆十四年, 始命御史爲之使, 俾考其成, 以質于尙書. 季月之晦, 必合其簿書, 以視其等列, 而校其信宿, 必稱其制. 有不當者, 反之於官. 尸其事者有勞焉, 則復于天子而優升之. 勞大者增其官, 其次者降其調之數, 又其次猶異其考績. 官有不職, 則以告而罪之, 故月受俸二萬于太府. 史五人, 承符者二人, 皆有食焉.

先是假廢官之印而用之, 貞元十九年, 南陽韓泰告于上, 始鑄使印而正其名. 然其嗣當斯職, 未嘗有記之者. 追而求之, 蓋數歲而往則失之矣. 今余爲之記, 遂以韓氏爲首. 且曰修其職, 故首之也.

영남절도향군당기(嶺南節度饗軍堂記: 영남절도사의 향군당에 관한 기문)[23]

당나라의 제도에 의하면, 영남(嶺南)은 다섯 부(府)로 나뉘며 각 부는 열 개의 주(州)를 관할한다. 그리고 그 크고 작은 군영의 각종 군령은 모두 절도사의 지시에 의한다. 그 밖으로 바닷가에 많은 변방민족이 있는데, 유구(流求)·가릉(訶陵)으로부터 서쪽으로 대하(大夏)·강거(康居)에 이르기까지 바다 주변에 백 개에 이르는 이들은 압번박사(押蕃舶使)가 통괄한다.[24] 그 관할지 안쪽의 면적은 만리나 되지만 각 직급을 관리하는 관원을 두어 통괄하므로 제때에 교령을 따른다. 그 바깥쪽은 수만리나 되는데 통역 관원을 두어 보화를 바치게 하므로 해마다 공물을 진상한다. 지금

---

23) 본편은 영남절도사(嶺南節度使)가 새로 지은 건물에 대한 기록이다. 먼저 영남절도사의 통괄 업무를 설명하고, 이어 당시 절도사인 마총(馬摠)이 향군당(饗軍堂)을 지은 경위와 낙성식 연회의 장관 및 그 의의를 쓰고, 마지막에 그를 칭송하는 내용을 담았다. 원화 9년(814)에 쓴 것으로 보인다.

24) 압번박사(押蕃舶使)는 외국에서 오는 선박을 관장하였는데 영남절도사가 겸직했다.

이 두 사(使)의 막중한 임무를 겸임시켜 본청을 광주(廣州)에 두었는데, 그 대외적 업무와 군사적 업무는 당연히 그 어느 절도사의 그것과도 비교될 수 없다. 대외적으로는 각종 가축과 익힌 것과 날것 및 좋은 음악과 올바른 예절로써 멀고 소원한 이들과 더불어 하나가 되고, 군사적으로는 시상하고 잔치하며 개선(凱旋)을 위로하여 그들과 한마음이 되어야한다. 그 본청은 건물이나 담장이 다른 곳의 것과 같을 수는 없으니, 반드시 크고 굵은 동량(棟樑)을 쓰고 넓은 정원과 높은 문을 세워야 외교의 자리에서 윗자리로서 체면을 지키며 아래로 수하들에게 위엄을 세울 수 있다.

지금 어사대부(御史大夫) 부풍공(扶風公)께서 여기 광주(廣州)의 절도사와 압번박사(押蕃舶使)를 겸직하시어 그 덕망으로 먼 곳의 사람들을 오게 하고 위엄을 떨쳐 변방의 군정을 정비하셨다.[25] 또 연회를 확대하고 악대를 확충하여 풍성하게 하셨다. 이전에는 성 서북 모퉁이에 건물이 있었는데, 그 위치에서는 절도사가 북쪽을 향하고 빈객들이 남쪽을 향하며, 무대 위 아래의 악대들이 서쪽에 위치하여 동쪽의 못을 바라보게 되어있었다. 또 건물 서남쪽 모서리가 낮고 비뚤며 정원과 주방도 낮고 허름하며, 또 오후 네 시가 되기 이전이면 뜨거운 열기가 눈앞에 닥쳐 땀이 흐르고 어지러워 예식을 마칠 수가 없었다. 그래서 큰 연회나 군대 행사는 바깥의 높은 공간에서 거행하였으므로 꼴이 어울리지 않았다. 그리하여 부풍공께서 비로소 그것을 허물고 남쪽에 건물을 새로 짓게 하셨으니, 가로 여덟 개 세로 열 개의 기둥을 세웠다. 그리고 예전의 연회 장소에는 동쪽에 담장을 세웠고 서쪽에도 그렇게 했다. 그 밖의 경의실과 주방 건물도 늘어세워 볼 수 있게 하였고, 정자를 확대하여 음악소리를 퍼지게 하였으며, 이리저리 둘러봐도 막힌 데가 없게 하였다. 옛 못 터에는 개울을 트고 나무를 심어 한가히 쉬게 만들었으니 마치 숲 속 골짜기에 있는 듯했다. 기술자를 어디에서 불렀는가 하면 군대에서 불렀고, 일꾼들을 어디에서 불

25) 부풍공(扶風公)은 마총(馬摠)으로, 원화 8년(813)에 영남절도사로 부임했다.

렀는가 하면 변방민족 노예에게서 구했으며, 재목을 어디에서 구했는가 하면 빈 건물에서 옮겨왔다. 간혹 부족한 것을 찾아 산을 넘고 바다를 떠돌았는데 농부와 상인들이 공손히 대하며 앞장서서 제공해주었다.

그리하여 10월 갑자일에 완공하자 공께서 새 건물에서 연회를 베풀라고 명하셨다. 크고 작은 깃발과 온갖 직위의 징표 그리고 갖가지 군기들이 모두 건물 아래를 장식했다. 또 북을 두드리고 징을 울려댔다. 공과 감군사(監軍使)께서는 귀빈을 모시고 동료들을 맞이하셨으며 문무 관리와 장졸들이 모두 제자리에 위치했다. 풀옷과 모직옷을 입은 각지의 부족민들이 올려다보며 줄을 섰는데 천 명도 넘었다. 각가지 그릇과 솥과 구워 익힌 크고 작은 고깃덩이, 그리고 조류와 어류와 자라 등의 음식과 단지 가득 넘치는 각종의 주류가 하나같이 사졸들에게 충분히 제공되었다. 흥왕무(興王舞)와 복이무(服夷舞), 그리고 두드리고 불어대는 음악소리와 날고뛰는 괴이한 마술과 잡기 등이 여기저기에서 펼쳐졌다.[26] 예식이 끝나고 음악이 끝나자 순서에 맞춰 축하하며 말했다. "이곳 관할지가 이리 크고 또 다섯 직위를 겸하셨으니, 이 건물의 규모가 아니고서는 모두를 갖출 수 없으며 공의 덕이 아니고서는 이 많은 사람들을 포용할 수 없습니다.[27] 예전에는 형편없던 변방 관할이 이제부터 시작되어 백성들을 크게 융화시키며 변방을 살피시니 옛 변방 정책이 어찌 이보다 더 나을 수 있겠습니까?"

화원(華元)은 이름난 대부였지만 양을 잡고도 수레 모는 병사에게는 주지 않았다.[28] 곽거병(霍去病)은 훌륭한 장군이었지만 고기를 남기면서도 사졸들이 굶주린 기색을 띠게 하였다.[29] 이들은 그러고서도 능력을 칭송

---

26) 흥왕무(興王舞)는 당대에 유행했던 악무(樂舞)이며, 복이무(服夷舞)는 각 지방의 악무를 가리킨다.

27) 다섯 직위는 영남절도사가 소속 다섯 부(府)의 토격사(討擊使)를 겸한 것을 가리킨다.

28) 화원(華元)은 춘추시대 송(宋)의 대부였는데 정(鄭)의 군대를 막으면서 전투를 시작할 즈음 양을 잡아 사졸에게 먹였으나 수레병인 양짐(羊斟)에게는 주지 않았다. 전쟁이 벌어지자 양짐은 적군에게로 수레를 몰았고 화원은 체포되고 전쟁에 패하였다.

29) 곽거병(霍去病)은 한나라 때의 대장군이었으나 사졸들을 돌볼 줄 몰랐다. 조정에서 준 음식 수십 수레를 가지고 가 전쟁하고 돌아오면서 남은 고기를 버렸으나 사졸들은

받아 지금까지 전해진다. 하물며 공께서는 미덕을 갖추시고 옳은 길을 버리지 않으시니 사람들이 좋은 바위를 구해 새김으로서 후인에게 영원히 보이고자 하였다. 그리하여 마침내 상의하여 내게 와 고하며 글을 부탁하였다. 나는 사양하고자 했으나 그러지 못하고 마침내 이 바위에 이렇게 써 새긴다.

唐制, 嶺南爲五府, 府部州以十數. 其大小之戎, 號令之用, 則聽于節度使焉. 其外大海多蠻夷, 由流求、訶陵, 西抵大夏、康居, 環水而國以百數, 則統于押蕃舶使焉. 內之幅員萬里, 以執秩拱稽, 時聽教命; 外之羈屬數萬里, 以譯言贄寶, 歲帥貢職. 合二使之重, 以治于廣州, 故賓軍之事, 宜無與校大. 且賓有牲牢饔餼, 嘉樂好禮, 以同遠合疏; 軍有犒饋宴饗, 勞旋勤歸, 以羣力一心. 於是治也, 閈閎階序, 不可與他邦類, 必厚棟大梁, 夷庭高門, 然後可以上充於揖讓, 下周於步武.

今御史大夫扶風公廉廣州, 且專二使, 增德以來遠人, 申威以修戎政. 大饗宴合樂, 從其豐盈. 先是爲堂於治城西北陬, 其位, 公北向, 賓從南向, 奏部伎于其西, 視泉池于其東. 隅奧庳側, 庭廡下陋, 日未及晡, 則赫炎當目, 汗眩更起, 而禮莫克終. 故凡大宴饗、大賓旅, 則寓于外壘, 儀形不稱. 公於是始斥其制, 爲堂南面, 橫八楹, 從十楹, 嚮之宴位, 化爲東序, 西又如之. 其外更衣之次, 膳食之宇, 列觀以游目, 偶亭以展聲, 彌望極顧, 莫究其往. 泉池之舊, 增濬益植, 以暇以息, 如在林壑. 問工焉取, 則師輿是供; 問役焉取, 則蠻隸是徵; 問材焉取, 則隙宇是遷. 或益其闕, 伐山浮海, 農賈拱手, 張目視具.

乃十月甲子克成, 公命饗于新堂. 幢牙茸丘纛, 金節析羽, 旆旗旟旞, 咸飾于下. 鼓以鼖鼓, 金以錞鐃. 公與監軍使, 肅上賓, 延羣僚, 將校士吏, 咸次于位. 卉裳罽衣, 胡夷蜑蠻, 睢盱就列者, 千人以上. 鉶鼎體節, 燔炮胾

굶주린 기색을 띠었다.

炙, 羽鱗貍互之物, 沉泛醍盎之齊, 均飫于卒士. 興王之舞, 服夷之伎, 揳擊吹鼓之音, 飛騰幻怪之容, 寰觀于遠邇. 禮成樂遍, 以叙而賀, 且曰 : “是邦臨護之大, 五人合之, 非是堂之制不可以備物, 非公之德不可以容衆. 曠于往初, 肇自今茲, 大和有人, 以觀遠方, 古之戎政, 其曷用加此”

華元, 名大夫也, 殺羊而御者不及; 霍去病, 良將軍也, 餘肉而士有飢色. 猶克稱能, 以垂到今. 矧茲具美, 其道不廢, 願訪于金石, 以永示後祀. 遂相與來告, 且乞辭. 某讓不獲, 乃刻于茲石云.

빈녕진주원기(邠寧進奏院記 : 빈녕절도사의 진주원에 관한 기문)[30]

무릇 제후가 천자에게 보고하는 예절에 따르면 제후는 필히 경성에 지은 건물이 있어야 한다. 봄 · 가을로 천자를 뵙는 곳은 용모를 바로 갖추어야 하는 장소이며, 제후가 모여서 의론하는 곳은 정견을 교환하는 장소이다.[31] 주나라 때의 제도에 따르면 고을을 정해 경비를 마련하여 목욕할 곳을 갖추었으며, 한나라 때에도 저택을 마련하여 봄의 알현에 대비하게 했다. 당(唐)에 들어서도 이를 답습하여 진주원(進奏院)을 마련하여 상주(上奏)에 대비하게 하였다. 정무도 이로써 잘 이루어지고 예절도 이로써 갖추어졌는데, 이는 예로부터의 제도이다.

황제께서 재위하신 지 11년이 되었는데, 변방 유민들이 안정되지 못한

30) 본편은 빈녕절도관찰사(邠寧節度觀察使) 장헌보(張獻甫)가 새로 지은 진주원(進奏院)의 용도와 의의를 기록하고 그의 치적들을 칭송한 글이다. 진주원은 황제를 뵙기 전에 관련 일을 준비하는 장소로 지방 기구가 경성에 세운 출장소의 성격을 지닌 곳이다. 문미에 기록 시기를 정원 20년(804)이라고 적었다.

31) 『주례(周禮)』에 따르면 봄에 알현하는 것을 조(朝)라고 하고 가을에 알현하는 것을 근(覲)이라고 하였다.

것을 불쌍히 여기시고 포악한 외적들이 여전히 횡행하는 것을 미워하시어, 여러 신하들 중에 널리 구하시어 낭녕왕(朗寧王) 장공(張公)을 적임자로 찾으셨다.[32] 그리하여 그로 하여금 절도사가 되어 부하를 임명하고, 나라의 핵심지역을 지키고 황제를 보호하는 직무를 통괄하며, 대군을 지휘하고 만민을 안무하도록 하였다. 그리하여 이 진주원을 새로 지어 우리의 옛 규범을 확충하게 되었다. 장공께서는 여러 문들을 높이고 장중하게 꾸몄는데, 그로써 황제의 명을 받들고 옛 전범(典範)을 회복했으니 지극히 공경스러운 것이며, 황제의 알현에 존엄을 더하고 진공(進貢)의 직무를 통솔했으니 지극히 충성스러운 것이다. 충성심과 공경심을 견지한다면 신하로서의 도리를 다하는 것이다. 장공께서는 일찍이 뛰어난 견해와 정책을 지니고 조정에서 재능을 펼치셨다. 또 일찍이 반군을 토벌하고 그 수령을 체포하여 빛나는 공을 세우셨다. 그 틈새에는 시무(時務)에 돌아와 일상의 직무를 수행하셨으니, 부하를 맞이하여 건의를 받고 사신을 맞이했으며, 상주문을 받들어 황제를 알현하셨다. 태제(太宰)와 미결사항을 상의했고 담당관에게 정무를 자문하셨으며, 아래로는 분주히 나다니는 신하와 전령으로 물길 따라 돌아다니며 교령을 전달하는 이까지 모두 만나셨다. 그리고 대체로 이곳에 오는 이는 모두 이 진주원을 거쳤다. 그래서 이 진주원의 수장은 필히 대궐문을 넘어 하늘처럼 높은 대전에 올라 황제의 위엄을 올려보았으며 안팎의 일에 통달하였다. 황궁의 수많은 궐문도 방해가 되지 않고 군영의 온갖 막사도 가깝기만 하였으니, 이곳이야말로 군부의 중추이며 빈녕(邠寧)을 다스리는 요처이다.

장공께서는 단정하고 영명하면서도 후덕하고 온유하면서도 엄정하셨으며, 거시적 책략은 특출하고 큰 뜻은 높고 원대하셨다. 지방민에게 덕을 베푸셨으니 백성들이 모두 사모하였으며, 서쪽 근처에 요새를 세우니 변방 적들이 엎드려선 숨을 죽였다.[33] 혁혁한 공은 조정에 넘쳤으며 빛

---

32) 장공(張公)은 장헌보(張獻甫)로서, 정원 4년(788)에 검교형부상서(檢校刑部尙書)로서 빈주자사(邠州刺史)·빈녕절도관찰사(邠寧節度觀察使)를 겸하였다.

나는 명성은 사람들이 듣고 감동하였다. 그러니 이 진주원의 설치는 그의 치적 중의 말단에 불과하다. 공의 치적 중의 말단을 쓰다보니 그 덕을 두루 쓸 수 없고, 황제가 계신 곳에서 공을 칭송하자니 예절에 맞지 않는다. 그것은 예로부터의 도리이다. 정원 20년(804) 12월 6일, 하동(河東) 사람 유종원이 기록한다.

凡諸侯述職之禮, 必有棟宇建于京師. 朝覲爲修容之地, 會計爲交政之所. 其在周典, 則皆邑以具湯沐; 其在漢制, 則皆邸以奉朝請. 唐興因之, 則皆院以備進奏, 政以之成, 禮於是具, 由舊章也.

皇帝宅位十一載, 悼邊氓之未乂, 惡兇虜之猶阻, 博求羣臣, 以朗寧王張公爲能. 俾其建節剖符, 守股肱之郡, 統爪牙之職, 董制三軍, 撫柔萬人. 乃新斯院, 弘我舊規. 高其閈閎, 壯其門閭. 以奉王制, 以修古典, 至敬也; 以尊朝覲, 以率貢職, 至忠也. 執忠與敬, 臣道畢矣. 公嘗鳴佩執玉, 展禮天朝. 又嘗伐叛獲醜, 獻功魏闕. 其餘歸時事, 修常職, 賓屬受辭而來使, 旅賁奉章而上謁. 稽疑於太宰, 質政於有司, 下及奔走之臣, 傳遽之役, 川流環運, 以達教令. 大凡展采於中都, 率由是焉. 故領斯院者, 必獲歷閶闔, 登太淸, 仰萬乘之威, 而通內外之事. 王宮九關而不間, 轅門十舍而如近, 斯乃軍府之要樞, 邠寧之能政也.

惟公端明而厚, 溫裕而肅, 宏略特出, 大志高邁. 施禮下邑, 而黎人咸懷; 設險西陲, 而戎虜伏息. 茂功溢于太常, 盛烈動於人聽, 則斯院之設, 乃他政之末者也. 贊公於他政之末, 故詞不周德; 稱公於天子之都, 故禮不稱位, 斯古道也. 貞元十二年十月六日, 河東柳宗元爲記.

33) 변방 적은 토번(吐蕃)을 가리킨다.

홍주강운기(興州江運記: 홍주의 수로를 개척한 일에 관한 기문)[34)]

어사대부 엄공(嚴公)께서는 5년 동안 양주목(梁州牧)을 지내셨다.[35)] 새로 즉위한 황제께서는 주(周) · 한(漢)의 제후에게 직급을 높이는 제도에 따라 제후들을 친근하게 대하셨으니, 엄공의 공덕과 치적을 인정하여 예부상서(禮部尙書)의 직함을 내리셨다.[36)] 그리하여 이해 4월에 중알자(中謁者)를 엄공에게 사신으로 보내 그 임명을 전했다. 이에 막료와 부하관리 및 장교와 사졸들 그리고 백성 노소가 엄공의 집안을 가득 메워 춤을 추며 환호하였으며, 또 비석을 세워 그 덕을 기록하여 영원히 남기고자 하였다. 그러나 엄공께서 허락하시지 않자 다함께 원망하고 안타까워하며 우왕좌왕 음식조차 들지 않았다. 그리하여 서쪽 지방 사람들이 몰래 그가 산길을 내고 강의 길을 튼 일을 바위에 새기고자 하였다. 그 내용은 다음과 같다.

양주(梁州)의 서쪽 후미진 곳에 산이 있는데 그 책임자는 홍주(興州)자사이다. 홍주 서쪽에는 변방민족이 살았으므로 해마다 보루를 마련하고 날랜 병사들을 주둔시켰다. 그러나 길이 험하여 병사들은 먹을 것이 없었고 따라서 방비도 견고하지 못했다. 엄공께서는 그것을 걱정하여 말씀하셨다. "내 일찍이 홍주자사가 되었는데 이곳 사람인 터라 상황을 알 수 있다. 장거(長擧)로부터 북으로 청니산(青泥山)에 이르기까지, 그리고 서쪽으로 성주(成州)에 이르기까지, 율정천(栗亭川)을 건너고 보정보(寶井堡)

34) 본편은 산남서도절도사(山南西道節度使) 엄려(嚴礪)가 가릉강(嘉陵江)을 따라 양식 운반의 물길을 마련한 공적을 찬송한 글이다. 작자의 엄려에 대한 평가는 당대의 역사 기록의 평가와 적잖이 차이가 있다. 정원 21년(805)에 쓴 글이다.

35) 홍주(興州)자사 겸 어사대부였던 엄려(嚴礪)는 정원15년(799)에 산남서도(山南西道)절도사에 임명되었다. 홍주와 양주 모두 산남서도에 속했으며, 양주목은 산남서도절도사를 가리킨다.

36) 새로 즉위한 황제는 순종(順宗)을 가리킨다. 원문의 '증질(增秩)'은 실제 직책은 없이 직함만 승진시키는 것을 말한다.

를 넘도록 높고 험한 절벽과 골짜기가 십리에도 수없이 굽이지니, 무거운 것을 메고 오를라치면 마치 날카로운 칼날 위를 걷는 듯하다. 또 가을의 급류와 겨울의 눈과 비로 인해 깊은 진흙바닥과 물웅덩이가 합해져 방해하니, 사람들은 엎어지고 내동댕이쳐져 피가 잔도(棧道) 위를 흐른다. 양식과 꼴은 계곡을 채워 산처럼 쌓이며 마소와 가축들이 그 속에 범벅이 된다. 일꾼들이 온 힘을 다하고 병사들이 목을 빼며 '아이고'하며 외쳐대는 소리는 애달프기만 하다. 이런 길이 삼백 리가 넘게 이어진다. 장거 서쪽으로 강을 타고 내려가면 이백 리면 이르는데 예전 사람들은 아무도 몰랐다. 내가 황제의 명을 받아 이곳 사람들을 살피는데 어찌 내버려둘 수 있겠는가!" 그리고는 군영의 경비로 용구를 마련하여 산에 올라 공사를 하였다. 이리하여 큰 바위를 굴리고 거목을 넘어뜨려 센 불로 태우며, 식초를 뿌려 단단한 것을 부셔 잿더미로 만들었다. 삽과 삼태기로 흙을 파 옮겨가며 한편으로 길을 트면서 한편으로 파내고 다졌다. 산의 굽이를 보아가며 인력을 조절하고 지세의 높낮이를 보아가며 급류를 조절했다. 그 일이 끝나니 모두가 마음먹은 그대로 되었다. 이에 다시 물길을 막는 흙을 걷어내어 소통시키니 모든 이가 환호하고 손뼉을 쳤으며, 모든 것이 뜻대로 되지 않은 것이 없었다. 번개치고 구름 내달리듯 백리 길도 한 순간이며, 눈앞에 보이던 것도 순식간에 멀어지며 조용한 물길 따라 편안했다. 사람들은 노래하며 베고 누워 목적지에 이를 수 있게 되고, 보루의 병사들은 걱정 없이 전념하여 적에 대비했다.

우리 엄공의 공에 그 누가 짝하겠는가! 그런데도 보답할 길이 없어 비석 건립의 소원을 올렸으나 그 또한 허락을 못 얻었다. 더욱이 엄공께서 막 오셨을 때에는 연이은 흉년으로 창고는 텅 비고 기물은 다 떨어져, 기근으로 요절하여 시체가 길을 메웠었다. 엄공께서 절약하고 사랑해주신 덕분으로 편안히 살아가며 노인은 봉양 받고 어린이는 잘 자랄 수 있게 되었다. 또 문책도 않으시고 사역도 없어서 모두가 마음껏 살 수 있게 되었다. 병기 주조를 명하시니 창고에는 날카로운 병기가 찼고, 둔전(屯田)

을 명하시니 군영에 양식이 남았다. 사람 뽑아 훈련을 시키시니 많은 이가 대단히 용감하고, 형을 감해 송사를 처리하시니 많은 이가 사면되었다. 바위 쌓아 둑을 만드시니 곡식은 기름지고, 해마다 재난이 없으니 집마다 창고가 가득했다. 역관(驛館)을 잘 꾸미니 손님이 돌아갈 줄 모르고, 갖가지 다리가 완성되니 사람들이 위험을 면했다. 이러한 일들은 모두 싸움하는 틈틈이 장병들이 담당하여 사방의 힘을 빌리지 않았는데도 모든 일이 완성되었다. 또 나는 서쪽 지방 관리인지라 모두 다 기록할 수는 없다. 엄공만이 공정하고 곧바르며, 청렴하고 굳건하며 신용 있고 예절 바르며, 유학을 숭상하고 윗사람을 공경하며, 충성심과 어짊으로 정성을 다하셨다. 백성들을 편안케 한 사람으로, 그 어디에 굳건하고 용감하며 밤낮없이 노력하여 이처럼 큰 공덕과 업적을 이룬 사람이 있겠는가!

예전의 통치자는 치수(治水)를 중시했다. 그리하여 큰 물길에 둑을 쌓아 관직이 오르고 봉지를 받은 이가 있었다.[37] 또 서문(西門)이 관개로 이로움을 남겼으나 사기(史起)가 탄식한 일이 있다.[38] 또 백규(白圭)가 물길을 터 이웃 지방을 골짜기로 만들자 맹자가 탓한 적이 있다.[39] 엄공께서는 험한 곳을 손질하여 수고로움을 없앰으로써 만대에 혜택을 주었으니 그 공은 심히 빛나며 덮어둘 수가 없다. 그리하여 글을 지어 새기어 둠으로써 후대에 영원히 본보기로 남긴다.

御史大夫嚴公, 牧于梁五年, 嗣天子擧周、漢進律增秩之典, 以親諸侯. 謂公有功德理行, 就加禮部尙書. 是年四月, 使中謁者來錫公命. 賓僚吏

---

37) 춘추시대에 대태(台駘)는 큰 강의 둑을 쌓아 평원을 보호한 공으로 분천(汾川)지방을 봉지로 받았다.

38) 서문(西門)은 전국시대 위(魏)나라 사람 서문표(西門豹)로서 관개사업을 잘 해서 이름이 났었다. 그러나 후일 위문후(魏文侯)가 그를 칭찬하는 자리에서 대신이었던 사기(史起)가 그의 관개사업의 모순과 문제점을 나열한 후 그 지방에 임명되어가서 더욱 효과적인 관개사업으로 큰 칭송을 받았다.

39) 『맹자』「고자(告者) 하」에 그 내용이 보인다.

屬, 將校卒士, 黧老童孺, 塡溢公門, 舞躍歡呼, 願建碑紀德, 垂億萬祀. 公固不許, 而相與怨咨, 遑遑如不飮食. 於是西鄙之人, 密以公刋山導江之事, 願刻巖石. 曰:

維梁之西, 其蔽曰某山, 其守曰興州. 興州之西爲戎居, 歲備亭障, 實以精卒. 以道之險隘, 兵困于食, 守用不固. 公患之曰:"吾嘗爲興州, 凡其土人之故, 吾能知之. 自長擧北至於青泥山, 又西抵于成州, 過栗亭川, 踰寶井堡, 崖谷峻隘, 十里百折, 負重而上, 若蹈利刃. 盛秋水潦, 窮冬雨雪, 深泥積水, 相輔爲害. 顚踣騰藉, 血流棧道. 糗粮芻藁, 塡谷委山; 馬牛羣畜, 相藉物故. 餫夫畢力, 守卒延頸, 嗷嗷之聲, 其可哀也. 若是者, 綿三百里而餘. 自長擧之西, 可以導江而下, 二百里而至, 昔之人莫得知也. 吾受命于君而育斯人, 其可已乎?" 乃出軍府之幣, 以備器用, 卽山僦功. 由是轉巨石, 仆大木, 焚以炎火, 沃以食醯, 摧其堅剛, 化爲灰燼. 畚鍤之下, 易甚朽壤, 乃闢乃墾, 乃宣乃理. 隨山之曲直以休人力, 順地之高下以殺湍悍. 厥功旣成, 咸如其素. 於是決去壅土, 疏導江濤, 萬夫呼抃, 莫不如志. 雷騰雲奔, 百里一瞬, 旣會旣遠, 澹爲安流. 烝徒謳歌, 枕臥而至, 戍人無虞, 專力待寇.

惟我公之功, 疇可侔也! 而無以酬德, 致其大願, 又不可得命. 矧公之始來, 屬當惡歲, 府庾甚虛, 器備甚殫, 飢饉昏札, 死徒充路. 賴公節用愛人, 克安而生, 老窮有養, 幼乳以遂, 不問不使, 咸得其志. 公命鼓鑄, 庫有利兵; 公命屯田, 師有餘糧; 選徒練旅, 有衆孔武; 平刑議獄, 有衆不黷, 增石爲防. 膏我稻粱; 歲無凶災, 家有積倉; 傳館是飾, 旅忘其歸; 杠梁已成, 人不履危. 若是者, 皆以戎隙帥士而爲之, 不出四方之力, 而百役已就. 且我西鄙之職官, 故不能具擧. 惟公和恒直方, 廉毅信讓, 敦尙儒學, 挹損貴位, 率忠與仁, 以厚其誠. 其有可以安利于人者, 行之堅勇, 不俟終日, 其興功濟物如此其大也.

昔之爲國者, 惟水事爲重. 故有障大澤, 勤其官而受封國者矣. 西門遺利, 史遷興歎. 白圭壑隣, 孟子不與. 公能夷險休勞, 以惠萬代, 其功烈尤章章焉不可蓋也. 是用假辭謁工, 勒而存之, 用永憲于後祀.

전의현복북문기(全義縣復北門記: 전의현의 북문 복구에 관한 기문)[40]

현명한 이가 만든 것을 우둔한 자가 폐지했을 때, 그 폐지된 것을 복구하는 것은 옳고 그대로 따르는 것은 잘못이다. 이는 보통 사람들도 아는 일이니 말할 것도 못 된다. 그러나 복구하는 것은 반드시 현명한 사람을 통해서이다. 이를 미루어 정치를 살핀다면 그런 일이 적을 수 있겠는가?

현명함은 공을 이루는 것보다 큰 것이 없고, 우둔함은 인색하며 속이는 것보다 큰 것이 없다. 계주(桂州)의 산령 중에 있는 고을로 전의(全義)라 부르는 곳이 있다. 위공(衛公)께서 성을 쌓으셨는데 그로써 남월(南越) 지역이 평정되었다.[41] 노준(盧遵)이 전의현을 다스리며 그 성을 순시하였는데, 북문이 막혀있어 다른 담을 뚫어 출입하는 것이었다.[42] 경위를 물으니 문지기가 말했다. "그런 지 백년이 넘었습니다. 어떤이는, '무당이 정치에 불길하다고 말해서 막았다'고도 하고, 또 어떤이는 '길손이 많아 대접할 것이 다 없어질 것을 겁내는 사람이 그들이 돌아가도록 문을 막았다'고도 말합니다." 노준이 말했다. "이것이 인색하고 속이는 짓이 아닌가! 현명한 이가 만들었을 때는 남에게 이롭게 할 것을 생각한 것이니, 이를 어기는 것은 죄악이다. 내 이를 복구하리라."

---

40) 본편은 외사촌 동생인 노준(盧遵)이 전의현을 다스리면서 막힌 성문을 복구한 일과 그 의미를 강조한 글이다. 원화 5년(810) 전후에 쓴 글이다.

41) 위공(衛公)은 이정(李靖)으로 수나라 대장군이었다가 당에 귀순하였으며, 후일 전공을 올림으로써 위국공(衛國公)에 봉해졌다.

42) 노준(盧遵)은 작자의 외사촌 동생이다.

여러 관리에게 물으니 그 계획에 동의하였고, 상부에 보고하자 상부에서도 허락하였다. 고을사람들은 편리하겠다며 길마다에서 기뻐하며 춤추었다. 주민들은 자기 집안 정돈을 생각하였고 행인들은 기뻐하며 그 길로 다녔다. 바른 도리를 따르고 잘못을 버리며 현인을 등용하고 우둔한 이를 버리면서, 그 방식으로 개혁을 한다면 백성들이 소생할 수 있다. 이런 일을 기록하지 않는다면 공자의 학도가 아니리라. 그래서 이처럼 기록한다.

賢者之興, 而愚者之廢, 廢而復之爲是, 循而之習之爲非. 恒人猶且知之, 不足乎列也. 然而復其事必由乎賢者. 推是類以從於政, 其事可少哉?

賢莫大於成功, 愚莫甚於恡且誣. 桂之中嶺而邑者曰全義. 衛公城之, 南越以平. 盧遵爲全義, 視其城, 塞北門, 鑿他雉以出. 問之, 其門人曰: "餘百年矣. 或曰: '巫言是不利於令, 故塞之.' 或曰: '以賓旅之多, 有懼竭其餼饋者, 欲迴其途, 故塞之.'" 遵曰: "是非恡且誣歟? 賢者之作, 思利乎人; 反是, 罪也. 余其復之."

詢于羣吏, 吏叶厥謀; 上于大府, 大府以兪; 邑人便焉, 讙舞里閭. 居者思正其家, 行者樂出其塗. 由道廢邪, 用賢棄愚, 推以革物, 宜民之蘇. 若是而不列, 殆非孔子徒也. 爲之記云.

제27권 기(記)

담주양중승작동지대씨당기(潭州楊中丞作東池戴氏堂記 : 담주의 양중승께서 만드신 동지 대씨의 집에 관한 기문)[1]

홍농공(弘農公)께서 담주(潭州)의 자사로 오신 지 세 해 만에 동천(東泉)의 샘물로 동지(東池)를 만드셨는데 그 둘레는 아홉 리가 되었다. 구릉과 숲은 못가에 닿았으며 크고 작은 섬과 모래밭이 못 가운데 서로 얽혀있었다. 못가의 돌출한 곳에서는 물이 감아 돌아 마치 옥고리와도 같다. 그곳이 못 중에 가장 멋진 곳이었다. 홍농공께서 말씀하셨다. "세속을 떠나

1) 본편은 담주자사인 홍농공(弘農公) 즉 양빙(楊憑)이 동지(東池)를 만들고 그곳에 대간(戴簡)을 위한 집을 지어 거처하게 한 일을 기록한 글이다. 동지의 경치 묘사와 더불어 양빙과 대간을 칭송하였다. 양빙은 작자의 장인이다. 작자가 영주사마로 폄적되면서 담주를 들렀을 때, 즉 영정(永貞) 원년(805)에 지은 글이다.

도를 즐기는 자가 아니면 이곳에 있을 자격이 없다." 결국 빈객(賓客) 중에 초국(譙國)의 대(戴)씨 후손인 대간(戴簡)을 선정하여 집을 지어 거처하게 하였다. 집이 완성되니 경치는 더욱 기이하였는데, 집에서 멀리 내다보면 연이은 배들이 파도를 따라 둥실거리고, 집안에 들어가 수면을 내려다보면 만물이 거꾸로 비쳐 광활하고 아스름하였다. 소나무・측백나무・삼나무・종가시나무 등과 마름・가시연・부용・연 등이 울창하게 그늘을 드리우는가 하면 찬란한 꽃을 드러냈다. 이렇듯 둥실대는 아름다운 경치는 모두 대씨의 집에 집중되었다.

대씨는 일찍이 문장으로 지방장관에게 초빙되어 택궁(澤宮)에 보내졌으나 벼슬에 뜻이 없었다.[2] 남과의 교제에는 예절을 지키고 제후의 총애를 받아도 자만하지 않았으니 세속을 떠난 이가 아니겠는가? 공자의 책을 좋아하고 곁들여 『장자』와 『문자(文子)』까지도 통달하지 않은 것이 없었다. 허정(虛靜)의 경지를 최고로 여기며 비우면 채워진다는 도리를 깨달았으니, 도를 즐기는 이가 아니겠는가? 현인이 천거할 때는 필히 자신과 비슷한 이를 천거한다. 홍농공(弘農公)에게 선발되어 이곳 경치를 독차지하였으니 그것이 어찌 쉬운 일이겠는가? 비록 경관이 좋기는 하지만 제 사람을 찾아 거처하게 함으로써 비로소 산은 높이를 더한 듯하고 못은 넓게 열린 듯하며 집은 장식이 없이도 이미 빛난다. 대씨는 못가를 거처로 하고 구름을 친구로 삼아, 그윽한 멋과 순수한 품성을 펼쳐 날마다 그들과 더불어 즐기니, 품행은 더욱 고상해지고 문장은 더욱 뛰어나며 도덕은 더욱 풍성해지는 것도 당연하다. 그것들이 상호 상승작용을 하기 때문이다. 내적인 면이 풍부하고 또 사회에 이름을 날리니, 나는 그가 세속을 떠나려는 그의 뜻이 이루어지지 못할까 걱정된다.

군자(君子)들이 이르기를, 홍농공께서 담주의 자사가 되어 정무를 잘 처리했고 동지(東池)를 만들어 명승지를 만들었으며 적임자를 찾아 그곳

2) 택궁(澤宮)은 천자가 인재를 선발하는 장소이다.

을 맡겼다고 말하니, 어찌 하는 일마다 때에 맞춘 사람이 아니겠는가! 대씨의 집에서 홍농공의 덕을 발견하였으니 기문을 쓰지 않을 수 없다.

弘農公剌潭三年, 因東泉爲池, 環之九里. 丘陵林麓距其涯, 坻島渚洲交其中. 其岸之突而出者, 水縈之若玦焉. 池之勝於是爲最. 公曰: "是非離世樂道者不宜有此." 卒授賓客之選者, 譙國戴氏曰簡, 爲堂而居之. 堂成而勝益奇, 望之若連艫縻艦, 與波上下. 就之顚倒萬物, 遼廓眇忽. 樹之松栢杉櫧, 被之菱芡芙蕖, 鬱然而陰, 粲然而榮. 凡觀望浮游之美, 專於戴氏矣.

戴氏嘗以文行累爲連率所賓禮, 貢之澤宮, 而志不願仕. 與人交, 取其退讓, 受諸侯之寵, 不以自大, 其離世歟? 好孔氏書, 旁及莊文, 莫不總統. 以至虛爲極, 得受益之道, 其樂道歟? 賢者之擧也必以類. 當弘農公之選, 而專茲地之勝, 豈易而得哉! 地雖勝, 得人焉而居之, 則山若增其高, 水若闢而廣, 堂不待飾而已奐矣. 戴氏以泉池爲宅居, 以雲物爲朋徒, 攄幽發粹, 日與之娛, 則行宜益高, 文宜益峻, 道宜益懋, 交相贊者也. 旣碩其內, 又揚于時, 吾懼其離世之志不果矣.

君子謂弘農公剌潭得其政, 爲東池得其勝, 授之得其人, 豈非動而時中者歟! 於戴氏堂也, 見公之德, 不可以不記.

계주배중승작자가주정기(桂州裴中丞作訾家洲亭記: 계주 배중승께서 세우신 자가주정에 관한 기문)[3]

무릇 볼거리로 한 시대에 이름이 난 곳은 그 중에 한 부분만이 볼 만하다. 그러나 여기저기에 알려지면 모두들 특이하다고 여긴다. 그런데 멀리 가지도 않고 험한 곳을 오르지도 않는 곳으로, 둘러싼 산과 역류하는 물길이 사방으로 하나같이 기이함과 빼어남을 다투어 각기 양보하지 않으면서 천하에 두루 알려진 곳은 오직 이곳뿐이다.

계주(桂州)에는 영산(靈山)이 많은데 뾰족하게 솟아있고 사방에는 수목이 서 있다. 계주 관청의 왼쪽에는 이수(灕水)가 흐르는데 강 가운데에 자씨(訾氏)의 섬이라는 곳이 있다.[4] 높은 산의 남쪽 산천은 바닷가로 이어지는데 모두가 이곳에서 시작된다. 원화 12년(817)에 어사중승(御史中丞) 배공(裴公)께서 이곳에 부임하시어 27개 주(州)의 군정과 정사를 관장하셨다. 그러자 도둑은 숨고 불량배는 사라졌으며, 은덕으로 다스리시어 한 해 만에 업적이 드러나 백성들이 부유해지고 인구도 늘어났다. 마침 황제께서 회이(淮夷)를 토벌하여 하북(河北)을 안정시키시어 제후들에게 그 경사를 알리시자, 배공께서는 그 일을 경축하신 후에 관리들을 모아 이 섬에 올라 즐기셨다. 그리고 유유히 멀리 흐르는 물길을 보면서 예전에 내버려졌던 것을 애석해하셨다. 그리하여 후한 돈을 주어 주민들을 다른 빈 땅으로 이주시키고, 쓸모없는 나무를 베어내고 무성한 잡초를 걷어내면서 앞뒤로 지적하셨는데, 그러고 나니 마음은 편안해지고 눈길은 막힘이 없었

3) 본편은 계림(桂林)의 자가주(訾家洲)라는 이강(灕江) 가운데의 섬에 있는 정자에 관한 기문이다. 정자 건립의 경위와 함께 경치의 묘사가 주된 내용이다. 배중승(裴中丞)은 배행립(裴行立)으로 원화 12년(817)에 계주자사 겸 계관(桂管) 관찰사가 되었다. 계주의 본청은 지금의 계림에 있었다. 원화 13년(818)에 지은 것으로 여겨진다.

4) 이수(灕水)는 이강(灕江)을 가리킨다. 계강(桂江)의 상류로서, 광서성 흥안현(興安縣) 경내의 묘아산(苗兒山)에서 발원하여 서남방으로 흘러 양삭(陽朔)에 이른다.

다. 홀연히 사뿐히 하늘로 솟아 구름에 오른 듯이 온갖 산이 눈에 들어오고, 강물들은 산 사이로 묶인 듯이 보였으며, 연이어진 산노을은 빛을 머금어 어디를 둘러봐도 모두가 마음에 들었다. 예전에는 보지 못한 경치가 여기저기 보였는데, 마치 나는 듯 춤추며 달려와 보는 이와 함께 즐기는 듯하였다. 그리하여 공사계획을 세워 재료를 마련하였으며 북극성을 살펴 장소를 골랐다. 남쪽에 연회하는 정자를 지었고 지붕을 연이어 늘여 복도와 쉴 곳을 만드니 사방이 하나의 건물처럼 되었다. 북쪽에는 높은 누각을 두어 천리 밖을 내다보게 하였다. 왼쪽에는 나는 듯한 누각을 짓고 오른쪽에는 한적한 관사를 배열했다. 붙어있는 배들은 다리가 되어 따라 흔들렸다. 이산(灕山)을 끌어안고 강물을 내려보니 예전에 그토록 크다고 여긴 것이 모두 정자 안에 들어왔다. 해가 부상(扶桑)에서 떠오르면, 구름은 창오산(蒼梧山)에 날리고 바다노을과 섬 안개는 구경꾼의 흥을 도왔다.[5] 정자 옆 빈 터에는 굽이진 골짜기 가에 달을 구경하는 난간을 만들었는데 대숲에서는 바람이 불어왔다. 낮에도 절경인데 또 밤에는 더욱 그렇다. 온갖 별들이 가득히 깔리고 자연의 맑은 기운이 휘감기며 그윽하고 깊숙하게 수없이 변화하니, 마치 안기생(安期生)·선문(羨門) 같은 신선이 되어 세상 밖에 노니는 듯했다.[6] 무릇 천하에 이름난 명승지 가운데 이 정자에게 굴복하여 겸손히 받들지 않을 곳이 있겠는가?

정자를 완공하고 연회를 베푸니 모두가 한없이 즐거워하며 축하하였다. 그리고 다들 다음과 같이 말했다. 예전의 버려진 명승지는 필히 깊은 산 험한 골짜기에 있어 갈 수 있는 이가 드물었으므로 유람 좋아하는 사람이 뒤에 발견하고는 자기 공으로 삼았다. 그런데 본청의 성에 근접해 고을 사이에 위치하여, 수레소리 발소리 들리며 아침저녁으로 지나며 보면서도, 천 백 년이 지나도록 아무도 특이하게 바라보는 이가 없다가, 어느날 갑자기 발견되어 타지에까지 유명해져서, 많이 알고 말재주 좋은

5) 부상(扶桑)은 전설 속의 신목(神木)으로 해가 그 아래에서 솟는다고 전해진다.
6) 안기생(安期生)과 선문(羨門)은 차례로 『열선전(列仙傳)』과 『사기』에 보이는 신선이다.

이라도 더 나은 곳을 대지 못하는, 여기 같은 명승지는 없으리라. 그러니 사람의 마음속에 멀고 편벽되었다고 가보지 못할 곳이 과연 있겠는가! 대저 계산(桂山)의 신령스러움이 없이는 이 절경이 있을 수 없으며, 이 섬의 확 트임이 없이는 그처럼 널리 바라볼 수 없으며, 배공의 안목이 없었다면 혼자만이 찾아낼 수는 없었으리라. 아아! 조물주께서 이곳을 만드신 지는 오래되었다. 그런데도 지금에서야 본모습을 모두 드러내었다. 그러니 내 어찌 기록을 남기지 않을 수 있겠는가!

大凡以觀游名於代者, 不過視於一方, 其或傍達左右, 則以爲特異. 至若不騖遠, 不陵危, 環山洄江, 四出如一, 誇奇競秀, 咸不相讓, 偏行天下者, 唯是得之.

桂州多靈山, 發地峭竪, 林立四野. 署之左曰灕水, 水之中曰訾氏之洲. 凡嶠南之山川, 達于海上, 於是畢出, 而古今莫能知. 元和十二年, 御史中丞裴公來蒞玆邦. 都督二十七州諸軍州事. 盜遁姦革, 德惠敷施, 期年政成, 而富且庶. 當天子平淮夷, 定河朔, 告于諸侯, 公旣施慶于下, 乃合僚吏, 登玆以嬉. 觀望悠長, 悼前之遺. 於是厚貨居甿, 移于閒壤, 伐惡木, 剃奧草, 前指後畫, 心舒目行. 忽焉若飄浮上騰, 以臨雲氣, 萬山面內, 重江束隘, 聯嵐含輝, 旋視具宜, 常所未覩, 倏然互見, 以爲飛舞奔走, 與遊者偕來. 乃經工庀材, 考極相方. 南爲燕亭, 延宇垂阿, 步簷更衣, 周若一舍. 北有崇軒, 以臨千里. 左浮飛閣, 右列閒館. 比舟爲梁, 與波升降. 苞灕山, 涵龍宮, 昔之所大, 蓄在亭內. 日出扶桑, 雲飛蒼梧, 海霞島霧, 來助游物. 其隙則抗月檻於迴谿, 出風榭於篁中. 晝極其美, 又益以夜. 列星下布, 顥氣迴合, 邃然萬變, 若與安期、羨門接於物外. 則凡名觀游於天下者, 有不屈伏退讓以推高是亭者乎?

旣成以燕, 歡極而賀. 咸曰 : 昔之遺勝槪者, 必於深山窮谷, 人罕能至, 而好事者後得以爲已功, 未有直治城, 挾闤闠, 車輿步騎, 朝過夕視, 訖千百年, 莫或異顧, 一旦得之, 遂出於他邦, 雖博物辯口, 莫能擧其上者. 然則人之心目, 其果有邃絶特殊而不可至者耶? 蓋非桂山之靈, 不足以環觀; 非是州之曠, 不足以極視; 非公之鑒, 不能以獨得. 噫! 造物者之設是久矣, 而盡之於今, 余其可以無藉乎!

옹주유중승작마퇴산모정기(邕州柳中丞作馬退山茅亭記 : 옹주의 유중승께서 세우신 마퇴산 모정에 관한 기문)[7]

겨울 10월에 마퇴산(馬退山) 남쪽에 새 정자를 지었다. 높은 언덕의 험지에 의지해 있으며 기둥 위의 작은 받침대 등의 화려한 장식은 없다. 서까래도 없고 띠도 올리지 않았으며 담도 세우지 않은 채 흰 구름을 울타리 삼고 푸른 산을 병풍 삼아 그 검박(儉朴)함을 드러냈다.

이 산은 광활한 평원 가운데 높이 솟아있어 곧바로 구름에까지 닿아있고 또 수천 리나 이어지는데, 산 꼬리는 황폐한 모퉁이를 둥글게 감고 있고 산머리는 큰 강을 향하여, 다른 여러 산들이 조배하는 듯하다. 마치 별들이 절하는 듯하고 비취빛 푸르름과 괴이한 모습들이 아름답게 얽혀 있다. 하늘이 이곳에 멋을 주고 다른 먼 지방은 돌보지 않은 것이리라. 그러나 가장 먼 변방에 접해 있고 풍속은 변방민족의 그것이라, 주목왕(周穆王)의 수레조차 닿지 못하였고 사령운(謝靈運)의 발자취도 미치지 못하였다.[8] 바윗길은 쓸쓸하기만 하였고 그래서 오르는 자들은 탄식하였다.

---

7) 본편은 사촌 형 유관(柳寬)이 옹주(邕州)의 마퇴산(馬退山)에 초당을 지은 것과 그곳의 경치에 대한 글이다. 옹주는 본청이 지금의 광서성 남녕(南寧)시에 있었다. 시자유(施子愉)와 장사교(章士釗)는 유종원의 작품임에 의문을 제기하였다. 본서 부록의 「변위잡록」 참조

8) 주왕(周王)은 전설 속의 주목왕(周穆王)을 가리킨다. 여덟 마리의 준마가 모는 수레를 타고 천하 각 곳을 두루 다녔다. 사공(謝公)은 사령운(謝靈運)으로 산수를 좋아하여 특수한 나무로 만든 신을 신고 다녔는데, 산에 오르면 앞부분이 닳아 없어지고 내려가면 뒷부분이 닳아 없어졌다고 한다.

신묘(辛卯)년(811)에 나의 둘째형님이 지방장관으로 임명되어 이곳에 대리로 부임하였다.[9] 그는 덕을 베풀었으므로 백성들이 신임하였으며, 신임했으므로 화목하였고 화목했으므로 정사가 적고 여가가 많았다. 그리하여 이 산을 두루 다님으로써 감개의 마음을 기탁하였다. 진흙을 발라 내 집을 지으니 한낮이 되기 전에 완성되었다. 바람이 멎고 비가 그쳐 안개 걷히고 노을 맑아질 때면, 두건 매고 사슴가죽 옷을 입고 형제와 젊은 친구 대여섯을 데리고 산봉우리에 걸어 올라갔다. 그리고선 거문고 타며 둘러친 구름에 시선을 보내면, 서산의 상쾌한 기운이 내 옷자락 안에 들어왔으며 팔방의 만물이 손바닥 크기도 다 못 채웠다.

아름다움이란 스스로는 아름다울 수 없고 사람에 의해서야 빛난다. 난정(蘭亭)은 왕희지(王羲之)를 만나지 않았다면 그 맑고 깊은 물과 큰 대나무가 빈산에 황폐한 채로 묻혀버렸을 것이다. 이 정자는 편벽된 민(閩)지방 산간에 위치하여 그 뛰어난 경치를 보러오는 이가 거의 없으니, 글을 쓰지 않아 발길이 끊기게 만든다면, 그것은 이 경치를 숲 골짜기에 주어버리는 부끄러운 짓이다. 그래서 기록한다.

冬十月, 作新亭于馬退山之陽. 因高丘之阻以面勢, 無欂櫨節梲之華. 不斲椽, 不翦茨, 不列墻, 以白雲爲藩籬, 碧山爲屛風, 昭其儉也.

是山崒然起於莽蒼之中, 馳奔雲矗, 亘數十百里, 尾蟠荒陬, 首注大溪, 諸山來朝, 勢若星拱, 蒼翠詭狀, 綺綰繡錯. 蓋天鍾秀於是, 不限於遐裔也. 然以壤接荒服, 俗參夷徼, 周王之馬跡不至, 謝公之屐齒不及, 巖徑蕭條, 登探者以爲嘆.

歲在辛卯, 我仲兄以方牧之命, 試于是邦. 夫其德及故信孚, 信孚故人和, 人和故政多暇. 由是嘗徘徊此山, 以寄勝概. 迺墍迺塗, 作我攸宇, 於

---

9) 둘째 형님은 작자의 사촌형 유관(柳寬)을 가리킨다. 그러나 당시에는 최영(崔咏)이 그 직을 담당하고 있어 그 사실이 의문시된다. 본서 부록의 「변위잡록」에서는 위의 '崔咏'은 '崔詠'의 잘못이라고 지적하였다.

是不崇朝而木工告成. 每風止雨收, 煙霞澄鮮, 輒角巾鹿裘, 率昆弟友生冠者五六人, 步山椒而登焉. 於是手揮絲桐, 目送還雲, 西山爽氣, 在我襟袖, 以極萬類, 攬不盈掌.

夫美不自美, 因人而彰. 蘭亭也, 不遭右軍, 則淸湍脩竹, 蕪沒於空山矣. 是亭也, 僻介閩嶺, 佳境罕到, 不書所作, 使盛跡鬱堙, 是貽林澗之媿. 故志之.

영주위사군신당기(永州韋使君新堂記: 영주의 위자사께서 지은 새 건물에 관한 기문)[10)]

골짜기나 큰 바위 그리고 연못 등을 교외나 마을 안에 설치하려면, 반드시 산석을 수레로 나르고 골을 파며 험한 길을 넘어 힘이 다하고 지친 후에야 가능하다. 그러나 자연이 만든 모습 그대로 만들려면 그것은 누구도 불가능하다. 사람을 피곤하게 하지 않으면서 지세에 따라 자연의 모습을 온전히 유지하기는 예전에는 어려운 일이었으나 지금 이곳에는 그러한 곳이 있다.

영주는 실제 구의산(九疑山) 자락에 있는데 처음에 지세를 살펴본 이가 산을 둘러 성을 축조했다. 이곳에는 바위가 깊은 숲 속에 가려졌었고, 샘은 진흙 속에 숨어있었다. 뱀들이 또아리를 틀고 쥐들이 뛰노는 곳이었으며, 무성하고 몹쓸 수목과 멋진 꽃과 독초가 난잡하게 다투어 자라는

---

10) 본편은 영주자사인 위표(韋彪)가 성 주변을 보기 좋게 정돈하고 관망할 건물을 지은 일에 대한 기록이다. 동시에 자사의 도리가 피력되어 있다. 위표(韋彪)는 원화 7년(812)에 부임하여 이듬해까지 있었다. 사군(使君)은 자사를 가리킨다. 이 글은 작자가 영주사마로 있던 원화 7년에 쓴 것이다.

지저분한 곳이었다. 위공(韋公)께서 부임한 지 한 달이 넘어 공무에 별 일이 없자 이곳 땅을 바라보면서 특이하게 여기셨다. 그리하여 명을 내려 잡초를 베고 길을 트니, 베어낸 것은 언덕만큼 쌓이고 맑은 물은 투명하게 흘렀다. 다시 벤 것을 태우고 물길 바닥의 흙을 걷어내니, 기이한 모습이 연이어지고 맑은 물길과 탁한 물길이 분명히 갈렸으며, 멋진 초목과 몹쓸 초목이 자리를 달리했다. 새로 심은 수목은 멋지게 뻗고 깊어진 물길은 출렁거리며 굽이굽이 흘렀다. 괴석들은 빽빽이 네 모퉁이에 둘러섰는데, 어떤 것들은 줄을 서고 어떤 것들은 무릎을 꿇고, 어떤 것들은 서고 어떤 것들은 엎드렸다. 동굴은 깊고 구불구불했으며 언덕은 우뚝 솟아있었다. 이에 건물을 지어 유람을 위한 장소로 삼았다. 각종 경관은 모두 지형과 조화를 이룬 채로 처마 밑으로 멋을 자랑했다. 건물 밖의 이어진 산과 고원 및 숲가의 벼랑은 서로 섞이어 보였다 숨었다 하였다. 가까이로는 들판 숲에 이어지고 멀리로는 푸른 하늘과 섞이어 모든 경관이 성문 보루 밖으로 모였다.

건물이 완성되자 손님을 청하여 구경시키고 이어 연회를 열었다. 그런데 어떤 이가 칭송과 축하를 겸해 말했다. "위공께서 지으신 것을 보니 그 뜻을 알겠습니다. 위공께서는 땅에 맞춰 명승을 만드셨으니 어찌 풍속에 맞춰 교화하려 하지 않으시겠습니까? 몹쓸 곳을 취해 아름답게 만드셨으니 어찌 못된 이를 제거하고 어진 이를 도우려 하지 않으시겠습니까? 탁한 물을 맑게 하시어 물길이 흐르게 하셨으니 어찌 탐관을 쫓아내고 청렴한 이를 등용하려 하지 않으시겠습니까? 높은 곳에 위치하여 멀리 바라보시니 어찌 집집마다 쓰다듬고 풍요롭게 하려 하지 않으시겠습니까?[11] 그렇다면 이 건물이 어찌 단지 초목과 토석과 물길과 어울리는 장소이기만 하겠습니까? 어찌 산과 들과 숲만을 보기위한 것이겠습니까? 장차 위공의 뒤를 이을 관료가 작은 것을 보고 큰 것을 알게 하기

11) 원문의 '효(曉)'는 교감기에 따르면 '요(饒)'가 옳을 듯하다. 그에 따른다.

위한 것이겠지요.” 이에 나 유종원은 바위에 기록해서 그것을 서북 모퉁이에 두어 이천 석을 받는 자사의 표본이 되게 할 것을 청하였다.

將爲穹谷嵁巖淵池於郊邑之中, 則必輦山石, 溝澗壑, 凌絶險阻, 疲極人力, 乃可以有爲也. 然而求天作地生之狀, 咸無得焉. 逸其人, 因其地, 全其天, 昔之所難, 今於是乎在.

永州實惟九疑之麓, 其始度土者, 環山爲城. 有石焉, 翳乎奧草; 有泉焉, 伏于土塗. 蛇虺之所蟠, 狸鼠之所游, 茂樹惡木, 嘉葩毒卉, 亂雜而爭植, 號爲穢墟. 韋公之來旣逾月, 理甚無事, 望其地, 且異之. 始命芟其蕪, 行其塗, 積之丘如, 蠲之瀏如. 旣焚旣釃, 奇勢迭出, 淸濁辨質, 美惡異位. 視其植, 則靑秀敷舒; 視其蓄, 則溶漾紆餘. 怪石森然, 周于四隅, 或列或跪, 或立或仆, 竅穴逶邃, 堆阜突怒. 乃作棟宇, 以爲觀游. 凡其物類, 無不合形輔勢, 効伎於堂廡之下. 外之連山高原, 林麓之崖, 間厠隱顯. 邇延野綠, 遠混天碧, 咸會於譙門之外.

已乃延客入觀, 繼以宴娛. 或贊且賀, 曰: “見公之作, 知公之志. 公之因土而得勝, 豈不欲因俗以成化? 公之擇惡而取美, 豈不欲除殘而佑仁? 公之蠲濁而流淸, 豈不欲廢貪而立廉? 公之居高以望遠, 豈不欲家撫而戶曉? 夫然, 則是堂也, 豈獨草木土石水泉之適歟? 山原林麓之觀歟? 將使繼公之理者, 視其細, 知其大也.” 宗元請志諸石, 措諸屋漏, 以爲二千石楷法.

영주최중승만석정기(永州崔中丞萬石亭記: 영주 최중승의 만석정에 관한 기문)[12)]

어사중승이신 청하(淸河) 출신 최공(崔公)께서 영주에 부임하셨다. 최공께서는 어느 한가한 날에, 성 북쪽의 성벽에 올라 황폐한 들판 더부룩한 잡초 사이를 바라보기다가 별나게 튀어나온 바위를 발견하시고는, 그 아래에 필시 특별한 볼거리가 있으리라고 여기셨다. 그리하여 도보로 서문(西門)을 나서 그 터를 찾으셨다. 그리고 대나무를 베어내고 우거진 풀을 헤치며 몸을 비스듬히 눕혀 안쪽으로 들어가셨다. 그곳에는 면면히 이어진 골짜기를 따라 개울이 흐르는데, 주변은 온통 큰 바위와 숲으로 흩어진 곳은 구름이 내달리는 듯하고 얽힌 곳은 바둑돌을 놓은 듯하였고, 우뚝한 것은 호랑이가 싸우는 듯하고 발돋음한 것은 새가 막 나르려는 듯하였다. 바위틈 구멍은 텅 빈 콧속이나 입속과도 같고 그 바닥은 발을 다리에 얽어 서있는 듯하였는데, 둘러보시다가 무엇인가가 물려고 덤벼드는 것이 아닌가 하고 깜짝 놀라셨다. 이에 썩은 흙을 파내고 더러운 잡초들을 태우고 도랑을 파 물길을 내어, 듬성듬성 수목을 흩어놓고 맑은 못물이 흐르게 하셨다. 그러자 확 트이고 물은 맑아져서, 마치 조물주가 처음에 맑은 곳과 탁한 곳을 나누어 이곳에 기이한 경관을 준 듯하였으니, 인력으로는 가능한 것이 아니었다. 이에 그 가운데에 관망하는 정자를 세우셨다. 그러자 정자 서쪽으로 바위가 겨드랑이를 들어올린 듯 갈라져 조망할 수 있었다. 그 위로는 푸른 절벽이 그릇자루가 끊기듯 깊은 샘으로 잠겨들어 그 끝을 알 수 없었다. 아래로부터 올려보면 작은 산을 쌓아놓은 듯 다른 산들과 다를 바가 없었다.

12) 본편은 영주자사 최능(崔能)이 성밖의 자연경관을 정리하고 만석정(萬石亭)을 세운 일에 관한 글이다. 일의 시말과 경물 및 찬양의 내용이다. 원화 10년(815) 정월, 즉 작자가 영주를 떠나던 그 해에 쓴 글이다. 최능은 원화 9년에 영주자사로 부임했으며 후에 조정에 들어가 중승이 되었다.

다음 날 고을의 노인들이 어지러이 뒤섞여 와서는 말하였다. "우리들은 이 땅에 태어나 들에 작물을 심으며 눈썹이 희어지고 이가 다 빠지게 되었는데도 이곳을 몰랐습니다. 어찌 하늘이 떨어뜨리고 땅이 솟구쳐 올려 이 신통한 곳을 만듦으로써 우리 최공(崔公)의 덕을 밝히려는 것이 아니겠습니까?" 축하를 마치자 작명을 청하였다. 최공께서 대답하셨다. "이들 바위의 수를 알 수가 없소. 바위의 수가 많으니 만석정(萬石亭)이라고 부릅시다." 노인들은 다시 말했다. "최공의 작명은 훌륭합니다. 다만 그 이름이 어찌 경물만을 두고 이르신 것이겠습니까? 최공께서는 여섯 차례나 이천 석(石)의 봉록을 받는 직위에 계셨으니 이미 그 수를 채우셨습니다.[13] 그러나 도리를 아는 선비들은 모두 최공의 훌륭한 치적이 백성들에게 두루 미치지 못한 것을 아쉬워합니다. 감히 바라건대 큰 명성을 찬송하여 영명한 신령에게 빌고자 합니다. 한나라 때는 삼공(三公)을 만석(萬石)이라고 불렀는데 우리 최공의 덕으로는 마땅히 그만큼을 받아야합니다. 한나라 때에 신하를 예우하면서 만석군(萬石君)이라고 한 적도 있습니다.[14] 우리 최공의 교화는 모두의 집안에서부터 시작됩니다. 정사의 도리는 옛것에 합치되고 하늘로부터의 보살핌을 받으십니다. 촌부가 축사를 드리오니 만수를 누리소서."

나 유종원은 일찍이 상서성에서 문서를 담당하였으므로 감히 필삭(筆削)의 일을 도맡아 영릉현(零陵縣)의 이야기로 남긴다. 원화 10년(815) 정월 5일에 기록한다.

御史中丞淸河男崔公, 來莅永州. 閒日, 登城北墉, 臨于荒野藂翳之隙, 見怪石特出, 度其下必有殊勝. 步自西門, 以求其墟. 代竹披奧, 欹側以入. 緜谷跨谿, 皆大石林立, 渙若奔雲, 錯若置棊, 怒者虎鬭, 企者鳥厲. 抉

13) '이천 석(石)'은 주군(州郡)의 수장을 가리킨다.

14) 서한 경제(景帝) 때에 석분(石奮)을 지방장관에 임명했는데 그의 네 아들도 모두 이천 석(石)을 받는 직위에 올랐다. 그러자 그를 예우하여 만석군(萬石君)이라고 불렀다.

其穴則鼻口相呀, 搜其根則蹄股交峙, 環行卒愕, 疑若搏噬. 於是刳闢朽壤, 翦焚榛薉, 決澮溝, 導伏流, 散爲疎林, 洄爲淸池. 寥廓泓渟, 若造物者始判淸濁, 効奇於玆地, 非人力也. 乃立游亭, 以宅厥中. 直亭之西, 石若掖分, 可以眺望. 其上靑壁斗絶, 沉于淵源, 若究其極. 自下而望, 則合乎攢巒, 與山無窮.

明日, 州邑耋老, 雜然而至, 曰 : "吾儕生是州, 蓺是野, 眉厖齒鯢, 未嘗知此. 豈天墜地出, 設玆神物, 以彰我公之德歟?" 旣賀而請名. 公曰 : "是石之數, 不可知也. 以其多, 而命之曰萬石亭." 耋老又言曰 : "懿夫公之名亭也, 豈專狀物而已哉! 公嘗六爲二千石, 旣盈其數. 然而有道之士, 咸恨公之嘉績未洽于人. 敢頌休聲, 祝于明神. 漢之三公, 秩號萬石, 我公之德, 宜受玆錫. 漢有禮臣, 惟萬石君. 我公之化, 始于閨門. 道合于古, 祐之自天. 野夫獻辭, 公壽萬年."

宗元嘗以牋奏隷尙書, 敢專筆削, 以附零陵故事. 時元和十年正月五日記.

영릉삼정기(零陵三亭記 : 영릉현의 세 정자에 관한 기문)[15]

고을에 유람할 경관이 있는 것에 대해 혹자는 정사에 나쁘다고 하나 그것은 전혀 그렇지 않다. 공기가 답답하면 사고가 어지럽고 시야가 막히면 생각이 정체된다. 군자는 필히 쉴 곳과 고상한 취미를 지녀 정신을

15) 본편은 영주의 영릉현(零陵縣) 현령 설존의(薛存義)가 경관을 정돈하고 정자를 지은 것에 관한 글이다. 설존의가 직무를 잘 수행하였는데 그것은 그가 경관을 즐기며 여유를 지녔던 것과 관련된다는 점을 부각하였다. 설존의는 작자와 동향으로 영릉현의 대리 현령을 두 해 동안 수행하고 떠났다. 본문의 세 정자는 동산의 자락에 있었으며 각기 독서정(讀書亭) · 상수정(湘秀亭) · 부청정(府淸亭)이다. 영주 재임 때에 쓴 것이나 정확한 시기는 미상이다.

맑고 편안하게 하며 늘 여유를 지니니, 그런 연후에 이치에 통하고 일을 성사시킬 수 있다.

영릉현(零陵縣) 동쪽에 산자락이 있는데 샘이 바위틈에서 흘러 축축하고 질퍽거려 가축들이 그곳에서 풀을 뜯었다. 그러나 울타리로 가려져 현령이 되었던 이가 수십 인이나 되었어도 아무도 발견하지 못했었다. 하동(河東) 출신 설존의(薛存義)는 공무처리 능력으로 형(荊)·초(楚) 간에 이름이 났었는데, 담주(潭州) 책임자의 추천으로 상원현(湘源縣)의 대리현령이 되었다. 그런데 때마침 영릉현에 정무가 혼란하고 세금 징수가 어지러워, 주민들이 영주 자사에게 유능한 이를 추천하여 그 폐단을 없애줄 것을 호소하였으므로 이 고을에 부임하게 되었다. 그러자 도망쳐 숨었던 이들이 돌아오고 근심과 고통은 웃음과 노래로 바뀌었으며, 세금 밀리고 부역을 피했던 이들은 한 달이 되자 정산하였다. 상습적 악인과 숨었던 범인들은 모습을 드러내 복종하였다. 주민들은 세금을 완납하고는 함께 기뻐하며 길을 갔고 거리마다 서로 축하하였다. 문안에 하급관리들을 위한 자리를 만들지 않았고 북을 두드려 소집하는 소리도 귀에 들리지 않았다. 닭고기 돼지고기와 맛난 음식과 술은 조상과 가족에게 바쳐지고 주어졌다. 자사는 이를 칭찬하고 옆 현에서는 그것을 본받았다. 그러나 그는 바쁘다고 해서 자기 생각을 꺾지 않고 산수와 조류·어류를 보는 즐거움을 찾으며 담담히 태연하였다. 그리하여 울타리를 털고 가축들을 몰아내고는 물길을 내고 산자락을 깎아내니, 수많은 바위는 숲처럼 서고 물이 고인 웅덩이는 못이 되었다. 이에 멋진 나무와 아름다운 화초가 자라고 떨어지는 물줄기는 봉우리에 가득하여 영롱하고 가지런하니 청풍이 절로 일고 비취빛 노을이 절로 남아, 따로 손대지 않아도 대단한 볼거리였다. 고기들은 넓고 한적함을 즐기고 새들은 고요하고 깊은 물을 좋아하여, 저마다 새끼치고 둥우리 틀며, 물속에선 오르내리며 또 숲 속에선 노래했으니, 따로 기르지 않아도 풍성하였다. 베어진 나무는 강에 떨어져 성문에까지 이르고, 도공의 작업장은 관서 옆에 자리 잡았다. 사람들은 수고롭지 않았으며 기술자는 이득을 보았다. 이에 정자 세 곳을 지었는데, 높고 밝은 곳과 낮고 어두운 곳에 지어, 높은 곳의 정자는 산봉우리를 이고 낮은 곳의 정자는 맑은 못을 굽어보았다. 휴게실과 식당을 나란히 줄지어 배치하고 온갖 것을 다 갖추어, 손님에게는 연회를 베풀고 길손에게는 숙소로 제공했다. 고상한 유람과 휴식의 방법이 이 고을에 다 갖추어졌는데, 그것은 설(薛)씨가 처음으로 그리한 것이다.

옛날에 비심(裨諶)은 들에 나가 생각하면 계책을 얻어냈고, 복자(宓子)는 거문고를 타면서 다스렸다.[16] 어지러운 사고와 정체된 생각은 아무것도 수용하여 들이지 못한다. 그러하니 경관은 정무를 위한 도구가 될 수 있지 않은가? 설씨의 생각은 실로 여기에서 나온 것이 아니겠는가? 그러나 폐단에 이르면 노는 일로 정무를 대신하여 다스리지 않고 팽개치게 된다. 만약 뒤를 잇는 이들이 모두 설씨의 생각을 가진다면 주민들의 복이 그칠 날이 있겠는가! 나는 그가 시작한 일을 아끼고 그 방법을 오래도록 보존하기를 바라여 그 일을 쓰고 바위에 새기고자 하였다. 그런데 설씨도 손을 맞잡아 절하며, "제 생각도 그렇습니다"라고 하였다. 그리하여 마침내 새기게 되었다.

邑之有觀游, 或者以爲非政, 是大不然. 夫氣煩則慮亂, 視壅則志滯. 君子必有游息之物, 高明之具, 使之淸寧平夷, 恒若有餘, 然後理達而事成.

零陵縣東有山麓, 泉出石中, 沮洳汚塗, 羣畜食焉, 牆藩以蔽之, 爲縣者積數十人, 莫知發視. 河東薛存義, 以吏能聞荊、楚間, 潭部擧之, 假湘源

16) 비심(裨諶)은 춘추시대 정나라 대부였는데, 『좌전』에는 "들에 나가면 계책을 얻고 읍내에선 얻지 못했다"고 기록되었다. 복자(宓子)는 복부제(宓不齊)로서 자는 자천(子賤)이며 공자의 제자이다. 선보(單父)지방을 다스리며 거문고만 치고 건물 아래로 내려가지도 않았으나 잘 다스렸다고 한다. 무마기(巫馬期) 역시 같은 곳을 다스렸는데 별을 보고 출근하여 달을 지고 퇴근하면서 친히 다스려 통치가 잘 되었다. 후일 복씨는, "그는 힘에 맡기고 나는 사람에게 맡긴다. 힘에 맡기는 이는 수고롭고 사람에게 맡기는 이는 편안하다"고 하였다.

令. 會零陵政厖賦擾, 民訟于牧, 推能濟弊, 來莅玆邑. 遁逃復還, 愁痛笑歌, 逋租匿役, 朞年辯理. 宿蠹藏奸, 披露首服. 民旣卒稅, 相與歡歸道塗, 迎賀里閭. 門不施胥吏之席, 耳不聞鼛鼓之召, 雞豚糗醑, 得及宗族. 州牧尙焉, 傍邑倣焉. 然而未嘗以劇自撓, 山水鳥魚之樂, 澹然自若也. 乃發墻藩, 驅羣畜, 決疏沮洳, 搜剔山麓, 萬石如林, 積坳爲池. 爰有嘉木美卉, 垂水藂峯, 瓏玲蕭條, 淸風自生, 翠烟自留, 不植而遂. 魚樂廣閑, 鳥慕靜深, 別孕巢穴, 沉浮嘯萃, 不畜而富. 伐木墜江, 流于邑門. 陶土以埴, 亦在署側. 人無勞力, 工得以利. 乃作三亭, 陟降晦明, 高者冠山巓, 下者俯淸池. 更衣膳饔, 列置備具, 賓以燕好, 旅以館舍. 高明遊息之道, 具於是邑, 由薛爲首.

在昔裨諶謀野而獲, 宓子彈琴而理. 亂慮滯志, 無所容入. 則夫觀游者, 果爲政之具歟? 薛之志, 其果出於是歟? 及其弊也, 則以玩替政, 以荒去理. 使繼是者咸有薛之志, 則邑民之福, 其可旣乎? 余愛其始, 而欲久其道, 乃撰其事以書于石. 薛拜首曰: "吾志也." 遂刻之.

제28권 기(記)

영릉군복유혈기(零陵郡復乳穴記: 영릉군의 종유석 재 출토에 관한 기문)[1]

종유석은 약 중의 상등품이다. 초·월 지방의 산에서 많이 출산되는데 연주(連州)와 소주(韶州)에 나는 것이 유독 세상에 이름났다. 그런데 연주 사람은 종유석이 다 없어진 지 5년이 되었다며 공물로 바치는 것은 다른 곳에서 사온 것이라고 보고했다. 그러나 지금 최공(崔公)께서 부임한 지 한 달이 넘자 종유석굴 사람이 와서 다시 생겼다고 보고했다. 사람들은 상서로운 일이라며 분분히 노래 지어 불렀다. "주민들은 즐거워하네, 최

1) 본편은 종유석이 사라졌다가 다시 출토된다는 보고와 관련하여 정치의 도리를 논한 글이다. 본문 제목의 '영릉(零陵)'은 '연주(連州)'의 오류로 각종 기록에 근거해 고증된 바 있다. 당시에 영주자사는 최간(崔簡)이었고 연주자사는 작자의 매형인 회민(崔敏)이었는데, 본문의 최공을 최간으로 오해하여 제목도 잘못 전한 것으로 여겨진다.

공께서 오신 것을. 공의 교화가 퍼지니, 돌마저 그 공덕을 입었다네. 믿지 않는다면, 일어나 종유석굴을 보세." 그러나 그 동굴 사람은 웃으며 말했다. "어찌 그것이 상서로운 일이라고 알 수 있는가? 예전에는 자사가 탐욕스럽고 재물을 좋아하여 단지 부리기만 하고 내게 값을 치르지 않았기에, 그것이 미워 속였던 것이다. 지금의 자사께서는 명령이 공명정대하고 뜻이 결백하시어, 먼저 이로움을 주신 후에 일을 시키셨다. 그리하여 속임수가 사라지고 서로 믿어 융화되었다. 그래서 내가 사실대로 보고한 것이다. 또한 종유석굴은 꼭 깊은 산의 숲속 깊은 곳, 빙설이 쌓이고 승냥이와 호랑이가 서식하는 곳에 있다. 그 안으로 들어가는 사람은 어두운 안개를 만나고 용과 뱀을 건드리게 된다. 또 횃불로 사물을 분간하고 끈을 매어 돌아올 길을 표시한다. 힘들기가 그런데도 굴을 나와서는 값을 받지 못하니, 내 어찌 다 없어졌다고 말하지 않을 수 있었겠는가? 지금은 자사께서 진실하시므로 사실대로 말씀드린 것이다. 거기에 무슨 상서롭다고 할 것이 있겠는가?"

선비가 그 말을 듣고 말했다. "노래 부른 사람이 상서롭게 여긴 것은 괴이한 일이다. 비웃은 사람이 상서로운 것이 아니라고 한 것이 진정 상서로운 일이다. 군자가 상서롭다고 말할 때는 정사를 가지고 말하지 괴이한 일을 가지고 말하지는 않는다. 진정으로 대하고 바른 도리를 지켜나가면 사람들이 즐겨 명령을 받들어 즐겁게 그 힘을 바친다. 정사를 그리 한다면 그것이 유독 상서로움이 아니겠는가!"

石鍾乳, 餌之最良者也. 楚、越之山多產焉, 于連于韶者, 獨名於世. 連之人告盡焉者五載矣, 以貢, 則買諸他部. 今刺史崔公至, 逾月, 穴人來以乳復告. 邦人悅是祥也, 雜然謠曰 : "甿之熙熙, 崔公之來. 公化所徹, 土石蒙烈. 以爲不信, 起視乳穴." 穴人笑之曰 : "是惡知所謂祥耶? 嚮吾以刺史之貪戾嗜利, 徒吾役而不吾貨也, 吾是以病而紿焉. 今吾刺史令明而志潔, 先賴而後力, 欺誣屛息, 信順休洽, 吾是以誠告焉. 且夫乳穴必在深山窮林, 氷雪之所儲, 豺虎之所廬. 由而入者, 觸昏霧, 扞龍蛇. 束火以知其物, 縻繩以志其返. 其勤若是, 出又不得吾直, 吾用是安得不以盡告? 今而乃誠, 吾告故也. 何祥之爲!" 士聞之曰 : "謠者之祥也, 乃其所謂怪者也; 笑者之非祥也, 乃其所謂眞祥者也. 君子之祥也, 以政不以怪, 誠乎物而信乎道, 人樂用命, 熙熙然以効其力. 斯其爲政也, 而獨非祥也歟!"

도주훼비정신기(道州毁鼻亭神記: 도주의 비정신을 허문 일에 관한 기문)[2]

비정신(鼻亭神)은 상(象)의 사당이다.[3] 언제 세워졌는지는 알 수 없으나 대대로 이어 허물지 않고 보수하여 늘 새롭게 천 년이나 전해졌다.

원화 원년(806)에 하동(河東) 출신 설공(薛公)께서 형부낭중(刑部郎中)으로 도주(道州)자사에 부임하시어 못되고 사악한 이들을 제거하여 아래 사람들에게 화합의 정치를 펼치셨다. 지쳤던 도주 백성들은 어지러움에서 벗어나 태평해졌으며 신음이 노래로 바뀌었으니, 마치 앉은뱅이가 일어나고 장님이 환히 보게 된 양, 이리 뛰고 저리 뛰며 서로 마주보며 서로 사랑하고 유순해졌다. 그렇게 태평해지자 공께서는 민풍을 살피며 지도를 펼쳐보다가 이 사당이 있는 것을 아셨다. 그리고는 놀라 말씀하셨다. "상(象)의 행태는 자식으로서 오만하게 굴고 동생으로서 형을 해친 것이다.

2) 본편은 도주(道州)자사가 바르지 못한 인물을 모시는 사당을 허물어 교화를 시행한 일에 대한 기문이다. 당시의 도주자사는 설백고(薛伯高)였다. 비정신(鼻亭神)은 순임금의 이복동생인 상(象)을 모시던 사당 즉 상사(象祠)를 지칭한다. 도주의 본청은 지금의 호남성 도현에 있었으며, 상이 봉지를 받은 곳은 도주의 영도현(營道縣) 지역이다. 그 사당이 영도현 북쪽에 있었다고 한다.

3) '비(鼻)'는 '비(庳)'와 통한다. 순임금이 이복동생 상(象)에게 유비(有庳)지방을 봉지로 주었다고도 하며 혹은 그를 그곳으로 방축하였다고도 한다.

그러고도 유비(有鼻)지방의 주군이 되어 천자의 관리로서 실질적인 통치 행위를 한 것이다. 악덕을 행하고도 세간의 제사를 온전히 차지하게 한다면 이는 우리 백성들을 교화하려는 생각이 아니리라!" 그리고는 급히 허물 것을 명하셨다. 그리하여 그 건물을 철거하고 터를 밀어버렸으며 신주를 강에 가라앉혔다. 공께서는 또 초(楚)지방 풍속이 귀신을 숭상하여 깨우치기 어려운 것을 걱정하여 백성에게 두루 고하였다. "내가 들어 알기는 '제 종족이 아닌 사람의 제물은 귀신이 받지 않는다'고 한다. 또 '잘못 지낸 제사로는 복을 받지 못한다'고 한다. 천자께서 자사에게 명하신 것은 그 땅을 지키고 재물을 감독하라는 것만은 아니다. 대저 효제(孝悌)를 가르치고 기이하고 사악한 풍속을 없애 사람들이 돈후하고 충성스러우며 화목하고 우애롭게 되어 바른 도리에 순응하도록 하라는 것이다. 내가 이 사당을 허무는 것은 교화를 분명히 하기 위한 것이다. 만약 바름에서 벗어난 것이라면 비록 천 년이나 전해진 것이라도 고칠 것이니, 하물며 지금의 이것이야 어떠하겠는가? 만약 악행이 있었다면 다른 시대의 귀신이라도 물리칠 것이니 하물며 이 사람이야 어떠하겠는가?" 그러자 사람들이 깨우치고는 함께 노래하였다. "우리가 늙으니 공께서 어루만져 주시네. 우리에게 병이 나니 공께서 일으켜주시네. 어린애같이 우둔한 우리에게 공께서 실로 지혜를 베푸시네. 큰 어려움의 외로운 노인과 고아를 공께서 실로 부양해 주시네. 그 누가 악덕을 받들었나? 먼 옛날부터의 일이라네. 그 누가 간사함과 어리석음을 흠모했나? 그자가 우리를 눈멀게 했다네. 천 년 동안의 어둠에 공께서 창을 열어 빛을 주셨네. 우리의 자식에서 손자까지 대를 이어 흠모하리."

나 종원은 마침 영주에 폄적되어 설공의 이웃에 가까이 있었다. 그리하여 그 노래를 듣고는 옛 도의 실천이 드물었으나 공의 덕분으로 보존되게 되었으며, 또 사당 하나를 허물어 두 가지 교화가 일어났음을 알게 되었다. 귀신에게 그 죄행을 밝히어 변방 미개인에게 화목과 우애를 가르치셨으니, 이는 단지 잘못된 제사를 금하고 몹쓸 존재를 쫓아낸 것에 불과한 것이 아니다. 바라건대 기문을 지어 산석에 새겨 교화의 으뜸을 알리고자한다.

鼻亭神, 象祠也. 不知何自始立, 因而勿除, 完而恒新, 相傳且千歲.

元和元年, 河東薛公, 由刑部郎中刺道州, 除穢革邪, 敷和於下. 州之罷人, 去亂即位, 變呻爲謠, 若痿而起, 若矇而瞭, 騰踴相視, 讙愛克順. 旣底于理, 公乃考民風, 披地圖, 得是祠. 駭曰: "象之道, 以爲子則傲, 以爲弟則賊, 君有鼻而天子之吏實理. 以惡德而專世祠, 殆非化吾人之意哉!" 命亟去之. 於是撤其屋, 墟其地, 沉其主於江. 公又懼楚俗之尚鬼而難諭也, 乃徧告于人曰: "吾聞 '鬼神不歆非類', 又曰 '淫祀無福.' 凡天子命刺史于下, 非以專土疆、督貨賄而已也. 蓋將教孝悌, 去奇邪, 俾斯人敦忠睦友, 祗肅信讓, 以順於道. 吾之斥是祠, 以明教也. 苟離于正, 雖千載之違, 吾得而更之, 況今玆乎? 苟有不善, 雖異代之鬼, 吾得而攘之, 況斯人乎?" 州民旣諭, 相與歌曰: "我有耈老, 公燠其肌. 我有病癃, 公起其羸. 髫童之嚚, 公實智之. 鰥孤孔艱, 公實遂之. 孰尊惡德? 遠矣自古. 孰羨淫昏? 俾我斯瞽. 千歲之冥, 公闢其戶. 我子洎孫, 延世有慕."

宗元時謫永州, 邇公之邦. 聞其歌詩, 以爲古道罕用, 賴公而存, 斥一祠而二教興焉. 明罰行乎鬼神, 愷悌達于蠻夷, 不唯禁淫祀、黜非類而已. 願爲記以刻山石, 俾知教之首.

영주용흥사식양기(永州龍興寺息壤記: 영주 용흥사의 솟아 자라는 땅에 관한 기문)[4]

영주 용흥사(龍興寺) 동북 모퉁이에 건물이 하나 있었다. 그 터에 바닥 벽돌을 업은 채로 솟아나는 곳이 있었는데 넓이는 네 걸음이었고 높이는 한 자 다섯 치였다. 처음에 건물을 세울 때는 평평하게 만들었는데 다시 높아졌으며, 당시에 삽을 잡았던 이들은 모두 죽었다. 영주는 초지방과 월지방 사이에 있는데, 그 주민들은 귀신을 믿고 또 길조와 흉조의 미신을 믿었다. 그로 인해 사원 사람들 모두가 그곳을 신령스럽게 여기어 아무도 감히 그곳을 평평히 고르지 못했다.

『사기』「천관서(天官書)」 및 『한서』「천문지(天文志)」에 땅이 솟는 것을 점친 기록은 있으나 그에 대한 해설은 없다. 감무(甘茂)는 식양(息壤)지방에서 맹약을 맺었는데, 아마도 그곳이 그런 종류의 땅이었을 것이다. 예전의 기이한 일을 기록한 책에, 홍수가 하늘까지 미치자 곤(鯀)이 하느님의 식양(息壤)을 훔쳐다가 홍수를 막자 하느님이 축융(祝融)을 시켜 우교(羽郊)에서 곤을 죽였다고 하는데, 그런 이야기는 흔히 보이지는 않는다.[5] 지금 이곳으로 말하자면, 땅을 평평히 고른 이들이 불행하여 죽은 것이지, 어찌 하느님이 애석하게 여겨 그리한 것이겠는가? 남방은 질병이 많아 고생한 이들은 먼저 죽으니, 삽을 잡았던 이들은 고생하고 병에 걸려 죽은 것이리라. 땅이 어찌 그런 신통력이 있겠는가?

나는 이곳에 오는 학도들이 그런 이야기를 끌어다가 이상한 기록의 책만을 믿을까 두려워 건물 위에 기록한다.

---

4) 본편은 영주 용흥사에 있는 솟아나는 땅에 대한 미신을 물리치는 글이다. '식(息)'은 자라나다는 의미로서 식양(息壤)은 위로 솟아오르는 땅을 가리킨다. 원화 원년(806)에 쓴 글로 보인다.

5) 『산해경(山海經)』「해내경(海內經)」에 보이는 기록이다.

永州龍興寺東北陬有堂, 堂之地隆然負塼甓而起者, 廣四步, 高一尺五寸. 始之爲堂也, 夷之而又高, 凡持鍤者盡死. 永州居楚越間, 其人鬼且禨. 由是寺之人皆神之, 人莫敢夷.

史記天官書及漢志有地長之占, 而亡其說. 甘茂盟息壤, 蓋其地有是類也. 昔之異書, 有記洪水滔天, 鯀竊帝之息壤以湮洪水, 帝乃令祝融殺鯀于羽郊, 其言不經見. 今是土者, 夷之者不幸而死, 豈帝之所愛耶? 南方多疫, 勞者先死, 則彼持鍤者, 其死於勞且疫也, 土烏能神?

余恐學者之至於斯, 徵是言, 而唯異書之信, 故記于堂上.

영주용흥사동구기(永州龍興寺東丘記: 영주 용흥사의 동구에 관한 기문)[6]

유람하기 적당한 곳은 대체로 두 종류가 있다. 확 트인 곳, 깊숙한 곳, 그런 곳뿐이다. 그 지세가 남달리 높아, 깊고 답답함을 벗어나 넓고 요원하다면 확 트이기에 적당하고, 올망졸망한 언덕에 관목과 잡초가 깔려 굽이굽이 꺾여 이어졌다면 깊숙하기에 적당하다. 확 트였다면, 비록 높은 누대와 길게 이어진 누각에 해와 별이 사방에서 빛을 비추고 또 비바람이 들이쳐도 그 넓게 펼쳐짐을 해치지 않는다. 깊숙하다면, 비록 무성한 수목과 빼곡한 바위가 동굴과 골짜기를 채우고 또 숲처럼 우거져도 그 깊숙함을 해치지 않는다.

지금 동구(東丘)라는 곳은 깊숙하기에 적당한 곳이다. 처음에 사원의 작은 방 밖에 버려진 땅이었는데 내가 얻어 집 북녘에 이어놓았다. 우묵한 웅덩이 주변은 그대로 남겨두었다. 그리고는 빽빽하게 대나무를 둘러

6) 본편은 영주(永州) 용흥사 앞의 동구(東丘)에 대한 기록으로, 작자의 깊숙함에 대한 취향을 보여준다. 원화 원년(806) 용흥사 서쪽 사랑채에 머물 때 쓴 글로 보인다.

치고 굽은 다리로 이리저리 연결했다. 계수나무·노송나무·소나무·삼나무·편(楩)나무·녹나무 등이 거의 삼백 그루나 되었는데 아름다운 화초와 멋진 바위가 또 그들 사이로 가로세로 늘어섰다. 몸을 구부려 그 푸른 이끼 사이로 들어가면 그윽한 그늘이 가득하며, 이리저리 걸어보아도 나오는 곳을 알 수 없다. 따뜻한 바람이 불어와도 덥지 않고 맑은 기운이 저절로 이르는 듯하다. 물가 정자의 좁은 방은 굽어져 깊은 멋이 있다. 그런데도 이곳에 왔던 사람들은 흔히 그 깊숙함을 탓한다.

아아! 용흥사는 영주의 뛰어난 사원이다. 높은 전당에 오르면 남쪽 끝을 바라볼 수 있고, 대문을 열면 상수(湘水)를 조감할 수 있으니 이런 곳이 확 트인 곳이다. 그런데 이 작은 언덕은 사람들이 내치고 쓸모없이 여긴다. 그러니 내가 두 가지 유람지가 있다고 하였던 바, 이 곳이 없다면 한 종류의 적당한 장소를 잃는 것이 아니겠는가? 이 언덕은 깊고 그윽하여 휴식을 취할 수 있다. 또 이 언덕은 심원(深遠)하여 그 오묘함을 볼 수도 있다. 무더위가 숨어 사라지는 곳도 이 언덕 아래이다. 음양의 조화로운 기운이 보존된 곳도 이 언덕의 봉우리이다. 깊숙한 이 언덕을 그 누구와 같이 유람하리오! 나는 소공(召公)과 같은 덕이 없으니 이 언덕에 벌목이 미칠까 두렵다. 그래서 글을 써 후세의 군자가 이곳을 보존하기를 기원한다.[7)]

游之適, 大率有二 : 曠如也, 奥如也, 如斯而已. 其地之凌阻峭, 出幽鬱, 廖廓悠長, 則於曠宜; 抵丘垤, 伏灌莽, 迫遽迴合, 則於奥宜. 因其曠, 雖增以崇臺延閣, 迴環日星, 臨瞰風雨, 不可病其敞也; 因其奥, 雖增以茂樹藂石, 穹若洞谷, 蓊若林麓, 不可病其邃也.

今所謂東丘者, 奥之宜者也. 其始龕之外棄地, 余得而名焉, 以屬於堂

7) 소공(召公)은 주나라 무왕(武王) 때에 소(召)땅을 봉지로 받은 덕이 높았던 이로 소백(召伯)이라고도 부른다. 그는 남방을 순시하다가 감당(甘棠)나무 밑에 쉬었는데 후인이 그의 덕을 흠모하여 그 나무를 베지 말라고 노래지어 불렀다.

之北陲. 凡坳窪坻岸之狀, 無廢其故. 屛以密竹, 聯以曲梁. 桂檜松杉楩柟之植, 幾三百本, 嘉卉美石, 又經緯之. 俛入綠縟, 幽蔭薈蔚. 步武錯迕, 不知所出. 溫風不爍, 淸氣自至. 水亭陿室, 曲有奧趣. 然而至焉者, 往往以邃爲病.

噫! 龍興, 永之佳寺也. 登高殿可以望南極, 闢大門可以瞰湘流, 若是其曠也. 而於是小丘, 又將披而攘之. 則吾所謂游有二者, 無乃闕焉而喪其地之宜乎? 丘之幽幽, 可以處休. 丘之窅窅, 可以觀妙. 溽暑遁去, 玆丘之下. 大和不遷, 玆丘之巓. 奧乎玆丘, 孰從我游? 余無召公之德, 懼翦伐之及也, 故書以祈後之君子.

영주법화사신작서정기(永州法華寺新作西亭記: 영주 법화사에 새로 지은 서정에 관한 기문)[8]

법화사(法華寺)는 영주에 있는데 그 지대가 영주에서 제일 높다. 각조(覺照)라는 스님은 사원 서쪽 지붕 아래에 거처했다. 지붕 밖으로는 수만 그루의 대나무가 자랐고 또 그 밖으로는 산 아래턱이 끊겨있었다. 그러나 크고 작은 잡목과 대나무가 잡되게 얽혀 시야를 가렸으므로 베어 버리면 잘 보이겠다고 생각했다. 그런데 각조가 내게 말하는 것이었다. "이 아래에 못과 연꽃 도랑이 있고 또 상수가 흐르며 여러 산들이 모여드니, 만약 저것들을 제거할 수 있다면 멀리까지 보일 겁니다." 그리하여 하인들에게 명하여 칼과 도끼로 여럿이서 그것들을 잘라내게 하였다. 잡목덤불이 낮게 잘려나가니 온갖 것이 모두 드러나고 확 트여 광활하였으며,

8) 본편은 영주(永州) 법화사(法華寺)에 새 정자를 짓고 그 일을 써 바위에 새긴 글이다. 법화사는 영릉의 성 안 동산(東山) 위에 있었다. 원화 4년(809)에 쓴 것으로 여겨진다.

하늘은 그 때문에 더욱 높아지고 땅은 더 넓게 열렸으며, 언덕과 산골짜기의 험준함과 강과 연못의 크기는 더욱 확대된 듯하였다. 이곳의 기이함은 반드시 후세에 남겨야하며 황폐하게 만들 수는 없었다. 때마침 나는 영주사마(司馬)・원외치동정원(員外置同正員)으로 쫓겨나 있었으므로 한가하였다. 그리하여 그 봉급으로 정자를 지었는데, 그 높이와 폭은 각각 한 길 두 자였다.

혹자는 각조가 이곳에 거처하면서도 일찍 그렇게 하지 못한 것을 이상하게 여겼다. 나는 그에게 다음과 같이 말했다. 예전의 상인(上人)은 자리에서 일어나지 않고도 공(空)과 색(色)의 실질을 볼 수 있었으며 만물의 근원에서 노닐 수 있었다.[9] 관조함이 고요할수록 깨달음이 더욱 많다. 그러니 예전에 시야를 막았던 것들이 과연 장애가 되었겠는가? 지금 열어놓은 것이 과연 깨달음의 길을 열어준 것이겠는가? 그들이 이른바 깨닫고 관조한다는 것이 그 방식을 통해서가 아니라고 내 어찌 알겠는가! 어찌 그들이 우리같이 막히고 통함과 유(有)와 무(無)의 한 면에 급급하여 스스로 좁아지는 존재와 같겠는가! 그러자 그 사람은, 그렇다면 글로 쓰는 것이 마땅하겠다고 하였다. 그리하여 바위에 기록한다.

法華寺居永州, 地最高. 有僧曰覺照, 照居寺西廡下. 廡之外有大竹數萬, 又其外山形下絶. 然而薪蒸篠簜, 蒙雜擁蔽, 吾意伐而除之, 必將有見焉. 照謂余曰 : "是其上有陂池芙蕖, 申以湘水之流, 衆山之會, 果去是, 其見遠矣." 遂命僕人持刀斧, 羣而翦焉. 叢莽下頹, 萬類皆出, 曠焉茫焉, 天爲之益高, 地爲之加闢, 丘陵山谷之峻, 江湖池澤之大, 咸若有而增廣之者. 夫其地之奇, 必以遺乎後, 不可曠也. 余時謫爲州司馬, 官外乎常員, 而心得無事. 乃取官之祿秩, 以爲其亭, 其高且廣, 蓋方丈者二焉.

---

9) 상인(上人)은 스님의 한 등급이다. 공(空)은 현실을 초월한 상태이며, 색(色)은 형체를 지닌 온갖 만물을 의미한다. 만물은 인연에 의해 생겨나는 것으로서 실존하는 것은 아니라고 여긴다. 이들은 모두 불교용어이다.

或異照之居於斯, 而不蚤爲是也. 余謂昔之上人者, 不起宴坐, 足以觀於空色之實, 而游乎物之終始. 其照也逾寂, 其覺也逾有. 然則嚮之礙之者爲果礙耶? 今之闢之者爲果闢耶? 彼所謂覺而照者, 吾詎知其不由是道也? 豈若吾族之挈挈於通塞有無之方, 以自狹耶? 或曰 : 然則宜書之. 乃書于石.

영주용흥사서헌기(永州龍興寺西軒記: 영주 용흥사의 서헌에 관한 기문)[10)]

정원(貞元) 연간에 내 이름이 한 집단의 명부에 올라있었으므로 상서성에서 용납되지 않았다.[11)] 그래서 소주(邵州)자사로 나가던 도중에 다시 영주사마로 쫓겨왔다. 영주에 이르러보니 거처가 없는 터라 용흥사(龍興寺)의 서쪽 지붕 아래 거처하게 되었다. 나는 불교의 교리를 안 지 오래되었으므로 본디 바라던 바였다. 그러나 내 거처가 심히 은폐된 곳이었고 문도 북향이어서 어둑컴컴했다. 사원의 터는 이 영주에서 높은 곳이다. 서쪽 지붕의 서쪽은 큰 강줄기를 대하고 있으며 강 너머로는 산골짜기와 숲이 매우 많다. 이에 서쪽 담을 헐어 문을 내고 문 밖에 서헌(西軒)을 지어 뭇나무의 꼭대기 높이에 이르도록 하니 보이지 않는 것이 없었다. 그리하여 좌석도 옮기지 않고 안궤(案几)도 운반하지 않고서 큰 경관을 보게 되었다.

방은 예전의 방이요, 좌석과 안궤도 예전의 그 자리이다. 그런데도 예

10) 본편은 영주(永州) 용흥사(龍興寺)의 거처를 밝게 수리하고 그 밖에 서헌(西軒)을 지은 일에 관한 기문이다. 불교에 대한 작자의 인식과 이해의 정도를 잘 보여주는 글이다. 원화 원년(806)에 쓴 글로 보인다.

11) 정원 말년에 작자는 상서성의 예부원외랑(禮部員外郞)으로, 당시 왕숙문(王叔文)이 이끄는 개혁적인 정치집단에 참여했다.

전에는 어둡다가 지금은 밝아졌다. 그렇다고 설마 물건이 달라진 것이겠는가? 불교의 도리를 깨달음으로써 미혹됨을 진정한 앎으로 바꿀 수 있고 갖가지 의혹을 바른 깨달음으로 바꿀 수 있으며 큰 어두움을 버리고 광명을 찾을 수 있다. 그렇다고 본성이 설마 달라진 것이겠는가? 그 누군가가 내 심한 어두움의 담을 헐고 영험한 관조의 문을 열어주어 만물을 대하는 눈을 넓혀준다면 나는 그의 제자가 되리라. 이에 글을 지어 하나는 문 밖에 새기고 하나는 손상인(巽上人)에게 보낸다.[12]

永貞年, 余名在黨人, 不容於尙書省. 出爲邵州, 道貶永州司馬. 至則無以爲居, 居龍興寺西序之下. 余知釋氏之道且久, 固所願也. 然余所庇之屋甚隱蔽, 其戶北向, 居昧昧也. 寺之居, 於是州爲高. 西序之西, 屬當大江之流, 江之外, 山谷林麓甚衆. 於是鑿西墉以爲戶, 戶之外爲軒, 以臨羣木之杪, 無所不矚焉. 不徙席, 不運几, 而得大觀.

夫室, 嚮者之室也; 席與几, 嚮者之處也. 嚮也昧而今也顯, 豈異物耶? 因悟夫佛之道, 可以轉惑見爲眞智, 卽羣迷爲正覺, 捨大闇爲光明. 夫性豈異物耶? 孰能爲余鑿大昏之墉, 闢靈照之戶, 廣應物之軒者, 吾將與爲徒. 遂書爲二 : 其一志諸戶外, 其一以貽巽上人焉.

유주복대운사기(柳州復大雲寺記 : 유주의 대운사 복구에 관한 기문)[13]

월(越)지방 사람들은 미신을 믿어 쉬 살생하며 오만하고 인의를 저버린다.[14] 병이 나 걱정되면 무당에게 모여가 닭을 잡아 점친다. 처음에는

12) 손상인(巽上人)은 중손(重巽) 스님을 가리킨다.

13) 본편은 작자 자신이 유주(柳州)에서 대운사(大雲寺)를 복구한 일에 대한 기문이다. 본편에서는 사원의 당지 주민 교화를 위한 역할을 강조하고 있다.

작은 희생물을 죽이지만 효과가 없으면 보통 크기의 희생물을 죽이고, 그래도 안 되면 큰 희생물을 죽인다. 또 그래도 안 되면 친척과 결별하면서 죽은 뒤의 일을 부탁하여 "신령님이 나를 버리셨다"면서, 음식을 끊고 얼굴에 무언가를 뒤집어쓰고 죽어버린다. 그런 까닭에 호구는 쉬 줄고 농토는 쉬 황폐화되며 가축도 번식하지 못한다. 예절로 교화하면 완고하여 받아들이지 않고, 형벌로 제약하면 도망친다. 오직 불교는 신을 섬기고 말이 거창하므로 끌어들일 수 있고 교화할 수 있다.

유주에서는 처음에 명에 따라 네 곳에 사원을 설립했었는데 그 중 세 곳은 강북에 있고 대운사(大雲寺)는 강남에 있었다.[15] 강북은 유주성의 600호를 감싸고 강남은 300호가 살았다. 그런데 얼마 지나지 않아 강남에 화재가 발생하여 대운사는 불타버렸고 백년 가까이 복구되지 않았다. 그리하여 300호의 주민들은 의탁처를 잃고 다시 귀신을 모시고 살생을 저질렀다. 원화 10년(815)에 자사 유종원이 부임하여 그 귀신의 신위를 먼 곳으로 쫓아버리고 그 곳을 관리했다. 그 옆으로 작은 승방이 있었는데, 그곳을 확대하고 큰길을 내어 북쪽으로 강변까지 이어지게 하였다. 그리고는 상부에 보고해서 사원의 옛 이름을 찾고 대문을 세워 현판을 걸었다. 또 동쪽과 서쪽에 방을 만들고 불당을 높이 올려 불도들이 거처하게 하였다. 불도들을 만나면 음식을 시주하였으며 그들로 하여금 종과 경(磬)을 쳐서 그 존엄을 알리고 그 말씀을 전하도록 하였다. 그러자 사람들이 비로소 귀신을 버리고 살생을 멈추며 인애(仁愛)에 힘썼다. 또 병이나 걱정을 알려오면 그에 맞춰 적절히 대응하였다. 그러니 이 방법이 아마도 미개인을 교화하는 적당한 방법이리라. 크고 작은 집 약간이 들어서고, 동서남북으로 수백 평의 땅이 개간되었으며, 수목 약간과 대나무 3

---

14) 월(越)은 보통 광동과 광서를 가리키는데, 여기서는 유주를 가리킨다.

15) 측천무후(則天武后) 천수(天授) 원년(690)에 승려 법명(法明) 등이 『대운경(大雲經)』을 위조하여 측천무후가 미륵불이라며 천자가 되어야 마땅하다고 하였다. 이에 측천무후는 각 주에 대운사를 세우도록 명하였다.

만 그루가 자라고, 채소밭 5천 두둑 백 개와 논 약간이 생겼다. 관리하는 스님의 이름은 퇴사(退思)・영환(令寰)・도견(道堅)이다. 그 후 2년 뒤 10월 모 일에 사원이 모두 복구되었다.

越人信祥而易殺, 傲化而偭仁. 病且憂, 則聚巫師, 用雞卜. 始則殺小牲; 不可, 則殺中牲; 又不可, 則殺大牲; 而又不可, 則訣親戚飭死事, 曰 "神不直我矣", 因不食, 蔽面死. 以故戶易耗, 田易荒, 而畜字不孳. 董之禮則頑, 束之刑則逃, 唯浮圖事神而語大, 可因而入焉, 有以佐教化.

柳州始以邦命置四寺, 其三在水北, 而大雲寺在水南. 水北環治城六百室, 水南三百室. 俄而水南火, 大雲寺焚而不復且百年. 三百室之人失其所依歸, 復立神而殺焉. 元和十年, 刺史柳宗元始至, 逐神于隱遠而取其地. 其傍有小僧舍, 闢之廣大, 逵達橫術, 北屬之江. 告于大府, 取寺之故名, 作大門, 以字揭之. 立東西序, 崇佛廟, 爲學者居. 會其徒而委之食, 使擊磬鼓鍾, 以嚴其道而傳其言. 而人始復去鬼息殺, 而務趣於仁愛. 病且憂, 其有告焉而順之, 庶乎教夷之宜也. 凡立屋大小若干楹, 凡闢地南北東西若干畝, 凡樹木若干本, 竹三萬竿, 圃百畦, 田若干塍. 治事僧曰退思、曰令寰、曰道堅. 後二年十月某日, 寺皆復就.

영주용흥사수정토원기(永州龍興寺修淨土院記: 영주 용흥사의 정토원 건축에 관한 기문)[16]

중원 서쪽으로 수만 리가 되는 곳에 신독(身毒)이라는 나라가 있는데 그곳이 석가모니여래(釋迦牟尼如來)가 태어나신 곳이다.[17] 저들 불교에서는 말한다. "서쪽으로 십만 억 불토(佛土)를 지나면 극락(極樂)이라는 나라가 있는데 그곳 부처를 무량수여래(無量壽如來)라고 부른다.[18] 그 나라에는 세 가지 죄악과 여덟 가지 고난이 없으며 온갖 보석으로 장식을 한다. 그곳 사람들은 열 가지 구속과 아홉 가지 번뇌가 없으며 뭇 성인을 친구로 한다. 누구라도 그 땅으로 귀의하려는 정성과 큰 소원을 가진 이가 그 염원과 힘을 갖춘다면 그 나라로 왕생하고, 그 후에 삼계(三界) 밖으로 나간다.[19] 불도(佛道)를 굳게 믿는 사람에게는 그 말씀에 속임이 없다." 진(晉)나라 때에 여산(廬山)의 원법사(遠法師)께서 『염불삼매영(念佛三昧詠)』을 지으시어 당시 사람들을 크게 권면하셨다.[20] 그 후에 천태(天台)의 의대사(顗大師)께서 『석정토십의론(釋淨土十疑論)』을 저술하시어 그 교리를 널리 선전하셨다.[21] 그 책은 설명이 면밀하고 미묘해서 잘 몰랐던 사람들이 모두 그에 의존했는데, 그 분이 이적(異蹟)을 남기고 간 곳도 많았기 때문이다.

영주 용흥사에는 전임 자사 이승질(李乘晊)과 법림(法林)스님께서 사원 동편에 세우신 정토당(淨土堂)이 있는데, 그들은 늘 그곳에서 불사(佛事)를 받들었다. 그런데 지금까지 이십여 년이 된 터라 모퉁이가 허물어지고 불

16) 본편은 영주 용흥사의 정토원(淨土院)을 자신을 비롯하여 영주자사 풍서(馮敍)와 스님 중손(重巽)이 함께 복구하고 보완한 일을 기록한 글이다. 불교에서 말하는 내세에 관한 내용이 표함되어 있다. 원화 3년(808) 이전에 쓴 것으로 보인다.

17) 신독(身毒)은 옛 인도를 가리키며 천축(天竺)이라고도 한다.

18) 무량수여래(無量壽如來)는 아미타불(阿彌陀佛)을 가리킨다.

19) 불교에서는 현실세계를 욕계(欲界)·색계(色界)·무색계(無色界)의 삼계(三界)로 나눈다.

20) 원법사(遠法師)는 혜원(慧遠) 스님을 가리킨다.

21) 의대사(顗大師)는 지의(智顗) 스님을 가리킨다.

상이 내려앉아 버렸다. 그런데 마침 손상인(巽上人)이 그곳에 살아 비로소 다시 복구하였다.[22] 손상인은 최고의 경지까지 수련하고 불리를 최고 수준으로 이해하였다. 그는 공(空)을 체험하여 색(色)을 끊어버린 흔적도 없이 진정한 근원에 도달하였으며, 유(有)와 무(無)의 의미에 통달하여 세상만물의 실상을 이해하는 경지에 이르렀다. 높은 경지와 지혜가 합치되었으며 실제와 이론을 겸비하였다. 예전의 것도 버리지 않고 따랐다. 그리하여 이 건물을 수선하여 후학을 가르칠 것을 맹세하였다. 또 어떤 신도가 불상을 그렸는데 그 안에 우주 만물의 모든 형상을 다 갖췄다.[23] 지금의 자사 풍공(馮公)께서는 대문을 세워 그 위치를 표시하셨고, 나는 주변 네 모퉁이를 이어 회랑(回廊)의 지붕을 올리고 두 보살의 모습을 그리며 각종의 기를 비단으로 만들어 그곳을 완성시켰다.[24] 아아! 생사를 초월하는 삶을 추구할 줄 아는 이는 그 길로 가는 배가 여기에 있음을 안다. 이에 『천태십의론(天台十疑論)』을 벽에 써 보는 이로 하여금 믿는 마음이 일도록 한다.

中州之西數萬里, 有國曰身毒, 釋迦牟尼如來示現之地. 彼佛言曰 : "西方過十萬億佛土, 有世界曰極樂, 佛號無量壽如來. 其國無有三惡八難, 衆寶以爲飾; 其人無有十纏九惱, 羣聖以爲友. 有能誠心大願, 歸心是土者, 苟念力具足, 則往生彼國, 然後出三界之外. 其於佛道無退轉者, 其言無所欺也." 晉時廬山遠法師作念佛三昧詠, 大勸于時. 其後天台顗大師著釋淨土十疑論, 弘宣其教. 周密微妙, 迷者咸賴焉, 蓋其留異跡而去者甚衆.

永州龍興寺, 刺史李承晊曾及僧法林, 置淨土堂于寺之東偏, 常奉斯事. 逮今餘二十年, 廉隅毁頓, 圖像崩墜. 會巽上人居其宇下, 始復理焉. 上人者, 修最上乘, 解第一義. 無體空折色之跡, 而造乎眞源, 通假有借無之名, 而入於實相. 境與智合, 事與理幷. 故雖往生之因, 亦相用不捨. 誓葺

22) 손상인(巽上人)은 이름이 중손(重巽)이다.
23) 원문의 '법상(法相)'은 불교에서 우주의 모든 사물의 형상을 가리키는 말이다.
24) 풍공(馮公)은 풍서(馮敍)를 가리킨다. 원화 원년에서 3년(808)까지 영주자사를 지냈다.

玆宇, 以開後學. 有信士圖爲佛像, 法相甚具焉. 今刺史馮公作大門以表其位, 余遂周延四阿, 環以廊廡, 繢二大士之像, 繒蓋幢幡, 以成就之. 嗚呼! 有能求無生之生者, 知舟筏之存乎是. 遂以天台十疑論書于牆宇, 使觀者起信焉.

영주철로보지(永州鐵爐步志 : 영주의 철로보에 대한 기록)[25]

강변에 배를 매어 사람들이 오르내릴 수 있는 곳을 보(步)라고 한다. 영주성 북쪽 외곽에 보(步)가 있는데 철로보(鐵爐步)라고 부른다. 내가 배를 타고 와 거주한 지 아홉 해가 되었는데, 오고가며 그곳을 철로보라 부르는 까닭을 알아보았으나 알 수 없었다. 그래서 누군가에 물었더니 그가 말했다. "일찍이 어떤 대장장이가 살았었는데 그가 떠나고 화로가 깨진 지 몇 년이나 되었는지 모르겠소. 다만 그 이름만 헛되이 남아있지요."

내가 말했다. "아아! 세상에 실체는 없는데 이름만 남아 이처럼 속일 수 있는 경우가 정말 있었단 말인가?"

그 보(步) 사람이 말했다. "그대는 어찌해서 유독 이곳만을 탓하시오? 지금 세상에는 자신의 성씨만을 믿고 천하에 행세하는 이들이 있지요. 그들은, '우리 집안은 대단해서 다른 집안이 비길 수 없다'라고 말하지요. 그 작위와 덕행을 물으면, '조상의 일로 오래되었다'라고 말하지요. 그런데도 여전히, '우리 집안은 대단하다'라고 말하며, 세인들도 역시

25) 본편은 영주의 철로보(鐵爐步)라는 선착장에 그 이름에 어울리는 대장간이 없는 사실을 통해 명실이 부합되지 않는 것을 비난한 글인데, 핵심은 당시의 허상뿐인 문벌 숭상의 사회풍속에 대한 풍자이다. 보(步)는 선착장이다. 원화 8년(813) 영주사마 재임시에 쓴 것으로 보인다.

'어느 집안은 대단하다'라고 말한다오. 헛되이 이름만을 내세우기로 이 보의 경우와 다를 것이 있겠소? 설령 그 누가 이 보의 이름을 듣고 두발 솥·세발 솥·낫·괭이·칼·도끼 등이 필요해 돈을 들고 찾아온들 바라던 것을 얻을 수가 있겠소? 저들에게서 작위와 덕행을 찾은들 찾지 못하는 것도 이와 마찬가지지요. 작위는 있어도 덕행이 없으면 그 집안이 대단해질 수 없는데, 그래도 세인들은 기꺼이 저들의 아래에 엎드리지요. 그대는 어찌해서 저들은 탓하지 않고 유독 이곳만을 탓하시오? 크게는 걸(桀)은 우(禹)임금을 팔고, 주(紂)는 탕(湯)임금을 팔며, 유(幽)·여(厲)는 문왕(文王)·무왕(武王)을 팔며 천하를 깔보았소.[26] 그들은 조상이 성공한 근본 이치를 찾을 줄 모르고 임시로 그 옛 명성만 가지고 대단한 척하다가 망해서 세상의 비웃음거리와 놀림거리가 되었으니, 그 점이 바로 심히 경계할만하지요. 이 보의 실체를 찾았다가 두발 솥·세발 솥·낫·괭이·칼·도끼 등을 얻지 못해 다른 곳으로 간다한들, 그것이 또 무슨 해가 될 것이 있겠소? 그대가 이곳에 대해 놀라는 것은 말단적인 것이지요."

내가 알기로 옛날에는 태사(太史)가 있어 민간 풍속을 살피고 민간의 이야기를 채집했었다. 이런 이야기는 얻을 것이 있다. 이야기가 채집할 만하다고 높이 평가하여 글을 지어 기록으로 남긴다.

江之滸, 凡舟可縻而上下者曰步. 永州北郭有步, 曰鐵爐步. 余乘舟來, 居九年, 往來求其所以爲鐵爐者無有. 問之人, 曰:"蓋嘗有鍛者居, 其人去而爐毁者不知年矣, 獨有其號冒而存."

余曰:"嘻! 世固有事去名存而冒焉若是耶?"

步之人曰:"子何獨怪是? 今世有負其姓而立於天下者, 曰:'吾門大, 他

26) 걸(桀)은 폭군으로 하(夏)의 마지막 임금이고 우(禹)는 건국자이다. 주(紂)도 폭군으로 상(商)의 마지막 임금이고 탕(湯) 임금은 건국자이다. 유(幽)는 서주(西周)의 마지막 폭군으로 피살되었고 여(厲) 역시 언로(言路)를 차단했다가 망한 폭군이다. 문왕(文王)은 서주(西周)의 기틀을 닦았으며 무왕(武王)은 건국하였다.

不我敵也.' 問其位與德, 曰 : '久矣其先也.' 然而彼猶曰 '我大', 世亦曰 '某氏大'. 其冒於號有以異於玆步者乎? 向使有聞玆步之號, 而不足釜錡, 錢鎛、刀鈇者、懷價而來, 能有得其欲乎? 則求位與德於彼, 其不可得亦猶是也. 位存焉而德無有, 猶不足大其門, 然世且樂爲之下. 子胡不怪彼而獨怪於是? 大者桀冒禹, 紂冒湯, 幽、厲冒文、武, 以傲天下. 由不知推其本而姑大其故號, 以至於敗, 爲世笑僇, 斯可以甚懼. 若求玆步之實, 而不得釜錡、錢鎛、刀鈇者, 則去而之他, 又何害乎? 子之驚於是, 末矣."

余以爲古有太史, 觀民風, 采民言. 若是者, 則有得矣. 嘉其言可采, 書以爲志.

제29권 기(記)

유황계기(游黃溪記 : 황계 유람기)[1]

북으로 진(晉), 서로 빈(豳), 동으로 오(吳), 남으로 초(楚)와 월(越)의 경계에 이르는 사이에 산수로 이름난 주(州)가 수백 곳이나 되지만 영주가 가장 뛰어나다. 영주의 본청을 둘러싼 백 리 안에서, 북으로 오계(浯溪), 서로 상강(湘江)의 발원지, 남으로 상천(瀧泉), 동으로 황계 동둔(東屯)에 이르는 사이에 산수로 이름난 마을이 수백 곳이나 되는데, 그 중에 황계가 가장 뛰어나다.

1) 본편은 부근의 산수를 이미 거의 다 유람한 뒤에 비교적 먼 황계를 유람하고 쓴 글로, 경물 묘사가 뛰어난 작품이다. 황계는 호남 영원현(寧遠縣) 북방의 양명산(陽明山)에서 발원하여, 서쪽으로 영릉현 동북 방향으로 흐르다가 북쪽으로 꺾여 다시 동쪽으로 흘러 기양현(祁陽縣)에서 백강수(白江水)와 만나 상수(湘水)와 합류한다. 본문에 따르면 황계는 영주의 본청에서 동쪽으로 70리 되는 곳에 있었다. 원화 8년(813)의 글이다.

황계는 영주 본청에서 칠십 리 떨어져 있으며, 동둔(東屯)에서 남쪽으로 육백 보를 가면 황신사(黃神祠)에 닿는다. 사당 위쪽으로는 두 산이 장벽처럼 서있고 마치 주사(朱砂)처럼 붉은 꽃과 벽옥(碧玉)같이 푸른 잎이 나란히 산세에 따라 오르내린다. 수목이 없는 곳은 깎아지른 절벽이거나 동굴이다. 계곡물에는 온통 작은 돌들이 평평하게 깔려 있다. 황신사 위쪽으로 옷을 걷고 물을 건너 팔십 보를 가면 첫 번째 못에 이르는데, 그곳은 가장 신기하고 아름다운 곳으로 형용할 수가 없을 지경이다. 대체로 큰 항아리를 갈라놓은 듯 주변은 천 자나 될 절벽이고 그 안에 물이 고여 있다. 검푸른 물은 기름인 양 반짝이며, 흘러드는 물길은 흰무지개와도 같고 조용한데, 수백 마리나 되는 고기는 막 바위 아래 모여왔다. 남으로 또 백 보를 가니 두 번째 못에 닿았다. 바위는 모두 크고 높으며 급한 물길에 임해 있어 마치 울퉁불퉁 턱과도 같고 잇몸과 입천장과도 같았다. 그 아래에는 큰 바위가 어지러이 늘어졌는데 그 위에 앉아 음식이라도 먹을 만했다. 붉은 머리에 검은 날개를 한 새가 크기는 고니만큼 큰 놈이 막 동쪽을 향해 서 있었다. 그곳에서 다시 남으로 몇 리를 가니 지세는 모두 같으나 수목은 갈수록 굵고 바위는 갈수록 삐쭉한데 물소리는 온통 철썩거리며 울려댔다. 또 남으로 일 리를 가서 대명천(大冥川)에 이르니 산세가 완만하고 물길이 더딘 곳에 논밭이 있었다.[2)]

전하는 말에 의하면, "황신(黃神)은 성이 왕(王)이며 왕망(王莽)의 후손으로서, 왕망이 죽은 후에 황씨로 성을 바꾸고 도망와 깊고 험한 곳을 택해 이곳에 숨었다"고 한다.[3)] 당초 왕망도 일찍이 "나는 황제(黃帝)와 우순(虞舜)의 후손이다"라고 했으며, 그래서 그 딸을 황황실주(黃皇室主)라고 불렀다. 황과 왕은 음이 비슷하며 왕망의 말도 근거가 있으니 전하는 그

2) 대명(大冥)은 북방을 가리킨다. 대명천은 황계와 백수(白水)가 합해 상강(湘江)으로 들어가는 입구를 가리키는데, 상강이 황계의 북쪽에 있었으므로 그렇게 불렀다.

3) 왕망(王莽, B.C. 45~23)은 한 원제(元帝) 황후의 조카로 서기 8년에 서한 정권을 탈취하여 새 왕조를 세웠다가 23년에 몰락하여 피살되었다.

말이 더욱 믿음직하다. 황신이 여기에 거처할 때 백성들은 모두 평안했다. 그래서 그에게 도가 있다고 여겨, 죽은 후에 제물을 바쳐 제사를 지내고 사당을 세운 것이다. 그 후에 사당이 점점 주민들에게 가까워져서 지금의 사당은 산 북쪽 계곡가에 있다. 원화 8년 5월 16일에, 유람에서 돌아와 이 기문을 씀으로써 후일의 유람 좋아하는 이를 일깨우고자한다.

北之晉, 西適豳, 東極吳, 南至楚越之交, 其間名山水而州者以百數, 永最善. 環永之治百里, 北至于浯溪, 西至于湘之源, 南至于瀧泉, 東至于黃溪東屯, 其間名山水而村者以百數, 黃溪最善.

黃溪距州治七十里, 由東屯南行六百步, 至黃神祠. 祠之上, 兩山牆立, 如丹碧之華葉駢植, 與山升降. 其缺者爲崖峭巖窟, 水之中, 皆小石平布. 黃神之上, 揭水八十步, 至初潭, 最奇麗, 殆不可狀. 其略若剖大甕, 側立千尺, 溪水積焉. 黛蓄膏渟, 來若白虹, 沉沉無聲, 有魚數百尾, 方來會石下. 南去又行百步, 至第二潭. 石皆巍然, 臨浚流, 若頦頷斷齶. 其下大石雜列, 可坐飮食. 有鳥赤首烏翼, 大如鵠, 方東向立. 自是又南數里, 地皆一狀, 樹益壯, 石益瘦, 水鳴皆鏘然. 又南一里, 至大冥之川, 山舒水緩, 有土田. 始黃神爲人時, 居其地.

傳者曰 : "黃神王姓, 莽之世也. 莽旣死, 神更號黃氏, 逃來, 擇其深峭者潛焉." 始莽嘗曰 : "余黃虞之後也", 故號其女曰黃皇室主. 黃與王聲相邇, 而又有本, 其所以傳言者益驗. 神旣居是, 民咸安焉. 以爲有道, 死乃俎豆之, 爲立祠. 後稍徙近乎民, 今祠在山陰溪水上. 元和八年五月十六日, 旣歸爲記, 以啓後之好游者.

시득서산연유기(始得西山宴游記: 처음으로 발견한 서산 유람기)[4]

죄인이 되어 이곳에 거주한 이래로 나는 늘 두렵고 불안하였다. 틈이 나면 느긋하게 다니면서 여기저기를 유람하였다. 날마다 동행과 함께 높은 산에 오르고 깊은 숲에 들어갔으며, 굽이진 계곡 끝까지, 그리고 깊은 샘이나 괴석이 있는 곳이면 아무리 멀어도 찾아가지 않은 곳이 없었다. 어느 한 곳에 이르면 풀을 헤치고 앉아 술병을 기울여 취하였으며, 취하면 서로 베고 누웠고, 누우면 꿈을 꾸었다. 그리고 마음이 가는 곳이면 꿈도 따라갔다. 깨어나면 일어나고 일어나면 돌아왔다. 그리고는 특이한 모습을 한 이곳의 산수는 모두 유람했다고 생각하며 서산이 기괴하고 특별한 줄은 미처 몰랐다.

금년 9월 28일에 법화사(法華寺) 서정(西亭)에 앉아서 서산을 바라보고는 비로소 가리키며 특이하다고 여겼다.[5] 그리하여 하인에게 명하여 상강(湘江)을 건너 염계(染溪)를 따라 빽빽한 덤불을 베어내고 무성한 들풀을 태워가며 산 정상 끝까지 올랐다.[6] 서로 붙잡고 끌어가며 올라 다리 뻗고 앉아 멀리 내다보니, 여러 주(州)의 땅이 모두 앉은 자리 아래에 있었다. 높고 낮은 지세는 우뚝했다가는 또 우묵한 것이 마치 개밋둑이나 웅덩이와도 같았으며, 천리가 마치 한 자나 한 치인 양 축소되어 겹겹이

---

4) 본편은 영릉현의 서산을 유람하고 그 느낌을 쓴 것으로, 모두 여덟 편으로 이루어진 이른바 영주팔기(永州八記)의 첫 문장이다. 영주팔기는 성공적으로 정경교융(情景交融), 즉 정서와 경물의 융화를 실현한 높은 예술적 경지의 문학문으로 후일의 산수 유람의 유기(游記)산문 발전에 막대한 공헌을 하였다고 평가된다. 서산(西山)은 영릉현 서쪽에 있으며 지금은 양자령(糧子嶺)으로 불린다. 원화 4년(809) 영주 재임시의 작품이다.

5) 법화사는 영릉현 경내의 동산(東山)에 있는 절이다. 작자는 영주에 온 이래 처음에 용흥사(龍興寺)에 거처하다가 이곳으로 옮겼다. 서정은 작자가 지은 절 서쪽의 정자이다.

6) 상강(湘江)은 소수(瀟水)를 가리킨다. 작자는 여러 곳에서 소수와 상수를 구별하지 않고 같이 불렀다. 염계(染溪)는 소수(瀟水)의 지류로 염계(冉溪)라고도 하였으며, 후일 작자가 우계(愚溪)로 개명하였다.

쌓여서는 어느 것도 숨지 못하였다. 푸른 산과 흰 강은 서로 꼬여 하늘 끝에 접하였는데 사방이 하나같았다. 그 후에야 이 산이 홀로 우뚝 서 작은 언덕들과는 부류가 다르며, 유유히 천지의 호기(浩氣)와 하나가 되어 그 끝을 알 수 없으며 득의양양 조물주와 함께하여 그 끝 간 데를 알 수 없다는 것을 알게 되었다. 그리하여 술잔을 끌어 가득 따라 마시고는 흐물흐물 취하여 해가 지는 것도 몰랐다. 어둑한 저녁 광경이 멀리로부터 다가와 아무것도 보이지 않게 되었어도 여전히 돌아가고 싶지 않았다. 정신은 집중되고 육체는 분해되어 만물과 하나가 되었다. 그런 후에 이전의 유람은 유람도 아니었으며 이제야 진정한 유람이 시작되었음을 알게 되었다. 그리하여 글을 지어 기록한다. 올해는 원화 4년이다.

自余爲僇人, 居是州, 恒惴慄. 其隙也, 則施施而行, 漫漫而游. 日 與其徒上高山, 入深林, 窮迴溪, 幽泉怪石, 無遠不到. 到則披草而坐, 傾壺而醉. 醉則更相枕以臥, 臥而夢. 意有所極, 夢亦同趣. 覺而起, 起而歸. 以爲凡是州之山水有異態者, 皆我有也, 而未始知西山之怪特.

今年九月二十八日, 因坐法華西亭, 望西山, 始抵異之. 遂命僕人過湘江, 緣染溪, 斫榛莽, 焚茅茷, 窮山之高而上. 攀援而登, 箕踞而遨, 則凡數州之土壤, 皆在衽席之下. 其高下之勢, 岈然洼然, 若垤若穴, 尺寸千里, 攢蹙累積, 莫得遯隱. 縈青繚白, 外與天際, 四望如一. 然後知是山之特立, 不與培塿爲類, 悠悠乎與顥氣俱, 而莫得其涯; 洋洋乎與造物者游, 而不知其所窮. 引觴滿酌, 頹然就醉, 不知日之入. 蒼然暮色, 自遠而至, 至無所見, 而猶不欲歸. 心凝形釋, 與萬化冥合. 然後知吾嚮之未始游, 游於是乎始, 故爲之文以志. 是歲, 元和四年也.

고무담기(鈷鉧潭記: 고무담 유람기)[7)]

고무담은 서산(西山) 서쪽에 있는데 그 근원지는 남쪽에서 흘러온 염수(冉水)로서, 그 물길은 산석(山石)을 만나 동쪽으로 꺾여 흐르는데 상류와 하류는 급류로서 바위를 때리며 더욱 사나워져서 그 가장자리를 침식하였다. 그래서 옆은 넓고 가운데는 깊으며, 온 물길이 주변 바위에 이르러서야 멈춘다. 물길은 바퀴 같은 와류를 이룬 후에 천천히 흐르는데, 그 맑고 고요한 수면은 십여 묘(畝)의 넓이가 되며 그 주위에는 수목이 둘러섰고 암벽에는 샘물이 흘러내린다.

그 위로 민가가 있는데 내가 자주 그곳에 놀러갔기 때문에 그 집안 사람이 어느날 내 집으로 찾아와 문을 두드리고 들어와 말했다. "밀린 관청 세금과 개인 빚을 감당할 수 없어 산을 개간하고 거처를 옮겼습니다. 바라건대 못가의 밭을 돈으로 바꿔주시어 어려움을 해소하게 해주십시오." 나는 기뻐하며 그렇게 해 주었다. 그리고는 축대를 높이고 난간을 연장하고 샘물의 길을 손질해 높은 곳에서 못으로 떨어지게 만드니 졸졸 소리가 났다. 특히 추석에 달 구경할 때에 아름다우며 높은 하늘과 요원한 기운을 맛볼 수 있다.

그 무엇이 나로 하여금 미개지에 즐겨 살면서 고향을 잊게 만드는가? 바로 이 못이 아니겠는가!

鈷鉧潭在西山西, 其始蓋冉水自南奔注, 抵山石, 屈折東流, 其顚委勢峻, 盪擊益暴, 齧其涯, 故旁廣而中深, 畢至石乃止. 流沫成輪, 然後徐行, 其淸而平者且十畝餘, 有樹環焉, 有泉懸焉.

---

7) 본편은 다리미를 닮은 못인 고무담을 유람하고 쓴 글이다. 고무담은 지금 영릉현 서쪽 유후사(柳侯祠) 부근의 우계(愚溪)에 있다. 영주팔기(永州八記)의 두 번째 문장으로, 원화 4년(809) 10월 영주에서의 작품이다.

其下有居者, 以予之亟游也, 一旦款門來告曰 : "不勝官租私券之委積, 旣芟山而更居, 願以潭上田貿財以緩禍." 予樂而如其言. 則崇其臺, 延其檻, 行其泉於高者而墜之潭, 有聲潨然. 尤與中秋觀月爲宜, 於以見天之高, 氣之迥.

孰使予樂居夷而忘故土者, 非茲潭也歟?

고무담서소구기(鈷鉧潭西小丘記 : 고무담 서쪽 소구 유람기)[8)]

서산(西山)을 발견한 지 여드레 만에 산의 입구를 따라 서북쪽으로 이백 걸음을 간 곳에서 또 고무담(鈷鉧潭)을 발견하였다. 고무담에서 서쪽으로 스물다섯 걸음을 가니, 물살이 급하고 깊은 곳에 고기를 잡을 수 있는 둑이 있었다. 둑 위쪽으로는 언덕이 있는데, 대나무와 다른 나무들이 자라고 있었다. 그 바위 가운데 우뚝우뚝 오만하게 흙을 지고 나와, 다투어 이상한 모양을 하고 있는 것들이 거의 수를 셀 수 없었다. 우뚝 솟아 서로 겹쳐 아래로 향한 것들은 마치 소나 말들이 계곡에서 물을 마시는 것 같았고, 앞으로 돌출하여 뿔처럼 나란히 위로 향한 것들은 마치 곰들이 산을 오르는 것 같았다. 언덕은 작아 한 묘(畝)도 채 안되어 통채로 소유함 직하였다. 주인에게 물으니, "당(唐)나라 때에 버려진 땅인데, 팔려 내놓아도 팔리지 않습니다"라고 했다. 그 가격을 물으니, "사백 문(文)밖에 안됩니다"라고 했다. 나는 불쌍히 여겨 그 땅을 샀다. 당시에 이심원

8) 본편은 고무담 서쪽의 작은 언덕을 매입하여 정리하고 즐긴 일을 기록한 글이다. 역시 원화 4년(809) 영주에서의 글이다. 특히 벽지에 버려진 자신의 심정을 적절한 비유로 표현한 글이다. 영주팔기 중의 세 번째 작품이다. 고무담은 그 모습이 다리미를 닮아서 붙여진 이름이다.

(李深源)과 원극기(元克己)와 같이 유람했는데, 모두 뜻밖이라며 크게 기뻐하였다.[9] 그리하여 도구를 번갈아가며 잡초를 베고 나쁜 나무를 잘라서는 사나운 불에 태웠다. 그러자 멋진 나무가 서고, 아름다운 대나무가 드러났으며, 기이한 돌들이 드러났다. 그 가운데에서 바라보니 높은 산과 떠있는 구름과 흐르는 계곡과 유유히 노는 새·짐승·물고기가 모두 즐겁게 재주를 부리어 이 언덕 아래에 바쳤다. 돌을 베고 땅을 깔고서 누우니, 곧 맑고 깨끗한 경치가 눈에 들어오고, 영롱한 물소리가 귀에 들려오며, 아득하고 텅 빈 듯한 느낌이 마음에 다가오며, 깊숙하고 고요함이 마음에 와 닿았다. 열흘이 채 안 되어 기이한 곳 두 곳을 발견했으니, 옛날에 산수를 좋아했던 사람도 아마 이렇게까지는 못하였으리라.

아아! 이 언덕의 빼어남을 풍(灃)·호(鎬)·호(鄠)·두(杜) 지방에 옮겨 놓는다면,[10] 다투어 사려는 유람하기 좋아하는 인사들이 날마다 값을 올리고도 갈수록 사기 어려울 것이다. 그러나 지금 이 영주에 버려지니, 농부와 어부도 지나며 거들떠보지 않고, 사백 문의 값에도 몇 해를 두고 팔리지 않았다. 그런데 나와 심원과 극기만이 유독 이곳을 얻은 것을 즐거워한다. 이는 과연 만남[遭]이란 것이 있어서이리라! 바위에 글을 쓰니, 이는 이 작은 언덕이 우리를 만난 것을 축하하기 위해서이다.

得西山後八日, 尋山口西北道二百步, 又得鈷鉧潭. 潭西二十五步, 當湍而浚者爲魚梁. 梁之上有丘焉, 生竹樹. 其石之突怒偃蹇, 負土而出, 爭爲奇狀者, 殆不可數. 其嶔然相累而下者, 若牛馬之飮于溪; 其衝然角列而上者, 若熊羆之登于山. 丘之小不能一畝, 可以籠而有之. 問其主, 曰: “唐氏之棄地, 貨而不售.” 問其價, 曰: “止四百.” 余憐而售之. 李深源、元克已時同遊, 皆大喜, 出自意外. 卽更取器用, 剷刈穢草, 伐去惡木, 烈火而焚之. 嘉木立, 美竹露, 奇石顯. 由其中以望, 則山之高, 雲之浮, 溪之

9) 이심원(李深源)과 원극기(元克己) 모두 유종원의 친구로 당시에 영주로 쫓겨와 있었다.
10) 풍(灃)·호(鎬)·호(鄠)·두(杜)는 모두 장안 부근의 명문 호족들이 살던 곳이다.

流, 鳥獸之遨遊, 擧熙熙然迴巧獻技, 以効玆丘之下. 枕席而臥, 則淸泠之狀與目謀, 瀯瀯之聲與耳謀, 悠然而虛者與神謀, 淵然而靜者與心謀. 不匝旬而得異地者二, 雖古好事之士, 或未能至焉.

噫! 以玆丘之勝, 致之灃、鎬、鄠、杜, 則貴游之士爭買者, 日增千金而愈不可得. 今棄是州也, 農夫漁父過而陋之, 賈四百, 連歲不能售. 而我與深源、克己獨喜得之, 是其果有遭乎! 書於石, 所以賀玆丘之遭也.

지소구서소석담기(至小丘西小石潭記: 소구 서쪽의 소석담 유람기)[11]

소구(小丘) 서쪽으로 백 이십 보를 가니 대나무밭을 사이에 두고 물소리가 들리는데, 마치 패옥(佩玉)이나 옥팔찌가 내는 소리와도 같아서 마음이 즐거웠다. 대나무를 베어내고 길을 내니 그 아래로 작은 못이 보이는데 물이 특히 청량했다. 샘은 바닥이 하나의 바위로 이루어졌는데 못가에는 바닥 바위가 말려 올라와 물 위로 나와 있는데, 어떤 것은 작은 주(洲)가 되고 어떤 것은 섬이 되며, 어떤 것은 울퉁불퉁하고 어떤 것은 보통 바위였다. 푸른 나뭇가지와 비취빛 등나무 덩굴이 서로 엉켜 이어져서는 흔들거리다가, 들쭉날쭉 바람에 날렸다. 못 안의 고기는 백여 마리는 되는데 모두가 아무것에도 의지하지 않고 공중에서 떠다니는 듯했다. 햇빛이 바닥까지 비치니 고기 그림자가 바닥 위에 펼쳐지는데, 기분이 좋아 꼼짝하지 않는가 하면 갑자기 멀리 헤엄치는 등, 오고 가는 것이 경쾌하고 급작스러워 마치 유람객과 함께 즐기는 듯했다.

못 서남쪽을 바라보니 물길은 북두칠성처럼 꺾이고 뱀처럼 흘러, 보였

11) 본편은 소석담에 놀러가 구경한 일을 기록한 글이다. 역시 원화 4년(809) 영주에서의 글이다. 영주팔기 중의 네 번째 작품이다. 현재 소석담(小石潭)은 이미 매몰되어 사라졌다.

다 사라졌다 하였다. 그 물가 언덕의 모습은 개의 이빨처럼 삐죽삐죽 고르지 못하니 그 발원지를 알 수 없었다. 물가에 앉으니 사방으로 대나무와 다른 나무들에 둘러싸여 고요히 인적도 없어, 심신이 처량하고 한기가 뼈에 미치며, 슬픔이 깊숙이 찾아왔다. 환경이 지나치게 맑아서 오래 있을 수가 없어 경물을 기록하고 자리를 떴다.

같이 유람한 이는 오무릉(吳武陵)과 공우(龔右) 그리고 내 사촌아우 종현(宗玄)이었다.[12] 따라온 사람으로는 최씨의 두 어린 자식 서기(恕己)와 봉일(奉壹)이었다.[13]

從小丘西行百二十步, 隔篁竹, 聞水聲, 如鳴珮環, 心樂之. 伐竹取道, 下見小潭, 水尤淸冽. 金石以爲底, 近岸卷石底以出, 爲坻爲嶼, 爲堪爲巖. 靑樹翠蔓, 蒙絡搖綴, 參差披拂. 潭中魚可百許頭, 皆若空遊無所依. 日光下澈, 影布石上, 佁然不動, 俶爾遠逝, 往來翕忽, 似與游者相樂.

潭西南而望, 斗折蛇行, 明滅可見. 其岸勢犬牙差互, 不可知其源. 坐潭上, 四面竹樹環合, 寂寥無人, 凄神寒骨, 悄愴幽邃. 以其境過淸, 不可久居, 乃記之而去.

同遊者吳武陵、龔右, 余弟宗玄. 隸而從者, 崔氏二小生, 曰恕己, 曰奉壹.

---

12) 오무릉은 당시에 영주로 폄적되어왔던 작자의 친구이다. 원문의 공우(龔右)는 공고(龔古)로 된 판본도 있는데, 두 경우 모두 미상의 인물이다.

13) 최씨는 작자의 매형 최간(崔簡)을 가리킨다.

원가갈기(袁家渴記: 원가갈 유람기)[14]

염계(冉溪)를 따라 서남쪽으로 십 리 물길 중에 볼만한 산수가 다섯 군데 있는데 고무담(鈷鉧潭)만한 곳은 없다. 염계 입구에서 서쪽으로 도보로 가다보면 볼만한 곳이 여덟아홉 군데 있는데 서산(西山)만한 곳은 없다. 조양암(朝陽巖)에서 동남쪽으로 물길을 따라 무강(蕪江)에 이르도록 볼만한 곳이 세 곳이 있는데 원가갈(袁家渴)만한 곳은 없다.[15] 이들은 모두 영주에서 깊숙하고 수려하며 기이한 곳이다.

초(楚)·월(越) 사이의 방언으로 물이 거슬러 흐르는 곳을 '갈(渴)'이라고 한다.[16] 독음은 털옷의 '갈(褐)'과 같다.[17] 이 갈은 위로는 남관(南館)이 있는 높은 산에 닿아 있고 아래로는 백가뢰(百家瀨)에 닿아 있다.[18] 이 갈 가운데에는 이어진 모래섬과 작은 개울 그리고 맑은 못과 얕은 모래섬이 이리저리 굽이굽이 섞여 있는데, 고요한 못은 짙은 검은색을 띠고 급류는 흰 물방울을 튀긴다. 배로 가다보면 막힐 듯하다가 돌연 가없이 넓게 펼쳐진다. 그리고 물 위로 솟아있는 작은 산 하나는 온통 아름다운 바위인데, 그 위에 푸른 나무가 빽빽이 자라서 여름과 겨울 없이 늘 무성하다. 그 옆으로 바위 동굴이 많이 있는데 그 아래에는 하얀 작은 돌

14) 본편은 물이 거슬러 흐르기도 하는 한 곳을, 땅주인이 원(袁)씨임을 고려하여, 당지 방언에 맞춰 원가갈(袁家渴)이라고 명명하고 그 경치를 상세히 묘사한 유람기이다. 역시 영주재임시인 원화 7년(812)에 지었는데, 뒤의 나머지 세 편의 유기도 같은 때에 함께 지은 것이다. 흔히 경물묘사의 독창성이 뛰어났다고 평가되는 글이기도 하다.

15) 조양암은 영릉현 서남방 소수(瀟水) 서쪽 언덕에 있는 바위인데, 동쪽을 향하고 있다 하여 원결(元結)이 그렇게 명명했다. 무강은 소수의 지류로서 영릉현 성 동쪽에 있다.

16) 원문에는 '지류(支流)'로 되어 있으나 상하 내용과 교감기를 참고하여 '반류(反流)'로 보고 풀이한다.

17) 독음을 설명한 이 부분은 주(注)가 원문에 잘못 삽입된 것으로 보인다.

18) 남관(南館)은 높은 절벽 위에 선 건물 이름이다. 백가뢰(百家瀨)는 모래밭이면서 선착장이 있는 곳으로 많은 사람이 살았으므로 그렇게 불렀다. 영릉현 성에서 남방으로 2리 떨어진 곳에 있다.

들이 많이 보인다. 나무의 대부분이 단풍나무·녹나무·돌녹나무·편나무·종가시나무·예장나무·유자나무 등이고, 풀은 난초와 구리때풀이다. 또 기이한 풀이 있는데, 자귀나무를 닮았으나 덩굴로 자라 수중 바위를 제멋대로 감아 덮고있다. 사방 산에서 바람이 불어내릴 때마다 큰 나무는 진동하고 뭇 풀들은 가벼이 가려지는데, 그럴 때면 어지러이 붉은 꽃들과 놀란 초목들이 짙게 향기를 풍기고, 몰려오는 파도가 물가를 돌아 계곡으로 물러나며, 그때마다 무성한 초목이 요동친다. 이곳의 대략적인 경치는 위와 같은데, 그 모습 모두를 형언할 길은 없다.

영주 사람들은 이곳을 유람한 적이 없으니, 내가 감히 독차지할 수는 없어 되돌아와 세간에 전한다. 이곳 땅 주인이 원(袁)씨인지라 그렇게 이름 붙였다.

由冉溪西南水行十里, 山水之可取者五, 莫若鈷鉧潭. 由溪口而西, 陸行, 可取者八九, 莫若西山. 由朝陽巖東南水行, 至蕪江, 可取者三, 莫若袁家渴. 皆永中幽麗奇處也.

楚、越之間方言, 謂水之支流者爲 "渴". 音若 "衣褐"之 "褐." 渴上與南館高嶂合, 下與百家瀨合. 其中重洲小溪, 澄潭淺渚, 間厠曲折, 平者深黑, 峻者沸白. 舟行若窮, 忽又無際. 有小山出水中, 皆美石, 上生青叢, 冬夏常蔚然. 其旁多巖洞, 其下多白礫, 其樹多楓柟石楠楩櫧樟柚, 草則蘭芷. 又有異卉, 類合歡而蔓生, 轇轕水石. 每風自四山而下, 振動大木, 掩苒衆草, 紛紅駭綠, 蓊葧香氣, 衝濤旋瀨, 退貯溪谷, 搖颺葳蕤, 與時推移. 其大都如此, 余無以窮其狀.

永之人未嘗遊焉, 余得之不敢專也, 出而傳於世. 其地主袁氏, 故以名焉.

석거기(石渠記: 바위 도랑 석거 유람기)[19]

원가갈(袁家渴)에서 서남쪽으로 가다가 백 보도 못 미친 곳에서 바위로 된 도랑인 석거(石渠)를 발견하였는데, 주민들이 그 위에 다리를 만들어 놓았다. 물길은 가늘게 흐르는데 그 소리는 별안간 커졌다가는 또 별안간 가늘어진다. 도랑의 폭은 한 자 미만인 곳도 있고 두 자가 되는 곳도 있으며, 그 길이는 열 댓 걸음이 된다. 물길은 큰 바위에 이르면 그 아래로 엎드려 흘러나온다. 도랑물이 바위를 건너 흐르다보면 바위 웅덩이를 만나는데, 그곳은 창포가 뒤덮이고 푸른 이끼가 주변을 둘러쌌다. 물길은 다시 꺾여 서쪽으로 흐르다가 바위 아래를 옆으로 들어갔다가 북쪽으로 흘러 작은 못에 떨어진다. 못의 면적은 백 자에 못 미치는데 맑고 깊으며 피라미가 많다. 다시 북쪽으로 굽이굽이 흘러가는 것을 볼라치면 끝이 없어 보이지만 끝내는 원가갈로 흘러들어간다. 그 옆은 온통 괴이한 바위와 괴목 그리고 기이한 초목과 아름다운 작은 대나무로, 사람들이 줄지어 앉아 그 그늘에서 쉴 만하다. 바람이 불어 그 꼭대기를 흔들면 그 소리가 절벽과 계곡을 울린다. 나무 끝이 이미 조용해진 것을 볼 때 즈음이면 비로소 그 메아리가 멀리서 들려온다.

나는 영주 자사를 따라와 이곳을 알게 되었는데, 우리는 썩은 나무를 걷어 버리고 토석을 갈라 물길을 내었다. 썩은 나무들은 쌓여 태워졌고 물길은 터져 도랑물은 가득해졌다. 일찍이 이곳에 관해 전해주는 이가 없었음을 애석하게 여겨, 관련된 것을 자세히 기록하여 전하도록 남기고, 도랑 북쪽에 새겨 유람하기 좋아하는 이들이 쉬 찾아보도록 한다. 원화 7년(812) 정월 8일에 큰 바위까지 정리하였고, 10월 19일에는 바위 넘어 바위웅덩이와 작은 못까지 정리하였다. 도랑의 멋진 광경은 이곳에서 비로소 끝난다.

---

19) 본편은 바위로 이루어진 도랑의 경치와 그곳을 청소한 일을 기록하였다. 앞의 글에 연이어 쓴 글로서, 영주팔기의 여섯 번째 글이다.

自渴西南行, 不能百步, 得石渠, 民橋其上. 有泉幽幽然, 其泉乍大乍細. 渠之廣, 或咫尺, 或倍尺, 其長可十許步. 其流抵大石, 伏出其下. 踰石而往, 有石泓, 昌蒲被之, 青鮮環周. 又折西行, 旁陷巖石下, 北墮小潭. 潭幅員減百尺, 清深多儵魚. 又北曲行紆餘, 睨若無窮, 然卒入于渴. 其側皆詭石怪木, 奇卉美箭, 可列坐而庥焉. 風搖其巓, 韻動崖谷. 視之既靜, 其聽始遠.

予從州牧得之, 攬去翳朽, 決疏土石, 既祟而焚, 既釃而盈. 惜其未始有傳焉者, 故累記其所屬, 遺之其人, 書之其陽, 俾後好事者求之得以易. 元和七年正月八日, 蠲渠至大石. 十月十九日, 踰石得石泓小潭. 渠之美於是始窮也.

석간기(石澗記: 바위 계곡 석간 유람기)[20]

바위 도랑 석거(石渠)를 정리하는 일을 마치고, 돌다리를 건너 서북쪽으로 토산(土山)의 북쪽에 이르니 주민들이 또 그 곳에도 다리를 만들어 놓았다. 그곳 물길의 크기는 석거의 두 배하고 삼분의 일 가량이다. 바닥이 연이어진 바위로 이루어졌는데, 바위가 양 옆까지 이어졌다. 마치 침상 같기도 하고 마루 같기도 하며, 돗자리를 펼친 것 같기도 하고 내실 같기도 하다. 계곡물은 그 바위 위에 평온한데 물결은 마치 천의 무늬 같고 물소리는 거문고를 타는 듯하다. 발 벗고 옷을 걷고 건너가 대나무를 꺾고 늘어진 잎과 썩은 나무를 치우니 접는 의자 열여덟아홉 개를 늘어놓을 수 있었다. 교차해 흐르는 물길이 부딪치며 내는 물소리는 모두

20) 본편은 바위로 이루어진 계곡의 경치와 주변 지리를 개괄한 글로서 영주팔기의 일곱 번째 글이다.

의자 아래로 들려왔다. 비취빛 깃과도 같은 나무와 용의 비늘과도 같은 바위가 하나같이 의자 위로 그늘을 만들었다. 옛사람으로 이곳에서 즐긴 이가 있었겠는가? 후인 중에 내 발자취를 따를 수 있는 이가 있겠는가? 이곳을 발견한 날은 석거(石渠)를 발견한 날과 같은 날이다.

원가갈(袁家渴)에서 내려오면 먼저 석거(石渠)를 만난 후에 바위 계곡 석간(石澗)을 만난다. 백가뢰(百家瀨)에서 위쪽으로 올라가면 먼저 석간을 만난 후에 석거를 만난다. 계곡으로 가볼만한 곳은 모두 석성촌(石城村) 동남쪽에 있는데 그 사이에 즐길만한 곳이 많다. 그 위쪽으로는 산과 숲이 깊어 더욱 가파르고 험하며 길이 좁아 갈 수가 없다.

石渠之事旣窮, 上由橋西北, 下土山之陰, 民又橋焉. 其水之大, 倍石渠三之一. 亘石爲底, 達于兩涯. 若牀若堂, 若陳筵席, 若限閫奥. 水平布其上, 流若織文, 響若操琴. 揭跣而往, 折竹箭, 掃陳葉, 排腐木, 可羅胡牀十八九居之. 交絡之流, 觸激之音, 皆在牀下; 翠羽之木, 龍鱗之石, 均蔭其上. 古之人其有樂乎此耶? 後之來者, 其能追余之踐履耶? 得意之日, 與石渠同.

由渴而來者, 先石渠, 後石澗; 由百家瀨上而來者, 先石澗, 後石渠. 澗之可窮者, 皆出石城村東南, 其間可樂者數焉. 其上深山幽林, 逾峭險, 道狹不可窮也.

소석성산기(小石城山記: 소석성산 유람기)[21]

서산(西山)으로 가는 길 입구에서 곧바로 북쪽으로 황모령(黃茅嶺)을 넘어 내려가면 길이 둘 있다. 하나는 서쪽으로 났는데 따라가 보아도 별것이 없었다. 하나는 약간 북쪽으로 치우쳐 동쪽으로 났는데 마흔 길도 못 미쳐 산세가 끊기고 시내는 갈라졌으며 돌이 쌓여 그 끝을 가로 막았다. 그 위에는 성 위의 담장이나 기둥 같은 모습을 한 것이 있고, 그 옆으로 작은 성 같은 모습을 한 것이 있고, 또 문과 같이 생긴 것도 있었다. 그 안을 들여다보니 아주 껌껌하고 작은 돌을 던져보니 텅텅거리며 물소리가 났는데 그 울림은 맑았으며 한참이 지나서야 사라졌다. 쌓인 돌더미를 돌아 올라갈 수 있기에 올라가 먼 곳을 바라보니, 산이 끊어진 곳에 멋진 나무와 아름다운 작은 대나무가 자라나 더욱 기이하고 단단하였는데, 크고 작은 바위틈으로 어떤 것은 아래로 향해 자라고 어떤 것은 곧바로 자라나 마치 총명한 누군가가 설계라도 한 듯하였다.

아아! 나는 조물주의 존재에 대해 의심한 지 오래되었다. 그런데 여기에 와서 보니 정말로 존재하는 것이 아닌가 하고 여기게 되었다. 그러나 또 이상한 것은 왜 중원에 이런 것을 만들지 않고 이곳 미개지에 만들었는가 하는 것이다. 더욱이 천백 년이 지나도록 한 차례도 그 재주를 남에게 드러내 보이지 않았으니 수고만 하고 쓸모가 없는 것이다. 신이라면 그러지 말았어야 할 것이니, 그렇다면 신은 실제로는 존재하지 않는 것이 아닌가? 혹자는 말한다. "현명하면서도 이곳에서 모욕을 당하고 있는 이를 위로하기 위해서이다." 또 혹자는 말한다. "그 신령스런 기운은 위인을 만들지 않고 단지 이런 경관만을 만든다. 그래서 초(楚) 이남에는 인물은 적고 바위가 많다." 그러나 나는 그런 말들은 믿지 않는다.

---

21) 본편은 영주팔기의 마지막 편으로서 석성(石城)을 닮은 곳에 올라가 바라본 경물을 묘사하고 그곳에서의 심정을 토로한 글이다. 역시 원화 7년(812)에 쓴 것으로 여겨진다.

自西山道口徑北, 踰黃茅嶺而下, 有二道 : 其一西出, 尋之無所得; 其一少北而東, 不過四十丈, 土斷而川分, 有積石橫當其垠. 其上爲睥睨梁欐之形, 其旁出堡塢, 有若門焉. 窺之正黑, 投以小石, 洞然有水聲, 其響之激越, 良久乃已. 環之可上, 望甚遠, 無土壤而生嘉樹美箭, 益奇而堅, 其疏數偃仰, 類智者所設施也.

噫! 吾疑造物者之有無久矣. 及是, 愈以爲誠有. 又怪其不爲之中州, 而列是夷狄, 更千百年不得一售其伎, 是固勞而無用, 神者儻不宜如是, 則其果無乎? 或曰 : "以慰夫賢而辱於此者." 或曰 : "其氣之靈不爲偉人, 而獨爲是物, 故楚之南少人而多石." 是二者, 余未信之.

유주동정기(柳州東亭記 : 유주의 동정 건축기)[22]

유주(柳州)의 남쪽 망루 아래의 문을 나와 왼쪽으로 스물여섯 걸음을 가면 길 남쪽으로 버려진 땅이 있었다. 그 남쪽은 유강(柳江)에 닿고 서쪽으로는 수양역참(垂楊驛站)과 인접하고 동쪽에 동관(東館)이 있었다. 이 땅 안에는 초목이 어지러이 얽히고, 또 유강의 제방은 곱사등이처럼 구불구불 비뚤어지고 허물어져 내렸다. 이곳은 멧돼지가 제집처럼 뛰고 뱀들이 제 소굴로 여기어 사람은 살 수 없었다.

내가 이곳에 와서 비로소 명을 내려 잡목을 베어내고 분산시켜 바람이 통하게 하고, 대나무 · 소나무 · 정(檉)나무 · 계수나무 · 회(檜)나무 · 잣

22) 본편은 자사(刺史)가 되어 간 유주(柳州)에서 동정(東亭)을 짓고 쓴 글로, 원화 12년(817)에 쓴 것이다. 본문의 내용에 따르면, 유주성 남문 밖에 모두 다섯 칸을 만들었는데, 대체로 남쪽의 강을 바라보는 곳에 정자 즉 중실을 짓고 석실은 동쪽에 서향으로, 조실은 서쪽에 동향으로, 음실은 남쪽에 북향으로, 양실은 북쪽에 남향으로 지은 것으로 보인다. 그리하여 때와 계절에 따라 거처하게 한 것으로 보인다.

나무·삼나무 등을 심었다. 평평한 곳에는 거처와 정자를 짓고 가파른 제방에는 다리를 설치했다. 그리고 정자에는 위아래로 펄럭거릴 듯한 날개 닮은 처마를 두 개 내었다. 그 공간에 서서 강을 마주하면 강은 마치 호수와도 같았다. 뭇 산이 강을 둘러서서 강은 확 트인 채 아득히 굽이치기만 했다. 번잡한 마을 옆에 있으면서도 세간의 일을 잊게 만드니 그 역시 신기하기도 하다. 그리하여 동관의 북쪽 부분을 취하여 그 오른쪽을 터서 석실(夕室)을 짓고, 역참 동쪽 부분을 취하여 그 왼쪽을 터서 조실(朝室)을 지었다. 또 북쪽을 향하도록 음실(陰室)을 짓고 그 담장 아래에 양실(陽室)을 만들었다.[23] 이 정자는 그 가운데에 짓고 중실(中室)로 삼았다. 조실에서는 저녁을 지내고, 석실에서는 아침을 지내며, 중실에서는 낮을 지내고, 음실에서는 뜨거운 바람을 피하고, 양실에서는 찬바람을 피하게 하였다. 만약 추위나 더위가 없을 때는 조실과 석실이 제 이름을 되찾게 하였다.

건물을 다 짓고 중실에 바위를 세워 글을 새겨 후인으로 하여금 파괴하지 말도록 하였다. 원화 12년(817) 9월 모일, 유종원이 기록한다.

出州南譙門, 左行二十六步, 有棄地在道南. 南値江, 西際垂楊傳置, 東曰東館. 其內草木猥奥, 有崖谷, 傾亞缺圮. 豕得以爲囿, 蛇得以爲藪, 人莫能居.

至是始命披制蠲疏, 樹以竹箭松檉桂檜柏杉. 易爲堂亭, 峭爲杠梁. 下上徊翔, 前出兩翼. 憑空拒江, 江化爲湖. 衆山橫環, 嶛闊瀴灣. 當邑居之劇, 而忘乎人間, 斯亦奇矣. 乃取館之北宇, 右闢之以爲夕室; 取傳置之東宇, 左闢之以爲朝室; 又北闢之以爲陰室; 作屋於北牖下以爲陽室; 作斯

23) 교감기에 따르면, '유(牖)'는 담장의 의미인 '용(墉)'이 타당해 보인다고 하였다. 그렇게 보아야 음실과 양실의 위치와 방향이 맞다. 본문의 '음실(陰室)'은 남쪽에 북향으로 지은 것으로 보인다. 만약 북쪽에 지은 것이라면 다음의 '북쪽 창'이나 '북쪽 담' 아래에 양실을 지었다는 것은 방향이 맞지 않고 중실이 가운데에 위치하지 못한다. 양실은 북쪽에 남향으로 지은 것으로 보인다.

亭于中以爲中室. 朝室以夕居之, 夕室以朝居之, 中室日中而居之, 陰室以違溫風焉, 陽室以違凄風焉. 若無寒暑也, 則朝夕復其號.

旣成, 作石于中室, 書以告後之人, 庶勿壞. 元和十二年九月某日, 柳宗元記.

유주산수근치가유자기(柳州山水近治可游者記: 유주 본청 근처의 유람할 만한 산수 유람기)[24]

옛날 유주(柳州)의 본청은 심수(潯水) 남쪽의 바위산 가운데 있었다.[25] 지금은 심수의 북쪽으로 옮겨왔는데, 가로세로 사십 리의 동서남북이 모두 강으로 둘러싸였다.

북쪽에는 쌍둥이 산이 길을 끼고 우뚝 높은데 배석산(背石山)이라고 부른다.[26] 또 지류가 있는데 동쪽으로 흘러 심수로 들어간다. 심수는 이곳에서 북으로 흐르다가 동으로 꺾여 한 덩어리로 된 큰 절벽 아래로 흐른다. 그 절벽은 용벽(龍壁)이라고 부른다.[27] 그 아래에는 멋진 돌이 많은데 벼루를 만들 수 있다.

남쪽으로 강을 건너면 산자락이 없는 산이 있는데 폭은 팔백 자이고 높

24) 본편은 유주 본청 부근의 여러 산수를 유람하고 주로 그 지리적 사항만을 기록한 것이다. 글 중에 보이는 여러 곳을 한 번에 유람할 수 없었을 것으로 보인다. 여러 차례 나눠 유람한 것을 후일 한꺼번에 모아 기록한 것으로 보인다. 이미 자사의 신분이었으므로, 영주에서의 유람과는 크게 다르며 이미 정서적·시간적으로 변화가 있음을 알 수 있다. 당연히 유주자사 재임 중의 글이나 정확한 시기는 알 수 없다.

25) 심수(潯水)는 유강(柳江)을 가리킨다. 지금의 심강(潯江)은 광서성 계평(桂平)에서 시작하여 오주(梧州)시에서 그치는데, 계평 상류에 있는 지류의 하나가 유강이다.

26) 배석산(背石山)은 유주 북부에 있으며 기귀쌍산(棄貴雙山)이라고도 부른다.

27) 용벽(龍壁)은 유주 동북에 있으며 옛날 유주팔경 중의 한 곳이다.

이는 다섯 길이며 아래 위가 하나같아서 증산(甑山)이라고 부른다.[28] 산 남쪽은 모두 큰 산이며 대부분이 기이하다. 다시 남쪽에서 서쪽으로 향한 곳에는 가학산(駕鶴山)이 있는데 웅장하고 높게 둘러섰으며 옛 본청이 그 아래에 있었다.[29] 또 웅덩이 아래에 샘이 있는데 항상 가득하지만 흐르지는 않는다. 그 남쪽에 있는 산은 똑바르고 높아 병풍을 닮아서 병산(屛山)이라고 부른다. 그 서쪽의 산은 사모산(四姥山)이다. 이들 산들은 모두 기대지 않고 독립하여 서있는 산이다. 북쪽 자락은 심수의 급류에 잠긴다.[30]

또 서쪽에 있는 것은 선혁산(仙奕山)이라고 부른다.[31] 산 서쪽으로 올라갈 수 있는데, 그 위에는 동굴이 있고 동굴에는 병풍도 있고 방도 있으며 처마도 있다. 그 처마 아래에 종유석이 있는데 마치 폐나 간 같은 것도 있고 연밥 같은 것도 있으며, 아래에 쌓여있는 것들은 사람 같기도 하고 새 같기도 하고 기물 같기도 하며 매우 다양하다. 동서로 아흔 자이고 남북으로는 그 반이 못된다. 동쪽으로 스무 자를 올라 작은 방에 들어가면 그 크기는 스무 자 가량인데 휑하니 매우 넓다. 빛이 들어올 구멍이 없어 깜깜한데 촛불을 밝히면 높이 처마만 보이며 온통 괴상한 종유석뿐이다. 병풍 남쪽 방으로 해서 작은 방에 들어가 서른 두 자를 가면 처음에는 어둡다가 다 올라가면 환히 밝아지는데 거기가 윗방이다. 윗방에서 더 올라가면 또 방이 있고 다시 북쪽으로 나오면 넓은 평지가 보이고 나는 새들이 그 등을 보인다. 처음에 올라간 사람이 위에서 돌 바둑판을 발견했는데 검은 바탕에 붉은 줄이 열여덟 줄로 나있어 바둑을 둘 수 있었다. 그래서 선혁산(仙奕山)이라고 불렀다. 이 산에는 정(樫)나무와 종가시나무가

---

28) 증산(甑山)은 시루를 닮아서 얻은 이름이다. 지금은 동태산(東台山)이라고 부르며 유주 동남방 유강 강변에 있다. 역시 유주팔경 중의 한 곳이다.

29) 가학산(駕鶴山)은 유주 동남방 유강 강변에 있으며 학을 닮아서 그렇게 불렀다. 역시 팔경 중의 하나이다.

30) 청대의 방망계(方望溪)는 원문의 '북침(北沉)' 앞에 궐문(闕文)이 있다고 했다. 가학산의 북쪽 자락으로 보기도 한다.

31) 선혁산(仙奕山)은 선인산(仙人山)이라고도 하고 마안산(馬鞍山)이라고도 부른다. 유주 남방에 있으며 옛 유주팔경의 하나인데 지금은 공원이 되었다.

많고 또 왕대와 풀무가 많이 자란다. 조류로는 자귀가 많이 산다.

석어산(石魚山)은 모두가 바위로 되어서 큰 초목은 없는데, 산이 작고 높으며 고기를 세워놓은 듯하고 특히 자귀가 많이 산다.[32] 서쪽에 동굴이 있는데 선혁산의 경우와 같다. 그 동굴로 들어가 동쪽으로 나오면 동쪽 산자락 아래의 서북 면에 영천(靈泉)이 있는데 숲으로 둘러쳐져 있다. 영천의 물길은 마치 수레바퀴가 구르고 천둥이 치듯이 크게 울려대며, 서쪽으로 스무 자를 흘러간 곳에는 물길이 돌아 흐르는 곳이 있고 그곳 바위 골에서는 물길이 바위 밑으로 흘러 보이지 않는데, 청록빛 물고기가 많고 돌에 사는 붕어도 많으며 피라미도 많다.

뇌산(雷山)의 벼랑은 모두 동향하여 섰고 뇌수(雷水)가 그곳에서 흘러나온다.[33] 벼랑 사이의 못은 뇌당(雷塘)이라고 부르는데 구름이 피고 천둥 비를 뿌리며 변화막측한 빛을 발한다. 물고기 · 돼지 · 건포 · 고운 쌀 · 술을 담아 제사를 지내되 경건하게 올리면 보답이 있다고 한다. 입어산(立魚山) 이남에는 아름다운 산이 많은데 이름을 알 수 없고 깊다. 아산(峨山)은 평원 가운데 있고 산자락이 없으며 아수(峨水)가 동쪽으로 흘러 심수(潯水)로 들어간다.[34]

古之州治, 在潯水南山石間. 今徙在水北, 直平四十里, 南北東西皆水滙.

北有雙山, 夾道嶄然, 曰背石山. 有支川, 東流入于潯水. 潯水因是北而東, 盡大壁下. 其壁曰龍壁. 其下多秀石, 可硯.

南絶水, 有山無麓, 廣百尋, 高五丈, 下上若一, 曰甑山. 山之南, 皆大

---

32) 석어산(石魚山)의 지금 이름은 입어봉(立魚峯)으로 유주 남방에 있다. 지금은 어봉공원이 되었다.

33) 뇌산(雷山)은 유주 남방 교외에 있다. 원문 중의 '양안개동서(兩岸皆東西)'는 '양안개동면(兩岸皆東面)'이 맞다고 요내(姚鼐)가 지적한 바 있는데, 현장 탐사에 따르면 뇌산의 남북에 있는 절벽이 모두 동향하여 서있다고 한다.

34) 아산(峨山)은 뒤에 아산(鵝山)으로 이름이 바뀌었으며 유주 서방에 있다. 현재 아산공원이 되었고 그 안의 폭포가 유명하다.

山, 多奇. 又南且西, 曰駕鶴山, 壯聳環立, 古州治負焉. 有泉在坎下, 恒盈而不流. 南有山, 正方而崇, 類屛者, 曰屛山. 其西曰四姥山, 皆獨立不倚. 北沉潯水瀨下.

又西曰仙奕之山. 山之西可上. 其上有穴, 穴有屛, 有室, 有宇. 其宇下有流石成形, 如肺肝, 如茄房, 或積于下, 如人, 如禽, 如器物, 甚衆. 東西九十尺, 南北少半. 東登入小穴, 常有四尺, 則廓然甚大. 無竅, 正黑, 燭之, 高僅見其宇, 皆流石怪狀. 由屛南室中入小穴, 倍常而上, 始黑, 已而大明, 爲上室. 由上室而上, 有穴, 北出之, 乃臨大野, 飛鳥皆視其背. 其始登者, 得石枰於上, 黑肌而赤脈, 十有八道, 可奕, 故以云. 其山多檉, 多櫧, 多篔簹之竹, 多橐吾. 其鳥, 多秭歸.

石魚之山, 全石, 無大草木, 山小而高, 其形如立魚, 尤多秭歸. 西有穴, 類仙奕. 入其穴, 東出, 其西北靈泉在東趾下, 有麓環之. 泉大類轂雷鳴, 西奔二十尺, 有洄, 在石澗, 因伏無所見, 多綠青之魚, 多石鯽, 多鰷.

雷山, 兩崖皆東西, 雷水出焉. 蓄崖中曰雷塘, 能出雲氣, 作雷雨, 變見有光. 禱用俎魚、豆彘、脩形、糈稌、陰酒, 虔則應. 在立魚南, 其間多美山, 無名而深. 峨山在野中, 無麓, 峨水出焉, 東流入于潯水.